− 중 −

중국공산당역사

1956년 9월~1966년 5월

중국공산당역사(전3권)

1판 1쇄 인쇄일 _ 2014년 7월 10일
1판 1쇄 발행일 _ 2014년 7월 20일
지은이 _ 중국공산당중앙당사연구실
옮긴이 _ 홍순도 · 홍광훈
펴낸이 _ 김정동
펴낸곳 _ 서교출판사

주소 _ 서울특별시 마포구 합정동 371-4 (덕준빌딩 2층)
전화 _ 02 3142 1471
팩스 _ 02 6499 1471
등록번호 _ 제2-1260
등록일 _ 1991. 9. 11

이메일 _ seokyodong1@naver.com
홈페이지 _ http://cafe. naver.com/seokyobooks

ISBN _ 978-89-88027-54-7 04910
            978-89-88027-00-4 04910 (세트)

－중－

중국공산당역사

서교출판사

목 차

일러두기

- 이 책의 인명·지명 중국어 표기는 독자 여러분의 가독성을 고려하여 한자를 병기하였다.
- 1911년 신해혁명 이후 활동한 인물과 지명은 중국어 현지 발음으로 표기했다.
- 중국의 행정단위인 성(省)·지(地)·현(縣)은 지명과 붙여 씀을 원칙으로 하였다.
- 학교명·단체명·회사명·시설명 등은 붙여 씀을 원칙으로 하였다.

편집자의 글

2010년 말부터 추진했던 《중국공산당역사》가 출간되니 감회가 남다르다.

이 책을 출간하기 위해 중국으로 서너 번 출장을 다녀오기도 했고 담당 주임과 50여 차례 이메일을 주고받기도 했다. 중국은 우리나라와 이념은 달라도 미국이나 일본을 제치고 교역량 1위를 차지할 정도로 중요한 나라이다. 그뿐만 아니라 세계 최고 수준의 역사, 그리고 문화의 깊이와 다양성은 그 어떤 나라와도 비교할 수 없을 만큼 유구하다.

이제 중국에서 가장 권위 있는 〈중국중앙공산당사연구실〉에서 펴낸 중국의 정치, 경제, 문화, 사상 등을 망라한 장대한 《중국공산당역사》(1949~1928)를 야사나 서방의 시각이 아닌 정사로 기술한, 중국 근현대 공산당역사를 한눈에 볼 수 있게 되었다. 신중국을 창건한 중국 지도자들의 성공과 고민 그리고 오류 등 그 궤적을 한눈에 볼 수 있게 된 것이다.

서교출판사는 중국 관련 도서를 출판한 지 이제 4년. 짧은 연조이기는 하지만 우리 사회에 중국과 관련된 도서를 쉬지 않고 출간할 것을 다짐한다. 이어 《중국공산당역사》(1921~1948)와 《중국공산당역사》(1979~2011)의 출간에도 온 힘을 기울일 것이다.

《중국공산당역사》한국어판 서문

《중국공산당역사》(1949~1978) 한국어판이 출판되는 것은 참으로 뜻깊은 일이다. 왜냐하면 이 책의 편찬 이념을 인정받았을 뿐만 아니라 한국 독자들이 중국을 더 잘 알 수 있는 또 하나의 문이 열렸기 때문이다.

지난 2011년, 중국공산당 창건 90주년에 즈음하여 《중국공산당역사》(1949~1978) 중국어판이 출판되었다. 중국공산당의 90년 역사는 크게 3단계로 나눌 수 있다.

첫 단계는 1921년 중국공산당이 창건되고 신중국이 탄생하기까지 28년간이다. 이 시기는 중국공산당이 신정권 수립을 위해 어렵고도 탁월한 무력투쟁을 벌였던 혁명당의 역사이다. 이 시기의 역사는 이미 펴낸 《중국공산당역사》(1921~1948)에 어느 정도 서술되었다.

두 번째 단계는 1949년 신중국이 창건되고 1978년 중국공산당 제11기 중앙위원회 제3차 전원회의가 소집되기까지 29년간이다. 이 시기에 중국공산당은 집권당으로서 새 나라를 건설하기 위해 꾸준한 모색을 진행하였는데 이 책이 바로 이 단계의 역사를 기록한 것이다.

세 번째 시기는 1978년 중국공산당 제11기 중앙위원회 제3차 전원회의가 소집되고 2011년까지 33년간이다. 이 단계는 중국공산당이 개혁·개방을 진행한 시기이다.

중국의 개혁·개방은 지금도 끊임없이 추진되고 있고 이 시기의 중국공산당 역사를 서술한 저서는 현재 편찬 중에 있다.

이 책은 중국공산당의 영도 아래 세계적으로 인구가 가장 많은 반식민지 반봉건의 농업국가가 독립되고 민주적인 공업화, 현대화 국가로 변모한 위대한 노정을 보여 주었다. 오늘날 국제사회에서 중국의 개혁·개방이 진행한 모색과 이룩한 성과에 대해 의구심을 가지거나 반대하는 입장을 가진 사람은 점점 적어지고 있다. 그러나 중국공산당이 탁월한 성과를 이룩한 원인을 제대로 이해하는 사람은 많지 않다. 이 책을 통해 독자들은 중국공산당의 각고의 노력에 대한 이해와 인식을 새롭게 할 수 있으리라 생각한다.

중·한 양국은 바다를 사이에 두고 있는 이웃 나라이다. 양국은 지역적으로 가깝고 문화적 인연이 깊으며 경제적으로 융합을 이루는 등 서로 공감하는 접점이 많다. 한국의 박근혜 대통령은 다음과 같이 지적한 바 있다. "양국의 뿌리 깊은 문화적 자산과 역량이 한국에서는 한풍(漢風), 중국에서는 한류(韓流)라는 새로운 문화적 교류로 양국 국민들의 마음을 더욱 가깝게 만들고 있는데 앞으로 한국과 중국이 함께, 아름다운 문화의 꽃을 더 활짝 피워서 인류에게 더 큰 행복을 줄 수 있기를 바란다." 이 책이 반영한 중국공산당 역사는 중·한 양국에 큰 의미를 가진다. 그 이유는 "이 시기에 두 나라 모두가 농업을 토대로 한 저소득 사회로부터 과학기술을 이용한 도시화, 공업화 사회로의 거대한 전환을 시도하였기 때문"이다.

우선 이 단계에서 두 나라의 역사적 배경이 비슷하다. 이 책에 반영된 시기는 1948년 대한민국이 수립되고 박정희 시대가 막을 내리는 1979년 10월과 기본적으로 일치한다. 이 시기에 양국의 역사 배경은 놀라울 정도로 비슷하다. 첫째, 중·한 양국은 제2차 세계대전이 끝나고 일제가 패망한 후 민족 해방과 국가 독립을 실현하면서 식민지, 노예화의 고난의 역사에 종지부를 찍었다.

둘째, 중·한 양국은 제2차 세계대전이 끝난 후 한때 국내 모순과 국내 전쟁의 수렁 속에 휘말려 들었다. 중국의 경우 항일 전쟁이 승리한 후 국공 양당이 평화적 건국의 시정목표를 실현하지 못하면서 3년간에 걸친 '제3차 국내 혁명전쟁'이 발발하였다. 한반도의 경우에도 1950년에 3년 넘게 지속된 '6·25 전쟁'이 일어났다.

셋째, 양국 모두 서로 대치되는 정권이 수립되었다. 1948년 8월, 한반도 남부에서 '대한민국'이 수립된 데 이어 9월 한반도 북부에서 조선민주주의인민공화국이 수립되면서 분단의 시기에 들어섰다. 중국도 대만 해협을 사이 두고 서로 대치되는 두 개의 정권이 수립되었다. 넷째, 양국 모두 '냉전시기'의 전초지대가 되었다. '정전협정' 체결 후 한반도는 '38선'을 분계로 냉전 전방이 되었고 중국 역시 대만 해협을 사이 두고 상당히 긴 대치와 단절의 시기에 들어섰다. 중국과 한반도는 이토록 유사한 역사 속에서 제각기 단장의 아픔을 겪어 왔다.

다음으로 사회적 행정(行程)을 추진하는 목표가 기본적으로 일치한다. '세계체제론'을 정립한 이매뉴얼 월러스틴은 주변부 국가는 세계경제 긴축의 기회를 빌려 수입 대체 산업화를 실시하거나, 사회주의 자력갱생의 발전 전략을 실행하거나, 세계경제 팽창기에 국가와 다국적 기업을 긴밀히 이어주는 발전 전략을 실행하면 반주변부 국가로 거듭날 수 있다고 인정했다. 중·한 양국은 모두 전통적인 농업사회로서 한때 식민지 또는 반식민지의 '주변부 국가'로서 산업 공업화와 사회 현대화를 실현하는 형태 전환의 역사적 과업을 떠맡아야 했다. 양국은 통치 이념이나 사회 제도가 서로 다르지만 공업화, 현대화를 이룩하는 목표는 같았던 것이다. 이 시기에 중·한 양국은 전쟁으로 폐허가 된 국민경제를 복구, 발전시켰으며 '5개년 계획'을 세워 공업화를 힘써 추진하였다.

그다음으로 자국 특색을 띤 공업화와 현대화의 길을 모색한 이념과 조치가 비슷하다. 서구 중심주의는 공업혁명은 서구에서 일어났고 공업화, 현대화는 당연히 '서구화'의 길을 따라야 한다고 주장한다. 특히 중국, 한국과 같이 짙은 유교 논리 문화 전통을 가진 나라가 '완전 서구화'의 길을 따라 '민주제도'를 도입하지 않은 채 공업화를 실현할 수 있을지 의심을 받아 왔다. 한국은 1960년대 초 이미 "서양의 민주 제도를 그대로 본받아서는 안 되며 사대주의와 식민주의 사관을 타파해야 한다."고 생각하고 한국의 산업화와 현대화의 희망을 한국 사상사의 주체성에 뿌리를 내린 '한국적 민주주의'에 두어야 한다는 박정희 전 대통령의 주장도 있었다. 중국 공산당은 예부터 교조주의와 비현실적인 원칙주의를 반대하고 마르크스주의의 중국화와 중국 특색의 사회주의를 견지해 왔다. 산업화를 향한 길에서 중·한 양국은 각기 직면하고 있는 현실이 서로 달랐기에 그 과정에서 참고로 된 사상적 자원 또한 다를 수밖에 없었다. 하지만 양국은 모두 산업화와 현대화 이론의 '현지화' 정착에 노력을 기울여 왔다.

　중·한 양국은 현대사회로의 전환 과정에 괄목할 만한 성과를 거두었다. 한국이 경제 발전에서 이룩한 '한강의 기적' 그리고 중국이 개혁·개방 과정에 모색해 낸 '중국식 모델'이 바로 그것들이다. 물론, 양국은 사회제도와 경제제도, 산업화 추진 과정 등에서 차이가 있다. 이러한 공통점들과 차이점들은 비교를 통해 얻어진 것이다. 비교는 대립을 위해서가 아니다. 비교를 통해 교류가 이루어지고 비교를 통해 함께 발전하는 길을 찾을 수 있다.

　이 책은 한 정당의 역사를 기록한 것만은 사실이다. 다만 책에서 서술되는 시기의 중국 공산당은 이미 혁명당이 아닌 새 나라 건설을 추진하는 집권당이고, 세계에서 가장 많은 인구를 가진 가난한 농업

사회를 산업화와 현대화로 이끌어 가는 집권당이다. 그러므로 이 책은 한 정당의 조직과 구조, 이념 그리고 내부 운동 등의 내용만 다루는 기존의 정당사와는 달리, 집권당의 정치체계와 경제, 국방, 외교, 교육, 과학기술, 사회 등 제 방면 그리고 중대한 사건들에 대한 결정 과정을 통해 집권 사상과 정치 철학 및 국내외의 다양한 변수들을 서술하고 있다. 이 책은 당대 중국의 역사를 훑어볼 수 있는 '개략사'와도 같은 것이다.

집권당의 역사를 다루고 있다는 성격상, 이 책에서는 국가 경제의 회복과 사회주의 건설에 관한 내용에 큰 비중을 두고 있다. 실제로 이 책의 소제목에는 '제1차 5개년 계획' 등 키워드가 5~6곳에서 나온다. 이러한 것들을 통해 독자들은 신중국 산업화의 태동과 발전, 결정, 실시 등 제반 과정 그리고 중요한 프로젝트들의 수량과 구조, 분포, 생산능력 등 생산력 배치 상황을 이해할 수 있다. 이런 의미에서 이 책은 또 '신중국 산업화 역사'라고 해도 과언이 아니다. 외교는 한나라의 주권을 상징하고 국제환경과의 관계를 조율하는 중요한 분야이다. 이 책에서는 '한국전쟁', '건설에 유리한 평화로운 국제환경을 위한 노력', '1950년대 후반과 1960년대 중반 당의 외교 방침 및 우리나라의 외교 관계', '외교 전략의 전환과 대외 관계에서의 새로운 국면' 등 4개 장에 걸쳐서 신중국 대외 정책의 변화와 발전 과정을 정리하고 있다. 여기에는 중-소, 중-미, 한국전쟁 등 대국 관계 외에도 중국-인도, 중국-베트남과 같은 주변국들과의 관계에 대해서도 다루고 있다. 그리고 국제 공산주의 운동에서의 일부 중요한 사건들도 언급되어 있다.

이 밖에 일반 독자들이 큰 관심을 보이는 '양탄일성(원자탄, 수소탄, 인공위성 기술)', '달라이 라마와 티베트', '린뱌오 그룹과 장칭 그룹의 결탁과 모순' 등에 관한 내용도 심도 있게 서술하고 있다. 이 책은 다양한 문헌과 사료들을 접할 수 있는 권위와 자료를 지니고 있는 '중국 공산당 중앙위원회 당사 연구실'에서 펴낸 것으로 역사와 평론의 엄밀함, 역사적 논리의 합리성 등에서 장점을 보인다는 평가를 받고 있다.

　시진핑(習近平) 중국 국가주석이 한국을 국빈 방문하는 2014년 7월과 때를 맞춰《중국공산당역사》(1949~1978)를 한국에서 펴내게 되어 매우 뜻깊다. 양국은 서로 이념은 다르지만 오랜 붕우로서 지난 5,000년간 역사를 함께하고 문화를 공유해 왔다. 따라서 이번《중국공산당역사》한국어판 출간을 통해 중·한 학술 교류뿐만 아니라 상대국의 역사에 대한 이해의 폭을 넓히기를 바란다. 왜냐하면 한국은 중국과 가까운 이웃나라 중 하나이고 중국에 매우 중요하고 크게 서로 협력할 가능성을 지닌 전략적 동반자 나라이기 때문이다. 양국이 문화를 교류하고 역사 연구를 공동으로 추진하는 것은 서로에 대한 믿음이 있어야 가능하다. 아무쪼록 이 책이 중국을 연구하는 자료로 한국의 연구자들이나 역사학도는 물론 중국에 관심 있는 독자들에게 작은 도움이나마 될 수 있다면 더 이상의 기쁨은 없겠다. 한국어판이 출간되기까지 수고하신 관계자 여러분께 감사드린다.

2014년 6월 중국 민족출판사 당위원회 서기 우빈희(禹宾熙)

제2편

사회주의 건설의 전면적인 전개와 중국 사회주의 건설의 노선에 대한 간고한 모색

中华人民共和国万岁　　世界人民大团结万岁

1956년은 생산 수단의 사적 소유에 대한 사회주의적 개조가 기본적으로 완수된 해로 당의 역사에 기록되었다. 또한 사회주의 기본 제도를 수립하고 사회주의 사회로 진입함과 동시에 중국 자체의 사회주의 건설의 길을 모색하기 시작한 것으로 당의 역사에 기록되었다. 사회주의 공업화가 이미 대대적인 진전을 이루었고 사회주의 기본제도 또한 이미 중국에 건립되었지만 중국의 생산력은 여전히 매우 낮은 수준에 머물러 있었다. 사회주의적 정치와 경제, 문화를 어떻게 건설하고 발전시켜야 하는가? 이는 당이 당면한 아주 새로운 과제였다. 당은 위에서부터 아래에 이르기까지 모두 분발하여 새롭고 위대한 사업을 이룩하려고 고군분투했다.

　　민주주의 혁명 시기에 당은 중국 자체의 혁명을 모색하고 개척하기 위해 간고하고도 역동적 장기적으로 분투해왔다. 1945년에 중국 공산당 제7차 전국대표대회 소집 당시에 당은 역사적 경험을 모두 모아 이론, 노선, 제반 방침과 정책에서 발생할 수 있는 여러 가지 이해 상황에 대한 예측과 대책에 이르기까지 모든 것을 더욱 완벽하게 인식하게 됐다. 또한 당의 고위급 지도층에서도 비교적 확고한 의견 일치를 보게 되었다. 그러나 사회주의를 전면적으로 건설하는 새로운 과업을 이처럼 일찍 맞닥뜨렸을 때 중국에서 어떻게 사회주의를 건설할 것인가에 대해 당은 경험이 없었을 뿐만 아니라 충분한 사상 준비도 할 수 없었다. 그 때문에 완전한 이론이 있을 리 없었다. 건설을 시작할 때 당은 일찍이 소련을 따라 배우기를 호소했다. 제1차 5개년 계획을 시행한 후 3년 남짓한 실천 경험을 통해 당은 점차적으로 소련 경제건설의 일부 결함과 오류에 대해 어느 정도 이해하게 되었다. 소련의 경험은 모두가 성공적인 것은 아니고 소련에서 성공한 경험이라고 해도 그것이 모두 중국의 실정에 적합한 것은 아니며 소련을 따라 배우는 것으로 중국의 발전에 대한 모색을 대체할 수 없음을 깨달았다. 그러므로 소련을 거울로 삼아 중국 자체의 경험을 총화하고 중국 실정에 맞는 사회주의 건설의 길을 모색해내는 것이 곧 의사일정으로 제기되었다. 1956년에 소집된 중국공산당 제8차 전국대표대회는 이 같은 모색이 기본적인 성과를 거둔 징표가 되었다. 8차 당대회 이후 당은 전국 여러 민족 인민을 영도하여 전면적으로 대규모 사회주의 건설에 돌입했다. 이 10년 동안 당은 비록 크게 좌절도 겪었지만 결과적으로 매우 큰 성과를 거두었다. 현대화 건설에 필요한 물질적, 기술적 토대를 기본적으로 건설하기 시작했고 경제문화 건설 등에 필요한 핵심 역량을 양성했으며 사회주의 건설을 영도하는 중요한 경험을 쌓아갔다.

중국 자체의 사회주의 건설의 길에 대한 당의 모색은 간고하고도 역동적이었다. 이후의 역사가 보여주듯이 당은 무엇이 사회주의며 어떻게 사회주의를 건설해야 하는가에 대한 인식에서 기본적인 이론적 성과를 거두었지만 "제대로 파악하지는 못했다"[1]. 중국처럼 땅이 넓고 인구가 많으며 경제문화가 뒤떨어지고 지역 발전이 매우 불균형적인 대국에서 사회주의를 건설한다는 것이 얼마나 어렵고 복잡한 것인지를 잘 예측하지 못했기 때문에 발전 과정에서 큰 역경을 피하지 못했다. 이 10년 동안 당의 사업은 지도방침에서 중대한 실책을 범했으며 엄중한 결과를 초래했다. 실책을 알아차린 후 당은 '좌'적 오류를 바로잡기 위해 노력하며 국민경제를 전면적으로 조정했다. 비록 오류는 철저히 시정되지 않았고 정치와 사상, 문화 측면에서 발전 추세를 보였지만 당시 전반적인 국면을 지배할 수 있는 정도

---

1) 덩샤오핑(鄧小平), '개혁은 중국에서 생산력을 발전시키는 유일한 길이다'(1985년 8월 28일), 〈덩샤오핑〉 선문집 제3권, 민족출판사, 1994년, 195쪽.

에는 이르지 못했기에 국민경제 조정 임무는 순조롭게 완수되었다. 전국인민대표대회 제3기 제1차 회의에서 저우언라이(周恩來)는 중국 국민경제는 새로운 발전 시기에 진입하게 되며 중국을 점차 현대적 농업, 현대적 공업, 현대적 국방과 현대적 과학기술을 갖춘 사회주의 강국으로 힘써 건설할 것이라고 선포했다. 이 웅대한 청사진은 '문화대혁명'이 일어나 계획대로 시행되지 못했다.

제10장

중국 공산당 제8차 전국대표대회와
중국 자체의 사회주의 건설 모색의 뛰어난 발단

1956년 생산 수단의 사적 소유에 대한 사회주의적 개조가 기본적으로 완수된 다음 중국 공산주의자들은 중국 실정에 부합하는 사회주의 건설을 모색하고 개척했다. 마오쩌둥(毛澤東)의 '대 관계에 대하여'와 8차 당대회를 징표로 사회주의 모색에 있어서 뛰어난 발단이 나왔다. 8차 당대회 이후 당은 경제와 정치, 과학문화 각 분야에서 끊임없이 사회주의 건설을 모색하면서 기본적인 성과를 이룩했으며 이로부터 대규모 사회주의 건설이 전면적으로 시작되었다.

1. 사회주의 전면적 건설을 시작할 무렵의 국제 정세

　　중국이 사회주의 제도를 수립하고 사회주의 건설을 전면적으로 시작할 무렵 국제 정세는 한창 복잡다단한 변화 단계에 있었다. 한국전쟁이 끝난 후 사회주의 진영과 자본주의 진영 간의 냉전은 여전히 계속되었지만 정세는 이미 완화되기 시작했다. 대치 쌍방은 일련의 중대한 국제 문제와 관련하여 협상을 시작하여 일부 성과도 이뤄냈다. 사회주의 진영 가운데 소련과 동유럽 국가는 기존 체제의 폐단에 대해 재고하기 시작했고, 각 나라의 서로 다른 실정에 따라 사회주의를 건설하자는 목소리도 생겨났다. 반둥회의 이후 아시아, 아프리카 국가들에서 민족독립을 쟁취하고 수호하는 운동도 새로운 진전을 보였다. 1956년 하반기에 이집트가 수에즈 운하의 주권을 되찾기 위해 벌인 투쟁은 세계의 주목을 받았으며 일부 아시아, 아프리카의 신흥 국가는 사회주의 진영으로 다가섰다. 이때 중국이 처해 있던 국제 환경도 끊임없이 개선되고 있었다. 중국과 사회주의 각 국가 간의 교류는 점점 긴밀해졌고 중소 관계도 양호한 발전 단계에 놓여 있었다. 중국은 아시아, 아프리카 각 국가 간의 관계에서 새로운 진전을 거두었다. 1956년 5월 중국과 이집트가 수교를 선포하면서 중동 지역 국가와의 관계에 돌파구를 가져왔다. 이와 동시에 중국과 주요 자본주의 국가 간의 관계도 개선될 조짐을 보였다. 중일 민간 관계의 발전은 사람들의 주목을 끌었으며 중미 관계도 두 나라 대사급 협상이 시작되면서 다소 완화되었다.

제2차 세계대전이 마무리된 후 약 10년간 진행된 복구와 재건으로 세계 경제와 과학기술은 급속하게 발전하는 시기에 들어서기 시작했다. 서방 자본주의 국가들에서는 새로운 국제금융과 무역체계를 구축했을 뿐만 아니라 각자 내부의 경제구조를 조정했으며 국제시장의 역할을 강화하여 상호 간의 경제와 무역 발전을 촉진했다. 이와 동시에 사회주의 국가들은 기본적으로 계획에 따라 경제를 발전시키는 길을 선택했다. 역량을 집중하여 큰 일을 이뤄내는 사회주의 제도의 우월성에 기반을 두고 끊임없이 투입을 늘려 고속 성장을 실현했다. 당시 사회주의 국가들은 경제건설 분야에서 매우 뚜렷한 성과를 거두었다. 소련 경제의 평균 성장 속도는 미국, 영국 등 주요 자본주의 국가보다 훨씬 빨랐다. 중국은 제1차 5개년 계획을 초과 완수했고 경제 성장 속도 역시 미국, 영국 등 서방이나 일본보다 높았다. 경제 발전에서도 인도 등 주변 국가와 홍콩(香港), 타이완(台湾) 지구에 비해 뚜렷하게 우세했다.

제2차 세계대전 이후 나타난 핵에너지, 전자계산기, 공간 기술을 대표하는 새로운 과학기술 혁명은 인류사회의 발전에 거대한 영향을 주었다. 과학기술 성과가 직접적인 생산력으로 전환됨으로써 노동 생산 능률을 크게 향상시켰다. 과학기술의 진보가 경제 발전을 촉진하고 나라 안전을 보장하는 데 미친 거대한 작용은 갈수록 세계 각 나라의 높은 주목을 불러일으켰다. 당시 소련이 보유한 첨단 과학기술은 미국 등 선진 자본주의 국가와 맞설 수 있었을 뿐만 아니라 일부 분야에서는 그들보다 앞섰다. 소련은 1957년에 가장 먼저 인공위성을 우주에 쏘아올림으로써 세계를 놀라게 했다. 과학 기술이 장기적으로 뒤떨어진 상태에 처해 있딘 중국에 사회주의 건설에서 어떻게 하면 격차를 줄이고 세계의 선진적인 과학기술 수준을 따라잡을 것인가, 어떻게 하면 현대 과학기술과 경제 발전을 밀접히 연결해 사회주의 제도가 갖고 있는 우월성을 충분히 발휘할 것인가 하는 문제는 매우 절박한 과업 가운데 하나였다.

총체적으로 발전에 이로운 이 같은 국제 경제정치 정세는 금방 발걸음을 뗀 중국의 대규모 사회주의 건설에 만나기 어려운 기회를 제공한 동시에 매우 큰 도전도 가져다주었다. 당시 상황을 볼 때 이 같은 도전은 주로 미국을 중심으로 하는 서방국가들이 중국에 시행한 제재, 봉쇄와 수출입 금지에서 나타났다. 중국의 지도자들은 이 같은 봉쇄와 제한을 타파하려고 시도했다. 서방 자본주의 국가와의 무역을 확대하기를 희망하면서 이런 나라들의 선진기술을 따라 배울 것을 제기했지만 미국을 중심으로 하는 서방국가들이 중국에 대한 제재와 수출입 금지 조치를 끝까지 취소하지 않았기 때문에 이 같은 희망과 구상은 모두 실현되기 어려웠다. 사실상 당시의 국제 정세에는 불안정 요소가 적지 않게 숨어 있어 완화 추세는 얼마 안 되어 일련의 중대한 국제 사건의 발생으로 타파되고 말았다.

1956년 2월, 소련공산당은 제20차 대표대회를 소집했다. 회의가 폐막되기 전날 심야에 소련공산당중앙 주석단의 결정에 따라 외국공산당 대표단을 참가시키지 않은 상황에서 소련공산당중앙 제1서기 흐루쇼프가 '개인숭배와 그 결과에 관하여'라는 제목으로 보고를 했다. 이 보고는 소련의 사회주의 건설을 영도하는 과정에 스탈린이 범한 일부 중대한 오류와 그에 대한 개인숭배로 빚어진 엄중한 결과에 대해 날카롭게 폭로, 비판했으므로 당시 소련 당과 나라의 정치 생활에서 일부 피할 수 없는 모순을 건드리게 되었다. 얼마 후 비밀보고의 해당 내용이 곧바로 서방에 의해 공개되면서 사회주의 진영과 국제 공산주의 운동 내부에서 매우 큰 진동을 일으켰으며 인민대중 속에서 정도 부동하게 사상 혼란이 일어났다. 이 틈을 타 제국주의 국가는 세계적인 반공반사회주의 물결을 일으켜 국제공산주의 운동에 큰 어려움을 가져다주었다.

중공중앙은 소련공산당 제20차 대표대회에 대해 아주 신중한 태도를 취했다. 3월 중순, 중공중앙 정치국, 서기처는 여러 차례 회의를 열고 소련공산당 제20차 대표대회와 그 영향을 연구했다. 덩샤오핑은 중공 대표단이 소련공산당 제20차 대표대회에 참가하는 기간에 알게 된 흐루쇼프 비밀보고의 일부 정황을 보고했다. 마오쩌둥은 회의 참가자들에게 이 비밀보고와 그것이 전 세계에 미친 영향을 면밀히 연구하도록 요구했다. 마오쩌둥은 다음과 같이 말했다. 지금 전 세계가 모두 논의하고 있다. 우리도 논의해야 한다. 최소한 두 가지 문제를 지적할 수 있다. 첫째는 내막을 폭로한 것이고, 둘째는 분란을 일으킨 것이다. 한편으로 비밀보고는 소련, 소련공산당, 스탈린의 모든 것이 정확한 것은 아님을 보여줌으로써 미신을 타파하고 더 이상 억지로 소련의 모든 것을 그대로 옮겨오지 않게 되어 교조주의를 반대하는 데 이롭다. 다른 한편으로 비밀보고는 내용 면에서나 방법 면에서 모두 큰 오류를 범했는데 큰 사례로 스탈린을 전반적으로 부정한 것은 적절하지 않은 것이다. 이 오류에 대해서는 마땅히 스탈린의 문제를 직접적으로 논술함으로써 바로잡아야 한다. 방법적으로 글을 발표하여 우리 당의 원칙적인 입장을 밝히는 것을 고려할 수 있다. 마오쩌둥은 다음과 같이 인정했다. 스탈린이 오류를 범한 것은 피할 수 없는 것이다. 왜냐하면 공산주의를 실현하는 것은 전례 없이 위대하고 간고한 사업이기 때문이다. 이 간고한 투쟁 가운데서 오류를 범하지 않을 수 없다. 그것은 우리가 나아가는 길은 이전에 그 누구도 걸어본 적이 없는 길이기 때문이다. 소련과 마찬가지로 우리도 오류를 범하게 될 것이다. 문제는 공산당은 비판과 자기비판을 통해 자기의 잘못을 이겨낼 수 있다는 그것이다.[1]

1956년 4월 5일, 〈인민일보〉는 마오쩌둥이 교열, 수정하고 중앙정치국확대회의에서 토론, 채택된 '무산계급 독재의 역사적 경험에 대하여'라는 편집부의 글을 발표했다. 이 글은 스탈린의 공적을 충분히 긍정하고 개인숭배를 반대한 소련공산당 제20차 대표대회를 긍정적으로 평가했으며 스탈린의 후기 오류에 대해서도 분석했다. 글은 다음과 같이 지적했다. 스탈린은 자기의 역할을 적절하지 않은 수준으로 잘못 확대하고 개인의 권력을 집단의 영도와 상호 대립되는 지위에 올려놓았다. 그 결과 자신의 일부 행동과 원래 선전하던 마르크스-레닌주의의 일부 기본 관점을 서로 대립하는 위치에 놓게 되어 "갈수록 개인숭배에 빠져들고 당의 민주주의 중앙집권제를 위반하고 집단영도와 개인 책임을 서로 결부시키는 제도를 위반했으며" "주관성과 일면성에 빠져들고 객관적인 실제 정황을 이탈하고 군중을 이탈하게 되었다.", 스탈린과 같은 당과 나라의 지도자마저 개인숭배라는 낙후한 사상을 받아들이게 되면 도리어 사회주의 사업에 손실을 가져다주게 된다. 이 글은, 중국공산당은 일관적으로 군중노선과 집단영도를 주장하고 개인을 부각시키는 것을 반대해왔다고 지적했

---

1) 우렁시(吳冷西), '모주석을 기억하며—내가 직접 겪은 약간의 중대한 역사사건 단편', 신화출판사, 한문판, 1995년, 6쪽.

다. 마오쩌둥은 제도 건설이 지니는 중요성을 강조하기 위해 글에 다음과 같이 덧붙였다. "우리가 이 같은 구렁텅이에 빠져들지 않으려면 군중노선이라는 이러한 영도 방법을 집행하는 데 더욱 충분히 주의를 기울여야 하며 조금이라도 소홀히 해서는 안 된다. 그러므로 우리는 일정한 제도를 수립하여 군중노선과 집단영도의 관철 시행을 보장함으로써 군중을 이탈하는 개인돌출주의와 개인영웅주의를 피하고 우리 사업에서 객관적인 실제 정황을 벗어나는 주관주의와 일면성을 줄여야 한다."[2] 이 사상은 얼마 후 당의 건설에 관한 8차 당대회에서 일련의 구체적인 방침과 정책으로 구현되었다. 스탈린을 어떻게 평가할 것인가 하는 문제를 두고 이 글은 "스탈린은 위대한 마르크스−레닌주의자이지만 동시에 몇 가지 중대한 오류를 범하고서도 그 오류를 자각하지 못한 마르크스주의자이기도 하다. 우리는 마땅히 역사적인 관점으로 스탈린을 대하고 그의 올바른 것과 그릇된 것에 대해 전면적이고도 적절한 분석을 함으로써 거기에서 유익한 교훈을 얻어야 한다."고 명확히 지적했다.

중앙정치국에서 이 글을 토론할 때 마오쩌둥은 다음과 같이 지적했다. 소련공산당 제20차 대표대회에서 중요한 문제는 우리가 그 속에서 가치 있는 것을 얻었는가 하는 것이며 가장 중요한 것은 마르크스−레닌주의의 기본 원리를 중국 혁명과 건설의 구체적인 실제에 적용해야 한다는 것이다. 민주주의 혁명 시기 우리는 큰 손실을 본 뒤에야 이 같은 결부를 성공적으로 실현했으며 중국 신민주주의 혁명의 승리를 거두었다. 지금은 사회주의 혁명과 건설 시기로서 우리는 두 번째로 결부시켜 중국에서 사회주의를 건설하는 길을 찾아내야

---

2) 마오쩌둥, '무산계급독재에 관한 약간의 역사적 경험 원고에 대한 평어와 수정', 1956년 4월 2일, 4일.

한다. 이는 내가 몇 년 전부터 생각해왔던 문제이다. 지금 감사하게도 흐루쇼프가 내막을 폭로했다. 우리는 마땅히 어떻게 중국의 실정에 맞게 일을 처리할 것인가를 여러 측면에서 고려해야 하며 다시는 지난날처럼 확신을 갖지 못하는 일은 없어야 한다. 사실 지난날 우리는 마르크스-레닌주의의 기본원리에 완전한 확신을 갖지 않았고, 독창적인 것을 가지고 있었다. 지금은 중국에서 사회주의를 건설하는 구체적인 길을 찾아내는 데 더 큰 힘을 기울여야 한다.[3]

1956년 4월 6일, 소련부장회의 제1부주석 미코얀이 인솔한 소련정부대표단이 베이징에 도착했다. 그날 저녁 미코얀을 접견하는 자리에서 마오쩌둥은 스탈린에 대해 중소 간에 일부 다른 견해가 있는데 대해 "스탈린은 '공로가 과오보다 크며' '구체적으로 분석해야 하며' '전면적으로 평가해야 한다'."고 강하게 지적했다. 그 후 중앙정치국 확대회의에서 마오쩌둥은 다음과 같이 말했다. 역사적으로 볼 때 스탈린의 오류를 우리 당이 체험해보지 못한 것도 아니다. 스탈린은 중국에 대해 잘못한 일이 더러 있다. 두 차례 왕밍노선(王明路線)은 모두 스탈린에게서 온 것이다. 해방전쟁 시기 먼저는 혁명을 하지 못하게 했고 후에 싸움에서 승리하자 그것이 유고스라비아의 티토식 승리가 아닌가 하고 우리를 의심했으며 1949년과 1950년 이태 동안 우리를 매우 크게 압박했다. "그러나 우리는 여전히 그의 오류가 3이고 성적이 7이라고 인정한다. 이것은 공정한 것이다."[4]

중국공산당은 스탈린의 공로와 과오, 옳고 그름을 국제공산주의운

---

3) 우렁시, '모주석을 기억하며-내가 직접 겪은 약간의 중대한 역사사건 단편', 신화출판사, 한문판, 1995년, 9~10쪽.

4) 마오쩌둥, '10대 관계에 대하여'(1956년 4월 25일), 〈마오쩌둥선집〉 제7권, 인민출판사, 한문판, 1999년, 42쪽.

동의 역사 경험의 수준으로 끌어올려 모음으로써 그것이 중국이 자체의 사회주의 건설의 길을 모색하는 하나의 계기가 되게 했다. 마오쩌둥은 마르크스의 기본 원리와 중국의 실제를 '두 번째로 결부'시켜야 한다고 지적했다. 이 임무의 제기는 8차 당대회 노선을 제정하는 데 중요한 영향을 주었으며 심원한 의의를 가졌다.

2. 마오쩌둥의 '10대 관계에 대하여'와 일련의 새로운 방침을 제기

중국 자체의 사회주의 건설 길 모색의 훌륭한 발단

사회주의적 개조가 기본적으로 완수됨에 따라 당중앙위원회는 눈길을 점차 경제 건설과 과학문화 건설로 돌렸다. 중국처럼 빈궁하고 낙후하며 인구가 많은 나라에서 어떻게 사회주의를 건설할 것인가 하는 것은 매우 어렵고 복잡한 문제였다. 주관적인 상상으로도 안 되고 소련의 모델을 그대로 옮겨오는 것 또한 중국의 국정에 부합하지 않았다. 이러한 문제는 실천으로 옮기는 과정에서 해결할 수밖에 없었다.

1956년 4월 마오쩌둥의 '10대 관계에 대하여'라는 연설은 중국공산당이 중국 자체의 사회주의 건설을 비교적 체계적으로 모색하는 출발점이었다. '10대 관계에 대하여'를 전후하여 당중앙위원회는 과학문화를 발전시키고 경제건설을 진행하는 측면에서 일련의 새로운 방침을 시행했다. 이 모든 것은 8차 당대회의 소집을 위한 중요한 준비 작업이었다.

1955년 말부터 1956년 봄에 이르기까지 8차 당대회 소집을 준비하고 대규모적인 경제건설을 맞이하기 위해 마오쩌둥, 류사오치(劉少

奇) 등 당중앙위원회의 지도자들은 일련의 조사를 진행했다. 1955년 12월 상반기부터 먼저 류사오치가 8차 당대회의 정치보고 초안 작성을 준비하기 위해 중앙과 국무원 30여 개 부문의 책임자를 따로 불러 좌담회를 가졌다. 이어 1956년 2월 중순부터 4월 하순까지 마오쩌둥도 중앙과 국무원 34개 부(위원회, 판공실, 국)로부터 공업생산과 전반 경제사업에 대한 회보를 각각 청취했다. 4월 하순부터 5월 2일까지 그는 또 후베이, 광둥 두 개 성과 우한, 광저우 두 개 시 당위원회 책임자들을 불러 좌담회를 네 차례 가졌다. 조사 과정에서 마오쩌둥은 중국의 사회주의 건설에 대해 장구한 지도적 의의를 갖는 일부 사상을 형성했다.

4월 25일, 마오쩌둥은 중앙정치국확대회의에서 '10대 관계에 대하여'라는 보고를 했다. 보고는 논의를 거쳐 정치국의 동의를 받은 다음 또다시 5월 2일에 최고국무회의에 보고됐다. 이 보고는 하나의 기본방침을 확정했는데 그것은 바로 "될 수 있는 대로 소극적인 요소를 적극적인 요소로 전환시켜야 한다."는 것이고 "당내외, 국내외의 모든 적극적 요소, 직접적인 적극적 요소와 간접적인 적극적 요소를 모두 동원하여 중국을 강대한 사회주의 국가로 건설하기 위해 힘써야 한다."[5]는 것이었다. 보고는 10대 문제(즉 10대 관계)를 논술했는데 한편으로 중국의 경험을 총화하고 중국의 건설과 발전에서의 문제를 연구하는 관점에서 문제를 제기했고 또 다른 한편으로는 소련의 경험을 거울로 삼아 문제를 제기했다. 마오쩌둥은 다음과 같이 강조했다. "최근 소련에서 사회주의 건설 과정에서 그들의 일부 결함과 오류가 드러났는데 그들이 걸어간 굽은 길을 따라가야 하겠는가? 지난

---

5) 마오쩌둥, '10대 관계에 대하여'(1956년 4월 25일), 〈마오쩌둥문집〉 제7권, 인민출판사, 한문판, 1999년, 23,44쪽.

날 우리는 바로 그들의 경험 교훈을 거울로 삼았기에 굽은 길을 적게 걸을 수 있었다. 물론 지금도 더욱더 그것을 교훈으로 삼아야 할 것이다." "우리가 배워야 할 것은 보편적 진리에 속하는 것이며 학습할 때에는 반드시 중국의 실제와 연관시켜야 한다. 만약 마르크스의 말도 포함하여 한 마디 한 마디 모두 그대로 옮겨온다면 큰 일이 날 것이다. 우리의 이론은 마르크스-레닌주의의 보편적 진리를 중국혁명의 구체적 실천에 결부시킨 것이다."[6] 이것은 사회주의 건설은 반드시 자국의 실정에 맞춰 자기의 길을 걸어야 함을 명확히 제시했으며 사회주의 건설에 대한 당의 기본적인 지도사상을 반영했다.

'10대 관계'는 중공업과 경공업, 농업과의 관계, 연해공업과 내지공업과의 관계, 경제건설과 국방건설과의 관계, 국가와 생산단위와 생산자 개인과의 관계, 중앙과 지방과의 관계, 한족과 소수민족과의 관계, 당과 비당과의 관계, 혁명과 반혁명과의 관계, 시비관계, 중국과 외국과의 관계를 포함했다. '10대 관계'는 생산력과 생산관계, 경제토대와 상부구조 여러 측면과 관련되어 있었지만 평행 병렬 관계가 아니었다. '10대 관계에 대하여'는 경제문제, 즉 경제사업의 제반 측면에서 각종 적극적인 요소를 동원하는 데에 중점을 두고 토론했다. 후에 마오쩌둥은 "10대 관계에서 공업과 농업, 연해와 내지, 중앙과 지방, 국가와 집단과 개인, 국방건설과 경제건설 다섯 가지가 주요하다."[7]고 말했다. 이것은 새로운 정세에서 당이 중국 사회 모순의 전반적 국면을 분석할 때 이미 경제건설의 모순을 해결하기 위한 탐색

6) 마오쩌둥, '10대 관계에 대하여'(1956년 4월 25일), 〈마오쩌둥문집〉 제7권, 인민출판사 한문판, 1999년, 23, 42쪽.

7) 마오쩌둥, '청두(成都)회의에서 한 연설'(1958년 3월), 〈마오쩌둥문집〉 제7권, 인민출판사 한문판, 1999년, 370쪽.

을 가장 첫 번째 중심에 올려놓았음을 반영했다.

'10대 관계'의 첫 세 개 조목에서는 중공업과 경공업, 농업과의 관계, 연해공업과 내지공업과의 관계, 경제건설과 국방건설과의 관계에 대해 말했다. 이는 실제로 지난날 소련이 걸은 길과는 다소 다른 중국 공업화의 길을 개척하는 문제를 고려한 것이었다. 소련의 방법은 경공업과 농업을 경시하고 중공업을 부분적으로 중시했으므로 농업, 경공업, 중공업의 발전이 균형을 이루지 못하여 양곡 생산량이 오랫동안 10월 혁명 전의 최고 수준에 도달하지 못했다. 보고는 지난날 중국이 이런 관계를 처리하는 면에서 큰 오류를 범한 적이 없었음을 긍정함과 동시에 정세와 경험에 따라 앞으로 반드시 적당히 조절하여 농업과 경공업을 더욱더 발전시키고 연해공업을 더욱 많이 이용하고 발전시키며 군정비용의 비중을 낮추고 경제건설을 더욱 이룩해야 한다고 강조했다. 오직 경제건설이 더 빠르게 발전해야만 국방건설에 더 큰 진보를 가져올 수 있다는 것이다. 네 번째와 다섯 번째 조목에서는 국가와 생산 단위와 생산자 개인 간의 관계, 중앙과 지방과의 관계에 대해 말했다. 여기에서도 소련의 교훈을 거울로 삼았으며 경제체제 개혁 문제를 언급하기 시작했다. 소련의 방법은 농민들을 가혹하게 갉아먹고 그들이 생산한 물건을 너무 많이 가져감으로써 농민들의 생산에 대한 적극성에 크게 상처를 주었으며 모든 것을 중앙에 집중하고 지방은 꼼짝 못하게 제한하여 소규모의 기동권마저 보장해주지 않았다. 보고는 소련과 중국 자체의 경험을 살려 국가와 공장, 합작사와의 관계, 공장과 합작사와 생산자 개인과의 관계를 잘 조정해야 하며 반드시 여러 측면의 관계를 고루 돌봐야지 한쪽만 돌봐서는 안 된다고 했다. 동시에 중앙의 통일적인 영도를 튼튼히 하는 전제로 지방과 공장의 권력을 어느 정도 확대해 지방과 공장에 더 많은 독립성을 보장해야 한다고 제기했다. 중국 사회주의 경제건설의 몇몇 새로운 방침은 이렇게 기본적으로 제기되었다.

'10대 관계'의 뒷부분의 다섯 개 조목은 주로 정치관계에 대해 언급했다. 모두 정치생활과 사상문화생활 등에 착안하여 각종 적극적인 요소를 동원했는데 중국 사회주의 정치건설의 몇몇 새로운 방침을 기본적으로 제기했다. 당과 비당의 관계에 대한 보고에서는 그래도 당이 여러 개인 것이 좋으며 과거에도 그러했거니와 앞으로도 그럴 수 있으며 장기적으로 공존하고 상호 감독해야 한다고 제기했다. 한족과 소수민족과의 관계에 대한 보고에서는 소련에서 러시아 민족과 소수민족과의 관계는 아주 비정상적이었는데 마땅히 그 교훈을 받아들이고 집중적으로 대 한족주의를 반대해야 할 뿐만 아니라 동시에 지방민족주의도 반대해야 한다고 제기했다. 혁명과 반혁명과의 관계에 대해 마오쩌둥은 지난날 반혁명을 진압하고 그 세력들을 숙청하는 사업이 필요했음을 긍정한다는 전제 아래 지금도 "아직 반혁명 세력이 있으나 훨씬 줄었다."고 지적하면서 앞으로 사회에서의 반혁명 진압은 적게 체포하고 적게 죽이며, 기관 내부에서의 반혁명 세력 사출은 "한 사람도 죽이지 않고 대부분을 체포하지 않는" 방침을 견지해야 하고 모든 반혁명 세력에게 생활 방책을 마련해 그들로 하여금 회개할 기회를 줘야 한다고 요구했다. 시비관계에서 마오쩌둥은 당내외의 모순을 처리할 때 모두 시비를 똑똑히 가려야 하며 오류를 범한 사람에 대해서는 "과거를 징계하여 미래를 삼가게 하며 병을 치료하여 사람을 구하는" 방침을 시행해야 한다고 재차 언명했다. 중국과 외국과의 관계에서 마오쩌둥은 "외국을 따라 배우자."는 구호를 제기했다. 그는 다음과 같이 말했다. "우리의 방침은 모든 민족, 모든 나라의 장점을 모두 따라 배우며 자본주의 국가의 선진적인 과학기술과 기업관리 방법 가운데 과학적인 면을 포함하여 정치, 경제, 과학, 기술, 문화, 예술에서 진정으로 훌륭한 모든 것을 다 따라 배워야 한다." 동시에 반드시 분석적이고 비판적으로 따라 배워야 하지 맹목적으로 따라 배워서는 안 된다. 그대로 베끼거나 기계적으로 옮겨서는 안 되며 자산계급의 모든 부패한 제도와 사상 작품은 강력히 배격하고 비판해야 한다고 지적했다. 얼마 후 저우언라이도 "자본주의 국가의 제도는 착취계급 독재의 제도이기 때문에 우리가 따라 배울 수 없지만 서방 의회의 일부 형식과 방법은 따라 배울 수 있다. 그렇게 하면 우리는 서로 다른 측면에서 문제를 발견할 수 있다."[8]고 지적했다.

이 모든 것은 당이 중국의 실정에 알맞은 사회주의 건설 노선을 이룩하기 위해 여러 측면으로 모색하는 생동한 기상을 그대로 보여주었다. 이로써 중국 사회주의 건설 길의 기본 방향이 점차 뚜렷해지기 시작했다. 이후 마오쩌둥은 이 단계의 역사를 돌이켜보면서 지난 몇 년 동안 경제건설에서 주로 외국의 경험을 따라 배웠고 1956년 4월에 10대 관계를 토론하면서부터 자체적인 중국의 건설 노선이 제기되기 시작했다고 여러 차례 말했다. 후에 덩샤오핑도 '10대 관계에 대하여'와 관련하여 "이 글은 아주 중요하다. 현재와 미래에 대해 모두 큰 이론적, 지도적 의의를 갖고 있다."[9]고 평가한 적이 있다.

---

8) 저우언라이, '독재를 계속 시행해나가며 민주주의를 확대해야 한다'(1956년 7월 21일), 〈저우언라이〉 선집(하), 민족출판사 1986년, 252쪽.

9) 중공중앙 문헌연구실 편, 〈덩샤오핑 연보(1975~1997)〉 상, 중앙문헌출판사, 한문판, 2004년, 68쪽.

'현대 과학을 향해 진군'하는 방침과 '백화제방, 백가쟁명'의 방침

마오쩌둥의 '10대 관계에 대하여' 보고 발표를 전후하여 당은 또 새로운 정세에서 지식인들에 대한 정책, '현대 과학을 향해 진군''하는 임무와 '백화제방, 백가쟁명'의 방침을 제기했다.

세계적인 범위에서의 과학기술의 급속한 발전과 중국 사회주의 건설의 대규모적인 전개에서 과학기술과 지식인의 역할은 갈수록 중요해졌다. 신중국이 창건된 후 지식인 대오는 점차 장대해졌다. 통계에 따르면 과학연구, 교육, 공학기술, 의료보건위생, 문학예술 등 여러 분야 고급 지식인은 1949년의 6만여 명에서 1955년에는 약 10만 명으로 늘어났다. 많은 저명한 과학자와 문학 예술가들도 해외에서 조국에 돌아와 신중국 건설에 투신함으로써 국내 지식인 대열을 강화했다. 그럼에도 지식인의 수는 대규모 경제건설의 수요를 충족시키기에 역부족이었다.[10] 이는 한편으로 국가건설에 필요한 여러 분야 인재를 하루빨리 대량 양성하도록 요구했고 다른 한편으로는 현재의 지식인대오 역할을 최대한 발휘하도록 요구했다. 그러나 당시 지식인 사업에는 여전히 많은 문제가 있었다. 이를테면 당의 일부 간부는 과학기술과 과학기술 인력의 중요성에 대한 인식이 부족했으며 심지어 지식인을 존중하지 않는 지나친 종파주의 경향을 지니고 있었다.[11]

1955년 11월 22일, 저우언라이는 마오쩌둥에게 지식인 문제와 관련한 상황을 보고하면서 정치협상회의 전국위원회 회의에서 지식인

---

10) 1955년에 중국의 만 명당 대학교 재학생 수는 5명도 안되었는데 당시 소련은 86명, 폴란드는 50명이었으며 미국 등 서방 선진국은 그보다 더욱 많았다.

11) 중공중앙 통일전선사업부는 당시 지식인에 대한 관계의 반영을 예측 부족, 신임 부족, 배치 부적절, 사용 부적절, 대우 불공정, 방조 부족 등 여섯 가지로 귀납하면서 지식인 문제가 알맞게 해결되지 못한다면 필연적으로 사회주의 경제건설에 큰 영향을 줄 것이라고 인정했다.

문제를 토론할 것을 제기했다. 이튿날 마오쩌둥은 중앙서기처 전체 성원과 중앙 해당 부문 책임자 회의를 소집하여 저우언라이의 의견을 받아들이고 지식인 문제를 전면적으로 해결하는 회의를 소집하고 저우언라이의 책임으로 펑전(彭眞), 천이(陳毅), 리웨이한(李維漢), 저우양(周揚), 후차오무(胡喬木) 등이 참가한 중공중앙 지식인 문제 연구 10인 지도소조를 조직해 회의준비사업을 하도록 결정했다. 저우언라이는 지식인 정황에 대한 상세한 조사를 기획하고 직접 조직했으며 각지에서 12월에 먼저 한차례 지식인 문제회의를 소집하고 지도소조를 구성하도록 지시했다. 그는 '지식인 문제에 관한 중공중앙의 지시(초안)'를 주관하여 기초하는 한편, 지식인 문제에 관한 11가지 특별보고를 지도하고 초안을 작성했다. 저우언라이는 광범위하고 깊이 있는 조사를 토대로 다음과 같이 지적했다. 중국의 지식인은 많기보다 오히려 적다. 절대다수 지식인은 정치적으로 사회주의 중국을 사랑하고 사업적으로 사회주의를 위해 적극적으로 일하면서 매우 큰 성과를 거두었다. 지식인을 대하는 데 일단 임용하면 의심하지 말고 믿어야 한다. 저우언라이는 "믿음에서 중요한 것은 바로 우리가 이러한 지식인들을 존중하는 것이다."[12]라고 특별히 강조했다.

1956년 1월, 중공중앙은 베이징에서 지식인 문제에 관한 회의를 소집했다. 베이징에 있는 중국공산당 중앙위원회 위원, 중앙위원회 후보위원, 각 성, 직할시, 자치구 당위원회와 26개 성, 자치구 관할시 당위원회 서기 또는 부서기와 각 부문, 각 분야의 책임자 총 1,279명이 회의에 참가했다. 류사오치가 회의의 사회를 맡았다. 저우언라이는 중공중앙을 대표하여 '지식인 문제에 관한 보고'를 하면서 당이 직

---

12) 중공중앙문헌연구실 편, 〈저우언라이 연보(1949~1976)〉상권, 중앙문헌출판사, 한문판, 1997년, 519~520쪽.

면한 과업에서 시작하여 지식인들의 성장 과정과 정치사상, 사업 상태 등을 포함한 전반 지식인대오의 현황을 상세하게 분석했다. 그는 다음과 같이 지적했다. 지금 우리가 진행하고 있는 제반 건설사업에는 지식인들이 점점 더 필요하다. 따라서 지식인 문제를 올바르게 해결하고 그들의 역량을 남김없이 동원해 발휘시켜 위대한 사회주의 건설을 위해 투신하게 하는 것은 과도기의 총체적 임무를 힘써 수행해나가는 중요한 조건이 되었다. 저우언라이는 신중국이 창건된 후 6년 동안에 지식인에 대한 당의 단결, 교양, 개조의 정책을 관철 집행한 결과 중국 지식계의 면모는 근본적인 변화를 가져왔으며 "그들의 대부분은 이미 국가공무원으로 되어 사회주의를 위해 복무하고 있으며 노동계급의 일부분이 되었다."고 분석했다. 그는 다음과 같이 강조했다. 사회주의 건설은 "반드시 노동계급과 광범한 농민들의 적극적인 노동에 의거해야 하는 것 외에 또한 지식인들의 적극적인 노동에 의거해야 한다. 다시 말하면 반드시 육체노동과 정신노동의 긴밀한 합작에 의거해야 하며 노동자, 농민, 지식인의 형제적 동맹에 의거해야 한다", "지식인은 이미 중국 여러 분야의 생활에 중요한 요소가 되고 있다.", 저우언라이는 지식인 속에서 당원을 대량 흡수하는 계획을 제기하면서 "1962년에 당원이 고급 지식인 총수의 3분의 1을 차지하도록" 해야 한다고 말했다. 상기 지식인의 계급적 속성과 사회적 역할에 대한 실사구시적인 판단과 평가, 그리고 상응한 방침에 대한 제정은 사회주의 시대에 지식인에 대한 당의 올바른 정책적 토대를 마련했다.

저우언라이는 또 세계 과학기술의 거대하고 급속한 진보로 "우리가 과학 발전에 매우 멀리 뒤떨어진" 현실을 분석했다. 저우언라이는 다음과 같이 강조했다. 사회주의 시대에는 생산 기술을 충분히 향상하고 과학을 충분히 발전시키며 과학지식을 충분히 이용하는 것이 그 어느 시대보다 더욱 요구된다. 과학은 국방, 경제, 문화 등 여러 분야와 관련되는 결정적인 요소다. 현대적 과학기술은 지금 일사천리로 발전하고 있으며 인류는 새로운 과학기술과 공업혁명의 전야에 놓여 있다. 우리는 하루빨리 "현대과학을 향해 진군해야 한다."[13] 저우언라이는 보고에서 역량을 조직하여 1956~1967년 '과학기술 발전 전망 계획' 작성을 제의했다.

도 회의에서 연설을 발표하여 기술 혁명과 문화 혁명을 이루고 과학 연구를 진행하며 우매한 상태를 개선해야 한다면서 이 같은 혁명은 지식인이 없이 단지 무식한 사람에게만 의거해서는 안 된다고 제기했다. 마오쩌둥은 더욱 짧은 시간 내에 고급 지식인을 대거 양성하는 동시에 일반 지식인을 더 많이 양성하도록 요구했다.[14] 그는 전당이 과학 지식을 힘써 배우고 당외 지식인과 일치단결하여 세계의 선진적인 과학 수준을 하루빨리 따라잡기 위해 노력할 것을 호소했다.[15]

지식인 문제회의 후 얼마 안 되어 중앙정치국은 '지식인 문제에 관한 중공중앙의 지시'를 채택하여 중국 지식인들의 면모가 이미 근본적인 변화를 가져왔고 지식인들은 이미 기본적으로 사회주의를 위해 복무하는 사업 역량으로 거듭났으며 지식인 기본 대오는 이미 근로인민의 일부가 되었다고 긍정했다. '지시'는 다음과 같이 지적했다. 당은 지식인 문제를 한층 더 전당과 국가 각 사업 부문의 의사일정에

13) 저우언라이, '지식인 문제에 관한 보고'(1956년 1월 14일), 중공중앙 문헌연구실 편, 〈건국 이래 중요문헌선〉 제8권, 중앙문헌출판사, 한문판, 1999년, 13.35~36.41쪽.

14) '중공중앙에서 소집한 지식인 문제에 관한 회의에서 한 마오쩌둥의 연설 기록', 1956년 1월 20일.

15) '중공중앙에서 지식인 문제에 관한 회의를 소집', 1956년 1월 30일부, 〈인민일보〉 제1면.

올려놓고 전면적으로 계획하고 영도를 강화하며 이 분야 사업의 결합과 오류를 극복하고 여러 효과적인 조처를 통해 현재 지식인의 능력을 충분히 동원해 발휘시킬 필요가 있다. 중공중앙은 4월 14일에 '지식인 속에서 당원을 발전시키는 계획에 관한 중앙조직부의 보고'를 전달했고 5월 21일에는 '고급 지식인 입당 정황에 관한 중앙조직부의 보고'를 전달했다. 중앙의 요구에 따라 지식인을 당원으로 받아들일 때 고급 지식인을 입당시키는 데 각별한 주의를 기울여야 했다. 당시 전국의 많은 유명 과학자와 교수, 공정사, 의사, 문예사업 종사자들이 입당하여 사회주의 건설사업의 핵심 역량이 되었다. 당중앙위원회와 정부 관계 부서는 관련 정책 제정에 착수하여 지식인의 사업 조건, 정치 대우, 배치와 임용, 생활 개선 등 문제를 해결해주었다.

당중앙위원회는 또한 세계 과학기술 발전 상황에 따라 중장기 과학기술 발전 전망계획을 제공하는 데 적극 착수함으로써 제반 건설사업의 발전을 추진했다. 1956년 3월, 국무원은 과학계획위원회를 구성하고 저우언라이, 천의, 리푸춘(李富春), 네룽쩐(聶榮臻) 등의 조직 아래 600여 명의 과학자를 모으고 또 약 100명의 소련 전문가를 초청하여 수개월 동안 거듭되는 논증을 거쳐 '1956~1967년 과학기술발전전망계획요강(수정 초안)'을 작성했다. "중점적으로 발전시키고 앞선 것을 따라잡는" 방침의 지도 아래 전망계획요강은 13개 방면의 57가지 국가의 중요한 과학기술 임무를 제기하고 12가지 관건적인 의의를 갖는 중점 대상 또는 과제를 확정했다.[16] 특별히 중요하지

---

16) 이 12가지 중점 대상 또는 과제로는 (1) 원자력을 평화적으로 이용하는 것, (2) 무선전전자학의 새 기술, (3) 분사식기술, (4) 생산 과정에서의 자동화와 정밀의기, (5) 석유와 기타 특별히 부족한 자원에 대한 탐사, 광물원료기 탐사와 확정, (6) 중국 자원 정황에 부합하는 합금 시스템을 구축하는 것과 새로운 야금 과정을 모색하는 것, (7) 연료를 종합적으로 이용하고 유기합성을 발전시키는 것, (8) 신형

만 중국에서는 비교적 빈약한 일부 분야에 대해서는 1956년에 네 가지 긴급조치[17]를 내기도 했다. 과학기술발전전망계획은 당시 전국 인민이 현대 과학을 향해 진군하는 행동강령이 되었다. 당중앙위원회 선전부의 지도로 중국과학원 철학사회과학부는 전문가들을 조직하여 12연간의 철학사회과학발전전망계획을 작성했다.

지식인 문제회의의 소집과 과학기술발전전망계획의 작성은 광범한 지식인들을 크게 고무했으며 전국적으로 강렬한 반향을 불러일으켰다. 특히 저우언라이의 보고는 지식층에 '경칩을 알리는 봄 우레'라고 불리면서 광범한 지식인들에게 깊은 감동을 주었다. 당과 지식인과의 관계는 한층 더 개선되었고 사회주의 건설사업에 투신하려는 지식인들의 열성도 불러일으켜 '현대과학을 향해 진군'하는 조짐이 재빨리 일어나게 되었다.

당중앙위원회는 "현대과학을 향해 진군하자."는 구호를 내린 동시에 또 '백화제방, 백가쟁명'을 사회주의과학문화사업을 번영, 발전시키는 지도방침으로 내세웠다. 신중국이 창건된 후 첫 몇 년간 과학문화 분야에서는 소련학술 비판의 거친 작풍과 교조주의의 영향을 받아 한 개 학파를 추앙하면 다른 학파를 압제하고 마음대로 정치의 꼬리표를 다는 현상이 존재했으며 일부 학술분야에서는 그 정도가 비

의 동력기계와 대형기계, (9) 황허, 양쯔강 종합개발에서의 중대한 과학기술 문제, (10) 농업의 화학화, 기계화, 전기화에서의 중대한 과학 문제, (11) 중국 인민의 건강을 가장 크게 해치는 몇 가지 주요 질병에 대한 예방 치료와 소멸, (12) 자연과학에서의 몇 가지 중요한 기본 이론 문제 등이다.

17) 이 네 가지 긴급조치로는 (1) 계산기술과 반도체기술, 무선전자학, 자동화기술, 원격조종기술을 발전시키는 것, (2) 동위원소 응용사업을 벌이는 것, (3) 과학기술정보사업을 세우는 것, (4) 국가계량기준을 세우고 계량과학 연구를 진행하는 것 등이다.

교적 심했다. 생물학계에서는 소련의 미추린 학설[18], 리센코 학설[19]을 '사회주의'라 하고 서방의 멘델－모건 학설[20]은 '자본주의'라고 했다. 의약보건위생 분야에서는 '중의는 봉건의사', '양의는 자본주의 의사'라고 비판했다. 문학예술 분야에도 이러저러한 계율이 적지 않았는데 주다노프[21]의 계율 몇 가지가 있었는가 하면 말렌코프[22]의 계율도 몇 가지 있었으며 이들을 그대로 답습해야 했다. 사회과학의 기타 분야에서는 종파주의의 영향도 상당했다. 일부 당원 가운데에서는 당외 전문가를 배척하거나 철학과 사회과학 학술사업을 독점하려는 경향이 일어났다. 어떤 사람은 중국 고대역사 시기를 나누는 서로 다른 학술 관점에 대해 중앙선전부에서 시비를 갈라줄 것을 제기하기도 했었다. 이러한 정황에 따라 마오쩌둥은 중앙선전부에서 과학연구와 학술연구 가운데 소련 과학유파를 대하는 교조주의 태도 문제를 깊이 연구하도록 요구했다.

1956년 4월 하순, 중앙정치국확대회의는 마오쩌둥의 '10대 관계에 대하여' 보고를 토론하는 과정에 정치사상 문제를 학술성격, 예술성격, 기술성격을 띤 문제와 구분해야 하며 문화와 과학을 발전시키기

---

18) 미추린(1855~1935), 소련의 식물육종가이며 생물학자로 과수재배에 뛰어난 기여를 했다. 그는 유전성은 생물의 기본 특징의 하나로 개체발육 과정에 유전성도 변화 발전되고 있으며 인류는 생활 조건을 통제하거나 교잡, 순화 등 수단을 통해 식물의 유전성을 개변시키고 정향재배를 실현하여 인류에게 필요한 새로운 물종을 창조해낼 수 있다고 제기했다.

19) 리센코(1898~1976), 소련의 농학자이며 생물학자이다. 그는 미추린의 생물학을 제창하고 유전자학과 서로 대립되는 유전학설을 제기했으며 생물의 유전성을 인위적으로 통제할 수 있다고 인정했다.

20) 멘델(1822~1884), 오스트리아 유전학자이다. 그는 식물교잡실험을 통해 유전에서의 유전자의 역할을 발견하고 "멘델유전법칙"을 제기하여 현대 유전학의 토대를 닦았다. 모건(1866-1945)은 미국의 실험배아학자, 유전학자이다. 그는 멘델유전학에 기초하여 반성유전학 이론을 제창했으며 염색체유전학설을 발전시킴과 아울러 유전자 학설을 더한층 발전시켰다.

21) 안드레이 알렉산드로비치 쥬다노프(1896~1948), 소련공산당(볼셰비키) 중앙정치국 위원, 중앙서기 직무를 역임했으며 장기적으로 선전과 사상문화사업을 맡았다.

22) 게오르기 막시밀리아노비치 말렌코프(1902~1988), 소련공산당(볼셰비키)과 소련공산당 중앙정치국 위원, 중앙서기, 소련부장회의 주석, 부주석 직무를 역임했다.

위해 마오쩌둥이 과거 따로 제기한 '백화제방'과 '백가쟁명' 두 개 구호를 관철해야 한다고 제기했다.

회의 기간에 저장(浙江) 곤곡 '15관'의 공연이 커다란 파문을 일으켰다. 마오쩌둥 등 많은 중앙 지도자들은 공연을 관람했다. 훗날 저우언라이가 말하다시피 "'15관'이 관료주의와 주관주의를 단도직입적으로 풍자한 것은 성공적이다. 관료주의와 주관주의는 지금 개별적으로 존재하는 것이 아니다. 현대극으로서는 관료주의와 주관주의를 이처럼 심각하게 비판한 것이 아직 없다." 이 극은 "'백화제방, 추진출신'의 방침에 토대를 마련했다."[23)

4월 28일, 마오쩌둥은 중앙정치국 확대회의에서 한 총화연설에서 다음과 같이 지적했다. 내가 보기에는 예술 문제에서의 백화제방과 학술 문제에서의 백가쟁명은 마땅히 우리의 방침으로 되어야 한다. 학술을 논하는 데 이런 학설도 말할 수 있고 저런 학설도 말할 수 있는 바 한 가지로 모든 것을 압도하지 말아야 한다. 당신이 말한 것이 만약 진리라면 반드시 믿는 사람도 갈수록 늘어날 것이다. 5월 2일, 최고국무회의 제7차 회의에서 마오쩌둥은 '백화제방, 백가쟁명'의 방침을 정식으로 제기했다. 그는 다음과 같이 논술했다. 지금 봄이 오지 않았는가. 100가지 꽃이 다 피어나게 해야 한다. 몇 가지 꽃만 피게 하고 다른 몇 가지 꽃은 피지 못하게 해서는 안 된다. 이것이 바로 '백화제방'이다. '백가쟁명'은 춘추전국 시대라는 2천 년 전의 그 시기에 많은 학파와 제자 백가가 자유롭게 쟁론을 한 것을 말한다. 지금 우리도 이것이 필요하다. 중화인민공화국 헌법 범위 내에서 각종 학술 사상들이 정확한 것이든 잘못된 것이든 그들끼리 논쟁하게 하며

---

23) 저우언라이, '15관은 고전 각본각색에 성공한 전형이다'(1956년 5월 17일), 중공중앙문헌연구실 편, 〈저우언라이 문화선문집〉, 중앙문헌출판사, 한문판, 1998년, 154~155쪽.

사회주의 건설의 전면적인 전개와 중국 사회주의 건설의 노선에 대한 간고한 모색

간섭하지 말아야 한다.

5월 26일에 중난하이(中南海) 화이런탕(怀仁堂)에서 소집된 지식계 회의에서 중앙선전부 부장 루딩이(陸定一)는 '백화제방, 백가쟁명'이라는 제목으로 보고를 했으며 당중앙위원회를 대표하여 이 기본 방침에 대해 상세하게 천명했다. 루딩이는 다음과 같이 지적했다. 우리가 주장하는 '백화제방, 백가쟁명'은 문학예술사업과 과학연구사업 가운데 독립적으로 사고할 수 있는 자유, 변론할 수 있는 자유, 창작과 비평을 할 수 있는 자유, 자기 의견을 발표할 수 있는 자유와 자기 의견을 견지하고 보류할 수 있는 자유를 제창하는 것이다. 루딩이는 지난 몇 년 동안 극작품 부문에서 시행한 '백화제방'과 중국 역사상 춘추전국 시대 '백가쟁명'이 나타난 실례를 열거하면서 각종 연극 간의 자유 경쟁과 상호 견학이 있었기 때문에 극작품이 빠르게 진보했고, 독립적인 사고를 고무 격려하고 자유롭게 토론했기 때문에 학술은 신속히 발전할 수 있었다고 설명했다. 자연과학, 사회과학, 문학예술 사업 경험 교훈을 모은 기초 위에서 루딩이는 "마땅히 과학의 기초 위에서 건립된 첨예한 학술 논쟁을 제창해야 한다. 비평과 토론은 마땅히 연구 사업을 기초로 해야 하며 경솔하고 거친 태도를 반대해야 한다."고 강조했다.

1956년 8월, 중국사회과학원과 고등교육부의 공동 주최로 칭다오(青島)에서 유전학좌담회가 열렸다. 이번 회의의 취지는 학술계에서 '백가쟁명'의 방침을 시행함으로써 각 부류 학파들이 학술에서 평등하게 논쟁하도록 입지를 보장해주는 것이었다. 1957년 4월 29일, 〈광명일보〉는 '유전학으로부터 백가쟁명을 논함'이라는 베이징대학 교수 리루치(李汝祺)의 글을 발표하여 학술연구를 번영시키는 구체적인 의견을 서술했다. 마오쩌둥은 이 글의 제목을 '과학을 발전시킴에 있어서 반드시 거쳐야 할 길'이라고 다시 정하고 〈인민일보에〉 전재할 것을 제의했으며 〈인민일보〉를 대신하여 편집자의 말을 썼다. "이 글은 4월 29일부 〈광명일보〉에 게재되었다. 우리는 원 제목을 부제로 고치고 저자를 대신하여 긍정적인 제목으로 바꾸었는데 이는 우리가 이 글을 찬성함을 뜻한다."

당이 지식인 문제와 과학문화를 발전시키는 등에서 내린 이 같은 결정은 중국 사회주의 문화건설에서의 몇 가지 새로운 방침을 기본적으로 제기했으며 사람들로 하여금 소련의 교조주의 속박에서 한층 더 벗어나 모든 적극적인 요소를 동원하여 사회주의를 위해 일하도록 촉구했다. 이는 중국 자체의 사회주의의 길을 모색하는 데 중요한 영향을 끼쳤다.

보수주의도 반대하고 모험적 전진도 반대한 경제건설 방침

1956년 상반기, 사회주의 개조의 발걸음이 빨라지면서 국민경제의 건설 규모와 발전 속도는 막대한 압력을 받았다. 제반 분야가 발전을 촉진하면서 재정과 물자가 달리는 국면이 조성되었다. 이에 따라 당은 보수주의도 반대하고 모험적전진도 반대하는 경제건설 방침을 제정하기 위해 많은 노력을 했다.

최초 8차 당대회를 준비할 때 마오쩌둥은 8차 당대회 보고의 중심사상은 우경보수주의를 반대하는 것이라고 제기했다. 1955년 12월에 마오쩌둥은 '중국 농촌에서의 사회주의 고조' 서언에서 다음과 같이 지적했다. 우경보수 사상이 여러 가지 장애를 초래하여 여러 분야 사업이 객관적 상황의 발전에 적응하지 못하고 있다. 전반 공업화에서나 과학, 문화, 교육, 위생 등 사업에서나 그 규모와 속도를 완전히 원래 계획 그대로 할 수는 없고 적당히 확대하고 촉진해야 한다. 이를 위해 마오쩌둥은 또 공산당은 '촉진회'가 되고 여러 사람은 촉퇴파(促退派)가 되지 말고 촉진파가 되어야 한다고 제기했다. 마오쩌둥이 상술한 의견은 중앙 기타 지도자들의 찬성을 얻었다. 1956년 〈인민일보〉는 '5개년 계획을 전면적으로 앞당겨 완수하고 초과 완수하기 위해 분투하자'라는 설날 사설을 발표하여 "많이, 빨리, 좋게, 절약"이라는 요구를 명확히 제기했다. 1월 초 각 성, 직할시, 자치구 당위원회 서기회의에서의 보충과 수정을 거쳐 형성된 '1956~1967년 전국농업발전요강(초안)' 역시 이러한 지도사상을 구현했다.

1956년 초, 경제사업을 책임지던 당중앙위원회와 국무원의 지도자는 모험적인 성급한 경향을 발견하고 이를 바로잡으려고 노력했다. 지식인 문제에 관한 회의에서 기조연설을 할 때 저우언라이도 현실에 맞지 않는 일을 하지 말고 우리의 계획을 실사구시적이며 시행이 가능하고 맹목적으로 모험적 전진을 하지 않는 계획이 되게 해야 한다며 주의를 환기시켰다. 2월 8일, 국무원 제24차 전체회의에서 저우언라이는 또 다음과 같이 말했다. "지금 조급함이 보이는 만큼 이 점에 주의를 돌릴 필요가 있다. 사회주의 적극성을 꺾어서는 안 되지만 현실 가능성을 초월하거나 근거가 없는 일을 함부로 제기하거나 무작정 속도를 강요해서는 안 된다. 그렇게 하는 것은 매우 위험한 일이다." "공업화를 앞당겨 완수한다는 구호는 절대로 내놓지 말아야 한다." "각 부문에서는 계획을 세울 때 그것이 12년 전망계획이건 금년과 내년의 연간 계획이건 다 실사구시에 입각해 세워야 한다."[24] 2월 10일에 천원(陳云)은 국무원상무회의에 참석한 자리에서 다음과 같이 지적했다. 공업을 건설하는 고조가 일어났는데 아주 좋은 일이

---

24) 저우언라이, '경제사업은 실사구시적으로 해야 한다'(1956년 2월 8일), 〈저우언라이 선집〉(하), 민족출판사, 1986년, 230~231쪽.

다. 그러나 곤란을 충분히 예측해야 하며 피하지 말아야 한다. 실제 사업에서 최선을 다했다면 '전족 여인'이 아니며 가능성을 초과한 것은 '좌경'이다.[25] 천원은 계획을 작성하는 데 마땅히 비례에 따라 발전하는 원칙을 따라야 한다는 주장을 견지했다. 그의 노력으로 국무원은 상무회의를 열고 계획지표를 감축하기로 결정했으며 1956년도 기본 건설 투자는 170억 위안에서 147억 위안으로 줄어들고 두바퀴 쌍날보습의 지표는 500만 대에서 350만 대로 줄었다. 4월에 이르러 조급한 모험적 전진으로 빚어진 결과가 한층 더 드러났다. 강재(鋼滓), 시멘트 등 건축자재가 매우 부족해짐으로써 국가의 비축 물자를 지나치게 사용하게 되었다. 저우언라이, 천원 등은 긴장한 경제정세를 완화시키는 응급조치를 제기하면서 생산의 균형, 물자의 균형, 재정의 균형 사업을 완수할 것을 요구했다.

1956년 4월, 마오쩌둥은 '10대 관계에 대하여'라는 보고를 진술하여 경제사업에서 맹목적으로 모험적 전진을 하는 문제를 한층 더 시정하는 데 탁월한 조건을 마련했다. 그 후 마오쩌둥은 다음과 같이 말했다. "나의 머리도 처음에 대단한 공명심에 차 있었다. 작년 3, 4월 사이에야 비로소 변하기 시작했으며 30여 개 부의 동지들을 찾아 담화하고 그 후에 최고국무회의에서 10대 관계에 대해 이야기했다."[26] 5월 중순, 류사오치가 사회를 보고 중앙책임자가 참가한 회의는 중국의 경제 발전은 보수주의도 반대하고 모험적 전진도 반대하며 종합적 균형을 견지하는 가운데 온당하게 전진하는 방침을 제기했다. 6월 4일, 류사오치가 중공중앙회의를 사회를 보고 1955년도

---

25) 중공중앙문헌연구실 편, 〈천원 연보(1905~1995)〉 중권, 중앙문헌출판사, 한문판, 2000년, 291쪽.
26) '민주당파 책임자와 한 마오쩌둥의 담화', 1957년 4월 30일.

국가 결산과 1956년도 국가 예산 보고 원고를 토론했다. 저우언라이는 국무원을 대표하여 반년 동안 경제건설에서 나타난 문제들을 전면적으로 소개하면서 재정 지출을 계속 줄이고 기본 건설경비를 감소하는 것에 관한 의견을 제기했다. 저우언라이, 천원의 제의에 따라 회의는 보수주의도 반대하고 모험적 전진도 반대하며 종합적으로 균형을 이루는 가운데 온당하게 전진하는 경제건설 방침을 확정했다. 6월 10일, 류사오치가 중앙정치국회의를 책임지고 소집하여 예산보고 초고를 기본적으로 통과시켰다. 정치국의 토론을 거친 개정안은 조급한 모험적 전진을 반대한다고 한층 더 강조했다. 6월 15일, 전국인민대표대회 제1기 제3차 회의에서 채택된 '1955년도 국가 결산과 1956년도 국가 예산에 관한 보고'에서 이 같은 방침이 제기되었다. 6월 20일자 〈인민일보〉는 중앙정치국 회의 정신에 따라 '보수주의를 반대하고 조급 정서도 반대해야 한다'는 제목으로 사설을 발표함으로써 전당, 특히 각급 영도간부들을 동원하여 경제사업에 나타난 조급한 모험적 전진 경향의 시정에 중시를 돌리는 데 중요한 추동 작용을 했다. 이렇게 몇 달간의 노력을 거쳐 경제건설에서 거세게 일어났던 맹목적이고 모험적인 전진 추세가 기본적으로 억제되었다.

3. 당의 제8차 전국대표대회

사회주의를 전면적으로 건설하는 시기에 들어선 역사적인 회의

1956년 9월에 열린 중국공산당 제8차 전국대표대회는 당이 전국적으로 집권지위를 취득한 후 소집된 첫 번째 전국대표대회였다. 7차 당대회부터 8차 당대회에 이르기까지 당은 중국 인민을 영도하여 거대한 의의를 갖는 두 차례의 역사적인 전환을 이뤘다. 첫째는 장기적이고 전례 없이 간고한 투쟁을 거쳐 제국주의, 봉건주의와 관료자본주의의 반동통치를 뒤엎고 1949년에 중화인민공화국을 창건한 것이며, 둘째는 8차 당대회가 열리기 전까지 사회주의 공업화를 적극 추진한 동시에 전국의 대다수 지역에서 농업, 수공업과 자본주의 상공업에 대한 사회주의적 개조를 기본적으로 완수하고 사회주의 기본제도를 수립한 것이었다.

1956년에 열린 8차 당대회는 당중앙위원회에서 1955년에 확정한 것이었다. 1955년 10월 11일, 당중앙위원회 제7기 제6차 전원회의는 '당의 제8차 전국대표대회를 소집할 데 관한 결의'를 채택했다. '10대 관계에 대하여'가 제기된 후 8차 당대회 정치보고 초안 작성사업은 이 보고의 정신을 지도사상으로 확정했다. 마오쩌둥은 정치보고 초안 작성사업과 당 규약 수정보고사업, 당 규약 수정보고의 초안 작성사업을 지도하고 그 사업에 참가했다. 8차 당대회의 문건 초고가 작성된 후 중앙은 중앙기관과 각 성, 직할시, 자치구와 군대의 당 책임자들을 조직하여 여러 차례 토론하고 의견을 청취했다. 마오쩌둥은 정치보고에서 탈고된 각 부분을 8차 당대회 모든 대표에게 인쇄·배포하여 그들에게 보이는 한편 수정하게 했다. 8차 당대회 문건은 마오쩌둥을 수장으로 하는 당중앙위원회 지도집단의 경험과 지혜를 집약했을 뿐만 아니라 전당의 경험과 지혜도 반영했다.

1956년 8월 22일에 당중앙위원회 제7기 제7차 전원회의가 베이징에서 열렸다. 이번 전원회의는 8차 당대회에 제출할 각 문건을 채택했으며 대회의 관련 사항에 대해 결정을 내림으로써 8차 당대회의 순조로운 소집을 위해 여러 측면에서 충분히 준비했다. 회의는 8차 당대회 의정은 마땅히 건설이라는 이 주제를 두드러지게 내세워야 한다고 명확히 제기했다. 마오쩌둥은 다음과 같이 말했다. 이번의 중점은 경제건설이다. 보고는 국내외 정세와 사회주의적 개조, 건설, 인민민주주의 독재, 당 등 내용을 포함한다. 이 몇 개 큰 제목에 관해 다 말할 수 있다. 그러나 중점은 두 가지로 하나는 사회주의적 개조이고 하나는 경제건설이다. 이 두 가지 중점 가운데서 주요한 것은 여전히 건설이다. 전원회의는 새로운 중앙위원회, 특히 중앙 핵심 지도층의 인선(人選) 문제와 관련하여 거듭 보충했다. 마오쩌둥은 중앙에서 부주석 4명을 두는 것 외 서기처도 설치하고 총서기 1명을 추대할 계획이라면서 이와 관련하여 먼저 "의견도 청취하고" "대표들 가운데서 보충"하도록 했다. 그는 우리와 같은 큰 당, 우리와 같은 대국에서 국가의 안전, 당의 안전을 위해 아마도 몇 사람 더 두는 것이 좋을 것이라고 말했다.[27]

8월 30일부터 9월 12일까지 8차 당대회 예비회의가 열렸다. 회의는 중앙위원회가 대회에 제출할 각항 보고와 문건에 대해 상세하게 토론했으며 수정 의견을 제기했다. 8월 30일, 마오쩌둥은 예비회의 제1차 전체회의를 사회하고 연설을 발표했다. 그는 대회의 목적과 취지는 7차 당대회 이래의 경험을 총화하고 전당과 국내외의 모든 역량을 단결하여 위대한 사회주의 중국을 건설하기 위해 분투하는 것이라고 제기했다. 그는 "이는 일종의 책임"이라고 인정했다. 만약 이렇게 되지 않는다면 인류에 대한 우리의 공헌이 크지 않다는 것이었다. 그는 당의 훌륭한 전통과 작풍을 계승하고 이론과 실천의 통일을 견지하며 계속하여 주관주의와 종파주의를 반대하고 관료주의도 반대해야 한다고 강조했다. 새로운 중앙위원회 선거와 관련하여 그는 7차 당대회의 방침, 즉 단결의 방침을 견지해야 하며 노선적 오류를 범한

---

27) 마오쩌둥, '중공중앙에서 부주석과 총서기를 두는 문제에 관하여'(1956년 9월 13일), 〈마오쩌둥 문집〉 제7권, 인민출판사 한문판, 1999년, 110쪽.

이들을 포함하여 잘못을 저지른 이들을 대할 때에도 이러한 방침을 취해야 한다고 강조했다. 마오쩌둥의 연설은 8차 당대회를 잘 소집하는 데 중요한 지도적 의의가 있으며 또 이에 대한 동원 작용도 했다.

9월 10일, 마오쩌둥은 예비회의 제2차 전체회의에서 연설할 때 경제건설과 중앙위원회의 선거를 중점적으로 말했다. 그는 사회주의 건설 시기에는 민주주의 혁명 시기에서처럼 많은 오류를 오랫동안 범하지 말고 많은 곤경을 피하길 바랐다. 그는 다음과 같이 말했다. 경제를 건설하면서 이 몇 년 동안 일부 경험을 쌓았다. 새로운 과학기술을 발전시키는 데에 아직 경험이 없다. 우리는 세계의 새로운 공업기술과 농업기술을 아직 배우지 못했으며 주로 제2차 5개년 계획과 제3차 5개년 계획에 의거하여 더 많은 것을 배워야 한다. 대규모 경제건설은 지식인을 양성하도록 요구하고 있다. 구중국이 남겨준 고급 지식인은 10만 명밖에 안 된다. 우리는 3차례의 5개년 계획 안에 100만 명 내지 150만 명의 고급 지식인을 양성하여 사회주의 건설의 수요에 부응하려고 한다. 그때가 되면 당중앙위원회의 성분도 개변될 것이다. 중앙위원회 가운데 마땅히 많은 기술자와 많은 과학자가 있어야 한다. 지금의 중앙위원회는 여전히 정치적인 중앙위원회이며 아직은 과학적인 중앙위원회가 아니다. 이는 마오쩌둥이 급속한 발전을 가져온 국내외 정세에 근거하여 당중앙위원회 지도 집단의 건설 방향에 대해 제기한 새로운 요구였다.

1956년 9월 15일부터 27일까지 중국공산당 제8차 전국대표대회가 베이징의 전국정치협상회의 강당에서 성대하게 소집되었다. 회의에 참석한 대표는 총 1,026명이었으며 그들은 전국의 1,073만 명의 당원을 대표했다. 50여 개의 외국 공산당, 노동당 대표단, 그리고 국내 여러 민주당파와 무소속 민주인사 대표들이 초청을 받고 대회에 참가했다. 마오쩌둥이 개회사를 하고 류사오치가 중앙위원회를 대표하여 정치보고를 했다. 그리고 덩샤오핑이 당 규약 개정에 관한 보고를 하고 저우언라이가 국민경제 발전에 관한 제2차 5개년 계획 제의에 관한 보고를 했다. 주더(朱德), 천윈, 둥비우(董必武), 펑더화이(彭德怀), 리푸춘, 보이보(薄一波) 등 68명 대표가 대회발언을 했고 45명 대표가 서면발언을 했다. 발언을 한 대표 가운데는 중앙지도자가 있는가 하면 지방 각급 당위원회와 중앙 각부, 위원회, 그리고 국가기관 각부, 위원회 당조 책임자도 있었으며 기층 당 조직에서 온 책임자도 있었는데 대표하는 분야가 광범위했다. 대표들은 개회사와 대회의 각항 보고를 둘러싸고 당의 제반 사업에 대해 총화하고 사업경험을 솔직하게 교류했다.

마오쩌둥은 일찍이 다음과 같이 지적했다. 발언은 "사업에 대한 비평이 있어야 하고 자기비판이 있어야 하며 분석이 있어야 한다. 5분간의 발언에도 분석이 있을 수 있다. 만약 우리가 회의에서 비판도 없이 순수하게 공덕만 칭송한다면 생기가 없어질 것이다. 단지 '좋을 호(好)'자 하나면 된다. 많이 말할 필요가 없다"[28]. 그리하여 많은 대표는 당 사업에서의 결함과 오류에 대해 성실하고 신랄하게 비판했다. 대표들은 사상을 해방하고 속심을 털어놓고 말하면서 경제, 정치, 문화, 과학, 교육, 외교, 국방, 법제, 민족, 통일전선, 당의 건설 등 여러 분야의 사업에 대해 많은 건설적인 의견을 제기했는데 과감히 탐색하는 새로운 기풍이 대회의 솔직한 분위기에 차고 넘쳤다.

대회는 각항 보고와 '중국공산당 규약', '정치보고에 관한 중국공산당 제8차 전국대표대회의 결의', '국민경제발전 제2차 5개년 계획

---

28) '당중앙위원회 제7기 제7차 전원회의 제1차 회의에서 한 마오쩌둥의 연설 기록', 1956년 8월 22일.

(1958~1962)에 관한 중국공산당 제8차 전국대표대회의 제의'를 채택했으며 제8기 중앙위원회를 선거함으로써 각항 의정을 원만하게 완수했다. 제8기 중앙위원회의 창립에 당내 민주를 충분히 발양했다. 먼저 각 대표가 제한 없이 자유롭게 추천한 다음 명단을 종합하여 여러 차례의 보충과 토론을 거친 후 다시 두 차례의 예선을 통해 대회에 정식 제출할 후보자 명단을 확정했다. 이런 추천 방식은 당의 역사에서는 처음이었다. 대회는 나중에 중앙위원회 위원 97명과 중앙위원회 후보위원 73명을 뽑았다.

8차 당대회는 아주 기운차게 열렸다. 회의소집 소식이 사전에 발표되었고 회의의 진전도 곧바로 외부에 보도되었으며, 8차 당대회의 보고와 대표들의 대회 발언이 제때에 신문에 실렸다. 중앙위원회 위원, 후보위원의 선거 결과를 공포할 때 당선자 명단은 득표수의 많고 적음(득표수가 같을 때에는 성씨의 획순에 따랐다)에 따라 배열했다. 보도매체의 보도를 통해 전당과 전국 인민들은 대회의 목표, 취지, 진전과 상황을 제때에 알게 되었을 뿐만 아니라 국제 여론의 주목도 받았다. 서방국가의 신문마저 중국공산당 제8차 전국대표대회는 "신심, 희열, 낙관과 단결로 충만했으며" "그 누가 보더라도 선입견을 가지지 않는다면 모두 이 점을 인정할 것이다."[29]라고 논평했다.

9월 28일, 중국공산당 제8기 중앙위원회는 제1차 전체회의를 열고 새로운 중앙 지도기구를 세웠다. 중앙정치국 위원들로는 마오쩌둥, 류사오치, 저우언라이, 주더, 천윈, 덩샤오핑, 린뱌오(林彪), 린보취(林伯渠), 둥비우, 펑전, 뤄룽환(羅榮桓), 천이, 리푸춘, 펑더화이, 류보청(劉伯承), 허룽(賀龍), 리셴녠(李先念)이었고 후보위원들로는

---

29) '국제 여론이 중국공산당 제8차 전국대표대회를 중시', 1956년 9월 28일 자, 〈인민일보〉 7면.

우란후(烏蘭夫), 장원톈(張聞天), 루딩이, 천보다(陳伯達), 캉성(康生), 보이보였다. 중앙정치국 상무위원회 위원들로는 마오쩌둥, 류사오치, 저우언라이, 주더, 린보취, 덩샤오핑이었다. 중앙위원회 주석으로는 마오쩌둥, 부주석들로는 류사오치, 저우언라이, 주더, 린보취였고 중앙위원회 총서기는 덩샤오핑이었다. 중앙서기처 서기들로는 덩샤오핑, 펑전, 왕자샹(王稼祥), 탄전린(譚震林), 탄정(譚政), 황커청(黃克誠), 리쉐펑(李雪峰)이었고 후보 서기들로는 류란타오(劉瀾濤), 양상쿤(楊尚昆), 후차오무였다. 중앙감찰위원회 서기는 둥비우였다. 새로 산생된 중앙정치국 상무위원들로는 당중앙위원회 제7기 제1차 전원회의에서 선출된 5명 서기 가운데 4명을 제외하고 린보취와 덩샤오핑을 추가했다. 마오쩌둥은 당중앙위원회 제7기 제7차 전원회의에서 다음과 같이 말했다. 덩샤오핑은 비교적 공정하고 너그럽고 수완도 있으며 능히 일을 처리할 수 있고 전반 국면을 돌볼 줄 안다. 그는 당내에서 투쟁을 겪은 사람이다. 린보취는 노동계급 출신으로 비교적 공정하고 능력도 있고 온당하며 문제를 보는 통찰력이 있다. 그는 아주 온화해 보이지만 문제를 예리하게 관찰하며 요점을 잡을 줄 안다.[30] 8차 당대회에서 산생된 중앙지도기구는 7차 당대회에서 선출한 지도집단을 계승했으며 동시에 새로운 성분이 보충되어 앞으로의 신로 교체를 위해 중요한 준비를 했다.

8차 당대회는 사회주의 사회에 막 들어선 중국 인민들을 분발시켰다. 각 민주당파와 무소속 민주인사 대표들이 8차 당대회에 한 선물은 상아로 조각한 공예품이었는데 2만 5천 리 장정에서 홍군이 승리적으로 다두강(大渡河)을 건너는 장면이 새겨 있었다. 중국 국민당혁

---

30) 마오쩌둥, '중공중앙에서 부주석과 총서기를 두는 문제에 관하여'(1956년 9월 13일), 〈마오쩌둥 문집〉 제7권, 인민출판사, 한문판, 1999년, 111~112쪽.

명위원회 주석 리지선(李濟深)은 축사에서 다음과 같이 말했다. 우리의 이 선물은 우리 여러 민주당파가 중국공산당의 영도 아래 "역경을 함께 헤쳐 나가면서" 번영하고 행복한 사회주의와 공산주의 사회로 승리적으로 넘어간다는 것을 상징한다.

8차 당대회 기간에 마오쩌둥, 류사오치, 저우언라이, 린보취 등 중앙지도자들은 공동으로 또는 별도로 중국공산당 제8차 전국대표대회에 참가하러 온 각 나라 공산당, 노동당 대표단을 회견했으며 그들과 솔직하고 친선적으로 담화를 나누었다. 이러한 이야기들은 국제 정세, 특히 국제 공산주의 운동 정세를 분석하고 스탈린 오류의 교훈, 당과 당 사이의 관계와 중국공산당의 자체 건설 등의 문제를 탐구했으며 중국 신민주주의 혁명 승리와 사회주의적 개조를 진행한 경험을 총화했다. 이러한 이야기 가운데 중앙지도자는 중국의 국내 정치와 외교 방침정책, 특히 사회주의 건설과 당의 건설 문제와 관련하여 일련의 중요한 관점을 천명했다. 이는 8차 당대회 노선을 이론적으로 명백히 밝힌 것으로 8차 당대회 정치보고에 대한 중요한 보충이라고 볼 수 있다.

국내 주요 모순과 주요 임무에 대한 새로운 인식

8차 당대회는 국내 정세와 국내 주요 모순의 변화를 올바르게 분석하고 앞으로 당의 근본임무를 제기했다. 전당의 사업 중심을 경제건설로 옮기는 것은 마땅히 혁명 전쟁의 마무리와 함께 시작해야 했지만 신중국이 창건된 초기 번잡한 민주 개혁과 사회주의적 개조 과업을 수행해야 했기 때문에 전당, 특히 당의 각급 지도자는 부득이 대부분의 주의력을 사회주의 혁명을 통한 생산력 해방에 돌려야 했다. 사회주의적 개조의 기본적인 완수는 전당의 사업 중심을 시기적절하게 역량을 집중하여 생산력을 발전시키는 것으로 돌리도록 요구했다. 새로 건립된 생산관계는 어떤 면에서 아직 완벽하지 못했기 때문에 마땅히 생산력을 발전시키는 이 중심 과업을 우선으로 하고 또 전적으로 중국의 실제 상황에서 출발하여 생산력의 현실 발전 수준에 따라 안정, 공고, 조정해야 했다.

　류사오치는 정치보고에서 사회주의적 개조가 결정적인 승리를 쟁취한 후 중국 사회 계급관계의 역사적인 변화를 분석하면서 다음과 같이 지적했다. 본래 농민을 착취하던 지주와 부농은 자기의 힘으로 살아가는 새 인간으로 개조되고 있다. 민족자산계급은 착취자로부터 근로자로 전환하는 과정에 놓여 있다. 광범위한 농민과 기타 개인 근로자들은 이미 사회주의 집단 근로자가 되었다. 노동계급은 이미 국가의 영도계급이 되었고 그 대열이 확대되었으며 그 각성 정도와 문화, 기술 수준도 크게 향상되었다. 지식계는 본래의 면모를 개선하고 사회주의를 위해 복무하는 대열을 이뤘다. 국내의 여러 민족 인민들은 이미 단결되고 우호적인 민족 대가족을 이루었다. 이에 근거하여 대회의 '정치보고에 관한 결의'는 다음과 같이 명확히 지적했다. 사회주의적 개조가 이미 결정적인 승리를 이룩함에 따라 중국 무산계급과 자산계급 간의 모순은 이미 기본적으로 해결되고 수천 년 이래의 계급적 착취제도의 역사는 기본적으로 종결되었으며 사회주의의 사회제도가 이미 중국에서 기본적으로 수립되었다. 비록 중국 인민들은 아직도 대만을 해방하기 위해 계속 투쟁해야 하며 사회주의적 개조를 철저히 완수하며 착취제도를 완전히 소멸하기 위해 투쟁해야 하며 반혁명 잔여 세력을 숙청하기 위해 계속 투쟁해야 한다. 하지만 중국 내의 주요 모순은 이제는 선진 공업국 건립에 대한 인민의 요구와 뒤떨어진 농업국의 현실과의 모순이며 경제와 문화를 신속히 발전시키는 것에 대한 인민의 수요와 당면 경제와 문화가 인민의 수요를 충족시키지 못하는 상황과의 모순이다. 사회주의 제도가 이미 수립된 중국의 상황에서 이 모순의 본질은 선진적인 사회주의 제도와 뒤떨어진 사회 생산력 간의 모순이다. 당과 전국인민이 당면한 주요 과업은 역량을 집중하여 이 모순을 해결함으로써 중국을 낙후한 농업국에서 선진 공업국으로 신속히 발전시키는 것이다. 이러한 논술은 중국에 사회주의 제도가 수립된 이후 당이 자체의 정확한 노선을 확정하는 정치적 기초였다. 중국 국내 주요 모순의 본질에 대한 제기법에는 이론적으로 완전히 정확하다고 할 수 없는 곳이 있었다. 왜냐하면 이 제기법은 사회주의적인 생산관계가 수립되었으며 그것이 생산력의 발전에 적응된다는 것 동시에 또 그것이 매우 불완전하며 이런 불완전한 측면이 생산력의 발전과 모순되고 있다는 것을 전면적으로 지적하지 못했다. 그러나 상술한 제기법은 중국 생산력 발전이 아직 매우 뒤떨어졌다는 이 기본 국정을 강조하고 생산수단의 사적 소유에 대한 사회주의적 개조를 이미 기본적으로 완수한 상황에서 국가의 주요 과업은 새로운 생산관계에서 "생산력을 보호하고 발전" 시키는 것으로 전당이 역량을 집중하여 생산력을 발전시켜야 한다는 데 착안점을 두었다. 이는 8차 당대회에 가장 중요한 이론적 공헌을 했으며, 당시 전당의 공통된 인식이 되었다. 역사가 증명하다시피 이 착안은 정확했다.

주요 과업을 명확히 한 기초 위에서 8차 당대회는 사회주의 건설의 전략적 목표를 한층 더 명확히 했다. 즉 "될수록 빨리 국가의 공업화를 실현하며 체계적이고 단계적으로 국민경제에 대한 기술 개조를 진행함으로써 중국으로 하여금 강대하고 현대화한 공업, 현대화한 농업, 현대화한 교통운수업과 현대화한 국방을 갖추게 한다."[31]는 것이었다. 실제적으로 8차 당대회는 중국 사회주의 현대화 건설에서 두 단계로 나갈 구상을 제기했다. 첫 번째 단계는 3차례 5개년 계획 동안에 공업화를 기본적으로 실현한다는 것이고, 두 번째 단계는 다시 몇 십 년이라는 시간을 들여 세계에서 가장 발달한 자본주의 국가에 접근하거나 따라잡는다는 것이었다. 8차 당대회 기간에 마오쩌둥은 다음과 같이 밝힌 적이 있다. 이번 대회는 공업을 건설하려는 인민의 희망을 반영했다. 이처럼 땅덩어리가 큰 중국이 자원도 풍부하고 게다가 사회주의도 시행했는데 만약 발달한 자본주의 국가를 따라잡거나 초월하지 못한다면 지구에서 사라져야 할 것이다. 중국의 미래는 밝지만 임무가 무겁다. 중국을 부강한 나라로 건설하려면 50년에서 100년이라는 시간이 요구된다. 15년 안에 기본적으로 완전한 공업체계를 구축하고 50년 내지 100년 안에 부강한 사회주의 공업 국가를 건설해야 한다. 이는 8차 당대회가 전국 인민들에게 보여준 사회주의 발전의 웅대한 청사진이었다.

경제, 정치, 문화 등의 중요한 결책

8차 당대회는 새로운 정세에서 국내 주요 모순에 대한 분석을 토대로 하여 경제, 정치, 문화, 외교 등에서 일련의 중요한 결책을 내렸다.

첫째, 보수주의도 반대하고 모험적 전진도 반대하는, 즉 종합적 균형을 유지하면서 온당하게 전진하는 경제건설 방침을 견지했다.

저우언라이의 보고는 제1차 5개년 계획의 실천과 모험적 전진을 반

---

31) '중국공산당 규약'(1956년 9월 26일), 중공중앙 문헌연구실 편, 〈건국 이래 중요문헌선〉 제9권, 중앙문헌출판사, 한문판, 1994년, 315~316쪽.

대한 경험을 기본적으로 총화하면서 마땅히 수요와 가능성에 비추어 국민경제의 발전 속도를 합리적으로 규정하고 계획을 적극적이면서도 온당하고 믿음직한 토대 위에 세움으로써 국민 경제가 비교적 균형적으로 발전하도록 보장해야 한다고 강조했다. 이 같은 총화는 기본적으로 중국 사회주의 경제발전 법칙에 대한 정확한 인식을 반영했다. 8차 당대회는 종합적 균형을 유지하면서 온당하게 발전하는 경제건설 방침을 견지했을 뿐만 아니라 이를 상세하게 논술했다. 정치보고 결의는 다음과 같이 지적했다. 만약 유리한 조건에 따라 비교적 빨리 중국의 생산력을 발전시킬 수 있는 가능성에 대해 제대로 평가하지 못한다면 이는 보수주의적인 오류다. 하지만 반드시 당면한 경제, 재정과 기술 역량에 대한 객관적인 제한을 고려해야 하며 경제발전의 정확한 비례를 벗어나서는 안 된다. 만약 여러 가지 객관적인 제한을 고려하지 않고 지나치게 높은 속도를 규정한다면 이는 모험주의적인 오류다. 당은 반드시 이 두 가지 그릇된 경향을 방지하고 바로잡는 데 수시로 주의를 기울여야 한다. 대회에서 채택한 제2차 5개년 계획에 관한 제의의 각 항 지표는 당시 중국 경제발전의 객관적인 실제에 비교적 부합했다.

둘째, 경제 관리를 개진하는 방침을 모색했다.

저우언라이는 보고에서 다음과 같이 지적했다. 적당한 범위 안에서 가치법칙을 더 탁월하게 응용함으로써 국가에서 통일적 수매와 판매할 필요가 없고 생산액이 그리 크지 않으며 품종이 잡다한 공업제품과 농산물의 생산에 영향을 미치고 인민들의 다양한 생활 수요를 만족시켜야 한다. 그러므로 국가의 통일적 시장의 영도 아래 일부 자유시장을 계획적으로 조직하며 일정한 범위에서 제품의 자체 생산과 자체 판매를 시행하며 부분적 일용 공업품에 대해 수요자 스스로 선택하고 구입하게 하며 모든 상품은 품질에 따라 등급을 나누고 가격을 결정하는 등 방법을 시행해야 한다. 린보취는 대회 발언에서 상공업 경영 측면에서 국가경영과 집단 경영이 상공업의 주체이기는 하지만 일정한 수의 개인 경영을 보충으로 하며 생산 계획 측면에서 계획 생산은 농공업 생산의 주체이고 시장의 변화에 따라 국가 계획이 허용하는 한도 안에서 진행하는 자유 생산을 보충으로 하며 사회주의의 통일적 시장에서 국가시장을 주체로 하고 일정한 범위 내에서 국가가 영도하는 자유시장을 보충으로 하는 '3개 주체, 3개 보충'의 사상을 제기했다. 이러한 의견은 대회에서 중요시되었으며 대회의 결의에 기재되었다. 이는 이론 측면과 실천 측면에서 소련의 모델을 벗어나 경제체제 개혁의 길을 모색한 중요한 시험으로 당시 아주 소중한 것이었다.

셋째, 인민민주주의를 확대하며 사회주의 법제를 건립하고 건전히 할 것을 강조했다.

8차 당대회는 국가 정치생활의 주요 과업을 규정했다.

국가의 민주주의 생활을 한층 더 확대하고 관료주의를 반대하는 투쟁을 벌여야 한다. 류사오치는 정치보고에서 다음과 같이 명확히 지적했다. 진지하고도 체계적으로 국가기관을 개선하고 그 기구를 간소화하며 책임을 명확히 하고 작풍을 개진해야 한다. 정부 사업에 대한 각급 인민대표대회의 검사, 비판과 토론을 강화하고 국가기관 사업 인재에 대한 인민대중의 비판과 감독을 고무, 격려하고 지지해야 한다.

공산당과 민주당파, 공산당과 무소속 민주인사가 합작하고 동업하는 관계를 강화해야 한다. 류사오치는 정치보고에서 마오쩌둥이 제기한 '장기 공존, 상호 감독'의 방침을 논술하면서 다음과 같이 지적했다. 사회주의적 개조가 완수된 후에는 민족자산계급과 상층 소자산계급의 구성원들은 사회주의 근로자의 일부로 변화될 것이다. 여러 민주당파는 이 부분 근로자의 정당이 될 것이며 공산당과 장기적으로 공존하게 될 것이다. 중국공산당은 마땅히 여러 민주당파와 무소속 민주인사들의 감독과 비판으로 도움을 받을 수 있어야 한다.

더욱 완비한 법률을 체계적으로 작성하는 일에 착수하여 나라의 법제를 건전히 해야 한다. 류사오치는 정치보고에서 "당면하게 국가사업에서 나서는 절박한 임무의 하나는 더욱 완벽한 법률을 체계적으로 제정하는 것"이라고 지적했다. 둥비우는 대회 발언에서 당면 인민민주주의 법제를 한층 더 강화하는 중심 고리는 곧바로 "법에 따라 일을 처리하는 것"이라고 하면서 이를 위해서는 반드시 "의거할 수 있는 법이 있어야 하며" "반드시 법에 의거하게 해야 한다."고 강조했다. 그는 중국의 법제가 완비하지 못한 현상을 열거하고 나서 낡은 6법전서 [32]를 폐지하고 중국의 법제를 점차 완비하며 형법, 민법, 소송법, 노동법, 토지 사용법 등 일련의 법률을 조속히 작성하고 변호사 제도와 공증 제도를 빨리 시행해야 한다고 지적했다.

넷째, 사회주의 사상문화건설의 방침과 임무를 명확히 했다.

8차 당대회 정치보고에 관한 결의는 '백화제방, 백가쟁명'을 과학과 문화예술 사업을 번영시키는 지도 방침으로 확정하면서 다음과 같이 지적했다. "행정적인 수단으로 과학과 예술을 강요하거나 독단하는 것은 그릇된 것이다. 봉건주의와 자본주의적인 사상에 대해서

---

32) 〈6법전서〉는 국민정부의 주요 법규집성으로 최초에는 헌법, 형법, 민법, 상법, 민사소송법, 형사소송법 등 6가지 법률을 포함했으며 후에 상법을 나누어 각기 민법과 행정법에 편입시키고 행정법으로 상법을 대체하여 6법의 하나로 했다. 1949년 2월, 중공중앙은 〈국민당 '6법전서'를 폐지하고 해방구 사법 원칙을 확정하는 데에 관한 지시〉를 내렸다. 같은 해 9월, 〈공동강령〉은 "인민을 압박하는 국민당 반동 정부의 모든 법률, 법령과 사법제도를 폐지한다."고 규정했다. 〈6법전서〉는 이때부터 전국적 범위 내에서 폐지되었다.

는 반드시 비판을 계속해야 한다. 그러나 중국의 지난날과 외국의 모든 유익한 문화 지식에 대해서는 계승하고 받아들이는 동시에 반드시 현대적인 과학문화를 이용하여 중국의 우수한 문화유산을 정리함으로써 사회주의적인 민족의 새로운 문화를 힘써 창조해야 한다."

8차 당대회는 또 다음과 같이 지적했다. 문화교육사업은 전반 사회주의 건설에서 중요한 위치를 차지하고 있다. 반드시 문화교육과 보건위생사업, 특히 과학사업, 고등교육과 중등교육 사업을 힘써 발전시켜야 한다. 세계 여러 나라의 최신 과학 성과를 적극적으로 내기 위해서는 전문가를 양성하고 과학 연구의 발전을 강화해야 한다. 당과 정부는 반드시 과학원과 정부 각부, 각 고등학교, 각 대기업의 과학연구 기관을 힘써 도움으로써 전국의 과학자들로 하여금 과학발전에서의 12년 전망 계획을 실현할 수 있는 필요한 조건을 갖추고 많은 중요한 과학과 기술 부문이 재빨리 세계 선진 수준에 접근하도록 박차를 가해야 한다.

다섯째, 평화적 공존 5개 원칙을 기초로 한 외교 정책을 견지했다.

8차 당대회는 완화 추세가 나타난 세계 정세를 분석하고 이러한 정세는 우리의 사회주의 건설에 이롭다고 하면서 반드시 세계의 장구한 평화를 힘써 쟁취해야 한다고 인정했다. 8차 당대회는 평화적 공존 5개 원칙을 견지하는 기초에서 국제사무에서의 중국의 방침을 논술했다. 즉 소련과 여러 인민민주주의 국가와의 형제적인 친선을 공고히 지속하고 강화한다. 평화적 공존 5개 원칙을 찬성하는 아시아, 아프리카 국가와 기타 국가와 친선관계를 수립하고 발전시킨다. 중국과 외교관계와 경제문화관계를 수립하려는 모든 나라와 정상적인 외교관계와 경제문화관계를 수립하고 발전시킨다. 국제사무에서 무력을 사용하거나 무력으로 위협하는 정책을 반대하고 새로운 전쟁을 준비하는 정책을 반대한다. 세계 인민의 평화운동을 지지하고 여러 나라 인민들과의 친선왕래를 발전시킨다. 식민주의를 반대하며 아시아, 아프리카, 라틴아메리카 국가들에서 식민주의를 반대하고 민족주권을 수호하려는 모든 투쟁을 지지한다. 여러 나라 노동계급과 근로인민의 사회주의운동을 지지하고 여러 나라 무산계급의 국제주의 단결을 강화한다. 모든 외국과 외국 인민들과의 왕래에서 진정으로 평등하게 대하는 태도를 취하며 대국주의를 굳세게 반대한다.

평화적 공존 5개 원칙을 기초로 한 외교정책을 견지하는 동시에 당은 "나라의 대문을 열고" 선진적인 과학기술과 문화를 끌어들이는 정책을 기본적으로 제기했다. 마오쩌둥은 8차 당대회 정치보고를 교열할 때 "평화와 건설사업의 이익을 위해 우리는 미국을 포함한 세계 모든 나라와 친선관계를 수립하려 한다."고 강조하여 지적했다. 마오쩌둥은 8차 당대회 기간 외국의 당대표단을 회견할 때 다음과 같이 재언명했다. 중국의 경제문화는 아직 여전히 뒤떨어졌다. 지금 공업을 건설하고 학교를 꾸리기 시작했다. 공업화를 실현하려면 벗이 필요하고 평화적인 환경이 필요하다. 중국은 세계와 인류의 구성 부분이다. 중국은 백지장과도 같으니 여러분은 이 백지에 글을 쓸 수도 있고 당신들의 과학과 문화가 이 종이 위에서 마음껏 달릴 수도 있다. 중국 인민이 생활하고 있는 이 땅에서 여러 나라 사람은 누구나 다 몫이 있다. 마오쩌둥은 프랑스공산당 대표단을 회견할 때 프랑스로부터 선진적인 기술과 설비를 도입할 의향을 명확히 밝혔다. 그는 중국의 문은 열려 있다고 거듭 강조했다. 류사오치는 8차 당대회에서 한 정치보고에서 장애물은 우리에게 있는 것이 아니며 우리의 문은 모든 사람을 향해 열려 있다고 명확히 선포했다. 이는 우리 당이 "문을 열고" 건설하려는 하나의 기본 태도를 반영했다.

집권당 건설을 강화하는 역사적 과업

혁명의 승리와 국가의 정치, 경제, 문화 등 제반 사업의 발전에 따라 중국공산당 자체의 상황에 거대한 변화가 일어났다. 당은 이미 집권당이 되었으며 국가의 정치, 경제생활에서 영도적 지위에 올라섰다. 전국의 당원 수는 7차 당대회 때에 비해 8배 넘게 늘어났고 1949년 신중국이 창건될 때보다 두 배 늘어났다. 당의 조직은 전국의 곳곳에 분포되었다. 이러한 변화는 당으로 하여금 새로운 시련에 직면하게 했다. 마오쩌둥의 개회사, 류사오치, 덩샤오핑의 보고는 모두 집권당의 건설을 강화하는 문제를 언급했다.

8차 당대회는 당 건설에서의 기본 임무는 전당의 마르크스–레닌주의 수준을 높이고 이론과 실제를 연결짓고 실사구시하는 원칙을 견지하여 마르크스–레닌주의 보편적인 진리를 중국 혁명의 구체적인 실천과 밀접히 결부하며 주관주의, 관료주의와 종파주의를 반대하는 것이라고 제기했다. 류사오치는 다음과 같이 강조했다. 광범위한 당원들, 특히 당의 고위급 간부들이 마르크스–레닌주의의 입장, 관점과 방법으로 경험을 총화하고 진리를 견지하며 오류를 시정할 수 있는가 하는 것은 그들의 마르크스–레닌주의 의식 수준을 검열하는 주요한 징표이다. 선진적인 이론으로 무장하지 않은 당은 선진적인 당이 될 수 없고 선진적인 이론으로 무장하지 않은 공산당원은 선봉투사의 모범 역할을 발휘할 수 없다. 그러므로 전당의 마르크스–레닌주의 수준을 향상하는 것과 당의 사상 건설을 강화하는 것을 견지하는 것은 당면하는 주관주의, 관료주의와 종파주의를 반대하는 가장 효과적인 무기가 된다. 8차 당대회는 당의 고위급간부들의 학습은 주요하게 복잡한 정형에서 방향을 판단하고 시비를 가르는 능력을 높이고 마르크스–레닌주의 이론을 응용하여 사업 가운데 경험을 연구,

정리함으로써 그 가운데서 법칙적인 것을 찾아내는 방법을 습득하는 것이며, 신입당원의 학습은 이론과 실제를 서로 통일시키는 교육에 집중하여 주관주의와 교조주의를 반대하는 것이라고 특별히 요구했다.

8차 당대회는 당의 군중 노선을 관철, 집행하는 것을 집권당이 반드시 힘써 해결해야 할 역사적 과업으로 간주했다. 덩샤오핑은 8차 당대회에서 당 규약 개정에 관한 보고를 할 때 집권당이 직면한 새로운 상황과 결부하여 군중 노선은 당의 근본 노선이라는 이 중요한 관점을 진지하고 체계적으로 논술했다. 그는 다음과 같이 지적했다. 우리 당은 인민대중과 밀접히 연계하고 공동으로 싸우는 가운데서 탄생하고 발전, 성장, 성숙했다. 군중 노선을 올바르게 시행하면 당의 사업은 성공하고 그렇지 않으면 당과 인민의 사업은 반드시 손실을 보게 된다. 우리 당이 집권당이 되었기 때문에 대중을 이탈할 위험성이 전보다 더 커졌으며 대중을 이탈하여 인민대중에게 끼치는 해독도 전보다 더 커졌다. 이와 같은 때에 전당적으로 군중 노선을 올바르게 선전하고 관철, 집행하는 것은 특히 중대한 의의를 가진다. 그는 다음과 같이 강조했다. 우리 당이 기타 어떠한 정당과 구별되는 가장 뚜렷한 징표의 하나는 전심전력으로 인민을 위해 일하고 군중과 밀접히 연계하는 것이다. 공산당이 선진적이라는 것은 "그가 인민대중을 위해 전심전력으로 일하며 인민대중의 이익과 의사를 반영해 주며 또 인민대중이 함께 자신의 이익과 의사를 실현하기 위해 투쟁하도록 힘써 도와주기 때문이다"[33]. 군중 노선의 핵심은 인민을 위해 일하는 것이기 때문에 반드시 전체 간부와 당원 가운데 전심전력으

---

33) 덩샤오핑, '당 규약 개정에 관한 보고'(1956년 9월 16일), 〈덩샤오핑 선문집〉 제1권, 민족출판사, 1995년, 313쪽.

로 인민을 위해 일하는 교육을 반복적으로 진행해야 한다.

소련 등 사회주의 국가 공산당의 역사 교훈과 중국공산당의 사업 가운데 존재하는 결함에 따라 8차 당대회는 당의 집단영도 원칙을 견지하고 당의 민주주의중앙집권제를 올바르게 하며 당 조직과 당원에 대한 감독(당내의 감독과 당 외의 감독을 포함)을 강화하며 당내 민주주의를 발전시키고 개인숭배를 반대해야 한다고 강조했다. 마오쩌둥은 8차 당대회 정치보고 원고를 비준하면서 "무엇보다 계급의 감독, 군중의 감독, 인민단체의 감독을 우선시해야 한다."고 지적하면서 "우리는 당내의 자기비판을 강화하고 광범위한 근로인민의 감독에 의거하는 것으로 결함과 오류를 극복해야 한다." 동시에 마땅히 "각 민주당파와 무소속 민주인사들의 비판으로 결함과 오류를 극복해야 한다."고 덧붙였다.[34] 류사오치는 정치보고에서 당의 집단영도와 당내 민주를 확대하는 원칙에 대해 강조하면서 모든 중대한 문제들을 결정할 때 집단 안에서 충분한 토의를 거치고 다른 견해들 사이의 구속 없는 논쟁을 허용함으로써 당내외 대중의 여러 의견과 발전 과정에 있는 객관 사물들의 각 측면이 비교적 전면적으로 반영되도록 해야 하며, 합리적인 반대 의견이나 반대 의견 가운데 합리적인 부분을 결정적으로 받아들일 줄 알아야 하고, 정상적인 절차에 따라 반대 의견을 제기한 그 어떤 이들에게 절대로 배척하는 태도를 취하지 말아야 한다고 지적했다. 덩샤오핑도 '당 규약 개정에 관한 보고'에서 당내외 감독 강화 문제에 대해 설명을 했다. 그는 이렇게 말했다. 우리에게는 당 내부의 감독이 필요할 뿐만 아니라 인민대중과 당외 인사들의 감독이 필요하다. 당내 감독이나 당외 감독은, 나는 말할 것도

---

34) 마오쩌둥, '중국공산당 제8차 대표대회 정치보고 원고에 대한 평어와 수정', 1956년 8월, 9월.

없이 당과 국가의 민주주의 생활을 발전시키고 우리 당의 전통이 되고 있는 이론과 실천을 결부하는 작풍과 인민대중과 긴밀히 연계하는 작풍, 자기비판의 작풍을 발양하게 한다. 당의 민주주의 중앙집권제 원칙을 논술할 때 덩샤오핑은 또 개인숭배 반대 문제를 제기했다. 그는 "개인을 두드러지게 내세우는 것을 반대하고 개인의 공덕을 칭송하는 것을 반대하는 중앙의 방침을 계속 굳건히 집행하며" 오직 이렇게 해야만 진정으로 지도자와 군중 간의 연계를 튼튼히 하여 당의 민주주의 원칙과 군중 노선이 관철되고 집행될 수 있다고 강조했다.

　당의 영도를 한층 더 강화하고 개선하기 위해 8차 당대회는 당과 국가 제도 면에서 관련 규정을 내렸다. 대회는 당원은 사업 가운데 창의성을 모두 발휘할 권리가 있으며 당의 결의에 서로 다른 의견이 있을 때 무조건 집행하는 외에 자기의 의견을 보류할 권리와 당의 영도기관에 자기의 의견을 제기할 권리가 있으며 하급 조직은 만일 상급 조직의 결의가 본 지역, 본 부문의 실정에 부합하지 않는다고 인정될 경우에 마땅히 상급 조직에 그 결의를 개정하도록 청구해야 한다고 제기했다. 8차 당대회는 당과 국가의 감찰사업을 강화하여 각종 관료주의를 제때에 발견하고 시정하며 법을 어기고 규율을 위반하는 각종 언행을 제때에 처리해야 하며 감찰위원회는 사건 수리에만 국한하지 말고 당원이 당 규약과 당 규율, 공산주의 도덕 및 국가의 법률, 법령을 잘 준수하는지를 적극적으로 검사해야 한다고 강조했다. 8차 당대회는 또 다음과 같이 제기했다. 당의 각급 대표대회를 정기적으로 소집하고 그 역할을 충분히 발휘시키는 것은 당의 민주주의 중앙집권제의 기본 요구 가운데 하나다. 현급 이상 각급 당 대표대회를 상임제로 고치고 매년 한 차례씩 소집하여 각급 당위원회가 광범한 군중의 의견을 수렴하는 데 편리하게 함으로써 대표대회가 당의 민주주의 중앙집권제를 효과적으로 시행하는 최고 결정기관과 최고 감독기관이 되게 해야 한다.

　8차 당대회에서 채택한 당 규약은 또 두 가지 두드러진 특징이 있었다. 첫째는 "중앙위원회는 필요하다고 인정할 때 중앙위원회 명예 주석 1명을 둘 수 있다."는 조항을 첨가했다. 이것은 그해 여름 마오쩌둥이 적당한 시기에 가 당의 주석을 맡지 않고 주석 직을 그만둔 뒤 명예 주석은 맡을 수 있다고 중앙에 제기했기 때문이었다. 마오쩌둥은 또 다음 기 국가 주석을 더 이상 맡지 않겠다고 제기함과 동시에 헌법을 수정하여 국가 주석, 부주석이 한 기만 더 연임할 수 있다고 규정할 것을 제기했다. 동시에 마오쩌둥은 다음 기 국가 주석 입후보자로 선출되지 않을 것과 관련하여 선후로 당 내외에 알리면서 서로 다른 의견을 가진 사람들을 설득했다. 이는 지도간부 직무의 종신제를 폐지할 것을 연구하고 당과 국가의 영도체제 개혁을 시행할 것을 준비한 매우 의의 있는 구상이었다. 둘째는 당의 지도사상에서 '마오쩌둥 사상'을 제기하지 않은 것이었다. 이는 마오쩌둥 본인의 여러 차례 제의에 따라 결정한 것이었다. 1954년 12월, 중앙선전부는 통지 하나를 전문 발부했다. 통지는 "마오쩌둥은 일찍이 중대한 오해가 나타나지 않도록 방지하기 위해 앞으로 '마오쩌둥 사상'이라는 이 제기법을 더 이상 사용하지 않기로 지시했다. 우리는 앞으로 당내 인사들이 글을 쓰거나 보고를 할 때 마땅히 마오쩌둥의 지시에 따라야 한다고 생각한다."고 지적했다. 마오쩌둥은 이 통지문을 심사, 결정할 때 "글을 쓰거나 연설할 때 마오쩌둥을 언급할 필요가 있을 경우 '마오쩌둥의 저작' 등 문구를 사용할 수 있다."는 구절을 덧붙였다. 마오쩌둥은 일찍이 "만약 마오쩌둥 사상을 마르크스-레닌주의와 동시에 제기한다면 두 가지 사물로 여기는 사람이 있을 것이라면서 오해가 생기지 않게 하려면 마오쩌둥 사상을 언급하지 말아야 한다."[35] 고 말했다. 8차 당대회에서 마오쩌둥 사상을 언급하지는 않았지만 전당에서의 마오쩌둥 사상의 영도적 지위에 추호의 영향도 주지 않았으며 전당에서의 마오쩌둥의 영도적 지위에도 영향을 주지 않았다. 전당, 전국 여러 민족 인민 속에서 마오쩌둥의 위상은 전례 없이 높아졌으며 전당의 단결도 전에 없이 강화되었다.

8차 당대회가 제정한 노선은 정확했고 대회에서 제기된 많은 새로운 방침과 구상은 창의적 정신으로 넘쳤다. 사회주의 현대화 건설은 중국에서 그 누구도 해본 적 없는 위대한 사업이었고 실천 기간도 매우 짧았으며 당은 또한 필요한 경험 축적과 충족한 사상 이론 준비가 부족했기 때문에 후에 일부 예견치 못한 복잡한 상황에 처해 8차 당대회의 노선은 실천 속에서 완전히 견지되지 못했다. 그러나 8차 당대회가 열어놓은 역량을 집중하여 생산력을 발전시키고 사회주의를 전면적으로 건설하는 역사적인 시기에 당은 전국 인민을 영도하여 강성을 도모하기 위해 분발하면서 중국 경제의 뒤떨어진 부분을 바꿨으며 독립적이고 비교적 완전한 공업체계와 국민경제체계를 기본적으로 구축했다. 이는 8차 당대회 노선의 계속적인 관철과 한층 더 이룩한 발전이었다. 8차 당대회가 확정한 경제건설을 중심으로 하는 정치 노선은 사회주의 사업의 발전과 당의 건설에 대해 장원하고도 중요한 의의가 있었다.

8차 당대회 이후의 더 깊은 모색

마오쩌둥의 '10대 관계에 대하여'와 8차 당대회를 징표로 하여 중

---

35) 마오쩌둥, '정치협상회의 성격과 과업에 관하여'(1954년 12월 19일), 〈마오쩌둥 문집〉 제6권, 인민출판사, 한문판, 1999년, 387쪽.

국 자체의 사회주의를 건설하는 길을 모색하는 사업은 훌륭한 발단을 가져왔다. 이미 형성된 방침과 정책을 어떻게 완벽하게 하고 발전시킬 것인가는 실천 속에서 더 깊이 모색해야 할 문제였다.

8차 당 대회 이후 사회주의적 개조 가운데 남아 있는 모순을 한층 더 해결하기 위해 중앙은 '3개 주체, 3개 보충'의 방침에 따라 경제관계를 조정하는 면에서도 기본적인 진전을 이루었으며, 일부 새로운 사고방향을 형성했다. 상공업과 수공업의 사회주의적 개조를 기본적으로 완수한 후 얼마 안 되어 당은 시장관계 변화에서 나타난 일부 문제를 조정하는 데 착수했으며 통일경영과 분산경영을 서로 연결하는 방침을 제기하면서 인민생활과 밀접히 연관되어 있는 개인수공업, 소상점, 난전, 행상들에 대해 장기적으로 단독 경영하도록 할 것을 강조했다. 또한 통일수매와 일수판매의 폐단을 극복하고 시장 관리를 늦추며 기업에서 일정한 정도의 자유구매와 자유판매를 허용하고 통일수매 임무와 계약수매 임무를 완수하고 남은 일부분 농산물을 자유시장에 내다파는 것을 허용해야 한다고 일찍이 지적했다. 8차 당대회 이후 시장 조절 기제를 계획적으로 도입하는 토대에서 자유시장은 한동안 활기를 띠었다. 개인 상공인이 뚜렷이 증가했으며 인민들의 의식주, 그리고 교통과 밀접히 연관된 시장의 생산과 판매가 기본적으로 개선되었다. 상하이(上海)를 예로 들면 1956년 9월에 개인수공업자가 1,661호였는데 10월에는 2,885호로 늘어났고 연말에 이르러 4,236호에 달했다. 그 가운데는 '지하공장'으로 불린, 자연발생적으로 경영하는 비교적 큰 수공업개체호와 수공업공장도 나타났으며 '지하상점'도 나타났다.

사회주의적 개조가 기본적으로 완수된 후 나타난 이러한 현상을 어떻게 대하는가는 원 상공업자와 사회 각계의 주목을 받았으며 당중앙위원회의 중시도 불러일으켰다. 1956년 12월에 마오쩌둥은 이러한 문제와 관련하여 중국민주건국회, 중화전국상공업연합회 책임자, 중앙통일전선사업부 책임자와 여러 차례 담화하고 토론하면서 다음과 같은 의견을 내놓았다. 지금 비록 자본가는 이미 사라졌지만 중국 자유시장의 기본적인 성격은 여전히 자본주의적이다. 상하이의 지하공장과 합영기업 역시 대립물이다. 지하공장은 사회적 수요로 발전했으므로 그것을 공개화, 합법화해야 하며 노동자도 고용하게 할 수 있다. 지금 옷을 지으려면 석 달씩 걸리고 합작공장에서 만든 옷은 바지가 한쪽이 길고 한쪽이 짧으며 단추 구멍이 없고 질이 떨어진다. 좋기는 사영공장을 꾸려 지상의 공장과 맞서게 해야 한다. 또한 부부가 가게를 경영하게 할 수 있고 노동자를 고용하게 할 수도 있다. 마오쩌둥은 이것을 '신경제 정책'이라고 했다. 그는 다음과 같이 인정했다. "러시아의 신경제 정책은 일찍이 끝났다. 단지 2년만 시행하고 접고 다시 진공으로 돌아섰는데 지금까지 물자는 충분하지 못하다. 우리는 사영 상공업자(공업 160만 명, 상업 90만 명)를 250만 명 남겼는데 러시아는 8만~9만 명밖에 남기지 않았다. 사회가 필요다면 지하공장을 더 늘리는 것도 고려할 수 있다. 큰 규모의 사영공장을 경영할 수 있으며 10년, 20년 내 몰수하지 않는다는 협의를 맺을 수도 있다. 화교의 투자는 20년, 100년 내 몰수하지 말아야 한다. 투자 회사도 세울 수 있다. 원금을 갚고 이자를 상환하면 된다. 국영도 가능하지만 사영도 가능하다." 마오쩌둥은 이 새로운 생각을 "자본주의를 소멸했지만 자본주의를 할 수도 있다."[36]고 개괄했다.

거의 비슷한 시기 류사오치도 관련 부문 책임자와의 담화에서 다음

36) 마오쩌둥, '중국민주건국회와 상공업연합회 책임자와의 담화'(1956년 12월 7일), 〈마오쩌둥 문집〉 제7권, 인민출판사, 한문판, 1999년, 170쪽.

과 같이 지적했다. 각지에 지하공장이 적지 않고 자본주의 또는 소생산자가 일부 있다고 해서 나쁠 것이 무엇인가? 이는 인민에게 이로우며 사회주의 경제의 보충이 된다. 그 후 그는 전국인민대표대회 상무위원회 회의에서 다음과 같이 말했다. 중국에서는 90여 퍼센트가 사회주의이므로 몇 퍼센트의 자본주의를 한다 해도 내가 보건대 별로 문제가 되지 않는다. 이 정도의 자본주의는 사회주의 경제를 보충할 수 있을 것이며 일부 측면에서 사회주의 경제와 비교할 수 있을 것이다.[37] 저우언라이 역시 국무원 전체회의에서 다음과 같이 말했다. "사회주의가 주류를 이룬 상황에서 작은 것에 어느 정도 자유를 준다면 사회주의 발전을 밀어줄 수 있다. 공업, 농업, 수공업 모두가 이런 방법을 취할 수 있다.""대체로 공업, 농업, 상업, 학교, 군대 가운데서 군대를 제외하고 업종마다 어느 정도 자유롭게 사영할 수도 있다. 문화도 마찬가지로 사영을 할 수 있다. 이렇게 되어야 훌륭한 백가쟁명이라 할 수 있지 않은가! 사회주의 건설에서 사영을 어느 정도 하게 하고 활기를 띠게 하면 좋은 점이 있을 것이다.""모든 물건을 국가에 의존해 생산하게 해서는 안 된다. 분야마다 마땅히 일정 퍼센트의 자유 활동이 있어야 하며 너무 융통성이 없어서는 안 된다. 상업뿐만 아니라 공업에서도 그렇게 해야 한다."[38]

경제를 활기 띠게 하자는 중앙지도자들의 이러한 새로운 의견은 8차 당대회에서 확정한 국가경영과 집단경영을 주체로 하고 일정한 수효의 개인경영을 보충한다는 정책의 새로운 발전, 즉 일정한 한도

37) 류사오치, '개인 공장을 허용해야 한다'(1956년 12월 29일), 중공중앙 문헌연구실 편, 〈류사오치가 신중국의 경제건설을 논함〉, 중앙문헌출판사 한문판, 1993년, 326~327쪽.

38) 저우언라이, '사회주의 건설에서 활기를 띠게 하면 좋은 점이 있을 것이다'(1957년 4월 6일, 12일), 중공중앙 문헌연구실 편, 〈건국 이래 중요 문헌선〉 제10권, 중앙문헌출판사, 한문판, 1994년, 164~165쪽.

의 사자본주의적 경영의 존재와 발전을 허용함으로써 그로 하여금 국가의 영도 아래 주체로서의 사회주의 경제를 보충한다는 것이었다. 마오쩌둥은 상공업계 인사들과의 담화에서 전 업종별 공사합영에 들어간 대량의 소업주와 독자적인 상공업 근로자들을 자본가대오에서 갈라내오고 그들에게 주던 고정이자(이 부분 사람들의 고정이자는 얼마 되지 않았다)를 취소하여 그들을 공회에 가입하게 하는 구상에 찬성했다. 그는 다음과 같이 말했다. 전 업종별 공사합영이 이처럼 빨리 될지 누구도 몰랐을 것이다. 다음 단계의 국유화는 이렇게 빠르게 진행되지 말아야 한다. 빠르면 국가나 민족에 모두 불리하다. 이 같은 새로운 구상은 중국의 국정에 따라 자기 발전의 길을 모색하는 과정에 제기된 귀중한 사상이었다.

8차 당대회를 전후하여 당의 이론사업 종사자들도 경제체제 문제에 대해 연구했다. 그들은 중국 사회주의 건설의 실제와 연계하여 상품생산이 여전히 광범위하게 존재하기 때문에 사회주의적 개조가 완수된 후에도 가치법칙은 여전히 중요한 역할을 발휘할 것이라고 여겼다. 사회주의 국영기업에서 생산하는 여러 가지 소비품은 모두 시장교환을 통해서만 전국 인민들에게 분배될 수 있고 합작사와 개인 근로자들의 각종 제품은 더욱 시장교환을 거쳐야만 나라와 인민의 수요를 만족시킬 수 있다. 사회주의 국영기업에서 생산수단의 생산과 분배는 일정한 정도에서 여전히 가치법칙의 영향을 받으며 사회주의기업의 경제 채산은 오직 가치법칙을 이용해야만 진행될 수 있다. 사회주의 경제 안에 개인경제가 있어서는 안 되고 자유무역이 있어서는 안 되며 사회주의를 위해 일함에 있어서 가치법칙을 이용해서는 안 된다고 주장하는 그러한 생각은 교조주의적인 것이다.[39] 이러한 건설적인 의견들은 중국 사회주의 경제발전의 특점을 모색하는 데 매우 이로웠다.

경제를 활기 띠게 하려는 당중앙위원회의 새로운 생각은 중국의 실제에서 출발한 것이었다. 그러므로 농업의 발전에도 지도적 의의가 있었다. 8차 당대회는 이미 농업집단경제 내부관계를 조정하는 데 대한 배치를 했다. 일부분 합작사는 비교적 조급히 형성되었기 때문에 역사적으로 내려온 문제가 적지 않은 데 비추어 현재의 조직 형태를 조정하고 집단이익과 집단경영을 지나치게 강조하고 사원 개인의 이익과 개인의 자유와 가정 부업을 경시하는 편향을 시정하도록 했으며 합작사들에서 생산물 분배 면에서는 "적게 떼 내고 많이 분배해야 하며" 생산경영 측면에서는 "큰 것은 집중적으로 하고 작은 것은 분산적으로 해야 하며" 생산수단 처리 측면에서 "주요한 것은 공동소유로 하고 부차적인 것은 사적소유로 할 것"을 요구하고 반드시 근검하게 민주적으로 합작사를 꾸릴 것을 강조했다. 그 후에 또 사원들의 자류지(自留地)를 증가하기로 결정했다. 1957년에 당중앙위원회는 농업생산합작사를 정돈하는 데에 관해, 농업합작사의 생산관리사업을 잘 운영하는 것에 대해, 농업합작사 내부에서 호혜정책을 관철 집행할 것에 대해 등 세 가지 지시를 내렸다. 거기에는 다음과 같이 제기되어 있다. 합작사와 생산대의 규모를 조절하여 일반적으로 한 개 촌을 한 개 합작사로 하고 기본 생산단위인 생산대는 적정하게 20호 이내로 하되 10년 동안 변동시키지 말아야 한다. 합작사는 생산대에 "노력 공수, 생산량, 재무를 도맡겨" 생산량을 초과하면 몇 퍼센트

---

39) 쉐무차오(薛暮橋), '계획 경제와 가치법칙', 1956년 10월 28일 자, 〈인민일보〉 제7면.

를 더 분배하고 미달하면 몇 퍼센트를 덜 분배하며 멀리 떨어져 있는 산간 지대에서는 작업조와 농가에 생산량을 도맡길 수도 있다. 생산 대는 작업조에 농토별, 농사철별로 노력 공수를 도맡기고 소규모 밭 일은 농가에 맡기며 규모가 큰 일은 공동으로 하고 작은 일은 나누어 하며 "벌떼처럼 모여들어 일하는" 등의 낭비가 없도록 해야 한다. 이 지시는 덩즈후이(鄧子恢)의 주관으로 제정한 것으로서 농업생산 책임제를 시행하는 방향으로 나아가려는 창조적인 시도였다. 1956년부터 1957년 상반년까지 쓰촨(四川), 안후이(安徽), 양쯔강, 광둥, 허베이(河北) 등 일부 지방들에서 가구별 생산량 도급제와 같은 시도도 이루어졌다. 그 가운데 양쯔강 융자현(永嘉縣)의 생산량을 농가에 도급하는 시도가 가장 뚜렷했으며 비록 금방 시작했을 때 논쟁도 초래했지만 효과가 매우 좋아 한때 성의 지지도 받았다.[40]

8차 당대회 이후 정부기구를 간소화하고 경영관리권을 기업에 내주는 내용을 담은 국가 행정체제 개혁과 경제체제 개혁에 대한 연구와 준비는 당이 사회주의 건설의 길에 대해 계속적으로 모색한 결과였다. 일찍이 8차 당대회 이전에 국무원은 1956년 5월부터 8월까지 전국체제회의를 열고 당시 팽배하던 지나친 중앙집권화 현상에 비추어 검사를 했으며 체제를 어떻게 개진할 것인가에 대해 토론하고 '국가 행정체제를 개진하는 데에 관한 결의(초안)'를 작성했다. 8차 당대회가 폐막한 지 얼마 안 되어 중공중앙, 국무원은 수정한 '국가 행정체제를 개진하는 데에 관한 결의(초안)'를 전국 각지에 발부하여

---

40) 1956년 봄, 양쯔강 원저우지구(溫州地區) 융자현당위원회의 농업담당서기는 한 합작사에서 세대별 생산량도급제를 시범적으로 시작했다. 그해 가을이 지난 후 현당위원회는 세대별 생산량 도급제를 대규모로 보급했는데 전 현 637개 합작사 가운데 255개 합작사에서 가구별 생산량 도급제를 시행했다. 융자현의 대규모 시도는 논쟁을 일으켰다. 이 서기는 이치를 따지고 자기의 관점을 수호하면서 각기 중앙 관련 부문과 성당위원회, 지구당위원회에 편지를 썼는데 그의 방법은 성당위원회 책임자의 긍정적인 평가를 받았다. 반우파 투쟁이 시작된 후 융자현의 세대별 생산량 도급제 시도는 비판을 받았다.

여러 측면의 의견을 널리 받아들였다.

1957년 1월 10일에 중공중앙은 린보취를 조장으로 하고 리푸춘, 보이보, 리셴녠, 황커청을 위원으로 하는 중앙경제사업5인소조를 조직하고 중앙정치국 아래에서 전국의 경제사업을 통일적으로 지도하고 '결의(초안)' 전달에 착수하도록 결정했다. 7월에 중앙경제사업소조는 우선 공업, 상업, 재정 3개 측면에서 관리 권한을 분명히 가를 것을 제기하고 기본적인 방안을 작성했다. 9월 20일부터 10월 9일까지 당중앙위원회 제8기 제3차 전원회의가 소집되었는데 의제 중 하나가 바로 국가 행정체제와 경제관리체제 문제를 개진하는 것에 관한 정책을 한층 더 깊이 토론하고 시행하는 것이었다. 9월 24일, 린보취는 '국가 행정관리체제 개진 문제와 농업 증산 문제에 관한 보고'에서 다음과 같이 강조했다. 중앙의 일부 직권을 아래에 위임한 이후에는 여러 지방 사이의 균형을 잡기 위한 사업을 강화하지 않으면 안 된다. 각지의 기본 건설 대상은 반드시 전국적인 계획기관에서 심사하고 균형을 잡아야 한다. 지방에서는 자금의 투자방향을 착실히 주도해야 한다. 중점을 마땅히 화학비료공업, 수리건설, 황무지 개간 등과 같은 농업생산과 관계되는 부문으로 돌려야 한다. 중앙에서 성, 시와 분권을 시행한 후에는 성, 시에서도 전구, 현과 분권을 시행해야 한다. 재정체제가 일단 변경되면 반드시 회계제도, 보고제도, 검열제도 등과 같이 그에 상응하는 재무관리제도를 세워야 한다. 중앙과 지방 사이의 각종 할당제도는 3년 동안 기본적으로 변경시키지 않는다.[41] 전원회의는 진지한 토론을 거쳐 마오쩌둥의 제의에 따라 린보취가 국무원을 대표하여 초안을 작성한 '공업관리체제를 개진하는

---

41) 린보취, '경제체제를 변경한 이후에 주의를 기울여야 할 문제들'(1957년 9월 24일), 〈린보취 문선〉 (1956~1985), 민족출판사 1988년, 84~86쪽.

데에 관한 규정(초안)', '상업관리체제를 개진할 데 관한 규정(초안)', '재정체제를 개진하고 중앙과 지방에서 재정관리 권한을 분획하는 데 관한 규정(초안)'이 기본적으로 채택되었다. 1957년 11월 14일, 전국인민대표대회 상무위원회 제1기 제84차 회의는 이 세 가지 문건을 원칙적으로 비준했으며 국무원에서 반포, 시행하게 했다. 이 세 가지 문건은 경제체제 개혁에 관한 8차 당대회의 사고 방향을 구체화한 것으로서 그 총체적인 정신은 권력이 지나치게 중앙에 집중되고 지방과 기업 단위의 자주권이 비교적 약한 상황을 개선하고 중앙과 지방, 국가와 기업의 관계를 조정하여 중앙, 지방과 기업의 관리권한과 재정세무 배분비례를 새로 규정하고 일부 권력을 지방과 기업에 내려보냄으로써 지방과 기업의 열성과 주도성을 한층 더 발휘하기 위한 것이었다.

국가 행정관리체제 개혁은 권력을 아래에 위임하도록 하는 동시에 기구도 간소화했다. 1957년 중공중앙, 국무원은 기구간소화 문제에 대해 연구, 토론하고 개혁 방안을 제기했으며 1958년부터 시행하기로 했다. 국무원기관은 비교적 큰 폭으로 간소화되었으며 일부 기능 부문과 사무기구가 철수되거나 합병되었다. 1960년 말에 이르러 국무원의 기관은 1957년보다 19개 단위가 줄었고 부, 위원회 기구는 48개에서 40개로, 직속기구는 23개에서 15개로, 사무기구는 9개에서 6개로 줄었다. 이와 동시에 지방 각급 정부기관도 일정하게 기구 간소화를 진행했다. 국가행정관리체제의 개혁은 비록 기본적인 것이었지만 당의 영도체제, 간부인사제도에서 일으킨 적극적인 영향은 과소평가할 수 없었다.

8차 당대회 이후 당의 건설 역시 새로운 진전을 보였다. 당의 성, 직할시, 자치주, 현, 자치현, 시 대표대회에 대해 상임제를 시행에 관한 8차 당대회 새 당 규약의 규정에 근거하여 1956년 11월, 중공중앙은 문건을 발부하여 8차 당대회 이전에 소집된 지방 각급 당 대표대회에 대해 상임제 시행 문제를 구체적으로 배치하면서 다음과 같이 요구했다. 1956년 내 소집된 당 대표대회는 일반적으로 해당 기부터 상임제로 고치며 원래의 대표를 모두 상임대표로 한다. 1955년 말 이전에 당 대표대회를 소집했고 새로운 당 규약의 규정에 따라 차기 대표대회 소집 기간에 이미 이르렀거나 곧 이르게 될 경우는 대표대회를 소집한 후 다시 상임제를 시행한다. 중앙 직속기관과 중앙국가기관의 대표대회는 차기부터 상임제를 시행한다. 군대의 각급 당 대표대회 상임제 시행 방법은 모두 정치부에서 규정한다.

8차 당대회 이후 각 분야에서 더 깊이 이루어진 모색은 사회주의 건설의 전면적인 전개에 훌륭한 토대를 마련했다. 경제관계를 조정하고 경제를 활성화하는 것에 관한 당 중앙의 새로운 사고방향, 농업생산책임제, 국가행정관리체제와 경제체제 개혁의 시행, 당의 건설에 관한 당중앙위원회의 방침과 정책은 사회주의 제도의 발전과 완벽화 작업에 소중한 경험을 제공했다.

4. 사회주의 건설의 전면적 전개와 제1차 5개년 계획의 수행

'전국농업발전요강'의 제정과 농토수리 기본건설의 고조

8차 당대회가 끝난 후의 한 시기 동안 대회에서 확정된, 당과 국가의 사업 중점을 경제건설에 돌린다는 중요한 결정은 실천사항 가운데 아주 효과적으로 관철되었으며 대규모 사회주의 건설이 전면적으로 전개되었다. 1957년의 경제건설사업에서 8차 당대회에서 제정한, 보수주의도 반대하고 모험적 전진도 반대하며 종합적 균형 가운데 온당하게 전진한다는 방침을 올바르게 관철한 보람으로 제1차 5개년 계획의 순조로운 수행이 보장되었다.

사회주의적 개조의 기본적인 마무리와 대규모 사회주의 건설의 전면적 전개는 농업발전에 더 높은 많은 것을 요구했다. 어떻게 하면 국민경제의 전반적 국면으로부터 농업의 발전을 조율하여 농업으로 하여금 공업화의 튼튼한 토대를 이룩하게 할 것인가 하는 것은 당중앙위원회에서 갈수록 중요시하는 중대 문제가 되었다.

1955년 말, 농업합작화운동이 기대한 목표에 도달한 후 마오쩌둥은 농업 발전의 전면적 계획이라는 이 큰 문제를 의사일정에 올려놓았다. 11월, 마오쩌둥은 항저우(杭州), 톈진(天津) 등지를 시찰할 때 별도로 14개 성당위원회 서기와 내몽골자치구(內蒙古自治區) 당위원회 서기와 '농업17개조'를 공동으로 토의, 결정했다. 이는 중국 농업 발전의 미래를 전면적으로 계획한 첫 청사진으로 농업합작화, 농업 생산, 보건위생교육, 문화시설, 도로건설 등 내용을 포함했다. 1956년 1월에 소집된 제2차 항저우회의에서는 17개조를 40개조로 확대하고 명칭을 '1956~1967년 전국농업발전요강(초안)'('40개조'로 약칭)이라고 정했다. 그 후 1957년 7월의 칭다오회의에서 수정 의견을 제기하고 9월에 소집된 당중앙위원회 제8기 제3차 전원회의에서 수정을 했다. 10월 25일, 중공중앙은 '40개조'를 정식 발부했으며 그 후 '40개조'에 대해 한 차례 전 인민적 토론을 벌이고 다시 수정하며 "방향을 똑똑히 밝히고 신심을 확고히 하며 사람마다 노력하여 중국을 개조하자"는 지시를 내렸다.

농업과 농촌의 발전을 위한 중장기 발전전망계획을 작성하기로는 중국 역사에서 처음이었으며 사회주의적 조건에서만 가능한 것이었다. '40개조'의 중점은 국민경제 가운데서 농업의 중요한 지위와 공업에 대한 기초적인 역할을 두드러지게 하는 것이었다. '40개조'는 첫 시작부터 다음과 같이 분명히 밝혔다. 공업은 국민경제의 영도역량이고 농업은 사회주의 건설 가운데 극히 중대한 지위를 차지한다. 농업은 양곡과 원자재를 공업에 공급하고 동시에 농촌은 공업에 거대한 국내시장을 제공했다. "이를 볼 때 우리나라 농업이 없다면 우리나라 공업도 있을 수 없다." 농업 발전 가운데 '40개조'는 농업합작화의 중요성을 강조하면서 농업합작화는 농업의 생산력 발전을 위해 광활한 길을 개척했으며 농업합작화가 아닌 개인경제의 조건만으로 농업은 비교적 큰 발전을 이룩하기 어려울 것이라고 인정했다. '40개조'는 또 양곡과 기타 농작물 생산량을 힘써 늘릴 것을 요구했다. 1956년부터 시작하여 12년 동안에 중국 여러 지역의 다양한 자연 조건과 경제 상황에 따라 무당 연평균 양곡생산량을 황허, 친링(秦嶺), 바이룽강(白龍江), 황허(칭하이성(靑海省) 경내) 이북 지역은 1955년의 150여 근에서 400근으로 높이고 황허 이남, 화이어(淮河) 이북 지역은 1955년의 208근에서 500근으로 높이며 화이허, 친링, 바이룽강 이남 지역은 1955년의 400근에서 800근으로 높이기로 했다. 목화의 무당 연평균 생산량(원면)은 각지 상황에 따라 1955년의 35근(전국 평균수치)에서 각각 40근, 60근, 80근, 100근으로 높이기로 했다. '40개조'는 제2차 5개년 계획 기간 안에 대다수 합작사의 생산과 수입이 당지 부유중농이 개인 경리 때의 수준을 따라잡거나 초과하도록 하며 12년 안에 농업과 농촌의 제반 사업에서 필요성과 가능성에 따라 한 차례 대폭적인 약진을 실현하도록 요구했다.

1957년 10월 27일, 〈인민일보〉는 '사회주의 농촌 건설의 위대한 강령'이라는 사설을 발표하여 공업과 농업의 관계에서 '40개조'의 의의를 다음과 같이 재차 논술했다. "우리는 한창 대규모적인 경제 건설을 벌이고 있으며 우리의 목표는 현대 공업도 갖추고 현대 농업도 갖춘 사회주의 강국을 건설하는 것이다. 최근 몇 년간 우리는 온 나라가 한마음으로 역량을 집중하여 현대 공업, 특히 중공업을 건설하고 있는데 이는 절대적으로 필요한 것이다. 이렇게 하지 않는다면 제1차 5개년 계획 기간 안에 공업화의 기본적인 토대를 다질 수 없게 된다. 그러나 더욱 빨리, 더욱 순조롭게 공업을 발전시키려면 반드시 더욱 큰 힘을 기울여 농업을 발전시켜야 한다." '40개조'의 제기는 당이 농업에 대한 사회주의적 개조를 주도하던 것에서 경제건설사업을 주도하는 것으로 전환한 징표로서 전당이 중국 농촌의 뒤떨어진 측면을 하루빨리 개선하고 농업 생산의 발전을 촉진하며 인민의 생활 조건을 적극적으로 개선하려는 염원을 반영했다. 그러나 이 문건은 전당이 '우경보수주의'를 반대하는 분위기 속에서 제정되었기 때문에 제기된 각 항 지표의 대다수가 현실 가능성을 초월했다. 그리하여 농업합작화를 제외한 기타 조목은 예상대로 실현되지 못했다.

　농업을 힘써 발전시키는 데 당중앙위원회는 농토수리 기본건설을 두드러진 위치에 올려놓았다. 마오쩌둥은 '중국 농촌의 사회주의 고조'란 책의 평어에서 다음과 같이 제기했다. 수리건설은 농업의 증산을 보장하는 대사이다. "가뭄이 들어도 댈 물이 있고 장마가 져도 배수할 수 있는" 그러한 수리시설을 몇 년 동안 몇 기로 나누어 건설하는 계획을 세우는 것이 매우 필요하다. 합작화의 기초 위에서 군중은 거대한 힘을 가진다. 수천 년을 두고 해결할 수 없던 일반적인 수재, 한재 문제가 몇 년 안에 해결될 수 있을 것이다. 1956년 1월 마오쩌둥은 '1956~1967년 전국농업발전요강(초안)'을 심사할 때 일부 구절을 첨가하거나 수정하면서 다음과 같이 요구했다. 수리건설을 통하여 수토를 보호해야 한다. 모든 대형수리공사는 국가에서 책임지고 건설하여 피해가 엄중한 하천을 다스리며 우물을 파고 수로를 빼고 늪을 만들고 제방을 쌓는 것과 같은 모든 소형수리공사와 수토보호사업은 전부 농업생산합작사에서 책임지고 계획적으로 대량 건설하며 필요할 경우 국가에서 협조해야 한다. 이 같은 사업을 통해 7년 안(1956년부터 시작하여)에 일반적인 수재와 한재를 기본적으로 없애고 12년 안에 특별히 큰 수재와 한재를 기본적으로 없애도록 해야 한다.[42] 이러한 계획에 따라 저우언라이는 여러 차례 관련 부문 책임자와 수리 전문가들을 불러 양쯔강, 황허를 다스릴 문제를 토의했으며 인도, 파키스탄과 아프가니스탄 등을 방문할 때 그곳의 수리건설을 시찰했다. 황허를 다스리는 데 해결해야 할 진흙침적 문제를 고려하여 저우언라이는 아프가니스탄에 있던 연방독일, 미국과 소련의 수리 기술자들에게 조언을 구함으로써 각 나라의 제방의 모래 함량과 홍수량 등 정황을 알게 되었다.

당중앙위원회의 명확한 배치로 1956년 각지에서 부분적 대형 수리공사가 연이어 착공되었다. 주로 산둥성(山東省)의 제1기 황허의 물을 끌어올려 관개하는 공사, 안후이성 향홍전저수지공사, 윈난성(云南省) 이례하수력발전소 2급 수조자발전소공사, 저장성(浙江省) 신안강수리발전공사, 광둥성 계하저수지공사, 화이어 유역의 마자담수력발전소공사 등이었다.

1957년 4월 13일, 황허 싼먼샤수리중추공사가 착공되었다. 공사의 질을 보장하기 위해 1957년 5월 24일, 저우언라이는 국무원 제49차 전체회의에서 다음과 같이 지적했다. 주위안구(九原區)의 경험에 따르면 싼먼샤(三門峽)도 진흙침적 현상을 피할 수 없다. 비록 이미 착

---

42) 마오쩌둥, '1956~1967년 전국농업발전요강(초안)에 대한 수정과 저우언라이에게 보내는 편지', 1956년 1월 7~9일.

공했지만 싼먼샤 공사를 어떻게 할지 마땅히 연구해야 한다. 7월 24일, 저우언라이의 사회로 열린 국무원상무회의에서는 싼먼샤수리중추공사 문제를 연구할 때 수리부에서 구체적인 방안을 제기하고 중앙에서 한두 개 방안을 확정하여 전국 전문가 토론에 넘겼다가 다시 최종 결정하며 싼먼샤 공사에 대한 소련 전문가의 기본적 설계를 비준하고 기술설계는 잠시 미루어 진행하기로 결정했다. 8월 20일, 저우언라이는 국무원 제11차 상무회의에서 총화발언을 할 때 수리사업은 종합적인 계획이 있어야 하고 전면적 구상과 배치가 있어야 하며 홍수방지, 수토보호, 배수 등과 연결해야 한다고 재차 언명했다.

1958년 1월, 난닝(南宁)회의 기간에 마오쩌둥은 싼샤 공사에 관한 다양한 의견을 청취하고 나서 "싼샤 건설은 '적극 준비하고 충분히 확실한' 방침을 견지해야 한다."고 제기했다. 2월 22일, 마오쩌둥의 사회로 열린 중앙정치국확대회의는 양쯔강 싼샤 공사와 수리발전 문제를 토의했으며 저우언라이가 이 일을 책임지도록 확정했다. 2월 26일 저녁, 저우언라이, 리푸춘, 리셴녠 등 지도자들은 중앙 관련 부와 위원회, 성과 직할시 책임자 및 중외전문가 100여 명을 거느리고 강을 따라 거슬러 올라가면서 싼샤 지역에 대해 일주일 남짓 현지 조사를 벌였다. 도중에 저우언라이는 여러 차례 회의를 열고 싼샤댐 건설에 대한 여러 측면의 의견, 특히 전문가들의 반대 의견을 청취했다. 저우언라이는 3월의 청두회의에서 한 싼샤수리중추공사와 양쯔강 유역 전망 계획에 관한 보고에서 싼샤공사는 "적극 준비하고 충분히 확실한" 원칙에 따라 진행해야 한다고 강조했다. 이는 싼샤수리중추공사에 대해 진행한 첫 비교적 큰 규모의 논증이었다. 중공중앙은 저우언라이의 보고를 동의하고 '싼샤수리중추공사와 양쯔강 유역 전망 계획에 관한 의견'을 형성했다. 성도 회의기간에 마오쩌둥은 이 의견을 진지하게 심사했다. 싼샤공사건설 가능성에 대한 논술에서 '의견'은 "국가의 장구한 경제발전과 기술조건 두 면으로부터 고려할 때 싼샤수리중추건설은 필요할 뿐만 아니라 가능한 것이다."고 지적했다. 마오쩌둥은 그 뒤에 "그러나 건설 여부와 어느 때 건설할 것인가 하는 것은 나중에 확정하며 각 중요한 측면의 준비사업이 기본적으로 완수된 후에라야 비로소 결정을 내릴 수 있다."는 구절을 첨가했다.

대형수리건설공사가 연속 착공됨과 동시에 소형 농토수리건설공사도 계획적으로 진행되었다. 1957년 9월 24일, 중공중앙과 국무원은 '올 겨울과 명년 봄에 농토수리건설과 거름 모으기 운동을 대규모적으로 벌일 것에 관한 결정'을 발부했다. '결정'은 제2차 5개년 계획을 보다 잘 맞이하고 농업생산을 한층 더 발전시키는 수요를 실현하기 위해 올해 겨울에는 반드시 역량을 집중하여 농토수리 건설운동과 거름 모으기 사업을 대규모적으로 벌여야 한다고 지적했다. 10월 27일, 〈인민일보〉는 사설을 발표하여 "농업과 농촌에 관한 제반 사업은 12년 내 모두 필요성과 가능성에 따라 한 차례 대폭적인 약진을 실현해야 한다."고 호소했다.

마오쩌둥은 일찍부터 인민 대중의 실천 가운데 창의적 정신을 존중하고 인민대중의 실천 가운데 좋은 경험을 총화하는 것을 이끌어왔다. 산둥성 쥐난현(莒南縣) 리자자이(厲家寨)는 원래 가난한 산골 마을이었다. 1955년 겨울, 이곳의 농민들은 산을 깎고 골짜기를 메워 1천여 개의 땅덩어리를 70여 개로 정리하여 1,520무에 달하는 '3개 합일' 계단식 밭(즉 뚝을 쌓고 흙을 돋우며 땅을 깊이 번지고 고루 정리하여 물을 가두고 도랑을 파는 세 가지 공사를 동시에 진행한 계단밭)을 일구었다. 동시에 소형 저수지 11개를 건설하고 쌀 창고 1,600개를 건설했으며 1만 1,800무의 황산에 전부 나무를 심었다. 1956년 무당 평균 양곡생산량은 279킬로그램에 달하여 정비 전보다 4배가량 늘어났다. 1957년 10월 9일, 마오쩌둥은 평어에서 "리자자이는 우공이 산을 옮기는 정신으로 중국을 개조한 좋은 실례가 된다."라고 썼다.

"우공이 산을 옮기는 정신으로 중국을 개조한다."[43]는 것은 당시 중국 수억 농민들의 정신에 대한 진실한 반영이었다. 1957년 11월부터 12월까지의 사이 각 성, 직할시, 자치구는 연이어 회의를 열어 중앙 정신을 관철하고 농토수리건설과 거름 모으기 운동을 시행했다. 짧디 짧은 시간에 전국 각지 농촌들에서 전례 없는 규모의 농토수리건설 고조가 일어났다. 농토수리건설에 투입된 노력은 11월에 6~7천만 명에 달했고 12월에는 8천만 명에 달했으며 1958년 1월에는 근 1억의 노력이 농토수리건설에 뛰어들었다. 1957년 겨울부터 1958년 4월까지 농업생산에는 획시적인 국면이 나타났다. 전국 수리공사건설은 공사가 응당 갖추어야 할 수익 면적에 따라 계산할 때 확대할 수 있는 관개 면적이 3억 5천만 무이고 개선할 수 있는 관개 면적이 1억 4천만 무였다. 또 지대가 낮고 쉽게 침수되는 경작지 2억여 무를 정비하고 척박한 경작지 1억여 무를 개조했으며, 2억 9천만 무를 식수조림하고 수토유실면적 16만 제곱킬로미터를 통제했으며 거름 31만억 근을 마련했다. 전국의 양곡파종 면적은 1957년보다 8천만 무증가될 것으로 예상되었다.

이미 일어난 농업생산 고조가 제대로 발전하도록 하기 위해 1957년 12월 말, 전국 농토배수관개기계 및 농업기계화 회의가 소집되었다. 회의는 1958년에 가서 농촌에 50만 마력의 동력배수관개기계를

---

43) 마오쩌둥, '산둥 쥐난현 리리자이 대산농업사에서 풍작을 이룬 보고에 대한 평어', 1957년 10월 9일.

공급하여 농촌의 배수와 관개를 강화하고 단위 면적 생산량을 높이기로 결정했다. 회의는 또 중국 농업기계의 발전 규모에 대해 연구하고 1958년 두바퀴쌍날보습과 기타 신식 농기구의 보급을 기본적으로 배치했다.

농업의 발전과 농토수리 기본건설이 전국적으로 활발하게 전개됨에 따라 공업화에 새로운 요구가 제기되었다. 중국의 공업화도 힘차게 추진되었으며 당중앙위원회의 배치에 따라 구도를 조정하고 빠르게 발전했다.

공업구도의 조정과 신로공업의 발전

구중국에서는 공업 시설이 많지 않았고 중공업과 경공업의 70% 이상이 동부 연해의 협소한 지대에 기형적으로 분포되어 있었고 오직 30%만 내지에 있었다. 내륙 지역의 공업, 철도와 도로 교통운수 기반시설은 지극히 빈약했다. 이는 역사적으로 형성된 불합리한 상태였다. 어떻게 하면 공업과 경제 발전 측면에서 중서부 지역이 동부 연해지역에 비해 한창 뒤떨어진 국면을 해결하여 중국 공업지역구도와 공업구도의 합리화를 실현하고 전국 지역경제의 균형적인 발전을 촉진할 것인가 하는 것은 제1차 5개년 계획 공업전략적구도의 중점이었다.

1955년 3월, 중국공산당은 전국대표회의를 열고 '중화인민공화국 국민경제발전 제1차 5개년 계획 초안에 관한 결의'를 채택했다. 6월, 저우언라이의 사회로 열린 국무원 제12차 전체회의는 중공중앙에서 국무원에 제출한 제1차 5개년 계획 초안을 토의, 채택하고 동시에 전국인민대표대회 제1기 제2차 회의 심의에 제기하기로 결정했다. 7월, 전국인민대표대회 제1기 제2차 회의는 리푸춘이 대회에서 한 보고를 청취하고 토의했다. 보고는 중국 원래의 공업지역 구도가 불합리한 문제를 분석하면서 5년 기본건설계획을 제출했으며 지역구도에 대해 비교적 합리적인 배치를 했다. 한편으로는 둥베이(東北), 상하이와 기타 도시의 공업 기반을 합리적으로 이용하여 그 역할을 발휘시키고 새로운 공업기지의 건설을 지원하며 다른 한 편으로는 화베이(華北), 시베이(西北), 화중(華中) 등지에 새 공업기지를 적극적으로 건설하고 시난(西南)에서 부분적인 건설을 시작한다는 것이었다.[44] 이러한 방침에 따라 제1차 5개년 계획의 156개 대상[45] 가운데 106개 민용 공업기업은 동북 지역에 50개가 배치되고 중부 지역에 32개가 배치되었으며 44개 국방기업은 중부, 서부 지역에 35개가 배치되었는데 그 가운데 21개가 쓰촨과 산시 2개 성에 배치되었다. 전력공업구도에서 동북 지역에 7개 기업을 배치한 외 나머지는 베이징, 화베이, 산둥, 산시(山西), 네이멍(내몽골), 간쑤(甘肅), 화난(河南), 후베이, 후난(湖南), 쓰촨, 윈난, 신장(新疆)에 골고루 배치했다. 이러한 지역들은 모두 전력공업이 비교적 뒤떨어진 성들이었다.

제1차 5개년 계획의 시행과 더불어 공업지역구도 가운데 일부 문제들도 점차 드러나기 시작했다. 당시 국가의 재력, 물력, 인력이 제한되고 내지 공업에 대한 투입이 지나쳤기 때문에 연해 지역 발전의 적극성을 억제했다. 이러한 상황에 따라 마오쩌둥은 '10대 관계에 대하여'에서 연해 공업과 내지 공업과의 관계를 정확히 처리할 것을 제기했다. 이는 공업의 균형적인 발전에서 지도적 의의를 가졌다. 그

---

44) 팡웨이중(房維中), 진충지(金沖及) 주필, 〈리푸춘전〉, 중앙문헌출판사, 한문판, 2001년, 455쪽.

45) 제1차 5개년 계획은 '156개 대상'의 건설 단위를 핵심으로 한 중점 건설로 실제 시공한 대상은 150개이다. 그중 제1차 5개년 계획 기간에 시공한 대상이 146개이다. 이 150개 시공 대상에는 군사공업기업 대상 44개, 야금공업기업 대상 20개, 화학공업기업 대상 7개, 기계가공기업 대상 24개, 에너지공업기업 대상 52개, 경공업과 의약공업 대상 3개가 포함되었다.

80 사회주의 건설의 전면적인 전개와 중국 사회주의 건설의 노선에 대한 간고한 모색

는 다음과 같이 제기했다. 내지 공업을 발전시키고 지원하는 동시에 연해 지역 공업의 발전에 주의를 돌리지 않으면 절대 안 되며 마땅히 구도를 합리적으로 조절하는 기초 위에서 대대적으로 발전시켜야 한다. "연해에 있는 원래의 공업 기반을 잘 이용하고 발전시키면 우리는 더욱 큰 힘을 얻어 내지 공업을 발전시키고 지지할 수 있다."

마오쩌둥의 '10대 관계에 대하여'와 제1차 5개년 계획의 경험에 근거하여 제2차 5개년 계획의 제정 및 '1956~1967년 과학기술발전전망계획요강(수정 초안)'은 모두 당중앙위원회의 배치를 올바르게 관철했다. 공업 지역 구도와 공업 구도를 조정하고 역량을 집중하여 국가에 시급히 필요한 과학기술을 발전시킴으로써 신흥공업의 발전을 촉진했다.

제2차 5개년 계획은 공업 기본건설 규모를 조정하는 기초 위에서 공업화에 대해 결정적인 의의를 가지는 건설 대상, 이를 테면 강철, 석유, 유기화학공업, 특히 중요한 기계 설비를 제조하는 기계공업을 주도하고 상하이, 톈진 등 노후 공업기지의 발전 규모를 조절했다. 국방 지출을 적당히 줄여 일반적인 국방건설과 일반 장비의 생산 속도를 늦추고 역량을 집중하여 원자탄, 미사일, 비행기와 무선전 사업을 발전시킬 것을 요구했다. 국민경제계획의 전면적 조율과 배치로 '1956~1967년 과학기술발전전망계획요강(수정 초안)'은 "중점을 발전시키고 앞선 것을 따라잡는" 방침에 따라 핵 기술, 분사기술, 계산기 기술, 반도체 기술, 자동화 기술, 무선전 기술을 중점적으로 발전시켰으며 이러한 분야를 둘러싸고 600여 가지 중심 과제에 대한 연구를 전개했다. 1950년대 중반부터 1960년대 초반까지 중국은 항공, 핵에너지, 로켓, 전자, 자동화 등 현대 과학기술 연구를 성공적으로 진행했으며 항공, 전자, 선박, 병기, 핵, 우주비행 등 일련의 신흥 공업 발전을 촉진했다.

제1차 5개년 계획의 시행과 제2차 5개년 계획의 제정은 사회주의 공업화 목표에 대한 당의 인식을 심화시키고 중국 사회주의 공업화 건설의 발걸음을 재촉했으며 공산당의 영도로 가난하고 낙후한 국가 상황을 하루빨리 개변하는 중국인민의 힘찬 기백을 한껏 구현했다.

1955년 8월, 무한강철공사가 시공을 시작했다. 무한강철공사의 건설은 전국 인민의 지원을 받았으며 선후로 18개 성(자치구), 48개 도시, 1천여 개 공장에서 무한강철공사를 위해 설비와 부품을 제조했다. 장춘제1자동차공장은 중국의 첫 현대화된 자동차 제조공장이다. 1956년 7월 13일, 총 조립선에서 첫 대의 해방표 자동차가 조립을 완수함에 따라 중국에서 자동차를 제조할 수 없던 역사에 종지부를 찍었다. 4년간의 건설을 통해 제1트랙터제조공장이 1959년 11월 1일에 허난성 뤄양(洛陽)에서 건설되어 생산에 투입됨으로써 중국에서 트랙터를 생산할 수 없던 역사에 종지부를 찍었다. 1954년, 중국에서 가장 큰 의약연합기업인 화북제약공장이 착공되었으며 1958년에 건설되어 생산에 투입한 후 당시 국내의 페니실린 수요를 기본적으로 만족시켰으며 과거 주로 수입에 의존하던 페니실린 사용을 근본적으로 바꿨다. 1955년 4월에 시공에 들어간 지린(吉林)화학공업구역(지린염료공장, 지린질소비료공장, 지린카바이드공장을 포함)은 짧디 짧은 3년 남짓한 시간을 이용하여 당시 국내에서 가장 큰 염료공장과 화학비료공장을 건설했으며 아시아에서 가장 큰 카바이드 용광로와 여러 가공 설비를 구축했다. 1957년 10월 25일 정식으로 생산에 투입된 후 그해 국가에 7,900톤의 염료, 4만 1,000톤의 화학비료와 2만 8,300톤의 카바이드를 제공했으며 생산품종이 37종에 달했다. '156개 대상' 가운데 중점적인 경공업 대상인 자무쓰(佳木斯)제지

공장은 1954년 8월에 착공, 건설되어 1957년 11월에 생산에 투입되었으며 생산된 제품은 중국 제지공업의 공백을 메우고 28개 성, 직할시, 자치구의 약 1천 개 공상기업에 제품을 공급했다.

1950년대 중반에 이르러 신흥공업은 소련의 제품을 모조하던 데에서 주요 제품을 자주적으로 생산하는 단계에 이르렀다. 1956년은 중국 항공공업 발전에 중요한 한 해이다. 중국이 미그-17형 추격기를 모조한 첫 섬-5형 비행기가 시험 비행에 성공함으로써 중국은 당시 분사식 비행기를 제조할 수 있는 소수 몇 개 국가 가운데 하나가 되었다. 중국의 전자공업은 1952년에 라디오 전자관을 수입에 의존하던 역사를 끝내고 1958년에 중국의 첫 전자관 전자계산기를 성공적으로 연구, 제작하기까지 단지 6년이라는 시간밖에 걸리지 않았다. 중국의 병기공업은 1956년 9월에 국산 B2-34 중형 탱크 발동기를 생산함으로써 탱크 발동기를 생산할 수 없던 역사에 종말을 고했다.

1956년 중국에서 일련의 신흥공업 부문이 잇달아 건립, 발전되면서 국방 첨단 과학기술의 가동에 일정한 토대를 마련했다. 당시 중국 경제가 여전히 아주 낙후했고 공업 토대와 과학 역량이 박약한 상황에서 제한된 인력, 물력, 재력을 가장 중요하고 가장 시급히 필요하며 전반 국면에 가장 영향 줄 수 있는 분야에 집중적으로 사용하고 또 가장 먼저 돌파하기 위해 당중앙위원회는 원자탄, 미사일을 대표로 하는 첨단 국방 과학기술을 중점적으로 발전시키기로 했다. 제1차 5개년 계획 말기에 중국 핵공업과 우주공업이 발걸음을 떼기 시작했다. 핵공업은 핵연료 생산과 핵에너지, 핵기술 개발 이용과 관계되는 하나의 신흥공업이었다. 우라늄은 핵공업 발전의 가장 기본적인 원료였다. 기술 설비와 원자재가 엄중하게 부족한 상황에서 '재래적인 방법'으로 제련해낸 중우라늄산암모늄 150여 톤은 중국의 첫 원자탄의 연구 제작에 시간을 쟁취했다. 우주기술은 현대 과학기술 가운데서 발전이 가장 빠른 첨단기술의 하나이며 한 나라의 과학기술 발전 수준을 가늠하는 중요한 징표가 된다. 1958년 4월, 인민해방군 모 병단 지도기관과 모 공병부대는 명령에 따라 서북으로 진출하여 중국의 첫 미사일, 로켓 발사시험장을 건설했다.

신흥공업의 발전은 신형재료, 신형공예에 대한 중국 기초공업 부문의 연구를 추동했으며 국민경제와 관련한 부문의 기술 수준 향상을 촉진했다. 중국 원자재공업, 화학공업, 야금공업, 전자요소기구공업 및 정밀기계, 계량기계 공업 등의 발전은 중국 과학기술의 많은 공백을 메워주었으며 전국적 범위 내에서 첨단과학기술 발전에 서로 부응되는 종합 협력망을 형성함으로써 중국에서 독립 자주적으로 첨단과학기술을 발전시키는 데 물질적 토대를 닦아놓았다.

제1차 5개년 계획의 성과

전당과 전국 인민의 5년여에 걸친 간고한 노력을 통해 1957년 말에 이르러 제1차 5개년 계획의 각항 지표가 대폭적으로 완수되었으며 중국 근대 이래로 도입 규모가 가장 크고 효과가 가장 좋으며 역할이 가장 큰 공업화의 고조가 형성되었다. 중국 공업 생산능력과 기술 수준은 한걸음 크게 전진하여 괄목할 만한 성과를 거두었고 앞으로의 공업화를 위해, 특히 인력자원과 기술자원을 위한 토대를 마련해주었다.

5년 동안 국가에서 경제와 문화교육 부문 기본건설에 투입한 자금은 총 493억 위안으로서 원래 계획의 15.3%를 초과했다. 게다가 기업과 지방에서 자체로 마련한 자금을 합치면 전국적으로 실지 완수한 기본건설 투자 총액은 588억 4,700만 위안에 달했다. 시공에 들어간 1만여 개 건설단위 가운데 규정액 이상의 공장, 광산 건설 대상이 921개로 원래 계획보다 227개 늘어났으며 1957년 말까지 428개가 전부 생산에 투입되고 109개가 부분적으로 생산에 투입되었다. 상기 921개 규정액 이상 건설 대상은 아주 긴 시기 동안 전부 중국 현대화 공업의 핵심이 되었다. 새로 증가된 고정자산은 492억 1,800만 위안으로 1952년 말 전인민적 소유기업 고정자산 원 가치의 2.05배에 해당되었다. 그 밖에 투자 효과를 볼 때 제1차 5개년 계획 시기의 대, 중형 대상은 건설된 뒤 평균 3년 반 이후에 투자를 회수할 수 있었다.

농공업이 비교적 큰 폭으로 성장하여 중국 농공업 총생산액 가운데 농업이 위주이던 국면이 기본적으로 변했다. 1957년 농공업 총생산액은 1,241억 위안으로 불변 가격으로 계산하면 1952년보다 67.8% 성장했다. 그 가운데 농업 총생산액은 537억 위안으로 24.8% 성장했고 농공업에서 차지하는 비중이 1952년의 56.9%에서 43.3%로 내려갔으며 공업 총생산액은 704억 위안으로 128.6% 성장하고 그 비중이 1952년의 43.1%에서 56.7%로 늘어났다. 공업 생산 수준과 기술 수준도 뚜렷이 향상되었다. 1957년 중국 강재 자급률은 86%에 달했고 기계설비 자급률은 60% 이상에 달했다. 1952년보다 1957년 노동자들의 노동 생산 능률은 52% 성장했고 12개 공업 부문의 제품원가는 29% 내려갔다. 공업 총생산액의 구성으로 볼 때 경공업과 중공업 모두 비교적 큰 폭으로 성장한 정형에서 공업 총생산액 가운데 경공업이 위주이던 국면이 바뀌기 시작했다. 1957년 공업 총생산액 가운데 차지하는 경공업의 비중은 1952년의 64.5%에서 55%로 내려갔고 공업 총생산액 가운데 차지하는 중공업의 비중은 1952년의 35.5%에서 45%로 늘어났다.

중공업 주요 제품의 생산량이 대폭으로 성장함으로써 중공업이 매우 뒤떨어졌던 구중국의 국면이 다소 바뀌었다. 1957년 철강 생산량은 535만 톤으로 1952년보다 296% 성장했는데 이는 신중국이 창건되기 전 최고 연간 생산량의 5.8배에 해당하며 원탄 생산량은 1억 3,100만 톤으로 1952년보다 98.5% 성장했는데 이는 신중국이 창건되기 전 최고 연간 생산량의 2.1배에 해당했다. 발전량은 시간당 193억 킬로와트로서 1952년보다 164% 성장했는데 신중국이 창건되기 전 최고 연간 발전량의 3.2배에 해당하고 금속절삭기계는 2만 8천 대로 1952년보다 1.04배 성장했는데 신중국이 창건되기 전 최고 연간 생산량의 5.2배에 해당했다. 비행기, 자동차, 발전설비, 중형기계, 신형선반, 정밀기계, 전해알루미늄, 인발강관, 합금강, 비닐, 무선전 및 유선전 제조공장 등 구중국에 없었던 많은 현대 기초공업 부문이 하나하나 새로 일어나기 시작했다. 이러한 신흥공업의 건립은 해방 전 중국 공업 부류가 갖추지 못하던 상태를 기본적으로 개선했다. 탄광, 발전소, 유전 등을 포함한 에너지 기지가 새로 건설되고 공업화 원자재 기지들이 건립됨에 따라 중국 공업 생산 능력은 크게 늘어났다. 이 모든 것은 중국에서 독립적이고 비교적 완전한 공업 체계를 구축하고 국민경제의 기술개조를 실현하는 데 기본적인 토대를 마련해주었다. 기본건설 투자의 반 이상이 내지에 투입되고 많은 공장, 광산 기업가 내지에 건설됨에 따라 구중국에서 공업이 지나치게 연해 지역에 집중되었던 불합리한 구도가 기본적으로 개선되었다.

중공업 제품 생산량이 대폭으로 성장하면서 농업과 경공업의 발전을 촉진했다. 1957년 양곡 생산량은 3,900억 9천만 근으로 1952년보다 19% 성장했고, 목화생산량은 32억 8천만 근으로 1952년보다 26% 성장했다. 중국 농업의 생산 조건도 비교적 큰 개선을 가져왔다. 5년 동안 경작지가 5,867만 무 확대되고 관개면적이 1억 1천만 무 새로 늘어났으며 조림 면적은 2억 1102만 무에 달했다. 대, 중형 농용트랙터는 1952년의 1,307대에서 1957년의 1만 4674대로 늘어났다. 농업의 발전은 세계 농업의 발전에 비해 그 속도가 뒤떨어지지 않았지만 같은 시기 중국 공업의 성장 속도에 비하면 여전히 상대적으로 뒤떨어진 셈이었다. 양곡과 목화의 증산 속도는 사람들의 기대치에 이르지 못하고 양곡과 목화 공급이 달리는 현상이 뚜렷하게 완화되지 못했으므로 농업에서 증산할 것을 요구하는 압력은 여전히 매우 컸다.

제1차 5개년 계획 기간에 비록 경공업 생산에서 주로 농산물을 원료로 하는 국면에는 큰 변화가 없었지만 원료 가운데 공업품이 차지하는 비중이 어느 정도 늘어났고 생산량도 대폭 늘었다. 1952년과 비교할 때 1957년에 농산물을 원료로 하는 면사, 면직물 생산량은 30% 가량 성장하고 털실은 1.85배, 모직물은 3.3배 성장했다. 공업품을 원료로 하는 제품의 성장 폭은 더 컸는데 당시 오래 사용할 수 있는 고급 소비품으로 불리는 '세 가지 가정용품' 가운데 자전거 생산량은 9배 성장하고 재봉기 생산량은 3.2배 성장했고 라디오 생산량은 19.7배 성장했다. 기타 일용 공업품의 생산량도 모두 배로 성장했다.

교통운수와 우전사업에서 빠른 발전을 가져왔다. 1957년 말에 이르러 전국의 철도영업 길이는 2만 6,700킬로미터로 1952년보다 16.6% 성장했다. 고산준령을 가로지르는 바오청철도(바오지(宝鶏)-청두)와 시공이 마찬가지로 간고하고 복잡한 잉샤철도(잉탄(鷹潭)-샤먼(厦門)), 남북을 연결하는 무한장강대교(우한창장다치아오)가 이 시기에 건설되었다. 1957년 말, 전국의 도로 길이는 25만 4,600킬로미터로 1952년보다 두 배로 늘어났다. 강장도로 밖에 '세계의 지붕'으로 통하는 다른 두 갈래 도로인 청장도로와 신장도로도 건설, 개통됨으로써 티베트(西藏)와 내지와의 연계를 가까이 했다. 1957년 말에 이르러 전국 내륙 하천의 항로 길이는 14만 4천만 킬로미터에 달해 1952년보다 51.6% 성장했으며 항공운수 측면의 항선도 1952년에 비해 두 배 남짓으로 늘어났다. 1957년 우편배달 노선의 총길이는 222만 킬로미터에 달했으며 농촌의 70%에 전화가 연결되었다.

제1차 5개년 계획 기간 공업 생산에서 이룩한 성과는 구중국의 100년간을 훨씬 초과했으며 성장 속도 역시 같은 시기 세계 다른 나라와 비하면 앞자리를 차지했다.

국내외 무역도 뚜렷하게 확대되었다. 1957년 사회 상품 총소매액은 474억 위안으로 1952년보다 71.3% 성장했고 수출입 무역 총액은 31억 달러로 1952년의 19억 4천만 달러보다 59.8% 성장했다. 수출입 무역구조에서 수입 대체정책을 계속 시행했으며 중국 공업생산 수준의 제고와 더불어 수출 무역액 가운데 공장, 광산 제품이 차지하는 비중이 1952년의 18%에서 1957년의 28%로 성장했다.

교육, 과학, 문예, 의료보건위생, 신문출판, 라디오, 텔레비전 등 제반 사업에서 비교적 빠른 발전을 가져왔다. 경제 건설의 고조 가운데 기술 인력이 극히 부족했기에 전 사회적으로 교육에 중시를 돌리는 분위기가 형성되었다. 1957년 일반대학교는 229개로 발전함으로써 1952년보다 14% 성장했고 재학생 수는 44만 1천 명으로 1952년보다 1.3배 늘어났으며 중등전문학교 재학생 수는 77만 8천명으로 1952년보다 22.3% 늘어났다. 일반중학교 재학생 수는 628만 1천 명으로 1952년보다 1.5배 늘어나고 소학교 재학생 수는 6,428만 1천 명으로 1952년보다 25.8% 늘어났다. 전반 제1차 5개년 계획 기간에 전국의 대학교 졸업생은 27만 명으로 1912년부터 1947년까지 36년 사이 졸업생 총수의 합계인 21만 명에 비하면 28.5% 늘어났다. 1957 년 전국의 과학연구기구는 총 580여 개, 연구 인력은 2만 8천 명으로 1952년보다 2배 남짓이 늘어났다. 1957년에 이르러 전국적으로 현마다 병원이 설립되고 향마다 진료소가 배치되었으며 환자 침대가 총 29만 5천 개에 달해 1952년에 비하여 84% 늘어났다. 전국적으로 중서의 의사가 총 54만 7천 명에 달했으며 의료 수준이 어느 정도 제고되었다. 전국 도시와 농촌의 환경위생과 개인위생이 뚜렷이 개선되었다.

국가재정과 인민생활 면에서 5년 동안 전국의 물가는 기본적으로 안정되어 있었으며 국가재정은 1956년에 적자가 생긴 외에 해마다 수입과 지출이 맞아떨어지고 조금씩 여유가 있었다. 경제가 발전함에 따라 인민 생활 수준도 점차 일정하게 향상되었다. 1957년 전국 주민 평균소비 수준은 108위안에 이르렀는데 불변가격으로 계산하면 1952년보다 24.5% 제고되었다. 그 가운데 비농업 주민의 평균 소비수준은 222위안으로 1952년보다 31.7% 늘어났고 농민의 평균 소비 수준은 82위안으로 1952년보다 16.8% 늘어났다. 신중국이 창건되기 전과 비해볼 때 이 5년 동안 중국 사회보장 부문에 거대한 변화가 일어났다. 1957년 말에 이르러 중국 종업원 총수는 3,101만 명으로 1952년보다 93.4% 늘어났다. 1955년부터 1956년까지 국가기관과 전인민적 소유제, 집단적 소유제 기업 및 사업단위들에서 선후로 노임제로 공급제를 대체하고 화폐노임제로 노임점수제[46]를 대체하는 개혁을 시행했다. 종업원 노임 수준은 제1차 5개년 계획 기간에

---

46) '노임점수'는 일정한 종류와 수효의 실물을 계산의 기초로 삼고 화폐로 지불하는 노임계산단위를 말한다. 1952년 후 전국적으로 통일된 노임점수제도를 시행했으며 노임점수당 식량 0.8근, 흰 천 0.2 자, 식물성 기름 0.05근, 소금 0.02근, 석탄 2근에 해당했다.

안정적이 성장을 유지했다. 1957년 전인민적소유제 종업원의 연평균 노임은 637위안으로 1952년보다 실제로 30.3% 늘어났다. 5년 동안 국가는 자금을 투입하여 종업원 주택 9,454만 제곱미터를 건설했으며 또 종업원의 노동보험, 의약비용, 복지비용 등에 자금 103억 위안을 투입했다. 1957년 전인민적 소유제 단위에서 종업원들에게 지불한 노동복지 비용은 노임 총액의 17.9%에 달해 1952년의 14%보다 3.9%포인트 제고되었다. 농업 생산 발전을 기초로 하여 농민들의 생활도 비교적 크게 개선되었다. 농업세율이 줄곧 1953년의 수준을 유지하고 농산물 수매 가격이 올라가면서 전국 농민의 수입은 5년 동안 30% 증가했다. 1957년 도시와 농촌 주민들의 저축예금은 1952년보다 3.1배 증가했다. 제1차 5개년 계획 기간에 공비의료제도와 의료에서의 노동보호제도를 기본적으로 세움으로써 절대다수 국가공무원, 대학전문학교 학생과 공장, 광산 기업의 종업원들 모두가 병에 걸리면 치료를 받을 수 있도록 경제적으로 보장했다. 농촌에서 건강을 엄중하게 해칠 수 있는 돌림병에 대한 치료에 대해 비용을 감면하는 방법을 취했다. 고급농업생산합작사를 보편적으로 건립한 후 또 노인, 신체허약자, 고아, 장애인, 소외된 사원들에 대해서는 그들의 먹고 입는 것과 땔감의 공급을 보장하며 연소자들은 교육을 받고 연로자들은 사망 후 안장할 수 있도록 함으로써 태어나서부터 사망할 때까지 그들에게 의지할 곳을 제공하며 이들 '5보호'[47]들이 수입을 늘릴 수 있도록 노력해야 한다고 규정했다.

제1차 5개년 계획은 중국 경제발전을 촉진하는 결정적인 역할을 했다. 1950년대 새로 독립하고 1인당 연평균 경제성장률이 2.5% 정도

---

47) 5보호에 대한 '5가지 보장'이란 의, 식, 주, 의료, 안장을 보장(고아는 교육을 보장)하는 것을 말한다.

였던 대다수 개발도상국들과 비교할 때 중국의 경험은 역시 성공적이라 할 수 있다. 국가통계국의 자료에 따르면 제1차 5개년 계획 기간에 공업에서의 전원 노동생산능률은 두 배가량으로 향상되었고 공업 총생산액 증가치 가운데 노동생산능률의 제고로 증가된 생산액은 59.7%를 차지함으로써 국민경제 복구 시기보다 11% 올랐다. 이때는 1978년 전의 가장 높은 시기로서 개혁개방 전 중국에서 경제적 효과성이 가장 좋은 시기였다.

제1차 5개년 계획, 특히 8차 당대회를 전후한 이 시기 당은 경제건설을 지도하는 것에 일련의 올바른 방침과 정책을 시행했다. 사회주의는 계획적이고 비례에 따라 경제를 발전시켜야 하고 계획 지표는 반드시 실제에 부합해야 하며 계획 제정에는 반드시 물자, 재정, 신용대출의 균형을 잘 이루어야 하고 거시적인 계획은 반드시 미시적인 시장과 조화롭게 발전해야 한다는 등의 원칙이 모두 잘 구현되었다. 중국처럼 경제가 낙후한 나라에서 건설 규모는 반드시 국력에 알맞아야 하고 국가의 건설은 반드시 인민생활을 고루 돌보아야 하며 소비와 축적의 비율을 통일적으로 계획하고 관리해야 한다는 등 이러한 방침과 정책은 제1차 5개년 계획의 순조로운 시행을 보장한 중요한 원인이었다.

제1차 5개년 계획 기간에 중국의 경제건설이 이룩한 성과는 사회주의 공업화에 기본적인 토대를 마련했으며 사회주의 건설에 소중한 경험을 쌓았다. 이는 8차 당대회에서 역량을 집중하여 사회 생산력을 발전시키는 것을 당과 국가의 주요 과업으로 확정한 것이 전적으로 정확했음을 가시적으로 증명해주었다.

제11장

전당의 정풍과 반 우파 투쟁

전당의 정풍도 실제로 8차 당대회에서 제기되었다. 마오쩌둥은 8차 당대회 개막사에서 옌안(延安) 정풍과 연관하여 다음과 같이 지적했다. 오늘날 우리에게는 주관주의, 관료주의, 종파주의의 사상과 작풍이 여전히 존재하고 있다. 이것은 당내의 단결과 당과 인민과의 단결에 불리하다. 이러한 엄중한 결함을 힘써 극복해야만 우리 앞에 놓인 위대한 건설사업을 잘 이룩할 수 있다. 폴란드와 헝가리에서 사변이 일어난 후 마오쩌둥은 국내외 정세를 과학적으로 분석하고 사회주의의 사회 모순 문제에 관한 학설을 제기하면서 전당 정풍의 주제는 곧바로 인민 내부 모순을 정확히 처리하는 것이라고 지적했다. 정풍 과정에 극소수의 우파들이 당을 미친 듯이 진공하는 복잡한 국면이 나타났는데 반당, 반사회주의적인 이러한 경향에 대한 반격과 투쟁은 반드시 필요한 것이었다. 그런데 당은 계급투쟁 정세의 심각성에 대해 지나친 판단을 내려 분명히 오류가 있기는 하지만 근본적으로는 반당, 반사회주의적이 아닌 일부 언론, 심지어 당의 사업에 대한 많은 비판적 의견을 전부 우파의 진공으로 간주함으로써 반우파 투쟁을 확대하는 엄중한 오류를 범하고 불행한 결과를 초래했다. 국내의 주요 모순에 대한 8차 당대회의 정확한 판단은 이를 바로세웠으며 이로 인해 사회주의 건설의 노선에 대한 당의 탐구에는 우여곡절이 나타났다.

1. 사회주의의 사회 모순 문제에 관한 학설

폴란드와 헝가리에서 일어난 사변과 국내외 정세에 대한 당의 사고

소련공산당 제20차 대표대회 후 동유럽의 일부 사회주의 국가들에서는 지난 스탈린 시대 소련의 대국 배타주의에 대해 불만스러워했고 사회는 전반적으로 뒤숭숭한 분위기에 휩싸였다. 폴란드와 헝가리에서는 당내에서와 인민 대중 속에서 독립, 평등의 기초에서 대소 관계를 조정하고 정치, 경제적으로 변혁을 시행할 것을 강력하게 요구하는 목소리가 들려오는 한편, 일부 반사회주의 세력들이 도처에서 활동하면서 스탈린의 오류에 대한 폭로를 이용하여 본국의 사회주의 제도를 바꾸려고 했다.

1956년 6월, 폴란드 서부의 포즈난(Poznan) 지역에서 노동자들의 일부 요구가 충족되지 못함으로써 유혈 충돌이 발생했다. 이 사건은 폴란드 당내와 사회 전반에 막대한 충격을 주었다. 폴란드 정세의 발전은 소련공산당 지도자들을 극도로 초조하게 만들었다. 그들은 폴란드에서 사회주의 진영을 이탈하려는 경향이 나타나 반드시 제지해야 한다고 인정했다. 10월 19일, 폴란드 통일노동당은 당중앙위원회 제8차 전원회의를 소집하고 중앙지도부를 개편했다. 초청을 받지 않은 상황에서 흐루쇼프는 소련공산당 대표단을 인솔하여 폴란드 수도 바르샤바에 도착했으며 바르샤바조약을 근거로 폴란드에 주둔하고 있는 소련 군대에 바르샤바로 진군할 것을 명령했다. 극도로 긴장한 상황에서 폴란드와 소련의 두 당 대표단은 협상을 진행했다. 그 결과 폴란드 전국 각계의 강력한 요구로 흐루쇼프는 어쩔 수 없이 양보할 수밖에 없었고 소련 군대는 군영으로 철수했으며 폴란드 국방부 부장이며 폴란드 혈통을 절반 가진 소련 원수 로코소프스키는 소련으로 되돌아갔다. 새로운 폴란드 지도자는 폴란드와 소련의 우호적인 관계는 폴란드 대외정책의 기초라고 선포했다.

중공중앙은 줄곧 동유럽 사태의 발전을 면밀히 주시하고 있었다. 폴란드 정세가 발전하고 있는 중요한 시점에 중소 두 당은 협상을 가졌다. 10월 19일과 21일, 소련공산당중앙은 중공중앙에 전보를 두 차례 보내 폴란드 정세가 매우 엄중하다고 인정하면서 중공중앙에서 류사오치 혹은 저우언라이가 인솔하는 고위급 대표단을 모스크바로 파견하여 이에 대해 논의하도록 요구했다. 이에 중공중앙은 연이어 정치국회의와 정치국 상무위원회 회의를 열고 폴란드 정세와 소련 공산당의 요구를 토론했다. 21일 밤에 소집된 중앙정치국 상무위원회 확대회의는 모스크바에 대표단을 파견하기로 결정했다. 그 임무는 조정을 하는 것이고 방침은 소련공산당의 대국배타주의를 중점적으로 비판하는 동시에 폴란드 통일노동당에 전반 국면을 고려하도록 권고하는 것이며 방식은 소련공산당 또는 폴란드 통일노동당과 각각 회담을 하되 소련과 폴란드 두 당의 회담에는 참여하지 않는 것이었다. 22일 새벽, 마오쩌둥은 중국주재 소련대사 유진(尤金)을 접견하고 대표단을 모스크바에 파견하는 데 동의한다고 소련에 답했다. 유진이 떠난 후 회의를 계속 열고 류사오치, 덩샤오핑, 왕자샹, 후차오무로 대표단을 구성하기로 확정했다. 그날 늦은 밤에 마오쩌둥은 재차 유진을 만나 폴란드 정세가 비록 더 복잡하기는 하지만 "이내 사회주의 진영을 이탈하여 서방에 편승할 것 같지는 않으니" 마땅히 폴란드 공산당 중앙위원회의 영도를 승인하고 평등의 기초 위에서 그와 합작함으로써 폴란드가 사회주의 진영에 남아 있도록 포섭해야 한다고 했다. 23일, 중공대표단은 소련으로 출발했다.

10월 24일, 중공대표단은 초청을 받고 폴란드 정세를 논의하기 위해 소련공산당중앙이 긴급히 소집한 주석단 회의에 참가했다. 회의에서 류사오치는 스탈린 시대에 소련이 사회주의 동맹국을 대하는 문제에서 대국주의, 대민족주의의 오류를 범해 사회주의 국가들의 상호 관계가 비정상적인 상태에 처하게 되었는데 이는 폴란드 사건이 발생한 근본 원인 중 하나라고 지적했다. 그는 국제 교류에서 동맹국, 동맹당을 불평등하게 대한 소련의 사례를 들면서 비록 일부 문제가 발생했지만 중국은 여전히 소련이 사회주의 진영의 중심이 되는 것을 옹호한다고 표명했다. 29일, 류사오치는 소련공산당 지도자에게 소련과 동유럽 각 국가 간의 관계 문제 해결에 관한 마오쩌둥의 다음과 같은 구상을 전달했다. 동유럽 각 나라의 정치, 경제에 대해 간섭하지 말고 그들 스스로 해결하도록 하며 군사 문제에서 그들이 WTO(바르샤바조약기구)를 요구하는지 주둔군을 요구하는지, 또는 WTO는 요청하지만 소련이 군대를 철수했다가 적들이 진격해 올 때 다시 올 것을 요구하는지 물어보도록 한다. 10월 30일, 소련 정부는 '소련과 기타 사회주의 국가와의 친선과 합작의 기초를 발전시키고 한층 더 강화하는 것에 관한 선언'을 발표하고 지난날 사회주의 국가와의 관계를 처리하는 데에 오류를 범했음을 인정하면서 앞으로 주권에 대한 상호 존중과 평등의 원칙을 준수하고 해당 국가와 토론을 진행하는 등 조처를 취해 관계를 개선하겠다고 했다. 이튿날, 중국 정부는 성명을 발표하여 이를 지지한다고 하면서 사회주의 국가의 상호 관계는 마땅히 평화적 공존 5개 원칙의 기초 위에 건립되어야 한다고 강조했다.

폴란드 정세가 다소 완화될 무렵, 헝가리 정세가 악화되었다. 10월 하순, 수도 부다페스트에서 대규모 소동이 발생했다. 헝가리는 다당제 정부 설립을 선포하고 바르샤바조약기구에서 탈퇴했다. 또한 반사회주의 세력이 설치며 공산주의자들을 공개 살해하는 사건이 여러 차례 발생했다. 헝가리 사태는 급격히 변했다. 소련공산당중앙은 철군할지 아니면 소동을 무력으로 신속히 평정할지를 두고 망설이다 끝내 철군하기로 결정했다. 베이징에서 마오쩌둥 등 중공중앙 지도자들은 이러한 상황을 파악한 뒤 헝가리 사건의 변화가 보여주다시피 이 사건은 폴란드와 소련 관계의 사건과는 성격이 다르다고 인정했다. 10월 30일 밤, 모스크바에 있던 류사오치는 중공중앙의 위탁을 받고 마땅히 사회주의 헝가리를 포기하지 말아야 하며 최후의 노력을 해서라도 만회해야 한다고 소련공산당중앙에 밝혔다. 31일 밤, 중공중앙 대표단은 귀국길에 올랐다. 공항에서 거행된 마지막 한차례 회담에서 흐루쇼프는 소련중앙은 회의를 열고 연구한 끝에 헝가리에서 공격적인 방침을 취하기로 결정했으며 힘을 다해 헝가리 정세를 만회할 것이라고 중공대표단에게 알렸다. 11월 4일, 헝가리혁명 정부가 수립되자 소련 군대가 부다페스트에 진군하여 신속히 정세를 진압했다. 그 후 폴란드와 헝가리 국내의 사회질서는 점차 회복되었다. 1957년 1월 7일부터 18일까지 저우언라이는 또 중국정부 대표단을 인솔하여 소련, 폴란드, 헝가리 등을 방문하면서 조정, 단결 사업을 한층 더 벌여나갔다.

폴란드 사건과 헝가리 사건은 당중앙위원회의 주목을 끌었으며, 이에 대해 숙고하게 했다. 1956년 11월 1일, 마오쩌둥은 중앙정치국 상무위원회 회의를 소집하고 류사오치 등의 회보를 들으며 동유럽의 정세에 대해 토론했다. 2일과 4일, 마오쩌둥은 각기 중앙정치국 확대회의와 정치국 상무위원회 확대회의를 소집했다. 마오쩌둥은 다음과 같이 말했다. 헝가리에 대해 지난날의 방법대로 대처해서는 안 된다. 헝가리 국민이 스스로 새로운 방법을 모색해야 한다. 우리도 그들을 지지해야 한다. 지금 집권하고 있는 세계 여러 공산당 앞에 놓인 문제는 10월 혁명의 보편적인 진리를 어떻게 본국의 실제에 잘 적용하느냐이다. 이는 모두에게 중요한 문제다. 폴란드와 헝가리에서 일어난 사변은 우리로 하여금 중국의 문제를 더욱 깊이 고려하게 했다. 소련공산당 제20차 대회의 장점이라면 바로 사상을 해방함으로써 사람들로 하여금 소련에서 한 모든 일이 절대적인 진리이고 바꿀 수 없는 것으로서 반드시 그대로 해야 하는 것이 아님을 느끼게 한 것이다. 중국의 혁명과 건설 문제는 우리 스스로 해결해야 한다.[1] 중앙은 그 후에 소집된 당중앙위원회 제8기 제2차 전원회의에서 당의 고위급간부들에게 동유럽의 실태와 그 사건에서 얻은 교훈을 상세히 통보함으로써 전당의 경각심을 불러일으키도록 했다. 그동안 유고슬라비아 사회주의 연방공화국 대통령 티토가 풀라(Pula)에서 연설을 했다. 그는 스탈린의 오류가 발생하게 된 것은 개인숭배뿐만 아니라 개인숭배를 낳은 제도와 관료주의 조직기구에 있다고 지적했다. 마오쩌둥은 중앙정치국 상무위원회 확대회의를 연달아 소집하여 국제 정세를 토론하고 티토의 연설과 그에 대한 일부 공산당의 논평을 분석했다.

1956년 12월 29일, 중앙정치국회의의 토론으로 형성된 '무산계급 독재의 역사적 경험을 다시 논함'이라는 글이 〈인민일보〉 편집국의 명의로 공개 발표되었다. 이 글은 다음과 같이 지적했다. 헝가리에서 사변이 일어난 몇 가지 내부 원인 가운데 국제제국주의가 중요하고 결정적인 역할을 했다. 그러므로 우리는 어느 때를 막론하고 적들과 우리와의 날카로운 투쟁을 잊어서는 안 된다. 이것이 바로 국제적인 계급투쟁이다. 무산계급의 국제적 단결을 강화하고 제국주의의 진격을 물리치기 위해서는 교조주의와 수정주의를 단호히 반대해야 한다. 이 글은 또 다음과 같이 인정했다. 최근 동유럽 정세가 변화함에 따라 스탈린의 오류를 정확하게 인식하고 대하는 것은 이미 많은 나라 공산당 및 당과 당 사이의 상호 단결에 영향을 미치는 중대 문

---

1) 팡셴즈(逢先知), 진충지 주필, 〈마오쩌둥전(1949~1976)〉, 중앙문헌출판사 한문판, 2003년, 605~606쪽.

제로 드러나고 있다. 스탈린의 오류에 대해서는 마땅히 비판해야 하지만 그의 정확한 주장은 긍정하고 수호하는 전제 아래 진행되어야 한다. 마오쩌둥은 스탈린이 범한 엄중한 오류 중 하나는 바로 "피아 간의 모순과 인민 내부의 모순을 혼동하고 적을 대처하는 방식으로 인민을 대한 것이다."라고 지적했다. 마오쩌둥이 보기에는 소련공산당 제20차 대회가 스탈린의 작법을 전면적으로 부정한 것도 역시 인민 내부의 모순과 피아 간의 모순을 혼동하여 적을 대처하는 방법으로 스탈린을 대한 것이었다. 마오쩌둥은 다음과 같이 인정했다. 폴란드와 헝가리에서는 이미 소련의 모든 것을 부정하면서 10월 혁명마저 부정하는 경향이 나타난 한편 관료주의와 군중을 이탈하고 소련의 경험을 답습하고 계급투쟁을 철저히 진행하지 못한 등 오류로 말미암아 부정적인 후과도 점차 드러나고 있다. 스탈린의 오류, 폴란드 사건과 헝가리 사건은 사회주의 제도에서도 여전히 각종 모순이 극명하게 존재하고 있음을 보여준다. 피아 간의 모순과 인민 내부의 모순을 정확히 구별하고 처리할 수 있는가의 여부는 사회주의 건설의 성패와 관련되며 인민정권의 존망과 관련된다. 공산당이 집권하는 상황에서 인민 내부의 모순을 정확히 처리하는 것은 지극히 중요하다.

1956년 가을과 겨울, 중국 내에서도 일부 불안정적인 상황이 나타났다. 사회주의적 개조가 급속하게 완성되고 경제건설을 급격히 진행한 영향이 완전히 해소되지 못해 일부 새로운 사회적 모순이 드러나게 되었다. 그 후 반년 동안 많은 도시에서는 식량, 육류, 일용품 부족 현상이 나타났으며 소수의 학생, 노동자, 퇴역 군인들은 진학, 취업, 배치 등에서 적지 않은 어려움에 직면했다. 1956년 9월부터 1957년 3월까지 반년 사이에 전국적으로 수십 건의 파업, 청원 사건이 발생했으며 사건마다 그 인원수가 적으면 수십 명, 많을 때에는 100~200명 돼 거의 1천 명에 달했다. 농촌에서는 1956년의 여름걷이 이후로 적지 않은 지역에서 농민들이 퇴사하며 식량이 부족하다고 아우성쳤다. 저장성 농촌에서는 청원, 구타, 소요 등 1천여 건의 사건이 일어났다. 광둥성의 농촌들에서는 연말까지 7만여 농가가 농업합작사에서 나왔다. '백화제방, 백가쟁명' 방침이 제기된 후 국내외 정세에 가장 민감한 지식인들은 갈수록 활발하게 교조주의를 비판했으며 정치, 경제, 문화, 교육, 과학 등의 문제에서 여러 가지 의견을 발표했다. 일부는 당과 정부 사업의 결함과 간부들의 작풍 문제에 대해 비판했는데 그 가운데는 날카로운 의견들이 적지 않았지만 일부 그릇된 논의도 있었다.

많은 당원과 간부들은 새롭게 등장한 이러한 모순에 대해 사상적으로 준비되지 않았다. 그러기에 낡은 기준으로 이러한 군중의 소동과 날카로운 비판을 모두 계급투쟁의 표현이라고 여겼고 만약 무리를 지어 소동을 일으키면 이는 곧 피아 간의 모순이라고 결론 내렸다. 일부 간부는 혁명 시절의 경험으로 일을 처리하는 경향이 있어 피아 간의 모순을 처리하는 것과 같은 방법으로 파업, 동맹 휴학 사건을 처리함으로써 부작용을 악화시켰다. '백화제방, 백가쟁명', '장기공존, 상호감독'의 방침에 대해도 의심을 품거나 저촉하는 태도가 나타나 '백화제방'에 의해 나온 것은 전부 독초와 들풀이고 "몇 십 년의 혁명 기간에도 제재를 받지 않았는데 혁명이 승리한 지금에 와서 도리어 관리를 받아야 한다."고 말하기도 했다. 이러한 상황에서 볼 수 있듯이 중국은 사회주의 사회에 들어서면서 전당과 전국의 사업 중심을 경제문화 건설로 옮길 때 힘써 당원 간부들을 교양하여 계급투쟁을 중심으로 여기던 습관에서 이제 경제건설 중심으로 바꾸고 인민 내부의 모순을 올바로 처리하도록 학습할 필요가 있었다.

당중앙위원회와 마오쩌둥은 국내의 소동 문제를 여러 차례 분석했다. 마오쩌둥은 다음과 같이 지적했다. 이러한 소동이 과연 두려운가, 두렵지 않은가? 두려워해서는 좋은 방법이 없다. 우리는 적극적인 태도를 취해야 한다. 소수가 소동을 일으키는 원인은 "더러는 지도자들에게 관료주의와 주관주의가 존재하여 정치적 또는 경제적으로 정책상의 오류를 범했기 때문이다. 또 더러는 정책이 아니라 사업 방식이 잘못되고 지나치게 원칙적이기 때문이다. 또 다른 원인은 반혁명 등의 반대 세력이 존재하기 때문이다."[2] 이러한 원인은 결국은 사회주의 사회에서 피아 간의 모순과 인민 내부의 모순을 반영한 것이며 그 가운데 대거 드러난 것은 인민 내부의 모순이었다. 마오쩌둥은 "앞으로 인민 내부의 일이나 당내의 일은 무력이 아니라 정풍, 비판과 자기비판의 방법으로 해결해야 한다."[3]고 강조했다.

마오쩌둥은 또 전반 상황에 대한 전형적 사례의 인도와 계발에도 주의를 기울였다. 1956년 11월, 중국민주건국회는 제1기 제2차 중앙위원회 전원회의를 열고 충분한 토론과 비판, 자기비판의 방법으로 사상 인식 측면에서의 부동한 의견을 해결했다. 이를 알게 된 마오쩌둥은 매우 기뻐하면서 민주건국회 주임위원인 황옌페이(黃炎培)에게 보내는 답신에서 "비판과 자기비판이라는 이 방법이 의외로 여러분 당내에서, 전국 각지 상공업자 사이에서, 고급 지식인들 사이에서 잘 시행되고 또 날로 건전하게 진행되고 있다니 실로 좋은 소식이다."고 말했다. 그러면서 그는 사회주의 사회의 모순을 해결하는 두 가지 방

---

2) '성, 직할시, 자치구 당위원회서기회의에서 한 마오쩌둥의 연설', 1957년 1월 27일.
3) '당중앙위원회 제8기 제2차 전원회의에서 한 마오쩌둥의 연설 기록', 1956년 11월 15일.

법, 즉 피아 간의 모순에 대해서는 진압의 방법을, 인민 내부의 모순에 대해서는 설복의 방법, 다시 말하면 비판의 방법을 사용해야 한다는 데에 대해서도 언급했다. "우리 국가 내부의 계급모순은 이미 기본적으로 해결(즉 완전히 해결되지 않은 것으로서 의식형태로 표현되는 계급 모순은 장기적으로 존재할 것이다. 이 밖에 소수 특무 세력도 장기간 존재할 것이다.)되었으므로 모든 인민들은 마땅히 단결해야 한다. 하지만 인민 내부의 문제는 끊임없이 나타나게 될 것이다. 해결 방법으로 단결에 착안하여 비판과 자기비판을 거쳐 단합으로 나아가는 방법을 사용한다."[4]

이는 당시 우리 당이 폴란드 사건, 헝가리 사건을 교훈으로 삼고 당의 작풍을 정돈하는 것에서 시작하여 주관주의, 관료주의와 종파주의를 극복하고 인민 내부의 모순을 정확히 처리함으로써 당과 인민대중 관계에서의 일부 긴장한 상태를 완화시키려 시도했음을 밝힌다. 마오쩌둥은 다음과 같이 지적했다. 혁명 시기에는 모두가 계급투쟁을 하는 데 힘을 모았다. 그러므로 인민 내부의 모순은 두드러지지 않았다. 건설 시기에는 계급투쟁이 부분적으로 남아 있고 인민 내부의 투쟁으로 드러나는 것이 대부분이다. 이에 대해 우리는 경험이 부족하다. 이를 깊이 있게 연구할 필요가 있다. 이는 일종의 과학이다.[5] 이렇게 스탈린의 오류와 폴란드 사건, 헝가리 사건의 역사적 교훈을 귀감으로 중국의 실제를 직시하면서 자체 경험을 총화하고 중국 사회주의 사회의 각종 모순을 정확히 인식하고 처리하는 것은 당시 당중앙위원회의 중점적인 중대 과제가 되었다.

---

4) 마오쩌둥, '황옌페이에게 보내는 편지'(1956년 12월 4일), 〈마오쩌둥문집〉 제7권, 인민출판사 한문판, 1999년, 164쪽.

5) '성, 직할시, 자치구 당위원회서기회의에서 한 마오쩌둥의 연설', 1957년 1월 27일.

'인민 내부의 모순을 정확히 처리하는 문제에 관하여'의 발표

1957년 2월 27일, 마오쩌둥은 1,800여 명의 각계 인사가 참석한 최고국무회의 제11차 (확대)회의에서 '어떻게 인민 내부의 모순을 처리할 것인가'라는 제목으로 연설을 발표하면서 사회주의 사회의 피아 모순과 인민 내부 모순 이 두 가지 모순을 엄격히 구분하며 인민 내부의 모순을 정확히 처리하는 문제에 대해 체계적으로 천명했다. 이에 앞서 마오쩌둥은 한 시기 동안 줄곧 이러한 문제를 숙고해 왔으며 스스로 말한 바와 같이 "원래 마음속에 오랫동안 쌓아 두었던 것"들이었다.[6] 이 연설은 후에 정리와 약간의 수정 보충을 거쳐 '인민 내부의 모순을 정확히 처리하는 문제에 관하여'라는 제목으로 그해 6월 19일에 공개 발표되었다. 이론적으로나 실천적으로나 중대한 의의가 있는 이 문서는 마오쩌둥은 사회주의 사회의 모순을 깊이 있게 연구하여 사회주의 사회 내부의 부동한 성격의 모순과 그러한 모순을 처리하는 이론을 체계적으로 형성했다. 이는 8차 당대회 노선의 연장이며 발전이었다. 그 주요 관점은 다음과 같다.

모순은 보편적으로 존재하고 있으며 사회주의 사회도 모순으로 가득 차 있으며 바로 이런 모순들이 끊임없이 사회주의 사회를 발전하도록 추동(推動)한다. 하지만 많은 사람은 중국 인민 내부에 아직 모순이 존재하며 바로 이런 모순이 우리의 사회를 앞으로 발전하도록 추동한다는 것을 공개적으로 인정하지 못하고 있다. 많은 사람은 사회주의 사회에도 여전히 모순이 있음을 인정하지 않기에 사회적 모순 앞에서 어쩔 줄 몰라 하며 수동적 입장에 빠지고 있다. 그들은 오히려 모순을 정확히 처리하고 해결하는 과정에 사회주의 사회 내부

---

6) '신문출판계 대표와 한 마오쩌둥의 담화', 1957년 3월 10일.

의 통일과 단결이 더욱더 공고해진다는 사실을 모른다. 그러므로 중국 인민, 먼저 간부들에게 이것을 설명해줌으로써 사회주의 사회 내부의 모순을 인식하는 동시에 정확한 방법으로 이러한 모순을 처리하도록 인도할 필요가 있다. 마오쩌둥은 또 다음과 같이 말했다. 어떤 사람들은 사회주의 사회에서 모순을 "찾을 수" 있다고 하는데 이는 틀린 말이다. 모순은 찾거나 찾지 못거나 하는 것이 아니라 오히려 가득 차 있는 것이다. "이러한 모순을 해결한 후에는 또 새로운 문제들이 나타날 것이다. 새로운 모순은 또 해결하지 않으면 안 된다." 그렇지 않으면 사회 발전은 멈추게 될 것이다. 그는 대립물의 통일 법칙으로 사회주의 사회의 모순을 깊이 있게 분석할 것을 제창했다.

사회주의 사회에서의 기본 모순은 여전히 생산력과 생산관계, 경제기반과 상부 구조 간의 모순이다. 그러나 사회주의 사회에서의 이러한 모순들은 구사회의 모순, 예를 들면 자본주의 사회의 모순과는 근본적으로 다른 성격과 형태를 지닌다. 자본주의 사회의 모순은 치열한 대항과 충돌로 표현되고 치열한 계급투쟁으로 표현된다. 그러한 모순은 자본주의 제도 자체로는 해결할 수 없고 오직 사회주의 혁명에 의해서만 해결할 수 있다. 그와는 달리 사회주의 사회의 모순은 대항적 모순이 아니며 그것은 사회주의 제도 자체의 조정을 거쳐 끊임없이 해결할 수 있는 것이다. 중국에는 "사회주의적 생산 관계가 이미 정립되었으며 그것이 생산력의 발전에 부합하고 있다. 그러나 아직은 불완전하며 이런 불완전한 측면이 또한 생산력의 발전과 모순되고 있다. 생산관계와 생산력 발전이 서로 부합하면서도 서로 모순되는 상황 외에 또 상부 구조와 경제기반이 서로 부합하면서도 모순되는 이런 상황도 있다."[7] 마오쩌둥은 다음과 같이 지적했다. 이른 바 "서로 부합한다."는 것은 바로 사회주의 생산관계가 구시대 생산 관계보다 생산력의 발전에 더욱 부합할 수 있고 구 사회에서는 볼 수 없던 속도로 생산력이 급속히 발전할 수 있게 하여 끊임없이 늘어나 는 인민의 수요를 점차적으로 충족시킬 수 있는 상황을 말하는 것이 다. 인민민주주의 독재의 국가제도와 법률, 마르크스-레닌주의에 따 른 사회주의적 의식 형태는 사회주의적 개조의 승리와 사회주의 노 동 조직의 건립에 적극적인 추동 역할을 했다. 이른바 "서로 모순된 다."는 것은 바로 자산계급 의식 형태의 존재, 국가기구 내 일부 관료 주의의 작풍의 존재, 국가제도의 일부 결함의 존재가 또 사회주의 경 제기반과 모순된다는 것이다. "모순이 끊임없이 나타나고 끊임없이 해결되는 것이 사물 발전의 변증법적 법칙이다."[8] 마오쩌둥은 다음 과 같이 인정했다. 사회주의 사회의 기본 모순은 정치, 경제, 문화 등 각종 모순의 산생과 발전을 야기하지만 사회주의 사회의 생산력과 생산관계가 기본적으로 부합되기 때문에 이러한 모순은 사회주의 제 도 자체에 의해 조정되고 해결될 수 있다. 이 모순을 해결하는 것은 기타 모순 해결의 근본이기도 하다. 총체적으로 사회의 기본 모순 운 동은 인류 사회를 끊임없이 발전시키는 동력이며 각종 사회 형태를 발전, 변혁시키는 근본 원인이다. 사회주의 사회의 기본 모순에 관한 마오쩌둥의 논설은 처음으로 사회주의 사회 발전의 동력을 과학적으 로 제시했다. 이는 사실 그 후의 사회주의적 개혁에 대해 인식의 기

---

7) 마오쩌둥, '인민 내부의 모순을 정확히 처리하는 문제에 관하여'(1957년 2월 27일), 〈마오쩌둥선집〉 제5권, 민족출판사, 1977년, 557~558쪽.

8) 마오쩌둥, '인민 내부의 모순을 정확히 처리하는 문제에 관하여'(1957년 2월 27일), 〈마오쩌둥선집〉 제5권, 민족출판사 1977년, 559쪽.

초를 마련해주었다.

사회주의 제도 내에서 모순의 존재 여부는 아주 오랫동안 금기시하던 문제였다. 소련을 영도하여 사회주의를 건설하는 실천 가운데서 스탈린은 사회주의 제도 내에서의 생산관계와 생산력 간의 모순, 상부구조와 경제기반 간의 모순을 줄곧 승인하지 않았다. 소련의 반혁명 숙청의 확대화는 바로 사회주의 사회의 모순을 잘 처리하지 못한 까닭에서였다. 그는 사망하기 1년 전에야 이 문제를 인식하기 시작했지만 이를 전체 국면과 관련되는 문제로 여기지 않았으며 바로 이 같은 모순과 그 해결 과정이 사회주의 사회를 앞으로 발전하도록 이끈다는 것을 인식하지 못했다. 일찍 중국에서도 많은 사람이 사회주의 사회에 모순이 존재한다는 것을 승인하지 않았으며 여러 가지 사회 모순에 직면할 때마다 어찌 할 바를 몰라 했다. 마오쩌둥은 장기간 금기시하던 이 문제를 뚜렷하게 제기했을 뿐만 아니라 그것을 중요한 위치에 두었으며, 이론 면에서 명확히 천명한 동시에 사회주의 사회의 두 가지 모순과 그 해결 방법을 깊이 있게 분석했다.

마오쩌둥은 사회주의 사회의 모순은 정치적인 면에서 피아 간의 모순과 인민 내부의 모순 이 두 가지로 구분할 수 있다고 강조하면서 다음과 같이 지적했다. 사회주의 사회에는 피아 간의 모순과 인민 내부의 모순이라는, 성질이 근본적으로 다른 두 가지 모순이 존재하고 있다. 이 두 가지 모순을 정확히 인식하기 위해서는 무엇보다 먼저 인민과 적이라는 두 개념을 과학적으로 정의해야 한다. 사회주의 건설 시기에 사회주의 건설사업을 찬성하고 옹호하며 사회주의 건설사업에 참가하는 모든 계급, 계층과 사회집단은 모두 인민의 범위에 속한다. 반면 사회주의 혁명에 반항하며 사회주의 건설을 적대시하고 파괴하는 모든 사회 세력과 사회 집단은 모두 인민의 적이다. 중국

현 상황에서 이른바 인민 내부의 모순에는 노동계급 내부의 모순, 농민계급 내부의 모순, 지식인 내부의 모순, 노동자와 농민 계급 간의 모순, 노동자, 농민과 지식인 간의 모순, 노동계급, 기타 근로인민과 민족자산계급 간의 모순, 민족자산계급 내부의 모순 등이 포함되어 있다. 중국 인민정부는 진정으로 인민의 이익을 대표하는 정부이며 인민을 위해 일하는 정부이지만 인민정부와 인민대중 사이에도 일정한 모순이 있다. 이 모순에는 국가의 이익, 집단의 이익과 개인의 이익 간의 모순, 민주와 중앙집권 간의 모순, 영도와 피영도 간의 모순, 국가 기관의 일부 사업 종사자의 관료주의 작풍과 대중 간의 모순이 포함되어 있다. 이러한 모순도 역시 인민 내부의 모순이다. 일반적으로 말하면 인민 내부의 모순은 인민의 이익이 근본적으로 일치한 기초 위에서의 모순이다. 피아 모순은 대항적인 모순이고 인민 내부의 모순은 근로 인민 간에는 비대항적이다. 피착취계급과 착취계급 간에는 대항적인 측면이 있지만 비대항적인 면도 있다. 노동계급과 민족자산계급 간의 모순은 인민 내부의 모순이다. 마오쩌둥은 다음과 같이 제기했다. 다른 성격의 모순은 오직 각각의 방법에 의해서만 해결할 수 있다. 피아 간의 모순과 인민 내부의 모순은 성질이 같지 않으며 따라서 그 해결 방법도 다르다. 전자는 피아를 분명히 가르는 문제로 강제적이고 독재의 방법으로 해결해야 하며 후자는 시비를 분명히 가르는 문제로 오직 민주적이고 설복, 교양하는 방법으로 해결해야 한다. 피아 간의 모순을 해결하는 방법으로 인민 내부의 모순을 해결해서는 절대 안 된다. 마오쩌둥은 또 두 가지 모순은 일정한 조건으로 서로 전환하기 때문에 마땅히 주관적, 객관적인 조건을 창조하여 모순이 좋은 방향으로 바뀌게 해야 하며 상반되는 결과를 초래하지 않도록 해야 한다고 제기했다.

마오쩌둥의 연설은 인민 내부의 모순을 토론하는 문제에 중점을 두
었다. 그는 인민 내부의 모순을 해결하는 민주적인 방법은 바로 '단
결－비판－단결'의 방침, 다시 말하면 단결의 염원으로부터 출발하
여 비판 혹은 투쟁을 거쳐 모순을 해결하고 새로운 기초 위에서 새로
운 단결에 이르는 것이라고 상세하게 논술했다. 이는 1942년 옌안에
서의 정풍운동 이래 당내의 모순을 해결하는 기본 경험으로서 전국
이 해방된 후 당은 민주당파와 상공계에 이러한 방법을 취했는데 오
늘날에 와서는 전체 인민 내부에서 이 방침을 계속 보급하고 더욱 잘
적용해야 했다. 마오쩌둥은 다음과 같이 더한층 지적했다. "우리의
근본적 임무는 생산력을 해방하는 것으로부터 새로운 생산관계에서
생산력을 보호하며 발전시키는 것으로 바뀌었다."[9] 다시 말하면 당
과 국가의 사업의 중심을 마땅히 경제건설로 전환해야 한다는 것이
다. 그리하여 인민 내부의 모순을 정확하게 처리하는 것은 국가 정치
생활의 주요한 내용이 되었다. 마오쩌둥은 다음과 같이 말했다. "지
금의 상황은 이러하다. 즉 혁명 시기의 폭풍우와 같은 군중적 계급투
쟁은 기본적으로 끝났지만 계급투쟁이 아직 완전히 끝나지 않았으며
광범한 군중은 한편 새로운 제도를 환영하면서도 한편으로는 아직
그다지 익숙해지지 않았다. 정부사업 역량들도 경험이 아직 풍부하
지 못하므로 일부 구체적인 정책 문제에 대해 계속 고찰하고 모색하
지 않으면 안 된다."[10] 그는 이러한 시기에 적아 간의 모순과 인민 내
부의 모순의 경계를 나누고 인민 내부의 모순을 정확히 처리할 것을

<hr>

9) 마오쩌둥, '인민 내부의 모순을 정확히 처리하는 문제에 관하여'(1957년 2월 27일), 〈마오쩌둥선집〉
　　제5권, 민족출판사, 1977년, 562쪽.
10) 마오쩌둥, '인민 내부의 모순을 정확히 처리하는 문제에 관하여'(1957년 2월 27일), 〈마오쩌둥선집〉
　　제5권, 민족출판사 ,1977년, 559쪽.

제기하는 것은 전국 여러 민족 인민들을 단결하여 우리의 경제와 문화를 발전시키고 우리의 새로운 제도를 공고히 하며 우리의 새로운 국가를 건설하는 데 필수불가결하다고 인정했다. 그리하여 인민 내부의 모순을 정확히 처리하는 것은 실제상 국가 정치생활의 중요 주제가 되었다.

인민 내부의 모순을 정확히 처리하는 이러한 주제를 둘러싸고 마오쩌둥은 농업합작화 문제, 상공업자 문제, 지식인 문제와 청년학생 문제, 소수민족 문제, 반혁명숙청 문제, 소수의 소동 문제 그리고 통일적으로 계획하고 고루 관리하며 적당히 배치하는 문제, 백화제방, 백가쟁명, 장기공존, 상호감독, 근검절약, 중국의 공업화 노선 등 문제와 연계하여 사회주의 건설에서의 일련의 중대한 문제들에 대해 다음과 같이 체계적으로 분석하고 천명했다. 사회경제 측면에서는 국가, 집단과 개인 3자의 이익을 통일적으로 계획하고 고루 관리하며 적당히 배치함과 동시에 중국 공업화의 길을 찾아낸다. 과학문화사업 면에서는 '백화제방, 백가쟁명' 방침을 관철하며 민주당파와의 관계에서는 '장기공존, 상호감독'을 시행한다. 한족과 소수민족에 대해서는 반드시 관계를 잘 처리하되 대한족주의를 극복하는 것을 관건으로 하며 동시에 지방민족주의를 극복해야 한다. 지식인에 대해서는 마땅히 그들과의 관계를 근본적으로 개선하여 그들을 신임하고 그들과 단결하는 동시에 그들에 대한 사상정치사업을 강화해야 한다. 마오쩌둥은 또 다음과 같이 특별히 강조했다. 지식인과 청년 학생들에 대해는 사상정치사업을 강화해야 한다. 사상정치사업은 공산당, 청년단, 그리고 정부 행정부서에서 책임져야 한다. 그릇된 것에 대해는 비판해야 한다. 비판과 자기비판은 인민 내부에서 자신을 교육하고 자기 사업을 발전시키는 하나의 방침이다. 마오쩌둥이 제기한 이러한 방침정책은 '10대 관계에 대하여'의 기본 방침과 8차 당대회의 정치 노선을 이어온 것이다. 그 착안점은 모든 적극적인 요소들을 동원하고 단결할 수 있는 모든 사람들과 단결하며 가능한 소극적인 요소를 적극적인 요소로 바꾸어 사회주의 건설이라는 이 위대한 사업을 위해 일하는 것이다.

1957년 3월 6일부터 13일까지 중공중앙은 베이징에서 전국선전사업회의를 소집했다. 회의의 주요 의제는 '인민 내부의 모순을 정확히 처리하는 문제에 관하여'라는 마오쩌둥의 연설을 전달하고 관철하며 사상 동향을 연구하고 '쌍백' 방침(백화제방·백가쟁명) 등 문제를 참답게 관철하는 것이었다. 회의기간 마오쩌둥은 선후로 좌담회를 다섯 차례 열고 선전사업과 과학문화사업에 존재하는 현실적인 문제들을 파악하고 사상문화에 '쌍백' 방침의 관철을 고무 격려했다. 12일, 마오쩌둥은 회의에서 연설을 발표했다. 그는 우선 다음과 같이 지적했다. 사회 대변혁 시기에 몇 억의 인구가 사회주의적 개조운동에 들어서면서 사상 면에서 여러 가지 의견들이 다소 반영되고 있다. 이런 상황은 전적으로 이해할 수 있는 것이다. 제도의 변화는 한 차례의 큰 변화이다. 지금 사상이 이처럼 혼란한 것은 바로 사회 기초의 변동이 반영되었기 때문이다. 하지만 사상 문제를 해결하는 데에 완전히 다른 두 가지 방법이 있다. 마오쩌둥은 "독재적이고 무단적이며 압제적인 방법을 써서는 안 된다. 사람들을 납득시키려면 마땅히 설복해야 하지 강박해서는 안 된다."[11]고 주장했다. 당원 간부들 중에서 '제한'할 것인가 아니면 '개방'할 것인가에 대한 인식이 전혀 통일되지 못한 상황에 대비하여 그는 또 다음과 같이 지적했다. 중국을 영도하

---

11) 마오쩌둥, '문예계대표들과의 담화'(1957년 3월 8일), 〈마오쩌둥문집〉 제7권, 인민출판사 한문판, 1999년, 252쪽.

는 데에 마땅히 '개방'하는 방침을 취하고 모두가 의견을 발표하게 함으로써 사람들이 과감하게 말하고 비판할 수 있게 해야 한다. '백화제방, 백가쟁명'의 방침은 진리와 예술을 발전시켜 우리로 하여금 오류를 덜 범하게 할 뿐이다. 그는 다음과 같이 명확하게 선포했다. 정풍은 먼저 당내에서 시작하고 당 외는 자발적으로 참여하게 하며 주관주의(교조주의를 포함하여), 종파주의, 관료주의를 비판하고 오류를 극복하여 자유롭게 비판하는 환경과 습관을 형성한다. 정풍의 방법은 옌안에서와 같이 문건을 연구하고 오류를 비판하며 개인 자신에게 끊임없는 작은 민주를 시행하며 온화한 방법으로 병을 치료하여 사람을 구하는 방법을 취해야 한다. 단 한 번에 억압하는 방법은 반대한다.[12] "풀어놓는" 방침을 강조할 때 마오쩌둥은 또 "장기간 사람들은 교조주의에 대해 많은 비판을 해왔다. 이는 마땅한 일이다. 그러나 사람들은 흔히 수정주의에 대한 비판을 경시했다."며 사람들에게 주의를 환기시켰다. 그는 지금도 계급투쟁은 존재하며 "주요하게는 정치전선과 사상전선의 계급투쟁이며 이는 매우 첨예하다. 사상문제는 지금 아주 중요한 문제로 부각되고 있다."고 지적했다. 연설을 마무리하면서 마오쩌둥은 각 지방 당위원회, 특히 성, 직할시, 자치구 당위원회 제1서기에게 사상 문제를 바로잡도록 요구했다.

마오쩌둥이 전국선전사업회의에서 한 연설은 '인민 내부의 모순을 정확히 처리하는 문제에 관하여'라는 연설의 정신이 선전과 사상 면에서 한층 더 전개된 것이었다. 마오쩌둥은 국제공산주의 운동의 역사적 경험을 교훈으로 중국에서의 사회주의적 개조가 기본적으로 완

---

12) 마오쩌둥, '중국공산당 전국선전사업회의에서 한 연설(제강)'(1957년 3월 12일); 마오쩌둥, '중국공산당 전국선전사업회의에서 한 연설'(1957년 3월 12일), 〈마오쩌둥문집〉 제7권, 인민출판사 한문판, 1999년, 274쪽.

수된 후 나타난 새로운 문제에 기초하여 사회주의의 사회 모순 문제에 관한 학설을 제기하고, 동시에 이를 체계적으로 논술했다. 또한 그는 정풍을 통해 새로운 정치적 분위기를 조성하는 사상을 논술했으며 인민 내부의 모순을 정확히 처리하는 것을 국가 정치생활의 주제로 삼고 당 자체의 사상 작풍 문제의 해결을 착안점으로 하여 인민 내부의 모순을 처리하는 일련의 방침을 상세하게 천명했다. 이러한 논술은 마르크스의 과학적 사회주의 이론을 풍부히 하고 발전시켰으며 일부 중대한 면에서 8차 당대회 노선이 계속 발전하도록 이끌어 중국공산당이 중국의 기본 국정을 올바르게 인식하는 데 이론적 기초를 마련했다. 이는 당과 사회주의 건설사업에 대한 장구한 이론적 지도 의의를 지닌다.

'인민 내부의 모순을 정확히 처리하는 문제에 관하여'의 사상에 대한 학습과 선전

'인민 내부의 모순을 정확히 처리하는 문제에 관하여'와 '전국선전사업회에서 한 연설'이 당내 외에 전달된 후 강렬한 반향을 불러일으켰다. 중앙은 연이어 통지를 내려 각급 당위원회에서 확실한 조치를 취해 당과 인민 대중과의 연계를 강화하도록 요구했다. 마오쩌둥 등 중앙지도자들은 갈래를 나누어 전국 각지를 시찰하면서 당내외 간부들에게 인민 내부의 모순을 정확히 처리하는 문제 관한 사상을 더욱 직접적으로 논술해주었다. 이는 사실 정풍운동을 위한 정치적 동원이기도 했다.

마오쩌둥의 연설은 당외 인사들의 열렬한 지지를 얻었다. 1957년 3월 5일부터 20일까지 소집된 중국인민정치협상회의 제2기 전국위원회 제3차 회의는 마오쩌둥이 한 '인민 내부의 모순을 정확히 처리하는 문제에 관하여'란 연설의 정신을 전달, 관철하고 토론했다. 대회 토론에서 발언(서면발언 포함)한 위원과 방청인원은 총 406명이었고 서면발언은 308편이 되었다. 정치협상회위원들의 발언은 내용의 폭이나 깊이에서 모두 신중국이 창건된 이래 열린 매 차례의 회의를 초과했으며 정치, 경제, 공업, 농업, 사회주의적 개조, 수리, 교육, 과학, 문화, 의약위생 등 여러 분야를 포함하고 있었다. 그들은 마오쩌둥의 연설이 국가의 정치생활을 나날이 완벽히 하고 사회주의 건설사업을 신속하게 발전시키는 데 결정적인 역할을 할 것이라고 밝혔다.[13] 〈인민일보〉는 정치협상회위원과 각 민주당파, 무소속 민주인사들의 발언을 충분히 보도했다. 중국인민정치협상회의 제2기 전국위원회 제3차 회의가 끝난 후 각 민주당파는 잇달아 중앙 전체회의 혹은 사업회의를 열고 인민 내부의 모순을 어떻게 정확하게 처리할 것인가 하는 문제를 연구했다. 이러한 회의들은 매우 활기차게 진행되었는데 많은 중대한 문제, 예를 들면 반혁명숙청운동, '장기공존, 상호감독'의 방침, '백화제방, 백가쟁명'의 방침, 지식인의 사상개조 등을 둘러싸고 쟁론들이 이어졌다. 1957년 4월 26일, 〈인민일보〉는 '각 민주당파의 회의로부터 '장기공존, 상호감독'을 담론한다'는 사설을 발표하여 이러한 중대 문제를 토론함으로써 "여러 사람의 인식이 다소 높아지고 사상적인 일치를 더욱 불러일으켰다."고 긍정적으로 평가했다. 사설은, 적지 않은 당외 인사의 비판은 "기본적으로 정확하고 긍정적이다. 우리는 이러한 비판을 환영하며 이러한 비판은 '장기공존, 상호감독'이라는 이 방침을 실현하는 중요한 방법이다."라고 했다.

---

13) '중국인민정치협상회의 전체회의 대회 발언 결속, 선후로 발언한 위원 및 방청인원 총 406명', 1957년 3월 20일 자, 〈인민일보〉 1면.

마오쩌둥의 연설은 대중 속에서도 강렬한 반향을 일으켰다. 각 지방 당위원회에서는 잇달아 각종 형식의 좌담회를 열고 당내외에서 널리 여론을 청취하고 의견을 물었다. 한때 사람들은 거대한 정치적 열정을 보여주었다. 상하이 주재 〈인민일보〉 기자는 다음과 같이 보도했다. "최고국무회의와 중앙선전사업회의에서 한 마오쩌둥의 연설은 상하이에서 널리 전달되고 토론되었으며 이미 상하이 지식계의 사상 생활 가운데 대사가 되어 초봄의 상하이에 더욱 발랄한 생기를 더해주었다." 사람들은 "이 연설을 들은 후 국내 생활에서 발생하는 많은 모순 현상에 대해 모두 정확한 해답을 얻게 되었고 시야가 열리고 앞으로의 사업에 더욱 큰 신심이 생기게 되었다."고 여론을 전달했다.[14)]

마오쩌둥의 연설은 당내에서도 마찬가지로 감동을 일으켰다. 많은 당 간부는, 자신들은 노동자와 농민 출신이기에 인민 대중과 자연적으로 연계되어 있고 공산당은 인민을 위해 일하는 것인데 어떻게 인민 대중과 모순이 있을 수 있는가하고 의문을 품었다. 일부 성, 직할시 당위원회는 당중앙위원회에 보낸 보고에서 다음과 같은 문제를 반영했다. 부분적인 영도 간부를 포함한 일부 당 간부는 인민 내부 모순의 존재 여부를 의심하는가 하면 "인민 내부의 모순은 대부분 인민대중과 지도자 간의 모순으로 표현된다."는 관점을 더더욱 의심하고 있다. 적지 않은 당 간부는 "이제부터 세상이 다사(多事)하여" 사업하기 어렵게 되었다고 인정하고 있다. 이는 많은 당 간부의 사상 인식이 아직 당이 전국적으로 집권한 후의 정세 변화에 뒤떨어지고 이로 말미암아 사회 모순을 처리할 때 매우 피동적인 위치에 처해 했

---

14) '민주적인 분위기속에서 치열한 논쟁 벌여—최고국무회의에서 한 마오쩌둥의 연설에 대한 상하이 지식계의 토론을 기록하며', 1957년 4월 16일 자, 〈인민일보〉 6면.

음을 말해주었다.

　당 간부들의 인식에 존재하는 차이에 비추어 당중앙위원회에서는 연이어 당내 지시를 내리고 당 기관지에 일련의 사설을 발표하여 여러 측면에서 당의 작풍을 정돈하고 당내의 주관주의, 관료주의와 종파주의 문제를 극복하며 인민 내부의 모순을 잘 처리할 임무를 전당에 제기했다. 1957년 3월 15일, 중앙은 '민주적으로 농업합작사를 운영하는 몇 가지 사항에 관한 통지'를 내려 농업합작사들이 제때에 재정 수입과 지출을 공개하고 합작사들이 문제를 해결할 때 군중과 상론하며 간부들이 생산에 참가해야 한다고 요구했다. '통지'는 이를 통해 각 농업합작사 간부들과 군중 간의 관계가 크게 개선되고 간부와 군중 간의 단결이 강화되며 농업생산의 고조를 촉진하게 된다고 인정했다. 3월 16일, 당중앙위원회는 '중앙선전사업회의를 전달하는 데 관한 지시'를 내리면서 다음과 같이 지적했다. "지금 당과 지식인 간의 관계에 일부 비정상적인 상태가 존재하고 있다. 이 같은 비정상적인 상태의 원인은 바로 당내에 교조주의와 우경 기회주의라는 두 가지 반 마르크스−레닌주의 사상이 존재하기 때문이다. 교조주의는 설복이 아니라 난폭한 방법으로, 도리를 밝히는 것이 아니라 훈계하는 방법으로, 자원적인 방법이 아니라 강박적인 방법으로 지식인과 사상 문제를 대하며 마르크스를 학습하는 문제를 처리한다." 이와는 달리 "우경 기회주의는 우리의 지난 사업을 일절 부정하고 결함만 보며 성과는 보지 않음으로써 신심을 잃고 위대한 혁명과 건설사업을 암흑천지로 묘사한다". 그러므로 "당 내외에서는 반드시 이 두 가지 그릇된 사상을 반대해야 한다". '지시'는 또 전국선전사업회의에서 제기된 문제들을 깊이 있게 토론함과 동시에 새로 제기되는 문제들을 수집, 토론할 것을 요구했으며 민주를 충분히 발양하며 특히 당외 인사들로 하여금 마음속의 말을 하게 해야 한다고 요구했다. 반년 가까운 사이에 발생한 노동자들의 파업, 학생들의 동맹 휴학과 대중적인 시위 등 사건에 대비하여 중앙은 연이어 '파업, 동맹휴학 문제를 처리할 데 관한 지시', '노동자 계급에 관계되는 몇 가지 중요한 문제를 연구할 데 관한 통지'를 발부했다. 중앙은 다음과 같이 인정했다. "이러한 사건이 발생한 이유는 무엇보다 먼저 우리가 사업을 잘 운영하지 못했기 때문이며 특히 지도자의 관료주의 때문이다." 이 같은 사건의 발생을 방지하기 위한 근본적인 방법은 사회주의 사회 내부 관계에 존재하는 문제를 수시로 조정하는 것이며 "우선적으로는 관료주의를 극복하는 것이다." 당중앙위원회는 연내에 소집할 사업회의에서 종업원들이 기업 관리에 참여하는 문제, 종업원 생활 문제, 노동계급 내부의 단결과 교육 문제, 기업에서의 당, 공회, 청년단 조직의 사업 문제를 포함하여 노동계급과 관련한 몇 가지 문제를 전문적으로 토론하기로 했다.

이와 동시에 마오쩌둥, 류사오치, 저우언라이, 덩샤오핑 등 중앙지도자들은 별도로 각 지방을 시찰하면서 연도에서 연설을 하고 당의 각급 간부들의 혁명에서 건설로의 전환을 충분히 인식하고 인민 내부의 모순을 정확히 처리하는 데 대한 방침을 충분히 이해하고 효과적으로 관철할 것을 요구했다.

마오쩌둥은 톈진, 지난(濟南), 난징(南京), 상하이, 항저우 등지를 시찰하면서 큰길에서 어떻게 인민 내부의 모순을 정확히 처리할 것인가 하는 문제에 대해 연설했다. '백화제방, 백가쟁명'의 방침에 관해 마오쩌둥은 다음과 같이 강조했다. 이는 과학과 문예를 발전시키는 기본 방침일 뿐만 아니라 새로운 역사적 조건 아래 인민 내부의 모순을 처리하는 기본 방침이기도 하다. "지금의 방침을 취한다면 문학예술, 과학기술이 번영, 발전하고 당이 정상적으로 활력을 보존하게 되며 인민의 사업이 융성 발전하며 강대한 중국이 이룩된다. 그럼으로써 인민은 중국을 평안하고 정다운 나라로 인식하게 된다."[15] 사회주의 시기의 계급투쟁 문제와 관련하여 마오쩌둥은 다음과 같이 설명했다. 8차 당대회에서 "대규모적인 계급투쟁은 기본적으로 마무리되었다."고 제기했다. 그러나 기본적으로 마무리되었다고 했을 뿐 전부 그렇다고는 말하지 않았다. 이 점에 대해 분명히 해야 하며 오해하지 말아야 한다. 다시 말하면 계급투쟁은 여전히 존재한다. 특히 의식적인 측면에서 드러나는 계급투쟁은 바로 무산계급사상과 자산계급사상 간의 투쟁이다. 우리는 그러한 것들을 내부 모순으로 간주하고 처리한다.[16] 전당 사업의 중점을 이전한 것과 관련하여 마오쩌둥은 다음과 같이 말했다. "계급투쟁이 기본적으로 완결된 후 우리의 과업은 어디로 이전되어야 하는가? 건설로 이전하여 전반 사회와 6억 인구를 이끌고 자연과 싸워 중국을 흥성시키며 공업국으로 만들어야 한다." 마오쩌둥이 전국 인민들에게 그려놓은 사회주의 발전 정책은 다음과 같았다. 20세기 전 반세기에는 혁명을 하고 후 반세기에는 건설을 한다. 지금은 혁명에서 건설로 바뀌는 시기로 앞으로의 중심 과업은 건설이다. 지금부터 21세기 중엽까지 100년간에 중국을 효과적으로 건설한다. 이와 같은 위대한 목표를 달성하기 위해 마오쩌둥은 당 간부들에게 간고분투하고 대중과 밀접히 연계하는 작풍을 유지할 것을 호소했다. 그는 "우리는 지난 혁명전쟁 시대의 기세, 혁명 열정, 결사적 정신을 보전하여 혁명사업을 끝까지 달성해야 한

15) 마오쩌둥, '난징, 상하이 당원간부회의에서 한 연설 제강'(1957년 3월 19일), 〈마오쩌둥문집〉 제7권, 인민출판사 한문판, 1999년, 291쪽.

16) '산둥성 당원간부회의에서 한 마오쩌둥의 연설 기록', 1957년 3월 18일.

다."고 격정에 찬 어조로 말했다.[17]

류사오치는 상하이시당위원회 당원간부대회에서 인민 내부의 모순 문제를 논술할 때 관료주의를 제거하는 의의를 특별히 강조했다. 그는 다음과 같이 인정했다. 인민 내부의 모순은 인민 대중과 지도자들 간의 모순 문제에서 대거 드러나고 있다. 더 정확히 말하면 지도면에서의 관료주의와 인민 대중 간의 모순 문제에서 드러난다. "지도 측에서 관료주의를 철폐한다면 정책을 명확히 설명해줄 수 있다. 지도 측은 그렇게 해야 한다. 그럼으로써 모순도 격화되지 않을 것이다." 그는 일부 지방에서 일종의 신분제가 싹트고 있는 것 같다며 이는 봉건제도로서 마땅히 없애버려야 한다고 지적했다.[18] 류사오치는 또 인민 내부 모순의 주요한 표현과 그것이 산생되는 주요 원인은 분배 문제 곧 경제 이익 문제라고 제기하면서 인민 내부의 모순 문제를 해결하려면 사상사업에서 출발해야 할 뿐만 아니라 물질적 이익의 분배 문제를 연구하여 이를 해결해야 한다고 했다.

저우언라이는 저장성당위원회 확대회의에서 '장기공존, 상호감독'의 방침을 강조하며 천명했다. 그는 다음과 같이 지적했다. 이 방침은 실제적으로는 민주를 확대해 6억 인민의 생활을 잘 꾸려나가는 것이다. 상호감독 없이 민주주의를 확대하지 않고서는 사회주의를 건설할 수 없다. 상호감독 범위를 더 넓혀야 한다. 저우언라이는 다음과 같이 말했다. 민주당파의 수명은 우리 당의 수명만큼 길 것이다. 앞으로 사회가 발전하여 정당이 필요 없어질 때까지 줄곧 공존할 것

---

17) 마오쩌둥, '계속 간고분투하며 군중과 밀접히 연계하자'(1957년 3월), 〈마오쩌둥선집〉 제5권, 민족출판사, 1977년, 627쪽.

18) 류사오치, '인민 내부의 모순을 어떻게 정확히 처리할 것인가?'(1957년 4월 27일), 〈류사오치선집〉 (하), 민족출판사, 1987년, 303,358쪽.

이다. 그러므로 공산당만 있으면 문제가 모두 해결될 수 있다고 인정하는 것은 단순한 생각이다. 그렇게 되면 우리의 견문은 필연적으로 좁아질 것이다. 누구나 다 '왕곰보'이고 '장소천'이라면 바람직하지 않다. 여러 상표가 더 있는 것이 좋다.[19]

덩샤오핑은 시안(西安)에서 열린 당원간부대회에서 다음과 같이 특별히 강조했다. 공산당이 큰 오류를 범하지 않도록 하자면 반드시 감독을 받아야 한다. 중국에서 누가 큰 오류를 범할 수 있는 자격을 가질 수 있는가? 바로 중국공산당이며 오류를 범하면 영향도 제일 크다. 헌법에는 당의 영도에 대해 규정했는데 당이 영도를 잘 하려면 반드시 감독을 받아야 한다. 그는 다음과 같이 강조했다. 감독은 당의 감독, 대중의 감독, 민주당파와 무소속 민주인사들의 감독 이 세 측면에서 받아야 한다. "우리가 감독을 받지 않고 당과 국가의 민주주의 생활을 넓혀나가는 데로 주의를 돌리지 않는다면 틀림없이 대중을 벗어나 큰 오류를 범하게 된다. 왜냐하면 우리가 문을 닫아걸고 일하면서 경력이 오래되었다는 것으로 허세를 부리고 이만하면 됐다고 생각하며 군중과 당 외 인사들의 의견을 귀담아듣지 않는다면 스스로를 고립시키고 문제를 단편적으로 보기 쉽다. 이렇게 되면 오류를 범하지 않을 수 없다."[20]

마오쩌둥의 '인민 내부의 모순을 정확히 처리하는 문제에 관하여'와 '전국선전사업회의에서 한 연설'을 전달하고 토론하는 과정은 곧바로 각급 당의 조직을 동원하여 인민 내부의 여러 가지 모순이 해

---

19) 저우언라이, '장기적으로 공존하며 상호감독하자'(1957년 4월 24일), 중공중앙 통일전선사업부, 중공중앙 문헌연구실 편, 〈저우언라이통일전선문선〉, 민족출판사, 1986년, 406쪽.

20) 덩샤오핑, '공산당은 감독을 받아야 한다'(1957년 4월 8일), 〈덩샤오핑선문집〉 제1권, 민족출판사, 1995년, 384~385쪽.

결되었는지를 검사하는 과정이었다. 공산당의 작풍 개진을 요구하는 당외 인사들과 인민 대중의 목소리가 갈수록 높아졌다. 당중앙위원회는 이미 정풍운동을 발동할 시기가 무르익었다고 인정했다.

2. 인민 내부의 모순을 정확히 처리하는 것을 주제로 한 정풍운동

정풍운동의 발동

당중앙위원회와 마오쩌둥은 인민 내부의 모순을 정확히 처리의 여부를 새로운 정세에서 당의 사업을 앞으로 밀고 나아갈 수 있는가 하는 주요 문제로 간주하고 인민 내부의 모순을 정확히 처리하는 것을 주제로 하는 전당의 정풍운동을 발동했다.

정풍운동을 발동하기 위해 1957년 4월 19일, 마오쩌둥은 중앙을 대신하여 작성한 지시문에서 다음과 같이 요구했다. 각 성, 직할시, 자치구 당위원회 및 중앙 각 부서와 국가기관 각 당조는 당 내외의 찬성과 반대 의견, 상기 당위원회와 부서의 의견 및 정세에 대한 평가 등 문제에 대해 여러 차례 진지하게 토론했는지, 제1서기와 중앙급 당원 부장 혹은 부부장이 이처럼 극히 중요한 사상정치사업 문제를 올바로 처리했는지, 이러한 문제와 관련된 신문, 잡지의 글을 읽었는지, 당과 당 외 인사(주로는 지식계) 간의 비정상적인 긴장한 분위기가 다소 완화되었는지, 인민들의 소동문제에 대해 무슨 태도를 취했는지, 당내 일부 사람들한테 존재하던 국민당 작풍에 변화가 일어나기 시작했는지 하는 일련의 문제들을 포함한 인민 내부의 모순을 정확히 처리하는 문제에 대한 토론과 집행 상황을 검사함과 아울러 보고서를 작성하여 15일 내에 당중앙위원회에 보고할 것을 요구했다.[21] 4월 27일, 마오쩌둥은 중앙을 대신하여 작성한 통지에서 각 성, 직할시, 자치구 당위원회와 중앙 급 부, 위원회 및 당조에서 당과 노동자, 농민, 학생, 해방군전사, 지식인, 민주당파, 소수민족 등 7개 방면 간에 존재하는 각종 구체적인 모순과 관련하여 별도로 회의를 소집하고 분석, 연구함으로써 스스로 정황을 파악하고 맹목적인 곳에서 자각적인 곳으로 나아가며 간부와 군중을 논리적으로 설복해야 한다고 요구했다.[22] 류사오치도 한 차례의 내부 담화에서 다음과 같이 지적했다. 사상정치 면에서 가장 중대한 문제는 바로 공산당과 대중 간의 문제이며 공산당과 노동자, 농민, 학생, 해방군전사, 지식인, 각 민주당파 및 소수민족 등 7개 방면 간의 관계 문제이다. 당과 각 방면의 관계를 올바로 연구함으로써 이러한 관계를 정확하게, 타당하게 처리하는 것을 배워야 한다. 그는 정풍에서 무엇을 정돈할 것인가를 해석할 때 자신이 인민 내부의 모순을 피아 모순으로 간주한 적이 있는가, 피아 모순을 인민 내부의 모순으로 간주한 적이 있는가, 6억 인민의 이익으로부터 출발하지 않고 종파주의에 근거하지 않았는가를 검사하는 것이며 바로 이러한 풍기를 정돈하는 것이라고 말했다.[23]

1957년 4월 27일, 중공중앙은 '정풍운동에 관한 지시'를 내렸다. '지시'는 다음과 같이 제기했다. 당이 이미 전국적인 범위에서 집권당의 지위에 있고 광범한 대중의 옹호를 받고 있어 많은 동지는 쉽

---

21) 마오쩌둥, '인민 내부의 모순을 정확히 처리하는 문제에 대한 토론 및 집행 상황을 기한부로 중앙에 보고한다'(1957년 4월 19일), 〈마오쩌둥문집〉 제7권, 인민출판사 한문판, 1999년, 292~293쪽.

22) 마오쩌둥, '정풍 및 간부들이 노동에 참가하는 것에 관하여'(1957년 4월 27일), 〈마오쩌둥문집〉 제7권, 인민출판사 한문판, 1999년, 294쪽.

23) 류사오치, '고급당학교학원들의 정풍문제에 관한 담화'(1957년 5월 7일), 중공중앙문헌연구실 편, 〈건국 이래 중요문헌선〉 제10권, 중앙문헌출판사 한문판, 1994년, 250,255쪽.

게 단순한 행정 명령의 방법으로 문제를 처리하고 있다. 입장이 바르지 못한 일부는 낡은 사회 작품의 잔재에 쉽게 젖어 있었다. 그들에게 일종의 특권사상이 자라고 있으며 그들은 심지어 탄압하고 억압하는 방법으로 대중을 대하고 있다. 그러므로 전당적으로 관료주의, 종파주의와 주관주의를 반대하는 한 차례의 보편적이고도 깊이 있는 정풍운동을 진행할 필요가 있다. '지시'는, 정풍운동의 지도사상은 2월에 열린 확대된 최고국무회의와 3월에 중앙에서 소집한 선전사업 회의에서 중앙을 대표하여 한 마오쩌둥의 두 편의 보고이며 정풍운동의 주제는 인민 내부의 모순을 정확히 처리하는 것이라고 규정했다. '지시'는 다음과 같이 강조했다. "이 두 보고의 전달은 당 내외의 열렬한 토론을 불러일으켰다. 당의 입장에서 실제로 이것은 바로 정풍운동의 시작이다." 이번 정풍운동은 엄숙하고도 올바르며 또 온화한 사상교양 운동이어야 하고 실제에 부합한 비판과 자기비판 운동이여야 하며 비판대회나 투쟁대회의 방법을 취하지 말고 개별적으로 속마음을 나누거나 작은 규모의 좌담회, 소조회를 여는 방식을 취해야 한다. 이번 정풍은 당내에서 비판과 자기비판을 전개할 뿐만 아니라 당외 인사들의 참여도 환영하는 '개방'적인 형태를 취해 당과 정부 및 당원, 간부들의 사업에 존재하는 결함과 오류에 대해 비판을 진행하게 했다.

4월 30일, 마오쩌둥은 최고국무회의 제12차 확대회의를 소집했다. 당과 국가의 지도자들, 각 민주당파 책임자 및 무소속 민주인사들이 회의에 출석했으며 회의의 주요 의제는 이제 곧 시작할 공산당의 정풍이었다. 마오쩌둥은 다음과 같이 말했다. 지난 몇 년 동안 정풍에 대해 계속 생각했지만 기회를 찾지 못했는데 지금 그 기회를 찾았다. 지금 비판의 분위기가 이미 조성되었는데 이런 분위기는 마땅히 계속 이어져야 하므로 이때 정풍을 제기하는 것은 자연스러운 일이다. 정풍의 총체적 주제는 인민 내부의 모순을 처리하고 주관주의, 종파주의와 관료주의를 반대하는 것이다. 그는 각계 인사들의 비판을 통해 당의 작풍이 진정으로 개진되기를 바랐으며 또한 당의 일부 영도제도를 한층 더 완벽하게 하는 작업을 통하여 실제 사업 가운데서 당과 민주당파, 당과 지식인 간의 모순을 타당하게 해결하려고 생각했다. 예컨대 마오쩌둥은 고등학교의 영도체제에서 교수들이 학교를 관리하는데 도리가 있는 것 같으며 교무위원회에서 행정을 관리하고 교수회의에서 수업을 관리하도록 하는 두 개 기구로 나눌 수 있는지 이러한 문제에 대해 연구해야 한다고 제기했다. 마오쩌둥은 덩샤오핑이 책임지고 대학교당위원회와 중국민주동맹, 구삼학사 등을 찾아 좌담회를 열고 직책에 상응한 권한을 가지게 하는 문제, 당위원회 책임제문제에 대해 의견을 청취하도록 했다.

5월 1일, 〈인민일보〉는 중공중앙의 정풍에 관한 지시를 반포했으며 전당의 정풍은 이로써 시작되었다. 5월 10일, 중앙은 또 '각급 지도자들이 육체노동에 참가하는 것에 관한 지시'를 내려 지도자들이 생산 노동에 참가하고 대중과 하나가 되는 것은 적시적이고 구체적으로 문제를 발견하고 처리하는 데 유리하고 영도사업을 개진하는 데 유리하며 이로부터 관료주의, 종파주의와 주관주의의 많은 오류를 비교적 쉽게 피하고 극복할 수 있다고 강조했다. '지시'는 현급 이상 각급 당위원회의 주요 지도자로서 육체노동에 참가할 수 있는 사람은 해마다 일정 시간을 내어 부분적인 육체노동에 참가해야 한다고 요구하면서 이는 군중과 연계하고 간고 분투하는 당의 훌륭한 전통을 발양하는 하나의 제도라고 인정했다.

이 시기는 신중국이 창건된 이후 당 내외적으로 사상이 매우 활발한 시기였다. 이 무렵 인민 내부의 모순을 정확히 처리하는 것에 관한 이론과 정책을 제기하고 정풍운동을 벌여 새로운 정치적 국면을 조성하는 사상을 논술하고 정풍의 총체적 주제를 인민 내부의 모순을 정확히 처리하는 것이라고 확정하고 당의 자체의 사상 작풍문제의 해결을 착안점으로 한다는 이 모든 것은 8차 당대회 노선의 연장이며 발전이고 중국 자체의 사회주의 건설 노선 모색의 새로운 노력이다. 또한 새로운 역사적인 조건에서 당의 자체 건설을 강화하는 새로운 조치로서 당의 사업의 발전에 대해 심원한 의의를 지닌다.

정풍운동의 전면적 진행

정풍에 관한 지시가 발표된 후 각급 당 조직에서는 진일보하여 이를 시행하기 시작했다. 예를 들면 광둥성당위원회는 인민 내부의 모순에 관한 13가지 문제를 나열하여 해당 부문에 넘겨 연구, 해결하도록 함으로써 전면적인 검사사업을 준비했다. 기타 지방과 중앙 각 부서에서도 이와 유사한 배치를 시행했다.

당중앙위원회에서는 당 외 인사를 초청하여 공산당의 정풍을 도우도록 했는데 특별히 주의를 기울여 5월 4일에 다음과 같이 이와 관련한 전문 지시를 내렸다. 최근 두 달 동안 당 외 인사들이 참가한 각종 회의와 신문출판물들에서 전개된 인민 내부의 모순에 관한 분석과 당과 정부가 범한 오류, 결함에 대한 비판은 당과 인민정부가 오류를 바로잡고 위신을 높이는 데 매우 유익한 것으로서 우리 당의 정풍에 유리하도록 지속적으로 벌여나가야 한다. "사회적 압력이 없으면 정풍운동에 효과를 보기 힘들 것이다."[24] 그 후 전당의 정풍은 당외 인

24) '당외 인사들을 계속 조직하여 당과 정부가 범한 오류와 결함에 대해 비판을 벌이는 것에 관한 중공중앙의 지시'(1957년 5월 4일), 중공중앙 문헌연구실 편, 〈건국 이래 중요문헌선〉 제10권, 중앙문헌

사의 의견을 집중적으로 청취하는 단계에 들어섰다.

5월 8일부터 6월 3일까지 중공중앙 통일전선사업부는 각 민주당파 책임자, 무소속 민주인사들과의 좌담회를 13차례 소집했다. 5월 15일부터 6월 8일까지 중공중앙 통일전선사업부와 국무원 제8판공실[25]에서 공동으로 상공업계인사좌담회를 25차례 가졌다. 좌담회가 시작되자마자 중앙 통일전선사업부 부장 리웨이한은 좌담회를 소집한 목적은 여러분에게 우리를 도와 정풍을 진행하고 우리와 함께 결함과 오류를 바로잡는 것이라고 명확히 제시했다. 그는 통일 전선의 방식으로 정풍을 시작하는 것은 당의 역사에서는 처음이기 때문에 여러 사람이 비판과 의견을 많이 발표하기를 바란다고 특별히 요청했다.[26] 각급 당, 정부기관과 대학교, 과학연구기구, 문화예술단위의 당 조직들에서도 각종 형식의 좌담회와 소조회를 다투어 소집하고 당 내외 군중의 의견을 청취했으며 여러 사람의 '명(鳴)'과 '방(放)'[27]을 환영했다. 중앙과 지방의 각종 간행물도 상당한 지면을 빌려 정풍 상황을 보도했고 좌담회에서 한 민주당파와 무소속인사, 상공계 인사들의 발언도 제때에 신문에 게재되었다.

이런 좌담회에서 제기된 대다수 의견은 날카롭긴 했지만 더욱 알맞은 의견들이었고 건설적인 의견들이었다. 예를 들면 민주건국회 중앙 부주임위원 후쯔앙(胡子昻)은 당과 군중 간의 관계가 "공경하지만 가깝지 않고 가깝지만 밀접하지 않은" 문제를 제기했고 중국국민당

출판사 한문판, 1994년, 246~247쪽.

25) 국무원 제8판공실은 자본주의상공업에 대한 개조를 주관했다.

26) '당외 의견을 경청하여 정풍운동을 추진—중공중앙 통일전선사업부 각 민주당파 책임자 초청하여 좌담회 거행', 1957년 5월 9일 자, 〈인민일보〉 1면.

27) '명'과 '방'은 '백화제방, 백가쟁명'의 방침을 토론하고 시행하면서 형성된 약어로 후에 '대명', '대방'으로 발전했으며 '대자보', '대변론'이 함께 이른바 '4대'를 형성했다.

혁명위원회 중앙상무위원 왕쿤룬(王昆侖)은 통일전선사업부가 "고위층과의 통일전선사업은 추진하고 일반 계층과의 통일전선사업은 추진하지 않는 것은" 사실이며 "고위층"과의 통일전선사업 역시 빈틈없이 진행되었는지도 문제시된다고 지적했다. 중국국민당혁명위원회 중앙상무위원 사오리쯔(邵力子)는 "당으로 정부를 대체하는" 문제를 비판했고 중국국민당혁명위원회 중앙부주석 장즈중(張治中)은 서면 발언에서 중국공산당과 당외 인사 간의 관계를 담론하면서 사상 인식 면에서 문제를 해결하고 제도 면에서 보증을 얻으며 생활과 교제에서 감정을 키우고 학습, 선전교육과 사업에 대한 검사를 강화하는 면에서 정책을 관철할 것을 제의했다.

당은 당외 인사들과 당원, 군중의 선의적인 비판과 건의를 충심으로 받아들였다. 5월 8일, 상하이의 해방일보 는 중소학교 교원 대표들을 초청하여 좌담회를 가졌으며 5월 10일에 '대담하게 모순을 밝혀 당내의 정풍을 돕다'라는 제목으로 좌담회의 발언 요지를 게재했다. 5월 14일, 마오쩌둥은 이에 대해 다음과 같은 지시를 썼다. "사오치, 언라이, 린보취, 샤오핑, 펑전 동지들이 읽기 바란다. 이 지시를 자세하게 읽을 필요가 있다. 정풍을 하지 않으면 당을 망치게 된다.", "여러분이 상하이 해방일보, 난징 신화일보, 상하이 문회보, 베이징일보, 광명일보를 주의 깊게 보고 인민 내부의 모순과 우리 당 정풍에 관한 소식을 집중적으로 보기 바란다. 이는 천하의 으뜸가는 대사이다." 5월 16일, 마오쩌둥은 또 중앙을 대신하여 목전 당외 인사의 비판을 대하는 것에 관한 당내 지시를 작성하면서 다음과 같이 한층 더 지적했다. 인민 내부의 모순에 관한 당 내외 공개 토론을 벌인 동안 여러 면의 모순이 매우 신속하게 적발 폭로되었다. 지난날 중국은 이 같은 모순의 상세한 정황을 전혀 모르다시피 했다. 지금 여실하게 적발 폭로되고 있는데 이는 참으로 바람직한 일이다. 베이징대학 화학과 교수 푸잉(傅鷹)[28]을 포함하여 우리에 대한 당외 인사들의 비판은 그것이 얼마나 날카롭든지를 막론하고 기본적으로 충실하고 정확하다. 이러한 비판이 90% 이상을 차지하며 이는 우리 당의 작풍 정돈과 결함, 오류를 시정하는 데 아주 유익하다. 적발 폭로된 사실로 볼 때 당원들은 당외 인사들을 신임하지 않고 존중하지 않으며 잘난체하고 매우 오만하다. 학교에서 우리 당의 교원, 조교, 강사, 교수들은 자격과 경력이 부족하고 학문의 깊이가 얕지만 자격과 경력이 높고 학식이 깊은 교원, 교수들에게 충실하게 배우려 하지 않고 오히려 거들먹거리고 있다. 이상과 같은 상황은 비록 전부 그렇지는 않겠지만 아주 보편적이다. 이러한 그릇된 태도는 반드시 완전히 되돌려야 하며 이르면 이를수록 좋다.[29] 5월 17일, 중공중앙 판공청은 마오쩌둥의 회시에 따라 5월 14일에 천이가 마오쩌둥에게 보낸 편지와 5월 5일에 푸쯔둥(傅子東)[30] 교수가 천이에게 보낸 편지를 중앙위원회 위원, 후보위원, 각 성, 직할시, 자치구 당위원회에 인쇄, 배포했다. 천이는 편지에서 푸쯔둥이 나에게 보낸 편지는 "우리 당의 단점을 매우 날카롭게 공격하고 있다. 잘 이용하기만 한다면 전문적으로 아첨하는 말보다는 오히려 좋은 점이 더 많다. 아쉽게도 어떤 이들은 이러한 측면의 적극성을 잘 이용하지 못할 뿐만 아니라 이런 사람들을

---

28) 1957년 4월 27일과 29일, 푸잉은 인민 내부의 모순을 정확히 처리하는 문제를 토론하는 베이징대학 화학학부의 두 차례 토론에서 발언하면서 당과 지식인 간에 존재하는 문제에 대해 날카롭게 비판하고 의견을 제기했다. 푸잉의 두 차례 발언은 전문이 중앙선전부에서 지도자들에게 참고로 제공하는 당내 간행물 〈선전교육동태〉에 게재되었다.

29) '당외 인사들의 비판을 대함에 관한 중공중앙의 지시'(1957년 5월 16일), 중공중앙 문헌연구실 편, 〈건국 이래 중요문헌선〉 제10권, 중앙문헌출판사 한문판, 1994년, 272쪽.

30) 푸쯔둥, 신중국이 창건되기 전 무한대학, 중산대학 교수를 맡았으며, 당시 시안사범학원 교수로 있었다.

수용할 줄 모른다. …… 어쩌면 이번 작풍 정돈에서 크게 바뀔 수가 있을 것이다". 이러한 것들은 우리 당이 확실히 작풍 정돈을 통해 성심성의로 인민 대중과 지도자 간의 모순을 망라한 인민 내부의 모순을 정확히 처리하고 당내의 불량한 경향과 작풍을 극복하며 당과 인민 대중 간의 관계를 밀접히 함으로써 당의 작풍 건설을 추진하려 했음을 보여준다.

정풍운동이 신속하게 전개됨에 따라 여러 방면의 인사들은 각종 좌담회나 간행물을 통해 광범위하고도 집중적으로 당의 사업에 비판과 의견을 제기했는데 이러한 분위기는 신중국이 창건된 이래로 본 적이 없었다. 이 과정에 사회적으로 각종 비판과 의견이 급속히 상승했고 상황도 복잡해졌다. 당의 사업 작풍 가운데의 관료주의, 종파주의, 주관주의의 여러 가지 구체적인 문제와 그 위해성에 대한 많은 비판 의견을 제외하고 많은 의견은 당의 영도적 지위, 사회주의 기본 제도, 당의 대내외 방침정책, 신중국이 창건된 이래 열린 정치운동 등 중대한 문제에 대한 근본적인 평가와 관련된 것이었다. 이는 당에서 개방적으로 작풍을 정돈하는 틈을 타 공산당의 영도와 사회주의 제도를 의심하고 부정하는 일부 우경 사조가 만연되고 있음을 보여준다. 이러한 상황은 당중앙위원회와 마오쩌둥의 주의를 불러일으켰다.

사회주의적 개조에 따른 심각한 사회적 변혁으로 적지 않은 사람들이 적응하기 힘들어할 수 있었고 극소수가 공산당과 사회주의에 대해 적대적인 감정이나 불만을 품고 있을 수도 있었다. 1957년 4월, 전국통일전선사업회의에서 중앙통일전선사업부 책임자는 이러한 상황을 분석하면서 다음과 같이 말했다. 1956년은 국내외로 변동이 심한 한 해였다. "국내에서는 요란한 징소리, 북소리 뒤에서 심각하고 치열한 계급투쟁이 진행되고 있었다." 하반기에 이르러 사회주의 제도를 반대하고 사상 개조를 반대하는 바람이 점차 불기 시작했다. "이 둘은 모두 사회주의를 반대하는 바람이다. 백가쟁명을 하므로 더 이상 사상 개조가 필요 없으며 과거 지식인에 대해 사상 개조를 한 것은 잘못된 것이며 과학을 향해 진군하는 데는 실무가 제일인 만큼 마르크스-레닌주의는 배우지 않아도 되며 자본가는 일면성만 있어 노동자와 별로 차이가 없으니 사상 개조가 불필요하며 민주당파는 독립적이고 자유로워야 하고 감독을 시행해야 하며 더 이상 개조를 제기하지 말아야 한다는 등을 주장하고 있다. 한마디로 말하면 사상 개조는 걷어치워야 하며 마르크스-레닌주의의 영도적 지위가 문제되고 있다는 것이다. 이는 사상 개조를 반대하는 바람이다. 또 사회주의 제도를 반대하는 바람이 있다. 예를 들면 합작사에 우월성이 없다든지, 반혁명숙청은 마땅히 중지해야 한다든지, 지나치게 집중되고 자유가 적다든지, 공산당의 영도에 문제가 있다며 영국이나 미국식의 민주를 채용해야 한다며 부다페스트나 포즈나뉴를 봐도 그렇지 않은가 하는 등이다. 한마디로 말하면 무산계급 독재는 약화되어야 하고 공산당의 영도는 축소되어야 한다는 것이다." 이러한 바람은 "주로 우파에서 불어온 것이며 우파는 이 바람의 총사령관이고 모사이다. 개별적인 반혁명 세력과 반대 세력들은 그 사이에서 충동질하고 선동하고 있다. 우파 외에도 이에 동조하는 사람, 그 영향을 받은 사람이 있다. 그들이 동조하며 영향을 받은 것은 더러 자기의 계급적인 본능으로 취향이 같아서이지만 그들 자체가 우파는 아니다. 또한 더러는 정치적으로 미숙하여 당 사업의 오류와 결함에 대해 알맞은 평가를 하지 못하기 때문이다." 그렇지만 이는 여전히 "인민 내부 모순의 반영으로 인민 내부의 모순을 처리하는 방법으로 이 바람에 대처해야 한다. 우파 역시 인민의 일부이다."[31] 폴란드 사건, 헝가리 사건 이후 마오쩌둥은 줄곧 인민 내부의 모순과 계급투쟁이라는 이 두 가지로부터 국제 정세와 사상 동향을 관찰하고 인민 내부의 모순을 어떻게 정확히 처리할 것인가 하는 문제에 중점을 두고 숙고했다. 극소수가 벌이는 소동에 대해 그는 영도적인 면에서 문제를 중점적으로 지적하고 해결하도록 요구하면서도 또 다른 요소는 반혁명 세력과 반대 세력의 존재라고 인정했다. 하지만 당시 마오쩌둥은 국내 정세에 대한 평가에서 그래도 낙관적이었고 객관적이었으며 공산당과 인민정부가 인민 가운데서 위망(位望)이 아주 높기에 헝가리 사건과 같은 전국적인 대소란은 중국에서는 일어나지 않을 것이라고 인정했다.[32] 그는 2월의 최고국무회의에서 한 연설에서 또 다음과 같이 말했다. 폴란드 사건, 헝가리 사건 이후 중국의 정세는 안정되었다. 다소 풍파가 있긴 했지만 "봄바람이 언뜻 불어 연못에 잔잔한 물결을 일으킨" 격이며 7급 태풍이 일으키는 회오리 같은 것은 없다. 국내 정세에 대해 이러한 평가를 했기 때문에 마오쩌둥은 그때 연설에서 주요한 주의력을 계급투쟁에 두지 않고 여전히 인민 내부의 모순을 정확히 처리하는 데 두었고 당내의 관료주의, 종파주의와 주관주의를 시정하는 데 두었다. 3월에 있은 전국선전사업회의에서 한 연설에서 마오쩌둥은 지식인의 상황에 대해 두 가지 면에서 다음과 같이 총체적으로 분석했다. 중국의 지식인들을 보면 "사회주의 제도에 대해 적대적인 정서를 가지고 있고 사회주의는 우월성이 없고 실패할 것이라며 자본주의 시대로 돌아갈 것을 바라는 소수를 제외하고

31) 중공중앙 통일전선사업부연구실 편, '매 차례 전국통일전선회의 개황과 문헌', 당안출판사 한문판, 1988년, 339~340쪽.
32) '성, 직할시, 자치구 당위원회서기 회의에서 한 마오쩌둥의 연설', 1957년 1월 18일.

는 모두 애국주의자들이며 사회주의를 옹호한다. 하지만 많은 사람은 새로운 제도에서 어떻게 사업을 하고 많은 새로운 문제들에 어떻게 해답할 것인가에 대해 그다지 명확하지 못하다. 또한 마르크스 세계관을 수용하는 것이 많은 사람이 아직도 의심을 품고 있으며 여러 가지 그릇된 관점을 갖고 있다"[33]. 그러므로 마오쩌둥은 '마르크스를 선전하는 것에 관한 과업'을 제기하고 선전교육을 통해 지식인들 가운데 더욱 많은 이들이 마르크스 세계관을 수용하도록 해야 한다고 하면서 마르크스를 수용하도록 설복해야 하지 강압해서는 안 된다고 했다.

5월 중순에 들어선 후 신문과 잡지에 발표된 언론, 보도와 평론 가운데 일부 내용은 사람들에게 마치 중국공산당의 각급 영도에 엄중한 문제가 발생했고 중국공산당의 영도에 이미 위기가 닥친 것 같은 착각을 불러일으켰다.

5월 5일, 중국민주동맹 중앙위원회는 상무위원회 확대회의를 열고 4월 30일에 최고국무회의에서 한 마오쩌둥의 연설을 전달했다. 한 책임자는 마오쩌둥은 우선 학교당위원회제도를 취소하며 공산당이 책임을 지지 말아야 한다고 제의했다고 말했다. 이러한 전달은 마오쩌둥의 연설의 본의에 부합하지 않는 것이었다. 하지만 전달 기록은 구삼학사 책임자가 빌려가면서 그 당에 전달되었고 중국민주동맹 중앙위원회 제15기 사업단신에 실리며 전국 각지에 있는 중국민주동맹의 각 분 기구에까지 발부되면서 마치 학교의 당위원회제도가 조만간 크게 바뀔 듯한 착각을 불러일으켰다. 5월 6일과 7일, 중앙통일전선사업부는 좌담회를 열고 칭화대학 당 조직과 민주당파 간의 관계

---

33) '중국공산당 전국선전사업회의에서 한 마오쩌둥의 연설(제강)', 1957년 3월 12일.

를 연구했는데 누군가가 다섯 가지 조직계통을 다섯 갈래 선(공산당, 행정, 민주당파, 공회, 청년단)으로 칭하면서 당이 분에 넘치게 관리하여 행정은 허풍선과 같게 되고 민주당파는 있어도 되고 없어도 되는 처지에 놓여 세 갈래 선도 제대로 놓이지 못하고 있다고 말했다. 그러면서 민주당파는 '시공'에 참가할 뿐만 아니라 '설계'에도 참가해야 한다고 제기했다. 5월 7일과 8일 〈광명일보〉는 1면에 이 회의 소식을 보도하면서 회의에서는 대학교당위원회책임제를 개혁할 문제를 토론하고 학교에서의 민주당파의 지위와 역할을 확정할 것을 요구했다고 썼다.

중공중앙은 정풍에 대한 의견에 나타난 문제들을 매우 중시하면서 연이어 회의를 열고 전문 연구를 벌였다. 바로 이때 정풍운동에 나타난 공산당의 영도와 사회주의 제도를 의심하거나 부정하는 언론들이 당중앙위원회와 마오쩌둥에 높은 경각심을 불러일으켰다.

5월 14일, 중공중앙은 '당과 정부의 각 방면 사업에 대한 당외 인사들의 비판을 보도함에 관한 지시'를 내리면서 다음과 같이 지적했다. 최근 많은 당 기관지에서 일부 반공적인 언론들을 삭제하고 있는데 이는 타당하지 않다. 이는 사실 우경 세력들을 도와준 것이며 또한 사람들에게 우리가 이러한 언론들을 두려워하는 것 같은 인상을 주게 된다. '지시'는 다음과 같이 요구했다. 각지의 신문사는 계속하여 당외 인사들의 언론을 보도하며 "특히 우경 세력, 반공 세력들의 언론에 대해서는 반드시 꾸미지 말고 그대로 보도함으로써 군중으로 하여금 그들의 처지를 분명히 알려주어야 한다. 이는 군중을 교육하고 중간 세력들을 교육하는 데 매우 큰 좋은 점이 있다."[34]

---

34) '복전 당과 정부의 각 방면 사업에 대한 당외 인사들의 비판을 보도함에 관한 중공중앙의 지시', 1957년 5월 14일.

5월 16일, 마오쩌둥은 중앙을 대신하여 작성한 당내 지시에서 다음과 같이 재차 지적했다. "최근에 사회는 반공 정서를 가진 소수의 사람이 활약하면서 선동성을 띤 일부 언론보도를 발표함으로써 인민 내부의 모순을 정확히 처리하고 인민민주주의 독재를 공고히 하는, 사회주의 건설에 이로운 올바른 방향을 그릇된 방향로 이끌어가려고 한다." 이 지시에서도 역시 우익 세력들이 그 반동적인 태도를 폭로하도록 잠시나마 반박하지 말 것을 요구하면서 각급 당 조직에서는 "상황을 잘 파악하고 방법을 동원해 다수의 중간 역량을 단결하고 점차 우파 세력들을 고립시키며 승리를 이룩해야 한다."고 밝혔다.[35]

이 두 차례 지시는 우선 당외 인사들이 비판 의견을 제기하는 것은 매우 좋은 현상이며 절대다수 비판 의견은 선의이고 정확하다고 긍정했다. 그러므로 두 차례 지시는 여전히 정풍의 배치를 유지했으며 동시에 '우파 세력'들의 반공언론 문제에 주의를 돌릴 것을 제기하면서 얼마 후 다시 반박할 것을 요구했다.

이런 배경으로 마오쩌둥은 5월 15일부터 '반면으로 나아가고 있다'라는 제목으로 글을 쓰기 시작했으며 후에 이를 '사태는 변화되고 있다'라고 고치고 6월 12일에 '중앙정치 연구실'의 이름으로 당내 고위급 간부들에게 인쇄, 배포했다. 이때 마오쩌둥이 정세에 대한 판단은 2월의 "연못에 잔잔한 물결을 일으킨다."는 분석과는 달리 상황이 본래의 예상과 다르다고 인정하면서 처음으로 우파들의 창궐한 진공에 관한 문제를 제기했다. 그는 정세는 이미 '우파들의 창궐한 진공'으로 되었고 그들은 "모든 것을 불문하고 중국이란 이 땅에서 곡식을 해치고 집을 무너뜨리는 7급 이상의 태풍을 일으키려 하고 있다."고 인정

---

35) '목전 당 외 인사들의 비판을 대함에 관한 중공중앙의 지시'(1957년 5월 16일), 중공중앙 문헌연구실 편, 〈건국 이래 중요문헌선〉 제10권, 중앙문헌출판사 한문판, 1994년, 273쪽.

했다. 그는 사회적으로 우파는 대략 1%, 3%, 5% 내지 10%를 차지하며 정황에 따라 다르다고 했다. 마오쩌둥은 또 당내 사상 상황을 분석하면서 일부 사람에게는 수정주의 혹은 우경기회주의 경향이 있으며 이들의 사상은 당내에서의 자산계급사상의 영향이라고 분석했다. 그는 이제부터는 수정주의를 비판하는 데 주의를 돌려야 한다고 재차 강조했다. 마오쩌둥은 글에서 정치적으로 진실한 것과 허위적인 것, 선의적인 것과 악의적인 것을 식별하는 기준을 제기하면서 "주요하게는 그들이 진정으로 사회주의를 요구하는가와 진정으로 공산당의 영도를 받으려 하는가 이 두 가지"라고 말했다. 그는 공산당이 집권하는 한 이 두 가지는 쉽게 동요할 수 없다고 말했다. 사회상의 여러 가지 비판과 의견에 대해 마오쩌둥은 "대부분은 옳은 것이므로 반드시 수용해야 한다. 단 일부 틀린 부분에 대해는 올바로 설명해주어야 한다."고 제기했다.

이 글은 당중앙위원회와 마오쩌둥의 지도사상에 변화가 일어나기 시작했고 운동의 주제가 인민 내부의 모순을 정확히 처리하던 것에서 적대 투쟁으로, 당내 정풍에서 우파의 진공을 반격하는 것으로 전환하기 시작했음을 드러낸다. 정풍 초기 당중앙위원회와 마오쩌둥은 온건한 방식을 주장했으며 '대명', '대방'은 찬성하지 않았는데 우파들의 진공에 반격할 준비를 하는 시점에 이르면서 '대명', '대방'을 주장하지 않던 것에서 '대명', '대방'을 찬성하는 것으로 바뀌었다.

5월 19일부터 베이징의 대학교들에서 '대명', '대방'의 대자보가 나붙기 시작했다. 신문, 잡지 및 사회적 언론의 영향으로 많은 대자보는 뚜렷하면서도 첨예한 정치성을 띠고 있었다. 어떤 대학교의 학생들은 영국 하이드파크의 '민주강단'을 모방하여 여러 곳에 연단을 설치하고 '변론회', '성토회'를 열었는데 매일 저녁마다 수백 명 심지어 거의 천 명에 이르는 사람들이 참가했다. 베이징대학의 '성토회'에서 어떤 이가 반혁명 숙청을 확대화한 스탈린의 오류와 중국의 반혁명숙청운동을 연계시키며 반혁명 숙청에서 자신이 직접 당한 사실을 하소연했는데 이는 학생들의 정서에 커다란 반향을 일으켰다. 또 어떤 이는 공산당의 결함에 대해 개량주의적인 방법을 쓸 것이 아니라 헝가리에서처럼 직접적인 행동을 취해야 한다고 말했다. '성토회' 후 학생들은 거리에 나가 시위할 것을 요구했다. 학교당위원회 제1서기는 현장에 가서 연설하면서 거리에 나가지 말도록 학생들을 정식으로 인도했다. 하지만 그 후 학교의 정상적인 질서는 이미 유지할 수 없는 상황에 이르렀다. 일부분 학생들은 베이징대학 국부 사건의 영향을 사회적으로 확대하려고 시도하면서 제각기 나뉘어 베이징의 여러 대학교와 톈진, 지난 등지의 대학교와 연락을 취하고 대자보를 전국 각지의 대학교에 보내 한 차례 전국적인 운동을 일으키려고 했다. 5월 26일 자 〈광명일보〉와 5월 27일 자 〈문회보〉는 각기 이러한 상황에 대해 보도했다. 전국 각 대학교의 일부 학생도 이를 본받아 행동했으며 일시에 대자보가 각지를 휩쓸었다. 이미 복잡한 국면은 더더욱 복잡하게 변해갔다.

5월 중하순부터 6월 초까지 국내 정치 분위기는 아주 긴장했다. 사회상의 극소수 사람들이 '대명', '대방'을 빌미로 당과 신생의 사회주의 제도를 향해 기탄없이 공격했다. 그들은 국가 정치생활에서의 공산당의 영도적 지위를 두고 '공산당의 천하'라고 공격했으며 공산당이 기관, 학교들에서 물러나고 국가 대표들이 합영 기업에서 물러날 것과 '번갈아 정권을 잡을 것'을 공공연히 요구하면서 공산당의 영도를 대신하려고 했다. 그들은 사회주의적 개조와 건설의 성과를 극구 말살하고 사회주의 제도의 우월성을 근본적으로 부정하고 인민민주주의 독재제도를 관료주의와 종파주의, 주관주의가 산생되는 근원이라고 했다.

극소수의 우파 세력의 창궐한 진공은 곧바로 사회에 매우 큰 사상 혼란을 초래했으며 일부 지방과 부서의 내에는 복잡한 상황이 일어나고 이러한 분위기가 만연되는 추세를 보이기도 했다. 사회적으로 극소수의 사람이 사회주의에 대해 적대적인 정서를 품고 있다는 사실은 당이 본래부터 명확히 알고 있었고 또 여러 번 지적했던 것이었다. 그러나 그들이 이때 이토록 창궐한 진공을 일으키리라고는 예측하지 못했다. 당은 이러한 예사롭지 않은 현상을 매우 위험한 정치적 신호로 받아들였다. 중앙은 후에 이 같은 정황을 분석하면서 어떤 사람들은 아주 신중하게 정치 강령을 제기했는데 공산당을 타도하자고 하지 않고 공산당에 진지에서 물러나도록 하려 했다고 지적했다. 일부분 우파들이 공산당과 영도권을 쟁탈하려 했던 것이 분명했다. 이 투쟁은 단지 사상뿐만 아니라 정치로도 파급되었다. 마오쩌둥은 후에 "공산당은 자산계급과 무산계급 간의 계급투쟁이 불가피함을 보여주었다."고 말했다. 그 시기 마오쩌둥은 중국에서 헝가리 사건이 일어날 위험성을 엄중하게 제기했다.

5월 19일, 베이징대학에 첫 대자보가 나붙기 전후에 마오쩌둥은 사람을 보내 상황을 조사하게 했다. 그는 후에 다음과 같이 말했다. 우파들이 진공할 때 조급해하지 않을 사람이 어디 있는가? 내가 보기에는 모두 다 조금씩은 조급해했다. 내가 바로 조급해한 한 사람이다. 조급하기에 방법을 강구하는 것이다. "4개 대학의 사정을 파악하기 전까지 날마다 사람을 보내 대자보를 보게 했다. 헝가리 사건의 영향이 도대체 얼마나 큰가에 대해 5월 20일 이후에 낱낱이 파악하게 되

면서 정말로 두렵지 않다. [36]

5월 20일, 중공중앙은 '당면한 운동에 대한 영도를 강화하는 것에 관한 지시'를 발부했다. '지시'는 다음과 같이 지적했다. "지금의 상황이라면 상하이, 베이징 등 운동이 이미 전개된 지방에서 우익 세력들의 언론이 매우 창궐하지만 어떤 사람들의 반동적인 태도는 아직 폭로되지 않았거나 충분하게 폭로되지 않았다.", "좌익 세력은 한동안 말을 많이 하지 않는 게 좋고 공산당원들은 잠시 말을 하지 않는 방침을 취할 것이다." 같은 날, 중공중앙은 각 성, 직할시 당위원회에 "우파를 고립시키고 중간 역량을 쟁취"하는 정책을 강화하는 것에 집중하는 한편 "즉시 우익의 반동적인 언론과 기타 자산계급 관점을 분류하고 연구하는 데 착수함으로써 적당한 시기(때가 되면 중앙에서 따로 통지한다)에 논문과 사설을 발표하여 반박하고 비판할 준비를 하라."고 지시했다.

5월 21일과 25일, 중공중앙 서기처는 잇달아 회의를 열고 신문 선전과 글로써 논쟁하는 문제를 연구했다. 동시에 서둘러 전문 인력을 조직하여 우파들의 관점을 반박하는 글을 쓰게 함으로써 우파들을 반격할 준비를 했다.

5월 23일, 류사오치의 사회로 열린 중앙정치국 확대회의는 최근의 정풍 과정에서의 논쟁, 창작 상황과 사업 배치에 관한 덩샤오핑의 보고를 청취했다. 당중앙위원회는 정풍운동의 목적은 하나는 스스로를 정돈하여 결함을 시정하고 사업을 개진하는 것이며 다른 하나는 당내외 중간파를 단결하는 것인데 이러한 목적에 도달하기 위해서는 반드시 "개방하는" 방침과 책략을 취해야 한다고 인정했다. 중앙에서

---

36) '당중앙위원회 제8기 제3차 전원회의 직전에 성, 직할시 당위원회 서기와 한 마오쩌둥의 담화 기록', 1957년 9월 22일.

는 주요하게 국가기관과 대학교들에서 일주일이라는 시간을 들여 집중적으로 "개방하며" 당원들은 잠시 반격을 하지 않기로 결정했다.[37] 그때 회의는 실제로 '사태는 변화되고 있다'는 글의 요구를 구체적으로 전달하여 당내의 정풍을 전 사회적으로 반우파 투쟁을 전개하는 데로 돌리기 위한 준비였다.

5월 25일, 마오쩌둥과 중앙정치국 상무위원, 베이징에 있는 정치국 관련 인사들은 중국신민주주의청년단 제3차 전국대표대회에 참가한 전체 대표들을 접견했다. 마오쩌둥은 연설에서 중국공산당은 전 중국 인민의 영도적 핵심이며 이러한 핵심이 없다면 사회주의 사업은 승리할 수 없다고 강조했다. 그는 모든 사람이 단결하여 사회주의 위대한 사업을 위해 단호하고 용감하게 나설 것을 요구하면서 사회주의를 이탈한 모든 언론과 행위는 전적으로 그릇된 것이라고 지적했다. 이튿날 〈인민일보〉는 마오쩌둥의 이 내용을 게재했다. 마오쩌둥의 연설은 실제로 논쟁과 창작을 발표하고 정풍을 진행하는 중요한 시각에서 우파를 반격한다는 중국공산당의 입장을 미리 공개적으로 밝힌 것이다.

5월 하순부터 6월 초까지 각 지방과 중앙 해당 부서 및 문화, 교육, 과학연구 단위의 당 조직들에서는 직접 각종 좌담회를 소집하는 외 민주당파와 교육, 문예, 신문, 과학기술, 법률, 상공업 각계를 동원하여 회의를 소집하게 했다. 중앙과 지방의 각종 신문잡지들은 이러한 회의들을 보도했다.

6월 3일, 중앙통일전선사업부에서 소집한 각 민주당파 책임자 좌담회가 마무리되었다. 리웨이한은 회의에서 좌담회에서 제기한 비판

---

37) '중공중앙 정치국 확대회의에서 한 덩샤오핑의 연설 기록', 1957년 5월 23일.

과 의견들을 보면 "상당 부분이 그릇된 것이다."[38]라고 엄중하게 지적했다. 이 말은 리웨이한의 발언을 심사할 때 당외 인사들에게 주의를 주기 위한 목적으로 마오쩌둥이 첨가한 구절이었다.

6월 6일, 마오쩌둥은 중앙을 대신하여 '정풍을 서둘러 진행할 데 관한 지시'를 작성했다. '지시'는 다음과 같이 지적했다. "분별, 처리하는 데 크게 이롭게 하기 위해 각 민주당파와 사회 인사들을 동원하여 대명, 대방함으로써 건설적인 비판과 잡귀(파괴성을 띤 비판을 가리킨다)들을 쫓아내는 데 중간 역량을 쟁취하고 좌파를 단결하는 데로 주의를 돌림으로써 일단 시기가 무르익으면 그들을 동원하여 우파와 반동 세력들을 반격해야 한다. 이는 한 차례의 대규모 사상전쟁이고 정치전쟁으로 우리는 반드시 승리를 거두어야 하며 또 완전히 승리할 조건을 갖고 있다. 당내와 청년단 내에서 일부 우파 세력들이 변절해 나갔는데 이는 아주 좋은 일로서 애석해하지 말아야 함을 꼭 기억해야 한다."

이러한 일련의 전개가 보여주다시피 운동 내용은 이미 인민 내부의 모순 해결을 주제로 하던 정풍운동에서 정풍과 우파 반격으로 변했다. 당중앙위원회, 마오쩌둥은 다음과 같이 지적했다. 자산계급 우파들이 "공산당의 정풍을 돕는다."는 명목 아래 "공산당과 노동계급의 영도권에 도전하고" "이 시기를 빌미로 공산당과 노동계급을 뒤엎고 사회주의의 위대한 사업을 뒤엎으며 역사의 수레바퀴를 거꾸로 돌리려고 하고 있다."[39] 그러므로 우파 세력들의 창궐한 진공에 반격할 준비를 해야 한다.

38) 리웨이한, 회억과 연구 하, 중공당사자료출판사 한문판, 1986년, 835쪽.

39) '이것은 무엇 때문인가?', 1957년 6월 8일 자, 〈인민일보〉 사설.

3. 반우파 투쟁

반우파 투쟁의 발동과 전개

6월 8일, 〈인민일보〉는 '이것은 무엇 때문인가'라는 사설을 발표했다. 사설은 한 통의 익명 편지 사건[40]으로부터 이는 당면한 정치생활에서 일부 사람들이 당의 정풍운동을 이용하여 첨예한 계급투쟁을 진행하려는 신호로서 이 편지는 우리에게 국내에서의 대규모 계급투쟁은 이미 지나갔지만 계급투쟁은 종식되지 않았으며 특히 사상 전선에서 더욱 그러하다는 것을 말해주고 있다고 시사했다. 사설은 소수의 우파 세력이 공산당의 영도를 뒤엎고 사회주의 제도를 뒤엎으려 하는데 가장 광범한 인민들은 절대로 허용하지 않을 것이라고 지적했다. 같은 날, 마오쩌둥은 '역량을 조직하여 우파 세력들의 진공에 반격할 준비를 하는 것에 관한 중공중앙의 지시'를 작성했다. 이 당내 지시는 우파 반격에 대해 한 걸음 더 나아가 분석하고 전개하면서 다음과 같이 지적했다. "이는 한 차례 위대한 정치투쟁이고 사상투쟁이다. 오직 이를 통해 당은 주도권을 잡을 수 있고 인재를 단련할 수 있으며 군중을 교육할 수 있고 반동파를 고립시킴으로써 반동파들을 피동에 처하게 할 수 있다." "이는 한 차례 큰 싸움(싸움터는

---

40) 1957년 5월 25일, 중국국민당혁명위원회 중앙위원회 위원이며 국무원 비서장 조수인 루위원(盧郁文)은 중국국민당혁명위원회 중앙위원회 좌담회에서 발언할 때 일부가 제기한 의견들이 공산당의 영도에서 벗어나려는 움직임이 있다고 비판하면서 당과 비당 간의 '벽'은 마땅히 공산당과 민주당파 양측에서 공동으로 허물어야 한다고 주장했다. 회의 후 그는 익명 편지 한 통을 받았다. 편지는 그를 "나쁜 사람의 앞잡이"라고 공격하고 "더없이 뻔뻔한 사람"이라고 욕설을 퍼부으면서 "조속히 회개하지 않는다면" "용서하지 않겠다."고 위협했다. 6월 6일, 루위원은 국무원에서 소집한 당외 인사들의 좌담회에서 이 편지를 읽었다. 그는 "왜 어떤 사람들은 부정적인 말만 하고 긍정적인 말을 하지 말라고 하는지, 긍정적인 말을 하는 사람을 이처럼 적대시하는지 나는 이해되지 않는다."면서 다음과 같이 반문했다. "공산당에 대한 우리의 비판이 도대체 어떠한 목적에서 출발했고 어떠한 방향으로 가려 하는가? 우리가 마땅히 심사숙고해야 한다." 6월 7일자 〈인민일보〉는 그 좌담회와 이 익명 편지에 대한 상황을 보도했다.

당내에도 있고 당외에도 있다)으로서 이번 싸움에서 승리하지 못한다면 사회주의를 건설할 수 없으며 '헝가리 사건'과 같은 위험이 나타나게 된다." 지시는 반동 세력의 수가 몇 퍼센트밖에 안 되고 가장 적극적인 광란 세력은 1퍼센트도 안 되기 때문에 두려울 것이 없다고 인정했다. 반우파 투쟁에 대한 중앙의 구체적인 전개방법은 다음과 같았다. 당파들마다 자체로 좌담회를 열고 긍정적인 의견과 부정적인 의견들을 표출시키고 기자를 보내 보도한 다음 좌파, 중간파들의 발언을 이끌어내 우파들을 반격한다. 적당한 시기가 되면 당원과 청년단원들을 조직하여 조를 나누어 회의를 열고 건설적인 의견들은 접수하고 파괴적인 의견들은 비판, 반격한다. 동시에 당외 인사들의 강연을 조직하여 직접적으로 발언하게 하고 그다음 당의 책임자가 총화함으로써 분위기를 완전히 돌려세운다.

〈인민일보〉 사설 발표와 중공중앙 지시는 반우파 투쟁이 정식으로 시작되었음을 상징한다.

반우파 투쟁을 이론적으로 지도하기 위해 6월 19일 자 〈인민일보〉는 마오쩌둥의 중요한 보충과 수정을 거친 '인민 내부의 모순을 정확히 처리하는 문제에 관하여'란 연설문을 발표했다. 발표한 연설문은 사람들의 언행시비를 판단하는 다음과 같은 6가지 정치 기준을 추가했다. (1) 인민을 분열시키는 것이 아니라 전국 여러 민족 인민의 단결에 유리해야 한다. (2) 사회주의적 개조와 사회주의 건설에 불리한 것이 아니라 사회주의적 개조와 사회주의 건설에 유리해야 한다. (3) 인민민주주의 독재를 파괴하거나 약화시키는 것이 아니라 인민민주주의 독재를 공고히 하는 데 유리해야 한다. (4) 민주주의 중앙집권제를 파괴하거나 약화시키는 것이 아니라 민주주의 중앙집권제를 공고히 하는 데 유리해야 한다. (5) 공산당의 영도를 벗어나거나 약화시키는 것이 아니라 공산당의 영도를 공고히 하는데 유리해야 한다. (6) 사회주의적인 국제적 단결과 평화를 사랑하는 전 세계 인민들의 국제적 단결에 유리해야 하며 이러한 단결에 손해를 끼치지 말아야 한다. 마오쩌둥은 이 여섯 가지 기준 가운데 가장 중요한 것은 사회주의 노선과 당의 영도 두 가지라고 지적했다. 이 밖에 글은 또 계급투쟁이 매우 치열하며 사회주의와 자본주의 간에 누가 누구를 이기느냐 하는 문제는 아직 진정으로 해결되지 않았음을 강조하는 논술을 첨가했다. 마오쩌둥은 다음과 같이 지적했다. 사회주의적 개조가 기본적으로 완수된 후에도 계급투쟁은 결코 끝나지 않았으며 무산계급과 자산계급 간의 계급투쟁, 각 정치 역량 간의 계급투쟁, 무산계급과 자산계급 간 의식 영역의 계급투쟁은 여전히 장기적이고 굴곡적이며 때로는 아주 치열하다. 이러한 중요한 수정은 모두 당시 정치 정세의 발전에 근거하여 제기한 것이었다.

6월 26일부터 7월 15일까지 전국인민대표대회 제1기 제4차 회의가 베이징에서 소집되었다. 저우언라이는 회의에서 한 정부사업보고에서 사회주의적 개조의 성과와 사회주의 건설의 성과를 충분히 긍정하고 대표성을 띤 그릇된 언론을 반박했다. 그는 우파들은 "실질적으로 국가를 사회주의 노선에서 자본주의 노선으로 끌어가려 하고 있다."고 지적했다. 회의가 개막된 날, 중공중앙은 '자산계급우파 세력들을 타격하고 고립시키는 것에 관한 지시'를 발부하여 반드시 효과적으로 군중을 조직하고 민주 인사 가운데 좌파와 '중간 좌파'들을 조직하여 유리한 시기를 이용해 단번에 추격함으로써 자산계급 우파 세력들을 내외로 협공하고 그들에게 무자비하고도 섬멸적인 타격을 가할 것을 요구했다. 이러한 정신에 따라 대회의 각항 보고, 대회 발언과 소조토론은 우파를 반격하는 정신으로 일관했으며 인민대표대회의 대표 가운데 이미 전에 우파로 지명되어 비판을 받은 사람들은 대회에서 우선적으로 검토했다.

반우파 투쟁을 줄기차게 벌이는 동시에 당중앙위원회와 마오쩌둥은 또 당외 진보적 지식인에 대한 사업을 적극적으로 벌였다. 6월 28일, 중공중앙은 '한 두달 뒤 한 무리의 고급 지식인들을 입당시키는 것에 관한 통지'를 발부하면서 다음과 같이 요구했다. 반드시 고급 지식인 가운데 계속적으로 당원을 발전시켜야 하며 당의 조직사업은 마땅히 지식인과 단결하는 당의 정치 방침에 부합되어야 하고 지식인들에게 문을 닫을 것이 아니라 문을 열어 놓아야 함을 충분히 인식하도록 각급 당위원회를 환기시켜야 한다. '대명' '대방'을 거쳐 고급 지식인 가운데 좌파, 중간파, 우파를 명확히 분별한 기초 위에서 태도가 좋은 고급 지식인을 발전시켜 적극 입당시켜야 한다. 6월 29일, 중공중앙은 마오쩌둥의 심사를 거친 '중간 역량을 쟁취, 단결하는 것에 관한 지시'를 내리면서 다음과 같이 요구했다. "마땅히 우파언론만 있고 우파 행동이 없는 그런 사람들은 우파 언론도 있고 우파 행동(많은 사람들은 역사적으로 나쁜 행적도 있었다)도 있는 그러한 극우파와 구별해야 하며 전자에 대해서는 비판할 때 도리를 따지며 선의로 도와주는 태도를 취해야지 경솔하게 우파의 허울을 씌우지 말아야 한다. 이는 중간 세력들을 안정시키고 쟁취, 단결하고 극우파를 타격, 고립, 분화하는 데 매우 필요한 것이다."

비록 당중앙위원회와 마오쩌둥이 반우파 투쟁의 정치적 타격 범위를 최대한 극우파로 제한하고 중간파를 쟁취하는 강도를 높이려고 시도했지만 당시 당이 전반 계급투쟁 정세를 지나치게 엄중하게 예측한 데다 군중운동이 광범위한 발동을 거치면 통제할 수 없는 상황에 이르면서 반우파 투쟁이 확대되기 시작했다.

7월 1일, 〈인민일보〉는 마오쩌둥이 작성한 '문회보의 자산계급 방향은 마땅히 비판해야 한다'는 사설을 발표했다. 사설은 당시 정세에 대한 당의 예측, 투쟁 성격에 대한 당의 인식과 당이 취한 투쟁 전략을 전면적으로 논술하면서 다음과 같이 지적했다. 1957년 "봄 내내, 중국의 하늘에는 난데없는 먹구름이 어지럽게 떠돌았다." 민주당파의 일부 큰 인물들은 "조직이 있고 계획이 있으며 강령이 있고 노선이 있는데" 그들은 "혹은 밀실에서 음모를 꾸미고 혹은 기층에서 선동하고 아래위로 연락하고 서로 교류하면서 선동을 일으키며 파란을 조장하고 있다". "그 방침은 공산당을 무너뜨리고 천하에 동란을 일으켜 정권을 대체하기 위한 것이다." 사설은 다음과 같이 인정했다. 자산계급 우파란 바로 "공산당을 반대하고 인민을 반대하며 사회주의를 반대하는 자산계급 반동파이다." 그들은 언론뿐만 아니라 직접 행동하고 있다. 당에서 그들에 대해 "힘을 모아 시기가 무르익기를 기다렸다가 반격을 가하는" 책략은 '양모(陽謀, 겉으로 쉽게 드러나 보이는 계책. 공개적인 계획)'이다. 왜냐하면 사전에 적들에게 알려주었기 때문이다. 잡귀는 뛰쳐나오게 해야만 섬멸하기 쉬우며 독초는 땅에서 싹터 나오게 해야만 없애버리기 쉽다. 사설은 다음과 같이 특별히 강조했다. "공산당이 사전에 아무리 경고하고 근본적인 전략 방침을 공개적으로 알려주어도 적들은 의연히 진격할 것이다. 계급투쟁은 객관적인 존재로서 사람들의 의지에 따라 좌우되지 않는다. 말하자면 불가피한 것이다." 이 사설은 반우파 투쟁이 한층 더 불거졌음을 보여준다.

　7월 17일부터 21일까지 중공중앙은 칭다오에서 성, 직할시 당위원회서기 회의를 열고 지난 한 단계의 반우파 투쟁의 경험을 총화하고 다음 단계의 사업을 배치했다. 회의 기간에 마오쩌둥은 '1957년 여름의 정세'라는 글을 써 두 가지 주요 관점을 제기했다. 첫째, 반공적, 반인민적, 반사회주의적인 자산계급우파와 인민 간의 모순은 피아 모순이며 대항적이고 비타협적이고 사활적인 모순이며 노동계급과 공산당을 미친 듯이 진격하는 자산계급 우파는 반동파이며 반혁명파라고 확인한다. 둘째, 자산계급 우파에 대한 비판은 정치전선과 사상 전선의 위대한 사회주의혁명이며 1956년의 경제전선에서 사회주의 혁명만으로는 부족하고 공고하지 못하기에 반드시 정치전선과 사상 전선의 철저한 사회주의 혁명이 필요하다. 그러므로 그는 "아직도 몇 달 동안 깊이 있게 추진해야 완전한 승리를 거둘 수 있으므로 절대 소홀하게 대처하지 말아야 한다. 만일 이 싸움에서 승리하지 못하면 사회주의는 가망이 없음을 알아야 한다."[41]고 제기했다. 마오쩌둥은 정풍운동과 반우파 투쟁의 의의와 목표에 대해 천명하면서 다음과 같이 지적했다. "우리의 목표는 중앙집권도 있고 민주도 있으며 규율도 있고 자유도 있으며 통일적 의지도 있고 개인의 심정도 유쾌하고 활발하기도 한 그런 정치적 국면을 형성함으로써 사회주의 혁명과 사회주의 건설에 이롭게 하며 쉽게 곤란을 극복하고 중국의 현대적 공업과 현대적 농업을 비교적 빨리 건설하며 당과 국가가 더욱더 공고화되어 큰 풍랑을 넘어서게 하려는 것이다. 총 제목은 인민 내부의 모순을 정확히 처리하고 피아 간의 모순을 정확히 처리하자는 것이다. 방법은 실사구시의 군중 노선을 걷는 것이다." 마오쩌둥은 더 나아가 중국의 사회주의 발전 전망에 대해 분석하면서 다음과 같이 말했다. "우리나라에서 현대화한 공업 기초와 현대화한 농업 기초를 건립하자면 지금부터 10년 내지 15년이 더 걸려야 한다. 오직 10년 내

---

41) 마오쩌둥, '1957년 여름의 형세', 1957년 7월.

지 15년 동안 사회 생산력이 충분한 발전을 가져와야만 우리의 사회주의적인 경제제도와 정치제도는 자체적으로 충분한 물질적 기반(지금 이 물질적 기반은 매우 불충분한 상황이다)를 얻었다고 할 수 있으며 우리의 국가(상부 구조)가 충분히 공고화되었다고 할 수 있으며 사회주의 사회가 근본적으로 건립되었다고 할 수 있다. 아직은 완전히 건립되지 않았으며 아직 10년 내지 15년이 더 걸려야 한다. 사회주의를 완전히 건립하기 위해 노동계급은 자체적인 기술 간부대열이 있어야 하고 자기의 교수, 교원, 과학자, 신문기자, 문학가, 예술가와 마르크스 이론가 대열이 있어야 한다. 이는 방대한 대열로서 사람이 적어서는 안 된다." 마오쩌둥은 다음과 같이 호소했다. 공산당원, 청년단원과 전체 인민은 모두가 학습에 힘써야 한다. "조건이 되는 사람은 힘써 기술과 실무와 이론을 배워 노동계급 지식인의 새로운 부대(이 새로운 부대에는 낡은 사회에서 넘어온, 개조를 거쳐 진정으로 노동계급의 입장에 공고히 선 모든 지식인들을 포함한다)를 형성해야 한다. 이는 역사가 우리에게 부여한 위대한 임무이다. 노동계급 지식인의 이러한 방대한 새 부대가 형성되기 전에는 노동계급의 혁명사업이 충분히 공고해질 수 없다." 마오쩌둥은 일찍이 "인민 내부의 모순을 정확히 처리하자는 그 글은 정확한 것이다. 칭다오회의는 보충으로서 그 보충이 없으면 안 된다."[42]고 말한 적이 있다. 이른바 보충이라는 것은 반우파 투쟁 및 그와 연관된 내용을 가리킨다.

그 후 당중앙위원회에서는 연이어 일련의 지시를 내려 운동을 지구와 현, 시 구역, 큰 공장과 광산, 중소학교 교직원 및 소수민족 지역으로 넓혀나가도록 요구하면서 반우파 투쟁은 전국적인 범위에서 더

---

42) '당중앙위원회 제8기 제3차 전원회의 각 조 조장회의에서 한 담화 요지', 1957년 10월 7일.

한층 폭넓게 진행되었다. 동시에 중앙은 9월 2일에 '당내 우파 세력 문제를 엄숙히 대하는 것에 관한 지시'를 내려 보내 일부 단위에서 당외 우파 세력과 정치 태도가 완전히 같은 당원에 대해 관용적이라고 비판하면서 "당내의 진정한 우파 세력을 절대로 빠뜨리지 말아야 한다."고 요구했다. 농촌에서는 중공중앙의 지시에 따라 대규모 사회주의 교양운동을 전개했다.

각 민주당파 역시 연 이어 좌담회를 열고 우파 언론을 적발, 비판했으며 정풍을 진행하기로 결정했다. 마오쩌둥은 민주당파의 정풍에 대해 다음과 같이 요구했다. "지금 민주당파 정풍의 중점은 노선 문제를 정돈하는 것이며 자산계급 우파의 반혁명 노선을 정돈하는 것이다." 주로 사회주의 혁명과 건설의 성과는 과연 훌륭한가, 훌륭하지 않은가? 사회주의 길을 걸을 것인가 아니면 자본주의 길을 걸을 것인가? 공산당의 영도를 요구하는가 요구하지 않는가? 하는 세 가지 문제를 해결해야 한다.[43]

9월 20일부터 10월 9일까지 당중앙위원회 제8기 제3차 전원회의가 베이징에서 소집되었다. 덩샤오핑은 당중앙위원회를 대표하여 한 정풍운동에 관한 보고에서 5월 이래의 정풍운동과 반우파 투쟁에 대해 총화하고 앞으로의 임무에 대해 배치했다. 덩샤오핑은 보고에서 다음과 같이 강조했다. 이번 반우파 투쟁은 "혁명과 건설사업이 정확한가, 정확하지 않은가(혁명과 건설의 성과가 주요한가 주요하지 않은가), 사회주의 길을 걸어야 하는가 하지 말아야 하는가, 공산당의 영도가 필요한가, 필요하지 않은가, 무산계급 독재가 필요한가 필요하지 않은가, 민주주의 중앙집권제를 하는 것과 중국의 외교정책이

---

43) '상하이간부회의에서 한 마오쩌둥의 연설 기록', 1957년 7월 8일.

정확한가 정확하지 않은가 하는 등 중대한 문제들을 해결했거나 해결하고 있다. 만약 우리가 이번 변론에서 완전한 승리를 이룩하지 못한다면 우리는 계속 전진할 수 없다. 우리가 변론에서 승리하기만 하면 중국의 사회주의적 개조와 사회주의 건설을 크게 촉진할 것이다". 반우파 투쟁과 관련하여 덩샤오핑은 다음과 같이 요구했다. 계속하여 더 깊이 있게 벌여야 하고 경솔하게 끝내지 말아야 하며 앞서 긴박하게 대처하다 뒤에는 해이해지지 말고 일관되게 추진하여 반드시 완전한 승리를 쟁취해야 한다. 무릇 반우파 투쟁에서 이미 결정적인 승리를 거둔 단위는 마땅히 적시에 정돈 개정을 중심으로 한 제3단계로 넘어가는 동시에 자산계급사상에 대해 체계적으로 비판해야 한다. 운동의 전면적 승리는 반우파 투쟁의 단계에 의해 결정될 뿐만 아니라 특히 집중하여 정돈 개정하는 세 번째 단계와 모든 개인이 문건을 연구하며 비판 반성하며 자기를 향상하는 네 번째 단계에 의하여 결정된다. 덩샤오핑은 다음과 같이 중점적으로 지적했다. "마땅히 반우파 투쟁을 끝까지 진행해야 한다. 우경 정서를 계속 반대해야 하지만 지금은 타격 범위가 지나치게 넓거나 단순하고 난폭해지는 위험도 방지해야 한다. 극우 세력, 우파 세력과 중간 세력의 경계를 엄격하게 나누는 데 주의를 돌리고 소속 단위의 우파 세력 명단을 항상 주의 깊게 심사, 결정해야 하며 부당하게 구분한 것에 대해서는 반드시 수시로 바로잡아야 한다."

덩샤오핑은 반우파 투쟁이 정돈 개정 단계에 진입하는 것에 대해 다음과 같이 구체적으로 요청했다. 첫째, 종파주의와 특수화 경향을 극복해야 한다. 공산당원은 대공 무사해야 하며 군중과 하나되어 동고동락하고 호흡을 같이 해야 한다. 당원들은 비당원군중, 당외 인사들과 친밀하게 연계하고 벗을 많이 사귀어야 한다. 둘째, 제도적, 조직적으로 불합리한 그러한 규정을 개변하며 집중 통일과 분공 책임의 관계(당정관계, 상하관계)를 정확히 해결해야 한다. 집중할 것은 반드시 집중하고 분산할 것은 반드시 분산해야 하며 하방할 것은 반드시 내려 보내야 한다. 셋째, 인민 내부의 민주생활을 확대하고 민주제도를 계속 건전하게 만들어야 한다. 인민 내부의 모순을 처리할 때 반드시 온건한 방식과 '단결—비판—단결'의 방법을 견지해야 한다. 각급 지도자들은 반드시 인민 대중의 민주 권리를 충분히 존중하고 인민 대중의 의견과 요구를 항상 귀담아들으며 합리적인 여러 가지 의견과 반대 의견을 논리적으로 숙고하고 성심성의로 군중의 비판과 감독을 수용하며 자기의 결함과 오류를 단호히 바로잡아야 한다. 정풍운동과 반우파 투쟁이 완전히 끝난 것은 1958년 여름이었다.

반우파 투쟁의 엄중한 확대와 그 결과

사실이 증명하다시피 사회주의 제도와 당의 영도를 반대하는 적대 세력은 확실히 존재했으며 극소수 우파 세력의 창궐한 진공에 단호히 반격하여 광범한 당원과 인민을 교양한 정책은 정확했고 필요한 것이었다. 반우파 투쟁을 통해 전국 인민에게 근본적인 원칙 문제를 분명하게 밝혀주었으며 새로 건립된 사회주의 제도를 안정시켰다. 만약 이러한 투쟁을 포기하고 문제가 발생한 범위에서 완전히 극소수 우파 세력의 진격을 물리치지 않는다면 곧바로 사상 및 정치적인 혼란이 야기될 것이다. 이 점에서 당이 얻은 경험은 장구한 의의를 지녔다. 하지만 당시 당이 계급투쟁과 우파의 진격에 대한 정세를 지나치게 엄중하게 평가하고 혁명 시기의 대규모 폭풍우와도 같은 대중적인 정치운동의 투쟁 방법을 고수하고 투쟁의 줄기찬 발전에 대해 신중하게 통제하지 못했기 때문에 결국 반우파 투쟁은 엄중하게 확대되었다.

　당시 복잡한 사정에 휘말린 사람들은 그 상황이 각기 달랐으며 피아 간의 모순에 속한 사람은 극소수였고 대부분 인민 내부의 모순에 휩쓸렸다. 피아 간 모순의 경계에서 이끌면 넘어올 사람도 있었고 어느 부류의 모순에 속하는지 일시적으로 분간하기 어려운 사람들도 있었다. 또 정서적으로 과격했지만 적의적이지 않은 사람도 있었고 심지어 해당 단위의 지도자에게만 날카로운 의견을 제기한 사람도 있었는데 이런 몇 가지 부류 가운데 많은 사람이 우파로 구분되면서 타격 범위가 심각하게 확대되었다.

　반우파 투쟁을 발동하기로 결정한 초기에 마오쩌둥이 '사태는 변화되고 있다'라는 글에서 구상했던 방법은 여전히 "개별적인 예를 제외하고 구체적으로 이름을 지적할 필요가 없으며 적당한 조건에서 타협할 수 있도록 그들에게 일정한 선회의 여지를 남겨주어야 한다."는 것이었다. 다시 말하면 주로 일종 정치사조에 대한 비판으로서 일반적으로 사람을 지명 비판하는 데 집중하지 않으며 많은 사람을 우파 세력으로 구분하는 것이 아니라는 것이다. 6월 8일, 중앙에서 '역량을 조직하여 우파 세력들의 진격에 대해 반격할 준비를 하는 것에 관한 중공중앙의 지시'를 내릴 때에도 대명, 대방과 우파를 반격하는 전반 과정은 잘하면 한 달 정도면 넉넉하며 "완전히 분위기를 돌려세운" 다음에 온건한 당내의 정풍으로 넘어가도록 구상했다. 7월 1일, 마오쩌둥도 〈인민일보〉를 위해 쓴 사설에서 "우파들의 창궐한 진공이 인민들에 의하여 격퇴된 후면 정풍은 순조롭게 진행될 수 있다."고 지적한 바 있다. 하지만 이 투쟁을 비교적 작은 범위와 비교적 짧은 시일로 제한하려던 초기의 구상은 바로 타파되고 말았다.

　반우파 투쟁이 시작된 후 신문 지면을 통해 우파 세력으로 지목된 사람들이 빠르게 늘어났다. 6월 29일, 중앙은 우파 가운데 여러 범위에 따라 지명 비판할 사람이 베이징에 대략 400명 있고 전국에 대략 4천 명 있다고 제시했다. 비록 인원수가 제한되어 있었지만 이는 더 이상 정치적 사조를 주로 비판하는 것이 아니라 구체적으로 이름을 지적하는 데 더 많이 집중했음을 말해준다. 동시에 지시는 또 단지 우파의 언론만 있고 우파의 행동이 없는 사람에게 경솔하게 누명을 씌우지 말도록 요구했지만 불과 열흘밖에 안 되었는데 중앙의 지시로 지명 비판할 인원수가 2배로 늘어났다. 전국의 우파 핵심 세력 명단은 4천 명에서 8천 명으로 늘어났다. 신문 지면에서 지명한 우파 수도 우파 핵심 세력 총수의 3퍼센트에서 점차 10퍼센트가량으로 늘리도록 허용했다.[44) 8월 1일, 중공중앙은 '계속 깊이 있게 우파를 반대하는 것에 관한 지시'를 내려 보내어 "신문에 싣는 인원수를 적당히 늘릴 수도 있다. 몇 퍼센트도 아니고 10퍼센트도 아니며 상황에 따라 극우파의 20퍼센트, 30퍼센트, 40퍼센트 혹은 50퍼센트에 이르러야 한다."고 요구했다. 지시는 다음과 같이 강조했다. 반우파 투쟁을 깊이 있게 벌여나가야 한다. 한편으로는 지구급과 현 급(도시에서는 구급과 대형 공장, 광산 기층까지)에서 전개하고 다른 한 면으로는 중앙급과 성, 직할시, 자치구급 단위에서도 반드시 깊이 있게 우파를 색출해야 한다. 이렇게 되면 우파 세력들을 계속 발견하고 색출할 수 있으며 인원수도 점차 늘어날 것이다. 우파를 깊이 있게 구분하는 시기에 더 이상 전국의 통제 수를 규정하지 않았다. 9월에 이르러 당중앙위원회 제8기 제3차 전원회의가 소집될 때 전국적으로 이미 우파로 구분된 사람이 6만여 명에 달했다. 당시 우파가 가장 많아

---

44) '우파 핵심 세력들을 지명 비판하고 과학자 가운데 우파 세력들에게 반격을 조직하는 것에 관한 중공중앙의 통지', 1957년 7월 9일.

15만 명 정도에 이를 것이라고 예측했다. 정세의 발전에 따라 일부 단위에서는 또 우파를 구분하는 구체적인 수치를 규정했는데 상급에서 규정한 지표를 하급의 일부 단위들이 다시 돌파했다. 1957년 겨울부터 1958년 봄까지 전국의 중소학교 교직원 가운데 반우파 투쟁이 벌어졌는데 소학교 교원 속에서만 10여 만 명이 우파로 구분되었다. 1958년 여름에 반우파 투쟁이 최종적으로 끝났는데 전반 운동은 1년이라는 시일이 걸렸으며 전국적으로 55만 여 명이 우파로 구분되었다.[45]

반우파 투쟁이 엄중히 확대된 주요 원인의 하나는 피아 간의 모순과 인민 내부의 모순의 경계를 혼동했기 때문이다. 1957년 6월 26일, 저우언라이는 전국인민대표대회 제1기 제4차 회의에서 한 정부사업보고에서 일반적으로 우파세력문제를 여전히 인민 내부의 모순의 범주에 두어야 한다고 했다. 하지만 같은 날, 중앙의 한 당내 지시는 우파 세력과 인민의 모순은 "실제상 어떤 면에서는 인민 내부 모순의 범주를 벗어났다. 하지만 상황의 변화에 따라 분석해야만 차별

---

45) 1978년 9월, 중공중앙은 중앙조직부, 중앙선전부, 중앙통일전선사업부, 공안부, 민정부의 보고를 비준 이첩하면서 무릇 우파로 구분되지 말아야 했지만 잘못 구분되었을 경우 마땅히 시정해주어야 한다고 제기했다. 이 정신에 따라 전국적으로 우파로 구분된 55만 여 명을 기본적으로 시정했다. 1980년 6월, 중공중앙은 중앙통일전선사업부의 '애국인사의 우파 문제를 재심사하는 것에 관한 청시보고'를 비준 이첩하면서 재심사 및 시정 정황에 대해 설명했다. 시정 받을 사람들은 대체로 (1) 선의적인 마음에서 제기한 많은 비판과 의견들이 지금에 와서 볼 때 사업을 개진하는 데 유리한 것이었을 경우, (2) 당의 영도와 사회주의 제도 등 중대한 문제를 언급하면서 그릇된 언론을 발표했지만 근본적인 입장에서 반당, 반사회주의가 아니었을 경우, (3) 확실하게 반당, 반사회주의적인 언행이 존재했지만 그들이 당을 향하여 창궐하게 진공한 우파 세력에 비해 정도와 정상에서 다소 다르며 또한 후일 그들이 확실하게 전변을 가져왔을 경우 등 세 가지 부류가 있었다. 그러므로 시정 범위가 아주 넓었으며 우파 세력으로 구분된 55만 여 명의 98% 이상을 차지했다. '보고'는 "그중 어떤 사람은 시정해주어도 되고 시정해주지 않아도 되지만" "관대하게 처리하는 정신에 따라 시정해주어야 한다."고 강조했다. 민주당파, 무소속 민주인사 가운데 우파로 구분되었으며 대표성이 비교적 큰 상층애국인사 27명에 대한 재심사 결과 22명에 대해 시정해주고 5명은 본안을 유지했다. 본안을 유지한 사람에 대해서도 그들이 공산당과 합작했던 역사와 인민들에게 한 일부 긍정적인 점은 인정해주었다.

있게 확정할 수 있다. 지금은 너무 확정지어 말하지 말아야 한다."[46]
고 했다. 7월 1일, '문회보의 자산계급 방향을 마땅히 비판해야 한다'
는 〈인민일보〉 사설은 비록 우파를 반공적이고 반인민적이며 반사회
주의적인 자산계급 반동파라고 인정했지만 7월 11일에 중앙에서 이
첩한 중앙통일전선사업부의 '좌, 중, 우 분획 표준에 관한 건의'는 여
전히 "인민 내부에서 좌, 중, 우를 분획"하는 것은 다만 우파 가운데
는 일부 극우 세력가 있고 이런 극우 세력 가운데 일부는 정치적으
로 이미 피아 경계의 변두리에 처해 있다고 인정했기 때문이라고 언
급했다. 마오쩌둥이 '1957년 여름의 정세'라는 글을 발표할 때에 이
르러 반우파 투쟁의 모순에 관하여 반공적이고 반인민적이며 반사회
주의적인 자산계급 우파와 인민의 모순은 타협할 수 없는 피아 모순
이며 자산계급 우파들은 반동파이고 반혁명파라고 명확히 선포했다.
이렇게 우파 세력으로 확정된 사람들을 인민들 속에서 색출하여 피
아 모순의 범주에 넣었다. 우파 세력의 구분 표준과 관련하여 일찍
당중앙위원회는 사회주의를 반대하고 공산당을 반대하는 데에만 국
한하며 일반적인 지난날의 과거문제, 개별 문제에 대한 의견이나 학
술적인 문제는 제쳐놓아야 한다고 거듭 제기했다. 당중앙위원회 제8
기 제3차 전원회의는 또 '우파 세력을 분획하는 기준'을 통일적으로
발부하고 다음과 같이 규정했다. "근본적인 입장에서 사회주의와 당
의 영도를 반대하지 않았고 다만 국부적인 사업제도, 국부적이고 근
본 원칙에 속하지 않는 정책, 사업의 문제, 학술적인 문제, 공산당의
개별 조직, 개별사업 종사자에 대해 불만을 표하고 비판을 제기한 사
람으로서 그 의견이 그릇되고 언론이 날카롭다 하더라도 우파 세력

---

46) '자산계급 우파 세력들을 타격하고 고립시키는 것에 관한 중공중앙의 지시', 1957년 6월 26일.

으로 구분하지 말아야 한다. 마찬가지로 근본적인 입장에서 사회주의와 당의 영도를 반대하지 않았고 다만 사상적으로 일부 오류가 있는 사람도 우파 세력으로 구분하지 말아야 한다."그러나 이 기준은 10월 15일에야 정식으로 하달되었으며 또 당시 깊이 색출하고 호되게 처벌할 것을 강조하고 온정주의를 반대하며 정책의 장악에서 "좌적일지언정 우적은 안 된다."는 경향이 짙은 분위기 속에서 우파 세력을 구분할 때 두 가지 다른 성격의 모순을 엄격히 구분하고 처리하는 정책은 집행되지 못했다.

우파 세력으로 확정된 사람들은 곧바로 피아 모순의 범주에 귀속되었으며 정치적으로 맹렬한 비판을 받았을 뿐만 아니라 조직적이나 행정적으로도 상황에 따라 처리되었다. 1958년 1월, 각 민주당파, 전국상공업연합회는 각각 회의를 열고 각 당파, 단체 내에서 우파로 확정된 사람들을 각급 영도직무에서 해임했다. 그들은 또 소속 단위의 행정 직무에서도 동시에 파면되었다. 중앙통일전선사업부에서 해당 부서와 회동하여 확정한 지명도가 비교적 높은 96명 우파 세력 가운데 단 2명만 처분을 면했다. 1958년 2월에 열린 전국인민대표대회 제1기 제5차 회의는 원 선거단위에서 우파로 획분 된 16명의 전국인민대표대회 대표 자격을 취소하는 데 동의하고 38명의 전국인민대표대회 회의출석 자격을 취소하며 그중 10명이 맡고 있던 전국인민대표대회와 국방위원회 직무를 파면하는 결의를 정식으로 채택했다. 전국의 205개 대학교의 근 4천 명의 교수와 부교수, 강사 및 조교가 우파 세력으로 확정된 후 원 교수직무와 과학연구 직무에서 물러났다. 우파 세력의 누명을 쓴 55만 명 가운데 정도가 가벼운 사람은 강직, 감봉당하거나 임용 관찰의 처분을 받았고 무거울 경우 노동 교양에 보내졌으며 어떤 사람들은 동시에 공직을 박탈당하거나 학적을 박탈당했다. 무릇 공산당원, 청년단원이면 모두 당적과 단적에서 제명당했다.

　정풍운동이 전개된 후 당내의 적지 않은 사람들은 성실한 태도로 각종 의견들을 청취했다. 반우파 투쟁이 점차 확대된 후 당중앙위원회로부터 지방의 일부 영도간부들은 우파를 가능한 한 적게 구분하려고 온갖 노력을 다했다. 저우언라이는 의식 형태 영역의 각 부서 책임자들을 불러 회의를 열고 우파 구분 문제와 관련하여 두 가지 원칙을 언급했다. 첫째는 전국인민대표대회 대표와 중국인민정치협상회 위원을 우파로 구분할 경우 반드시 국무원에 보고하여 비준을 받아야 한다. 둘째는 부분적 지식인을 포함하여 국외에서 영향력이 있는 사람들을 우파로 구분할 경우 반드시 본인에게 자료를 보여주어야 한다. 1957년 9월 8일, 저우언라이가 직접 수정하고 심사 결정한 '자연과학분야에서의 반우파 투쟁에 관한 중공중앙의 지시'는 국내외적으로 상당히 유명하고 두드러진 성과가 있는 자연과학자와 제네바 회의 후 애써 귀국한 미국 유학생에 대해서는 정상이 엄중하여 투쟁하지 않으면 안 되는 개별적인 사람을 제외하고 마땅히 고비를 넘기도록 강력히 보호하는 정책을 취해야 한다고 규정했다. 9월 14일, 중공중앙은 '기업의 정풍운동에서 마땅히 주의해야 할 사항에 관한 통지'에서 "실무에 전념하고 진정한 재능과 학문이 있는 고급 공정기술자들은 특별히 신중하게 대해야 한다."고 요구했다. 1957년 말, 당중앙위원회에서 우파 세력들을 처리하기로 결정할 때 저우언라이는 문화교육, 민주당파 등 범위에서의 지식인들이 우파 세력에 대한 처리 의견을 널리 청취했다. 그는 오류를 범한 사람이지만 회개하려고 한다면 관대하게 처리해야 한다고 말했다. 일부 성, 직할시 당위원회 영도 역량들도 부동한 장소에서 본 지역의 특수 상황이 지식인이 집중된 베이징 등 대도시와 다르므로 실제에서 출발해야 한다고 강조했다. 중국과학원의 지도자도 국내외적으로 명망이 높은 과학원 내의 과학자들을 위해 백방으로 활동함으로써 그들이 최종적으로 우파로 구분되지 않도록 했다. 하지만 당시의 전반 정세에서 이러한 노력은 반우파 투쟁이 엄중하게 확대되는 국면을 근본적으로 회복시키지 못했다.

신중국이 창건되면서부터 사회주의적 개조가 기본적으로 완수되기까지 짧디 짧은 7년 동안에 실현한 이 같은 심각한 사회적 변혁은 사회 각 계급, 각 계층의 각이한 반응을 불러일으키지 않을 수 없었으며 사람들에게는 이 변혁에 대해 관찰하고 적응하는 과정이 필요했다. 일부는 중국이 공산당의 영도를 받아야 하는가, 사회주의 노선을 걸어야 하는가 하는 문제를 마음속으로 완전히 해결하지 못했다. 극소수 사람들에게는 여전히 서방 자본주의 정치제도와 경제제도를 숭상하는 경향이 남아 있었다. 국내외 정치적 동향의 영향으로 이러한 경향이 뚜렷이 표출되면서 극소수가 당과 사회주의를 공격하게 되었다. 반사회주의적인 경향에 대한 반격과 투쟁은 사실상 불가피한 것이었고 전적으로 필요한 것이었다. 오직 사회주의를 이탈하려는 모든 언론 행동을 단호히 반대하고 인민들 가운데 당의 영도와 사회주의 노선을 견지하는 교양을 진행해야만 비로소 사회주의 건설사업을 순조롭게 밀고나갈 수 있었다.

이 밖에 당대표를 포함하여 당내에서 짧디 짧은 7년 내에 전쟁 시대의 계급투쟁의 사유방식을 완전히 바꾼다는 것은 상당히 어려웠다. 이러한 상황에서 당은 반우파 투쟁을 엄중히 확대하는 오류를 피하기 어려웠던 것이다. 하지만 사회주의를 적대시하는 사람은 확실히 국내에 있는 극소수에 불과했으며 이러한 경향과의 투쟁은 마땅히 문제가 발생한 범위 내에서 진행되어야 했었다. 이 점에 대해 당은 원래는 명석하게 예측하고 올바르게 인식했었다. 하지만 정풍운동의 발전 과정에 당이 계급투쟁의 정세를 너무 엄중하게 판단하여 원래의 예측과 인식을 개변하고 워낙 일정한 범위에서 진행해야 하고 주로 사상 문제를 해결하는 방식으로 진행해야 할 투쟁을 전당, 전국적 범위에서의 "한 차례 대규모 사상전쟁과 정치전쟁"[47]으로 확장했는데 이로 인해 반우파 투쟁이 엄중하게 확대되는 오류가 불가피하게 초래되었다. 장기적으로 공산당과 합작한 역사가 있는 많은 이들, 유능한 많은 지식인과 정치적으로는 열정적이지만 아직 미숙한 청년들 그리고 당내의 많은 충실한 사람들은 우파로 잘못 구분되면서 장기간 억울한 누명을 덮어쓰고 시달림을 받았으며 사회주의 건설에서 마땅한 역할을 발휘하지 못했다. 이는 그들 개인 및 가정의 비극을 초래했을 뿐만 아니라 전체 당과 국가의 사업에 막대한 손실을 가져다주었다.

반우파 투쟁의 엄중한 확대로 중국 실정에 적합한 사회주의 건설을 탐구하는 좋은 발단이 좌절을 겪게 되었다. 당의 건설 측면에서는 정풍운동을 발동하여 활발한 정치적 국면을 형성하려던 마오쩌둥의 주관적인 염원과는 달리 당내의 정치생활에 소극적인 영향을 가져다주었다. 경제 측면에서는 농업합작사 가운데 당시 농촌 생산력의 실제에 적합한 일부 유익한 모색이 반우파 투쟁 가운데 맹렬히 비판을 받았으며 사영 경제를 다소나마 새롭게 풀어놓자고 했던 새로운 구상도 방치되었다. 경제발전 속도와 관련해 급격하게 나아가는 것을 반대하는 언론은 우파에 접근한 언론으로 취급되어 비판을 받았다. 정

---

47) '정풍을 강력히 진행하는 것에 관한 중공중앙의 지시', 1957년 6월 6일.

치사상과 문화생활 면에서는 사회주의 민주와 법제 건설, '백화제방, 백가쟁명'과 '장기공존, 상호감독'이 두 가지 큰 방침을 관철 집행하는 데 커다란 손해를 주었다.

반우파 투쟁의 확대화로 조성된 다른 한 엄중한 후과는 바로 당중앙위원회 제8기 제3차 전원회의 및 중국공산당 제8차 전국대표대회 제2차 회의를 거쳐 중국의 사회 주요 모순에 대한 8차 당대회의 논단을 바꾼 것이다. 마오쩌둥은 당중앙위원회 제8기 제3차 전원회의에서 한 연설에서 다음과 같이 제기했다. 8차 당대회에서 현 단계에서 피아 간의 모순을 기본적으로 해결했다고 했는데 지금에 와서 볼 때는 옳은 것이다. 하지만 경제 측면에서만 그러한 것이며 정치 측면이나 사적 측면에서 볼 때 그렇게 말할 수 없다. 그는 "무산계급과 자산계급 간의 모순, 사회주의 길과 자본주의 길 간의 모순은 의심할 바 없이 현 단계의 중국 사회의 주요 모순이다."고 인정했다. 중국공산당 제8차 전국대표대회 제2차 회의는 마오쩌둥의 의견에 따라 "정풍운동과 반우파 투쟁의 경험이 재차 표명하다시피 전반 과도기, 다시 말하면 사회주의 사회가 완전히 건설되기 전에 무산계급과 자산계급 간의 투쟁, 사회주의 길과 자본주의 길 간의 투쟁은 시종일관 중국 내부의 주요 모순이다."고 결론지었다. 그리고 중국 사회에는 "두 개의 착취 계급과 두 개의 근로 계급이 있다."고 선포하면서 우파 세력은 타도된 지주매판 계급과 기타 반동파와 더불어 하나의 착취 계급이고 "점차적으로 사회주의적 개조를 받고 있는 민족자산 계급과 그 지식인"들은 또 다른 하나의 착취 계급이며 노동자와 농민은 두 개의 근로 계급이라고 선포했다. 이렇게 하여 지식인들은 아주 큰 범위에서 두 번째 착취 계급의 범주에 들어가게 되었다. 사회 생산 가운데 처해 있는 사회 구성원들의 지위를 완전히 떠나서 특히 생산수단과의 관계에 따라 확정한 계급영역 분획은 이론적으로나 실천적으로나 사회주의적 개조가 기본적으로 완수된 후의 중국 실제의 사회구조 상황과 부합되지 않았으며 사회주의적인 정치건설과 사회 발전에 불리했다.

중국 사회의 주요 모순 변화에 관한 8차 당대회의 판단은 근본적으로 말하면 정확했다. 이 회의는 결코 계급투쟁이 여전히 존재함을 부정하지 않았다. 회의는 "사회주의적 개조가 완수된 후 사회주의와 자본주의적 입장, 관점, 방법 간의 투쟁은 장기간 계속될 것이다."[48]고 명확히 지적했다. 사회주의 제도를 부정하고 반대하는 정치 사조의 존재는 의식 영역에서의 이러한 투쟁이 확실히 생산수단의 사적 소유에 대한 사회주의적 개조가 기본적으로 완수됨과 더불어 자연적으로 마무리되지 않았음을 증명했다. 하지만 어떻게 의식 영역에서의 각종 모순의 여러 다른 성격을 정확히 관찰하고 판단하며 어떻게 이 분야의 투쟁을 잘 처리할 것인가 하는 것은 아주 복잡한 문제였으며 이 면에서 당은 경험이 부족했다. 비록 정풍이 시작된 후 당중앙위원회에서 적대 투쟁의 방법으로 인민 내부의 모순을 처리하지 말 것을 거듭 강조했다. 하지만 극소수의 우파 세력의 진공과 같은 사전에 예측하지 못했던 복잡한 정세가 나타나자 길고 긴 치열한 계급투쟁 역사에서 형성된 정치적 경험으로 말미암아 당의 지도자는 습관적으로 매우 많은 우파 세력들이 당을 향해, 사회주의를 향해 공격한다는 판단을 내리고 적대투쟁에서 진행하던 대규모의 군중적 정치운동이라는 익숙한 길로 나아갔으며 사상 및 언론적으로 모종의 일면성을 띠고 있지만 진심으로 당의 정풍을 도운 사람들을 '우파 세력'으로 취급

---

48) 류사오치: '중국공산당 제8차 전국대표대회에서 한 정치보고' (1956년 9월 15일), 〈류사오치선집〉 (하), 민족출판사, 1987년, 제291쪽.

하고 잘못 처리했으며 역사적 전환기에 새로 나타난 많은 인민 내부의 모순, 특히 의식 영역에서의 인민 내부의 모순을 피아 간의 모순으로 잘못 판단하고 처리함으로써 불행한 결과를 초래했다. 이는 어떠한 시기거나 어떠한 상황에서나 사회 주요 모순에 대한 당의 과학적인 판단을 쉽사리 바꿔서는 안 되며 경제건설이라는 이 중심을 반드시 확고부동하게 견지해야 함을 충고하고 있다. 이는 절대로 흔들릴 수 없는 관건이다. 만약 조금이라도 동요가 생긴다면 당의 지도사상, 이론 기초와 사업 방법 모두에 변화가 일어나고 엄중한 후과를 초래하게 된다. 1957년 이후, 당의 지도사상에서 '좌'적인 방향으로 기울어진 점이 바로 이 문제를 설명해주고 있다. 이는 신중국이 창건된 후 당의 역사에 남은 한 차례 가슴 아픈 교훈이다.

제12장

사회주의 건설 총노선과 '대약진', 인민공사화운동

사회주의적 개조와 전당적인 정풍, 반우파 투쟁을 거쳐 당중앙위원회는 경제적으로는 사회주의 혁명, 정치·사상적으로는 사회주의 혁명에서 모두 위대한 승리를 거뒀고 많은 인민 대중의 열의가 높아졌기에 마땅히 경제건설을 더욱 빨리 추진해야 한다고 생각했다. 이에 당중앙위원회와 마오쩌둥은 사회주의 건설의 총노선을 준비하고 제정함과 아울러 이 과정에 '대약진'과 인민공사화운동을 잇달아 발동했다. 사회주의 건설의 총노선, '대약진'과 인민공사는 당시 '세 폭의 붉은 기'라고 불렸다. 이러한 제기법을 시행하면서 당은 중국의 현실에 부합하는 사회주의 건설의 길을 탐구하고 사회주의 건설을 전체적으로 진행하는 가운데 새로운 국면을 타개하려는 노력을 보여주었다. 또한 장기간 제국주의의 억압과 능욕을 당해온 중국인민들의 강대하고 부유한 중국을 건설하려는 간절한 소망을 반영했다.

　신중국의 창건으로부터 사회주의적 개조가 기본적으로 완수되기까지 짧은 몇 년 동안에 거듭 승리를 이룩한 사람들은 비교적 단시일에 부유하고 강대한 중국을 건설하는 목표를 실현하는 것은 전적으로 가능한 것이라고 인정하게 되었다. 하지만 당시 당과 인민은 사회주의 건설 경험이 부족했고 사회주의 건설의 장기성, 간고성 및 그 객관성에 대한 인식이 부족했다. 그 때문에 '대약진' 운동이 낙후한 중국의 상황을 신속히 바꾸고 선진국을 따라잡는 가장 효과적인 경로이며 인민공사가 공산주의 이상사회로 나아가는 가장 탁월한 조직형태라고 인정했다. 역사가 증명하다시피 사회주의 건설의 총노선은 객관적인 경제법칙을 경시한 부분이 있었고 '대약진'과 농촌에서의 인민공사화운동도 모두 충분한 객관적 근거가 부족한 상황에서 출발한 것이었다. 결정 자체에 의해 나타난 실책과 집행 과정에서 발생한 편차로 경제건설과 사회발전은 기대했던 목적에 도달하기는커녕 오히려 극심한 좌절을 초래했다.

1. 사회주의 건설 총노선의 제정

전면적으로 전개되는 사회주의 건설을 영도하기 위해 당중앙위원회는 1958년에 정식으로 사회주의 건설 총노선을 제정했다.

사회주의 건설 총노선에 대한 준비는 당중앙위원회 제8기 제3차 전원회의에서 마오쩌둥이 '많이, 빨리, 좋게, 절약'이라는 구호를 재차 제기하면서 시작되었다. 마오쩌둥은 1956년에 모험적인 전진을 반대한 이후 '많이, 빨리, 좋게, 절약'이라는 구호가 더 이상 언급되지 않은 것에 불만을 느꼈다. 1957년 10월 9일, 당중앙위원회 제8기 제3차 전원회의 폐막식에서 그는 1956년에 모험적인 전진을 반대한 것이 '많이, 빨리, 좋게, 절약'이라는 구호와 농업발전요강 40개 조를 흐리게 했다고 질책하면서 '많이, 빨리, 좋게, 절약'이라는 구호를 회복하도록 제의했고 회의참가자들의 호응을 받았다. 전원회의는 '많이, 빨리, 좋게, 절약'하는 방침을 재천명했다. 회의에서 마오쩌둥이 비록 '많이, 빨리, 좋게, 절약' 간의 변증법적 관계를 잘 처리할 것을 요구했지만 모험적인 전진을 반대하는 것을 비판하는 상황에서는 실제로 많이, 빨리하는 것과 좋게, 절약하면서 하는 것 간의 변증법적인 통일을 보장하기 어려웠다.

마오쩌둥은 모험적인 전진을 반대하는 데 대한 비판을 통해 모험적인 전진을 반대할 것을 주장하는 이들로 하여금 사상을 바꾸고 건설 규모와 속도 문제에 대한 당내의 의견을 통일하고자 했다. 당중앙위원회 제8기 제3차 전원회의 후 〈인민일보〉는 12월 12일 자에 마오쩌둥이 작성한 '반드시 많이, 빨리, 좋게, 절약하면서 하는 건설방침을 견지해야 한다'는 사설을 발표했다. 사설은 이렇게 지적했다. "지난해 가을 후의 한 시기 동안 어떤 부문, 어떤 단위, 일부 간부들 가운데 한 줄기 바람이 일면서 놀랍게도 많이, 빨리, 좋게, 절약하면서 하는 방침을 날려 보냈다." "그리하여 원래 많이 해야 하거나 많이 할 수 있고 빨리 해야 하거나 빨리 할 수 있는 일도 적게 하거나 천천히 하거나 심지어 하지 않았다. 이러한 방식은 사회주의 건설에 적극적인 촉진 역할을 일으키지 못하는 것은 물론이며 오히려 '퇴보'시키는 소극적인 결과를 일으켰다." 1958년 1월 1일, 〈인민일보〉는 '바람 타고 험한 파도 헤쳐 나가자'라는 제목으로 사설을 발표해 많이, 빨리, 좋게, 절약하면서 하는 방침을 다시 한 번 강조했으며 "열의를 다해 앞장서기에 힘쓰자."라는 구호를 제기했다. 이 구호는 마오쩌둥의 중시를 불러일으켰다.

1958년 1월 11일부터 22일까지 마오쩌둥의 사회로 난닝(南寧)에서 일부 중앙지도자와 중앙 부, 위원회, 지방 책임자들이 참가한 중앙사업회의가 열리고, 여기에서 1958년의 국민경제계획, 재정예산 및 사업방법 등이 논의되었다. 회의에서 마오쩌둥은 "많이, 빨리, 좋게, 절약"하는 것을 하나의 사업방법으로 제기하면서 "지난 8년 동안 우리는 이러한 사업방법을 위해 노력해왔다."고 말했다. 1월 28일에 소집된 최고국무회의 제14차 회의에서 마오쩌둥은 대명, 대방, 대변론을 통해 일부 문제를 명확히 알게 되었는데 그중 하나가 바로 더 많이, 더 빨리, 더 좋게, 더 절약하면서 하는 것을 회복할 것을 제기한 것이라고 말했다. 그는 〈인민일보〉 1월 1일 자 사설에서 제기한 "열의를 다해 앞장서기에 힘쓰자"라는 구호를 특별히 찬양했다. 2월 18일에 소집된 중앙정치국 확대회의에서 마오쩌둥은 '많이, 빨리, 좋게, 절약'하는 것은 당중앙위원회를 대표한 당의 하나의 노선이고 우리가 건설을 진행하는 하나의 노선이라고 명확하게 지적했다.

3월 8일부터 26일까지 당중앙위원회는 청두(成都)에서 중앙위원회의 해당 부문 책임자와 일부 성, 자치구, 직할시 당위원회 제1서기가 참가한 사업회의를 소집했다. 마오쩌둥은 경제건설, 기술혁명과 문화혁명, 정풍과 반우경, 국제정세, 사업방법 등 수십 가지 문제를 제기하고 회의 참가자들에게 토론하도록 했다. 회의는 '1958년 계획과 예산의 두 번째 장부에 관한 의견', '지방공업 발전문제에 관한 의견', '농업 기계화문제에 관한 의견', '중앙공업의 발전과 지방공업의 발전을 병행하는 방침에 따른 협력과 균형에 관한 몇 가지 규정'과 '싼샤(三峽)수리중추와 양쯔강 유역 전망계획에 관한 의견' 등 40여 개 문건을 채택했다.

마오쩌둥은 회의에서 한 연설과 토론 가운데 끼어든 연설에서 사회주의 건설의 총노선 문제를 여러 차례 언급했다. 그는 이렇게 말했다. 사회주의 건설에는 두 가지 노선이 있다. 하나는 '많이, 빨리, 좋게, 절약'하는 것이고 다른 하나는 '적게, 천천히, 나쁘게, 낭비'하는 것이다. 사회주의 건설에는 두 가지 방법이 있는데 하나는 "열의를 다해 기세 드높이 군중 노선을 견지하는 것"이고 다른 하나는 "외롭고 쓸쓸하고 처량하게"[1] 하는 것으로 이 역시 또 다른 노선이다. 그는 "많이, 빨리, 좋게, 절약하면서 열의를 다해 앞장서기에 힘쓰는 것"을 한데 묶어 '총노선'이라 부르면서 무릇 주관적 조건과 객관적 조건에 따라 할 수 있는 일은 마땅히 많이, 빨리, 좋게, 절약하면서 열의를 다해 앞장서기에 힘써야 한다고 지적했다. 마오쩌둥은 이 노선이 형성된 데는 두 가지 원인이 있는데 근본적인 것은 군중투쟁

---

1) 이는 리칭자오(李淸照)의 사 '성성만(聲聲慢)'에서 나온 구절이다. 〈리칭자오집교주〉, 인민문학출판사 한문판, 1979년, 64쪽.

에서 창조된 것이고 다음으로는 지도기관에서 이러한 창조를 반영했기 때문이라고 언급했다. 동시에 또 다음과 같이 지적했다. 총노선은 아직 창조 중이지만 기본은 이미 갖추어졌다. 지금 소수의 사람은 이 노선이 올바르다고 느끼고 있지만 아직도 많은 사람은 반신반의하거나 혹은 자각하지 못할 수 있다. 우리는 이론적으로나 일부 사업(예를 들면, 농공업에서 상당한 증산을 가져왔고 사업에서도 상당한 성과를 이룩했다)으로나 이 노선이 올바르다고 인정한다.

청두회의에서 당중앙위원회는 중국공산당 제8차 전국대표대회 제2차 회의에 부칠 보고의 초고를 회의 참가자들에게 발부했지만 깊이 있는 토론은 진행하지 않았다. 총노선에 대해 몇몇 회의 참가자가 의견을 제기했다. 마오쩌둥은 보고의 초고를 수정하고 그중에서 총노선을 기술한 문자를 "앞으로 우리의 과업은 당중앙위원회와 마오쩌둥 주석이 제기한, 모든 적극적인 요소를 동원하고 인민 내부의 모순을 올바르게 처리하며 열의를 다해 앞장서는 데 힘쓰고 많이, 빨리, 좋게 절약하면서 사회주의를 건설하는 총노선을 관철, 집행함으로써 기술혁명과 문화혁명을 위해 분투하는 것이다."고 고쳤다. 청두회의는 사회주의 건설 총노선을 확립하는 데 중요한 역할을 했다. 마오쩌둥은 비록 총노선이 더욱 완전하게 기술되었지만 아직은 완전히 형성되지 못했다고 인정했다. 그는 다음과 같이 말했다. 총노선은 형성되기 시작했지만 아직은 더 완벽히 하고 더 실증할 필요가 있으므로 이미 최종적으로 완수되었다고 말하지 말아야 한다. "열의를 다해 앞장서기에 힘쓰며 많이, 빨리, 좋게, 절약"하는 건설노선이 옳은가 그른가를 판단하려면 5년이 지나야 한다. 그러나 한 달 남짓이 지나 이 총노선은 중국공산당 제8차 전국대표대회 제2차 회의에서 정식으로 확정되었다.

5월 5일부터 23일까지 중국공산당 제8차 전국대표대회 제2차 회의가 베이징에서 소집되었다.[2] 회의는 류사오치가 한 '전국인민대표대회 제8기 제2차 회의에서 한 중국공산당 중앙위원회의 사업보고', 덩샤오핑이 한 '모스크바에서 거행된 각 나라 공산당 및 노동당 대표대회에 관한 보고', 탄전린이 한 '1956~1967년 전국농업발전요강(제2차 수정안)에 관한 설명'을 청취, 토론하고 상응한 결의를 채택하고 비준했다.

회의는 정식으로 "열의를 다해 앞장서기에 힘쓰며 많이, 빨리, 좋게, 절약하면서 사회주의를 건설하자."는 총노선을 채택했다. 류사오치는 중앙위원회를 대표하여 회의에서 한 사업보고에서 사회주의 건설의 총노선과 그 기본을 다음과 같이 논술했다. 모든 적극적인 요소를 동원하고 인민 내부의 모순을 올바르게 처리하며 사회주의 전 인민적 소유와 집단소유를 발전시키고 무산계급 독재와 무산계급국제주의단결을 공고히 한다. 경제전선, 정치전선과 사상전선에서의 사회주의 혁명을 계속 완수하는 동시에 기술혁명과 문화혁명을 점차 실현하며 중공업을 우선 발전시키는 조건 아래 공업과 농업을 병진시키며 집중적으로 영도하고 전면적으로 계획하며 분공합작하는 조건에서 중앙공업과 지방공업을 병진시키고 대기업과 중소기업을 병진시킨다. 이를 통해 중국을 하루빨리 현대화한 공업, 현대화한 농업과 현대화한 과학문화를 갖춘 위대한 사회주의 국가로 건설한다. 보고는 "세 가지를 병진"시키는 방침을 구체적으로 논술했는데 이는 당이 사회주의 건설의 길을 탐구하는 실천 가운데 이룩한 적극적인 성과였다. 마오쩌둥은 후에 이를 두고 "두 다리로 걷는" 방침이라고 불

---

2) 1958년 5월 3일에 당중앙위원회 제8기 제4차 전원회의를 열고 중국공산당 제8차 전국대표대회 제2차 회의의 소집을 위해 준비를 했다.

렀다. 보고는 총노선의 요구에 따라 기술혁명과 문화혁명에서의 당과 전체인민의 주요 과업을 확정했다.

기술혁명에서의 주요 과업은 다음과 같다. 농업과 수공업을 포함한 전국의 경제를 계획적이고 절차를 밟아 새롭고 현대화한 생산기술 기반으로 옮기며 기계를 사용할 수 있는 모든 사업을 기계화하고 전국의 도시와 농촌에 전기가 들어오게 한다. 그럼으로써 전국의 대중도시를 모두 공업화하고 동시에 조건을 갖춘 지방에는 점차 새로운 공업기지를 건립하여 전국의 현 소재지들과 많은 향진으로 하여금 모두 각 지역에서 공업활동을 실행하여 전국 각 성, 자치구 나아가 대다수 전구와 현의 공업생산액이 모두 농업 총생산액을 초과하게 한다. 전국적인 범위에서 현대 도구를 중심으로 하는 사통오달한 교통망과 통신망을 구축한다. 가능한 한 세계적인 최신 기술을 사용하고 전국의 도시, 농촌에서 도구개량과 기술혁신의 새로운 대중운동을 널리 벌여 기계조작, 반기계조작과 필요한 수공업을 알맞게 결합한다.

문화혁명에서의 주요한 과업은 다음과 같다. 문맹을 퇴치하고 소학교 교육을 보급하며 점차 일반 향들에 중등학교를 세우고 구 전체와 많은 현에 고등학교와 연구기관을 설립한다. 또한 소수민족문자의 창제와 개혁을 완수하고 한자 개혁을 적극적으로 전개한다. '4해'를 소멸하고 위생을 중시하며 체육을 제창하고 주요한 질병을 소멸하며 미신을 타파하고 낡은 풍습을 혁파하며 민족정신을 불러일으킨다. 대중적인 문화활동을 벌이고 사회주의적 문학예술을 발전시킨다. 새로운 지식인을 양성하고 낡은 지식인들을 개조하여 기술 간부대오(이는 수치상 가장 많다), 교수, 교원, 과학자, 신문기자, 문학가, 예술가와 마르크스 이론가 대열을 망라한 수천수만의 노동계급의 지식인 대열을 조성한다.

류사오치는 반드시 건설에 박차를 가해야 하는 이유를 설명하면서 "건설속도문제는 사회주의 혁명이 승리한 후 우리 앞에 놓인 가장 중요한 문제이다."고 지적했다. 그는 가능한 한 건설에 박차를 가해야만 제국주의의 위협과 낙후한 중국경제가 발전하여 하루빨리 국가정권을 튼튼히 하고 인민들의 생활수준을 높일 수 있다고 지적했다. 또한 보고에서 류사오치는 비록 사회주의 건설의 총노선은 앞으로 실천하면서 계속 검증되어야 하며 계속 발전시키고 완벽히 해야 하지만 그 기본 방향과 주요 원칙은 확정할 수 있다고 지적했다.

사회주의 건설의 총노선과 그 기본 내용은 중국의 실정에 부합하는 사회주의 건설의 길을 탐구하는 가운데 당중앙위원회와 마오쩌둥의 사상과 의견을 집중적으로 반영했다. 회의 기간에 마오쩌둥은 여러 차례 총노선에 대해 논술했다. 총노선의 형성문제에 관해 그는 다음과 같이 말했다. 많이, 빨리, 좋게, 절약하면서 하는 것은 어디에서 온 것인가? 바로 군중 가운데서 많이, 빨리, 좋게, 절약하면서 하는 것이 나타났고 공장, 농촌, 상점, 기관, 학교, 군대에도 많이, 빨리, 좋게, 절약하면서 하는 것이 나타났기 때문이다. 이는 많은 경험이 쌓여 형성된 것으로서 소련의 경험도 있고 다년간 형성된 중국의 경험도 있다. 그는 또 이렇게 말했다. 열의를 다해 앞장서는 데 힘쓰려면 반드시 선진을 본받아야 한다. 내가 볼 때 "열의를 다 하자."와 "앞장서기에 힘쓰자."는 이 두 마디 구호를 많이, 빨리, 좋게, 절약하면서 사회주의를 건설하는 것과 결부시킨 것은 아주 탁월한 일이다. 이는 아마도 새로운 제기방식일 것이다. 이는 인민들의 열의를 반영했고 인민들이 앞장서기에 힘쓰려는 의지를 반영했다. 이 열의에는 제한적인 문제가 있다. 지금 "다하다(鼓足)."라는 단어를 썼는데 "불러일으키다(鼓起)."보다 훌륭한 것 같다. 이미 불러일으켰는데 또 일으켜야 하는가? 다하는가 다하지 않는가가 문제가 된다. "열의를 다하자."는 이 말은 새로운 말이다. "앞장서기에 힘쓰자."는 말은 이전에도 있었지만 지금 새로운 뜻이 부여되었다. 또 마오쩌둥은 이번 대회는 인민의 정서를 반영하고 인민의 열의를 반영한 대회로서 인민들은 열의를 다해 앞장서기에 힘쓰며 많이, 빨리, 좋게, 절약하면서 사회주의를 건설할 것을 요구한다고 인정했다.

이 총노선을 두고 대표들은 토론에서 강력히 옹호한다면서 본 지역, 본 부문의 성과와 경험은 총노선이 정확함을 설명해주었다고 말했다. 중앙부서로부터 지방의 일부 책임자에 이르기까지 모두 자기부서와 지역에서의 생산지표를 높이 제기했다. 5월 23일, 회의는 '중앙위원회의 사업보고에 관한 결의'를 채택했다. '결의'는 "회의는 당 중앙위원회에서 마오쩌둥 주석의 착상에 근거하여 제기한, 열의를 다해 앞장서기에 힘쓰며 많이, 빨리, 좋게, 절약하면서 사회주의를 건설한다는 총노선에 모두 동의한다."고 지적했다.

중국공산당 제8차 전국대표대회 제2차 회의 후 전국적으로 사회주의 건설의 총노선을 학습, 선전, 관철하는 고조가 일어났다. 〈인민일보〉는 연이어 사설을 발표하여 "이번 대회의 중대한 역사적인 의의는 열의를 다해 앞장서기에 힘쓰며 많이 빨리 좋게 절약하면서 사회주의를 건설하는 총노선을 확정한 것에 있다."고 지적했다. 사설은 "당의 노선이 이미 확정된 후 전당의 과업, 전국 인민 가운데 모든 열성세력의 과업은 바로 이 노선을 관철 집행하여 총노선의 붉은 기를 전국의 방방곡곡에 꽂음으로써 총노선의 등대가 전국 인민의 모든 사업을 비추게 하는 것이다."³⁾라고 했다. 사설은 "최고 속도로 중국의 사회생산력을 발전시키는 것"은 "총노선의 기본적인 정신"이며 "속도는 총노선의 영혼"이고 "빨리 하는 것이 많이, 빨리, 좋게, 절약하면서 하는 것의 중심 고리"⁴⁾라고 강조했다.

역사적으로 볼 때 사회주의 건설의 총노선의 제기는 중국의 낙후한 경제문화의 발전을 절실히 요구하는 당과 광범위한 인민대중의 보편적인 염원을 반영한 것이다. 이 총노선은 사회주의 건설에 대한 마오쩌둥을 핵심으로 하는 당중앙위원회의 구상을 구현했다. 사회주의 건설에서 열의를 다해 앞장서기에 힘쓰는 이러한 정신을 유지하면서 많이, 빨리, 좋게, 절약하면서 하는 것, 특히 많이, 빨리하는 것과 좋게, 절약하면서 하는 것을 통일하여 그중의 각종 관계를 합리적으로 조절하면 사회주의 건설사업을 촉진하거나 추진할 수 있었다. 중국공산당 제8차 전국대표대회 제2차 회의 사업보고는 총노선에 대한 해석에서 모든 적극적인 요소를 동원하고 인민 내부의 모순을 정확히 처리할 것을 강조했으며 당의 주요 과업은 사회주의 건설을 진행하고 기술혁명과 문화혁명을 이룩하는 것이라고 제기했는데 이들은 모두 마땅히 긍정하는 바이다. 보고에서 제기한 두 다리로 걷는다는 일련의 방침도 그 자체로 정확한 측면이 있었다. 하지만 이 총노선은 모험적인 전진을 반대하는 것을 비판하는 과정에 형성되었고 조급함으로 말미암아 지나치게 급격히 추진하고 성급히 성취하려는 사상의 지도 아래 제정되었기 때문에 중요한 결함이 존재했다. 이는 주로 경제건설에서 일방적으로 발전 속도를 강조하고 사람의 주관적 의지와

---

3) '총노선의 붉은 기를 전국 방방곡곡에 꽂자', 1958년 5월 29일 자, 〈인민일보〉 사설.
4) '속도를 내는 데 힘쓰자', 1958년 6월 21일 자, 〈인민일보〉 사설.

주관적 노력의 역할을 지나치게 과대평가하면서 경제건설에서 반드시 지켜야 할 객관적 법칙, 능력에 맞게 행하고 실사구시적이어야 한다는 원칙을 소홀히 했기 때문이다.

2. '대약진' 운동

모스크바회의와 영국을 따라잡거나 능가한다는 구호의 제기

1957년 이후, 사회주의 여러 나라 및 세계의 일부 공산당과 노동당은 소련공산당 제20차 대표대회의 흐루쇼프의 비밀보고로 인한 사상혼란, 폴란드 사건과 헝가리 사건의 영향에서 점차 벗어나게 되었다. 당시 두 진영의 대항에서 사회주의 진영이 더욱 강력한 힘을 보여주었다. 이는 이 시기 자본주의 진영에서도 한 차례 내부 위기를 겪고 있었기 때문이었다. 1956년에 폭발한 제2차중동전쟁(수에즈운하전쟁)은 미국, 영국, 프랑스 등 나라 사이의 모순을 드러냈다. 1957년 10월, 소련에서 세계의 첫 인공지구위성을 성공적으로 발사했는데 이는 한동안 서방국가들에 놀라움과 위기감을 불러일으켰다. 동시에 국제공산주의운동 내부에서도 국제정세를 어떻게 예측하고 자본주의 각국의 공산당은 어떠한 길로 자국의 사회주의 전도를 쟁취할 것인가, 사회주의 국가 사이, 여러 형제 당 사이의 상호 관계를 어떻게 처리할 것인가, 국제공산주의운동과 사회주의 진영은 계속 소련을 중심으로 해야 하는가 등 적지 않은 이론적인 문제와 현실적인 문제에 직면하고 있었다. 바로 이러한 상황에서 소련은 각국 대표단이 모스크바에 와 10월 혁명 40주년 경축행사에 참가하는 기회를 빌려 각국 공산당 및 노동당 대표회의를 소집할 것을 제의했다. 중국공산당과 기타 국가의 공산당, 노동당은 소련의 제의를 받아들이고 적극적으로 호응했다.

1957년 11월 2일, 마오쩌둥은 중국대표단을 거느리고 '소련 10월혁명 승리 40주년 경축행사'에 참가했다. 이어 중국대표단은 11월 중순에 모스크바에서 열린 12개 사회주의 국가 공산당 및 노동당 대표회의와 68개 공산당, 노동당 대표회의[5], 즉 제1차 모스크바회의에 참가했으며 11월 21일에야 베이징으로 돌아왔다.

회의 기간에 사회주의 진영의 단결을 유지하고 일부 동유럽국가의 공산당, 노동당과 소련공산당과의 관계를 조정하기 위해 중공대표단은 여러 사회주의 국가들의 공산당, 노동당 사이에서 많은 사업을 했는데 이는 중국공산당의 위신과 지위를 크게 높였다. 그러나 회의 선언서를 작성하는 과정에서 중소 쌍방은 국제공산주의운동에서의 일련의 중대한 이론과 실천 문제에서 다른 입장이 존재하고 있음을 명확하게 느꼈다. 스탈린에 대한 서로 다른 평가와 같이 이미 공개된 문제를 제외하고 가장 주요한 차이는 중국공산당이 일부 자본주의 국가도 사회주의로 '평화적 과도'를 할 수 있다고 지나치게 강조하는 소련공산당의 제기법에 찬성하지 않고 또 '평화적 공존'이 사회주의 국가의 대외정책의 총노선이라는 소련공산당의 주장에 찬성하지 않은 데서 드러났다. 중국공산당대표단은 소련공산당에 제기한 '평화적 과도' 문제에 대한 의견의 제강(提綱)에서 중국공산당이 인정하건대 반드시 두 가지 준비를 해야 한다고 명확히 표시했다. 선언 초안은 중국대표단의 의견을 받아들여 중대한 수정을 하게 되었다. 이 밖에 중국공산당대표단은 선언 초안의 일부 내용에 대해서도 중요한 수정 의견을 제기했다. 회의 기간에 비록 일부 논쟁도 있었지만 중소 쌍방

5) 당시 64개 당이 회의에 출석했다고 발표했지만 4개 당은 특수한 환경에 처해 있었기에 공개하지 않았다.

은 여전히 우호적으로 해결하려고 힘썼으며 쌍방의 다른 견해도 회의에 참가한 각 나라 대표단에 소개하고 또 그들을 초청하여 토론에 참가시켰다. 국제공산주의운동에서의 소련공산당의 선두 지위를 수호하기 위해 중국공산당은 일부 문제에서 필요한 타협을 했고 소련공산당 역시 적지 않은 문제에서 중국공산당의 지지가 필요했기 때문에 양보하며 중국공산당이 제기한 일부 의견을 받아들였다. 회의에서 최종 채택된 선언은 국제공산주의운동의 경험을 총화하고 각국 공산당의 공동 투쟁과업을 제기했다. 또한 10월 혁명의 기본 경험이 지니는 보편적인 의의를 긍정하고 사회주의 혁명과 사회주의 건설의 공동법칙을 개괄했으며 형제 당, 형제국가 관계의 준칙을 규정했다.

국제공산주의운동 역사에서 이루어진 성대한 모임인 모스크바회의는 성공적이었지만 사회주의와 국제정세에 대해서는 적지 않은 인식 부족을 드러냈다. 사회주의에 대한 인식 측면에서 당시 세계 각국의 공산주의자들은 사회주의 역사 단계의 장기성, 복잡성에 대한 예측이 대체로 부족했으며 사회주의 진영과 자본주의 진영이 장기간 병존하고 경쟁하는 조건에서 사회주의 각 나라는 반드시 외부와 내부 원인으로 조성된 폐쇄와 반폐쇄 상태를 타파해야만 발전할 수 있다는 것을 인식하지 못했다. 회의는 비록 사회주의 각 나라는 마땅히 본국의 실정과 특징에 알맞은 사회주의 발전의 길을 탐구해야 한다는 문제를 제기했지만, 오로지 각 나라의 자주적인 탐구와 실천을 거쳐야만 사회주의 제도가 각 나라에서 활력을 유지할 수 있고 과학적 사회주의 이론이 풍부해지고 발전을 이룩할 수 있다는 것에 대해서는 깊이 인식하지 못했다. 사회주의 진영 여러 나라의 본래 체제가 대체적으로 고정되면서 각 나라의 건설 과정에 직면했던 여러 가지 모순과 문제는 이번 회의를 계기로 해결되지 못했다. 회의 기간에 중소 두 당은 일부 의견 대립을 두고 협의도 했지만 공통된 의견을 거두지는 못했다. 중소관계는 더욱더 미묘하고 복잡하게 변해갔다. 얼마 안 되어 이러한 의견 대립이 다시 드러났으며 두 당, 두 나라 관계는 점차 파열의 길에 들어서게 되었다.

국제정세에 대한 인식에서 모스크바회의는 "사회주의는 향상, 발전하고 있지만 자본주의는 쇠퇴하고 있다."[6]고 낙관적으로 예측했다. 마오쩌둥도 회의에서 다음과 같이 지적했다. "국제정세는 새로운 전환기에 이르렀다." "당면한 형세의 특징이라면 동풍이 서풍을 압도하는 것이다." 인심은 사회주의에 쏠리고 있고 인구수와 가장 중요한 과학기술에서 이미 "압도적인 우세를 차지했다."[7] 회의는 경제 등에서 자본주의 진영을 따라잡고 그들을 능가하는 것이 사회주의 국가의 생존과 발전이 갖는 의의라고 강조하면서 세계의 발전은 대립되는 두 사회제도 간 경쟁의 진척과 결과에 달려 있으며 오직 사회주의 진영의 경제력이 자본주의 진영을 따라잡고 능가해야만 전쟁을 방지할 수 있고 세계의 지속적인 평화를 유지할 수 있다고 인정했다.

한 시기 동안 국가의 여러 측면의 자원과 역량을 집중하여 공업, 국방 및 과학기술 등에 중점을 두면서 세계 선진국을 따라잡고 능가하는 발전전략을 시행하는 것은 흔히 공업이 발달하지 못했거나 개발도상국들에서 현대화를 실현하는 과정에서의 모종 필연성을 띤 선택이다. 따라잡고 능가하는 이러한 형태의 발전전략은 제2차 세계대전 전에 제국주의국가들의 봉쇄와 포위 속에 있었던 소련에서 시행

---

6) '1957년 11월 14일부터 16일까지 모스크바에서 열린 사회주의 국가 공산당 및 노동당 대표회의 선언', 1957년 11월 22일 자, 〈인민일보〉 1면.

7) 마오쩌둥, '모스크바 공산당 및 노동당 대표회의에서 한 연설'(1957년 11월 18일), 〈마오쩌둥문집〉 제7권, 인민출판사 한문판, 1999년, 321,325쪽.

했었고 또 처음으로 효과를 거두었으며 조국보위전쟁의 승리를 얻는 데 물질적인 토대를 마련해주었다. 전쟁 이후 경제복구와 조정을 거치면서 소련지도자는 더욱 단기간에 미국을 따라잡고 능가하는 경제발전 전략을 다시 한 번 제기했다. 모스크바 회의 기간에 세계정세에 대해 두 진영의 평화적인 경쟁이라는 판단을 한 데다 따라잡고 능가하는 이러한 형태의 경제발전 전략을 수긍했기 때문에 일부 사회주의국가들의 지도자들도 제각기 따라잡고 능가하는 목표를 제기했다. 소련공산당 지도자 흐루쇼프는, 소련은 15년 동안에 농공업의 가장 중요한 제품의 생산량, 몇 가지 분야의 공업생산량에서 미국을 따라잡고 능가할 것이라고 했다. 회의에서 마오쩌둥 역시 중국은 15년 이후 가능한 한 영국을 따라잡거나 능가할 것이라고 했다. 그는 다음과 같이 말했다. 중국은 정치적으로나 인구로 말하면 대국이지만 경제적으로 볼 때 지금은 아직 소국으로서 중국을 진정한 대국으로 변화시켜야 한다. 15년 후 소련이 미국을 능가하고 중국이 영국을 능가할 때면 우리는 천하에 두려울 것이 없을 것이고 누구도 감히 우리와 싸우려 들지 못할 것이며 따라서 세계도 지속적인 평화를 이룩하게 될 것이다.

15년 안에 영국을 따라잡거나 능가하는 구상은 중국의 낙후한 모습을 하루빨리 바꾸려는 당중앙위원회와 마오쩌둥의 야망과 포부를 반영했다. 이는 사전에 베이징에 있는 중앙지도자들의 동의를 얻었다. 귀국한 후 마오쩌둥은 해당 부서를 찾아 영국의 공업과 경제 발전 상황을 한층 더 파악하고 영국을 따라잡고 넘어설 문제를 연구했다. 12월 초에 열린 중국공회 제8차 전국대표대회에서 류사오치는 중공중앙 대표로 축사하면서 15년 후 "소련의 농공업은 가장 중요한 제품의 생산량에서 미국을 따라잡거나 넘어설 것이므로 우리도 마땅히 동일한 기간에 강철과 기타 중요한 공업제품의 생산량에서 영국을 따라잡거나 넘어서도록 해야 한다.”고 공개적으로 선포했다. 리푸춘은 대회에서 한 보고에서 15년 이내에 영국을 따라잡고 넘어설 수 있는 현실적인 가능성을 논증함과 아울러 따라잡고 넘어서는 수요에 근거하여 제2차 5개년 계획은 경제건설에서 반드시 중공업을 중심으로 하여 중공업제품의 총생산량을 두 배로 늘림으로써 사회주의 공업화에 튼튼한 토대를 닦아놓아야 한다고 제기했다. 12월 8일, 마오쩌둥은 각 민주당파 책임자와 무소속 인사들을 불러 좌담을 갖고 그들에게 15년 동안 영국을 따라잡거나 넘어선다는 구상을 통보했다. 15년 동안에 영국을 따라잡거나 넘어선다는 구상은 반포된 후 중국의 낙후한 모습을 하루빨리 바꾸기 위해 사회주의를 건설하는 고조에 적극적으로 투신하도록 전국 인민들을 동원하는 우렁찬 행동구호가 되었다.

경제적으로 선진국들을 따라잡거나 넘어서는 것을 목표로 삼고 될 수록 짧은 시일 안에 뒤떨어진 측면을 개선하려는 이 같은 분발정신은 수긍할 만한 것이다. 제조업의 발전을 지표로 하는 초급공업화 단계에 강철 생산량을 향상시키는 것 역시 필수적이다. 단순히 강철 생산량과 몇 가지 공업제품에서 15년이라는 기간에 정상적이고 비교적 빠른 발전 속도로 영국을 따라잡거나 넘어서는 것은 그 후의 발전으로부터 보아도 가능성이 전혀 없는 것은 아니었다. 그러나 국가 경제력의 증강은 전체적인 균형 발전을 필요로 하며 다만 몇 가지 공업품의 생산량(단지 총량만이며 인구당 생산량은 아니었다)에서 선진국을 따라잡거나 넘어서는 것으로는 근본적인 문제를 설명하지 못한다. 이 구호는 ‘강철을 기본 고리’로 하여 경제발전을 추진하려는 구상이 나타나기 시작했음을 반영했다. 그 후의 실천이 증명하다시피 강철 등 제품의 생산량을 따라잡고 넘어서는 수요에 따라 전반 공업생산과 경제건설을 배치하고 강철을 대대적으로 제련하는 대중적 방법을 취하는 것은 경제건설의 객관법칙과 비례에 따라 균형적으로 조화롭게 발전하는 원칙을 위반하여 필연적으로 국민경제의 심각한 불균형과 손실을 초래하게 된다.

'대약진'의 발동

"대약진"운동은 모험적인 전진 반대를 비판하고 사회주의 건설의 총노선을 준비, 제정하는 과정에서 발동되었다.

당중앙위원회 제8기 제3차 전원회의가 끝나고 얼마 안 되어 1957년 10월 25일에 중공중앙은 정식으로 전원회의에서 채택한 '1956~1967년 전국농업발전요강(수정초안)'을 정식으로 반포하고 통지를 발부했다. 여기에서 전 인민적인 토론을 벌여 농업생산건설에 관한 대변론을 전개하고 한 차례 생산 고조를 일으킬 것을 요구했다. 이와 관련하여 10월 27일, 〈인민일보〉는 '사회주의 농촌을 건설하는 위대한 강령'이라는 사설을 발표했다. 사설은 "농업과 농촌 각 방면의 사업은 12년 안에 필요성과 가능성에 따라 모두 한 차례 거대한 약진을 실현해야 한다."고 주장했는데 이로부터 중공중앙 기관지에서 '약진'이란 구호가 제기되었다. 11월 13일, 〈인민일보〉는 '전민을 발동하여 40개조 요강을 토론하고 농업생산의 새로운 고조를 일으키자'라는 사설을 발표했다. 사설은 "어떤 사람들은 우경보수의 병에 걸려 달팽이처럼 아주 느릿느릿 가고 있다. 농업합작화 이후 우리에게 생산전선에서 대약진을 이룩할 조건이 갖추어졌고 또 대약진이 필요하게 되었음을 그들은 알지 못하고 있다."고 비평했다. 사설은 1956년의 성과가 이 같은 약진적인 발전의 정확성을 충분히 반영하고 있는데 우경보수사상에 젖어 있는 사람들은 올바른 약진을 '모험적인 전진'으로 간주하고 있다고 인정했다. 12월 12일, 〈인민일보〉는 '반드시 많이, 빨리, 좋게, 절약하면서 하는 건설방침을 견지해야 한다'는 사설을 발표하면서 "1958년의 각항 계획지표를 가능한 한 앞당겨 제정하자."고 호소했다.

각 지역, 각 부서에서는 당중앙위원회 제8기 제3차 전원회의 정신을 관철하고 전국농업발전요강(수정 초안)과 15년 안에 영국을 따라잡거나 넘어서는 요구에 따라 각각 회의를 열고 '우경보수사상'을 비판했다. 중앙에서 지방에 이르기까지 원래 작성했던 발전계획을 수정하여 각자의 '약진' 계획을 작성하고 새로운 높은 지표를 내걸었다. 허난성(河南省) 등에서는 "3년간 악전고투하여 낙후한 측면을 개변시키자."와 "5년 내지 7년 안에 농업발전요강을 실현하자."는 구호를 외쳤다. 뒤떨어진 측면을 하루빨리 개변하려는 열정이 고무되면서 많은 간부와 군중의 열의는 대단했다. 광범위한 지방에서는 눈바람도 아랑곳하지 않고 등불을 내걸며 야간작업을 벌였다. "맑은 날은 확실히 일하고 흐린 날은 더 힘내서 일한다. 작은 바람, 작은 눈이면 좋은 날씨요, 가스등 아래는 대낮이어라. 하루를 이틀만큼 일하자."는 호언장담은 그 같은 악전고투 정신을 반영했다. 광범위한 군중의 노력으로 농토수리 기본건설은 아주 큰 성과를 이룩했지만 또 결과를 과장하거나 무턱대고 하는 경향도 나타났다. 1957년 겨울부터 1958년 봄까지 일어난 농업생산고조는 '대약진' 운동의 서막을 열었다.

1958년 상반기의 몇 차례 회의에서 마오쩌둥은 모험적 전진을 반대하는 현상을 격렬하게 비판하면서 '대약진' 운동을 발동하는 데 일련의 과업, 지표, 구호와 방법을 제기했다.

1월 3일부터 4일까지 마오쩌둥은 항저우에서 화둥 6개 성, 직할시 당위원회 제1서기회의[8]를 소집했다. 회의에서 그는 경제건설을 지도하는 방법, 정치와 실무의 관계, 계속혁명, 기술혁명 등 17가지 문제를 담론하면서 모험적 전진을 반대하는 현상을 재차 비판했다. 그는 또 각지에서 일어나고 있는 농토기본건설의 고조 분위기를 칭찬했다.

그 후 마오쩌둥은 난닝회의에서 한 연설과 회의 중에 한 연설에서 분산주의를 비판함과 동시에 모험적 전진을 반대하는 현상을 다시 한 번 심하게 비판했다. 그는 다음과 같이 말했다. 모험적 전진을 반대한 현상은 군중의 의욕을 줄이고 열의에 찬물을 끼얹어 군중의 사기를 저하시킴으로써 우리의 사업에 막대한 손실을 가져다주었다. 6억 인민의 사기가 저하되면 큰일이다. 모험적 전진을 반대하는 현상은 한 손가락(결함)과 아홉 손가락(성과)의 관계를 잘 처리하지 못한 것이다. 이 비례관계를 명확히 하지 않는 것은 자산계급적인 방법이고 방침상의 오류다. 그는 또 다음과 같이 말했다. 모험적 전진을 반대하는 현상은 우파들로 하여금 우리의 빈틈을 노리게 했다. 우파의 진격은 일부 동지들을 우파와 비슷한 변두리로 던져버렸는데 50미터밖에 남지 않았다. 앞으로 모험적 전진을 반대한다는 말을 더 이상 언급하지 말아야 한다. 이는 정치적인 문제에 속한다. 저우언라이, 류사오치 등은 회의의 발언에서 모험적인 전진을 반대한 책임을 졌다.

마오쩌둥은 새로운 정세에서 각급 당위원회는 마땅히 정세발전 수요에 알맞은 사업방법을 갖추어야 한다고 했다. 그리하여 그는 사업

---

8) 이에 앞서 1957년 12월 16일부터 18일까지 항저우에서 또 한 차례의 회의가 있었다. 후에 마오쩌둥은 이번 회의는 결과 없이 아무런 내용도 토의해내지 못하고 끝났다고 말했다.

방법문제를 고도로 중시했다. 항저우회의와 난닝회의에서 토론한 결과에 따라 그는 자기가 책임지고 작성한 '사업방법 60개조(초안)'를 당내에 발부하고 의견을 청취했다. 이는 당이 중국 자체의 사회주의 건설의 길을 탐구하는 또 한 편의 중요한 문헌이었으며 그 핵심은 당이 경제건설을 지도하는 방법을 해결하려는 것이었다.

'사업방법 60개조(초안)'에서 마오쩌둥은 '계속 혁명'과 당의 사업 중점을 기술혁명으로 올려놓을 사상을 제기했다. 그는 1956년에 생산수단의 소유 측면에서 사회주의 혁명의 기본적 승리를 이룩하고 1957년의 정풍운동과 반우파 투쟁으로 하여 정치전선에서와 사상전선에서 또한 사회주의 혁명의 기본적인 승리를 이룩했으므로 지금은 한 차례 기술혁명을 해야 하며 당의 사업 중점을 기술혁명에 두어야 한다고 했다. 이 문건에서는 현 급 이상 각급 당위원회에서 주도해야 할 경제사업과 경제계획의 내용을 사회주의 건설, 사회주의 공업, 사회주의 농업 세 개 분야에서 각각 14개 조항으로 개괄했다. 사회주의 건설의 14개 조항은 (1) 공업 (2) 수공업 (3) 농업 (4) 농촌부업 (5) 임업 (6) 어업 (7) 축산업 (8) 교통운수업 (9) 상업 (10) 재정과 금융 (11) 노동 및 노임과 인구 (12) 과학 (13) 문화교육 (14) 위생이었고 사회주의 공업의 14개 조항은 (1) 생산량지표 (2) 제품품질 (3) 신제품 시험생산 (4) 신기술 (5) 선진적 기준량 (6) 원자재 절약 및 대용품 모색과 사용 (7) 노동조직과 노동보호 및 노임복리 (8) 원가 (9) 생산준비와 유동자금 (10) 기업의 분공과 협력 (11) 공급과 생산 및 판매의 균형 (12) 지질탐사 (13) 자원의 종합적인 이용 (14) 설계와 시공 등이었다. 사회주의 농업의 14개 조항은 (1) 생산량지표 (2) 수리 (3) 비료 (4) 토양 (5) 종자 (6) 제도개혁(이모작 면적을 늘리고 만숙품종을 조숙품종으로, 밭을 논으로 개조하는 등 경작제도 개혁) (7) 병충해 (8) 기계화(신형 농기구, 두 바퀴쌍날보습, 양수기, 중국의 다양한 지역에 적합한 트랙터 및 모터로 가동하는 운수도구 등) (9) 정경세작(精耕細作) (10) 축산 (11) 부업 (12) 녹화 (13) 4해 제거 (14) 질병 치료와 위생 중시 등이었다.[9] 또한 문건은 일부 지도방법 이를테면 "큰 권력은 집중하고 작은 권력은 분산시키며 당위원회에서 결정하고 각 부서에서 처리하며 결단력 있게 일처리하며 원칙에서 벗어나지 않고 사업검사는 당위원회에서 책임지는" 지도원칙을 시행하며 실무에 익숙하고 과학과 기술을 알아야 하며 관료 기풍을 없애고 기층에 깊이 들어가 조사연구를 하며 군중과 하나가 되어 참으로 평등한 태도로 사람들을 대하며 절대 틀을 짓지 말아야 하며 사상과 실무에 정통하고, 정치와 실무의 관계를 올바르게 처리하는 것 등을 제기했다. 이러한 방법 가운데 어떤 것은 다년간 축적한 유익한 경험이었고 중요한 가치가 있는 사상이었지만 잇달아 '대약진' 지도사상의 그릇된 영향을 받으면서 당은 아주 크게 이러한 사업방침을 위반했다. 당시의 주도사상은 모험적 전진을 반대하는 현상을 비판하고 '대약진'을 발동하는 것이며 5년 내지 8년이라는 기간 내에 원래 12년에 완수하기로 했던 전국농업발전요강의 과업을 보편적으로 완수하도록 추구하는 것이며 3년간 악전고투하여 대부분 지역의 상황을 기본적으로 바꾸는 것이며 생산계획의 세 개 장부[10]를 시행하는 것이었다. 이러한 세 개 장부 제도는 각 지역, 각 부서에서 계획을 작성할 때 층층이 생산량을 높이고 높은 지표를 추구하게 된 중요한 요

---

9) 마오쩌둥, '사업방법 60개조(초안)'(1958년 1월), 〈마오쩌둥문집〉 제7권, 인민출판사 한문판, 1999년, 345~346,349~350,351쪽.

10) 중앙과 지방의 생산계획에는 각각 반드시 실현해야 하는 장부와 기대치를 적은 장부 두 가지가 있다. 중앙의 두 번째 장부는 바로 지방의 첫 번째 장부였고 이 장부로 평가를 했다.

소가 되었다. 당중앙위원회에서 앞장서 두 개 장부를 작성하자 각급에서도 모두 두 개 장부를 작성했다. 공업이나 농업, 아니면 기타 업종을 막론하고 '대약진'의 각종 지표는 대부분이 두 개 장부를 작성하는 방법에 의해 거듭 높아졌다. 이로 말미암아 실사구시적이고 종합적으로 균형을 이루며 온당하게 전진하는 궤도를 갖게 되었다. 요컨대 '사업방법 60개조(초안)'는 그 후의 실천이 증명하다시피 적극적이고 효과적인 올바른 내용이 적지 않게 있었지만 또한 어느 정도 '좌'적인 그릇된 관점도 있었다. 그러나 뒤따라 일어난 '대약진'과 인민공사화운동의 지도사상이 실사구시적인 원칙을 벗어났다. 사상은 올바른 것을 온전하게 견지해나가지 못하고 '좌'적인 요소가 한층 더 발전하는 결과를 초래함으로써 이 문건 작성의 본래 의도에서 벗어나게 되었다.

난닝회의의 결정은 당이 가능한 한 빨리 뒤떨어진 면모를 개선하는 대규모 사회주의 건설 가운데 새로운 국면을 개척하려고 온갖 노력을 다했음을 표명한다. 회의에서 마오쩌둥과 경제사업을 책임진 몇몇 중앙지도자 간의 의견 차이는 주로 경제건설의 속도 문제에서 드러났다. 회의에서 모험적 전진을 반대하는 현상을 재차 신랄하게 비판한 데다 현실성을 떠난 높은 지표를 확정했기 때문에 회의는 '대약진'을 발동하는 과정에서의 한 차례 중요한 회의이기도 했다. 이번 회의를 거치면서 중앙지도층은 마오쩌둥의 주장을 모두 받아들였다.

1월 28일, 마오쩌둥은 최고국무회의 제14차 회의를 소집하고 1958년의 예산과 경제계획을 토론함으로써 전국인민대표대회 제1기 제5차 회의 소집을 위한 준비를 했다. 마오쩌둥은 연설에서 "지난 7, 8년 동안 모두가 우리 민족의 희망을 보았다. 특히 지난 1년은 광범위한 군중에게 밝은 앞날을 느끼게 했다."고 하면서 다음과 같이 강조했다. 지금 우리는 한 차례 새로운 전쟁을 벌이고 있는데 이는 지구와의 전쟁이다. 사업 중점을 기술혁명으로 바꿔 지구에 대한 혁명을 해야 한다. 15년 동안에 영국을 따라잡는 "이 일을 주요 사업이 되게 해야 한다." 2월 초에 소집된 전국인민대표대회 제1기 제5차 회의는 국무원에서 제기한 1958년 국민경제계획을 비준했다. 그중 공업 총생산액을 1957년보다 14.6% 성장시키고 농업 총생산액은 6.1%, 기본건설 투자는 17.8%, 강철 생산량은 19.2%, 양곡 생산량은 5.9% 성장시켜야 한다고 요구했다. 이 계획지표는 약진의 정신을 반영했지만 또한 실제 가능성도 고려한 것이었다. 이 계획을 정식으로 하달할 때 국무원에서는, 이는 단지 국가의 첫 번째 장부이며 각 지역, 각 부서에서는 이를 토대로 다시 두 번째 장부를 작성하도록 했다. 그후 각 지역, 각 부서에서는 끊임없이 계획지표를 높였다. '대약진'에 발맞추기 위해 국가계획위원회에서는 각 지역, 각 부서의 요구를 종합하여 1958년에 세 번째로 제2차 5개년 계획 초안을 새롭게 작성했지만 조정 폭은 여전히 각 지역, 각 부서에서 올리는 높은 지표의 속도를 따라가지 못했다.

2월 18일, 중앙정치국은 확대회의를 열고 난닝회의 정신을 통보하고 '사업방법 60개조(초안)'를 토론했다. 회의 첫날 마오쩌둥은 연설을 발표하여 한창 일어나고 있는 생산 고조를 칭찬하는 한편, 1956년에 다소의 모험이 있었음을 인정함과 동시에 다시 한 번 모험적 전진을 반대하는 현상을 비판했다. 그는 다음과 같이 말했다. 이처럼 군중의 대대적인 고조 앞에서 중공중앙과 공산당은 분명한 태도를 보여야 한다. 앞으로는 모험적 전진을 반대한다는 구호를 꺼내지 말고 우경 보수주의를 반대하는 구호를 제기해야 한다. 군중은 대단한 혁명 열정을 갖고 있다. 그러므로 우리 중앙위원회와 정치국은 그러한 상황에 적응해야 한다. 사업방법을 바꿔야 하며 바꾸지 않는다면 계속 전진할 수 없다. 이 회의에서 참가자들은 '사업방법 60개조(초안)'를 토론했다. 린보취는 발언에서 재정무역사업에서 모험적 전진을 반대한 문제에 대해 책임을 졌다. 회의가 끝나기 전에 마오쩌둥은 재차 연설을 발표하여 1956년의 모험적 전진을 반대한 현상의 성격을 규정하면서 다음과 같이 말했다. 1956년에 모험적 전진을 반대한 현상을 무엇이라 할 수 있는가? 이는 정확한 노선에서 개별적인 문제에 대한 여러 사람 모두의 의견이 불일치한 현상이다. 모험적 전진을 반대한 것에 대한 마오쩌둥의 비판이 다소 완화되고 모험적 전진을 반대한 성격이 규정됨에 따라 모험적 전진을 반대하던 중앙지도자들은 다소나마 부담에서 벗어나게 되었다. 하지만 이 회의는 지도사상적으로 여전히 계속 '대약진'을 발동하는 회의였다.

'우경보수' 사상을 한층 더 비판하고 '대약진' 발동에 대한 장애요소를 제거하기 위해 3월 3일에 중공중앙은 '낭비를 반대하고 보수를 반대하는 운동을 전개하는 것에 관한 지시'를 내려 대명, 대방, 대자보, 대변론과 현장회의를 소집하고 전람회를 여는 등의 방법으로 낭비와 보수적인 현상을 적발, 비판하고 군중의 각 분야에서의 약진을 지지할 것을 요구했다. 이러한 운동의 전개는 높은 지표, 과시풍조 등 오류가 더 심해지도록 조장했다.

3월, 마오쩌둥은 청두회의에서 미신을 타파하고 사상을 해방하며 독립적으로 사고하고 교조주의를 반대하며 중국 자체의 건설노선을 모색해야 한다고 강조했다. 그는 1956년 이래의 독립적인 모색 과정을 다음과 같이 회고했다. 1956년에 '10대 관계에 대하여'에서 자체의 건설 노선을 제기하기 시작했고 1957년에 발표한 '인민 내부의 모순을 정확히 처리하는 문제에 관하여'에서는 농공업의 병진, 중국공업화의 길, 농업합작화 등 문제를 제기했으며 1958년에 항저우, 난 닝, 청두에서 열린 세 차례 회의는 8년 동안의 경험을 총화했다. 그는 지난 8년 동안의 경제사업(주요하게 중공업과 계획사업)에서의 교조주의를 비판하면서 그것은 외국 경험의 압력에 의해 독립적으로 사고하지 못한 것이라고 인정했다. 이러한 구호와 사상은 실사구시적인 사상 노선의 지도 아래에서는 적극적인 의의가 있지만 서둘러 목적을 달성하려는 '좌'적인 사상의 지도 아래 '미신타파, 사상해방'을 일방적으로 강조한 것은 실제로 당시 이미 팽창하기 시작한, 객관적 현실을 고려하지 않고 객관적 법칙을 존중하지 않는 맹목적이고 무모한 행동을 고무, 격려한 결과를 초래했다.

이 무렵 당내 많은 사람의 사상에는 이미 이성적 냉철함이 부족했기 때문에 회의는 모험적 전진을 반대하는 현상을 계속 비판하면서 건설속도 문제를 중점적으로 강조했다. 마오쩌둥은, "하나는 마르크스적인 '모험적 전진'이고 다른 하나는 비마르크스적인 반모험적 전진인데 어느 것을 선택해야 하는가? 내가 보기에는 마땅히 '모험적 전진'을 선택해야 한다"고 했다.

청두회의는 또 두 가지 개인숭배, 즉 올바른 개인숭배와 올바르지 못한 개인숭배에 관한 견해를 제기했다. 이 문제의 제기는 개인숭배에 대한 8차 당대회의 정확한 비판을 개선했다. 실제로 개인숭배는 비과학적인 하나의 사상정치 현상으로 올바르다거나 올바르지 못하다는 것으로 구분할 수 없는 것이다. 개인숭배에 대해 두 가지 견해를 제기한 결과 당내에서는 더 이상 개인숭배에 대해 반대하기 힘들어졌으며 그럼으로써 개인숭배의 기풍이 조장되었다.

청두회의 기간에 마오쩌둥은 각 성, 직할시 책임자들의 발언을 청취하면서 15년 안에 영국을 따라잡거나 넘어선 기초 위에서 20년 안에 미국을 따라잡아야 한다고 제기했다. 이는 비록 정식구호로 제기된 것은 아니었지만 노력의 방향은 명확했다. 이러한 정신에 따라 회의는 각 지역, 각 부서에서 난닝회의 후 제기한 높은 지표에 따라 작성한 1958년의 계획과 예산의 두 번째 장부를 비준했으며 전국인민대표대회 제1기 제5차 회의에서 채택한 첫 번째 장부의 각 항 주요지표를 대폭 높였다. 그중 공업 총생산액은 1957년보다 33% 증가하고 농업 총생산액은 16.2% 증가했으며 재정수입은 20.7% 증가하고 기본건설투자는 41.5% 증가했다. 강철은 700만 톤으로 33.5% 증가하고 선철은 800만 톤으로 35.5% 증가했으며 양곡은 4,316억 근으로 16.6% 증가하고 목화는 40억 93만 근으로 24.8% 증가했다. 이러한 지표는 정상적인 발전으로 도달할 수 있는 증가 폭을 훨씬 초과했으며 시행 결과 국민경제의 불균형과 전면적인 긴장을 초래할 수밖에 없었다.

각지의 책임자들도 회의에서 현실성을 벗어난 약진 계획을 각각 제기했다. 예를 들면 허난성에서는 1년 이내에 '4, 5, 8'[11], 수리화, 4해 제거, 문맹퇴치를 실현하겠다고 제기했다. 이에 대해 마오쩌둥도 큰 확신은 없었지만 그래도 시험 삼아 해보도록 했다. 그 무렵 '대약진' 운동으로 의식이 과열되는 그릇된 현상이 나타날 가능성이 있음을 예감하기 시작한 마오쩌둥은 다음과 같이 경고했다. 무릇 주관적 조건과 객관적 조건에 따라 할 수 있는 것은 마땅히 많이, 빨리, 좋게, 절약하면서 열의를 다해 앞장서기에 힘써야 하지만 할 수 없는 것은 억지로 하지 말아야 한다. 지금 한 차례 바람이 일고 있다. 10급 태풍

---

11) '1956년부터 1967년까지 전국농업발전요강'에 규정된, 1956년을 시작으로 12년 이내에 도달해야 할 양곡 무당 연평균 생산량지표를 가리킨다. 황허, 친링, 바이룽강, 황허(칭하이성 경내) 이북 지역은 무당 400근에 도달해야 하고 황허 이남, 화이어 이북 지역은 500근에 도달해야 하며 화이어, 친링, 바이룽강 이남 지역은 800근에 도달해야 하는데 이를 "4, 5, 8"이라 약칭했다.

이다. 이를 공개적으로 막지 말고 내부에서 분명히 밝혀야 하며 휘몰아치는 분위기를 가라앉혀야 한다. 거짓보고, 과시풍조를 없애야 하며 명분에 얽매지 말고 실속 있게 처리해야 한다. 어떤 지표는 대책 없이 높은데 이것은 좋지 않다. 마오쩌둥은 또 예상치 못한 일의 발생에 준비할 수 있도록 전당에 주의를 환기시켰다. 예를 들면 1956년에 발생한 몇 가지 사건은 예상하지 못한 사건이었는데 바로 스탈린을 비판한 사건과 폴란드 사건, 헝가리 사건, 국내의 모험적 전진에 대한 반대, 그리고 자연재해였다. 그는 다음과 같이 말했다. 3년간 악전고투하여 수리화를 실현한다는 데 대해 나는 의심하고 있다. 내가 보건대 10년 안에 두 차례 수재, 두 차례 한재가 올 것 같으므로 성마다 철저히 준비해야 한다. 만약 3년에 한 차례 큰 재해가 일어나고 두 차례 작은 재해가 일어난다면 기본적으로 개선되었다고 하겠는가 아니면 기본적으로 개선이 없다고 하겠는가? '40개조'에 특대재해를 제외하라는 내용을 첨가해야 한다. 마오쩌둥은 지나치게 높은 지표를 축소하여 확실하고 신빙성 있게 하며 지나치게 높은 지표는 신문에 싣지 말고 군중에게 여지를 남겨두는 한편 하급과 자기에게도 여지를 남겨두어야 한다고 제의했다. '대약진'과 같이 지금까지 해본 적 없고 경험이 전혀 없는 일을 두고 마오쩌둥도 문제가 생길 가능성이 있을 것이라는 예감이 들었던 것이다. 그는 다음과 같이 말했다. "잘 될지 아니면 천하대란이 일어날지 나는 지금 자신할 수 없다. 그러므로 지금 회의를 열어야 하며 해마다 네 번 관리, 통제하고 문제가 발생하면 조절해야 한다." 청두회의가 끝날 무렵 마오쩌둥은 군중의 정서를 제때에 파악하고 건설 속도를 온당하게 통제하기 위해서는 "해마다 네 번 관리, 통제하며", 특히 1958년에는 바짝 통제해야 한다고 재차 강조했다.

청두회의에서 채택한 40여 개 문건은 주로 경제건설 분야와 관련된 것이었다. 당중앙위원회에서 소집한 사업회의에서 이처럼 집중적으로 경제문제를 토론하기는 중국공산당의 역사에서 처음이었다. 전당이 사회주의 경제건설에 익숙하지 못했기 때문에 이러한 문건들은 불가피하게 제한성을 띠고 있거나 심지어 오류가 존재하고 있었다. 회의에서 채택되고 뒤이어 발부한 '소규모 농업합작사를 큰 합작사로 적당히 통합하는 것에 관한 의견'에서는 농토 수리화와 농업기계화 등은 합작사 규모 확대가 절박하다면서 대형농업합작사 운영을 제기했다. 회의에서 확정한 '잔존하는 사영공업, 개인수공업과 소상인들에 대한 사회주의적 개선을 계속 강화하는 것에 관한 지시'는 이러한 비공유제 경제체제의 '자본주의적인 자연발생적 경향'을 과장하면서 이들을 제한하고 개조하는 일련의 엄격한 조치를 규정했다. 이는 8차 당대회 및 그 후 비공유제 경제체제에 대한 당의 정확한 사고와 정책을 더 개선했고 생산 측면에서 맹목적으로 순수함을 추구하는 정서가 존재했음을 반영했다.

　　청두회의는 '대약진' 발동 과정의 또 한 차례의 중요한 회의였다. 생산지표를 끊임없이 높이고 발전 목표의 실현 시간을 끊임없이 앞당긴 이것은 당중앙위원회에서 주로 모험적 전진을 반대하는 현상을 비판하던 것에서 '대약진' 발동을 중심으로 하는 궤도에 들어섰음을 말해준다. 회의 후 각지에서 회의 정신을 전달하자 실제 가능성을 초월한, 맹목적으로 무턱대고 하거나 따라잡고 능가하는 것을 비기는 '대약진'의 바람이 재빨리 불기 시작했다.

　　1958년 4월 1일부터 9일까지 그리고 그달 하순에 마오쩌둥은 우한과 광저우에서 중난, 화둥 지역의 일부 성, 직할시 당위원회서기와 중앙 해당 부서 책임자들을 불러 회의를 열고 사업회보를 청취했으며 전국농업발전요강(수정 초안) 및 공업과 교통 분야에서 영국을 능넘어서고 미국을 따라잡는 문제를 토론했다. 일부 성, 직할시에서 맹목적으로 뒤떨어지려 하지 않는 상황에 비추어 마오쩌둥은 현명해야 하고 일처리에서 여지를 남겨두어야 한다고 다시 한 번 언급했다. 그러나 그는 여전히 모험적 전진을 반대하는 과정에 강조했던 "타당하고 믿음직하게"는 타당하지도 못하고 믿음직하지도 못한 것이라고 비판하면서 우리처럼 큰 나라에서 항상 온건하고 천천히 한다면 큰 재앙을 초래할 것이므로 빨리 진행하는 것이 좋고 강조했다. 이 두 차례 회의에서 마오쩌둥은 주로 각지의 '대약진'에 사기를 북돋아주는 동시에 신문선전에서 많이, 빨리 하는 것만 강조하면서 좋게, 절약하면서 하는 것을 홀대하지 말며 분위기를 가라앉혀야 한다고 재차 요청했다. 그는 과장되고 깊이가 없으며 경솔하고 세밀하지 못하며 겉만 번지르르하고 실속이 없어서는 안 된다고 각급 지도자들에게 일깨워주었다. 그러나 '대약진'이 끊임없이 앙양되는 정세에서 지나치게 의식이 고양된 많은 지도자에게는 이러한 일깨움이 별로 역할을 다하지 못했다.

4월 15일, 마오쩌둥은 '한 합작사를 소개한다'는 짧은 글을 써 허난성 펑추현(封邱縣)의 응구농업생산합작사에서 집단의 힘에 의거하여 자연재해를 전승하고 "2년간 악전고투하여 면모를 개선한" 방법을 크게 찬양하면서 인민 대중의 열성을 남김없이 불러일으킨다면 중국의 공업과 농업의 생산 측면에서 자본주의 대국을 따라잡는 것은 전에 생각했던 것처럼 그렇게 긴 시간이 들지 않을 것이라고 인정했다.

1958년 상반기에 열린 몇 차례 회의는 당이 중국 자체의 사회주의 건설의 노선을 모색하면서 벌인 장기적인 노력 가운데 형성된 당과 인민의 훌륭한 전통과 작풍을 키우고 정신을 분발하여 더욱 훌륭한 방법과 빠른 속도로 사회주의를 건설하는 데 적지 않은 사고와 노력을 기울인 것으로 보인다. 하지만 실제 효과를 볼 때 소극적인 역할도 매우 뚜렷했다. 이런 회의들은 1956년에 모험적 전진을 반대하고, 모험적 전진을 반대할 것을 주장한 중앙 지도자(일찍이 그들의 주장은 8차 당대회 제1차 회의와 당중앙위원회 제8기 제2차 전원회의에서 확인받았다)들을 그릇되게 비판함으로써 당의 지도사상과 실제 사업에 매우 큰 영향을 끼쳤다. 워낙 당은 국민경제 복구 시기부터 제1차 5개년 계획 기간에 이르기까지 당과 인민이 쌓아놓은, 8차 당대회에서 총화해낸 많은 성공 경험을 토대로 새로운 대안을 모색을 하고 계속 사업을 추진해 나아가야 했다. 하지만 사실 이러한 회의를 통해 성공 경험들을 부정했다. 이러한 경험을 포기함으로써 현실을 벗어난 주관적 억측과 객관적 조건을 고려하지 않는 모험적 전진이 조장되지 않을 수 없었다. 또한 이러한 회의는 실제로 어느 정도 정치적인 압력을 행사하여 당의 민주주의 중앙집권제와 집단영도 원칙을 파괴함으로써 당 주요 지도자의 개인적 인식에서 빚어진 중대한 실책 오류의 발생을 효과적으로 방지하거나 시정할 수 없게 되었다. 이러한 회의는 '대약진'운동을 발동하는 사상, 여론 준비를 충분히 함으로써 그 후의 역사 발전에 매우 불리한 영향을 끼쳤다.

중국공산당 제8차 전국대표대회 제2차 회의와
'대약진' 운동의 전면적 전개

1958년 상반기 몇 차례 당 중앙회의에서 계획하고 준비하여 5월 5일부터 23일까지 열린 중국공산당 제8차 전국대표대회 제2차 회의는 '대약진'운동의 전면적인 전개를 추동했다.

5월 5일, 류사오치가 당 중앙위원회 대표로 한 사업보고는 사회주의 건설의 총노선을 핵심으로 한 기술혁명과 문화혁명의 발전 목표를 확정했는데 회의참가자들의 찬성과 지지를 받았다. 회의는 모험적 전진을 반대하는 현상을 계속 비판하며 정식으로 결론을 내렸다. 대회 사업보고 및 결의는 다음과 같이 인정했다. 모험적 전진을 반대한 현상은 군중의 열성에 손해를 끼치고 1957년의 생산건설, 특히 농업전선의 진척에 영향을 줌으로써 생산건설에 "두 끝이 높고 중간이 낮은" 'U자 형태'를 만들었다. 다시 말하면 1956년-1957년-1958년의 생산전선에서 고조-저조-더욱 큰 고조, 즉 약진-보수-대약진이 나타났다. 회의는 일찍이 사회주의적 개조와 사회주의 건설에서 나타난 당내의 의견 차이와 논쟁을 '빨리, 좋게'와 '천천히, 거칠게'라는 두 가지 다른 지도사상, 지도방법 간의 투쟁이라고 잘못 귀납했다. 회의는 또 더욱 실사구시적이고 '대약진', '높은 지표'에 회의적인 태도를 보인 많은 사람을 '관조파'와 '추후결산파'라고 하면서 그들은 '붉은 깃발'이 아닌 '흰 깃발'을 들고 있다고 비판했다. 회의 후 각 지에서는 "흰 깃발을 뽑아 던지고" '관조파', '추후결산파'를 비판하는 투쟁을 벌임으로써 '대약진'을 위한 사상적, 조직적 장애를 제거했다.

회의는 이미 나타난 '대약진' 정세를 충분히 긍정하면서 중국은 지금 "하루가 20년 같은"라는 마르크스가 예언한 위대한 시기를 겪고 있으며 경제문화사업은 전적으로 선진 서방국가들을 대폭 초과하는 속도로 발전할 수 있다고 인정했다. 회의에서 117명이 구두발언을 하고 140명이 서면발언을 했으며 중앙 28개 부, 위원회에서 중앙에 보고를 했다. 일부 지역과 부문에서는 기술혁명과 문화혁명에 발맞추어 각 지역의 구체적인 실정에 알맞게 발전적인 실천 경험을 총화했다. 이러한 발언과 보고 중에는 비록 실속 있게 진행한 내용도 적지 않았다. 하지만 각 지역, 각 부서에서는 너도나도 약진 계획과 높은 생산 지표를 제기했다. 이러한 높은 지표는 끊임없이 모험적 전진을 반대하는 현상을 비판하고 교조주의를 비판하며 미신타파와 사상해방을 창도하는 과정에서 사람들의 자신감이 지나치게 높아져 점점 올라간 것이다. 회의에서 채택한 제2차 5개년 계획 지표는 중국공산당 제8차 전국대표대회 제1차 회의에서 채택한 제2차 5개년 계획 지표에 대한 건의에 비해 공업에서는 일반적으로 두 배 정도로 높아졌고 농업에서는 20~50% 높아졌다. 그중 1962년에 제2차 5개년 계획이 완성될 때의 연간 강철생산 지표는 중국공산당 제8차 전국대표대회에서 확정한 1,050만~1,200만 톤에서 2,500만~1,000만 톤으로 높아지고 양곡은 5천억 근에서 6천억~7천억 근으로 높아졌으며 기본건설에 대한 5년 총투자액은 900억 위안에서 1,500억~1,600억 위안으로 높아졌다. 이러한 요구에 따르면 제2차 5개년 계획 기간에 공업, 농업 총생산액의 연평균 성장률은 각각 26~32%, 12~16%에 달하게 된다. 이리하여 중국공산당 제8차 전국대표대회 제2차 회의는 국민경제발전에 관한 제2차 5개년 계획을 '대약진'의 궤도에 올려놓았다.

회의는 원래 국무원 각 부문에서 관리하던 소속기업을 지방에서 경영 관리하도록 넘겨주었으며 중앙에서 관리하고 있던 경제 등의 권한 역시 지방에 내려보냈다. 6월 1일, 당 중앙위원회는 전국을 둥베이, 화베이, 화둥, 화중, 화난, 시난, 시베이 7개 협동지구로 나누기로 결정하고 각 협동지구에서 자체의 에너지 등 조건에 따라 가급적으로 빨리 대형공업 핵심기업과 경제 중심을 세우고 더욱 완전한 공업체계를 갖춘 경제구역을 조성할 것을 요구했다. 중국공산당 제8차 전국대표대회 제2차 회의 후 경제관리 권한 이양을 중심으로 하는 대규모 경제체제 변동을 진행하여 원래 중앙에서 행사하고 있던 부분적인 경제관리 권한과 중앙에서 경영 관리하던 기업을 신속히 지방에 넘겨주었다. 이는 지방의 적극성을 발휘하고 권력이 지나치게 중앙에 집중된 관리 체제를 개혁하는 적극적인 의의를 지닌다. 그러나 이번 변동은 '대약진'의 정세에서 진행되었고 중앙 소속 단위를 지방에 이양하는 과업을 보름 안에 완수하도록 요구했기 때문에 매우 단시일에 한꺼번에 전개하다 보니 인계 인수와 관리에 혼란을 가져다주었을 뿐만 아니라 지역 분할, 협력 불편, 거시적 통제력 상실 및 효과 저하와 같은 일련의 새로운 문제들이 생겨났다. 권력 이양 이후 '대약진' 분위기에 고무돼 각 지방에서는 계획지표, 기본건설대상 등을 자체적으로 처리하면서 맹목적으로 지표를 올리거나 건설대상을 확정했다. 특히 계획관리 권한과 노동관리 권한의 이양은 직접 기본건설 규모와 종업 원인수의 급격한 팽창을 초래했다.

마오쩌둥은 회의에서 여러 차례 연설하면서 미신 타파문제와 사상 해방문제를 강조했다. 그는 다음과 같이 말했다. 명가의 권위에 위압당하지 말고 과감히 생각하고 과감히 말하고 과감히 해야 하며 우유부단하고 결단력이 없는 현상에서 해방되어야 한다. "비천한 자가 가장 총명하고 고귀한 자가 가장 미련하다." 월등하다고 뽐내는 그런 고급 지식인의 자본을 박탈하고 노동자, 농민, 노간부, 소지식인들이 자비감(自卑感)을 떨쳐버리도록 고무한다. 그는 또 다음과 같이 말했다. 문외한이 전문가를 영도하는 것은 일반적인 법칙으로서 웬만하면 문외한만이 전문가를 영도할 수 있다고 말할 수 있다. 조급해서 너무 급격히 나아가는 사상이 주도적인 지위를 차지한 상황에서 이러한 연설은 지식을 존중하지 않고 지식인들을 경시하며 과학을 홀대하고 객관법칙을 위반하는 경향을 조장했다.

회의는 보궐선거를 통해 25명을 중앙위원회 후보위원으로 세웠다.

5월 25일, 당 중앙위원회 제8기 제5차 전원회의는 린뱌오를 중앙정치국 상무위원, 중앙위원회 부주석으로 추가로 뽑고 커칭스(柯慶施), 리징취안(李井泉), 탄전린을 중앙정치국 위원으로 추가로 뽑았으며 리푸춘, 리셴녠을 중앙서기처 서기로 추가로 뽑았다. 전원회의는 중공중앙의 이론 간행물 〈붉은 기〉를 창간하기로 결정하고 천보다를 총편집(주필)으로 임명했다. 6월 1일 〈붉은 기〉잡지가 정식으로 창간되었다.

중국공산당 제8차 전국대표대회 제2차 회의는 사회주의 건설의 총노선을 채택하고 15년 안에 영국을 따라잡고 넘어서는 목표를 채택했으며 5년 앞당겨 전국농업발전요강을 완수한다는 목표를 채택하고 "3년간 악전고투하여 기본적으로 면모를 개변시키자."는 등 구호를 채택했다. 이러한 중대한 결정을 최종적으로 확정한 것은 중국공산당 제8차 전국대표대회 제2차 회의가 '대약진'을 전면적으로 발동한 한 차례 회의였음을 보여준다. 회의 후 '대약진' 운동이 전국적인 범위의 여러 분야에서 전개되며 고조에 들어섰다.

공업에서 '대약진'은 우선 강철 생산량지표를 끊임없이 높이면서 나타났다. 5월 말에 열린 중앙정치국 확대회의는 다시 1958년의 강철 생산량지표를 800만~850만 톤으로 높였다. 잇달아 야금부, 국가계획위원회와 새로 설립된 여러 대 협동지구에서도 지표를 대폭 높였다. 6월 6일에 야금부 부장 왕허서우(王鶴壽)는 보고에서 그와 화베이협동지구 주임 린티에(林鐵)는 상의 끝에 1959년 말의 화베이지역 강철생산능력이 800만 톤에 도달할 가능성이 있음을 인정했다고 말했다. 6월 7일, 마오쩌둥은 이 보고를 비준하고 덩샤오핑에게 넘겨주면서 "1962년에 강철을 6천만 톤 생산할 수 있다."는 평어를 썼다. 이 수치는 중국공산당 제8차 전국대표대회 제2차 회의에서 야금부가 중앙에 보고한 계획 수치보다 2배 늘어난 것이다. 6월 중순, 국가계획위원회는 새로 작성한 '제2차 5개년 계획 요점'을 중앙에 제기했다. '요점'은 다음과 같이 인정했다. 1958년의 강철 생산량은 가능하게 850만 톤에서 900만 톤에 달할 것이다. 공업을 예로 들어 1959년에 1958년보다 더욱 큰 약진을 쟁취하기 위해 강철 생산량은 2천만 톤을 초과하고 2,500만 톤을 쟁취함으로써 일본, 영국을 능가한다. '요점'은 또한 "지금 보건대 강철을 위주로 하는 몇 개 주요 공업제품의 생산량은 3년도 안 되어 영국을 따라잡고 능가할 수 있다."고 인정했다. 마오쩌둥은 이 보고를 비준하여 군사위원회 확대회의에 보낼 때 써넣은 한 단락의 회시에서 "아주 훌륭한 문건으로서 한번 자세히 읽어볼 만하다. 시야를 넓힐 수 있을 것이다."고 했다. 6월 18일, 중앙지도자와 해당 부서의 책임자들이 참가한 회의는 1958년의 강철 생산량이 1천만 톤에 도달할 수 있다고 인정하면서 공업생산에서 "강철을 기본 고리로 한다."는 구호를 제기했다. 6월 19일, 마오쩌둥은 1958년의 강철 생산량을 1957년의 535만 톤을 기초로 2배로 늘려 1,070만 톤에 도달시켜야 한다고 제기했다. 6월 21일, 야금부 당조의 한 보고는 다음과 같이 말했다. 화둥협동지구회의에서는 1959년의 화둥지역(산둥 제외)의 강철 생산능력을 800만 톤으로 계획했다. 여러 대 협동지구의 회의 상황으로 볼 때 이듬해의 강철 생산량은 1천만 톤을 초과할 수 있으며 1962년의 생산 수준은 8천만~9천만 톤에 달할 수 있을 것이다. 마오쩌둥은 이 보고를 몹시 중시하면서 곧바로 이를 비준하고 여러 대 협동지구, 각 성, 직할시, 자치구 당위원회, 각 중앙위원회 위원, 중앙 여러 부, 위원회, 중앙 국가기관 각 당조 및 군사위원회 확대회의에 참가한 여러 사람에게 발부했다.

5년 내지 7년이라는 시일 안에 지방공업 생산액이 농업 생산액을 초과하는 임무를 완수하기 위해 각 지방에서는 실제 상황을 고려하지 않고 공업을 대대적으로 벌이는 고조가 일어났다. 간쑤성(甘肅省)에서는 1958년 1월부터 3월까지 1천여 개의 공장, 광산을 세웠고 3월부터 5월까지는 3,500개의 공장, 광산을 건설했으며 5월부터 6월 사이에는 공장, 광산 수가 22만 개로 급격히 늘어났다. 전 성적으로 10여 개 '공장 만 개인 현', 20여 개 '공장 천 개인 향', 50여 개 '공장 백 개인 합작사'가 나타났다. 향마다 평균 110개의 공장, 광산이 있었고 농업합작사마다 12개의 공장, 광산이 있었다. 이러한 수치에는 비록 많은 허위적인 부분이 포함돼 있었지만 공업건설대상을 제멋대로 확정한 상황도 반영했다. 이처럼 공업을 대대적으로 벌이는 방법으로 새로 건설한 많은 기업은 자원낭비가 심했고 효익도 매우 낮았다. 심지어 조업을 할 수 없었고 농업생산에도 충격을 주었으며 기본건설 규모와 종업원 대열의 팽창을 초래했다.

농업 '대약진'의 주요 특징은 농작물수확 지표에서의 심각한 과대허위였다. 1958년 6월 19일, 화둥지역에서 열린 농업협력회의는 그해 푸젠(福建), 저장, 장쑤(江蘇), 안후이(安徽), 상하이 5개 성, 직할시의 양곡 총생산량을 1,200여 억 근에 도달시켜 전해보다 500여억 근 늘릴 것이며 원래 4, 5년 이내에 완수하려고 구상했던 인구당 1천 근이라는 양곡수확 과업을 올해 한해면 완수할 수 있다고 제기하면서 전국의 양곡 생산량은 5천억 근 이상에 도달할 가능성이 있다고 예측했다. 기타 지역에서도 잇달아 회의를 열고 각자의 농업 '대약진' 목표를 제정했다. 종래로 소출이 낮던 서베이지역에서는 예상외로 1958년의 인구당 양곡 생산량을 1,100근에 도달시키고 1959년에는 2천 근에 도달시키며 1962년에는 천 근을 돌파한다고 제기했다.

여름수확 기간 이러한 과대허위는 농작물의 단위면적 소출을 허위로 보고하고 서로 앞다투어 다수확 '위성'을 발사하는 데서 집중적으로 구현되었다. 6월 8일, 허난성 쑤이핑현(遂平縣) 위성농업생산합작사에서는 밀의 다수확 '위성'을 발사하면서 무당 소출이 2,105근에 달했다고 했다. 7월 23일, 〈인민일보〉는 허난성 서평현(遂平縣) 화평농업생산합작사의 무당 밀 소출이 7,320근에 도달했다고 보도했다. 8월 13일, 〈인민일보〉는 또 후베이성(湖北省) 마청현(麻城縣) 마시허향(麻溪河鄉)과 푸젠성 난안현(南安縣) 성리향(胜利鄉)에서 올벼와 땅콩 다수확 '위성'을 '발사'했다고 하면서 무당 소출이 각기 3만 6,900만 근과 1만여 근에 도달했다고 보도했다. 광시좡족자치구(广西壯族自治區) 후안장현(环江縣) 홍기(紅旗)농업생산합작사에서 최대 다수확 '위성'을 발사했는데 벼의 무당 수확량이 13만여 근에 도달했다고 과대 보고했다. 많은 불가사의한 농작물 다수확 전형은 사실 '밭을 합치는(幷田)' 방법을 사용한 것이다. 다시 말하면 성숙되었거나 성숙되어가는 많은 뙈기 농작물을 한 뙈기에 옮겨 심어 거짓으로 만들어낸 것이었다. 또는 한두 그루 발육 형태가 특별히 좋은 농작물을 찾아내고 그 수확량을 대면적 논의 밀식 그루수와 곱하여 추산해낸 것이었다.

각 지역, 각 부서에서 보고하거나 선포한 수확량 수치에도 많은 과대 허위가 포함돼 있었다. 안후이, 허난, 쓰촨 등 성에서는 이미 인구당 양곡 수확량이 1천 근인 성이 되었다고 잇달아 선포했다. 농업부에서 발표한 1958년의 유채, 봄밀과 올벼 등 작물의 생산 공보에는 총수확이 전해보다 각기 56.5%, 63%, 126% 성장했다는 높은 수치가 나타났다. 7월, 농업부에서 각 성, 자치구, 직할시의 보고를 종합하여 예측한 한 해의 양곡 총생산량은 뜻밖에 8천여억 근(1957년에는 3,900억 9천만 근이었다)에 달했다. 〈인민일보〉는 여러 편의 글을 발표하여 이른바 '조건론', '비관론'과 '식량 증산 한계론'을 신랄하게 비판하면서 "담력이 크면 클수록 소출도 그만큼 많아진다.", "생각해 내지 못할까 봐 두렵지, 해내지 못할까 봐 두렵지는 않다." 등 구호를 외치면서 "우리가 쓰기만 하면 요구하는 만큼 양곡을 생산해낼 수 있다."고 했다. 거짓 보고를 올리고 허위과장되는 분위기 속에서 심지어 "식량이 많으면 어떻게 할 것인가?" 하는 우려마저 생겼고 신문, 잡지들에서는 이를 두고 '열렬한 토론'을 벌이기도 했다. 농업 생산에서도 맹목적인 지휘가 아주 성행했다. 전국의 대부분 지역에서 현실에 맞지 않게 개별적인 지방에서 창조한 심경밀식 경험을 강압적으로 보급했다. 1958년의 여름철 파종과 가을철 파종 기간에는 보편적으로 경작지를 깊이 갈고(깊이가 보통 1, 2자에 달했고 어떤 지역은 3자 이상에 달했으며 개별적인 지방에서는 지어 1장 2자 깊이로 갈기도 했다) 무당 볏모를 4만~5만 그루 넘게 밀식(密植)했으며 어떤 곳에서는 한 무의 밀밭에 몇백 근을 파종하기도 했다. 이러한 방법은 많은 인력과 종자를 헛되이 낭비했고 증산의 목적에 이르지 못했을 뿐만 아니라 많은 생흙을 갈아엎고 밀식하여 통풍이 안 되는 탓으로 수확량 감산을 초래했다.

문화사업도 '대약진' 속에 포함되었다. 적지 않은 지방에서는 사람마다 책을 읽을 수 있고, 쓰고 계산할 수 있으며, 영화를 볼 수 있고, 노래를 부를 줄 알며, 그림을 그릴 줄 알고, 춤을 출 줄 알며, 공연할 줄 알고, 창작할 줄 알아야 한다는 요구를 제기했다. 작가와 예술가들은 '중심 과업을 쓰고' '중심 과업을 노래하고' '중심 과업을 그려야 한다.'는 요구에 따라 자체의 '약진' 계획을 작성하고 '창작위성'을 발사하도록 강요받았다.

교육계에서는 사상과 실무에 정통하는 것에 관한 변론과 학술비판 등의 활동을 벌였는데 학술적으로 조예가 깊지만 '대약진'의 방법에 회의적이고 비판적인 태도를 가진 전문가와 교수들이 비판을 받았다. 교육과 생산노동의 결합을 일면적으로 강조했기 때문에 학교에서는 교사와 학생들을 조직하여 각종 생산노동에 지나치게 많이 참가시켰는데 이는 수업과 기초이론 학습에 커다란 충격을 주었다. 교육에서의 '대약진'을 실현하기 위해 적지 않은 대학교들에서는 맹목적으로 학생모집을 확대했으며 또 학생들이 교재와 강의록을 편찬하는 활동을 벌이기도 했다. 많은 고등학교와 중등전문학교를 지방에 넘겨주어 관리하게 했고 고등학교를 창립하는 심사비준권도 성, 자치구, 직할시에 넘겨주어 고등학교 발전은 통제할 수 없는 결과를 초래했다. 각지에서는 또 많은 사상적이고 전문화한 대학과 노농대학을 창설했는데 이러한 학교들은 유명무실하고 교수의 자질을 보장할 수 없었다. 널리 전개된 문맹퇴치사업은 비록 어느 정도 성과를 거두었지만 허위과장된 것이 더 많았다. 7월 말까지 639개 현, 시 및 헤이룽강(黑龍江), 지린, 저장, 간쑤 등 성에서 문맹을 기본적으로 퇴치했다고 선포했다.[12]

이론계, 과학기술계, 체육계, 보건위생계 등 분야에서도 모두 각자의 '약진' 계획을 제기하고 분분히 '대약진'의 열풍 속에 뛰어들었다.

'대약진'운동이 전면적으로 전개되는 정세에서와 반우경보수사상의 지도와 추동으로 당내의 많은 사람은 지나치게 자신감을 갖기 시작했다. 공업생산을 지도한 경험이 없는 각급 영도간부들은 점점 더 지표를 올리면서 본래 지표보다 더 높은 생산지표를 너도나도 잇달아

---

12) '우리나라 문화 면모는 현재 비약적으로 변화하고 있다', 1958년 8월 7일 자, 〈광명일보〉 2면.

제기했는데 이러한 것들은 또 당 중앙위원회와 마오쩌둥에게 큰 영향을 주었다. 이러한 비현실적인 상황에 근거하여 마오쩌둥은 더욱더 높은 요구를 제기했으며 이를 꼭 실현할 수 있다고 굳게 믿었다. 1958년 8월 17일부터 30일까지 베이다이허(北戴河)에서 열린 중앙정치국 확대회의는 바로 이러한 배경에서 소집되었다. 회의는 주로 1959년의 국민경제계획과 당면의 공업생산, 농업생산과 농촌사업, 상업사업, 교육방침 및 민병사업의 강화 등 17가지 문제를 토론했는데 중심 의제는 그해의 강철생산과 인민공사를 건립하는 문제였다. 이번 회의는 실제 생활 가운데서 이미 상당히 심각해진 과시풍조와 혼란 현상에 대해 시정하려고 노력하기는커녕 오히려 더욱 지지함으로써 '대약진' 운동을 더욱 고조시켰다.

다수확 예측 바람은 농업에서 대대적인 증산을 가져온 것 같은 환상을 심어주었다. 이러한 환상에 현혹된 중앙 해당 부서와 많은 지방의 책임자들은 맹목적으로 낙관했기 때문에 회의는 1958년에는 농업생산이 비약적으로 발전하는 기꺼운 정세가 나타났고 농산물 생산량이 배로, 몇 배, 십 몇 배 성장했으며 양곡작물 총생산량이 6천억~7천억 근에 도달하여 1957년보다 60~90% 증산할 것이고 전국적으로 인구당 식량 점유량이 1천 근가량 될 것이며 목화 총생산량이 70억 근 정도에 이르러 1957년보다 1배 이상 증산할 것이라고 인정했다. 이러한 예측에 근거하여 회의는 다음과 같이 지적했다. 농업전선에서의 위대한 승리는 공업전선에서도 재빨리 따라잡을 것을 요구한다. 성급당위원회는 마땅히 중점을 공업으로 돌려야 한다. 성, 자치구 당위원회의 제1서기는 지금부터 반드시 공업을 우선으로 지도하는데 주의를 돌리는 동시에 농업에 대한 지도를 늦추지 말아야 한다.

회의는 공업 생산과 건설에서 반드시 중점을 우선으로 두어야 하며 공업의 중심문제는 강철생산과 기계생산인데 기계생산의 발전은 또한 강철생산의 발전에 의해 결정된다고 지적했다. 회의는 그해 강철생산량을 2배로 늘리는 지표를 정식으로 채택하고 전당과 전인민이 대대적으로 강철공업을 벌이는 방침을 확정했으며 전당과 전국 인민들은 최대의 노력을 들여 1958년에 1,070만 톤의 강철을 생산하기 위해 분투해야 한다고 호소했다. 마오쩌둥은 회의에서 한 연설에서 다음과 같이 강조했다. "제국주의는 우리를 압박하고 있다. 우리는 반드시 3년, 5년, 7년 이내에 중국을 대공업국으로 건설해야 한다. 이 목적을 위해서는 반드시 역량을 집중하여 대공업을 발전시켜야 한다."[13] 그는 다음과 같이 말했다. 공업에 집중하여 내년에 1,000만 ~2,700만 톤의 강철, 30만 대의 사업기계를 생산해낸다면 바로 승리한 것이다. 필사적으로 해내야 한다.[14]

회의는 '1959년 계획과 제2차 5개년 계획 문제에 관한 결정'을 내리고 농공업생산의 각항 지표를 확정했는데 주로 다음과 같았다. 1959년에 양곡 생산량을 8천억~1조 근에 도달시키며 강철 생산량을 2,700만 톤에 도달시키고 1천만 톤에 도달하도록 하며 석탄 생산량을 3억 7천만 톤에 도달시키고 기본건설에 500억 위안(국가재정수입을 722억 위안으로 예상한다) 투자한다. '결정'은 제2차 5개년 계획을 완수할 때 주요 지표에서 강철 8천만~1억 톤, 철 9천만~1억 1천만 톤, 석탄 9억~11억 톤, 양곡 1천억~15천억 근, 목화 150억 근, 공업 총생산액 5,700억~6,500억 위안, 농업 총생산액 2,300억 ~2,500억 위안, 기본 건설 총투자액 3,850억~4,300억 위안에 도

---

13) '협동지구 주임회의에서 한 마오쩌둥의 연설기록', 1958년 8월 19일.
14) '협동지구 주임회의에서 한 마오쩌둥의 연설기록', 1958년 8월 21일.

달해야 한다고 요구했다. 이러한 1959년의 지표는 8차 당대회에서 확정한 제2차 5개년 계획 지표에 도달했거나 심지어 이를 초과했으며 제2차 5개년 계획 지표는 8차 당대회에서 확정한 원래 지표보다 2배 이상 늘어났다. '결정'은 다음과 같이 인정했다. 이러한 생산지표와 건설임무를 실현한 뒤 중국 사회경제 면모에는 근본적인 변화가 일어날 것이다. 첫째, 사회주의 공업화를 완수하고 공업에서 독립자주적이 된다. 1962년을 전후하여 해마다 연간 2천만~2,500만 톤의 강철을 생산하는 야금설비와 약 천만 킬로와트에 달하는 일식발전설비를 제공할 수 있으며 1억 2천 톤 나아가 더욱 큰 수압프레스, 30만 킬로와트의 수력발전기일식설비, 지름이 1,150밀리미터에 달하는 대형압연기 등과 같은 각종 대형설비 및 대형지그보링기, 광학계기, 각종 정밀계기 등을 제공할 수 있다. 둘째, 농업의 현대화를 기본적으로 실현한다. 1962년에 이르러 전국의 65%가량의 경작지에서 기계로 경작하고 90% 이상의 경작지에서 수리화를 실현하며 전국의 무당 경작지에서 평균 60근 이상의 화학비료를 사용할 수 있다. 셋째, 과학기술에서 세계 선진 수준을 따라잡는다. 1962년 전에 원자에너지, 분사, 무선전전자학 등 첨단적인 과학기술을 이룩할 수 있으며 공업과학기술면에서는 세계적으로 가장 선진적인 나라를 따라잡는다. 이와 같은 공업, 농업과 과학기술의 삼위일체적인 발전으로 인민생활 수준이 대폭 향상되고 도시와 농촌의 차이가 크게 축소되며 인민의 문화 수준이 뚜렷이 제고되고 정신노동자와 육체노동자 간의 차이도 날로 줄어들 것이다. 이를 토대로 새로운 공산주의적 사회관계가 반드시 빠르게 발전하게 될 것이고 인민공사가 반드시 중국 사회기층의 주요 형태가 될 것이다. 이러한 변화가 설명하다시피 제2차 5개년 계획 기간의 노력을 거쳐 중국은 사회주의를 건설하게 될 것이고 또한 제3차, 제4차 5개년 계획기간에 공산주의 사회로 넘어가기 위한 일부 물질적, 사상적 조건을 갖추게 될 것이다.

제2차 5개년 계획에서 제기한 생산지표와 건설과업, 사회경제, 정치, 문화 발전 전략 목표는 몹시 과중한 것이었다. 이는 중국의 몇 세대 우국지사들과 광범위한 노동자, 농민 대중 및 사회 각계 근로대중의 갈망하고 기대하는 바였다. 그러므로 마오쩌둥 역시 제2차 5개년 계획을 실제로 결말을 보는 데 어려움을 느끼게 되었다. 이러한 상황에서 그는 '자산계급 법권을 타파'[15]하는 문제를 제기했다. 왜냐하면 "사람과 사람 간의 관계를 해결하지 못한다면 대약진은 불가능하기" 때문이었다. 그는 간쑤에서 타오허(洮河)의 물을 산으로 끌어올린 것을 예로 들면서 그처럼 큰 공사는 바로 당의 영도와 인민의 공산주의 정신으로 해낸 것이라고 말했다. "인민의 열의가 왜 이처럼 큰가? 원인은 우리가 인민들에게서 거두는 것이 적은 것이다. 우리는 소련과는 달리 의무적 판매제를 시행하지 않는다. 우리와 인민은 하나가 되었고 인민은 우리를 옹호하기 때문이다." 마오쩌둥은 지도자와 대중, 사람과 사람 간의 관계는 마땅히 평등한 관계여야 한다고 강조하면서 다음과 같이 말했다. "평등하고 민주주의적이며 설복을 하는 사람 간의 상호 관계와 하나가 되어야 한다는 마르크스 사상이 발휘되지 못하고 있다. 노동 가운데 사람 간의 관계는 마땅히 평등한 관계여야 하며 지도자와 군중이 하나 되는 관계여야 한다. 소련은 10월 혁명 후 잘해내지 못했고 낡은 법권(등급)제도를 철저하게 무너뜨리지 못했으며 육체노동과 정신노동이 분리되고 교육과 생산이 분리되었다.""소련공산당원은 다수가 간부의 자녀였고 일반 노동자, 농민은

---

15) 자산계급 법권을 현재 '자산계급권리'로 해석한다.

발탁될 수 없었다. 그 때문에 우리는 우리 자체의 길을 찾아야 한다."

이에 근거하여 마오쩌둥은 노임제를 취소하고 간부들이 솔선하여 공급제를 회복하는 것을 고려해보는 문제를 제기했다. 그는 다음과 같이 말했다. 2만 5천 리 장정, 토지혁명, 해방전쟁은 봉급을 내주는 것에서 승리를 달성한 것이 아니라 정치를 총괄하면서 공급제를 시행한 것에서 승리를 달성했다. 도시로 들어온 후 공급제를 노임제로 고쳤는데 이는 자산계급사상의 영향을 받은 것으로 퇴보한 것이다. 그것은 사람들의 자본주의사상을 예로 들면 등급을 다투고 대우를 다투고 연장 작업수당을 요구하는 것 등을 조장했다. 그는 다음과 같이 지적했다. 이는 자산계급법권이다. 소유제가 해결된 후에도 자산계급법권제도가 여전히 존재하고 있는데 마땅히 타파해야 한다. 인민공사가 세워지면서 우리에게 고려하도록 핍박하고 있는데 몇 년간의 준비를 거쳐 점차 노임제를 없애고 공급제를 회복해야 한다. 그는 다음과 같이 말했다. 도시는 '정규화'를 요구하고 상급 기관이 커지니 인민들과 멀어졌다. 우리는 지금까지 군중과 하나가 되고 군중을 강압으로 복종시킬 것이 아니라 설복해야 한다고 말해왔는데 어떻게 이러한 것이 다 문제가 되고 있는가? 원인은 바로 군중을 이탈한 데 있고 특수화를 강조한 데 있다. 과거에 수백만 명에 달하는 우리가 계급투쟁에서 군중이 옹호하는 공산주의 전사로 단련되었고 22년간의 전쟁에서도 싸워 이겼는데 무엇 때문에 사회주의 건설에서는 안 되는가? 간부들부터 솔선하여 공급제를 회복해야 하지 않겠는가?

'자산계급 법권을 타파'하는 데 관한 마오쩌둥의 사상은 그의 사회주의 평등관의 중요한 내용으로서 그는 이러한 방법으로 간부들의 군중 이탈을 방지하고 사회 차이를 축소하며 광범위한 군중의 건설 열정을 불러일으킴으로써 제2차 5개년 계획의 사회 경제, 정치, 문화 발전 목표를 기한 안에 완수하려고 생각했다. 그러나 이처럼 '자본주의 법권' 문제를 제기한 것은 마르크스가 말한, 노동에 따라 분배하는 원칙 가운데 구현되고 다만 공산주의 단계에 가서 수요에 따라 분배하는 원칙을 시행할 때에야 취소할 수 있는 '자산계급 법권'을 사회주의 단계에서 마땅히 취소하고 타파해야 한다고 잘못 해석함으로써 분명 역사 단계를 뛰어넘은 것이었다. 중국이 아직 발달하지 못한 사회주의 단계에 처해 있을 때 물론 노동에 따라 분배하는 원칙을 절대화해서는 안 되고 사실상의 불평등을 제한 없이 확대해서는 안 되지만 더욱 현실적이고 중요한 것은 그것이 낡은 사회의 불평등과는 본질에서 구별되고 낡은 사회에 비해 절대적인 우월성을 갖고 있다고 강조하는 것이었다. 혁명전쟁 연대의 특수한 역사적 상황에서 적극적인 역할을 했던 군사공산주의적 방법을 부적절하게 평화건설 시기에 적용, 시행하고 평등을 절대화하고 절대적 평균주의를 시행한 것은 그릇된 것으로서 사회의 발전을 방해할 뿐이다.

베이다이허회의는 37개 문건을 채택하고 많은 결정을 내렸다. 그중 두 가지 중요한 결정은 이후의 경제사회 발전에 매우 불리한 영향을 끼쳤다. 하나는 1958년의 강철 생산량을 1957년보다 2배로 늘려 1,070만 톤에 도달하도록 확정한 것이었고, 다른 하나는 농촌에서 인민공사를 건립하는 것이었다. 회의 후 높은 지표, 맹목적인 지휘, 과대풍(誇大風)과 '공산풍(共産風)'을 주요 표징으로 하는 '좌'적 오류가 전국적인 범위 내에서 심하게 범람하기 시작했다.

전인민이 강철을 대대적으로 제련하는 운동

베이다이허회의에서 1958년의 강철 생산량을 1,070만 톤에 도달시킨다는 지표를 확정할 때 실제로 전 8개월간의 강철 생산량은 400

만 톤밖에 달하지 못했다. 전년 강철 생산량을 2배로 늘릴 목표를 실현하려면 반드시 남은 4개월 동안에 600만 톤에서 700만 톤의 생산과업을 완수해야 했다. 그러나 당시 강철공업은 생산능력이 부족하고 전력, 석탄, 채광, 운수 등 관련 부문의 생산은 그 수요를 충족시킬 수 없었다.

강철생산과업을 완수하기 위해 베이다이허회의는 제1서기가 총괄에 나서서 대대적인 군중운동을 벌이며 전당, 전인민이 강철공업에 투신하는 방침을 제기했다. 1958년 8월 25일부터 31일까지 당 중앙위원회는 각 성, 자치구, 직할시 당위원회의 공업주관 서기가 참가한 회의를 전문 소집하고 강철을 중심으로 한 공업생산계획을 연구하고 결정했다. 회의는 모든 힘을 다하여 강철생산을 보장해야 한다고 제기하면서 기계제조, 주요원자재, 전력, 교통운수 등 공업생산에서 순서를 세우는 원칙을 확정하고 우선 야금설비 및 야금공업의 증산수요를 충족시키고 다음으로 발전설비제조의 수요를 충족시키며 그다음으로 주요한 사업기계의 생산수요를 충족시키고 나중에 기타 공업부문에 임할 것을 요구했다. 선철은 기계주철의 수요를 위해 공급하는 외 나머지는 전부 강철공장에 공급하여 강철을 제련하도록 했다. 정규적인 강철공장만으로는 과업을 완수하기 힘들기에 회의는 각급 당위원회에서 널리 군중으로 하여금 소형재래식 용광로, 소형재래식 콕스로를 만들어 재래식으로 강철과 선철을 제련하는 전 인민적 운동을 대대적으로 벌여나갈 것을 요구했다. 회의는 각 지역, 각 부문의 강철생산과업과 관련 업종의 생산과업을 구체적으로 배치하고 제때에 완수하도록 강하게 밀어붙이면서 생산과업과 조달계획을 완수하지 못한 주요 지도자를 처분하도록 했다. 전당과 전 인민을 대대적으로 강철 제련에 동원하기 위해 베이다이허회의는 또 1,070만 톤의

강철생산량지표를 회의공보에 써넣었다. 9월 1일과 5일, 〈인민일보〉
는 '즉시 행동하여 강철 생산량을 2배로 늘리는 위대한 과업을 완수
하자'와 '강철 생산을 힘쓰자'라는 사설을 발표하여 이는 당면 전당,
전 인민의 가장 중요한 정치임무라고 지적했으며 각 지역, 각 부문에
서 강철 생산을 첫 자리에 놓고 기타 사업은 "멈춰서 길을 양보하고
강철을 우선"으로 할 것을 요구했다.

  일련의 비상조치를 취했기 때문에 전국적인 범위에서 전 인민이 대
대적으로 강철제련운동이 재빨리 일어났다. 각급 영도간부들의 인솔
로 갈수록 많은 인력이 대대적으로 강철 제련에 투입되었다. 8월 말
에 대대적인 강철 제련에 투입된 노역은 몇백 만 명에 달했고 9월 말
에는 5천만 명으로 급증했으며 10월 말에는 또 6천만 명으로 늘어났
으며 연말에는 9천여만 명에 달했는데 직접 혹은 간접적으로 대대적
인 강철제련에 참가한 인력은 전국인구총수의 약 6분의 1을 차지했
다. 소형재래식 용광로, 소형재래식 콕스로 수량도 놀라울 정도로 늘
어났다. 8월 말에는 17만 개에 달했고 9월 말에는 60여만 개로 늘어
났으며 10월 말에는 몇백만 개로 급증했다. 공장, 공사뿐만 아니라
기관, 학교와 부대에서도 곳곳에 소형재래식 콕스로를 만들고 제철
장을 운영했으며 중앙과 국가기관의 일부 부서에서도 기관 내의 마
당에 소형재래식용광로를 세웠다. 전 인민적인 강철제련으로 원자재
가 극히 부족했다. 강철 제련에 쓰이는 콕스가 부족하면 일반석탄을
사용했고 석탄이 모자라면 나무를 찍어 숯을 구워 대신했다. 고품위
광석이 부족하면 저품위 광석으로 대체했고 광석이 없는 지방에서는
심지어 가정에서 밥 짓는 데 사용하는 가마와 기타 철기를 깨뜨려 강
철을 제련하는 원자재로 사용했다. 대중형 강철기업도 모든 낡은 규
정제도를 타파하고 대대적인 군중운동을 벌였는데 품질, 안전과 경

제 효과를 고려하지 않고 일방적으로 생산량을 추구하고 억지로 조합한 설비를 하다 보니 생산 질서에 혼란이 생기고 사고가 자주 일어났다. "강철을 기본 고리로 하고 전면으로 약진"하며 "한 사람이 앞장서면 모든 사람이 뒤따라 나선다."는 구호 아래 전력, 석탄, 운수 등 업종에서도 각양각색의 "전 인민이 동원되어 대대적인" 고조가 일어났다.

대대적인 강철제련 운동에서도 역시 너도나도 '고생산량위성'을 발사했다. 9월 14일, 구이저우성(貴州省)에서는 그달에 이미 선철 1만 4천 톤을 생산하여 9월의 9천 톤 선철생산계획을 초과 완수했다고 선포했다. 허난성에서는 9월 15일 하루에만 전 성적으로 선철 1만 8천여 톤을 생산했고 일간 천 톤 이상의 선철을 생산한 현이 8개 나타났으며 그중 위현(禹縣)은 일간 4,396톤에 달하는 선철을 생산했다고 선포했다. 〈인민일보〉는 9월 29일 하루에 전국의 하루 강철 생산량은 약 6만 톤이 되고 하루 선철 생산량은 약 30만 톤이 되며 하루 선철 생산량이 1만 톤을 넘어선 성이 9개, 하루 선철 생산량이 1천 톤을 넘어선 현이 73개, 하루 강철 생산량이 5천 톤이 되는 성이 2개, 하루 강철 생산량이 4천 톤이 되는 성이 1개 나타났다고 보도했다. 10월 15일부터 21일까지의 '강철 생산 고산주간'에는 공업 기반이 빈약한 광시좡족자치구마저도 몇 개의 특대 '위성'을 발사하면서 후안장현에서 하루 6,300여 톤의 선철을 생산했고 루자이현(鹿寨縣)에서 하루 20만 톤의 선철을 생산했다고 선포했다.

몇 개월 동안 맹목적으로 무모하게 벌인 데다 상당한 정도의 허위와 과대보고로 연말에 이르러 선포된 강철 생산량은 1,108만 톤에 달했고 선철 생산량은 1,369만 톤에 달했다. 수치로는 강철 생산량을 2배로 늘리기로 한 베이다이허회의의 지표를 완수했다고는 할 수 있었지만 국민경제 발전에 빚어진 파괴는 매우 심했다.

첫째, 인력, 물력과 재력의 낭비가 막대했다. 1958년에 제련해낸 강철과 선철 가운데 합격한 강철은 800만 톤밖에 되지 않았고 합격한 선철 역시 900여만 톤밖에 안 되었으며 상당한 부분의 강철과 선철은 질이 형편없이 나빠 가공하거나 사용할 수 없었고 어떤 것은 완전히 폐품이었다. 소형재래식 용광로와 소형재래식 콕스로로 강철을 제련하다 보니 원가도 놀라울 정도로 높았다. 대형용광로에서 한 톤의 선철을 제련하는 원가는 100위안 정도였지만 소형재래식 용광로와 소형재래식 콕스로는 약 300위안이나 되었다. 그러나 국가에서는 150위안씩밖에 조달하지 않았다. 대중적인 강철 제련을 고무 격려하기 위해 국가에서는 9월 1일부터 소형재래식 용광로에 조달하는 비용을 톤당 200위안으로 인상하고 결손 부분은 국가재정에서 보조하기로 했다. 그 후의 통계에 따르면 1958년의 강철제련 보조금만 하여도 국가의 재정지출이 40억 위안이나 되어 당해 총재정수입의 10분의 1을 초과했다. 이 밖에 민간재래식으로 강철을 제련하기 위해 석탄과 광석을 마구 캐내고 많은 나무를 남벌하며 적지 않은 철기를 파손했는데 이 역시 막대한 손실이었다. 허난성 다볘산구(大別山區)의 일부 현에서는 임야를 말끔히 벌채해버렸다. 쓰촨성 경내의 양쯔강 상류의 임구(林區, 자연보호구)에서는 몇 십 만 무의 임야가 훼손되어 수토유실 등 일련의 생태문제가 심각해져 장기적인 피해를 남겼다.

둘째, 기본건설 규모와 종업원 대열이 급격히 팽창되었다. 강철 생산에서의 높은 지표를 완수하도록 요구했기 때문에 강철공업 자체의 기본건설 규모가 급격히 확대되고 강철공업과 관련된 석탄, 전력, 운수 등 부문의 건설 항목도 빠르게 늘어났다. 1958년에 국유단위 고

정자산 총투자액은 1957년의 151억 2,300만 위안에서 279억 600만 위안으로 급증하여 84.53% 성장했고 축적률도 상응하게 1957년의 24.9%에서 33.9%로 늘어났다. 지나치게 높은 축적은 한편으로는 소비를 침범하여 인민대중의 생활에 직접 영향을 끼쳤고 다른 한편으로는 원자재, 재료, 에너지, 자금, 설비 등 면에서의 국가의 감당 능력을 초과함으로써 적지 않은 기본건설공사가 줄곧 완공되지 못했거나 사용할 수 없었으며 장기간 해결하기 힘든 공사를 많이 남겨놓았다. 통계에 따르면 1958년에 시공한 대중형 대상과 지난해 조월한 대상 가운데 건설되어 조업한 대상은 28개밖에 되지 않았고 대, 중형건설 대상의 조업률은 1957년의 26.4%에서 10.7%로 하락했다. 기본건설 규모가 확대된 동시에 1년 동안의 종업원 총수는 2천여만 명 늘어나 전해보다 3분의 2 이상 더 늘어났다. 이러한 상황은 국가의 재정지출과 상품 공급량 부담을 가중시켰고 사회상품의 수급 모순을 격화시켰다.

셋째, 농업과 경공업 생산에 엄청난 피해를 입혔다. 그 후의 통계에 따르면 1958년의 공업 총생산액은 1957년보다 54.8% 성장했는데 그중 중공업 생산액은 78.8% 성장하고 농업 총생산액은 2.5%밖에 성장하지 못했다. 대대적인 강철 제련과 "대대적으로 해내는" 기타 여러 가지 고조로 많은 농촌 인력이 뽑혀갔다. 농업생산노동에 종사하는 인원수와 공업생산노동에 종사하는 인원수의 비례는 1957년에는 13.8:1이었는데 1958년에는 3.5:1로 급하강했다. 많은 운수도구와 역축도 대대적인 강철 제련을 지원하는 데 사용되었다. 농업생산이 심각한 영향을 받아 풍작을 이룬 가을 작물은 수확할 사람이 없어 밭에서 대량으로 썩어갔다. 중앙농촌사업부의 예측에 따르면 10% 가량의 농작물을 수확하지 못했다. 노력이 부족하여 적지 않은 지방에서는 가을 파종을 하지 못했다. 경공업 생산도 대폭 하강했다. 예를 들면 8월과 9월에 둥베이 3성은 전력부족으로 경공업기업의 전력 부하를 3분의 2나 감소시켰는데 종이 한 가지만 해도 10만 톤가량 감산되었다. 또 베이징왕마쯔(王麻子)식칼가위공장은 300여 명의 종업원이 강철 제련에 뽑혀나가고 20여 명만 남아 식칼과 가위를 생산했는데 식칼과 가위 생산량이 매달 3만 5천 자루에서 1천 자루로 급격히 줄어들고 가위 종수는 200여 종에서 11종으로, 식칼은 360여 종에서 7종으로 줄어들었다. 경공업제품의 생산량과 품종의 대폭적인 감소는 직접 인민대중의 일용품 공급이 달리는 결과를 초래했다.

3. 농촌 인민공사화운동

인민공사화운동의 흥기

최초의 인민공사화운동은 소형 합작사를 대형사로 통합시키는 고급농업생산합작사에서 기인했다. 이는 원래 수리공사와 농토기본건설의 수요에서 출발한 것이었지만 '대약진'의 배경에서 객관적 조건을 고려하지 않고 농업생산조직을 이른바 더욱 고급 형태로 이행시키려고 앞장서 이끄는 한 차례 보편적인 군중운동으로 변했다. 당시 마오쩌둥 등 중앙지도자들은 농업합작사의 규모와 공유화 정도가 이미 생산력 발전의 요구에 이르지 못하고 있으며 규모가 비교적 작은 합작사를 통합하여 만든 큰 합작사는 농업생산에서 '대약진'을 진행하는 효과적인 조직 형태라고 인정했다.

합작사의 통합을 추동하게 된 직접적인 원인은 농토수리건설을 대대적으로 벌이기 위한 것이었다. 1957년 겨울부터 1958년 봄까지 일어난 대대적인 농토수리건설운동 가운데 많은 지방에서는 현재의 농업합작사 규모를 타파하고 합작사를 통합할 것을 요구하기 시작했고 합작사의 통합을 통해 통일적으로 계획하고 노역, 물자, 자금을 집중시키는 등의 문제를 해결하려고 시도했다. 예를 들면 쓰촨성 루현(瀘縣)은 "수리 공사를 벌이고 비료를 모으고 만들며 토양을 개량하는 임무가 아주 큰데 전체 현에는 매개 농업합작사들에 평균 60여 가구밖에 안 되어 인력, 물력이 모두 부족함을 느꼈다. 토지 측면에서 소형합작사들이 흩어져 있다 보니 통일적으로 계획하는 데 불편했다. 특히 적지 않은 농업합작사는 핵심 지도가 취약하고 재무제도가 혼란하여 생산의 발전을 심각하게 방해했다. 광범위한 농민들은 소형합작사들을 대형합작사로 통합할 것을 간절히 요구했다."[16] 그리하여 중국공산당 루현당위원회에서는 합작사통합사업을 벌이기로 결정하고 봄갈이 전에 전 현의 1천여 개 중소형농업합작사를 평균 규모가 250호 정도 되는 700여 개의 대형합작사로 통합했다. 합작사 통합으로 집단 협력의 힘을 강화했고 이전에 할 수 없었던 일도 적지 않게 추진했는데 특히 농토기본건설, 수리건설과 같은 빈약한 고리에서는 과소평가할 수 없는 중요한 역할을 발휘했다.

이 사실을 안 마오쩌둥은 커다란 관심을 갖고 대형 합작사를 운영할 문제를 다시 제기하면서 대형 합작사로 통합할 문제에 관한 문건을 작성할 것을 지시했다. 1958년 3월의 청두회의에서 합작사통합문제를 거론하면서 그는 다음과 같이 말했다. 수리의 종합적인 이용과 대형기계 사용을 위해 합작사를 통합할 수 있다. 땅이 넓고 사람이 적은 지역을 제외하고는 5년 이내에 점차 통합해야 한다. 제2차 5개년 계획 기간에 평원지역의 합작사의 규모는 크게 하는 것이 좋으며

---

16) '생산관계를 조절하여 생산력을 발전, 루현 3천여 개 중소형합작사 700여 개 큰 합작사로 통합', 1958년 4월 23일자, 〈인민일보〉 2면.

소학교도 운영하고 공장도 세울 수 있다. 마오쩌둥의 수긍과 발기 아래 합작사 통합사업은 재빨리 전개되었다.

4월 8일, 중앙정치국 회의는 3월 20일 청두회의에서 채택한 '소형 합작사를 적당하게 대형 합작사로 통합하는 것에 관한 중공중앙의 의견'을 비준했다. '의견'은 다음과 같이 지적했다. "우리나라 농업은 현재 농토 수리화를 빠르게 실현하고 있고 또 앞으로 몇 년 이내에는 점차 기계화 경작을 실현할 것이다. 이러한 상황에서 만약 농업생산합작사의 규모가 너무 작으면 생산을 조직하고 발전시키는 측면에서 많은 불편을 겪게 될 것이다. 농업생산과 문화혁명의 수요에 수응하기 위해 조건이 되는 지방에서는 소형 농업합작사를 계획적으로 알맞게 대형 합작사로 통합하는 것이 필요하다." 그 후 각 지방에서는 비교적 짧은 시일 안에 합작사를 통합하는 사업을 광범위하게 벌여나갔다. 랴오닝성(遼宁省)에서는 한 달 남짓한 기간에 전 성의 9,600개 농업합작사를 평균 규모가 2천 호 정도 되는 1,461개의 대형합작사로 통합하고 향의 규모도 조정하여 2,854개 향을 1,226개로 통합했는데 83%의 향은 한 개 향이 하나의 합작사였다. 광둥, 허난, 허베이, 장쑤, 저장, 베이징 등 성, 직할시에서도 합작사통합사업을 빠르게 완수했다. 일부 지방에서는 합작사 통합과 함께 조건도 고려하지 않고 공공식당, 탁아소, 유치원, 경로원 등을 운영하기 시작했다.

통합 초기의 대형합작사는 원래보다 규모만 커졌을 뿐 그 후의 정사합일의 인민공사와는 완전히 같은 것이 아니었으며 명칭도 여러 가지였는데 여전히 농업합작사라 부르거나 집단농장 또는 농장이라고 부르기도 했다. 일찍이 1958년 2월에 마오쩌둥, 류사오치 등 중앙 지도자들은 농촌의 기층조직구조를 개혁하여 향과 사의 통합을 실현하는 문제를 구상하기 시작했으며 여러 다른 장소에서 '공사'를 운영하는 의견을 나누었다. 2~3월에 마오쩌둥은 한 차례의 담화에서 향과 사를 하나로 통합하는 구상에 대해 언급했다. 4월 말, 마오쩌둥은 광저우에서 류사오치 등과 미래 중국 농촌의 조직형태문제를 거론하면서 다음과 같이 말했다. 그때 가면 중국의 향촌에는 공산주의 공사가 늘어날 것이며 공사마다 자체의 농공업을 벌이고 대학교, 중학교, 소학교를 운영하며 병원, 과학연구기관이 설립되고 상점과 그에 따른 봉사업종이 생기고 교통사업이 일어나며 탁아소와 공공식당, 여러 문화체육 단체가 들어서며 치안을 유지하는 인민경찰 등도 생길 것이다. 몇 개의 향촌공사가 도시를 둘러싸면서 다시 더욱 큰 공산주의 공사가 된다. 우리의 교육방침과 기타 문화교육사업 역시 이러한 목표를 향해 발전하게 될 것이다.

마오쩌둥, 류사오치 등 지도자들의 이러한 구상은 당 중앙위원회 제8기 제2차 전원회의 기간에 일부 대표들의 발언을 통하여 널리 알려졌다. 소수의 지역에서는 소문을 듣자마자 곧바로 행동에 옮겼는데 6월에 이미 '공사'를 이름으로 한 조직이 나타났다. 6월 30일, 류사오치는 한차례의 담화에서 지금부터 공산주의사회의 기층조직에 대한 시험을 시작해야 한다고 명확히 지적했다.

7월, 천보다는 잡지 〈붉은 기〉 제3호, 제4호에 '참신한 사회, 참신한 사람들'과 '마오쩌둥 주석의 기치 아래에서'라는 두 편의 글을 각기 발표하여 인민공사를 세우는 데 관한 마오쩌둥의 사상을 공개 선전했다. 글은 다음과 같이 썼다. "마오쩌둥 주석은, 우리의 방향은 점차 단계에 따라 '노(공업), 농(농업), 상(교환), 학(문화교육), 병(민병, 즉 전민무장)으로 하나의 큰 공사를 이루어 그것을 우리나라 사회를 구성하는 기본단위가 되게 하는 것이라고 말씀하셨다." "한 개 합작사를 농업합작과 공업합작이 있는 기층조직 단위로 개혁한 이것은 사실 농업과 공업을 서로 결합한 인민공사이다."

마오쩌둥은 새로 나타난 공사조직에 대해 적극적으로 육성하고 제창하는 태도를 보였다. 8월, 그는 허베이, 허난과 산둥 세 개 성의 농촌을 시찰했는데 방문한 곳마다 합작사를 통합하여 큰 사를 꾸리는 것을 고무 격려했다. 많은 지방의 책임인물들도 사업을 회보할 때 큰 사를 꾸리는 절박함과 우월성을 강조했다. 8월 4일부터 5일까지 마오쩌둥은 허베이의 쉬수이(徐水), 딩현(定縣)과 안궈(安國)를 시찰하면서 쉬수이의 "조직에서의 군사화, 행동에서의 전투화, 생활에서의 집단화" 방법을 수긍했다. 8월 6일, 마오쩌둥은 설립된 지 얼마 안 되는 허난성 신샹현(新鄕縣)의 치리잉(七里營)인민공사를 시찰하면서 "인민공사라는 이름이 좋다."고 칭찬했다. 8월 7일, 허난성당위원회 책임자의 회보를 청취할 때 그는 다음과 같이 말했다. 인민공사란 이름이 좋다. 인민공사는 공업, 농업, 군사, 지식계, 상업을 망라하여 생산을 관리하고 생활을 관리하고 정권을 관리하게 된다. 인민공사 앞에 지명이나 군중이 즐기는 이름을 붙이는 것이 좋겠다. 동시에 그는 인민공사의 특징은 첫째로, 규모가 크며 둘째로, 공동적인 것이라고 지적했다. 8월 9일, 마오쩌둥은 산둥성 리청현(歷城縣) 베이위안향(北園鄕)을 시찰했다. 베이위안향에서 큰 농장을 세우려 한다고 회보하자 그는 농장을 세우지 말고 인민공사를 세워 정부와 한데 합치는 것이 낫다면서 인민공사는 공업, 농업, 군사, 지식계, 상업을 통합할 수 있으므로 영도하는 데 편리하다고 말했다. 신화사와 〈인민일보〉에서 그 소식을 보도한 후 '인민공사'라는 이름은 즉시 전국에 퍼졌다. 적지 않은 지방에서는 소문을 듣고 너도나도 인민공사를 세웠다. 행동이 가장 빠른 허난성에서는 8월 말까지 원래 평균 규모가 260호이던 38,473개의 농업합작사를 평균 규모가 7,200여 가구인 1,378개의 인민공사를 세웠는데 인민공사에 가입한 농가가 전성 농가 총수의 99.98%를 차지하여 전국에서 가장 먼저 농촌인민공사화를 실현했다.[17) 베이다이허회의에서 마오쩌둥은 다음과 같이 말했다. "인민공사라는 이 일은 우리가 제기한 것이 아니라 인민대중이 자발적으로 해낸 것이다. 왜냐하면 우리가 계속 혁명하고 미신을 타파하며 대담히 생각하고 대담히 말하고 대담히 해낼 것을 제창했기 때문에 군중이 하기 시작한 것이다. 난닝회의에서 예상하지 못했고 청두회의에서도 예상하지 못했으며 당 중앙위원회 제8기 제2차 전원회의에서도 역시 예상하지 못했다." "우리의 인민들이 농업합작사를 토대로 세운 인민공사는 공상이 아니다." "하지만 이 문제를 체계화하고 그 도리를 명확히 설명하려면 우리가 필요하고 이 자리에 있는 여러분을 비롯한 각급 당위원회와 중앙이 필요하다."[18)

인민공사를 세울 것에 관한 결의와 전국 인민공사화의 실현

각지에서 앞다투어 인민공사를 세우는 정세에서 1958년 8월에 소집된 베이다이허회의는 전국의 농촌에서 인민공사를 세우기로 정식으로 결정했다. 회의 기간 마오쩌둥의 심사와 수정을 거친 허난성 쑤이핑현 '차아산위성인민공사 시행약칙(초안)'을 발부했다. 8월 29일, 회의는 '농촌에서 인민공사를 세우는 문제에 관한 중공중앙의 결의'를 채택했다. '결의'는 규모가 작은 농업생산합작사를 통합, 개혁하여 규모가 비교적 크고 공업, 농업, 상업, 지식계, 군사가 서로 연관하며

---

17) '수천만의 농민이 단호히 공산주의로 과도, 허난 농촌 인민공사화 실현', 1958년 9월 2일 자, '인민일보' 1면.
18) '베이다이허회의에서 한 마오쩌둥의 연설', 1958년 8월 30일.

정부와 합작사가 하나 되고 집단화 정도가 더욱 높은 인민공사를 만드는 것은 현재 단계에서 농촌 생산이 비약적으로 발전하고 농민들의 각오가 신속히 제고되는 필연적인 추세이며 "농민들을 지도하여 사회주의 건설을 촉진하여 사회주의를 앞당겨 건설하고 점차 공산주의를 이행하는 데 반드시 취해야 할 기본방침이다."고 지적했다. '결의'는 다음과 같이 지적했다. 인민공사의 조직규모는 보통 한 개 향을 한 개 인민공사로 하여 2천 호 안팎이 되게 하는 것이 비교적 적당하며 한층 더 발전하는 정도이면 현을 단위로 하여 연합사도 조직할 수 있다. 합작사의 통합 과정에는 마땅히 공산주의 정신으로 간부와 군중을 교육해야 하며 상세한 장부를 따지지 말며 합작사통합 후 자류지(自流地)는 집단 경영지로 변경될 수 있고 개개의 과수나무, 주식기금도 1, 2년 후면 자연적으로 공동소유가 될 것이다. 소유제 측면에서 '결의'는 현 단계에서는 집단적 소유를 전 인민적 소유로 변경하려고 서둘지 말고 여전히 집단적 소유를 시행하는 것이 더 바람직하다고 지적했다. 그러면서도 인민공사의 집단적 소유에는 이미 전 인민적 소유의 성분이 어느 정도 들어 있으며 이러한 전 인민적 소유는 끊임없는 발전 가운데 계속 성장하여 점차 집단적 소유로 넘어갈 것이라고 강조했다. 집단적 소유에서 전 인민적 소유로 넘어가는 것은 하나의 과정으로서 어떤 곳에서는 비교적 빨라 3~4년 안에 완수할 수 있고 어떤 곳은 비교적 느려 5~6년 혹은 더 긴 시간을 들여서야 완수할 수 있다. 이 구절은 자신이 첨가한 것이었지만 마오쩌둥은 그래도 마음이 놓이지 않아 회의 참가자들에게 검토하게 했다. 이러한 규정은 회의 후 인민공사화운동에서 급급히 이행하려 하고 '공산풍'을 크게 불러일으킨 근거가 되었다. 후에 마오쩌둥은 이와 관련하여 자기비판을 했다. '결의'는 또 "인민공사는 사회주의를 건설하고 점차 공산주의로 나아가는 가장 훌륭한 조직 형태가 될 것이며 미래 공산주의사회의 기층단위로 발전하게 될 것이다."고 지적했다. '결의'는 공산주의로의 이행을 실현하는 몇 가지 조건을 열거하면서 "우리나라에서 공산주의의 실현은 아득히 먼 미래의 일이 아니다. 우리는 인민공사의 형태를 적극적으로 이용하여 공산주의로 이행하는 구체적인 길을 모색해내야 한다."고 선포했다. 이 '결의'가 하달된 후 인민공사화운동을 고조시켰다.

9월 10일, 〈인민일보〉는 이 '결의'를 게재하면서 '우선 인민공사의 기틀부터 갖추자'라는 사설을 발표하여 '결의' 가운데 "위로만 움직이고 아래로는 움직이지 않으며" 우선 인민공사의 기틀부터 갖추는 정신을 두드러지게 선전했다. 그리하여 전국 각지의 농촌들에서 일제히 일어나 대대적으로 인민공사를 세우는 고조가 일어나 마오쩌둥이 베이다이허회의에서 제기한, 먼저 시범하고 내년 봄에 공사화를 실현하는 요구를 완전히 뛰어넘었다. 중앙농촌사업부의 통계에 따르면 9월 29일까지 전국적으로 총 23,397개의 인민공사가 세워졌는데 인민공사에 가입한 농가가 전체 농가의 90.4%를 차지했다. 그중 12개 성, 자치구, 직할시는 100%의 농가가 인민공사에 가입했고 10개 성, 자치구는 85% 이상의 농가가 인민공사에 가입했다. 10월 말에 이르러 전국의 농촌에 건립된 인민공사는 2만 6천여 개에 달했고 가입 농가는 전체 농가의 99% 이상을 차지했다. 이로써 두 달이 채 안 되는 시일에 전국의 농촌들에서 건립된 지 2년이 채 안 되는 고급농업합작사의 대다수가 인민공사로 대체되었으며 전국의 농촌들에서는 인민공사화를 실현했다.

전국 농촌인민공사화운동의 고조 속에서 일부 성, 직할시에서는 도시에서도 인민공사를 세웠다. 1958년 하반기부터 1959년까지 베이징, 상하이, 톈진, 우한, 광저우 등 대도시에서는 대형공장, 거리, 기관 혹은 학교를 중심으로 하는 세 가지 유형의 도시인민공사를 시범적으로 세웠다. 예를 들면 베이징 시에서는 1958년 9월부터 춘슈(椿樹), 얼룽로(二龍路), 베이신차오(北新橋), 스징산(石景山), 티위관로(体育館路) 등 5개 거리에서 시범적으로 인민공사를 세우고 가두판사처를 통합하는 사업을 벌였다. 10월에 이르러 둥청구(東城區)에서만도 원래의 26개 가두판사처를 10개로 통합했다. 또 다른 예로 9월 말까지 허난성에서는 9개 성 관할시에 총 482개의 도시인민공사를 세웠는데 가입자는 이들 도시 총인구의 97%를 차지했다.

인민공사의 기본 특징은 '크고 공동적인 것(一大二公)'으로 개괄되었다. 이른바 '크다'는 것은 바로 규모가 크다는 것이다. 원래 전국의 74만여 개 농업생산합작사는 매개 사에 평균 100~200호의 농가가 있었는데 기본적으로 한 개 촌이 하나의 합작사가 되었다. 그러나 인민공사는 매개 사가 평균 28개의 원 합작사로 구성되고 농가가 4천~5천 호에서 1만~2만 호에 달했으며 기본적으로 한 개 향이 하나의 인민공사가 되거나 심지어 여러 개 향이 하나의 인민공사가 되었다. 허난, 지린 등 13개 성에서는 94개 현에서 현을 단위로 인민공사 혹은 연합사를 세웠다. '공산주의 시범'으로 불린 허난성 쉬수이현, 그리고 허난성 슈우현(修武縣)은 한 개 현이 하나의 인민공사로 이루어졌다. 9월 말에 이르러 전국적으로 한 개 공사에 평균 4,797호의 농가가 있었다. 10개 성, 직할시의 통계에 따르면 1만 호에서 2만 호에 이르는 대형인민공사가 516개 있었고 2만 호 이상인 대형인민공사가 51개 있었다. 이른바 '공동적'이라는 것은 생산수단의 공유화 정도가 높다는 것이다. 원래 경제 조건이 다르고 수입수준 차이가 많은 몇십 개 심지어 몇 백 개의 합작사를 하나로 통합하고 토지, 역축, 농기구 등 생산수단과 기타 공공재산을 전부 인민공사에 귀속시켜 인민공사에서 통일적으로 채산하고 통일적으로 분배한 것은 농촌 집단적 소유의 규모가 확대된 것으로 인정했고 사원들의 자류지, 개인이 사육한 가축, 임목, 생산도구 등을 회수하여 모두 집단적 소유로 한 것은 이른바 생산수단의 사적 소유의 잔여를 없애버린 것으로 인정했다. 또한 국영상업, 양곡, 은행 등 부문의 기층기구를 인민공사에서 넘겨주어 경영하게 한 것은 집단적 소유 가운데 전 인민적 소유 성분이 어느 정도 증가한 것으로 인정했다. 이른바 농촌 집단적 소유를 확대하고 높인다는 이러한 몇 가지 방법은 의식이 과열되면서 신속하게 발전하여 집단은 개인과 함께 생산하고 가난한 사는 부유한 사와 함께 생산하며 공사는 국가와 함께 생산하는 '공산풍'을 형성했다. 이밖에 대대적인 강철 제련과 기타 여러 가지 "대대적으로 하는" 운동을 위해 상급 정부와 인민공사에서는 생산대의 대량의 토지를 무상으로 징용하고 물자와 노력을 무상으로 동원했으며 심지어 사원들의 주택, 농기구, 가구까지 직접 돌려썼다.

인민공사는 정사합일의 체제를 시행했다. 그것은 하나의 경제조직이면서도 일급정권기구였고 전 사의 농업, 임업, 목축업, 부업, 어업 생산을 책임졌을 뿐만 아니라 공업, 농업, 상업, 지식계, 군사 등 여러 면의 사업도 책임졌다. 인민공사는 여러 개의 생산대대로 나뉘고 생산대대는 또한 몇 개의 생산대로 나뉘어 삼중 관리를 시행했다. 공사에서 전 사의 생산배치, 노력동원, 물자조달, 생산품분배와 경제채산을 통일적으로 관리하고 생산대대에서 생산관리와 부분적인 경제채산을 책임졌다. 생산대는 단지 생산을 구체적으로 조직하는 기본단위였다.

인민공사는 공급제와 노임제가 결합한 분배제도를 시행했다. 인민공사는 여러 다른 경제조건에 따라 주로 식량공급제, 급식제와 기본 생활물자공급제 세 가지 공급제 형태가 있었다. 식사를 하고도 돈을 받지 않는 식량공급제와 급식제가 가장 보편적으로 시행되었는데 이는 사원 수입의 주요한 부분이었다. '결의'는 비록 "생산에 대한 불리한 영향을 모면하기 위해 인민공사를 세운 후 서둘러 원래의 분배제도를 개정할 필요가 없다."고 규정했지만 또 조건이 갖추어진 지방에서는 노임제로 개정할 수 있으며 조건이 갖추어지지 않은 지방에서는 여전히 노동일수에 따라 보수를 계산하는 제도를 시행하다가 조건이 되면 다시 개정할 수 있다고 밝혔다. 공급 부분을 두고 노임제는 많이 일한 사람이 많이 가지는 원칙에 따라 사원들에게 소량의 화폐를 상징적으로 지불했다. 공급제는 수요에 따라 분배하는 원칙의 구현으로서 공산주의 요소를 띠고 있는 것으로 인정되어 생산의 발전에 따라 점차 시행 범위를 확대하도록 요구했다. 이에 따라 부분적인 공사에서는 사원들의 생활에 대해 '7가지 보장', '10가지 보장' 심지어 '15가지 보장', '16가지 보장'[19] 제도, 즉 사원들의 의식주행, 생로병사, 관혼상제, 교육의료에 필요한 각종 기본생활비용을 도맡는 제도를 시행한다고 선포했다. 허베이성 쉬수이현에서는 아예 노동에 따라 분배하는 제도를 취소하고 전 현 범위 내에서 사원들의 모든 생활수요를 담당하는 공급제를 시행하면서 이를 "'각자는 능력을 다하고 각자에게는 수요에 따라 분배하는' 공산주의로 이행하는 분배제도"라고 인정했다.

인민공사는 또 '조직군사화, 행동전투화, 생활집체화'의 노동조직 방식과 생활방식을 대대적으로 시행했다. 다시 말하면 모든 노력을

---

19) '16가지 보장'을 예로 분배에서 공급제를 시행하여 의, 식, 주, 행, 생, 로, 병, 사, 혼인, 육아, 학교, 오락, 이발, 목욕, 재봉, 전기요금을 공사에서 도맡는 것을 가리키는데 공사의 부담이 매우 컸다.

군대편제에 따라 조직하고 통일적인 지휘를 시행하며 여러 가지 "대대적으로 운영하는" 가운데 전투에 참가하는 방법에 따라 배치하고 동원하는 것이다. 동시에 공공식당, 탁아소, 경로원, 재봉조 등 공공복리사업을 대대적으로 운영함으로써 여성들을 해방하고 노역을 절약하며 사원들의 집단주의, 공산주의 정신을 양성하는 것이다. 10월 말까지 전국의 농촌들에서 265만여 개 공공식당을 운영했는데 식당에서 식사하는 사람이 농촌인구 총수의 70~90%를 차지했다.

인민공사화운동의 물결 속에서 공급제가 시행되고 과대풍이 성행하면서 '공산풍'이 불어닥쳤으며 급급히 공산주의로 이행하려는 경향이 상당히 광범위하게 나타났다. 허베이성 쉬수이현에서는 1959년에 사회주의를 기본적으로 건설하고 공산주의로 이행하며 1963년에 공산주의사회에 들어선다고 제기했다. 산둥성 서우장현(壽張縣, 이 현은 후에 편제를 철수했다)에서는 2년 이내에 기본적으로 공산주의를 건설한다고 계획했고 산둥성 판현(范縣, 현재 허난성에 귀속되었다)에서는 1960년에 공산주의로 이행한다고 선포했다. 일부 성당위원회에서도 공산주의로 이행하는 전망계획을 작성했다. 공산주의로 이행하기 위해 일부 지방에서는 인민공사의 집단적 소유를 전 인민적 소유로 선포하고 토지, 자금과 생산품 등을 국가에서 무상으로 조달하고 사용할 수 있다고 선포했다. 쉬수이현 등지에서는 사적 소유를 없애기 위해 농민의 가구 등 재산도 공유화하여 농민들이 "젓가락 한 쌍과 사발 한 개만 개인의 것일 뿐 모두 공유화되었다."고 말할 정도였다. 또 어떤 사람은 상품 교환 범위를 축소하고 생산품을 직접 조달하고 분배하는 범위를 확대하며 비현금 결제를 시행할 것을 제기했다. 신문, 잡지에서는 이른바 자산계급법권사상에 대한 비판을 대대적으로 벌여 노임제를 자산계급법권의 구현으로 보면서 자산계급

법권의 각종 잔여를 계속 타파할 것을 주장했다. 한동안은 당연히 생각대로 빠르게 공산주의로 이행할 것이라는 바람이 범람했다.

이러한 것들은 초기의 인민공사제도에 평균주의와 군사 공산주의적 색채가 짙었음을 보여주었다. 인민공사를 대대적으로 운영하는 과정은 실제로 '공산풍'이 크게 불어닥친 과정이었다. 인민공사화운동은 농민에 대한 박탈을 조성했을 뿐만 아니라 농촌의 생산력이 재난적인 파괴를 당하게 했다.

그럼에도 인민공사라는 이 새로운 생산관계가 생산력 발전에 촉진 역할을 했다는 것을 증명하기 위해 1958년의 추수를 전후해서도 여전히 양곡 생산량이 매우 큰 성장을 가져왔다고 대대적으로 선전했다. 10월, 시안에서 소집된 9개 성, 직할시 농업협력회의는 1958년에 양곡 생산량이 8천억 근에 도달함은 의심할 여지가 없다고 했다. 11월, 해당 부문은 또 한 해의 양곡 생산량이 8,500억 근에 도달하리라고 예측했다. 12월, 중앙에서 예측한 생산량 수치를 정식으로 선포할 때 비록 얼마간 감각했지만 여전히 7,500억 근에 달했으며 후에 확인된 1958년의 생산량인 3,953억 근보다 3,547억 근이나 높게 예측했다. 높은 예측은 높은 수매로 이어졌다. 공공식당을 대대적으로 운영하고 허리띠를 풀어놓고 배불리 먹는 것을 제창하면서 여름식량을 거의 다 소비해버린 상황에서 추수 때의 높은 수매량은 농민들의 공포심과 불만을 격화시켰다. 대대적인 강철 제련으로 많은 농촌 노역이 징집되면서 풍작을 이루었지만 모두 거두어들이지 못하여 농산품을 수확하지 못했지만 종업원 대열의 확대와 더불어 상품 양곡, 기름의 판매량은 대폭 증가했다. 1958년 겨울, 식량, 기름과 부식품 공급이 대량 달리는 상황이 나타났다. 인민공사화운동의 심각한 결과가 나타나기 시작했다.

4. '대약진'과 농촌인민공사화운동의 교훈

1958년에 시작된 '대약진'과 인민공사화운동은 당이 중국 자체의 사회주의 건설의 길을 탐구하는 과정에 겪은 한 차례 심한 좌절이었다. '대약진'을 발동할 때 마오쩌둥은 "중국은 경제가 낙후하고 물질적인 기초가 빈약하기 때문에 우리가 지금까지도 수동적인 상태에 처해 있으며 아직도 정신적 속박을 느끼고 있으며 이러한 측면에서 우리는 아직까지 해방되지 못하고 있다."[20]고 말했다. '대약진'을 발동한 마오쩌둥의 개인적인 염원으로 볼 때 가난하고 낙후한 중국의 면모를 하루빨리 바꿈으로써 중국이 다시는 제국주의의 억압과 모욕을 당하지 않고 인민들로 하여금 행복한 나날을 보내게 하기 위한 것이었다. 마오쩌둥과 당 중앙위원회에서 볼 때 '대약진' 운동을 발동한 데는 아래와 같은 충분한 근거가 있었다. 국제적으로 볼 때 사회주의 진영을 위주로 하는 세계의 평화적인 역량은 한층 더 증강되었지만 제국주의국가 간의 모순은 한층 더 깊어지고 있어 상당히 긴 평화 시기를 쟁취할 수 있으므로 중국에서 건설을 추진하는 기회를 마련해줄 수 있다. 중국에서 사회주의적 개조를 성공적으로 진행하여 우월한 사회주의 제도를 건립했는데 생산관계의 변혁은 생산력의 빠른 발전에 극히 유리한 조건을 창조해주었다. 당의 영도로 전국 6억 인민들의 건설 고조가 전례 없이 드높아졌으며 인민대중을 동원하고 인민대중에 의거하여 경제건설을 진행하기만 하면 세계 다른 나라에서 종래로 있어 본 적 없는 고속 발전의 염원을 이룩할 수 있다. 정풍운동과 반우파 투쟁을 거쳐 정치사상 전선에서의 사회주의 혁명이

---

20) 마오쩌둥, '사업방법 60개조(초안)'(1958년 1월), 〈마오쩌둥문집〉 제7권, 인민출판사 한문판, 1999년, 350쪽.

위대한 승리를 이룩했는데 이는 인민군중의 적극성을 최대한으로 발휘하는 데 더욱 유리하다. 당은 이미 사회주의 건설의 총노선을 제정하여 일련의 효과적인 사업방법을 창조했는데 이는 '대약진' 운동이 순조롭게 전개되도록 보장할 수 있다.

당시 사람들은 이전의 경험에 근거하여 일련의 위대한 승리를 신속히 달성한 중국인민의 앞에는 못해낼 일이 없으며 사회주의 제도에 군중운동까지 보태면 가는 곳마다 승리할 것이라고 진심으로 믿고 있었다. '대약진' 운동 초기에 모험적 전진을 반대한 이들을 포함하여 광범위한 간부, 군중은 원칙적으로 이 운동을 옹호했고 동시에 '대약진'을 실현하기 위해 고생도 마다하지 않고 힘써 분투했다. 전국 인민들은 미신을 타파하고 자비감을 떨쳐버리고 왕성한 의지로 간고분투하여 민족의 진흥과 사회주의사업의 발전을 위해 성과를 올리려고 했다. 이러한 정신은 귀중한 것이다. 광범한 간부, 군중이 전대미문의 열정과 열의로 밤낮없이 자연과 싸우면서 바쳐온 신근(信謹)한 노동은 부분적으로 실제적인 성과도 거두었다. 그리고 수요에 알맞은 농토수리공사라든지 후에 생산능력을 형성한 신설공업시설 같은 것들은 당시에 제 역할을 발휘했을 뿐만 아니라 그 후 상당히 긴 기간 지속적으로 효과를 발휘했다. 과학기술에서도 만족스러운 발전을 가져왔으며 특히 부분적 첨단과학기술 분야의 일부 공백도 메웠다. 공업이라고는 이전까지 없었던 전국의 많은 지방에서 공업활동을 벌였으며 비록 상당 부분이 당시 공고해지지 못했지만 결과적으로는 이러한 지역의 공업 발전을 위한 초석이 되었다.

나라의 뒤떨어진 면모를 하루속히 바꾸려면 웅대한 포부가 없어도 안 되고 매우 높은 열의가 없어도 안 된다. 하지만 경제건설에는 사람들의 주관적 의지에 따라 좌우되지 않는, 반드시 지켜야 할 객관적인 법칙이 있고 생산력의 발전 역시 축적 과정이 필요하다. 지난날 장기간 경제문화가 낙후했던 등 제반 조건의 제한으로 국민경제 발전의 속도가 상상하는 것처럼 그렇게 빠를 수 없었고 단시일 내에 가난하고 낙후한 국가의 면모를 근본적으로 바꾼다는 것도 불가능한 것이었다. 더구나 전당은 경제건설을 영도한 경험이 대체로 부족했다. 당 중앙위원회와 마오쩌둥은 소련 사회주의 건설의 발전 속도가 지나치게 느리다고 인정하면서 그들의 경험에 만족하지 않고 소련의 경험을 교훈으로 삼아 중국 실정에 맞고 발전 속도가 비교적 빠른 사회주의 건설의 길을 찾으려고 결심했다. 제1차 5개년 계획기간 비록 경제건설을 영도하는 면에서 일부 좋거나 비교적 좋은 경험을 쌓았지만 이러한 경험은 기본적인 것이었으며 중국의 생산력 발전 수준과 현실 상황에 부합하는 사회주의 건설법칙을 더욱 충분하게 이룩하려면 아직 멀었다. 또한 당의 지도자들은 이 문제에 대해 충분한 중시를 돌리지 못했다.

이러한 상황에서 전쟁연대의 대대적인 군중운동과 정치, 군사 투쟁을 벌이면서 성공한 경험을 적용해 사회주의 경제건설을 진행했다. 각급 간부의 대다수 역시 전쟁연대에 대대적으로 군중운동을 벌였던 환경에서 성장했으므로 그러한 방법에 익숙했고 그러한 경험을 활용하면 사회주의 건설을 더욱 빨리, 더욱 좋게 진행할 수 있다고 믿었다. 그리하여 건설이 과거 싸움하기보다 더 쉽다는 정서가 급속히 만연되었다.

'대약진' 운동과 인민공사화운동에 나타난 많은 혼란과 편차에 대해 당시 많은 사람이 전혀 깨닫지 못한 것은 아니었지만 흔히 그것을 정세발전의 지류로 간주했고 전진 과정에 치러야 할 대가라고 여겼다. '대약진' 운동이 시작된 후 사람들은 인민대중의 열정과 열의가 가장 중요하고 가장 소중하며 그것이면 기적을 일으킬 수 있다고 보편적으로 믿고 있었으며 편차를 바로잡으면 인민대중의 열성에 손상을 줄 수 있다고 걱정했다. 사실상 오직 대중을 올바르게 영도하여 착실하게 건설성과를 거두어야만 진정으로 인민대중의 열성을 보호하고 발휘할 수 있었다. 자연법칙과 경제법칙에 어긋나는 작법, 과장되고 허위적이며 생산력 발전을 파괴하는 '약진의 성과'는 인민대중의 열성에 손상을 주었을 뿐만 아니라 나중에 그들의 실제 이익에 심각한 피해를 가져다주었다.

　모험적 전진을 반대하는 현상을 강하게 비판한 후 당내 지도층의 민주생활은 비정상적이었으며 가부장제, 개인독단 작풍이 성행하기 시작했다. 게다가 과학적이고 실사구시적인 태도가 부족하고 사업 가운데 의견 차이, 현실성을 벗어난 많은 높은 지표와 사업임무의 완수 여부를 엄중한 정치적 문제로 삼았기에 매우 큰 정치적 압력을 조성했다. 이러한 상황에서 당내에서는 다른 의견을 제기하고 견지하기 힘든 반면, 지지하거나 심지어 끼워 맞추는 주장이 오히려 칭찬을 받으면서 과대허위보고를 올리고 거짓말을 하며 강박 명령하는 등 불량한 작풍이 자라나기 시작했다. 그리하여 개인적인 염원과 주관적 의지에 따라 일을 처리하고 의식이 과열되거나 빨리 성공하려는 '대약진 운동'과 급격히 공산주의로 이행하려는 인민공사화운동을 피할 수 없게 되었다.

　마오쩌둥이 '대약진' 운동을 발동한 최초의 염원은 가장 빠른 건설 속도로 가난하고 뒤떨어진 면모를 하루속히 바꿈으로써 중국을 진정으로 발전시키고 강대하게 하며 세계 민족의 서열에 우뚝 서게 하는 것이었다. 이러한 염원은 광범위한 간부와 군중의 염원과도 일치했다. 문제는 실제 사업 가운데 당이 일관적으로 제창해온 실사구시의 사상노선에서 벗어나 깊이 있고 면밀한 조사연구와 과학적인 논증을 거치지 않고 주관적 염원으로부터 출발하여 주관적 의지와 주관적 노력의 역할을 과대평가하면서 역사적인 발전 단계를 뛰어넘는 목표와 방침, 정책을 제기하고 실제 사업에서 자연법칙과 경제법칙을 위반한 것이다. 의식이 과열된 이러한 현상은 마오쩌둥뿐만 아니라 다른 중앙지도자들에게도 벌어졌으며 당시의 당원간부들 가운데 비교적 보편적으로 존재했는데 이는 당시 그러한 발전 단계에서 "가난하고 아무것도 없는" 중국의 뒤떨어진 면모를 급격히 바꾸려는 마음에서 싹튼 일종의 역사적 현상이었다. 후에 덩샤오핑이 총화한 것처럼 "우리는 다 혁명을 하는 사람들이다. 혁명을 하는 사람들은 조급함을 갖기 쉽다. 하루빨리 공산주의로 넘어가려는 우리의 생각은 좋은 것이다. 이로 하여 우리는 흔히 주관적 측면과 객관적 측면의 사정을 냉정하게 분석하지 못하게 됨으로써 객관 세계의 발전법칙을 위반하게 된다."[21] 다른 한편으로 거듭되는 승리 앞에서 마오쩌둥은 명망이 갈수록 높아지고 찬양의 말도 더 많이 들으면서 점차 교만해지기 시작했으며 나아가 당의 민주주의 중앙집권제 원칙을 벗어나기 시작했다. 바로 이러한 원인으로 마오쩌둥은 경솔하게 '대약진'과 인민공사화운동을 발동한 동시에 그것을 전국에서 줄기차게 일어나게 할 수 있었으며 따라서 문제를 발견해서도 제때에 바로잡지 못했던 것이다.

'대약진' 운동의 가장 큰 실책은 건설속도에서 성급히 성사하려 한 것이고 인민공사화운동의 가장 큰 실책은 소유제 관계에서 맹목적으로 순수함을 추구한 것이었다. 이 두 가지의 공통 교훈은 결국 당시

---

21) 덩샤오핑, '개혁은 중국에서 생산력을 발전시키는 유일한 길이다'(1985년 8월 28일), 〈덩샤오핑선문집〉 제3권, 민족출판사, 1994년, 198쪽.

사회주의에 대한 인식상의 제한으로 중국의 사회 생산력 발전 수준의 현실을 떠나고 경제 및 사회 발전의 객관적인 법칙을 위반한 것이다. '대약진' 운동은 비록 어떤 분야에서는 어느 정도 성과를 거두었지만 이 때문에 치른 대가는 막대했다. '대약진' 운동과 인민공사화운동은 사회생산력에 막대한 파괴를 초래했고 나라와 인민들에게 재난적인 손실을 가져다주었다. 이는 당이 전면적인 사회주의 건설을 영도하고 자체의 사회주의 건설의 길을 모색하는 과정에 범한 한 차례 큰 실책이었다. 이 가운데 거울로 삼을 수 있는 교훈은 매우 깊으며 후세에게 영원히 새겨줄 만하다.

사회주의 건설의 총노선, '대약진' 운동, 인민공사화운동과 관련하여 1981년 6월, 당 중앙위원회 제11기 제6차 전원회의에서 채택한 '건국 이래 당의 약간의 역사문제에 관한 결의'는 과학적이고 객관적이며 공정하게 평가했다.

'결의'는 다음과 같이 지적했다. "1958년 당 중앙위원회 제8기 제2차 전원회의에서 채택한 사회주의 건설의 총노선과 그 기본점은 중국의 낙후한 경제문화 상태를 바꾸려는 광범한 인민대중의 보편적인 절박한 염원을 반영했다는 면에서는 정확했고 객관적인 경제법칙을 홀대했다는 것에 결함이 있다. 이 회의를 전후하여 전당 동지들과 전국 여러 민족 인민들은 생산건설 가운데 고도의 사회주의 열성과 창조 정신을 발양했으며 어느 정도 성과를 거두었다. 하지만 사회주의 건설 경험이 부족하고 경제발전법칙과 중국경제의 기본 실정에 대한 인식이 부족했으며 더욱이 승리 앞에서 마오쩌둥 주석, 중앙과 지방의 적지 않은 지도자들에게 교만한 정서가 자라나 성급히 성사하려 했기 때문에 주관적 의지와 주관적 노력의 역할을 과대평가하고 올바른 조사연구와 시범을 거치지 않고 총노선이 제기된 후 경솔하게 '대약진' 운동과 인민공사화운동을 발동했기 때문에 높은 지표, 맹목적 지휘, 과대풍과 '공산풍'을 주요 징표로 하는 '좌'적 오류가 크게 범람했다."

제13장

9개월간의 기본적인 '좌'적 오류 시정과
'좌'적 오류 시정 과정에서의 모색

1958년 가을과 겨울 사이에 당 중앙위원회는 '대약진'과 인민공사화운동에서 적지 않은 혼란이 나타난 것을 발견하기 시작했다. 마오쩌둥은 '대약진'과 인민공사화운동의 발기자였고 인도자였으며 동시에 또한 비교적 일찍이 기본적인 조사연구를 통해 운동 과정에 나타난 문제를 발견하고 시정하기 위해 노력한 지도자였다. 그해 11월의 제1차 정저우(鄭州)회의부터 1959년 7월의 루산(廬山)회의 전기까지 중앙은 전당을 영도하고 많은 노력을 기울여 이미 발견한 '좌'적 오류를 시정했다. 이 과정에 당은 일부 중요한 이론적 관점과 정책적 주장을 제기하고 사회주의 건설문제에 대해 일부 새로운 유익한 탐색을 했다.

1. '좌'적 오류에 대한 기본적인 발견

마오쩌둥 등의 조사연구

당 중앙위원회와 마오쩌둥이 '좌'적 오류를 기본적으로 발견하게 된 것은 농촌 인민공사에 존재하는 문제를 발견하면서부터였다.

베이다이허회의가 후 '대약진'과 인민공사화운동에서 나타난 일부 문제들이 계속해서 중앙에 반영되었다. 즉 어떤 농촌에서는 가축을 잡아먹고 나무를 찍어버리고 식량을 감춰두는 등 비정상적인 현상이 나타났으며 어떤 지방에서는 재해를 입어 생산이 감산되었으나 여전히 생산량을 허위보고하고 양곡을 더 많이 수매하여 사람이 굶어 죽는 사태까지 빚어졌으며[1] 또 일부 지방에서는 인민공사의 간판을 걸

---

1) '탄전린이 마오쩌둥에게 보고한 각지의 인민공사화 상황에 관한 전국전화회의 자료', 1958년 9월 14일; '마오쩌둥에게 보낸 안후이성 링비현(靈璧縣) 재해 상황을 반영한 서명이 없는 한 통의 편지', 1958년 9월 5일.

자마자 황급히 인민공사를 '전 인민적 소유'로 선포하고 "공산주의로 이행하는" 시험을 진행했다. 허베이성 쉬수이현에서는 가장 먼저 전 현 범위에서 공사를 설립하고 전 현적으로 '전 인민적 소유'를 실현했다고 선포했다. 마오쩌둥은 일찍 쉬수이에 사람을 파견하여 상황을 파악하면서 적지 않은 문제를 발견했다.

상황을 한층 더 잘 파악하기 위해 마오쩌둥은 1958년 10월 중순부터 11월 초까지 허베이성의 톈진[2], 바오딩(保定), 스좌장(石家庄), 한단(邯鄲)과 허난성의 신샹, 정저우를 시찰했다. 그는 방문한 곳에서 모두 성, 지구, 현 당위원회의 각급 책임자들과 좌담하면서 널리 의견을 청취했다. 조사를 통해 마오쩌둥은 인민공사화운동에서 많은 사람이 사상이 혼란스럽고 "성급히 내달리려고만 하고 있다."는 것을 발견했다. 톈진에서 허베이성 쉬수이현 현당위원회 서기는 이 현에는 이미 공산주의를 시행하고 통일적인 분배를 시행하여 통일적으로 복장을 발급하고 통일적으로 노임을 발급할 조건이 갖춰졌다면서 이와 같이 실제적으로 현급 범위에 속하는 대집단 소유를 '전 인민적 소유'로 선포했다고 알려줬다. 마오쩌둥은 쉬수이의 '전 인민적 소유'와 안캉(安康)의 전 인민적 소유는 구별되기에 혼동해서는 안 된다고 명확히 지적했다. 마오쩌둥은 농촌의 '공산풍' 문제가 비교적 심각함을 깨닫고 허베이성 성장 류쯔허우(劉子厚)에게 쉬수이에 내려가 조사하도록 요구했다.

마오쩌둥은 '대약진'과 인민공사화운동의 발전을 면밀히 주시했다. 실제로 존재하는 문제를 판단하기 위한 더 많은 자료가 요구되었다. 10월 19일, 마오쩌둥은 천보다에게 두 번이나 편지를 보내 그에게 사

---

2) 톈진은 신중국이 창건된 후 곧 중앙직할시였다가 1958년 2월에 허베이성에 귀속되어 성직할시가 되었으며 1967년 1월에 다시 중앙직할시로 바뀌었다.

람들을 거느리고 일찍이 인민공사를 설립한 허난성 쑤이핑현 차아산에 가서 조사하도록 요구했다. 마오쩌둥은 또 조사조 성원들에게 '마르크스, 엥겔스, 레닌, 스탈린의 공산주의사회에 대해'란 책을 지니고 가 조사하는 한편 독서하라고 당부했다. 마오쩌둥은 심지어 천보다 일행이 정저우에 곧바로 갈 수 있도록 전용비행기를 파견할 것을 제의했는데 여기에서 당시 진실한 상황을 파악하려는 그의 심정이 얼마나 절박했는가를 알 수 있다.

10월 21일, 마오쩌둥은 쉬수이에 관한 류쯔허우의 조사회보를 청취했는데 주로 과대풍과 '공산풍' 문제였다. 예컨대 무당고구마 생산량이 2천 근에 불과하면서도 8천 근으로 거짓 보고하고 몇 개 마을의 돼지들을 모아놓고 사람들을 참관하게 하는 속임수를 쓰며 '전 인민적 소유'를 선포한 동시에 모든 개인 재산과 개인 채무를 몽땅 '공산'하고 분배 측면에서 완전히 공급제를 시행했다.

마오쩌둥은 과대풍과 '공산풍'에 대해 분명히 반대 의견을 주장했다. 그는 다음과 같이 말했다. 실사구시해야 한다. 돼지들을 한곳에 모아놓는 것은 실사구시가 아니다. 이런 짓을 하지 못하도록 현에 알려줘야 한다. 거짓 보고를 한 사람들에 대해서는 교양하고 변론하여 거짓말을 하지 말고 있으면 있는 만큼 보고하도록 해야 한다. 그는 개인 간의 채무문제를 한꺼번에 날려버리는 것에 대해 또 한 차례 '공산'이라고 비판하면서 이것은 근로인민의 노동 소득인데 당신의 것을 가져오라는 것은 임대가 아니라 침략이라고 말했다. 그는 또 평균주의를 시행하지 말고 일을 많이 한 사람이 보수를 많이 받는 사회주의 원칙을 견지해야 한다고 강조했다.[3]

---

3) '중국공산당 허베이성위원회 책임자가 쉬수이 사업을 회보할 때 한 마오쩌둥의 담화 개요', 1958년 10월 21일.

쉬수이의 과대풍과 '공산풍'은 마오쩌둥으로 하여금 사회주의와 공산주의, 전 인민적 소유와 집단적 소유의 두 가지 경계를 혼동하는 문제를 어느 정도 깨닫게 했다. 10월 23일과 28일, 마오쩌둥은 천보다에게 연속 편지를 보내어 그들에게 쑤이펑현의 위성공사에서 일주일간 조사를 한 다음 다시 쑤이펑현의 현급 간부들과 몇 차례 좌담을 가진 후 부근의 다른 현에 가서 또 조사를 하여 비교해보도록 했다.

10월 26일, 마오쩌둥은 우렁시(吳冷西)[4), 톈자잉(田家英)[5)에게 조사조를 한 개씩 거느리고 각기 허난성 신샹지구에 내려가 '한 개 현 한 개 공사'로 유명한 슈우현(修武縣)과 전국에서 제일 먼저 '인민공사' 간판을 건 신샹현 치리잉에 거점을 잡고 인민공사 상황을 조사하도록 했다. 마오쩌둥은 다음과 같이 말했다. 우리 공산주의자들의 최종 목표는 공산주의 사회를 건립하는 것으로 이는 문제가 될 것이 없다. 지금의 문제는 공산주의 사회란 무엇인가에 대해 사람마다 인식이 다르고 심지어 고위급 간부 가운데서도 제각기 말하고 있으며 그 중에는 허튼소리도 적지 않다. 여러분은 이번에 내려가서 주로 인민공사화를 한 이후의 상황을 파악해야 한다. 베이다이허회의 때 나는 인민공사의 어리석은 점은 규모가 크고 공유화 정도가 높은 것이라고 말한 적이 있다. 지금 와서 보면 사람들의 의식이 과열되어 규모가 크면 클수록 좋고 공유화 정도가 높으면 높을수록 좋은 것으로 생각하고 있는 것 같다.[6) 이 말은 사상적으로 그의 기본적인 변화를 반영했다. 마오쩌둥은 또 내려가 조사할 때 눈앞의 현란한 상황 앞에서

---

4) 우렁시는 당시 신화통신사 사장, 〈인민일보〉 총편집이었다.

5) 톈자잉은 당시 중앙정치연구실 부주임, 마오쩌둥의 비서였다.

6) 우렁시, '마오 주석을 기억하여—내가 직접 겪은 약간의 중대한 역사사건 단편', 신화출판사 한문판, 1995년, 95쪽.

냉정한 판단력을 확보하고 실사구시할 것을 요구했다.

뒤이어 마오쩌둥은 베이징을 떠나 허베이성의 스좌장지구, 한단지구와 허난성의 신샹지구에 가 시찰했다. 그는 끊임없이 당지 책임자들을 불러 좌담하면서 상황을 파악했다. 그는 특별히 허베이성당위원회 책임자에게 쉬수이현의 공급제가 오래 갈 수 있는가를 문의하고 나서 1년 정도 지나서 무너질 바에는 아예 신중하게 처리하는 것이 좋겠다고 했다. 11월 초, 마오쩌둥은 정저우에 도착하여 조사조의 회보를 각기 청취했다. 톈자잉 등은 주로 슈우현 당위원회 서기의 격정과 치리잉공사의 '16가지 보장(의, 식, 주 등 16가지를 인민공사에서 보장하는 것을 말한다)'에 대해 알려줬다. 슈우현의 '한 개 현 한 개 공사'는 원래의 245개 합작사를 합병하여 만든 것이었다. 현 전체적으로 수입과 지출을 통일하고 모든 생산수단을 공유화하여 공사(현)에서 통일적으로 조절했고 농업과 부업, 공업, 수공업 제품도 전부 공사(현)에서 통일적으로 조달했으며 소비재의 일상 소비를 공사에서 공급했다. 남녀노소 할 것 없이 모두 낮은 수준의 공급제를 시행하고 공공식당을 꾸려 허리띠를 풀어놓고 밥을 먹게 했다. 생산대 간부들은 모두 그들이 시행하는 것을 전 인민적 소유라 했으나 이 현의 현당위원회 서기는 오히려 우려하고 있었다. 그는 인민공사와 국가의 관계는 국영공장과 국가의 관계와 다르다고 생각했다. 즉 만약 인민공사에서 국영공장과 같은 전 인민적 소유를 시행한다면 재해가 들었을 때 국가에서 평년과 마찬가지로 인민공사에 필요한 생산수단과 소비재를 공급해줄 수 있겠는가, 풍년이 들었을 때 국가에서 인민공사의 농산물을 전부 수매할 수 있겠는가, 이런 낮은 표준의 공급제를 수요에 따라 분배하는 것이라고 말할 수 있겠는가 하는 것이었다.

슈우현인민공사의 소유제와 공급제에서 존재하는 문제점들은 마오쩌둥의 주목을 끌었다. 그는 다음과 같이 지적했다. 한 개 현을 한 개 공사로 하는 것은 규모가 너무 큰 것 같다. 현당위원회에서 그 많은 구체적인 일들을 관리하기 힘들 뿐만 아니라 전 현 각지의 생산 수준이 불균형적이어서 평균분배가 부유한 생산대, 부유한 인민공사의 적극성에 손상을 줄 수 있다. 우리는 지금 여전히 사회주의를 건설하고 있기에 아직도 노동에 따라 분배해야 한다. 무릇 생산에 유리한 것이면 하고 생산에 불리한 것이면 모두 하지 말아야 한다. 공급제로 공공식당만 경영할 수 있되 또 관리를 강화하여 입쌀과 잡곡, 밥과 죽을 알맞게 조절하고 농번기와 농한기를 구분하여 처리하며 근검하게 생활하는 것을 배워야 하고 허리띠를 풀어놓고 마음대로 먹어서는 안 된다. 그렇게 하면 반드시 지탱해나가기가 어려울 것이다. 기타로 공공복지사업 같은 것만 하고 '보장' 방법을 취하지 말며 억지로 하지 말아야 한다.

전 인민적 소유 문제에 대해 마오쩌둥은 다음과 같이 말했다. 슈우현은 안캉과 달리 제품을 조달할 수 없고 다만 상품교환만 할 수 있을 뿐이다. 그러므로 전 인민적 소유라고 할 수 없고 집단적 소유라고 할 수밖에 없으며 절대 양자를 혼동해서는 안 된다. 슈우현당위원회 서기가 제기한 문제에서 우리는 만약 생산력의 고도 발전이 없다면 인민공사에 관한 베이다이허회의의 결의에서 지적한 것처럼 제품이 매우 풍부하고, 공업과 농업이 모두 고도로 현대화된다면 생산관계가 집단적 소유에서 전 인민적 소유로 이행하고 분배방식이 노동에 따른 분배에서 수요에 따른 분배로 이행한다는 것은 근본적으로 불가능한 일임을 깨닫게 될 것이다. 이 두 가지 소유의 접근은 아주 긴 역사적 과정이다.

정저우에서 천보다는 마오쩌둥에게 회보할 때 인민공사의 제품은 통일적 조달을 시행할 수 있다면서 상품과 화폐를 취소할 것을 건의했다. 그의 관점은 마오쩌둥의 비판을 받았다.

마오쩌둥은 조사 과정에 공산주의로 성급히 이행하려는 문제 외에 또 다음과 같은 일부 문제도 발견했다. 즉 각지 농촌에서 대량의 인력을 집중하여 산에 올라가 강철을 제련하고 '대병단작전'의 방법으로 낮에 밤을 이어가고 풍찬노숙하고 있으며 공공식당을 제대로 운영하지 못하여 식량과 기름이 모자라 군중의 체력이 저하되고 적지 않은 사람들이 병에 걸린 문제, "강철을 대대적으로 제련"하는 과업도 잘 완수하지 못했고 적잖은 지방에서 제련된 강철은 대부분 저질품, 폐품이어서 근본적으로 강철 제련에 사용할 수 없는 문제, 또한 높은 지표를 완수하지 못하자 허위보고를 했는데 상급에 보고한 강철, 양곡 등 '위성' 생산량은 모두 거짓 수치라는 문제 등이다. 건장한 노역자들이 모두 강철 제련에 가다 보니 밭의 농작물을 수확할 사람이 없게 된 상황이었다. 이에 마오쩌둥은 "1,070만 톤의 강철 지표가 천하를 혼란에 빠뜨릴 수 있다. 베이다이허회의로부터 연말까지 겨우 넉 달밖에 안 되는데 몇 천만 명이 산에 올라갔으니 농업이 풍작은 들었어도 다수확은 거두지 못할 것이고 식당에서 또 허리띠를 풀고 먹을 것이니 어찌할 것인가?"라고 근심조로 말했다. 마오쩌둥은 '대약진' 운동과 인민공사화운동에서 확실히 '좌'적 경향이 나타났으며 운동을 '냉각'시키고 모두가 냉정해질 필요가 있음을 의식하게 되었다.

제1차 정저우회의에서 우창(武昌)회의에 이르기까지

당 중앙위원회와 마오쩌둥은 인민공사화운동에서 나타난 이미 보편성을 띤 문제에 대해 사회주의 이론적으로 사고하고 실천 속에서 조치를 취해 시정하고자 노력했다.

1958년 11월 2일부터 10일까지 마오쩌둥은 정저우에서 중앙과 지방의 부분적 지도자들이 참가한 사업회의(즉 제1차 정저우회의)를 주재하여 소집했다. 이번 회의는 원래 마오쩌둥이 곧 열리게 되는 우창회의와 당 중앙위원회 제8기 제6차 전원회의를 준비하기 위해 소집한 것이었다. 그러나 회보를 청취하는 과정에 마오쩌둥은 일부 문제가 사회주의와 공산주의에 대한 인식과 관계가 있는 아주 중대한 문제라는 것을 느끼고 회의 범위를 3차례나 확대했다. 먼저는 산시, 간쑤, 산시, 허베이, 허난 5개 성으로부터 산둥, 안후이, 후베이, 후난을 포함한 9개 성으로 확대했으며 후에는 각 대협동지구 주임을 참석시켰으며 마지막에는 류사오치, 천윈(陳雲), 덩샤오핑, 탄전린, 양상쿤(楊尙昆) 등도 정저우에 와서 회의에 참석했다. 회의 장소도 고정되지 않았다. 첫 며칠 회의는 모두 전용열차에서 열렸고 류사오치 등 중앙지도자들이 도착한 후에야 장소를 허난성당위원회 초대소로 옮겼다. 회의는 워낙 인민공사의 성격문제를 연구할 계획이었으나 누군가 전국농업발전요강 40개조가 이미 시대에 뒤떨어져 새로 작성할 것을 제기하자 회의는 두 가지 의제를 가지게 되었고 따라서 '인민공사의 약간의 문제에 관한 정저우회의 결의(초안)', '15년 사회주의 건설요강 40개 조' 2개 문건을 준비하게 되었다. 당시 마오쩌둥은 한창 스탈린의 '소련에서의 사회주의 경제문제'를 읽으면서 '대약진'과 인민공사화운동 과정에서 부닥친 문제들과 관련하여 숙고하고 있었다. 회의에서 마오쩌둥은 회의에 참가한 동지들과 한 단락 한 장절씩 스탈린의 소책자를 학습하고 연구하는 한편 실제와 연계해 아주 많은 중요한 이론적 관점들을 논술했다.

마오쩌둥은 제품, 자금, 노력의 통일적인 조달에 부정적인 의견을 표시하면서 다음과 같이 말했다. 한 개 현의 전 인민적 소유든 대집단적 소유든 인력, 재력, 물력을 모두 조달해서는 안 된다. 이 점에 대해 분명히 해야 하며 전 인민적 소유와 혼동해서는 안 된다. 인민공사는 국영공장과 다르기에 인민공사의 제품을 조달할 수 없으며 만약 양자를 혼동한다면 노력할 목표가 없어진다.[7] 그는 실례를 들어 안궈현(安國縣)에서 생산한 밀을 다른 2개 현에 인구당 500근씩 대가 없이 조달할 계획이라는데 이건 대체 어디에서 온 법인가? 전 세계적으로도 들어본 적이 없다고 말했다. 그는 또 역사상 진시황, 수양제가 전국적으로 노동력을 조달하여 나라가 망한 예를 들면서 전당에 경종을 울렸다.[8] 마오쩌둥은 다음과 같이 지적했다. 스탈린은 '가련한 마르크스주의자'들은 농촌의 중소생산자들을 수탈해야 한다고 여기고 있다고 말했는데 우리나라에도 이런 부류의 사람들이 있다. 일부가 성급히 인민공사를 전 인민적 소유로 선포하고 상업을 취소하고 제품조달을 시행하려고 하는데 이것이 바로 농민을 수탈하는 것이다. 지금 농민의 노동은 토지와 기타 생산수단과 마찬가지로 그들 자신의 소유이기에 제품 소유권을 갖고 있다. 이 점을 잊는다면 우리는 농민을 이탈할 위험이 있다.

이와 연계하여 마오쩌둥은 화폐를 취소하고 상품을 취소하자는 주장에 대해 다음과 같이 비판했다. 지금 우리의 일부 사람들은 상품생산을 소멸할 기세를 보이고 있다. 그들은 공산주의를 지향하면서 상품생산을 언급하기만 하면 근심에 쌓여 이것을 자본주의적인 것으로 간주하고 있는데 그들은 사회주의 상품생산과 자본주의 상품생산을

---

7) '마오쩌둥이 제1차 정저우회의에서 한 연설', 1958년 11월 7일.
8) '마오쩌둥이 제1차 정저우회의에서 한 연설', 1958년 11월 6일.

명확히 구분하지 못하고 사회주의 조건에서 상품생산을 이용하는 역할의 중요성을 모르고 있다. 그는 이것은 객관적 법칙을 승인하지 않는 표현이며 5억 농민을 잘 모르는 문제라고 명확히 지적했다. 마오쩌둥은 "상품생산을 자본주의와 혼동해서는 안 된다. 무엇 때문에 상품생산을 두려워하는가? 다만 자본주의를 두려워하기 때문이다. 지금은 국가가 인민공사와 장사를 하고 있다. 자본주의를 진작 배제했는데 상품생산을 두려워할 필요가 있는가? 두려워하지 말아야 한다. 내가 보건대 상품생산을 대대적으로 발전시켜야 한다.", "상품생산은 그것이 어떤 경제제도와 연계되어 있는가를 보아야 하는 바 자본주의제도와 연계되어 있으면 자본주의적 상품생산이고 사회주의 제도와 연계되어 있으면 사회주의적 상품생산인 것이다."[9]라고 말했다. 상품생산과 직접 관련되는 것이 상품교환 문제이다. 그는 역사를 회고하면서 신중국 창건 초기에 우리는 상품생산으로 몇 억의 농민을 단결시켰다. 사회주의 건설 시기에 우리는 인민공사가 있기에 상품생산과 상품교환을 더욱 발전시켜야 하며 계획성 있게 대대적으로 사회주의 상품생산을 발전시켜야 한다고 말했다. 마오쩌둥은 또 인민공사마다, 아울러 생산대마다 양곡을 생산하는 외에 모두 상품작물을 생산하도록 해야 한다고 긍정적으로 말했다. 그는 사회적 교환을 확대할 것을 제창했으며 교환하지 않으면 소비할 수 없다고 하면서 베이징, 톈진, 상하이 주변 지역이 부유해진 것은 바로 상품생산을 발전시켜 교환할 수 있었기 때문이었다고 말했다. 그는 또 1958년 10월에 시안에서 소집된 농업협동회의에서 "전심전력으로 상품을 취소"한 작법을 비판했다. 마오쩌둥은 "인민공사가 바로 국가이고 완전

---

9) 마오쩌둥, '사회주의상품 생산문제에 관하여'(1958년 11월 9일, 10일), 〈마오쩌둥문집〉 제7권, 인민출판사 한문판, 1999년, 439쪽.

히 자급할 수 있다고 여기고 있는데 이런 일이 어디 있는가? 생산은 어쨌든 분업이 있기 마련이다. 크게 분업한 것이 바로 공업, 농업이다. 분업을 한 이상 공업을 중단하면 양곡이나 목화나 기름작물을 생산할 수 없게 된다. 먹을 것이 없으니 교환할 수밖에 없을 것이다."[10]고 지적했다.

마오쩌둥은 또 집단적 소유에서 전 인민적 소유로, 사회주의에서 공산주의로 성급히 이행하려는 경향에 대해 비판했다. 11월 4일, 마오쩌둥은 신40개조 초안 작성에 관한 상황회보를 청취했다. 허난성 당위원회 제1서기 우즈푸(吳芝圃)가 초안의 명칭을 '인민공사발전요강 40개조'라고 하겠는가 '공산주의 건설 10년 계획요강'이라고 하겠는가를 놓고 의논했다고 회보했다. 마오쩌둥은 지금의 제목을 내가 보기에는 그래도 사회주의라고 하는 것이 좋을 것 같다고 제기하면서 사회주의 속에 공산주의가 있다. 어머니 배 속에 아이가 있듯이 아이를 아직 낳지 않았을 때, 특히는 1, 2개월 때 누가 그 아이를 볼 수 있겠는가?" "지금 공산주의를 언급했는데 이 문제는 너무 커서 전 세계마저 이해하지 못할 것이다. 지금의 제목을 내가 보기에는 그래도 사회주의라고 하는 것이 좋겠다. 자꾸 공산주의와 연계하지 말아야 한다."고 말했다. 11월 5일 회의에서 누군가 또다시 10년 이내 공산주의로 이행할 것을 제기했을 때 마오쩌둥은 한층 더 자신의 관점을 논술했다. 그는 "전 인민적 소유와 집단적 소유를 혼동하는 것은 불리한 것 같다. 지금 우리는 시기가 되어 공산주의가 이미 이루어진 것처럼 생각하는데 빨라도 너무 빠르다! 이렇게 되면 분투가 너무나도 쉽지 않은가!" "나는 지금 우리가 베이다이허에서 적어

---

10) '마오쩌둥이 제1차 정저우회의에서 한 연설', 1958년 11월 3일.

서 3~4년, 길어서 5~6년, 지어 좀 더 긴 시간에 공장들처럼 집단적 소유에서 전 인민적 소유로 이행할 것이라고 말한 것이 큰소리를 친 것이 아닌가, 너무 앞질러 말한 것이 아닌가를 우려하고 있다.", "베이다이허회의에 대해 일부 수정해야 할 것 같다."고 말했다. 마오쩌둥의 의견에 따라 신40개조 제목을 '15년간 사회주의 건설요강 40개조(1958~1972)(초안)'로 확정하고 제기법에서 사회주의를 견지했을 뿐만 아니라 시간도 10년에서 15년으로 고쳤다. 회의에서는 산둥성 판현이 2년 이내에 공산주의로 진입할 타산이라는 자료를 인쇄해 배부했다. 이와 같이 공산주의를 '지향'하는 데 대해 마오쩌둥은 비록 "한 수의 시처럼 아주 재미있다."고 표했지만 그는 이미 당시 보편적으로 존재하는 성급히 이행하려는 경향에 대해 찬성하지 않았다. 그는 다음과 같이 말했다. 지금 공산주의가 빨리 실현되면 될수록 좋다고 생각하는 경향이 있다. 공산주의 실현에는 절차가 있는 법이다. 산둥 판현에서 2년 이내 공산주의를 실현한다고 제기했는데 사람을 파견해 조사해보아야 한다. 지금 일부 사람들은 늘 3~5년 안에 공산주의를 실현하려고 한다.[11] 마오쩌둥은 선을 그어야 하는데 큰 선은 사회주의와 공산주의이고 작은 선은 집단적 소유와 전 인민적 소유라고 지적했다. 그는 "우리는 혁명전쟁을 22년이나 해왔고 인내심을 가지고 민주혁명의 승리를 기다려왔다. 사회주의를 건설하는 데 인내심이 없어서야 하겠는가? 인내심이 없으면 안 된다."[12]고 말했다.

11월 6일과 7일, 류사오치, 천원, 덩샤오핑, 탄전린, 양상쿤이 정저

---

11) 마오쩌둥, '사회주의 상품생산문제에 관하여'(1958년 11월 9일, 10일), 〈마오쩌둥문집〉 제7권, 인민출판사 한문판, 1999년, 436쪽.

12) 마오쩌둥, '사회주의 상품생산문제에 관하여'(1958년 11월 9일, 10일), 〈마오쩌둥문집〉 제7권, 인민출판사 한문판, 1999년, 440~441쪽.

우에 도착하여 회의에 참석했다. 마오쩌둥은 그들에게 상황을 설명하고 다음과 같은 3가지 문제를 함께 연구할 것을 제기했다. 첫째는 무엇을 집단적 소유에서 전 인민적 소유로 이행하는 것이라고 하는가? 무엇을 사회주의에서 공산주의로 이행하는 것이라고 하는가? 이런 이행을 실현하려면 어떤 조건이 필요하고 얼마만큼의 시간이 걸릴 것인가? 둘째는 강철 지표이고 셋째는 도시의 인민공사를 어떻게 운영할 것인가 하는 문제이다. 마오쩌둥은 인민공사의 번잡하고 복잡한 문제 가운데 점차 사회주의와 공산주의 및 그 양자 간의 상호관계라는 이 본질적인 문제를 포착함으로써 인민공사화 과정에 나타난 '좌'적 오류에 대한 시정을 이론적인 수준으로 끌어올렸다.

마오쩌둥의 요구에 따라 11월 7일, 덩샤오핑이 회의를 사회하고 주로 사회주의와 공산주의 문제에서 사회주의의 내용은 무엇이고 공산주의의 내용은 무엇인가? 무엇을 사회주의 건설의 완수라고 하는가? 인민공사문제에서는 성격문제, 체제문제, 도시문제 등을 토론했다. 덩샤오핑은 발언에서 다음과 같이 말했다. 사회주의 건설 완수의 징표는 전 인민적 소유인가, 아닌가? 이에 앞서 무엇을 사회주의 건설의 완수라고 하는가 하는 문제를 제기하게 된다. 그렇다면 이 문제의 개념은 다음과 같은 다섯 가지가 아니겠는가. (1) 사회주의 건설 완수의 핵심적인 표현은 전 인민적 소유를 실현하는 것이다. (2) 현존하는 대집단적 소유, 소인민적 소유는 점차 전 인민적 소유로 발전해야 한다. (3) 전 인민적 소유의 함의는 생산의 대상이 점차 전 인민적 생산의 부분으로 확대돼야 한다는 것이다. 즉 국가에서 조달할 수 있는 부분의 생산을 점차 증가시키고 국가계획에 따라 생산하고 국가계획에 따라 조달한다는 것이다. (4) 조달을 실현하고 조달의 비례를 점차 늘리려면 반드시 막강한 물질적 기초가 있어야 하고 반드시 생산을 끊임없이 발전시키며 생산수준을 끊임없이 제고해야 한다. (5) 인민공사가 막강한 물질적 기초를 갖추려면 반드시 공사공업화, 농업공장화(즉 기계화와 전기화)를 실현해야 한다. 인민공사의 성격에 대해 토론할 때 류사오치는 사회주의 성격으로서 전 인민적 소유의 성분이 있고 동시에 공산주의 요소가 이미 나왔는데 이를테면 공사 내 공급제의 일부분은 공산주의 성격이지만 아직 각자가 자기의 수요대로 가지는 사회를 실현한 것은 아니라고 제기했다. 덩샤오핑은 인민공사의 성격을 다섯 가지로 개괄했다. (1) 노, 농, 상, 학, 병이 결부된 사회 구조의 기층단위이다. (2) 동시에 또 일부분 기층정권의 역할도 가진다. (3) 사회 경제 발전의 산물과 대약진의 산물로서 우연적인 것이 아니다. (4) 두 가지 이행을 실현하는 가장 좋은 형태이다. (5) 장래 공산주의사회의 기층단위이다. 그는 현재의 인민공사는 사회주의적인 것이지 공산주의적인 것이 아니라고 명확히 지적했다. 이날 회의토론을 거쳐 '정저우회의 개요' 초고가 형성되었다. 초고는 현 단계는 여전히 사회주의사회에 처해 있으며 현 단계의 인민공사는 사회주의의 집단적 소유라고 명확히 지적했다. 마오쩌둥이 두 번 수정한 뒤 문건의 명칭을 '인민공사의 약간의 문제에 관한 정저우회의의 결의(초안)'라고 고쳤다.

11월 9일, 마오쩌둥은 중앙, 성, 지구, 현 4급 당위원회 위원들에게 '독서에 관한 건의'라는 편지를 써서 스탈린의 〈소련에서의 사회주의 경제문제〉와 〈마르크스, 엥겔스, 레닌, 스탈린의 공산주의사회에 대해〉란 두 책을 읽도록 건의했다. 그는 다음과 같이 요구했다. "중국 사회주의 경제혁명과 경제건설에 연계하여 이 두 책을 읽음으로써 자기의 두뇌를 명석하게 하고 우리의 위대한 경제사업을 지도하는 데 이롭게 해야 한다. 지금 많은 사람은 아주 혼란스러운 사상을 갖고 있다. 이 두 책을 읽고 나면 사상이 명석해질 것이다. 최근 몇 개월 안에 일부 마르크스 경제학자로 자처하는 이들이 바로 이러하다. 그들은 마르크스 정치경제학을 읽을 때에는 마르크스주의자였다. 그러나 이전의 경제 실천 가운데 일부 구체적인 문제에 부닥치기만 하면 그들의 마르크스주의는 엉망이 되어버린다. 지금 독서와 변론이 필요한데 모든 이들에게 유익하기를 바란다."

제1차 정저우회의 기간에 '인민공사의 약간의 문제에 관한 결의(초안)'와 '15년 사회주의 건설요강 40개조(1958~1972)(초안)' 두 문건을 작성했다. 마오쩌둥의 원의에 따라 중앙정치국의 확인을 거친 후 '인민공사의 약간의 문제에 관한 결의(초안)'를 각지에 발부하여 관철 집행하도록 했다. 그런데 정저우회의 이후 마오쩌둥은 생각을 바꾸었다. 그는 인민공사는 '큰 문제'라고 인정하고 덩샤오핑에게 편지를 보내 이 문건을 "우창회의에 가지고 가 다시 토론하면서 더욱 많은 사람의 동의(좋은 의견이 제기될 수 있지만 약간의 수정을 할 수 있을지도 모른다)를 얻은 뒤 정식 문건으로 발부하는 것이 타당할 것 같다."[13]고 했다.

정저우회의는 실제사업에 대한 당의 지도사상에 어느 정도 변화가 일어나기 시작했음을 보여주었다. 마오쩌둥이 회의에서 제기한 문제들은 실제사업에서 실제를 이탈하고 군중을 이탈하는 '좌'적 오류를 시정하는 첫 걸음을 떼었다. 그가 논술한 두 가지 소유를 구분하고 두 가지 사회발전 단계의 경계를 명확히 나누는 것에 관한 사상, 상이한 사회제도와 서로 연계되는 상품생산 성격에 관한 관점과 사회주의 상품생산을 대폭 발전시키는 데 관한 사상은 이미 발견한 '대약

---

13) '마오쩌둥이 덩샤오핑에게 보낸 편지', 1958년 11월 12일.

진'과 인민공사화운동에서 나타난 문제에 대한 반성으로 당시 성급히 전 인민적 소유와 공산주의로 이행하려는 바람에 대해 경고했을 뿐만 아니라 사회주의를 건설하는 데 일대 중대한 이론과 실천문제를 제기했으며 사회주의 건설을 지도하는 데 중요한 의의가 있었다.

회의가 끝난 뒤 마오쩌둥의 지시에 따라 류사오치, 저우언라이, 덩샤오핑은 11월 13일, 15일, 17일, 18일에 베이징에 있는 중앙정치국위원, 서기처 성원들이 참가한 회의를 사회하고 〈소련에서의 사회주의 경제문제〉 및 정저우회의에서 작성한 두 문건을 학습, 토론했다. 마오쩌둥은 〈소련에서의 사회주의 경제문제〉와 정저우회의 문건을 토론하고 학습하는 문제로 삼아 제기하고 의견을 청취할 것을 요구했다. 이에 그는 "이른바 문제로 삼아 제기하라는 것인즉 매 문제에 대해 긍정적인 면과 부정적인 면의 두 가지를 다 제기해야 한다는 것이다. 예를 들면 선을 긋고 경계를 명확히 가르는 문제에 대해 선을 긋는 것이 좋은가, 아니면 선을 긋지 않는 것이 좋은가를 제기해야 한다. 상품문제에 대해서도 현 단계에서 상품을 요구하는 것이 좋은가, 아니면 상품을 요구하지 않는 것이 좋은가를 제기해야 한다."고 설명했다. 마오쩌둥은 이 두 가지 중대한 이론과 실천 문제를 해결하지 않는다면 사업에서의 오류를 시정한다는 것은 불가능하다고 인정했다. 마오쩌둥은 회의 후 계속 남하하면서 허난 쑤이핑, 신양(信陽)과 후베이 샤오간(孝感), 우창을 시찰했다. 시찰 과정에 그는 성, 지구, 현 당위원회에서 구당위원회, 공사당위원회의 책임자에 이르기까지 그들과 담화를 나누었을 뿐만 아니라 당지 기층에 내려와 노동하고 있는 중앙 직속기관 간부들의 회보도 청취했다. 우한에 도착한 후 그는 또 후난, 광둥, 쓰촨, 산시 등 성당위원회 주요 책임자들을 불러 담화를 하면서 농촌의 진실한 상황을 더 폭넓게 파악하고 동시에 각급 간부들에게 사원들의 생활에 관심을 가질 것을 요구했다.

1958년 11월 21일부터 27일까지, 당 중앙은 우창에서 정치국확대회의(즉 우창회의)를 소집하고 주로 인민공사문제, 정저우회의에서 작성한 두 문건과 1959년도 국민경제계획 초안을 토론하고 높은 지표와 과대풍 문제를 집중적으로 토론했다. 이번 회의에서는 정저우회의의 사고방향에 따라 계속 성급하게 이행하려는 경향과 농공업 생산에서의 높은 지표와 과대풍을 비판했다. 마오쩌둥의 말대로 하면 이번에는 자세를 낮추고 더 고민을 해 거품을 빼야 한다. 비파를 지나치게 팽팽하게 켜면 비파의 현이 끊어질 위험이 있으므로 너무 팽팽하게 켜지 말아야 한다는 것이었다.

마오쩌둥은 첫날 연설에서 (1) 공산주의로의 이행, (2) 15년 계획, (3) 이번 회의의 임무, (4) 경계를 나누는 문제, (5) 계급소멸, (6) 상품경제, (7) 임무감소, (8) 인민공사 조정 등 8개 문제를 언급했다. 그는 이 문제들 때문에 "나는 머릿속이 새카맣다.", "도대체 어떻게 해야 할지 종잡을 수 없다."고 말했다. 그는 정저우회의에서 작성한 '15년 사회주의 건설요강 40개조(초안)'에서 언급된 수치는 근거가 부족하기에 2년 후에 다시 고려할 것이며 외부에 누설하지 말고 헛된 명성을 추구하다가 화를 입지 말도록 해야 한다고 지시했다. 이로써 이 문건은 보류되었다.

많은 간부의 사상 속에 남아 있는 성급히 공산주의로 이행하려는 경향에 비추어 11월 21일과 23일 연설에서 마오쩌둥은 소련 사회주의 건설의 역사와 연계하여 앞장서서 자아반성을 진행했다. 그는 다음과 같이 지적했다. 소련은 공산주의에의 이행을 준비하는 문제에서 아주 신중했다. 그토록 오랫동안 진행해오면서 이행하고 싶어도 이행이라는 말을 입 밖에 내지 않고 그냥 조건을 준비하고 있다고만 말했다. 우리 중국 사람들은 나를 포함해서 너무 성급한 것 같다. 단 9년밖에 안 되었는데 야심이 일었던 것이다. 중국 사람들 이렇게 대단한가? 전 중국이 공산주의에 들어서려면 얼마의 시간이 걸릴지 지금 누구도 모르고 있으며 상상하기조차 어렵다.[14] 우리의 향 이상 간부는 100만 명은 안 되더라도 몇 십만 명은 될 것인데 빠르게 이행해야 하고 이르면 이를수록 좋으며 소련보다 먼저 이행하려 하고 있다. 우리는 지금 매우 궁핍하여 아무것도 없다. 5억여 명의 농민들의 인구당 연수입은 80위안도 안 되는데 너무도 가난하지 않은가? 우리는 지금 너무 큰소리를 치는 것 같다. 내가 보기엔 현실에 부합되지 않으며 객관적 실제를 반영하지 못하고 있다. 소련은 1938년에 사회주의 건설의 완수를 선포하고 지금 또 현재부터 12년 동안 공산주의에 들어갈 조건을 준비한다고 제기했다. 그러므로 우리는 신중해야 한다.[15]

생산 지표문제에서 우창회의는 "거품"을 "줄일" 것을 제기하고 일부 지나치게 높은 지표를 단호히 조정했다. 원래 계획에 따르면 1959년도 강철 생산량은 2,700만~1,000만 톤이었다. 마오쩌둥은 이 문제가 시종 마음에 걸렸다. 그는 반복적으로 중앙정치국 상무위원, 관련 부문의 책임자와 각 대행정구의 책임자들과 담화를 나누고 여러 방면으로 고심한 끝에 1959년도 강철 생산량지표를 대폭 하향조정하기로 했다. 이 문제에 대해 어떤 사람은 계속 천만 톤으로 고집했고 어떤 사람은 1,800만 톤으로 하향조정할 것을 제안했다. 마오쩌둥은 지금 천만 톤의 문제가 아니라 1,800만 톤이 파악되고 있는지 없는

---

14) '마오쩌둥이 우창회의에서 한 연설', 1958년 11월 21일, 23일.

15) '마오쩌둥이 우창회의에서 한 연설', 1958년 11월 21일.

지 하는 문제라고 인정했다. 그는 또 자기가 1958년도에 강철 생산량을 2배(즉 1,070만 톤) 늘릴 것을 제기한 것은 '모험적인 건의'였다고 반성하면서 "전에는 남들이 나의 모험적 전진을 반대했다면 지금은 내가 남들의 모험적 전진을 반대하는 셈이다."고 말했다. 당시 계획을 주관했던 동지가 11월 22일의 회의에서 계속 2,200만 톤은 문제없고 2,500만 톤을 쟁취할 것을 제기했다. 그날 밤, 마오쩌둥과 류사오치, 천윈, 덩샤오핑 등은 7개 협동지구 조장들을 불러 회의를 열고 1,800만 톤의 가능성에 대해 여러 차례 토론했다. 토론을 거친 후 회의는 1959년도 강철 생산량 계획수량을 내부적으로는 2천만 톤으로 낮추기로 하고 대외적으로는 1,800만 톤으로 공포하기로 했다. 천만 톤에서 1,800만 톤으로의 대폭적인 조정은 마오쩌둥과 당 중앙위원회가 바로 강철의 높은 지표문제에서 나타난 주관주의적 오류의 시정에 착수하고 있고 과열됐던 의식이 점차 식기 시작했음을 보여준다. 마오쩌둥은 또 공업임무, 수리임무, 양곡임무도 모두 적당히 줄여야 한다고 표시했다.

우창회의에서는 또 군중들의 생활문제에 주의를 돌릴 것을 특별히 강조했다. 이 문제에 대해 마오쩌둥은 제1차 정저우회의 때에 여러 차례 제기했다. 11월 14일, 우창으로 가는 도중에 그는 신화사의 내부자료 한 부를 보았는데 허베이성 한단지구의 영도간부들이 생산에만 주의를 돌리다 보니 군중의 생활을 홀대하여 사원들이 과로로 인한 면역력 약화로 장티푸스에 전염되고 있다는 사실을 기록한 것이었다. 마오쩌둥은 자료에 평어를 달고 그것을 우창회의에서 인쇄 배포하게 했다. 평어에서는 이것은 '하나의 전국적인 문제'로 즉각 전당 각급 책임간부들이 주의를 기울여 "사업과 생활을 함께 중시"하는 방

침을 취하도록 요구했다.[16)]

　뒤이어 각지에서는 이 방침에 따라 사업을 검사하고 생산과 생활을 타당하게 배치하는 구체적인 조치를 제정했다. 당 중앙위원회는 제때에 시달 과정에서의 전형적인 사례를 포착하고 각급 당위원회에서 인민생활에 깊은 중시를 돌리도록 독촉했다. 우창회의 기간에 윈난성당위원회는 중앙에 1958년 봄과 여름 사이 이 성에서 부종병 등으로 사람이 사망한 상황을 보고하고 이와 같은 가슴 아픈 사건이 빚어진 주요 원인은 지도 작풍이 깊이 스며들지 못하고 군중의 생활에 대한 관심이 부족했기 때문이었다고 반성했다. 이에 마오쩌둥은 다음과 같이 회답했다. 윈난성당위원회가 오류를 범했는데 기타 성에서 만약 간부들에 대한 교양이 따라가지 못하고 상황에 대해 분석을 잘하지 않으며 제때에 간부와 군중 속에서 인민생활의 불량한 분위기를 알아차리지 못한다면 반드시 똑같은 오류를 범하게 될 것이다. 인민생활과 같이 이처럼 중대한 문제에 관심과 주의가 부족하고 제대로 관리하지 못했을 때 우리는 남을 전적으로 책망해서는 안 된다. 이 문제는 우리가 사업임무를 지나치게 과중하게 제기한 것과 밀접히 관계된다.[17)] 마오쩌둥은 전형적인 사례들을 분석하고 인민군중의 생활문제에 대한 각급 당위원회의 깊은 중시를 불러일으키려고 노력했다.

　높은 지표, 맹목적인 지휘, 강박적인 명령 등 문제를 해결하기 위해 우창회의는 거짓을 꾸미는 것을 반대하고 과학을 미신으로 간주하여 타파하지 말 것을 제기했다. 마오쩌둥은 우창회의에서 거짓을

---

16) 마오쩌둥, '사업, 생활을 함께 중시하는 것에 관한 방침에 대한 평어', 1958년 11월 14일.

17) 마오쩌둥, '한 가지 교훈'(1958년 11월 25일), 〈마오쩌둥문집〉 제7권, 인민출판사 한문판, 1999년, 451쪽.

꾸미는 기풍에 대해 아주 신랄하게 비판했으며 인민공사에 관한 문건 속에 거짓을 반대하는 문제를 전문적으로 써넣을 것을 제의했다. 그는 "현당위원회 서기, 공사당위원회 서기들과 착실하게 담화를 나눌 것을 건의한다. 그들이 성실하게 처리하고 거짓을 꾸미지 말게 해야 한다. 원래 안 되면 남들의 욕을 먹어야 한다. 체면이 서지 않아도 괜찮다. 허영심을 버려야 한다."고 말했다. 그는 또 다음과 같이 말했다. 지금 성과만 말하고 결함을 말하지 않으며 결함이 있으면 체면이 없고 사실을 말하면 듣는 사람이 없는 기풍이 존재하고 있다. "지금의 중대한 문제는 아래에서 거짓을 꾸밀 뿐만 아니라 우리가 그것을 믿고 있다는 것이다. 중앙, 성, 지구에서 현에 이르기까지 모두 믿고 있다. 주로 중앙, 성, 지구 3급이 믿는 것이 위험하다.", '대약진' 과정에서 거짓을 꾸미는 상황은 많은 상식을 어기고 과학에 위배되는 것들을 포함해서 "미신을 타파한다."는 구호 아래에서 발생한 것이다. 마오쩌둥은 "미신을 타파한 이래 효력이 아주 커 과감히 생각하고 과감히 말하고 과감히 행동하고 있지만 일부에서는 너무 지나치게 타파했으며 과학적 진리까지 타파해버렸다."고 지적했다. 그는 "미신을 타파한다고 하여 과학을 미신으로 여겨 타파해서는 안 된다.", "무릇 미신은 반드시 타파해야 하며 무릇 진리는 반드시 보호해야 한다."[18]고 말했다.

미신타파와 과학보호를 제기한 것과 관련하여 마오쩌둥은 또 '자산계급 법권'에 대한 견해를 수정했다. 그는 다음과 같이 말했다. 자산계급 법권은 일부분만 타파할 수 있다. 예를 들면 '세 가지 풍기, 다

---

18) 마오쩌둥, '우창회의에서 한 연설'(1958년 11월 23일), 〈마오쩌둥문집〉 제7권, 인민출판사 한문판, 1999년, 446,448,449쪽.

섯 가지 습성'[19], 등급의 현격한 차이, 권위적인 태도와 같은 것들은 반드시 타파해야 하며 철저하면 철저할수록 좋다. 다른 부분, 예를 들면 노임등급, 상하급 관계, 국가의 일정한 강요 같은 것은 아직 타파할 수 없다. "자산계급법권의 일부분은 사회주의 시대에 유용하기에 반드시 보호하여 사회주의를 위해 쓰이게 해야 한다. 그것을 타파한다면 어느 날에 가서 우리가 궁지에 몰리게 될 것이다. 오류를 인정하고 쓸모 있는 자산계급 법권에 사과해야 한다."[20] 마오쩌둥이 제기한 부분적 자산계급 법권을 타파해야 한다는 것은 사회주의 사회에서 사람과 사람 간의 관계 개선과 관련해 중요한 문제인 것이다. 그가 노임제 보호를 제기한 것은 그 자신의 베이다이허회의에서의 견해를 수정한 것으로 보인다.

제1차 정저우회의로부터 우창회의에 이르기까지 당 중앙위원회는 이미 감지한 '좌'적 오류를 시정하기 위해 노력하기 시작했으나 '좌'적 오류의 시정은 단지 기본적인 것에 불과했다. 이는 하나의 과정으로서 그것이 금방 시작되었을 뿐만 아니라 더욱이 그것이 근본적 지도사상 측면에서 '대약진'과 인민공사화운동의 문제점을 해결하지 못했기 때문이었다. '낮은 자세'와 '거품 빼기'를 제기한 것은 '대약진'과 인민공사화운동의 지도방침을 바꾸려는 것이 아니라 '대약진'과 인민공사화운동을 벌이는 와중에 나타난 혼란을 해결하고 '거품'을 "빼"려는 데 있었다. 사실상 많은 사람이 여전히 '거품' 속에서 냉정해지지 못했는 바 '좌'적 오류를 시정하는 임무는 여전히 매우 간고했다.

---

19) '세 가지 작풍'이란 관료주의 작풍, 종파주의 작풍, 주관주의 작풍을 말하고 '다섯 가지 습성'이란 관료 습성, 부진 습성, 사치 습성, 거만 습성, 나약 습성을 말한다.
20) 마오쩌둥, '우창회의에서 한 연설'(1958년 11월 23일), 〈마오쩌둥문집〉 제7권, 인민출판사 한문판, 1999년, 449쪽.

2. '좌'적 오류를 시정하는 기본적 전개

당 중앙위원회 제8기 제6차 전원회의와
'인민공사의 약간의 문제에 관한 결의'

제1차 정저우회의와 우창회의의 준비를 거쳐 1958년 11월 28일부터 12월 10일까지 당 중앙위원회 제8기 제6차 전원회의가 우창에서 소집되었다. 마오쩌둥의 의견에 따라 이번 회의는 중점적으로 '인민공사의 약간의 문제에 관한 결의'와 '1959년도 국민경제계획에 관한 결의' 두 문건을 분임 토론한 후 수정하고 통과시켰다. 마오쩌둥은 다음과 같이 지적했다. 며칠간의 좌담으로 의견을 교환하지 않는다면 인민공사 결의 가운데 많은 이론과 실천 문제들을 정확히 파악하기 어렵다.[21] 토론 과정은 실제로 당의 지도층에서 한층 더 사상을 통일하고 인식을 제고하는 과정이기도 했다.

12월 9일, 마오쩌둥이 회의에서 연설했다. 그는 먼저 인민공사에 대해 충분히 수긍하면서 "사회주의를 건설하는 한 가지 형태를 찾았다."고 했으나 "결함은 너무 성급한 것으로 전 인민적 소유에 들어섰고 2~3년 안에 공산주의에 진입한다고 일제히 선포한 것이었다. 이번 결의의 주요 예봉(銳鋒)은 이 방면으로 돌려졌으며 성급한 것에 대처하기 위한 것이었다."고 지적했다. 그는 변증법적으로 문제를 연구할 것을 제창했다. 정저우회의에서 제기한 '대집단, 소자유', 생산을 장악하는 한편 생활도 장악하는 것은 모두 변증법의 보급이었다. 우창회의에서는 또 실사구시적으로 계획을 제정하고 이성적이지만 열의가 높아야 하며 원대한 포부가 있어야 하지만 또 과학적 분석이

---

21) '마오쩌둥이 중공중앙 판공청 통지에 단 평어', 1958년 11월 28일.

필요하다. 계획을 제정할 때 여지를 남겨야 하고 허위적인 가능성과 현실적인 가능성을 주의하여 구분해야 한다고 제기했다. 12월 9일 회의에서 덩샤오핑은 '인민공사의 약간의 문제에 관한 결의(초안)'에 대해 설명했다. 그는 인민공사가 성공적이라는 것을 긍정하는 동시에 다음과 같이 지적했다. 인민공사는 새로운 문제로서 홀대해서는 안 되며 끊임없이 경험을 총화하고 영도를 강화해야 한다. 당면 당내와 인민대중 속에서 인민공사에 대한 견해가 서로 다르고 인민공사에 관한 정책과 방법도 부분적으로 일치하지 않으며 사회주의와 공산주의에 대해서도 일부 정확하지 않고 속된 해석을 하고 있다. 이는 완전히 피하기 어려운 현상이다. 그러나 제때에 사상을 분명히 하고 인식을 통일하며 방법을 정리함으로써 인민공사운동이 건전하게 발전하도록 할 필요가 있다.

'인민공사의 약간의 문제에 관한 결의'는 마오쩌둥의 주관으로 초안이 작성되었고 제1차 정저우회의와 우창회의의 토론을 기초로 하여 재차 수정, 작성한 것으로서 제1차 정저우회의 이래 마오쩌둥과 당 중앙위원회가 인민공사화운동에서의 '좌'적 오류를 기본적으로 시정하는 사상인식을 집중적으로 구현했으며 몇몇 중대한 정책문제와 이론적 문제를 논술했다.

'결의'는 반드시 집단적 소유와 전 인민적 소유, 사회주의와 공산주의의 두 가지 경계를 구분해야 한다고 강조했다. '결의'는 다음과 같이 명확히 지적했다. 눈앞의 인민공사는 기본적으로 여전히 집단적 소유의 경제조직이다. 농업생산합작사가 인민공사로 바뀌었다 해서 집단적 소유가 전 인민적 소유로 변한 것은 아니며 사회주의가 공산주의로 변한 것은 더 더욱 아니다. 생산관계는 반드시 생산력의 성격에 적응되어야 한다. 사회주의의 집단적 소유에서 사회주의의 전

인민적 소유로 이행하든지 아니면 사회주의에서 공산주의로 이행하든지 그것은 모두 생산력의 일정한 발전 정도를 기초로 하지 않으면 안 된다. 우리가 공산주의사업에 열중하고 있는 이상 무엇보다도 먼저 우리의 생산력을 발전시키는 데 열중해야 하며 큰 힘을 들여 공업화를 실현해야 하며 근거 없이 인민공사에서 "전 인민적 소유를 즉시 시행한다."거나 심지어 "공산주의로 즉시 진입한다."고 선포하지 말아야 한다. 그렇게 한다면 공산주의의 이상이 왜곡될 것이며 소자산계급적 평균주의 경향을 조장하게 되어 사회주의 건설의 발전에 불리하게 될 것이다. 덩샤오핑은 이 부분의 내용을 해석할 때 이번 결의 초안을 정저우회의에서 작성한 초안과 비교해보면 제기법상에서 일부 변화를 가져왔다. 바로 인민공사가 집단적 소유에서 전 인민적 소유로 이행하는 과정을 인민공사가 공업화와 농업 전기화, 기계화를 실현하는 과정과 갈라놓은 것, 즉 3~4년 또는 5~6년 안에 완수할 수 있는 것과 10년 내지 20년 후에야 완수할 수 있는 것을 갈라놓은 것이라고 했다.

'결의'는 상품생산과 상품교환을 계속 발전시키고 노동에 따라 분배하는 원칙을 유지해야 한다고 강조했다. '결의'는 다음과 같이 지적했다. 앞으로 필요한 역사 시기 내에 인민공사는 여전히 노동에 따라 분배하는 제도를 유지할 것이다. 인민공사의 상품생산 및 국가와 공사 간, 공사와 공사 간의 상품교환은 반드시 아주 큰 발전을 이룩해야 한다. 이러한 상품생산과 상품교환은 사회주의적 공동소유의 기초에서 계획 있게 진행되므로 자본주의적인 것이 아니다. '결의'는 다음과 같이 강조했다. 노동에 따라 분배하는 원칙은 사회주의 건설 시기에 적극적인 역할을 일으키기에 부정해서는 안 된다. 노동에 따라 분배하는 원칙을 너무 일찍 부정하고 수요에 따라 분배하는 원칙으로 대처하려고 시도하면서 조건이 무르익지 않은 때에 억지로 공산주의로 진입하려는 것은 의심할 나위 없이 공상이다. 그러므로 상품생산을 계속 발전시키고 노동에 따라 분배하는 원칙을 계속 유지하는 것은 사회주의 경제를 발전시키는 두 가지 중대한 원칙이므로 반드시 전당적으로 인식을 통일해야 한다.

'결의'는 인민공사는 근검하게 운영하는 원칙으로 수입을 정확하게 분배해야 한다고 강조했다. 공사화는 개인의 현유의 소비재산을 가져다 재분배하는 것이라는 오해에 따라 '결의'는 다음과 같이 규정했다. 사원 개인소유의 생활수단(가옥, 옷, 이불, 가구 등을 포함한다)과 저금은 공사화 후에도 여전히 사원의 소유일 뿐만 아니라 영원히 사원의 소유가 된다. 사원은 텃밭 주변의 나무와 소농기구, 소도구, 가축과 가금 등을 보유할 수 있으며 집단노동에 참가하는 데 방해가 되지 않는다는 조건 아래 일부 가정의 작은 부업은 계속 할 수 있다. 이것이 바로 '결의'에서 강조한 대집단, 소자유이다. 인민공사가 성립되기 전에 남아 내려온 채무를 일률적으로 청산한다고 선포하지 말아야 한다. 이러한 채무에 대해 무릇 상환할 조건이 있다면 반드시 이전처럼 갚아야 하고 상환할 조건이 안 되면 잠시 보류할 수 있다.

'결의'는 또 1959년도 공, 농업생산의 더 큰 약진을 담보하기 위해 각 성, 자치구, 직할시 당위원회에서 1958년 12월부터 1959년 4월까지 5개월간에 바짝 틀어쥐고 겨울과 봄의 생산임무와 연결지어 인민공사를 정돈하는 사업을 벌일 것을 요구했다.

'인민공사의 약간의 문제에 관한 결의'는 당 중앙위원회가 처음으로 전원회의 결의의 형식으로 제1차 정저우회의, 우창회의 이래 감지한 '좌'적 오류를 이론적으로 해결하려고 노력한 것으로 그 적극적인 의의는 분명하다. 그러나 이 결의는 또 '대약진'과 인민공사화운동을 높이 찬양하는 것을 전제로 했다. 이런 사상의 지도 아래 '결의'는 여전히 인민공사화운동에서의 많은 '좌'적인 역사 단계를 초월한 것을 수긍하고 반영했으며 많은 문제에 대한 인식이 불가피하게 한계를 띠게 되었다. 특히 인민공사의 가장 본질적인 관리체제와 분배문제를 건드리지 못했기에 분배상의 평균주의와 '평균화, 무상 징용'의 '공산풍'을 근본적으로 시정할 수 없었다.

당 중앙위원회 제8기 제6차 전원회의에서 통과된 '1959년도 국민경제계획에 관한 결의'는 높은 지표를 줄이는 결의였다. 그러나 생산량을 높게 예산하는 미혹적 오류에서 벗어나지 못했기 때문에 높은 지표를 낮추는 데에 철저하지 못했다. 회의는 1958년도의 양곡, 목화, 강철, 석탄, 기계 등 주요 생산량을 모두 1957년도의 1배 또는 1배 이상으로 늘려 양곡은 7,500억 근, 강철은 1,100만 톤에 도달하게 될 것으로 예상한다고 정식으로 선포했다. 전원회의에서 통과한 1959년도 계획지표는 기본건설 투자를 원래 정한 500억 위안에서 360억 위안으로 줄이고 강철 생산량을 원래 정한 1천만 톤~2,700만 톤에서 1,800만~2천만 톤으로 낮춘 외에 양곡 생산량은 여전히 1조 500억 근으로 올리고 기타의 것들도 대체로 베이다이허회의에서 제기된 높은 지표를 유지했다. 이와 같은 지표에 대해 천원은 의견을 보류하면서 회의공보에서 1959년도 계획의 제반 지표를 공포하지 말 것을 희망했으나 이 의견은 마오쩌둥에게 전달되지 않았다. '결의'는 또 1959년에는 1958년에 비해 '더욱 큰 약진'을 실현할 것을 요구했다.

당 중앙위원회 제8기 제6차 전원회의는 또 한 가지 중요한 결정을 통과시켰는데 그것은 바로 '마오쩌둥 주석이 제기한 그 자신이 차기 중화인민공화국 주석 후보가 되지 않겠다는 건의를 동의하는 데 관한 결의'였다. 1956년부터 마오쩌둥은 더 이상 국가 주석 직무를 맡지 않겠다고 여러 차례 제기했다. 1958년 초에 그는 이 의견을 '사업방법 60개조(초안)'에 써넣고 각급 간부와 군중 속에서 의견을 청취하여 다수의 동의를 얻을 것을 요구했다. 1956년 여름부터 1958년 12월까지 2년 남짓한 동안의 온양과 사업을 거쳐 당 중앙위원회 제8기 제6차 전원회의는 마오쩌둥의 건의를 통과시켰다.

제2차 정저우회의와 인민공사소유에 대한 기본적 정돈

당 중앙위원회 제8기 제6차 전원회의가 끝난 후 각지에서는 인민공사 정돈사업을 보편적으로 전개하여 성급히 전 인민적 소유로 이행하고 공산주의로 이행하려는 기세를 억제했다. 전원회의에서 규정한 생활수단의 개인 소유와 사원들의 가정 부업을 유지하거나 회복시키는 정책은 특별히 많은 농민들로부터 환영을 받았다. 그러나 공사 내부의 평균주의 경향과 지나치게 집중시키는 경향은 여전히 존재했으며 게다가 생산량을 높게 예산하고 책정한 높은 수매임무를 완수하기 위해 생산대의 본위주의를 반대하고 생산량을 속이며 사사로이 분배하는 것을 반대하는 투쟁까지 진행했다. 그리하여 당, 정부와 농민과의 긴장한 관계가 진정으로 완화되지 못했다. 비록 1958년에 농업이 풍작을 거두었으나 양곡, 목화, 기름작물 등 농산물의 수매임무를 제때에 완수하지 못하고 적잖은 지방들에서 양곡과 채소가 모자라는 현상이 나타났다.

1959년 2월 중순에 마오쩌둥은 광둥성당위원회에서 원난한 양곡문제 해결에 관한 뢰남현 간부대회 보고를 보다가 그 가운데 수확량을 속이고 사사로이 분배하는 문제에 주의를 돌리게 되었다. 광둥성 뢰남현에서 1958년에 늦벼를 수확할 때 전 현적으로 보고한 무당 수확량은 1천 근 이상이었으나 징수임무를 배정할 때 생산대마다 임무를 완수할 수 없다고 아우성치면서 제각각 낮은 수확량을 보고했는데 제일 적은 때는 전 현 무당 수확량이 298근으로 내려갔고 연말에는 식량이 빠듯한 현상이 나타났다. 이는 실제로 농민들이 '공산'이 두려워 높은 지표에 대해 취한 일종의 저항이었다. 그러나 현당위원회는 식량이 빠듯한 것을 수확량을 속이고 사사로이 분배했기 때문에 빚어진 것이라고 인정하고 수확량을 속이는 것을 반대하고 본위주의를 반대하는 투쟁을 잘못 전개하여 생산대와 생산분대에서 수확량을 속이고 사사로이 분배한 양곡 7천만 근을 바치도록 압박하는 바람에 기층의 정세를 긴장시켰다. 마오쩌둥은 중공중앙에서 이 보고를 보낼 때 다음과 같은 평어를 달았다. "수확량을 속이고 사사로이 분배하는 것은 인민공사가 성립된 후 광범한 기층간부와 농민들이 집단적 소유가 즉시 국가소유로 변하여 '그들의 양곡을 가져갈까봐' 두려워서 조성된 비정상적인 현상이다. 당 중앙위원회 제8기 제6차 전원회의의 인민공사에 관한 결의는 인민공사의 현 단계에 대해 여전히 사회주의의 집단적 소유라고 결정했기에 이 점에 대해서는 군중이 마음을 놓게 되었다. 그러나 공사가 너무 크고 각 생산대대와 생산소대들이 여전히 공사에서 양곡을 가져갈까 봐 두려워 가을 후에 이미 수확량을 속이고 사사로이 분배했다." 이리하여 마오쩌둥은 대풍작을 거둔 뒤 양곡이 달리는 원인은 바로 수확량을 속이고 사사로이 분배하는 현상이 보편적으로 존재하여 빚어진 것이라고 생각하게 되었다.

수확량을 속이고 사사로이 분배하는 문제를 밝히기 위해 1959년 2월 말에 마오쩌둥은 남하하여 허베이, 산둥, 허난 등 성을 시찰하고 조사연구를 했다. 조사를 통해 그는 농촌에서 생산대와 생산대 간,

사원과 사원 간의 평균분배를 조성하고 일부 생산대의 좋은 양곡을 다른 생산대에서 무상으로 조달해가며 사원 군중의 돼지, 닭, 목재 등을 공사에서 조달하여 '만 마리 양돈장'을 운영하는 등 문제와 많은 지방에서 생산량을 속이고 사사로이 분배하는 '평균주의와 무상 징용'의 일부 구체적인 상황에 대해 한층 더 면밀히 파악했다. 산둥에서 마오쩌둥은 또 리청현(歷城縣) 려홍빈합작사에서 분배문제를 해결한 경험을 알아냈다. 려홍빈합작사는 최초에 역시 '공산'을 시행했다. 쪽지 한 장(식량 조달), 저울 하나(사람을 파견해 양곡을 저울질한다), 감투 하나(조달하지 못하면 '본위주의' 감투를 씌운다)의 방법을 시행하여 군중의 저항을 받았다. 나중에 방법을 바꿔 열쇠 하나(사상사업), 포고 한 장(군중 공시), 계단 한 개(부분적 소유제 조정)의 방법을 시행하여 문제를 다소 해결했다.

남하 과정의 조사연구를 통해 마오쩌둥은 농민들이 생산량을 속이고 사사로이 분배하는 현상에서 인민공사 소유에 존재하는 일부 중요한 문제들을 발견했다. 2월 23일, 마오쩌둥은 허베이성당위원회 책임자의 회보를 청취할 때 분배문제는 역시 생산대를 기본단위로 분배해야 한다고 말했다. 그는 허베이성당위원회에서 인민공사의 "규모가 크고 공동소유화 정도가 높은" 문제를 해결할 때 아직 소유제를 건드리지 못했다고 인정했다. 2월 말에 마오쩌둥은 정저우에서 허난성당위원회 책임자와 지구 당위원회 서기 4명과 의견을 나눴다. 그는 첫 마디 말부터 소유제 문제를 언급하면서 다음과 같이 말했다. 공사에는 가난한 생산대, 중등 생산대, 부유한 생산대 세 가지가 있다. 현재의 공사소유제는 기본적으로 생산대의 소유제이다. 즉 원래의 옛 공사소유제다. 현재의 공사는 실제로 '연방정부'이다. 인민공사의 집단적 소유는 점차 형성되어야 한다. 제품을 너무 많이 조달하고 수확량을 속이고 사사로이 분배하는 것은 옳다고도 할 수 있고 옳지 않다고도 할 수 있다. 본위주의는 기본적으로 합법적이다. 수확량을 속인 데에는 원인이 있다. '공산'할까 봐 두렵고 외부조달이 두려웠던 것이다. 농민들이 한사코 수확량을 속인 것은 소유제 문제다. 한 공사로 두고 말하면 많은 관리구, 생산대를 갖고 있지만 경영의 좋고 나쁨과 수입의 많고 적음, 양곡 수확량의 많고 적음이 서로 다르고 많이 먹고 적게 먹는 것도 다르다. 생산 수준이 이렇게 서로 다르기에 분배도 같을 수 없다. 가난한 생산대가 부유한 생산대의 것을 가져다 먹는 것은 좋지 않다. 그것은 그들이 모두 근로자이기 때문이다. 인위적으로 살진 곳을 떼어내 여윈 곳에 보태는 것은 바로 일부 근로자들의 노동 산물을 무상으로 빼앗아 가난한 생산대에 주는 것이다. 일을 많이 한 사람이 보수를 많이 받고 일을 적게 한 사람이 보수를 적게 받는다면 모든 사람의 적극성을 불러일으킬 수 있다.

마오쩌둥은 수확량을 속이고 사사로이 분배하는 현상을 조사연구하여 인민공사 소유문제를 제기했다. 마오쩌둥은 '공산풍'을 더 시정하려면 반드시 인민공사 소유에 존재하는 문제, 특히 공사 내부의 소유등급 문제를 해결해야 한다는 것을 보여주었다. 이를 해결하기 위해 1959년 2월 27일부터 3월 5일까지 중공중앙은 정저우에서 정치국확대회의(즉 제2차 정저우회의)를 소집하고 역사적 의의를 가지는 '정저우회의 기록'을 만들었다.

이번 회의에서 마오쩌둥은 다음과 같이 명확히 제기했다. 인민공사에는 현재 상당히 심각한 모순이 존재하고 있지만 아직까지 많은 사람이 인식하지 못하고 있으며 그 성격이 폭로되지 않았기에 지금까지 해결되지 못했다. 이는 주로 눈앞의 우리와 농민들 간의 관계가 일부 문제에서 상당한 긴장 상태에 처해 있기 때문이다. 그 두드러진 현상으로는 1958년에 농업이 대풍작을 거둔 뒤 주요 농산물의 수매임무를 완수하지 못하고 전국적으로 수확량을 속이고 사사로이 분배하는 현상이 보편적으로 발생한 것이다. 마오쩌둥은 반드시 현상을 꿰뚫고 본질을 보아야 하며 주로 인민공사 소유에 대한 인식과 정책에서 해답을 찾아야 한다고 인정했다. 이 문제에 대한 마오쩌둥의 인식과 사고는 점차 심화되었다. 제1차 정저우회의에서 당 중앙위원회 제8기 제6차 전원회의에 이르기까지 마오쩌둥은 인민공사가 집단적 소유에서 전 인민적 소유로 이행하려면 과정이 필요하다고 거듭 강조했다. 제2차 정저우회의에서 그는 또 인민공사 내부에서 생산대의 소집단적 소유에서 공사의 대집단적 소유로의 이행도 과정이 필요하다면서 이 점을 보지 못하면 공사, 생산대대, 생산대 3급 소유제 간의 구별이 모호해지며 실제로 여전히 공사에 존재하고 있고 또 아주 큰 중요성을 띤 생산대의 소유를 부정하는 것이라고 한층 더 제기했다. 그는 일부 영도간부들이 "인민공사가 성립되자마자 각 생산대의 생산수단, 인력, 농산물을 모두 공사 지도기관에서 직접 총괄할 수 있다고 잘못 생각하고 있다."고 비판하고 나서 "공사범위 내에서 빈부평등과 평균분배를 시행하고 생산대의 일부 재산을 무상으로 조달하고 은행 측에서도 많은 농촌의 대부금을 일률로 회수했는데 이런 평균화, 무상징용, 대부금 회수는 광범위한 농민들을 크게 두렵게 만들었다. 이것이 바로 지금 우리와 농민과의 관계에서 가장 근본적인 문제이다."[22]고 지적했다. 마오쩌둥은 1958년 가을철에 인민공사가 성립된 뒤 한바탕 '공산풍'이 불어닥쳤다고 말했다. 그는 '공산풍'의 내용을 빈부의 평등을 조성하고 축적과 의무노동이 너무 많으며

---

22) 마오쩌둥, '정저우회의에서 한 연설(발췌)'(1959년 2월 27일), 〈마오쩌둥문집〉 제8권, 인민출판사 한문판, 1999년, 10쪽.

여러 가지 '재산'을 '공동소유'로 하는 세 가지로 귀납함과 동시에 이는 실제로 일정한 범위에서 일부 사람들이 무상으로 남의 노동을 점유하는 상황을 빚어냈다고 인정했다.

인민공사체제에 존재하는 문제에 따라 마오쩌둥은 제2차 정저우회의에서 우선 평균주의와 과도한 집중의 두 가지 경향을 시정해야 한다면서 다음과 같이 지적했다. 평균주의의 경향은 각 생산대와 개인의 소득에 일정한 차이가 있어야 한다는 것, 즉 노동에 따라 분배하고 일을 많이 한 사람이 많이 분배받는 사회주의 원칙을 부인하고 있다. 과도한 집중의 경향은 생산대 소유를 부인하고 생산대가 가져야할 권리를 부정하고 생산대의 재산을 마음대로 공사에 가져가고 있다. 이 두 가지 경향은 모두 가치법칙을 부정하고 등가교환을 부정하는 사상이 포함되어 있기에 당연히 옳지 않은 것이다.[23]

마오쩌둥의 이와 같은 관점들은 일부 사람들에게 즉시 접수되지는 않았다.[24] 그는 여러 차례 회의를 소집하고 설득했다. 그는 "나도 베이징에서 나오기 전에는 본위주의를 반대하는 것을 찬성했으나 3개성을 돌아본 후 본위주의를 반대하는 것을 기본적으로 찬성하지 않게 되었다. 본위주의가 아니라 정당한 권리를 수호하는 것이었다. 제품은 그들이 생산한 것이므로 그들의 소유다. 그들은 수확량을 속이고 사사로이 분배하는 방식으로 저항한 것이었다. 이런 일이 발생한 것도 다행이라 생각한다. 만약 수확량을 속이고 사사로이 분배하

---

23) 마오쩌둥, '정저우회의에서 한 연설(발췌)'(1959년 2월 27일), 〈마오쩌둥문집〉 제8권, 인민출판사 한문판, 1999년, 11쪽.

24) 1959년 3월 4일 왕런중(王任重)의 일기에 기록된 내용에 따르면 "2월 28일 오후 정저우에 도착했고 저녁에 주석께서 우리 7명을 찾아 담화했다. 커칭스, 타오주(陶鑄), 쩡시성(曾希圣), 장웨이칭(江渭淸), 저우샤오저우(周小舟)와 나, 그리고 또 리징취안이 있었다. 주석의 담화는 폭탄을 던지듯 사람들을 놀라게 했으며 일순간 사상을 바꾸기 어려웠다. 1일 오전에 계속 회의를 열고 덩샤오핑 동지의 사회로 토론했다. 보건대 사람들은 아주 큰 저촉 정서가 있는 것 같았다."

지 않았더라면 얼마나 위험했겠는가? 그것을 다 가져가지 않았겠는가?"라고 말했다. 그는 소유제, 등가교환, 노동에 따른 분배 등의 문제를 거듭 강조하면서 수확량을 속이고 사사로이 분배하는 합리성을 수긍했으며 주동적으로 자기비판을 했다. 마오쩌둥은 "평균화, 무상징용, 대부금 회수"라는 "공산풍"을 제지하지 못한다면 큰 손실을 보게 될 것이라고 걱정했다. 그는 소유 방면에서 문제를 해결해야 한다면서 "기초는 생산대이다. 이 점으로부터 말하지 않는다면 평등 조성이요, 과도한 집중이요 하는 것은 모두 이론적 기초를 잃게 된다. 생산대는 기초이니 생산대와 거래해야 한다는 것을 승인해야 한다. 생산대의 물건을 당신의 것이라고 할 수 없으며 생산대와는 매매관계이다."라고 지적했다. 그는 3월 5일의 연설에서 다음과 같이 표명했다. "나는 지금 5억 농민을 대표하여 1천여만 명 기층간부에게 말하고자 한다." "5억 농민이 수확량을 속이고 사사로이 분배하면서 강력히 저항한 것에 대해 감사하게 생각한다. 바로 이 일이 나를 이끌었다." 따라서 "가치법칙, 등가교환은 객관적 법칙이며 그것을 어기면 여지없이 참패를 당하게 된다는 것을 알아야 한다." 마오쩌둥은 재차 자기비판을 하면서 다음과 같이 말했다. "6차 전원회의 결의에는 바로 3급 관리와 생산대를 기초로 한다는 부분이 빠졌다. 이런 결함에 대한 책임을 내가 져야 하겠다. 워낙 이 원고에서 말했으나 내가 똑똑히 밝히지 못했기에 책임이 있다." 그는 온갖 장애를 극복하고 실천 속에서 이 정확한 주장을 견결히 관철함과 동시에 그가 일찍이 인정했던 일부 견해들을 시정했다.

마오쩌둥의 상기한 사상에 따라 제2차 정저우회의는 "통일적으로 영도하며 생산대를 기초로 한다. 급별로 관리하며 권력을 아래로 내려보낸다. 3급 채산제를 시행하고 각기 손익을 결산한다. 분배계획을 공사에서 결정한다. 적당히 축적하고 합리적으로 조달한다. 물자와 노력에 대해 등가교환을 진행한다. 노동에 따라 분배하며 차이를 인정한다."는 인민공사를 정돈, 건설하고 '공산풍'을 억제하는 기본정책을 확정했다. 회의는 또 '인민공사관리체제에 관한 약간의 규정(초안)'을 제정하여 생산대(혹은 관리구)의 소유는 여전히 공사의 주요한 기초이고 인민공사의 기본채산단위이며 한 개 현을 한 개 공사로 하는 체제를 취소한다고 명확히 규정했다. 이 규정 가운데 가장 중요한 것은 생산대를 기초로 하고 등가교환하며 노동에 따라 분배한다는 것이었다. 이것은 제2차 정저우회의가 '좌'적 오류를 시정한 중요한 성과이며 원래 구상했던 "첫째로 규모가 크고 둘째로 공유화 정도가 높은" 큰 공사에 대한 어느 정도의 부정이었다.

바로 제2차 정저우회의 기간에 허난에서는 성, 지구, 현, 공사, 관리구(대대), 생산대 6급 간부회의를 소집하고 정저우회의의 정신을 신속히 그대로 각급 간부들에게 전달했다. 당 중앙위원회는 허난의 방법을 일반화하여 각 성, 직할시, 자치구에서도 회의 후 6급 간부회의를 소집할 것을 건의했다. 중앙의 요구에 따라 각 성, 직할시, 자치구에서는 본지역의 5급 또는 6급 간부회의를 자주 소집하고 짧으면 3~5일, 길면 10여 일간의 시간을 들여 회의정신을 전달하고 토의하여 당 중앙위원회의 방침이 직접 각급 간부들과 대면하게 했다.

제2차 정저우회의 정신이 전달되자마자 즉시 광범위한 간부, 특히는 기층간부들의 열렬한 옹호를 받았다. 적지 않은 지방의 기층간부들은 회의 통지를 받은 후 수확량을 속이는 것을 반대하고 정풍운동을 할까 봐 정서가 높지 못하고 심지어 저촉 심리까지 생겼었다. 어떤 지방에서는 몇 명의 대표만 파견하여 회의에 참가시켰고 일부 지방에서는 아예 회의에 참가하지도 않았다. 전달을 받고 나서 많은 사람은 마음이 탁 트이고 일시에 정서가 높아져 회의가 끝나기도 전에 각자 전화로 회의 상황을 본 지역에 알렸다. 결과 회의에 참가하지 않았던 사람들이 즉시 회의 장소로 달려왔을 뿐 아니라 일부 회의 통지를 받지 못한 기층간부들은 스스로 배낭과 걸량을 가지고 성 소재지에 올라와 주동적으로 회의에 참가시켜줄 것을 요구했다. 적지 않은 성, 자치구의 5급 또는 6급 간부회의는 원래 정한 인원수보다 참가 인원수를 두 배, 심지어 네 배로 확대했다.

각지의 5급 또는 6급 간부회의는 활발하게 열렸다. 회의 참가자들은 정저우회의에서 한 마오쩌둥의 연설과 인민공사관리체제 규정에 관한 문건을 열렬히 토론하고 공사화 이래의 경험교훈을 총화하면서 이에 앞서 군중과의 관계가 팽팽했고 많은 방법이 농민들의 배척을 받았다고 보편적으로 드러냈다. "'산이 첩첩하고 물이 겹겹하여 이젠 길이 없구나.' 하고 생각하고 있을 때 주석의 지시를 듣고 나니 '버들 푸르고 꽃 붉으니 또 한 마을이 보이는 듯'했다."[25] 적지 않은 간부들은 공사화운동의 많은 방법에 대해 통달하지 못했으나 압력에 못 이겨 집행하지 않을 수 없었던 차에 정저우회의 정신을 전달받은 뒤 막혔던 가슴이 확 트이는 것 같았다. 어떤 간부들이 말한 바와 같이 "온 가을을 흐리멍텅하게 보내고 석 달간의 고민을 거쳐 지금에야 해결을 보게 되었다."[26] 많은 사원 군중은 제2차 정저우회의 정신을 전달받은 뒤 크게 고무되었다.

제2차 정저우회의 정신을 시달하는 과정에서 마오쩌둥은 사물의 발전 추세에 따라 유리한 방향으로 이끌면서 '당내 통신'의 방식으

---

25) '정저우회의에서 한 마오 주석의 지시를 관철 집행하는 것에 관한 산둥성당위원회의 보고', 1959년 3월 10일.

26) '쩡시성 동지의 보고', 1959년 3월 8일.

로 각지에서 제기되는 일부 새로운 상황, 새로운 문제를 면밀히 주시했다. 당시 가장 큰 문제가 바로 공사 내부에서 어느 급을 기본채산단위로 하는가였다. 일부 지방에서는 제2차 정저우회의에서 규정한 "생산대를 기초로" 한다는 것을 이해하고 집행하는 과정이 모두 각기 달랐다. 허난, 후난 등의 성에서는 생산대대(관리구)를 기본채산단위로 한다고 주장했고 후베이, 광둥 등의 성에서는 생산대, 즉 원 고급사를 기본채산 단위로 한다고 주장했다. 같은 지방에서도 의견이 일치하지 않았다. 일반적으로 현, 공사, 생산대대의 간부들은 생산대대를 기본채산 단위로 하자고 주장했으나 생산대, 작업조와 대다수 사원 군중은 생산대를 기본채산 단위로 해야 한다고 주장했으며 일부 지방의 기층간부와 사원 군중은 또 생산소대, 즉 원 초급사를 기본채산 단위로 하자고 주장했다.

마오쩌둥은 이 문제가 3천만 생산대장, 소대장 등 기층간부와 수억 농민의 직접적인 이익과 관계되는 중대한 문제라고 생각했다. 1959년 3월 15일, 그는 각 성, 직할시, 자치구 당위원회 제1서기들에게 보낸 '당내 통신'에서 전자의 방법을 채용하되 기층간부들의 진정한 동의를 꼭 얻어야 하며 만약 그들이 원치 않는다면 차라리 후자의 방법을 채용하는 것이 좋을 것 같다고 지적했다. 일부 지방에서 제기한 생산소대의 소유문제에 대해 그는 3월 17일 다른 한 통의 '당내 통신'에서 공사, 관리구(생산대대), 생산대(즉 원 고급사) 3급소유, 3급관리, 3급채산을 토론하는 것을 제외하고 반드시 생산소대(생산소조 또는 작업조)의 부분적 소유문제도 토론해야 한다고 지적했다.

인민공사가 창립된 이래의 각종 낡은 장부의 청산과 처리 여부에 관한 것도 공사정돈에서 제기되는 새로운 문제였다. 처음에 많은 지방에서는 제2차 정저우회의 정신에 따라 공사를 정돈하기 전에 공사에서 평균화하고 무상징용한 장부에 대해 청산하지 않기로 했다. 그러나 공사정돈사업이 심화됨에 따라 많은 사원 군중이 이를 요구했다. 그들은 "1958년의 것을 깨끗이 청산하지 않는다면 1959년을 기약할 수 없다."고 말했다. 이런 문제는 뒤이어 상하이 중앙정치국확대회의와 당 중앙위원회 제8기 제7차 전원회의에 회부되어 해결되었다.

1959년 3월 25일부터 4월 1일까지 중공중앙은 상하이에서 정치국 확대회의를 소집했다. 회의가 소집된 첫날에 마오쩌둥은 인민공사문제를 주제로 연설하면서 회의 참가자들에게 12가지 문제를 제기하여 토론하게 했는데 그 가운데는 생산소대의 부분적 소유와 낡은 장부 청산문제가 포함되었다. 회의는 마오쩌둥의 연설과 회의토론에 따라 '인민공사의 13가지 문제에 관하여(수정본)'란 회의 개요를 작성하여 4월 2일부터 5일까지 열린 당 중앙위원회 제8기 제7차 전원회의에서 원칙적으로 통과시켰다. 정식으로 발부하기 전에 또 그중에서 언급된 일부 문제를 단독으로 열거하여 '인민공사의 18가지 문제에 관하여'를 정리했다.

소유문제에 관하여 상하이회의는 한층 더 생산대를 기본채산 단위로 하는 것을 긍정적으로 봤을 뿐만 아니라 생산대 산하의 생산소대(어떤 지방에서는 생산대라고 했는데 대체로 초급사에 해당한다)의 부분적 소유와 일정한 관리 권한을 시인했다. 원래의 "규모가 크고 공동소유화 정도가 높았던" 인민공사는 대체로 원래의 고급사와 초급사의 규모와 소유의 수준으로 되돌아갔다. 각지에서는 각급 간부와 광범한 사원 군중의 의견을 보편적으로 청취한 후 대부분 기본채산 단위를 생산대 1급으로 정함과 동시에 생산소대에 일부 권력을 주었다. 원래 생산대대를 기본채산 단위로 삼았던 일부 지방에서는 기층

간부와 군중의 생각을 한층 더 광범위하게 파악한 뒤 역시 원래의 주장을 바꿔 기본채산 단위를 생산대로 고침으로써 군중의 환영을 받았다.

장부청산문제에 관하여 마오쩌둥은 군중의 염원에서 출발하여 이전에 낡은 장부를 청산하지 않는다던 주장을 바꿨다. 각지에서 제2차 정저우회의 정신을 관철하는 과정에 일부 지방에서는 군중의 의견에 따라 지난날 평균화하고 무상 징용한 물자와 자금 장부를 정리하여 원 소유자인 생산대와 사원들에게 돌려주었다. 산시 윈청현(運城縣)에서는 공사 1급에서 압류하여 사용한 원 고급사의 현금수입을 전부 원 고급사에 되돌려준다고 선포했으며 소식을 들은 사원들은 크게 기뻐했다.[27] 후베이 마청현당위원회에서는 장부를 청산한다고 결정함과 동시에 사원들을 장부청산에 참여하도록 동원했다. 현에서는 또 1만 명 대회를 열고 청산한 장부를 당장에서 돈과 물건으로 돌려주어 전 현을 떠들썩하게 했다. 군중은 "정책만 말하여 계속 의심했으나 전부 돌려주자 아주 만족스럽다."[28]고 말했다.

마오쩌둥은 이런 상황을 파악한 후 상하이회의에서 한 연설에서 "나는 청산파의 편에 선다."고 밝혔다. 3월 30일, 그는 한 평어에서 "낡은 장부를 일반적으로 청산하지 않는다는 이 말을 정저우 연설에 써넣었는데 틀린 말이기에 마땅히 낡은 장부를 일반적으로 청산해야 한다고 고쳐야 한다."고 썼다. 마오쩌둥은 다음과 같이 인정했다. 장부를 청산해야만 객관적으로 존재하는 가치법칙을 시행할 수 있다. 이 법칙은 위대한 학교이므로 이것을 이용해야만 우리의 수천만 간

---

27) 타오루자(陶魯笳), '산시 각지 현인민공사문제 5급간부회의 상황에 관한 보고', 1959년 3월 29일.
28) '마청현 1만명대회의 상황', 1959년 3월 27일.

부와 수억 인민을 가르칠 수 있고 우리의 사회주의와 공산주의를 건설하게 할 수 있다. 그렇지 않으면 모든 것이 불가능하다. 군중의 불만을 풀지 못할 것이고 간부들도 망치게 될 것이며 백해무익할 것이다. 그는 평균화하고 무상 징용한 재물을 원래의 주인에게 돌려줄 것을 요구하면서 "'재물이 아까워 남에게 베풀려 하지 않는' 것은 옳지 않다. 그러나 이것은 재물을 아끼는 것이 아니라 남의 재물을 수탈하는 것이라는 것을 반드시 알아야 한다. 무상으로 남의 노동을 점유하는 것을 허용하지 않는다."고 지적했다.[29] 뒤이어 중앙은 '인민공사의 18가지 문제에 관하여'에서 무릇 현, 공사에서 생산대의 노력, 자금과 물자를 가져갔거나 공사, 생산대에서 사원들의 개인재산을 가져간 것은 모두 청산하여 전액을 되돌려주거나 값을 매겨 보상하도록 명확히 규정했다. 이리하여 각지 농촌에서는 기본채산단위를 변경하는 동시에 재빨리 공사화 이래의 장부를 청산하기 시작하여 평균화하고 무상징용한 자금과 물자를 되돌려주거나 배상해주었다.

제2차 정저우회의와 상하이회의를 거쳐 당 중앙위원회는 '공산풍'을 시정하고 인민공사 소유를 정돈하는 등의 사업에서 어느 정도 성과를 거두었다. 그중에서 제정한 생산대를 인민공사의 기본채산단위로 하고 공사 내부에서 등가교환을 시행하며 한 개 현을 한 개 공사로 하는 체제를 취소하는 등 일련의 정책은 실제로 최초에 구상했던 "규모가 크고 공동 소유화 정도가 높은" 인민공사 모델에 대한 부분적 부정으로서 실천 속에서 큰 영향을 일으켰으며 사원군 중의 옹호를 받았다. "인간의 사회적 실천만이 외계에 대한 사람들 인식의 진

---

29) 마오쩌둥, '인민공사화운동에서의 낡은 장부를 일반적으로 청산해야 한다는 등의 문제에 관한 평어', 1959년 3월 30일.

리성에 관한 규준이다."[30] 당 중앙위원회와 마오쩌둥은 인민공사의 실천 속에서 문제를 발견하고 교훈을 습득하면서 지난날 '좌'적인 오류 정책을 시정함으로써 인식이 점차 사회발전의 법칙에 부합되게 했다. 그러나 실천 인식에 대한 한계로 말미암아 적지 않은 문제들이 여전히 해결되지 못했는데 이를테면 농업생산에서의 높은 지표를 계속 유지하고 공공식당과 공급제를 보류하는 등이었다.

생산 지표의 재수정과 조정

1958년 11월부터 1959년 3월까지 '좌'적 오류의 기본적인 시정에서 주로 농촌의 생산관계와 농공업생산의 높은 지표를 조정하는 문제에 집중하여 주의를 기울였지만 확실하게 해결하지 못했다. 천원은 일찍이 우창회의에서 관련 참가자들에게 1959년도의 강철, 석탄, 양곡, 목화 4대 지표를 잠시 거론하지 말고 한 단계 지켜보자고 말한 적이 있다. 당 중앙위원회 제8기 제6차 전원회의 후 그는 마오쩌둥에게 1959년도의 강철, 석탄, 양곡, 목화 지표를 완수하기 어렵다고 말했다. 당시 적지 않은 사람들은 높은 지표에 대해 여전히 의식이 과열된 상태여서 지표를 낮추는 데 꺼리는 심리를 갖고 있었다. 그러므로 1959년 1월 말부터 2월 초까지 열린 성, 직할시 당위원회서기회의는 여전히 우창회의에서 확정한 지표를 그대로 유지하고 조정하지 않았다.

높은 지표로 빚어진 비례가 균형을 잃고 원자재 공급이 빠듯한 등의 문제는 원래부터 국민경제 각 업종, 특히는 공업기초 부문을 괴롭혔다. 1959년 1분기에 이르러 공업생산이 대폭 떨어졌고 1천여 개 기

---

30) 마오쩌둥, '실천론'(1937년 7월), 〈마오쩌둥선집〉 제1권, 민족출판사 1992년, 370쪽.

본건설대상 가운데 겨우 20여 개만 생산에 투입되었다. 당 중앙위원회 제8기 제6차 전원회의에서 통과한 지표에 따르면 1959년도 강철 생산량이 2천만 톤에 달해야 했으나 광산채굴, 세탄, 골탄, 운수, 강철압연 등 생산 고리가 근본적으로 따라갈 수 없었다.

1959년 3월 하순부터 4월 중순까지 중앙정치국확대회의와 당 중앙위원회 제8기 제7차 전원회의가 연이어 상하이에서 소집되어 1959년도 국민경제계획 초안을 중점적으로 토론하고 동시에 농촌인민공사의 정돈사업을 검사했다.

당 중앙위원회 제8기 제7차 전원회의에서 리푸춘은 1959년도 국민경제계획문제에 대한 보고를 할 때 강철 생산량지표를 제6차 전원회의에서 제기한 1,800만 톤에서 1,650만 톤으로 낮추고 기본건설투자는 360억 위안에서 260억~280억 위안으로 줄이며 기본건설대상을 1,500개에서 1,000개로 줄일 것을 제기했다.

1959년도 지표의 재수정 여부에 대해 회의에서는 다른 의견이 있었다. 한 가지 의견은 수정하는 데 동의하지 않는 것으로서 그들은 원래 정한 지표가 이미 공포되었으니 노력만 하면 완수할 수 있다고 했다. 다른 한 가지 의견은 수정하는 데 찬성하는 것으로서 그들은 지나치게 높은 지표는 완수하기 어렵고 억지로 완수하려고 한다면 경제와 정치 측면에서 막대한 손실을 보게 될 것이라고 하면서 강철 생산량지표를 1,650만 톤으로 낮춰도 역시 완수하기 어렵기에 한 차례 더 수정하여 시달해야 한다고 주장했다. 저우언라이는 지표 제정과 관련하여 다음과 같은 세 가지 경험을 제시했다. 보험계수가 꼭 있어야 하고 모두 채우면 좋지 않기에 여지를 남기고 조금 숨겨둬야 하는데 베이다이허회의 이후 지속적으로 퇴각하게 된 것이 바로 시달하지 않았기 때문이었다. 정액을 점차 높여 초과 완수할 수 있다.

실사구시해야 한다. 회의에서 일부 중앙위원회 위원들은 전국인민대표대회 제2기 제1차 회의를 소집하는 기회를 이용하여 이전에 선포한 부분적인 높은 지표를 공개적으로 수정할 것을 제기했으나 다수회의 참석자들의 지지를 받지 못했다. 당시의 주요한 우려는 기가 죽을까 봐 두려웠고 정치적 영향이 악화될까 봐 두려웠던 것이다. 그러므로 전원회의의 총체적 정신은 흥성하는 기상을 반영해야 했다. 중앙에서 이렇게 문제를 고려하게 된 데는 한 가지 중요한 배경이 있었다. 1959년 3월 10일에 티베트의 상층 반동집단이 무력반란을 일으켰는데 인도 당국은 공개적 또는 암암리에 지지 태도를 보였으며 인도 국내에서 중국을 비방하고 중국 내정을 간섭하는 언론이 대량 나타났다. 당 중앙위원회 제8기 제7차 전원회의는 '티베트 문제에 대한 외국통신사의 보도'를 전원회의 문건으로 배포했는데 이는 당 중앙위원회에서 정치적 영향을 고려할 때 티베트 무력반란이라는 이 특정 요소를 염두에 두었음을 말해준다. 당 중앙위원회 제8기 제6차 전원회의는 '1959년도 국민경제계획 초안'을 통과시키고 당 중앙위원회 제8기 제6차 전원회의에서 작성한 계획지표를 일부 하향 조정했다. 기본건설투자를 360억 위안에서 260억~280억 위안으로 낮추고 강철 생산량은 1,800만 톤으로 확정했으며 그중 질 좋은 강철을 1,650만 톤으로 조정했는데 실제로 강철 생산량지표를 1,650만 톤으로 낮춘 것이 된다. 회의 후 강철 지표 문제를 한층 더 잘 전달하기 위해 중앙은 천원에게 위탁하여 재정경제를 이끌고 계속 연구하게 했다.

당 중앙위원회 제8기 제7차 전원회의의 마지막 날, 마오쩌둥은 사업방법에 관한 연설을 발표했다. 그는 총노선은 정확한 것으로 총노선을 실현하려면 반드시 좋은 사업방법이 있어야 하며 예상 효과에 도달하지 못한 중심 문제는 사업방법에 있다고 생각했다. 그는 지략이 뛰어나고 판단이 정확해야 하고, 여지를 남겨야 하며, 파도식으로 전진해야 하고, 실사구시해야 하며, 형세를 잘 관찰해야 하고, 제때에 결단해야 하며, 사람들과 소통해야 하고, 역사적으로 문제를 관찰해야 하며, 권리가 집중되어야 하고, 사상을 해방해야 하며, 집단영도를 시행해야 한다는 등의 16가지 문제를 언급했다. 마오쩌둥은 지략이 뛰어나고 판단이 정확해야 한다는 것을 언급할 때 천원이 여러 차례 아주 좋은 건의를 제기했지만 받아들이지 않은 사례를 들었다. 그는 "1월 상순에 내가 소집한 그 회의에서 천원은 완수할 수 없을 것(1959년도 강철 생산량 1,800만 톤의 계획지표를 가리킨다―인용자 주)이라고 했는데 이런 말은 마땅히 들어야 했다.", "우창에서 1958년도 양곡, 목화, 강철, 석탄 수치를 발표하는 문제에서 정확한 사람은 천원 한 사람뿐이었다."고 하면서 높은 지표에 대해 자기비판을 했다. 그는 "베이다이허회의 이후 우리의 계획사업은 줄곧 난관에 부딪혔으며, 전혀 능동적이지 못했다. 우창회의에서는 핍박에 의해 천만 톤의 강철 생산량을 2천만 톤으로 낮췄다. 베이다이허회의는 대회에서 통과된 것이다. 통과된 후 내가 한 번 보았다. 나에게도 책임이 있다. 내가 의견을 제기하지 않았던 것이다. 그것은 나도 그때 고조에 처해 많으면 많을수록 좋은 것 같아 천만 톤으로 했다. 그러나 우한에 온 후 나는 바꿨다. 나는 이렇게 하면 안 된다고 했다. 나는 허베이, 허난을 거쳐, 특히 허난 정저우회의를 거친 후 형편에 맞지 않는다는 것을 인식하고 1천만 톤을 낮춰 2천만 톤이거나 더 낮게 조정하자고 제기했다."고 했다. 마오쩌둥은 또 당내에 비판과 자기비판의 민주주의적 분위기가 부족한 데 대해 비판했다. 그는 지금 나의 오류에 대해 그다지 비판하지 않는 형세가 이루어졌는데 에둘러 말하는 방법으로 비판할 수도 있지 않은가 하고 말했다. 그는 해서(海瑞)가

가정(嘉靖)황제를 비판한 용기를 찬양하고 나서 해서가 황제에게 쓴 편지는 그토록 날카로웠고 사정을 봐주지 않았다면서 해서는 포문정공(包文正公)보다 더 고명하지만 우리의 동지들에게서는 해서와 같은 용감함을 찾아볼 수 없다[31]고 말했다. 마오쩌둥이 비록 오류가 발생한 근본적 원인을 말하지 않았으나 방법론의 각도에서 '대약진'과 인민공사화 이래의 일부 경험적 교훈에 대해 일정하게 총화했다.

뒤이어 4월 18일부터 28일까지 소집된 전국인민대표대회 제2기 제1차 회의에서 당 중앙위원회 제8기 제7차 전원회의가 건의한 1959년도 국민경제계획을 비준하고 이 생산지표를 정식으로 공포했다. 대회는 중국공산당 중앙위원회의 건의를 받아들여 류사오치를 중화인민공화국 주석으로, 쑹칭링(宋慶齡), 둥비우(董必武)를 부주석으로 뽑고 주더를 전국인민대표대회 상무위원회 위원장으로 뽑고 저우언라이가 계속 국무원 총리를 맡는다고 결정했다. 4월 17일부터 29일까지 중국인민정치협상회의 제3기 전국위원회 제1차 회의가 베이징에서 거행되었으며 회의에서 마오쩌둥을 중국인민정치협상회의 제3기 전국위원회 명예주석으로 추대하고 저우언라이를 주석으로 뽑았다.

전국인민대표대회 제2기 제1차 회의는 당시에 제공한 자료에 따라 1958년도 강철, 석탄, 양곡, 목화 생산량이 1957년에 비해 각각 1배 이상 증가했다고 선포했다(1957년도 생산량은 각각 535만 톤, 1억 3,100만 톤, 3,700억 근, 32억 8천만 근이었다). 이 통계숫자는 실제 상황과 큰 차이가 있었다. 상하이회의 후 국가계획위원회가 국가통계국과 함께 1958년도 강철, 석탄, 양곡, 목화 4대 지표 완수 상황

---

31) '당 중앙위원회 제8기 제7차 전원회의에서 한 마오쩌둥의 연설 기록', 1959년 4월 5일.

을 실사했는데 강철은 1,100만 톤에 도달했으나 질 좋은 강철은 겨우 800만 톤밖에 안 되었고 석탄 생산량은 2억 7천만 톤이었으나 일부 소형탄광의 생산량이 포함되었으며 양곡은 겨우 4천억 근이었으며 전 인민을 강철 제련에 동원했기에 실제 수확은 이 숫자에도 미치지 못했으며 목화는 겨우 39억 3,800만 근이었다.

당 중앙위원회 제8기 제7차 전원회의 후 보릿고개 식량부족 보고가 계속해서 중앙에 올라갔다. '대약진' 이래 농업생산 면에서의 일부 그릇된 방법에 비추어 농업생산에 직접적인 영향을 주는 몇 가지 관건적인 문제를 해결하기 위해 마오쩌둥은 4월 29일, 생산소대에 이르기까지의 성 이하 각급 간부들에게 보내는 '당내 통신' 한 통을 썼다. 그는 통속적이고 살아 있는 언어로 사회폐단에 대해 정곡을 찌르고 농업의 6가지 관건문제를 담론했다. 그중에는 생산량도급, 밀식, 양곡절약, 파종면적, 기계화문제, 진실한 말을 하는 문제 등이 포함되었다. 생산량 도급에 관해 그는 생산량은 완수할 수 있는 것만큼 맡겠다고 해야 하며 노력을 해도 확실히 해내지 못하면서 겨우 해낼 수 있다고 하는 거짓말을 하지 말아야 한다고 지적했다. 밀식에 관해 그는 어떤 사람들은 사이가 촘촘할수록 좋다고 하는데 그것은 틀린 말로서 사이가 너무 성글어도 안 되지만 사이가 너무 촘촘해도 안 된다면서 상급의 강제적인 밀식 명령은 쓸데없을 뿐만 아니라 사람들을 크게 해친다고 지적했다. 양곡문제 해결에 관해 그는 10년 이내 큰소리와 흰소리를 절대 하지 말아야 하며 만약 큰소리와 흰소리를 하면 아주 위험하다고 지적했다. 마오쩌둥은 1958년에 양곡 생산량을 너무 높게 예산한 것으로 말미암아 "파종면적을 줄이고 단위당 수확량을 높여 생산량을 높이자."고 제기한 구호를 바꿔 파종면적을 줄이고 단위당 수확량을 높여 생산량을 높인다는 것은 먼 장래의 계획이지만 10년 이내에 전부 시행할 수 없고 또한 대부분 시행하기도 불가능하며 다만 상황을 보아가며 점진적으로 시행해야 한다고 강조했다. 마오쩌둥은 또 진실하게 말하는 문제의 중요성을 집중적으로 지적했다. 그는 "성실한 사람, 대담하게 진실한 말을 하는 사람은 결국 인민의 사업에 이로우며 자신도 손해를 보지 않는다. 거짓말을 잘하는 사람은 인민도 해치고 자신도 해치며 결국 손해보고 만다. 많은 거짓말은 상급에서 윽박질렀기 때문이라고 해야 할 것이다. 상급에서 '과장하고 윽박지르며 승낙을 하는 것'으로 말미암아 하급은 매우 난처해진다. 그러므로 열의는 꼭 있어야 하지만 거짓말은 절대 하지 말아야 한다."고 말했다. 그는 "지금 유행하고 있는 과대풍에 비하면 여기에서 내가 저조하게 하는 발언의 뜻은 진정으로 적극성을 불러 일으켜 생산량을 늘리는 목적을 달성하려는 것에 있다."고 강조했다.

제2차 정저우회의와 마오쩌둥의 일련의 연설, 통신 정신에 따라 각 성, 직할시, 자치구 당위원회에서는 인민공사 정돈 과정에 '대약진' 이래의 상황을 검사하고 경험교훈을 기본적으로 총화하여 중앙에 보고했다. 후베이성당위원회의 보고는 다음과 같이 지적했다. "대약진의 한 가지 교훈은 승리로 판단력이 흐려졌다."는 것이다. 1958년에는 승리에 승리가 이어져 "우리의 의식이 '과열'되었으며 우리의 하늘을 찌를 듯한 열의는 마땅히 있어야 할 과학 정신에 일부 괴리를 만드는 현상을 일으켰으며" 사업에서 "감상적으로 정책을 대체하고 한 곳의 상황으로 그 지역의 상황을 대표했으며 소수 열성분자들의 요구로 광범위한 군중의 요구를 대표했으며" "다수확 '위성'을 대대적으로 표창하고" "'위성'을 갈수록 더 높이 쏘아올리고 머리가 갈수록 팽창되었으며" "일부 간부들이 이렇게 거짓을 꾸미고 강박적으로 명령하는 작풍은 '공산풍'이 불어닥치는 것과 대병단이 돌격작전으로 가을 수확과 겨울 파종을 하고 업종마다 '위성'을 쏘아 올리는 것으로 고봉을 이루었다." 허베이성당위원회의 보고는 생산량을 높게 예산한 상황과 그 결과를 검사했다. 이 성에서는 1958년 양곡 생산량을 2천만 톤으로 예측했으나 결국 1,420만 톤밖에 시달되지 못했고 가을 수확 때 잃어버렸거나 썩어버린 것이 꽤 많았다. 게다가 한때 허리띠를 풀고 많이 먹은 탓에 잃어버렸거나 낭비해버린 양곡이 최소 900만 톤에 달해 전 성의 양곡이 긴장한 국면이 빚어졌다. 광둥성당위원회의 보고는 양곡의 긴장과 사업의 홀대로 개별적인 지방에서 이미 부종병과 아사 현상이 나타났다는 것을 시인했다. 중앙은 이러한 3개 성당위원회의 보고를 비준, 이첩하고 각지에서 농업 '대약진' 과정에서의 경험과 교훈을 정확하게 총화하도록 요구하면서 농업생산지표의 제정은 반드시 실사구시해야 하며 모든 노력을 거쳐서도 실현할 수 없는 지표는 마땅히 수정해야 한다고 지적했다.

1959년 2분기에 이르러 국민경제의 균형 파괴로 빚어진 심각한 폐해가 한층 더 드러났다. 우선 농업생산 상태가 아주 좋지 않았다. 그해의 여름 수확 작물의 파종면적은 지난해보다 20% 줄어들었고 여름수확 양곡과 기름작물은 대폭 감산된 반면에 도시와 농촌의 양곡 판매량은 도리어 증가하여 양곡과 기름 공급이 더욱 긴장해지고 채소, 육류 등 부식물도 크게 부족했다. 공업생산에서도 문제가 수두룩했다. 계획대로 하면 1959년 첫 4개월간에 강철을 600만 톤 생산해야 했지만 실제는 336만 톤밖에 완수하지 못했으며 '강철전역'을 조직하여 공격적으로 생산했으나 쓸데가 없었으며 결국 물자분배계획이 대부분 수포로 돌아갔다. 일부 제품은 질이 낮고 품종이 구전하지 못하여 많은 공업부문의 생산이 원래 계획대로 진행될 수 없었으며 일부 기업은 조업을 중단하거나 절반 중단했고 일부 기본건설공사는 중지되었거나 절반 중지상태에 처했다. "강철을 기본 고리로 한다."
고 하면서 기타 공업부문, 특히 경공업을 밀어냈기 때문에 대량의 소
상품 생산이 중단되고 인민 생활일용품 생산이 줄어들고 많은 상품
의 재고량이 줄어들어 어디나 다 공급이 힘들어졌으며 시장물자 공
급과 구매력 간의 차액이 40억~50억 위안에 이르렀다.

이러한 국면에 따라 마오쩌둥은 천원에게 위탁하여 강철 생산량 지
표문제를 더 깊이 연구하게 했다. 4월 29일과 30일에 중앙서기처에
서는 회의를 소집하고 중앙재정경제소조에 강철 생산량지표와 강재
분배문제를 책임지고 연구하게 했다. 천원은 중앙재정경제소조사업
을 주관하고 야금부의 회보를 연속 6차례나 청취했다. 상세하게 조사
연구하고 상황을 파악한 기초 위에서 5월 11일에 천원은 중앙정치국
회의에서 1959년도 강철 생산량지표를 1,300만 톤으로 줄이고 강재
생산량지표를 900만 톤(당 중앙위원회 제8기 제7차 전원회의에서 확
정한 지표는 1,150만 톤이었다)으로 낮출 것을 건의했다. 그는 "총체
적 정신은 피동적 국면이 계속되지 않도록 하기 위해 진지를 공고히
한 다음 다시 전진하는 것이다."[32]고 강조했다. 류사오치, 저우언라
이, 덩샤오핑은 모두 천원의 의견에 찬성했다. 5월 15일, 천원은 강
철 생산 지표를 낮추는 문제와 관련하여 마오쩌둥에게 편지를 보내
"생산수치를 좀 낮게 정하면(실상은 믿음직한 숫자입니다) 맥을 잃
게 될 것이라고 단언할 수도 없습니다. 류사오치 동지가 정치국회의
에서 말한 바와 같이 높이 정했다가 완수하지 못하면 도리어 맥을 잃
게 될 것입니다."고 했다. 이에 앞서 얼마 전에 천원은 중앙재정경제
소조에 편지를 보내 농업, 시장 등 문제와 관련하여 다음과 같은 의

---

32) 천원, '강철 생산 지표를 관철하는 것에 관한 문제에 대해'(1959년 5월 11일), 〈천원문선
(1956~1985)〉, 민족출판사 1988년, 149쪽.

견을 제기했다. 식량을 아껴 먹고 아껴 쓰며 판매량을 통제해야 한다. 돼지, 닭, 오리, 알류, 물고기를 공급하되 국영, 집단, 개인이 모두 기르는 방법을 취해 돼지, 닭, 오리 사육을 발전시켜야 한다. 일부 원자재를 따로 떼어내 일상필수품의 생산을 배치해야 한다. 구매력을 긴축하며 지난해에 더 모집한 1천여만 명 노동자들을 줄여야 한다. 시장에 공급할 물자 수송에 필요한 수송력과 노동력을 먼저 배치해야 한다.

천원의 의견은 당 중앙위원회의 중시를 받았고 또 접수되었다. 덩샤오핑은 5월 28일의 중앙서기처회의에서 다음과 같이 지적했다. 중앙은 결심을 내리고 믿음직한 진지로 퇴각하여 시달하는 기초 위에서 적극적으로 증산하기로 했다. 원래의 그런 방법은 생산이 올라가지 못해 나중에 결국 내려오게 될 것이다. 그는 다음과 같이 말했다. 사상 면에서 마땅히 1,800톤의 강철 생산량에서 해방되어 주의를 전반 국면에 두어야 하며 공업생산을 완수해야 할 뿐 아니라 전반 국민경제에 주의를 돌려 주위를 살펴보고 각 방면에 귀를 기울여야 한다. 현재의 문제는 1,800만 톤의 강철 생산량을 완수하지 못하는 것이 중요한가, 아니면 국가경제와 인민생활, 시장문제가 중요한가 하는 것이다. 전체적으로 배치하고 공업과 농업, 경공업과 중공업의 관계를 해결해야 한다. 1,800만 톤의 강철만 쳐다보다간 전체적인 것을 잃게 되고 인심까지 잃게 될 것이다.[33]

6월 13일, 마오쩌둥의 주관으로 소집된 중앙정치국회의에서는 정식으로 1959년도 강철 생산량지표를 1,300만 톤으로 낮추고 기본건설대상도 비교적 크게 줄이기로 결정했다. 마오쩌둥은 회의에서 높

---

33) 보이보, '몇 가지 중대한 결책과 사건에 대한 회고'(수정본) 하권, 인민출판사 한문판, 1997년, 864쪽.

은 지표문제에 관해 연설하고 재차 자기비판을 했다. 그는 "원래는 좋은 일이었는데 일부 지표가 너무 높았기 때문에 날마다 난관에 부딪히게 되었다. 공업지표, 농업지표에 일부 주관주의가 존재했으며 객관적 필요성에 대한 인식이 부족했다.", "공업이나 농업을 막론하고 그 지표들은 우리가 모두 동의한 것이었다.", "세상의 사람들은 자기가 당해보지 못하면 경험이 없어 늘 생각을 바꾸지 못한다."고 했다. 그는 또 감개무량하여 "나는 징강산(井岡山)에 올라간 뒤 첫 싸움에서 패했다. 이것은 좋은 경험이었다. 손해를 보았으니까.", 지금 공업을 장악하는 면에서도 경험이 없어 첫 싸움에서 역시 패하고 말았다고 말했다. 이번 회의에서 마오쩌둥은 또 신문, 잡지의 선전에서 과대풍과 '공산풍'에 대한 사실에 맞지 않는 보도 문제를 제기했다. 그의 제의에 따라 류사오치는 6월 20일에 정치국회의를 열고 신문, 잡지 선전 문제를 별도로 토론했다. 마오쩌둥은 회의 상황에 대한 회보를 청취하면서 다음과 같이 지시했다. 헛된 명성을 추구하다가 실제적인 화를 입어서는 안 된다. 지금 선전을 전환해야 하며 전환하지 않으면 안 된다. 지난해 너무 심하게 큰소리쳤고 너무 많이, 너무 크게 허풍을 쳤다. 지금의 문제는 결함과 오류를 시정하는 것이다.

1959년 5~6월에 당 중앙위원회는 또 일련의 긴급지시를 내려 각급 당위원회에서 농업생산 완수를 중심으로 봄 파종과 여름 수확 면적을 확대할 것을 요구했으며 농촌에서 자류지를 회복하고 사원들의 가축, 가금 사육을 허용하며 사원들이 주택 주변과 길가의 빈 땅을 충분히 이용하여 곡식과 나무를 심는 것을 고무 격려했으며 이에 대해 공량을 받거나 공동소유로 돌리지 못하게 했다. 중앙에서는 대집단 가운데 이런 '소사유'가 오랜 기간 필요한 것이라고 명확히 지적했다. 이런 소사유를 허용하는 것은 사실 사원들의 집단노동 시간 이외의 노동성과를 보호하는 것으로서 결코 "자본주의를 발전시키는 것" 이 아니었다. 중앙에서는 한편으로 농업을 총괄하는 동시에 부식물 과 일용공업품을 크게 관리하고 수공업을 회복하며 일용공업품과 부식물 생산을 적극적으로 배치하는 한편, 다른 한편으로는 원래 정한 일부 지나치게 높인 지표를 낮추고 물자분배와 기본건설계획을 낮추도록 요구함으로써 기본건설투자가 260억~280억 위안에서 240억 위안으로 더 낮아지고 정액 이상 기본건설대상이 1,092개에서 788개로 줄어들었다.

비록 인민공사의 체제와 정책이 조정되었지만 농촌의 식당을 어떻게 운영할 것인지에 대해서는 아직도 해결해야 할 현실적 문제가 남아 있었다. 마오쩌둥은 외지에 내려가 조사하여 다시 상황을 파악하려고 결심했다. 조사 과정에서 그는 계속 이전의 '대약진'과 인민공사화운동을 반성했다. 그는 후베이성당위원회 제1서기 왕런충과의 담화에서 "결정이 잘못되면 지도자가 책임을 져야지 일방적으로 하급을 탓하지 말아야 하며 지도자가 아랫사람 대신 책임을 지는 것은 하급의 신임을 얻는 아주 중요한 조건이다."고 말했다. 그는 또 "집이 가난하면 어진 아내를 생각하고 나라가 어지러우면 어진 재상을 생각한다. 천윈 동지는 경제사업에 대한 연구를 비교적 깊이 해왔기에 천윈 동지에게 계획사업, 재정경제사업을 주관하게 하는 것이 좋을 것 같다.", "전국인민대표대회를 소집하는 기회를 이용해 지난해 공포한 일부 수치와 올해의 생산지표를 수정했더라면 좋았을 것인데 기회를 한번 놓쳐 지금의 궁지에 빠지게 되었다."고 말했다. 그는 재차 징강산 투쟁 때 경험 부족으로 실패한 사례를 들었다. 그는 다음과 같이 말했다. 혁명이 갓 시작되었을 때는 경험이 없어 오류를 피하기 어렵다. 지난해 불어닥친 '공산풍'도 '좌'적 오류이다. 경험이 없으면 오류를 범하고 실패할 수 있다. 여지없이 참패를 당하고도 계속 돌아서려고 하지 않으면 안 된다.[34]

당 중앙위원회에서 제기한 일련의 정책적 조치를 진정으로 관철집행하려면 전당, 특히 당의 고위급간부들이 반드시 한층 더 사상을 통일해야 한다. 이에 마오쩌둥은 7월 초에 장시 루산에서 성, 직할시 당위원회서기좌담회(즉 후에 루산에서 소집한 중앙정치국확대회의)를 소집하고 '좌'적 오류를 시정하는 임무를 계속 관철 시달할 것을 제의했다. 류사오치의 주관으로 소집된 중앙정치국 상무위원회의에서는 이 제의를 동의했다.

3. '좌'적 오류 시정에서의 약간의 문제에 대한 새로운 인식

'좌'적 오류를 기본적으로 시정하는 과정에 당 중앙위원회와 마오쩌둥은 중요한 이론적 관점과 실제에 부합하는 정책적 조치를 제기하여 사회주의문제에 대해 일부분 새롭게 인식하게 되었으며 사회주의 건설의 길을 모색하는 데 매우 가치 있는 사상을 축적했다. 주로 다음과 같은 몇 가지 측면에서였다.

생산력과 생산관계의 상호 관계에 대해 더욱 깊이 인식하게 되었다. 사회주의 집단 소유에서 사회주의 전 인민적 소유로의 이행, 사회주의에서 공산주의로의 이행은 모두 생산력의 발전을 토대로 해야 한다. 생산관계와 생산력은 상호작용하는 한 쌍의 모순으로 생산력 발전의 수준은 생산관계의 성격을 결정하고 생산관계도 생산력 발전에 반작용을 미치게 되는데 이것은 원래 마르크스의 기본원리이다.

34) '왕런충 일기 발췌', 중국공산당 후베이성위원회 당사자료수집작성위원회 편: 〈후베이에서의 마오쩌둥〉, 중공당사출판사 한문판, 1993년, 12~14쪽.

중국의 사회주의적 개조는 총체적으로 생산력의 발전을 촉진하여 위대한 승리를 이룩했다. 그러나 사회주의적 개조 과정에서와 그 후에 마오쩌둥은 생산력과 생산관계의 모순 가운데 생산력에 대한 생산관계의 반작용을 더욱이 중요시했다. '대약진'과 인민공사화운동 과정에 혼란이 생긴 원인 중 하나가 바로 생산관계의 작용을 극단적으로 과장했기 때문이다. 즉 생산관계의 급속한 변화, 생산수단의 공동소유화 정도의 제고로 반드시 생산력의 급격한 발전을 가져올 것이라고 인정하고 현실 생산력의 수준을 고려하지 않고 인위적으로 생산관계를 높인 결과 오히려 생산력의 파괴를 초래하게 되었다. 제1차 정저우회의를 전환점으로 당 중앙위원회와 마오쩌둥은 생산관계가 발전 단계를 초월한 '공산풍' 등 오류를 바로잡기 시작했다. 이어 우창회의와 당 중앙위원회 제8기 제6차 전원회의에서 당 중앙위원회와 마오쩌둥은 경험교훈을 한층 더 총화하고 '대약진'과 인민공사화운동의 주요 오류는 "사회주의 단계를 초월하여 공산주의 단계로 뛰어들려는 공상에 빠진 것"임을 깨닫게 되었다. 당 중앙위원회 제8기 제6차 전원회의에서 통과한 '인민공사의 약간의 문제에 관한 결의'는 다음과 같이 지적했다. "생산관계는 반드시 생산력의 성격에 알맞아야 한다. 오직 생산력이 모종 상황까지 발전해야만 생산관계의 모종 변혁을 일으키게 된다. 이는 마르크스의 기본 원리이다. 동지들은 중국 현재의 생산력 발전 수준이 아직도 매우 낮다는 것을 명심해야 한다. 3년을 노력하고 또 몇 년의 노력을 더 기울이면 전국의 경제가 크게 바뀔 수 있을 것이다. 그러나 그때에 가서도 전국적인 고도의 공업화, 농업기계화, 전기화의 목표와 여전히 작지 않은 거리가 있을 것이다. 사회 제품이 대대적으로 풍족해지고, 노동 강도가 대대적으로 경감되고, 노동시간이 대대적으로 단축되는 목표와도 더욱 큰 거리가 있을 것이다. 이런 것들이 없다면 인류사회의 더 높은 발전 단계인 공산주의사회에 진입한다는 것은 운운할 여지조차 없다.” 당 중앙위원회와 마오쩌둥은 생산력 수준을 떠나 성급히 이행하려는 오류를 비판하고 집단적 소유와 전 인민적 소유, 사회주의와 공산주의의 경계를 구분할 것을 강조했다. 또한 사회주의에서 공산주의로의 이행문제에 대해 사회주의 단계에서 걸음을 멈추어서도 안 되지만 조건이 갖추어지지 않았을 때 억지로 공산주의로 진입하려 해서도 안 된다며 이것은 의심할 바 없이 성공할 수 없는 공상이라고 지적했다. 그 후 소유경계를 혼동하고 사회주의 발전 단계를 초월하는 오류가 또다시 발생했다. 당이 '좌'적 오류를 시정하는 과정에서 기본적으로 총화한 이러한 교훈과 인식은 생산력 발전 수준에 순응하여 생산관계를 조정하고 사회발전 단계를 초월하려는 공상론의 오류를 방지하는 데 매우 귀중한 사상적 재산이 되었으며 중국 사회주의 건설사업이 건전하게 발전하도록 지도하는 데 아주 심원한 의의가 있음을 보여준다.

가치법칙은 위대한 학교이다. 이것은 마오쩌둥이 제기한 유명한 관점이다. '대약진' 전에 당의 이론사업 종사자들은 사회주의 사회에서 아직도 상품생산이 필요한가, 가치법칙이 아직도 작용하는가 등의 문제에 대해 연구, 토론하고 긍정적인 의견을 제기했다. '대약진' 과정에 마르크스에 대한 교조주의적인 이해와 성급히 공산주의로 이행하려는 사상으로 '자산계급 법권'에 대해 비판을 했기 때문에 가치법칙, 상품생산은 사회주의와 전혀 어울리지 않는 것으로 인식되었고 많은 경우에 부정당했다. '대약진'의 교훈이 있었기에 당은 사회주의가 아직도 상품생산과 상품교환이 필요한가, 가치법칙이 아직도 작용하느냐는 이미 연구토론 중인 문제에 대해 긍정적인 대답을 하고 인식을 명확히 했다. 마오쩌둥은 제1차 정저우회의 때 아직도 적극적인 의의가 있는 범주인 상품생산, 상품유통, 가치법칙 등을 이용하여 사회주의를 위해 일하는 것을 피하는 것은 마르크스에 대한 철저하지 못하고 엄숙하지 못한 태도라고 지적했다. 당 중앙위원회 제8기 제6차 전원회의에서 채택한 '인민공사의 약간의 문제에 관한 결의'는 또 다음과 같이 명확히 지적했다. "일부 사람들이 너무 빨리 '공산주의에 진입'하려고 시도하는 동시에 너무 빨리 상품생산과 상품교환을 취소하고 너무 빨리 상품, 가치, 화폐, 가격의 적극적인 역할을 부정하려고 시도하고 있는데 이런 생각은 사회주의 건설의 발전에 불리하기에 정확하지 못한 것이다." 상품경제의 발전은 사회 경제 발전의 뛰어넘을 수 없는 단계이며 중국이 경제 현대화를 실현하는 필요한 조건이다. 중국은 상품경제가 제대로 발전하지 못한 나라로서 반드시 가치법칙을 이용하여 사회주의를 위해 일하도록 해야 하며 상품생산, 상품교환이 반드시 아주 큰 발전을 가져오도록 해야 한다. 이는 당 중앙위원회가 '좌'적 오류를 시정하는 가운데 이룩한 중요한 사상적 성과이다.

최초로 '농업-경공업-중공업'의 순으로 배치하는 전략적 사상을 명확히 제기하고 중국 공업화의 구체적 내용을 풍부히 했다. 신중국이 대규모 경제건설을 시작할 때 중공업을 먼저 발전시키는 전략을 확정했다. 이는 생산수단의 생산을 우선으로 늘리는 데 관한 마르크스 이론에 근거했을 뿐 아니라 중국의 구체적인 국정을 근거로 삼았다. 그러나 중공업의 우선적 발전은 농업과 경공업의 발전을 떠날 수 없으며 그렇지 않으면 두 날개를 잃고 '고군분투'하게 된다. 마오쩌둥은 '10대 관계에 대하여'에서 제1차 5개년 계획의 경험을 총화할 때 소련의 중공업만을 집중적으로 발전시키고 경공업과 농업을 홀시

한 교훈을 새기고 중공업과 경공업, 농업의 관계를 잘 처리해야 한다고 지적했다. '대약진' 운동은 "강철을 기본 고리로 한다."는 것을 지나치게 강조했기 때문에 중공업이 기형적으로 발전하고 농업, 경공업이 밀려나 생산이 하락했다. 루산회의가 소집되기 전에 마오쩌둥은 '대약진' 이래의 경험적인 교훈을 총화하고 나서 농업, 경공업, 중공업 관계문제에 대해 연구할 것을 특별히 제기했다. 그는 다음과 같이 지적했다. 과거에는 국민경제를 중공업, 경공업, 농업의 순서로 배치했고 10대 관계를 논술할 때 두 다리로 걸을 것을 제기했는데 잘 집행되지 않았거나 전혀 집행되지 않았다. 과거에는 중공업, 경공업, 농업, 상업, 교통의 순으로 배치했으나 지금은 농업을 발전시킬 것을 강조하면서 순서를 농업, 경공업, 중공업, 교통, 상업으로 고쳤다. 이렇게 제기하는 것은 여전히 생산수단을 우선적으로 발전시키는 것으로서 마르크스에 어긋나는 것이 아니다. 우리는 중공업을 늦추지 않을 것이며 농업 속에는 생산수단도 들어있다. '농업-경공업-중공업'의 순서로 배치하는 전략적 사상의 제기는 '10대 관계에 대하여'를 발전시킨 것이다. 이는 당 중앙위원회가 '좌'적 오류를 시정하는 실천과정에서 농업이 국민경제에서 가장 중요한 기반적 지위를 차지한다는 것을 한층 더 깊이 인식했음을 보여준다.

종합적으로 균형을 잡는 것은 전반 경제사업의 근본적 문제로서 국민경제는 마땅히 계획적으로 비례에 따라 발전해야 한다. 국민경제의 운행은 본래 서로 어울리고 대체로 균형을 잡는 과정이다. 만약 균형을 잃으면 각 부문, 각 업종 간의 비례관계가 어긋나 국민경제가 정상적인 궤도에서 운행하지 못하게 된다. '대약진' 운동은 바로 국민경제가 본래 유지해야 할 균형을 파괴하여 공업과 농업 간, 공업 내부 간, 중공업과 경공업 간, 농업 내부 간의 비례관계가 균형을 잃게 했다. 당시 종합적 균형을 '소극적 균형론'으로 보았기 때문에 '적극적 균형론'을 제기했다. 마오쩌둥은 '대약진'의 중요한 교훈 중 하나가 바로 종합적 균형을 잘 이룩하지 않은 것이다. 두 다리로 걷고 몇 가지를 병행한다고는 했지만 실제로 골고루 관리하지 못했다고 지적했다. 그는 다음과 같이 말했다. 전반 경제사업에서 균형은 근본적 문제이다. 균형에는 농업 내부의 농업, 임업, 목축업, 부업, 어업 간의 균형, 공업 내부의 균형, 공업과 농업 간의 균형 세 가지가 있다. 전반 국민경제는 이와 같은 토대 위에서의 종합적 균형이다. 종합적 균형은 당이 제1차 5개년 계획 집행 과정에서 실천 경험을 총화하여 제기한 정확한 방침이다. 당 중앙위원회는 '대약진' 과정에서 종합적 균형을 파괴한 것을 중요한 교훈의 하나로 삼고 국민경제 발전에서 종합적 균형 방침을 견지하기 위해 새로운 거울을 제공해주었다.

제1차 정저우회의 이후 9개월간의 간고한 노력을 거쳐 '공산풍', 과대풍, 높은 지표, 강박명령, 맹목적 지휘 등이 기본적으로 억제되었고 정세가 좋은 방향으로 흐르기 시작했다. 이 단계에 기본적으로 '좌'적 오류를 시정한 과정은 전당이 "오류 속에서 배우"면서 사회주의 건설의 길에 대해 일부 새로운 모색을 하는 과정이었다. 마오쩌둥은 인민공사의 복잡한 문제 가운데 소유 및 사회주의와 공산주의의 관계 등 전체 국면에 관련한 주요 문제들에 대해 이론적으로 숙고하고 정책적으로 조정했다. 매번 정책과 생산지표를 조정할 때마다 모두 최초 구상했던 "규모가 크고 공동소유화 정도가 높은" 인민공사 모델에 대해 부분적으로 부정했으며 또한 어느 정도에서 '대약진'의 실책을 시정하고 있었다. 이 기간에 마오쩌둥은 일부 정확한 이론적 관점과 정책사상을 거듭 재언명하고 제기했는데 중요한 가치와 의의가 있는 것들이었다. 사회주의 건설은 중국공산당을 두고 말하면 완전히 새로운 사회적 실천으로서 그 진리성에 대한 인식은 필연적으로 여러 차례 반복된 실천을 거쳐야 했다. 당시 당 중앙위원회와 마오쩌둥은 오류의 심각성에 대해 충분히 인식하지 못하고 있었다. 게다가 당내 민주주의가 약화되어 일부 정확한 의견들이 제때에 중앙에 반영되기 어려웠다. 더 중요한 것은 '좌'적 오류를 시정하기 위한 인식은 비록 깊어졌으나 총체적으로 '대약진'과 인민공사의 '좌'적 지도사상을 견지했을 뿐만 아니라 '좌'적 오류를 시정하는 동시에 반 우파투쟁 확대화 이후에 계급투쟁을 사회 주요 모순으로 보는 사고방식에 따랐기 때문에 '대약진'과 인민공사를 의심하거나 부정하면 '관조파'와 '추후결산파'라고 하거나 심지어 '적대분자'라고까지 했다. 이런 것들은 모든 '좌'적 오류를 시정하는 조치가 완전히 시달되는 데 영향을 주었고 따라서 기본적으로 호전되던 정세를 여전히 공고화되지 못하게 했다.

제14장

루산회의 '좌'적 오류 시정에서 나타난 우여곡절과
당의 사회주의 건설문제에 대한 사고

1959년 7월 2일부터 8월 1일까지 열린 중앙정치국확대회의와 당 중앙위원회 제8기 제8차 전원회의(루산회의라고 통칭)는 원래 '대약진'운동 이래의 '좌'적 오류를 한층 더 시정하려는 데 목적을 두었다. 마오쩌둥은 전당적으로 사업 가운데 부닥친 실제문제와 관련하여 깊이 독서하면서 중국에서의 사회주의 건설법칙을 한층 더 모색할 것을 기대했지만 얼마 지나지 않아 '좌'적 오류 시정은 '우'적 사조를 배척하는 데로 역전해 버리고 말았다. 이는 당과 국가의 정치생활 및 국민경제의 발전에 심각한 결과를 가져왔고 후세에 깊은 교훈을 남겨주었다.

1. 루산(廬山)회의 '좌'적 오류 시정에서 '반우경'으로의 역전

회의 초기에 지속된 '좌'적 오류 시정

1958년 11월의 제1차 정저우회의 이래 약 9개월간 진행된 '좌'적 오류 시정을 토대로 중앙정치국확대회의는 1959년 7월 2일부터 8월 1일까지 장시(江西) 루산에서 소집되었다. 회의에는 중앙정치국 위원, 후보위원과 각 성, 직할시, 자치구 당위원회 제1서기 및 중앙 해당 부문의 책임자들이 참석했다. 회의는 원래 보름간의 시간을 들여 주로 1958년 이래 사업에서의 경험적인 교훈을 한층 더 총화하고 정세에 대한 전당의 인식을 통일하며 부분적으로 계획지표를 조정하여 1959년의 지속적인 약진을 실현하려는 데 목적을 두었다.

마오쩌둥은 회의 시작에 독서, 현재의 정세, 앞으로의 과업, 일부 구체적 정책[1] 및 단결과 사상통일 등 18가지 문제를 제기했는데 후에

---

1) 이런 정책문제란 선전, 종합적 균형, 군중노선, 공업관리, 체제, 협력관계, 공공식당, 생활을 잘 조직하는 것, 세 가지 규정(생산량 규정, 수매량 규정, 판매량 규정)을 회복하고 농촌초급시장을 회복하여

국제문제를 보충하여 총 19가지가 되었다. 마오쩌둥은 다음과 같이 인정했다. 국내의 총체적 정세는 성과가 아주 크고 문제도 적지 않지만 미래가 유망하다. 종합적인 균형과 군중노선, 통일적인 영도, 질 보장이 근본적인 문제다. 전체 경제사업에서 균형을 잡는 것이 근본문제로 균형을 이뤄야만 군중노선을 이룩할 수 있다. 그는 계속해서 지난해 어리석은 일을 더러 하면서 몇 년에 끝내야 할 지표를 1년 안에 완수한다고 했는데 열정은 중요하나 사업 가운데 맹목성이 있었다고 말했다. 그는 지난 한 해의 중요한 교훈 한 가지라면 농업을 홀시하여 큰 손해를 입게 되었고 난관에 봉착하게 되었다고 특별히 지적했다. 그는 농업, 경공업, 중공업의 관계를 연구해야 하며 과거에는 중공업, 경공업, 농업, 상업, 교통의 순서로 배치했는데 지금은 농업 진흥을 강조하므로 농업, 경공업, 중공업, 교통, 상업의 순으로 고쳐야 한다고 말했다. 이어서 또 "농업을 기초로 한다."는 구호를 제기했다. 국민경제 가운데서 농업의 지위를 부각시킨 것은 사회주의의 실천과 이론에 중요한 의의가 있다. 그는 천원이 이전에 제기한 "먼저 시장을 잘 배치한 다음에 기본건설을 배치해야 한다."는 의견을 수긍하면서 의식주와 일용품, 교통을 잘 배치하면 백성들이 들고 일어나지 않을 것이다. 이는 6억 5천만 인구의 안정 여부에 관계되는 문제라고 했다. 그는 또 단결문제에 대해 강조했다. 사상을 통일해야 하고 결함이라면 세 손가락 안에 꼽을 정도인 만큼 지표를 높이 정했으면 내려야 한다. 권리를 너무 많이, 빨리 풀어놓아 혼란이 조성되었는데 집권과 통일영도를 강조해야 한다. 농촌의 초급시장을 회복하고 생산량 규정, 수매량 규정, 판매량 규정의 정책을 회복함으로써

생산소대를 반 채산단위가 되게 하며 농촌에서의 당과 공청단 기층조직의 지도적 역할 등을 가리킨다.

생산소대가 반 채산단위가 되게 해야 한다. 식당을 잘 운영해야 하며 30% 정도 보유해도 좋다.

마오쩌둥은 광범위한 간부들이 사회주의 경제발전 법칙을 터득하게 하고자 지구당위원회이상 당위원회 위원들에게 소련의 〈정치경제학 교과서〉(제3판, 하권)의 사회주의 부분을 읽도록 요구하고 현급, 인민공사급 간부들도 읽을 수 있는 수준이면 읽도록 했다. 그는 "지난해 많은 지도동지, 현 급, 인민공사급 간부들이 사회주의 경제문제를 잘 이해하지 못하고 경제발전법칙을 잘 알지 못하고 있었음을 감안하여 현재 사업 가운데 아직도 사무주의가 존재하고 있음을 감안하면 마땅히 책을 깊이 있게 읽어야 한다."[2]고 말했다. 그는 모두가 성과를 충분히 긍정하는 전제 아래 경험교훈을 올바르게 총화하고 인식을 한층 더 통일하면 전당을 동원하여 1959년도의 '대약진' 임무를 완수하도록 요구했다.

7월 3일부터 회의는 협력지역에 따라 6개 조를 나누어 토론을 진행했다. 중앙지도자들이 각기 각 조의 토론에 참석했다. 첫 보름간의 분위기는 가볍고 유쾌했다. 마오쩌둥이 루산에 도착한 후 그의 "소산에 이르러"와 "루산에 올라"라는 시가 전해지면서 사람들의 흥취를 불러일으켰다. 사람들은 이번 회의를 '신선회의'라고 했다. 회의 초반의 토론에서 모두 "성과는 위대하고 문제가 적지 않으며 장래가 유망하다."는 결론에 일치했다. 다수의 회의 참석자는 총노선, '대약진'과 인민공사화운동을 수긍하는 동시에 1958년 이래 사업에서 나타난 문제를 지적하고 이런 문제가 나타나게 된 교훈을 분석하면서 '좌'적 오류를 한층 더 시정해야 한다고 제기했다. 일부는 또 적극적으로 자기

---

2) 마오쩌둥, '루산회의에서 토론한 18가지 문제'(1959년 6월 29일, 7월 2일), 〈마오쩌둥문집〉 제8권, 인민출판사 한문판, 1999년, 75쪽.

비판을 하면서 사업 가운데서 나타난 자신의 오류에 대해 서글프다고 말했다. 류사오치는 7월 3일과 4일에 화중소조와 화난소조의 토론에 참석한 자리에서 "1958년에 우리는 '대약진'에서 위대한 성과를 취득했다. 일부 혼란도 나타났지만 아주 유익한 교훈을 얻었다. 좌절을 당하고 나서 그것을 피해갈 줄 아는 사람은 총명한 사람이다. 좌절을 당해보지 않고도 피해갈 줄 아는 그런 '총명한 사람'은 없다."고 말하면서 "모두 주의를 기울여야 한다. 피해 돌아갈 때 절대 사기가 떨어져서는 안 되며 더욱더 용기를 북돋우어야 한다."[3]고 지적했다. 주더는 7월 6일에 한 발언에서 다음과 같이 지적했다. 지난해 거둔 성과는 위대하지만 농민은 노동자이자 또 사유자인데 이 점을 잘 예측하지 못했으며 공산화를 좀 일찍 서두른 것 같다. "공공식당을 운영하면 생산에 유리하나 소비에서 손해를 보게 된다. 공급제는 공산제인데 노동자에게는 또 노임을 줘야 하지 않는가? 농민들이 정말 그토록 공산화를 바라는가?" 식당을 "운영하기 어려우면 억지로 하지 말아야 하며 모두 망해도 결코 나쁜 일은 아닐 것이다. 가정제도를 튼튼히 해야 하는데 그렇지 않으면 돈이 생기면 생기는 족족 써버리게 된다."[4].

토론 가운데 적지 않은 회의 참석자들은 결함을 많이 지적하고 비판을 많이 듣는 것을 꺼렸다. 그들은 이전의 사업 가운데 나타난 결함과 오류는 그렇게 심각한 것이 아니며 몇 달간의 시정을 거쳐 비슷하게 시정되었으니 계속해서 '좌'적 오류 시정을 강조할 필요가 없으며 향후의 과업은 한층 더 용기를 북돋우며 1959년도의 지속적인 약

3) 중공중앙문헌연구실 편, '류사오치 연보(1898~1969)' 하권, 중앙문헌출판사 한문판, 1996년, 458쪽.

4) 중공중앙문헌연구실 편, '주더 연보(1886~1976)' 하권, 중앙문헌출판사 한문판, 2006년, 1736쪽.

진을 실현하는 것이라고 인정했다. 또 일부는 심지어 '좌'적 오류 시정을 너무 강조하는 바람에 이미 우적 경향이 나타나 간부와 군중의 적극성에 영향을 주고 있다고 했다.

마오쩌둥은 토론 가운데 드러난 여러 의견에 따라 7월 10일에 열린 조장회의에서 연설을 했다. 그는 정세에 대한 견해가 일치하지 않으면 단결할 수 없고 당내 단결을 하려면 우선 사상이 통일되어야 한다고 말했다. 그는 당내에서 제기된 일부 여러 의견을 우파의 반격과 연계했다. 당외 우파들은 일절 부정하고 있다. 일부 간부가 '대약진'을 "수지가 맞지 않는다."고 하는데 이 말이 맞는가? 지난해에 나타난 일부 결함과 오류는 인정해야 한다. 중요한 것은 농업생산에 대한 예측이 너무 높았고 또 이에 따라 생활을 배치하다 보니 낭비가 생기게 되었으며 공업기본건설을 많이 벌여놓은 데다 공업생산 지표가 지나치게 높아 전체적인 균형이 파괴되었으며 인민공사를 운용하면서 '공산풍'이 불어닥친 것 등이다. 국부적으로 말하거나 한 가지 문제로 말하면 아마도 열 손가락에서 아홉 손가락이나 일곱 손가락이 문제이겠지만 전체를 두고 말하면 그래도 아홉 손가락과 한 손가락의 문제이므로 역시 성과가 중요하며 문제는 그리 대단한 것도 아니다. 그러면서 '대약진'은 수지가 맞지 않는다는 견해에 동의하지 않았다. 그는 다음과 같이 인정했다. 구체적으로 보면 얼마간 수지가 맞지 않겠지만 총체적으로 말하면 수지가 맞지 않는다고 할 수 없다. 경험을 얻으려면 언제나 대가를 지불해야 하는 법이다. 우리는 승리와 패배라는 양면에서 법칙을 인식해야 한다. 게다가 정저우회의 이래 여러 차례 회의를 거쳐 일어난 문제를 점차 인식하고 해결했다. 그는 다음과 같이 강조했다. 우리는 건설에 대해 아직 경험이 없다고 할 수 있다. 적어도 10년 이내는 그럴 것이다. 이 1년간 많은 회의를 거쳐 우리는 늘 문제 분석에 힘쓰고 해결에 노력을 기울이며 진리를 견지하고 오류를 시정했다. 당내 일부 동지들이 전반 정세를 잘 모르고 있는 것 같은데 그들에게 잘 설명해주어야 한다. 정세를 두고 신심을 가지는가의 여부가 역시 이번 회의의 중요한 문제이며 총노선, '대약진'과 인민공사에 대한 평가가 정세를 예측하는 본질적 내용이다. 그는 "성과는 위대하고 문제가 적지 않으며 미래는 밝다."라는 평가를 토대로 중앙지도층의 인식을 통일하여 '좌'적 오류를 시정하는 데 힘써 줄 것을 바랐다.

7월 14일, 회의는 마오쩌둥의 의견에 근거하여 '루산회의에서의 제 문제에 관한 회의의정기록(초안)'을 인쇄해 배포했다. 이 문건은 회의에서 토론된 문제를 토대로 작성한 것이었다. 그 문건은 총노선, '대약진', 인민공사화운동에서 거둔 성과를 충분히 수긍하고 나서 향후 몇 년간 농공업 생산의 성장속도를 규정하는 한편, 1958년 이래 사업 가운데 존재해온 문제를 비교적 긍정적으로 평가하고 일부 문제들이 나타난 원인을 주로 경험 부족도 있겠지만 일부 사상 면에서의 주관주의와 일면성 및 사업기풍 가운데 일어난 관료주의라고 분석하고 나서 문제를 해결하고 사업을 개진하는 데에 관한 원칙적 건의를 제기했다. 문건의 기본정신은 '좌'적 오류를 시정하는 것으로 대다수 회의 참석자의 인식을 반영했으며 당 중앙위원회의 계속해서 '좌'적 오류를 시정하려는 노력을 구현했다. 그러나 그 후 회의의 방향이 바뀌면서 이 '회의 의정기록' 초고 및 수정 원고는 한쪽에 방치되고 말았다.

펑더화이의 편지로 일어난 논쟁

루산회의가 방향을 바꾸게 된 것은 펑더화이의 편지 때문이었다.

중앙정치국 위원이며 국무원 부총리 겸 국방부 부장이었던 펑더화이는 1958년 12월의 우창회의 후 후난성의 샹탄(湘潭) 등지를 시찰하는 과정에 전 인민적 강철제련이 초래한 손실과 농업에서의 허위 보고와 과대풍에 대해 깊이 이해하게 되면서 큰 우려에 빠지게 되었다. 1959년 4월부터 6월 사이에 그는 중국군사대표단을 인솔하여 동유럽 국가를 방문하면서 1956년 헝가리 사건 발생 당시의 상황과 헝가리의 현황을 알게 되었다. 7월 2일, 펑더화이는 마오쩌둥의 소집으로 열린 일부 중앙지도자와 각 협동지구 주임회의에서 헝가리 사건에서 시작하여 중국 국내의 경제문제와 정치문제에 대해 언급했다. 마오쩌둥은 펑더화이가 회의에서 보여준 태도에 불안감을 느꼈다. 마오쩌둥은 그날 저녁으로 6월 29일과 7월 2일의 두 차례 회의에서 한 연설을 정리한 19가지 문제를 다시 수정하고 나서 양상쿤에게 "이 문건을 인쇄 발부하고 이미 발부된 이전 문건을 회수하시오. 이 문건의 17조에 단결문제(중앙으로부터 현에 이르기까지)라는 내용을 더 첨부하도록 하시오."라는 내용의 편지를 보냈다. 그는 당내에 존재하는 정세 분석에서 보여준 커다란 차이가 당을 분열시킬지도 모른다고 여기고 단결이라는 조목을 첨부했는데 "곧바로 그 분열에 대처"[5] 하려는 것이었다. 펑더화이는 회의 초기에 한 시베이조의 토론에서 여러 번 발언도 하고 중간에 끼어들어 '대약진' 이래 사업에서 일어난 결함과 오류, 즉 농업에서 생산량을 허위 보고하고 허풍을 친다든가 무료급식을 아무런 사전 검토 없이 보급한 것, 전 인민이 강철을 제련한다는 이 구호 자체에 문제가 있다는 것, 인민공사를 너무 서둘러 추진한 것, 당내에 민주주의가 부족하다는 것과 같은 문제들을 제기

---

5) '마오쩌둥이 당 중앙위원회 제8기 제8차 전원회의에서 한 강화', 1959년 8월 11일.

했다. 그러면서 그는 경험교훈을 찾아야 하고 원망하지도 책임을 묻지도 말고 만약 책임을 물으려면 모두가 책임이 있으며 거기에는 마오쩌둥 동지도 포함된다고 지적했다. 그의 이러한 의견들은 회의 〈간보〉에 실리지도 않았다.

7월 10일, 마오쩌둥은 회의를 소집해놓고 긴 연설을 했는데 주로 정세에 관해서였다. 마오쩌둥의 연설이 끝난 후 펑더화이는 회의가 곧 끝날 기미를 보이는 데다 경험과 교훈에 대해 깊이 연구 토론되지 못하고 있고 〈간보〉에도 반대 의견이 실리지 않고 많은 문제가 아직 비교적 원만하게 해결되지 못하고 있는 상황이라 오류가 재발할까 봐 걱정이 되었다. 그는 마오쩌둥에게 직접 자신의 생각을 전하기로 마음먹었다. 7월 13일 이른 새벽, 그는 마오쩌둥을 면담하러 갔으나 호위병이 마오쩌둥이 금방 잠이 들었다고 하여 만나지 못했다. 그래서 편지를 쓰기로 했다. 14일, 그는 전날에 쓴 편지를 마오쩌둥에게 넘겼다. 천 자(千字)에 달하는 이 편지는 내용이 두 부분으로 되어 있었다. 첫 번째는 "1958년 대약진이 거둔 성과는 두말할 것 없이 긍정적이다."라는 내용이었고 두 번째는 "사업에서 얻은 경험교훈을 어떻게 총화할 것인가?"였다. 총노선, '대약진'과 인민공사화운동의 성과를 수긍하는 전제 아래 편지에서는 1958년 이래 사업 가운데 존재하는 문제, 특히 전인민적 강철제련으로 인력, 재력, 물력을 더러 낭비했으며 "잃은 것도 있고 얻은 것도 있다."고 집중적으로 지적하면서 이런 문제가 생겨난 교훈을 총화할 것을 요구했다. 펑더화이는 "지금 우리가 건설사업에서 직면한 뚜렷한 모순은 이미 균형이 파괴되면서 여러 측면에 긴장 상태가 나타난 것이다. 이런 상황은 이미 노농 간의 관계, 도시와 각 계층 간의 관계, 농민 각 계층 간의 관계에 영향을 주고 있으므로 역시 정치성을 띠고 있었다."고 인정했다.

펑더화이는 다음과 같이 지적했다. 지난 한시기의 사업 가운데 일부 결함과 오류가 발생하게 된 여러 가지 원인 가운데 객관적 요인은 사회주의 건설사업에 대해 익숙하지 못하고 완전한 경험이 없으며 경제건설에서 일어난 문제를 처리하는 데 정치문제를 처리하는 것처럼 그렇게 능란하지 못했기 때문이다. 주관적 요인은 사상방법과 사업 기풍에서 문제가 적지 않게 나타나고 있다. 첫째로 "허위 과대 기풍이 보편적으로 자라"나고 "실사구시적이지 못한 결함을 범했으며", 둘째로 "소자산계급의 열광"으로 "일부 '좌'적 경향이 상당한 정도로 자라나 어떻게든 단걸음에 공산주의에 들어서려고" 하기 때문이다. 그는 또 "이런 '좌'적 현상을 시정하기는 우경보수사상을 타파하기보다 어려우며, 철저히 극복하려면 아직도 간고한 노력을 기울여야 한다."고 말했다. 편지의 마지막에 그는 다음과 같이 썼다. "내 생각엔 작년 하반기 이래의 우리의 사업에서 얻은 성과와 교훈을 체계적으로 총화하여 전당 동지들을 한층 더 교양하는 것이 매우 좋겠다고 생각한다. 그 목적은 시비를 똑똑히 가르고 사상 수준을 높이는 데 있으므로 일반적으로 개인의 책임을 추궁하지 않도록 하는 것이 좋겠다."

펑더화이의 편지는 객관적 현실과 대중의 요구를 반영한 것으로서 기본적으로 옳았다. 중앙정치국 위원으로서 당 중앙주석에게 편지를 써 자신의 의견을 반영한 것이 당의 조직원칙에도 전적으로 부합되는 것이다. 7월 16일에 마오쩌둥은 '펑더화이 동지의 의견서'란 제목으로 편지를 인쇄하여 회의 참석자들에게 발부하여 토론하도록 회답한 동시에 중앙정치국 상무위원들에게 "이 편지의 성격을 평론"할 것을 제안했다. 중앙정치국 상무위원회는 마오쩌둥의 건의에 따라 회의를 연장하기로 결정했다. 마오쩌둥은 또 베이징에 남아 해당 사업을 주관하고 있는 일부 영도자들에게 즉각 루산에 올라와 토론에 참가할 것을 요구했다.

펑더화이의 편지가 인쇄 발부된 후 최초의 토론에서 일부 사람들은 편지의 의견에 찬성했다. 그들은 다음과 같이 인정했다. 이 편지의 총체적 정신은 긍정적인 것으로서 회의에서 심도 깊은 토론을 추진하고 여러 사람의 사고를 유발하는 데 적극적인 역할을 한다. 당연히 성과를 긍정하는 전제 아래 이전의 사업에서 나타난 결함과 오류를 깊이 있고 투명하게 밝혀야만 경험교훈을 총화하고 앞으로의 사업을 개진하는 데 이로울 것이다. 펑더화이가 자신의 의견을 개진하는 이런 정신은 모두가 따라 배워야 할 점이다. 편지의 결함이라면 주로 일부 논점들과 어구들이 좀 적절하지 못해 쉽사리 오해를 살 수도 있지만 그렇다고 따지고 논쟁할 필요까지는 없다. 그 밖에 더러는 펑더화이의 편지에 대해 다른 의견을 갖고 있었다. 그들은 오류에 대한 "인식이 너무 뒤떨어졌다."는 견해는 실제와 맞지 않는다. 베이다이허회의 후 지금까지 많은 중대 문제들이 이미 해결되었기에 인식이 뒤떨어진 것이라고 말해서는 안 된다고 주장했다. 그들은 이 편지는 "사실상 당의 총노선의 정확성을 의심하게 하고 지난해의 대약진과 위대한 군중운동 및 이미 거둔 위대한 승리의 신뢰 여부를 의심하도록 유도하고 있다."고 했다. 또한 일부는 펑더화이가 "만약 중국 노동자와 농민이 훌륭하지 않았더라면 소련 홍군을 청해왔을 수도 있었을 것이다."라고 말한 것까지 끄집어냈다.

7월 17일에 루산에 도착한 중앙서기처 서기이며 해방군 총참모장인 황커청(黃克誠)은 정세에 대한 총체적 견해에서 펑더화이와 일치했다. 그러나 루산에 온후 그는 펑더화이와의 개별적 담화에서 편지를 쓰지 말아야 했고 편지의 일부 논점이 자극적이라고 지적하면서 감정적으로 일을 처리하고 있는데 그래서는 안 된다고 비판조로 말한 적이 있다. 회의에 참석한 후 황커청은 피하지 않고 결함을 지적했다. 7월 19일, 그는 소조회의 발언에서 다음과 같이 말했다. 사업에서 존재하는 결함을 논하려면 '루산회의에서의 여러 문제에 관한 회의 의정기록(초안)'에 제기된 내용 외에도 농업생산 실적을 너무 높게 예측하고 경제 부문의 균형이 파괴되었으며 1959년 계획지표가 지나치게 높은 것 등이 있다. 그러면서 그는 이 같은 결함으로 인해 식량이 해방 후 처음으로 달리게 되었고 기본건설 원자재와 시장 부식물도 부족하게 되었고 당과 대중의 관계도 영향을 입게 되었으며 당의 국제적인 위신도 영향을 입게 되었다고 말했다. 그는 인민공사를 운영하는 데 대해 운영해도 되고 하지 않아도 되지만 멀리 내다보고 헤아리면 운영하는 것이 좋으나 단시일에는 하지 않는 것이 더 효과적일 것이라고 했다. 그는 또 현재 일부 지방에서는 단지 성과만 말하고 결함은 말하지 않는 기풍이 뚜렷한 문제가 된다고 지적했다. 그는 결함이 있다 해서 두려울 것 없지만 결함을 감춰두고 말하지 않는 것이 더 두려운 것이라고 인정했다.

중앙위원회 후보위원이며 후난성당위원회 제1서기인 저우샤오저우는 펑더화이를 대동하여 후난을 시찰한 적이 있다. 회의 기간에 그는 펑더화이와 담화를 나누면서 후난의 상황을 소개했는데 두 사람의 견해는 비교적 일치했다. 7월 19일 회의 발언에서 저우샤오저우는 펑더화이 편지의 총체적 정신은 긍정적이나 일부 논점과 어구들은 다소 고려해볼 필요가 있다고 인정했다. 그는 루산회의는 고위급 간부회의로서 성과를 긍정적으로 평가하고 나서 마땅히 집중적으로 경험을 총화해야 한다. 이번 회의에서 결함을 냉철하게 밝힐 필요가 있으며 이렇게 해야만 경험적인 교훈을 올바르게 총화할 수 있다고 말했다. 지난해 이래의 사업평가에 대해 그는 총체적으로 보면 성과는 위대했다는 것에 수긍하며 얻은 것이 잃은 것보다 많지만 구체적 문제를 놓고 보면 얻은 것이 잃은 것보다 많다거나 얻은 것과 잃은 것이 균등하다거나 잃은 것이 얻은 것보다 많은 상황이 모두 존재하기에 구분해서 말해야 한다고 했다.

7월 20일, 양상쿤이 마오쩌둥에게 각 소조에서 펑더화이의 편지를 두고 한 토론 상황을 회보할 때 마오쩌둥은 네 가지 의견을 제기했다. (1) 빚을 지면 갚아야 하고 오류를 범했다고 하여 내치면 안 된다. 지난해 오류를 범했는데 모두에게 책임이 있으며 우선 나부터 책임이 있다. (2) 결함을 아직 완전히 시정하지 못했고 뒷심이 든든하지 못한 것은 사실이다. 이 같은 사정을 회피하지 말고 실사구시해야 한다. (3) 어떤 울분은 터뜨려야 하는데 과대풍, 맹목적인 지휘, 탐욕 때문에 생긴 울분은 터뜨려야 한다. (4) '좌파'들, 즉 오류를 시인하려 하지 않거나 남들이 오류를 지적하는 것을 싫어하는 그런 사람들과 얘기를 나누면서 그들에게 여러 측면의 의견을 청취하도록 했다. 이러한 담화에서 볼 수 있다시피 마오쩌둥은 당시 펑더화이의 편지에 대한 태도에 어느 정도 여지를 남겨놓고 있었으며 그는 잘못을 감싸는 것을 찬성하지 않고 있었다.

중앙정치국 후보위원이며 외교부 부부장인 장원톈(張聞天)은 '대약진'과 인민공사화운동에서의 문제를 벌써 발견하고 깊이 있는 사고를 하고 있었다. 그는 루산에 펑더화이와 함께 올라 거처를 옆 칸에 정하면서 서로 여러 차례 담화를 나누었다. 회의에서 하고 싶은 말을 터놓고 할 수 없고 결함을 지적하려 하면 압력을 느끼게 된다는 것이 두 사람의 공감이었다. 그도 원래 마오쩌둥에게 편지를 쓰려 했지만 펑더화이의 편지가 인쇄 발부된 후 소조회의에서 발언하기로 마음먹고 준비했다. 7월 21일, 그는 소조회의에서 세 시간 동안 장편 발언을 했다. 이때 벌써 펑더화이의 편지에 대한 질책이 늘어나면서 회의 분위기가 비교적 긴장되어 있었다. 곁에 있던 누군가가 걱정하는 투로 결점을 적게 지적하라고 장원톈에게 권고했지만 그는 여전히 기탄없이 펑더화이의 편지를 지지했다. 그는 '대약진'의 결함과 오류 및 그로 인한 심각한 결과를 전면적으로 지적하면서 이 같은 문제가 생기게 된 경험적인 교훈을 이론적 견지에서 체계적으로 분석했다. 그는 결함이 나타나게 된 원인을 총화할 때 경험 부족만을 강조하는 것으로 만족해서는 안 되며 반드시 사상관점, 방법, 태도에 입각해 깊이 연구해야 한다. 그러지 않고 객관적 원인만 강조하다가는 경험을 총화할 수 없고 교훈을 얻지도 못하게 된다고 강조했다. 그는 또 승리하면 사람들은 의식이 과열되고 교오자만하기 쉬우며 다른 의견들은 귀담아듣지 않게 된다. 당내의 민주주의 작풍을 발양하는 것이 아주 중요하다고 말했다. 지도층은 아래 사람들이 여러 의견을 대담하게 제기할 수 있는 그런 기풍, 환경을 조성하여 의견을 자유로이 교환할 수 있는 분위기를 형성해야 한다. 이 문제는 우리 집정당을 놓고 볼 때 특히 중요하다. 우리는 공덕을 구가하는 사람이 없는 것이 걱정이기보다는 감히 우리에게 의견을 제기하지 못할까 봐 더 걱정이다. 누가 몇 마디 다른 의견을 제기했다고 하여 절대 이런저런 모자를 씌워서는 안 된다. 그는 펑더화이의 편지의 중심 내용은 경험을 총화할 것을 희망했기에 본의는 아주 좋은 것이라고 인정했다. 개별적인 제기 방식을 말하더라도 조금 많이 제기했든 적게 제기했든 문제가 없는 것이라고 인정했다. 장원톈이 발언하는 과정에 그의 관점에 동의하지 않는다는 사람들이 있었지만 그는 자신의 관점을 끝까지 밝혔다.

소조토론에서 더러 펑더화이의 편지를 질책하는 이들도 있었다. 그들은 편지의 정세에 대한 총체적 평가는 오류가 있는 것으로 오류를 과장하고 성과를 과소평가했다고 하는가 하면, 편지는 단순히 개별적인 구절에 관계되며 분촌(分寸)을 파악하지 못한 데 국한되는 것이 아니라 문제를 보는 사상 입장과 관련 있다고도 했다. 그리고 편지는 사기를 북돋워주기는커녕 맥을 빠지게 했기에 전당의 사상을 통일시키고 당 사업을 하는 데 불리하다고도 했다. 또 일부는 펑더화이의 편지 가운데 많은 가시가 박혀 있어 예봉(銳鋒)을 직접 마오쩌둥에게 돌린 것이라고 했다. '소자산계급의 열광성'이라 한 이상 바로 노선에 관계되는 문제로서 노선이 틀렸다면 반드시 지도자를 바꿔야 한다는 뜻이 아닌가 하기도 했다.

7월 21일에 펑더화이는 소조회의에서 거듭 발언했다. 그는 이 편지는 회의가 곧 마무리된다기에 서둘러 쓴 것으로서 어구도 그렇고 논리적으로도 그렇고 일부 결점이 있다 보니 본의를 명백히 전달하지 못했을 것이라고 해석하면서 회의 후 편지를 회수하며 중앙에서 몇 부를 서류로 남겨둘 것을 건의했다.

7월 22일에 마오쩌둥은 몇몇 사람과 담화를 나누었다. 진언을 듣고 나서 마오쩌둥은 다음과 같이 말했다. 지금 바로 내가 나와서 연설할 필요가 있다. 이번 바람을 눌러버리지 않다가는 대열이 흩어지게 된다. 그러면서 또 펑더화이의 편지는 총노선을 겨냥한 것이며 자신을 겨냥한 것이라고 인정했다. 그날 저녁, 마오쩌둥은 류사오치, 저우언라이와 이튿날 열릴 대회를 두고 상론했다.

'좌'적 오류 시정에서 '반우경'으로의 역전

마오쩌둥은 제1차 정저우회의 이래 중앙에서 줄곧 전당을 영도하여 '좌'적 오류를 시정하는 데 힘쓰고 있지만 펑더화이와 장원톈만은 여기에 참여하지 않았다고 여겼다. 마오쩌둥은 총노선과 '대약진', 인민공사는 방향이 옳았다고 굳게 믿고 있었다. 그의 견해에 의하면 1958년은 성과가 중요한 것이고 결함과 오류는 사업에서의 문제에 속하는 것으로서 열 손가락 가운데 한 손가락에 지나지 않는다. 그뿐 아니라 상하이 회의에서 '인민공사의 18개 문제에 관한 결정'을 지을 때는 인민공사의 '공산풍' 문제가 이미 대체로 해결되었고 1959년 5월에 강철 생산량지표를 1,300만 톤으로 내리기로 제기한 것에 이미 "객관 실제의 가능성이 완전히 반영"[6]되었으므로 루산회의는 이 기초에서 인식을 통일하고 지표 조정 결정을 채택하여 모두 다 그에 따라 사업하면 정세가 계속 호전될 것 같았다. 그런데 펑더화이 등은 '좌'적 오류를 한층 더 깊이 있게 시정하며 계통적으로 교훈을 총화하면서 사업 기풍에서의 '좌'적 오류의 근원을 청산할 것을 요구했으니 마오쩌둥은 펑더화이 등이 우리와 함께 사업에서의 결점과 오류를 시정하는 것이 아니라 실제는 총노선과 '대약진', 인민공사를 의심하거나 반대하며 자신과 당 중앙위원회의 영도에 대해 선전포고를 내린 것으로 인정하고 우경의 표현으로 여겼다.

당시 '대약진'과 인민공사를 두고 당 내외와 해외에서 적지 않은 논의가 있었다. 일부 간부, 군중과 당 외 인사들은 당면 정세에 대한 우려와 지도사업 가운데서의 결점과 오류에 대한 견해를 여러 경로를 통해 중앙에 전달했는데 그 가운데는 '대약진'과 인민공사를 부인하는 견해도 있었다. 일부 사람들은 현재 타이완의 내정이 잘 되어가고 있다. 장제스(蔣介石)는 갓 타이완에 갔을 때만 해도 공산당의 정

---

6) 마오쩌둥, 〈10년 총화〉, 1960년 6월 18일.

권이 공고화될 것이라고 여기고 대륙으로 되돌아올 생각을 접었는데 현재 대륙의 이런 상태는 장제스에게 대륙으로 되돌아올 야망을 야기하게 되었다고 인정했다.[7] 마오쩌둥은 이런 비판과 의견을 당에 대한 공격으로 간주했으며 그것들을 루산회의에서 한 중앙지도층 내부의 논쟁과 관련시키고 1956년의 모험적인 전진을 반대하는 문제에서의 반대 의견과 연관시켰으며 또 국내의 비판과 논쟁을 중국에 대한 서방의 공격과 중국에 대한 소련 흐루쇼프의 비판과 연계했다.[8] 그리하여 마오쩌둥은 당이 내외협공에 처해 있으며 우경이 당면한 주요한 위험이 되었다는 결론을 내리게 되었다. 이런 그릇된 판단으로 그는 반격을 가하기로 마음먹었다.

7월 23일에 마오쩌둥은 대회에서 긴 연설을 했다. 그는 다음과 같이 말했다. 지금 당내외에서 우리를 협공하고 있는데 당외에 우파가 있는가 하면 당내에도 우리를 쓸모없는 사람이라고 하는 사람들이 있다. 나는 당내의 부분적 동지들에게 권고하고 싶은데 연설에서 방향문제에 주의를 돌리며 관건적 시각에 동요하지 말아야 한다고 권고한다. 어떤 이들은 관건적인 시각에 쉽게 동요하며 역사의 거대한 풍랑 속에서도 굳건하지 못하다. 그들은 이제 와서 또 자산계급적인 해이, 비판, 동요를 보이면서 혁명적 대중운동을 올바르게 대하지 못하며 1956년에 범한 모험적 전진을 반대하는 오류를 되풀이했으며 제국주의와 자산계급의 압력으로 우적으로 기울어지고 있다. 그들은

---

7) 마오쩌둥이 비준 이첩한 '루산회의 문건50'을 참조.

8) 1959년 7월 18일 흐루쇼프가 폴란드 포츠난성 '폴라차이브'생산합작사 군중대회에서 한 연설이다. 미국 〈뉴욕타임스〉는 흐루쇼프의 이 말은 현재까지 한 소련지도자가 공사에 대한 견해를 두고 가장 솔직하면서도 공개적으로 비판한 것이라고 논평을 실었다. 마오쩌둥은 이에 대해 평어와 편지를 썼다. "하나는 백화만개, 하나는 인민공사, 하나는 대약진 이 세 가지를 흐루쇼프 들은 반대하고 있으며 또는 의심하고 있다."고 인정했다. 마오쩌둥은 "이 세 가지를 가지고 전 세계와 논쟁해야 하는데 여기에는 당내의 대량의 반대파와 회의론자들까지 망라해서 말이다."라고 표시했다.

우파는 아니지만 자기 자신을 우파 변두리로 끌고 가는데 우파와는 아직 30킬로미터 거리를 두고 있다. 왜냐하면 우파들은 이 같은 논조를 아주 좋아하기 때문이다. 마오쩌둥은 펑더화이의 편지 가운데 "소자산계급의 열광성", "잃은 것도 있고 얻은 것도 있다.", "균형이 파괴되면서 여러 면에 긴장상태가 나타났다." 등 견해를 조목조목 따져가며 강하게 비판했다.

이 연설로 회의 분위기가 삽시간에 긴장된 분위기로 급전환되었다. 회의 주제는 '좌'적 오류 시정에서 우경을 반대하는 데로 바뀌었다. 7월 26일에 열린 회의에서 마오쩌둥의 지시를 전달했다. 시비는 사람에 의하여 생긴 것으로 시비뿐만 아니라 사람도 가려내야 한다. 경계를 똑똑히 나누고 시비를 명백하게 밝히며 어물쩍 모호해서는 절대 안 된다. 그날 마오쩌둥은 또 리윈중(李云仲)이 그에게 전달한 편지에 회답하면서 인쇄해 발부하도록 했다.[9] 그는 평어에 다음과 같이 썼다. 지금 당내외에 새로운 사물이 나타났다. 즉 우경정서, 우경사상, 우경활동이 자라나 미친 듯이 진격할 태세를 보이고 있다. 우경을 반대하면 '좌'경이 나타나기 마련이고 '좌'경을 반대하면 우경이 나타나기 마련이며 이것은 필연적이다. 지금은 우를 반대해야 할 때이다.

당내 적지 않은 사람들이 1958년 경제사업 지도사상에서의 '좌'적 오류에 대한 깊은 인식이 부족했고 마오쩌둥이 전당에서 장기적으로 숭고한 위신에 있었으며 당내에 개인숭배현상이 짙어진 데다 소수사람들이 붙는 불에 부채질한 탓으로 7월 23일 대회 후 비판의 칼

---

9) 리윈중은 당시 동북협동지구위원회 판공청 종합조 조장으로 있었으며 후에 국가계획위원회 기본건설국 부국장을 지냈다. 그는 1959년 6월 9일에 마오쩌둥에게 쓴 편지에서 '대약진' 가운데 나타난 많은 문제, 예를 들면 인민공사가 생산관계를 변동하는 면에서 너무 앞서 가고 있으며 공, 농업의 균형, 소비와 축적의 균형이 깨지고 있는 것 등을 전달했다.

날은 집중적으로 펑더화이, 황커청, 장원톈, 저우샤오저우에게 돌려짐으로써 한쪽으로 기울어지는 국면이 이뤄졌다. 23일 후 며칠 동안 펑더화이 등이 회의에서 제기한 언론을 둘러싸고 비판이 전개되었다면 26일 후부터는 마오쩌둥의 "시비뿐만 아니라 사람도 가려내야 한다."는 의견이 전달되고 리윈중의 편지에 대한 평어가 인쇄 발부됨으로써 펑더화이 등을 비판하는 수위가 '묵은 문제'까지 망라한 전면적인 적발과 비판으로 격상되었다. 적지 않은 사람들은 발언에서 펑더화이 등이 루산에서 한 차례 투쟁을 일으켜 총노선을 반대하고 마오주석을 공격하며 우경 기회주의를 대변하여 당을 향해 진격함으로써 노선 오류를 범했다고 질책했다. 펑더화이 등은 비록 마오쩌둥의 분석과 회의에서의 비판을 받아들일 수 없었지만 압력에 이기지 못해 부득이 소조회의에서 검토하지 않을 수 없었다.

7월 31일과 8월 1일, 중앙정치국 상무위원회는 이틀간 회의를 열어 펑더화이를 비판했다. 회의에서는 펑더화이의 편지를 '우경 기회주의의 강령'이라고 결론을 내리고 펑더화이가 황커청, 장원톈, 저우샤오저우 등과 '반당 집단'을 형성해 계획적이고 조직적이며 철저한 준비와 명확한 목적성을 가지고 활동함으로써 칼날을 당 중앙위원회와 마오 주석과 총노선에 돌렸다고 말했다. 린뱌오는 또 펑더화이를 '위선자'이고 '음모가'이며 '야심가'라고 했다.

중앙정치국확대회의에 이어 8월 2일부터 16일까지 당 중앙위원회 제8기 제8차 전원회의가 루산에서 개최되었다. 마오쩌둥은 회의 시작에서 한 연설을 통해 다음과 같이 말했다. 두 가지 문제를 토론해야 하겠다. 첫째는 생산량지표를 시정하는 문제로 전국인민대표대회 상무위원회에 건의하여 강철, 양곡, 목화 등의 생산량지표를 낮춰야 하겠다. 둘째는 노선문제이다. 이어 그는 우리는 아홉 달 동안 '좌'경을 반대해왔는데 현재로서는 이것은 거의 문제가 되지 않는다, 루산 회의는 '좌'적 오류를 반대하는 문제가 아니라 우를 반대하는 문제인데, 우경 기회주의가 당을 향해, 당의 지도기관을 향해 무리 지어 진격해오고 있기 때문이라고 말했다.

8월 4일 저녁, 마오쩌둥의 건의에 따라 류사오치의 사회로 중앙정치국상무위원회는 중앙정치국확대회의에 참석하지 못한 중앙위원회 위원과 후보위원에게 전 단계 회의 상황을 소개했다. 린뱌오가 첫 번째로 발언하면서 펑더화이는 영웅이 되고자 하기에 마오 주석을 반대하게 되는데 이는 사실이며 긴 안목에서 볼 때 그는 우리 당내의 우환거리라고 질책했다. 기타 상무위원들도 발언에서 펑더화이에게 당의 최고 권리를 빼앗으려는 사상이 있다고 했다.

그 후 소조회의와 대회에서 펑더화이, 황커청, 장원톈, 저우샤오저우에 대한 적발 비판이 고조되면서 비판의 격조는 갈수록 높아갔을 뿐만 아니라 이른바 '묵은 문제'까지 꺼내 들고 청산하기 시작하면서 펑더화이, 장원톈 등을 일관적으로 마오 주석을 반대했으므로 당내의 큰 우환이며 '자산계급 민주파'이고 '민주혁명의 동조자이며 사회주의 혁명의 반대파'이며 '당내에 침투한 투기세력'이라는 등 그릇된 질책을 했다. 펑더화이와 장원톈이 회의 전에 소련과 동유럽 국가를 방문한 것을 두고 해외로부터 '경'을 얻어왔다고 의심을 하면서 그들의 편지와 발언에 대해 아무런 근거도 없이 "외국과 내통하고" "군사구락부"를 모으고 "당을 분열시키려 하며" "마오 주석을 내려앉도록 괴롭힌다."고 질책했다. 이런 분위기 속에 당내 민주제도가 엄중하게 파괴되는 바람에 펑더화이 등은 사실 해명할 권리마저 박탈당하고 말았다.

8월 11일에 당 중앙위원회 제8기 제8차 전원회의의 전체회의가 소집되었다. 마오쩌둥은 또 연설에서 펑더화이 등을 '대약진'과 인민공사에 대한 해외의 공격과 더 깊이 연계시키면서 이렇게 말했다. 내가 보기에 지금 당신들이 창궐하게 진격하고 있는데 그중 어떤 이들은 티베트 사태와 온 세상이 우리를 욕하는 것과 관련되어 있다. 이전에 세상이 욕할 때까지만 해도 이들은 개의치 않고 있다가 티베트 문제[10]가 터지고 온 세상이 신중국 창건 이래 처음 대대적으로 우리를 욕하고 있자 펑더화이가 이번에는 조급히 뛰쳐나와 분열을 꾀하고 있는데 바로 총노선과 '대약진'과 인민공사에 관계되는 문제를 들고 나왔다.

8월 16일에 마오쩌둥은 어느 회답에 다음과 같이 썼다. "당내의 투쟁은 사회에서의 계급투쟁을 반영하고 있다. 조금도 이상할 것 없다. 이런 투쟁이 없다면 불가사의한 것이다. 이는 이전에 명확히 말해두지 않아 많은 동지가 아직 모르고 있다. 일단 문제가 생기면 적잖은 사람들이 놀랍게 생각하고 있는데 예를 들면 1953년의 가오강(高崗), 라오수스(饒漱石) 문제와 현재의 펑더화이, 황커청, 장원톈, 저우샤오저우 문제가 바로 그렇다."[11] 마오쩌둥은 당내의 분규와 모순을 직접 계급투쟁에 귀결시켰다. 이는 그 후 발생한 전당의 '반우경' 투쟁의 기조가 되었다.

전원회의는 마지막으로 회의공보와 '당의 총노선을 보호하며 우경기회주의를 반대하기 위해 투쟁하자', '증산절약운동을 벌이는 것에 관한 결의', '펑더화이 동지를 위수로 하는 반당집단의 오류에 관한 결의', '황커청 동지의 중앙서기처 서기직무를 철수하는 것에 관한 결

---

10) '티베트사건' 또는 '티베트 문제'는 티베트 상층반동집단이 1959년 3월에 티베트에서 일으킨 무장반란과 인민해방군의 반란평정투쟁을 가리킨다.

11) 마오쩌둥, '기관총과 박격포의 내력 및 기타', 1959년 8월 16일.

의'의 4개 문건을 통과시키면서 다음과 같이 인정했다. 펑더화이, 황커청, 장원톈, 저우샤오저우로 이루어진 '우경기회주의의 반당집단'은 당을 향해 "목적이 있고 준비가 있고 계획적이며 조직적으로" 진격했다. 그들의 오류라면 사실 총노선의 승리와 '대약진' 성과를 부정하며, 국민경제의 고속 발전을 반대하고, 농업전선에서의 다수확운동을 반대하며, 대중의 강철을 대대적으로 생산하는 대중운동을 반대하며, 인민공사화운동을 반대하며, 경제건설에서의 대중운동을 반대하며, 사회주의 건설사업에서의 당의 영도 즉 '정치를 앞세우는 것'을 반대한 것으로서 "반당적이며 반인민적이며 반사회주의적인 성격의 우경기회주의 노선의 오류"를 범했다고 인정했다. 전원회의는 그들을 국방부, 외교부와 성당위원회 제1서기 등 사업직에서 이탈시키지만 그들의 중앙위원회와 정치국 가운데 원래의 직무를 보류하며 "뒤에 효과를 보면서 관찰"하기로 결정했다. 전원회의에서 통과한 결의는 다음과 같이 지적했다. "우경기회주의가 지금 당내의 주요한 위험이 되었다. 전당과 전국인민을 단결하여 총노선을 보위하고 우경기회주의의 진격을 격퇴하는 것이 지금 당의 주요 전투적 과업이 되었다". 중앙은 9월에 통지를 발부하여 '중국공산당 제8기 제8차 전원회의 펑더화이 동지를 위수로 하는 반당집단의 오류에 관한 결의'와 '당의 총노선을 보호하며 우경기회주의를 반대하기 위해 투쟁하자'는 결의를 전체 당원들에게 전달하고 더 나아가서 당외에까지 전달하도록 했다. 곧이어 '반우경' 투쟁이 당내에서 시작되었다.

루산회의는 '좌'적 오류를 시정하는 데에서 우경을 반대하는 것으로 전환되었는데 비록 펑더화이의 편지를 둘러싸고 야기된 것이지만 근본적 원인은 당내에서 지도사상 측면에서의 '좌'적 오류에 대해 인식을 통일하지 못했고 '좌'적 오류를 발견했더라도 그에 대한 인식이 확고하지 못했기 때문에 이같이 엄청난 반복이 초래되었던 것이다.

2. 전당적 범위에서의 '반우경' 투쟁과 그로 인한 결과

펑더화이 등에 대한 지속적인 비판

루산회의 후 1959년 8월 18일부터 9월 12일까지 펑더화이, 황커청에 대한 비판을 내용으로 하는 중앙군사위원회확대회의가 베이징에서 개최됐다. 또한 8월 24일에 베이징에서 전국외사회의를 소집하고 장원톈을 비판했다.

군사위원회확대회의는 역사문제를 거론하면서 펑더화이는 몇 차례 벌어진 오류 노선의 추종자였다고 질책했다. 더욱 심한 것은 회의는 이른바 '군사구락부' 문제를 들고 나오면서 펑더화이에게 '군사구락부'의 조직, 강령, 목적, 명단을 대라고 몰아붙였다. 펑더화이는 그런 구락부가 만약 있다면 오직 펑더화이를 중심으로 하는 반당집단 4명일 뿐이며 당신들 가운데서 '군사구락부'의 성원이 있다면 자진하여 나서라고 분노하며 말했다. 후에 그는 당시 상황을 떠올리며 다음과 같이 썼다. "회의 과정에 나는 요구하는 대로 다 들어주는 태도를 보이면서 당과 인민의 이익에 손해가 가지 않으면 된다고 생각하고 자신의 오류에 대해 더러 사실과 어긋나는 과장된 검토를 했다. 유독 이른바 '군사구락부'의 문제에 대해서는 실사구시의 원칙을 견지했다.", "내가 '군사구락부'의 조직, 강령, 목적, 명단 등을 마구 꾸며댔다면 심각한 결과가 초래하게 되었을 것이다. 나는…… 당 영도의 인민군대를 절대로 훼손시킬 수 없었다."[12]

---

12) 〈펑더화이자술〉, 인민출판사 한문판, 1981년, 278~279쪽.

회의는 또 펑더화이의 이른바 '외국과 내통'한 문제를 추궁했는데 이는 아무런 근거가 없었다. 외사회의와 외국주재 대사관을 통해 거듭 조사하면서 증거를 찾았지만 이른바 '외국과 내통'한 문제는 줄곧 아무런 근거를 찾을 수 없었다.

9월 11일에 마오쩌둥은 군사위원회 확대회의와 외사회의의 합동대회에서 총화연설을 발표했으며 그 당 중앙위원회 제8기 제8차 전원회의에서 한 연설의 관점을 충분히 밝혔다. 그는 다음과 같이 말했다. 내가 보건대 몇몇 사람은 과거에도 마르크스주의자가 아니었으며 지금까지도 그들은 마르크스주의자가 아니다. 그럼 그들은 어떤 사람들인가? 그들은 마르크스의 동반자이다. 그들은 우리의 동반자일 뿐이다. 자산계급의 혁명인들은 중국공산당 대열에 가담했지만 자산계급의 세계관과 입장을 고집하고 있다. 이 같은 동반자들은 매우 중요한 시점에 오류를 범하지 않을래야 않을 수 없다.

9월 12일에 군사위원회 확대회의는 '중공중앙 군사위원회 확대회의 결의'를 채택하고 전군적으로 "펑더화이, 황커청이 군대에서 퍼뜨린 독소와 악렬한 영향을 철저히 숙청"할 것을 요구했다. 군대 내부의 일부 고위급 간부, 예를 들면 선양(沈陽)군구 사령원 덩화(鄧華), 총후근부 부장 홍쒜즈(洪學智), 국방과학위원회 부주임 완이(万毅), 베이징군구 참모장 중웨이(鐘偉) 등이 이에 연루되어 직무를 해임당했다.

9월 17일에 류사오치는 중화인민공화국 제2기 전국인민대표대회 상무위원회 제9차 회의의 결정에 따라 린뱌오가 국방부 부장을 겸임하고 펑더화이의 국방부 부장직무를 해임하며 뤄루이칭(羅瑞卿)이 해방군 총참모장을 겸임하고 황커청의 해방군 총참모장 직무를 해임한다는 국가주석령을 발부했다. 9월 26일에 중앙군사위원회는 '군사위원회 인원구성에 대한 통지'를 발부하고 중앙군사위원회 성원들을 조절했다. 중공중앙 군사위원회 주석은 마오쩌둥이었고 부주석들로는 린뱌오, 허룽(賀龍), 녜룽전(聶榮臻)이었으며 군사위원회 상무위원들로는 마오쩌둥, 린뱌오, 허룽, 녜룽전, 주더, 류보청(劉伯承), 천이, 덩샤오핑, 뤄룽환, 쉬샹첸(徐向前), 예젠잉, 뤄루이칭, 탄정(譚政)이었으며 뤄루이칭이 군사위원회 비서장을 맡고 린뱌오가 군사위원회 일상사업을 주관했다.

전국외사회의는 주로 장원톈의 이른바 '반당집단'과 '외국과 내통'한 두 가지 문제를 집중적으로 적발하고 폭로했다. 2개월이 넘도록 크고 작은 회의를 거듭 개최하여 크나큰 정치적 공세를 들이댔지만 장원톈은 이른바 '외국과 내통'한 문제를 승인하지 않았다. 장원톈을 비판하면서 결국 많은 이가 연루되어 '장원톈의 반당집단' 성원으로 몰려 그릇되게 비판받고 처벌받았다. 장원톈은 외교부 부부장 직무를 해임당했다.

루산회의 이후 저우샤오저우는 우선 베이징에 가서 검토서를 쓰고 나서 9월 상순에 후난에 돌아가 비판받았다. 중국공산당 후난성위원회는 확대회의를 소집하고 중국공산당 중앙위원회 제8기 제8차 전원회의의 결의에 따라 '저우샤오저우 동지의 우경 반당활동에 대한 결의'를 채택했으며 저우샤오저우의 중국공산당 후난성위원회 제1서기 직무를 해임했으며 성당위원회 위원 직무를 보류하여 그 표현을 관찰하기로 결정했다.

각지 각 분야에서의 '반우경' 투쟁

당의 제8기 제8차 전원회의가 열리고 있을 때 당 중앙에서는 벌써 '반우경' 투쟁을 준비해 발동하기 시작했다. 8월 7일에 중앙에서는

'우경사상을 반대하는 것에 관한 지시'를 발부하면서 "지금 우경사상이 이미 사업 가운데 주요한 위험이 되었으며" 8월과 9월 두 달 사이에 우경사상 반대사업을 완벽하게 벌이는 것에 열을 올려야 한다고 지적했다. 8월 12일에 마오쩌둥은 또 중국공산당 랴오닝성위원회의 '반우경'에 관한 청시에 이렇게 회답했다. 보아하니 각지에 모두 우경정서, 우경사상, 우경활동이 존재하고 커지고 있으며 일부 지방에서는 우경 기회주의 세력들이 당을 무리 지어 공격하고 있는 정세까지 나타나고 있는데 구체적인 정상에 따라 분석하면서 이 같은 그릇된 풍기를 없애야 하겠다. 루산회의 이후 펑더화이 등을 계속 적발하고 비판하는 동시에 전당적 범위에서 반우경 투쟁이 성세호대(聲勢浩大)하게 시작되었다.

'반우경' 투쟁은 처음에는 주로 당과 정부, 군대의 지도기관과 영도 간부 사이에서 진행되었는데 각 지구, 각 부문에서는 당의 중, 고급 간부회의를 소집하고 당 중앙위원회 제8기 제8차 전원회의의 문건과 마오쩌둥의 해당 지시를 학습 토론하고 '펑더화이 우경반당집단'문제에 대한 인식과 총노선, '대약진', 인민공사에 대한 태도를 반성하면서 '우경사상'에 대해 비판을 벌였다. 후난성 외에도 안후이, 푸젠, 칭하이, 신장, 간쑤, 구이저우 등 성, 자치구 당위원회의 일부 책임자들이 '우경 기회주의자'로 지정당하거나 지어 '우경기회주의 반당집단'으로 지정되었다.

루산회의 문건 전달 범위가 확대됨에 따라 '반우경' 투쟁도 점차 확대되었다. 중앙에서는 일부 지구와 분야에서의 '반우경' 투쟁에 관한 청시회보를 비준회시하면서 모든 지구와 분야에서 반드시 우경사상, 우경 활동과 우경 기회주의자를 반대하는 투쟁을 심도 있게 진행할 것을 요구했다.

농촌에서의 '반우경' 투쟁은 주로 풍기를 정돈하고 인민공사를 정돈하는 방식으로 진행되면서 이른바 '우경' 사상을 갖고 있는 기층의 간부와 부유중농을 주요 비판대상으로 삼았다. 그중 한 가지 중요한 내용은 제1차 정저우회의 이래 일부 지방에서 '좌'적 오류를 기본적으로 시정하는 과정에 제기하고 시행했던 일부 정책조치를 비판한 것이었는데 예를 들면 '가구별 생산량도급제', '포전책임제', '생산소대기본소유제', 가정부업 등이었다. 중앙에서는 허난성과 장쑤성 당위원회, 농업부당조의 해당 청시회보를 각각 비준회시하면서 이러한 정책 조치들은 "사회주의 노선을 창궐하게 반대하는 역류"로서 철저히 적발하고 비판할 것을 요구했다.[13] '반우경' 투쟁에서 농촌의 적잖은 당원과 당외 군중이 비판을 받았으나 우경주의자라고 규정되지는 않았다.

공장들에서는 총노선, '대약진'과 인민공사에 대해 불만을 갖고 있는 '우경언론'에 대해 중점으로 비판하는 외에 또 일부 간부들의 '가부장제' 사상을 당위원회의 영도를 배격하며 정치제일과 군중운동을 반대하는 것으로 지정하고 비판했다. 종업원군중 가운데는 '근본을 잊은 낙후하고 변질한 노동자와 계급 이색분자'를 조사하고 그들을 가려내어 비판했다.

고등학교와 과학연구단위에서는 '자산계급 세계관에 젖어 있는 당원 전문가'가 주요 비판대상이었는데 그들은 당원이라는 호칭을 가지고 당내외 신임을 받고 있기에 당외의 낡은 자산계급지식분자보다 사람들을 더욱 미혹시키며 위해성이 더욱 크다고 '죄명'을 달았다. 많은 당원전문가는 전문가의 자격으로 당의 영도와 군중노선을 반대했

---

13) '농업부당조의 루산회의 이래 농촌정세에 관한 보고에 대한 중앙의 비준회시', 1959년 10월 15일.

다는 누명을 쓰고 비판과 처벌을 받았다.

　11월 21일에 중공중앙에서는 '반우경' 투쟁은 단지 당내 간부들에만 국한되어야 하지 민주당파와 당외 지식인들에게까지 파급되어서는 안 된다는 규정을 내렸다. 그러나 '반우경' 투쟁은 사실 한 차례의 정치운동으로 번져나가면서 결과적으로는 여전히 비당원간부와 군중에게까지 파급되었다.

　'반우경' 투쟁이 시작될 때 중앙에서는 '우경 기회주의자'를 구분짓는 통일적인 기준을 제정하지 않았기에 각 지구, 각 분야에서 제멋대로 진행하여 임의로 타격대상 범위를 확대하는 경향이 보편적으로 나타났다. 1959년 11월과 1960년 1월에 중앙에서는 각기 '우경기회주의자를 구분하는 표준과 처리방법에 대해', '우경사조를 반대하는 정돈운동과 농촌에서의 당 정돈운동 가운데 오류를 범한 당원 간부의 처분 범위에 관한 통지' 등 문건을 하달 또는 전달하여 이를 통제하고 제약했다. 규정은 '우경 기회주의자'의 기준은 국가의 공급을 받으며 행정관리에 종사하는 당원 간부의 범위로 제한하며 '우경 기회주의자'에 해당하는 인원 수는 당원 간부 수의 1% 이하로 제한하며 농촌의 정식당원 가운데 중점 비판대상의 인원 수도 엄격히 통제하되 대체로 정식당원수의 1%를 넘지 않도록 해야 한다고 했다. 원래 당원 간부의 인구가 많았기에 이 같은 비례대로 통제한다 하더라도 여전히 적잖은 당원 간부들이 억울하게 비판받고 처벌받게 되었다. 1962년에 이 부류의 간부들에 대한 감별시정을 하면서 나온 집계에 따르면 전반 '반우경' 투쟁 단계에서 중점적으로 비판을 받고 '우경 기회주의자'로 확정된 간부와 당원이 무려 3백 몇십만 명에 달했다.

　반년 동안 진행된 '반우경' 투쟁은 정치, 경제와 조직 등에서 심각한 결과를 초래함으로써 당은 사회주의를 건설하는 노선을 모색하는 과정에서 우여곡절을 겪게 되었다. 정치 측면에서 계급투쟁 확대화의 오류가 이론과 실천 측면에서 한층 더 격상되었을 뿐만 아니라 당 내에까지 이어지게 되었다. 바로 마오쩌둥이 말한 바와 같았다. "루산에서 나타난 이번 투쟁은 계급투쟁이며 지난 10년 동안의 사회주의 혁명과정에서의 자산계급과 무산계급 이 두 적대계급의 사활적 투쟁의 연장이다. 이러한 투쟁은 중국에서 그리고 우리 당에서 아직 계속 지속될 것이다. 적어도 20년이 지속될 수도 있고 반세기 동안 지속될 수도 있는데 총체적으로 계급이 철저히 소멸되는 그때에 가서야 투쟁이 끝나게 될 것이다."[14] 이 같은 판단은 분명히 틀린 것이었다. 당내의 의견 차이를 계급투쟁으로 간주하면서 사회주의의 건설방침정책에서 나타난 차이 때문에 역사의 묵은 장부까지 들춰내어 많은 동지를 아프게 했다. 이 때문에 인위적으로 계급투쟁을 조성하는 '좌'적 오류가 더욱더 성행하게 되었다. 또한 경제적으로 제1차 정저우회의 이래 '좌'적 오류를 시정하는 행정을 끊어놓았다. '대약진'과 인민공사화운동에서 나타난, 이미 지적되었고 시정되어야 할 '좌'적 오류가 다시 발전하게 되었다. 이런 오류들에는 제대로 처리되지 못한 종합적 균형관계와 그로 말미암아 파괴된 국민경제의 균형, 공업에서의 높은 지표와 혼란한 관리, 농촌에서의 공급제와 공공식당 등이 포함되었다. 오류적인 정치비판으로 말미암아 경제사업에서의 문제를 해결하려던 노력을 중단시켰다. 조직적으로 '반우경' 투쟁은 당내의 민주생활을 파괴하여 당내에는 개인숭배와 개인독단의 불량한 경향이 더욱더 자라나게 되었다. 실사구시적으로 당에 실정을 전달

---

14) 마오쩌둥, '기관총과 박격포의 내역 및 기타', 1959년 8월 16일.

하고 비판 의견을 제기하는 많은 동지가 타격을 받게 되었고 일부 거 짓말을 하며 기회를 보아 득을 보는 자들에게 유리한 기회를 주었다. 이리하여 원칙을 견지하지 못하고 진실한 말을 하지 못하며 명철보 신(明哲保身)하고 재화를 모면하려는 그릇된 기풍이 자라나게 되었 으며 언행독단, 가부장제 등 현상이 당내의 정치생활에서 만연되면 서 당내에서의 언론 소통의 길을 거의 막아버렸다. 이러한 것들은 사 회주의 건설도로를 모색하는 과정에 처한 우리 당에는 매우 해로운 것으로 앞으로 나타나게 될 실책을 방지, 제지, 시정하는 데 어려움 을 주었다.

루산회의에서의 이번의 풍파가 비록 미치는 영향력은 크지만 이는 사실 당의 사회주의를 간고하게 모색하는 가운데 생긴 우여곡절이었 다. 루산회의 후 반년이 좀 지나 마오쩌둥은 '반우경' 운동 가운데 나 타난 일부 문제에 대해 경각심을 가지기 시작했다. 1960년 3월에 그 는 중국공산당 광둥성위원회에서 전한 당면 농촌에서 나타난 인민 공사에서 생산대기본소유에서 서둘러 인민공사기본소유로 과도하는 것과 '공산풍'이 오류를 재차 범하는 문제에 대해 깊은 관심을 돌렸 다. 그는 회시에서 다음과 같이 인정했다. "전국 각 성, 직할시, 자치 구의 상황이 대체로 광둥과 같을 것이므로 발생한 이러한 문제에 대 해…… 모두 마땅히 중대한 관심을 기울여야 하겠다." 그는 각급 당 위원회에 확실히 냉정하게 생각해보면서 결함과 오류를 신속하게 시 정할 것을 건의했다.[15] 같은 달에 마오쩌둥은 중국공산당산둥성위원 회에서 반영한 일부 지방에서 '공산풍'과 '평균주의와 무상징용' 등 상 황이 재발하고 있다는 종합회보를 듣고서 크게 분노했다. 그는 다음

---

15) 마오쩌둥, '중앙에서 전달 발행한 광둥성당위원회의 당면 인민공사사업 가운데서의 몇 가지 문제에 관하여를 전달 발부하는 데 관한 중앙의 지시에 대한 회시', 1960년 3월 3일.

과 같이 회시를 달았다. 산둥에서 발생한 문제가 틀림없이 각 성, 직할시, 자치구에도 모두 존재하며 대동소이할 뿐이다. 문제가 심각한 만큼 조처하지 않으면 안 된다. 일부 현과 인민공사들에서는 아마 지난해 3월의 정저우 결의를 잊고 있으며 지난해 4월의 상하이회의에서의 18개 문제에 관한 규정도 잊고 있는 것 같다. '공산풍', 과대풍, 명령주의가 또 불어닥치고 있다. "말썽을 심하게 부리는 사람은 단호하게 퇴임시키고 새로 사람을 두어야 한다. 평균주의와 무상징용에 관계되는 일을 반드시 청산하여 돌려줄 것은 전부 돌려주어야지 돌려주지 않아서는 절대 안 된다."[16]

계속된 '대약진'과 심각한 곤경에 빠진 국민경제

제1차 정저우회의 이후에 시작된 '좌'적인 것을 시정하는 과정이 '반우경' 투쟁에 의해 총체적으로 끊겼기에 국내 정치정세와 경제정세에도 큰 풍파가 일어났다. 열의를 다해 계속 국민경제를 '대약진'시키자는 구호 아래 새로운 약진의 고조와 '공산풍' 등 '좌'적 오류가 다시 범람하기 시작했다. '대약진'을 계속하는 오류로 말미암아 생산력의 발전이 극도로 파괴를 당하면서 국민경제가 심각한 곤란에 처했다.

당 중앙위원회 제8기 제8차 전원회의에서 부득이 전국인민대표대회 제2기 제1차 회의에서 비준하여 공포한 1959년도의 여러 주요 계획지표를 부득이 하향조정하지 않을 수 없었다. 즉 철강 생산량은 1,800만 톤에서 1,200만 톤으로, 석탄 생산량은 3억 8천만 톤에서 3억 3,500만 톤으로 하향조정했으며 양곡과 목화의 생산량은 1958년

---

16) 마오쩌둥, '공산풍의 재발 등 법을 어기고 기강을 어지럽히는 행실을 견결히 제지해야 한다'(1960년 3월 23일), 〈마오쩌둥문집〉 제8권, 인민출판사 한문판, 1999년, 163쪽.

의 실제 생산량을 기초로 각기 10%가량 증산하기로 했다. 비록 하향 조정하기는 했지만 1958년도의 생산 실적과 비교하면 여전히 지나치게 높아 실현될 가망이 없었다.

'반우경' 투쟁이 진행됨에 따라 각 지구, 각 부문에서는 또다시 일부 생산지표를 계속 높이기 시작하면서 이미 하향조정했던 지표를 다시 높여놓았다. 기본건설에서 국가계획위원회와 국가건설위원회는 한도액을 초과하여 새로 230개의 기본건설 대상을 늘리기로 확정했다. 그리하여 1959년 말까지 전국적으로 한도액을 초과하여 실제로 시공하고 있는 건설대상은 1,361개에 달했고 총투자액은 349억 7천만 위안에 달했는데 기본건설 규모가 급격히 팽창했던 1958년보다 30% 이상 늘어난 80억 7천만 위안이 증가했다. 전 인민적 소유의 종업원 대열도 따라서 새롭게 증가했다. 농업생산 측면에서 당 중앙위원회는 농업과 부업 총생산액을 1958년에 비해 10%가량 늘리기로 한 원래 계획 외에 또 33억 5천만 위안을 추가하여 성장폭이 15%에 도달하도록 최선을 다할 것을 제기했다. 공업교통생산에서 1959년 10월에 소집된 전국공업생산회의는 사사분기의 약진 계획과 시행방법을 제정했다. 이를 정치임무로 삼고 관련 부문들은 강압적으로 설비를 동원하고 자원을 긁어모아 연말에 강철 생산량은 1,387만 톤, 석탄 생산량은 3억 6,900만 톤, 선철 생산량은 2,191만 톤에 달해 원래 정한 계획지표를 모두 초과했다고 선포했다. 그러나 경공업생산이 급격히 내려가 국민경제의 주요 비례관계가 한층 더 균형을 잃었다.

수리건설은 '대약진'을 계속하기 위한 중요한 분야였다. 1959년에 중국에는 큰 가뭄이 들었는데 각지에서는 겨울에 들어서자 수리공사를 대대적으로 벌이기 시작했다. 11월 3일에 저우언라이 등은 마오쩌둥에게 사업을 회보할 때 특별히 수리건설문제를 언급하면서 다음과 같이 제기했다. 지금 급선무는 여전히 농업에서의 수리로써 확실히 공사를 많이 벌이고 잘 해놓을 필요가 있지만 그렇다고 해서 노동력이 너무 많아야 하는 것도 아니다. 후차오무는 자신이 허베이에서 직접 목격한 상황에 비추어 이렇게 말했다. 허베이에서 여러 곳을 다녀보았는데 이르는 곳마다 싸움터를 방불케 했다. 밤낮없이 길에는 오가는 사람들로 붐볐다. 저수지로 일하러 가는 사람이거나 일을 교대하고 저수지에서 돌아오는 사람들이었다. 그 정경은 전방을 지원할 때와 흡사했고 어쩌면 전방을 지원할 때보다 더 긴장돼 보였다. 한단(邯鄲)에서는 농촌노동력의 반수 이상이 저수지 공사에 동원되었다. 저우언라이는 또 쓰촨, 후베이, 허난 등 가뭄 피해지역의 상황을 회보했다. "허난에서 1천여 만 무를 다시 파종했는데 새로 나온 싹들이 또다시 말라죽었다."[17] 통계에 의하면 그해 전국적으로 겨울철 수리보수공사에 참가한 인원수는 이미 7천만 명을 초과했다. 전국적으로 저수량이 1억 세제곱미터 이상이 되는 대형공사가 314개, 저수량이 1천만 세제곱미터에서 1억 세제곱미터 사이의 중형공사가 1천여 개, 저수량이 1천만 세제곱미터 이하인 소형공사가 150만 개 이상 있었다. 수리부에서는 전국수리전화회의를 열고 수리공사에 대해 7가지 검사(계획검사, 효율검사, 설계검사, 질검사, 효익검사, 안전검사, 생활검사)를 진행하고 수리공사가 7가지 고비(겨울 추위와 강우량 고비, 방화안전 고비, 물길막이 고비, 봄철 하천범람 고비, 품질 고비, 홍수막이 고비, 공사부대시설 고비)를 잘 넘길 수 있도록 보장할 것을 각지

---

17) '마오쩌둥이 저우언라이 등과 나눈 담화 기록', 1959년 11월 3일.

에 배치했다.[18] 〈인민일보〉도 사설을 발표하여 수리건설의 약진을 이끌었다.

1960년에 들어서자 "첫 시작부터 큰 성과를 거두고 어디에서나 모두 좋은 성과를 거두며 끝까지 좋은 성과를 거두자."라는 구호가 제기되었다. 1월에 상하이에서 소집된 중공중앙 정치국확대회의에서는 연속 2년간 '대약진'을 한 기초에서 1960년에는 "지난해보다 더 훌륭한 대약진"을 실현할 것을 요구했다. 회의에서는 국가계획위원회에서 제기한 1960년도 국민경제계획초안을 토론했다. 회의 후 이 초안은 국무원에서 3월과 4월 사이에 소집한 전국인민대표대회 제2기 제2차 회의에 제기되어 비준을 받았다. 그 가운데서 강철 생산량지표는 1,840만 톤으로 정해져 지난해에 공포한 수치보다 38% 높았고, 선철 생산량지표는 2,750만 톤으로 정해져 34% 높았으며, 석탄 생산량지표는 4억 2,500만 톤으로 정해져 22% 높았고, 양곡 생산량지표는 5,940억 근으로 정해져 10% 높았으며, 목화 생산량지표는 53억 근으로 정해져 10% 높았다. 이러한 지표들은 1959년도의 허위적인 통계수치를 토대로 하여 정한 것이므로 실제로 꼭 성장해야 할 목표는 이보다 더 높았다. 더욱 심각한 것은 정치상의 '반우경' 투쟁으로 조성된 성세(聲勢) 아래 관련 부문과 각지의 계획 부문들이 원래의 지표에 층층이 지표를 더한 것이었다. 예를 들면 강철, 선철 등의 생산지표를 두고 이른바 '제2방안'과 '제3방안'을 내놓았다. 4월 14일에 전국인민대표대회 제2기 제2차 회의가 겨우 마무리되자 중앙에서는 야금부가 제기한 1960년도 강철 생산량지표에 대한 세 가지 명세서 계획 및 이 계획을 실현하는 데에 관한 석탄부, 철도부, 야금부의 연

---

18) 수리부 당조, '수리운동의 당면한 상황과 대검사를 조직할 것에 대한 보고', 1960년 1월 6일.

합청구서를 비준했다. 강철 생산량지표의 제2방안과 제3방안은 각기 2,040만 톤과 2,200만 톤으로 정해졌고 선철 생산량지표는 3,300만 톤으로 증가했다. 이 계획의 완수에 손발을 맞추기 위해 기타 관련 부문에서도 모두 생산량지표를 대폭 상향조정했다. 철도부는 또 재래식 철도와 경편철도 12만 킬로미터를 건설하겠다고 제기했다. 5월 30일에 중앙은 또 국가계획위원회, 국가경제위원회와 국가건설위원회의 1960년도 공업생산, 교통운수, 기본건설의 제2방안에 관한 보고를 비준하고 제2방안을 완수해야 하고 초과 완수해야 하는 제1방안으로 삼을 것을 결정했으며 각 지구와 각 부문이 즉시 시간을 다투어 조직, 집행함과 동시에 이를 기준으로 하여 사업을 배치, 검사할 것을 요구했다.

같은 해에 소련에서는 중국에 있는 모든 전문가를 철수하기로 결정했다. 이 같은 배경에서 중앙은 또 '본때를 보여주는 강철'을 제련할 것을 제기했다. 마오쩌둥은 "손에 닭 모이 한 줌이 없으면 닭마저 거들떠보지 않는다. 우리가 얕잡히는 처지에 놓이게 된 것은 바로 강철이 충분하지 못하기 때문이다. ……자본주의 국가들이 우리를 깔보고 있는 데다 사회주의 국가마저도 우리에게 기술을 주지 않고 있다. 한 번 꾹 참는 것도 좋은 점이 있다."고 말했다. 마오쩌둥의 호소로 전국에서는 '본때를 보여주는 강철'[19]을 대대적으로 제련하기 시작했다.

강철, 선철 생산의 높은 지표를 완수하기 위해 중앙과 관련 부문에서는 여러 차례 회의를 열고 기본건설을 삭감하고 생산을 확보하며 일반적인 것을 삭감하고 중점적인 것을 확보하는 방침을 취해 철강

---

19) 보이보, '약간의 중대한 결책과 사건에 대한 회고'(수정본), 인민출판사 한문판, 1997년, 901쪽.

생산을 전력으로 지지하고 보장하도록 요구하는 지시를 내렸다. 동시에 1958년도 '소토군'으로부터 발전된 '소양군'[20]을 철강생산의 '대약진'을 실현하는 효과적인 경로로 삼아 대대적으로 시행할 것을 요구했다. 1960년 4월에 열린 성, 직할시, 자치구 당위원회 공업서기회의에서는 소형용광로, 소형회전로, 소형탄광, 소형철광, 소형철도로 '5가지 소형군체를 이룰 것'을 요구했다. 1958년도에 강철을 대대적으로 제련하면서 교통운수가 달리는 제한을 받은 적이 있는지라 각지에서는 강철생산의 수요에 부응하기 위해 재래식철도와 경편철도를 대량으로 부설했다. 그러나 최대한 노력을 기울였음에도 강철생산 상황은 여전히 좋지 않았다. 원래 정한 지표를 완수할 수 없게되자 중앙에서는 어쩔 수 없이 강철 생산량지표를 제1방안 수준으로다시 낮추었다. 연말에 이르러 강철 생산량은 1,866만 톤에 달해 그나마 원래 공포한 계획을 겨우 완수했다.

'대약진'의 오류가 계속 심해짐과 동시에 농촌인민공사에서 재차 '공산풍'이 불어 닥치기 시작했다. 집단적 소유에서 전 인민적 소유로 과도하기에 급급했던 1958년도와는 달리 이번에는 생산대 기본 소유에서 인민공사 기본 소유로 넘기는 데 급급했다. 1959년 10월에 각 성, 직할시, 자치구 당위원회서기회의에서는 인민공사 기본 소유로 넘기는 문제를 제기했다. 12월에 중앙은 저장, 안후이, 장쑤, 상하이 등 4개 성, 직할시 좌담회를 소집하고 과도하는 조건과 방법을 토론했으며 3~5년이나 5년 안팎으로 생산대 기본 소유에서 인민공사 기본 소유로의 넘기는 것을 실현할 것을 제기했다. 그 후 적지 않은 지방에서 시범적으로 해보기 시작했고 나중에 보급하기에 이르렀

---

20) '소토군'은 소(소형기업), 토(재래적인 방법), 군(군중노선)을 가리키고 '소양군'은 소(소형기업), 양(현대적인 생산방법), 군(군중운동)을 가리킨다.

다. 이는 제1차 정저우회의 이후 기본채산단위를 축소하고 생산대대와 생산소대 소유를 강화하기 위해 기울인 노력과 서로 배치되는 것이었다. 이로 인해 '공산풍'이 다시 불어 닥치게 했을 뿐만 아니라 날로 거세지게 했다. 인민공사 소유경제가 인민공사의 공, 농업 총생산액에서 절대적 우세를 차지해야 한다는 과도 실현의 이 기본조건에 도달하기 위해 각지에서는 연이어 인민공사 소유의 공업, 양돈장을 대규모로 운영하고 수리사업을 대규모로 벌였으며 대대, 생산대로부터 노역, 자금과 재물을 무상으로 징용했다. 가난한 생산대가 부유한 생산대를 따라잡도록 지원하기 위해 부유한 생산대와 가난한 생산대가 자금, 노역, 생산수단 등 면에서 '공산주의 대협력'을 하게 했을 뿐만 아니라 일부 지방에서는 심지어 가난한 생산대와 부유한 생산대를 직접 합병시키고 통일적인 채산을 시행했다. 이같이 생산대의 노력과 재물을 평균화하고 무상 징용하여 여러 가지 인민공사소유경제를 "크게 운영하는" 방법이 재차 성행되면서 다시 한 번 많은 생산대대, 생산대와 농민대중의 이익을 침범했고 방금 회복되기 시작한 농촌경제에 새로운 폐해를 초래했다.

농촌의 공공식당은 1959년 상반기에 정돈된 바가 있었고 일부 지구에서는 심지어 운영을 중지한 상황이었다. 그러나 이때에 와서 공공식당은 "사회주의에서 공산주의로 과도"하는 데 도움이 되는 대사로 간주되어 다시 회복하고 지속하도록 했다. 1960년 2월부터 3월 사이에 중앙에서는 구이저우성당위원회의 '당면 농촌공공식당의 상황에 대한 보고' 및 마오쩌둥의 회시를 비준, 이첩, 하달했다. 중앙에서는 2월 26일의 회시에서 "인민공사를 공고히 하기 위해서는 반드시 식당을 잘 운영해야 한다."고 지적했다. 그 후 전국의 농촌에서는 재차 공공식당을 대대적으로 운영했는데 많은 성, 자치구에는 식당에 가입한 농촌인구가 총인구의 90% 이상을 차지했다. 식당을 공고히 하기 위해 일부 지방에서는 또 1959년 상반기에 사원들에게 나누어주었던 자류지를 회수하고 개인 분 식량을 직접 식당에 분배하여 통일적으로 사용하게 했는데 이는 대중의 생활에 아주 큰 영향을 끼쳤다.

1958년, 중앙에서는 개별적인 성, 직할시에서 건립한 도시인민공사에도 보급할 것을 요구했다. 1960년 3월 9일에 중앙은 도시인민공사 조직에 대해 다음과 같이 지시했다. 각지에서는 대담하게 대중을 동원하여 여러 형태의 도시인민공사를 시범적으로 조직하는데 도시인민공사는 대형 공장, 광산과 기관, 학교를 중심으로 조직할 수도 있고 또 가두주민과 일부 농촌주민을 합하여 구성할 수도 있다. 전국의 도시들은 상반기에 보편적으로 시범사업을 진행하고 하반기에는 전국에 보급하며 베이징, 상하이, 톈진, 우한, 광저우를 제외한 기타 도시에서는 일괄적으로 인민공사의 간판을 내걸어야 한다. 그 후 몇 달 안에 전국 190개 대중도시에서 인민공사 1,064개를 설립했으며 인민공사에 가담한 인구는 5,500만여 명에 달했다. 베이징시에서는 또 1959년에 '공사 청사'를 건설했는데 당시 '공산주의 청사'로 불렸다. 그러나 도시인민공사는 간판을 걸고 그 일부가 평균화와 무상 징용하는 방법으로 약간의 봉사성 사업을 벌였을 뿐 대부분 유명무실했다. 국민경제에 심각한 곤란 국면이 나타나면서 도시인민공사도 지탱해나가기 어려워졌다.

1958년의 '대약진'과 인민공사화운동, 특히 '반우경' 이후 '대약진'을 계속한 오류에다 설상가상으로 자연재해가 겹치고 또 소련정부가 신의를 저버리고 일방적으로 계약을 파기함으로써 중국의 국민경제는 심각한 곤란에 직면했다. 이 같은 곤란은 그 심각성이 신중국이 창건된 이래 처음이었다.

"강철을 기본 고리로 하는"것을 견지하고 일면적으로 높은 지표를 추구한 까닭에 국민경제의 주요 비율 관계가 심하게 파괴되었다. 우선 축적과 소비의 비율이 균형을 잃었다. 이후의 통계에 따르면 1958년부터 1960년까지의 축적률이 각기 33.9%, 43.8%, 39.6%에 달했는데 이는 제1차 5개년 계획 기간의 비교적 높은 연평균 축적률인 24.2%를 훨씬 초월했다. 새로 늘어난 국민소득 가운데 새로 늘어난 축적이 차지한 비중은 1957년에는 3분의 1이었고, 1958년에는 80%로 급격하게 늘어났으며 1959년에는 의외로 새로 늘어난 국민소득을 초월하여 지난해에 결제 이체한 소비기금을 차지했다. 고가투입과 저효율의 대비가 갈수록 커졌다. 대형건설대상은 건설되어 생산에 투입된 비율이 1957년에는 26.4%이던 것이 1958년에는 10.7%, 1959년에는 12%, 1960년에는 9.8%로 하락했다. 100위안당 축적에서 증가한 국민소득은 제1차 5개년 계획 기간에는 연평균 32위안에 달했고 1959년에는 19위안으로 하락했으며 1960년에는 -0.4위안까지 하락했다. 다음은 공업과 농업의 비율이 균형을 잃었다. 1957년부터 1960년까지 공업 총생산액은 704억 위안에서 1,637억 위안으로 늘어났는데 불변가격으로 계산하면 1.3배 늘어났다. 그러나 농업 총생산액은 도리어 537억 위안에서 457억 위안으로 줄어들어 불변가격으로 계산하면 22.8% 하락했다. 그다음은 공업 내부의 비율관계가 균형을 잃었다. 철강공업이 기형적으로 발전하여 그것과 생산관계를 맺고 있는 일부 중공업 부문들이 부담을 감당하지 못했을 뿐만 아니라 경공업에 심한 충격을 주고 경공업의 비중을 차지했다. 1957년부터 1960년까지 중공업 총생산액은 2.33배 성장했으나 경공업 총생산액은 도리어 47.02%밖에 성장하지 못했다.

농업과 경공업의 생산이 대폭 하락했다. 이후의 통계에 따르면 1959년에 실제 양곡 생산량은 3,393억 6천만 근밖에 안 되었는데 계획을 62%밖에 완수하지 못했으며 이는 1958년도의 실제 생산량인 3,953억 근에 비해 559억 4천만 근이 감소한 것으로 대체로 1954년도의 생산량과 비슷했다. 1960년에는 농업 총생산액을 457억 위안밖에 완수하지 못해 1959년도에 대폭 감산한 기초에서 또 12.6% 하락했다. 그중 양곡 생산량은 2,876억 9천만 근으로 1959년보다 517억 근이 감산되어 15.2% 하락했다. 1959년도에 실제 목화 생산량은 34억 1,760만 근으로 계획의 74%밖에 완수하지 못했으며 1960년도의 목화 생산량은 21억 2,580만 근으로 1959년보다 또 12억 9,180만 근이 줄어 37.8% 하락했다. 유료작물 생산량은 38억 8,810만 근으로서 43억 2,700만 근이 감산되어 52.7% 하락했다. 양곡, 목화 생산량은 1951년의 수준으로 감산했고 유료작물 생산량은 심지어 1949년보다도 낮았다. 기타 주요 농산물과 부업생산물의 생산량도 대폭 감산했다. 경공업 총생산액은 547억 위안밖에 완수하지 못해 1959년보다 9.8% 하락했으며 면사, 천, 설탕 등 주요 경공업제품의 생산량은 28~60% 하락했다. 이는 신중국이 창건된 후 지금까지 있어 본 적 없는 현상이었다. 인민공사 소유의 공업을 대규모로 조성하고 양돈장을 대규모로 운영하며 수리사업을 대대적으로 벌이면서 지나치게 나무를 벌채하고 삼림을 훼손하여 황무지를 일구고 맹목적으로 광산자원을 채굴했기에 삼림자원과 생태환경에 대한 파괴가 아주 심각했다. 이로 말미암아 많은 지방은 수토유실이 심해지고 자연환경이 악화되고 임업제품 생산량이 대폭 줄어들었으며 오랜 기간 원래의 자연환경대로 회복할 수조차 없게 되어 장기적으로 지속하게 될 화근을 심어놓았다. 또한 시장에 공급할 수 있는 상품이 대량으로 줄어들고 종업원 수가 급격히 늘어나 시장공급이 매우 부족했다. 1960년 말에 전 인민적 소유 단위의 종업원 수는 5,044만 명에 달해 1957년보다 2,593만 명이 늘어났고 노임 총액도 156억 4천만 위안에서 263억 2천만 위안으로 늘어났다. 국가재정에는 연속 몇 년간 거액의 적자가 나타났는데 1958년에는 21억 8천만 위안, 1959년에는 65억 8천만 위안, 1960년에는 81억 8천만 위안에까지 달했다. 은행에서 신용대출을 대량으로 늘리고 화폐를 대량으로 발행하는 바람에 사회구매력이 1957년의 488억 2천만 위안에서 1960년의 716억 7천만 위안으로 급속하게 늘어나면서 사회상품의 공급량을 훨씬 초과했다. 그리하여 상품이 대량 부족하고 통화팽창이 일어나고 인민의 소비수준이 대폭 하락했다. 물가상승을 통제하고 상품을 합리적으로 배분하기 위해 국가에서는 많은 상품에 대해 배급증에 의한 정량 공급제를 시행했는데 식량, 고기, 달걀, 설탕, 비누, 심지어 성냥 등의 상품에 대한 여러 상품구매표와 공업품구매권을 발급했다. 1960년에는 1957년에 비해 도시와 농촌 주민의 인구당 양곡소비량이 19.5% 줄었는데 그 가운데 농촌의 인구당 소비량은 23.7% 감소하고 식용식물유는 인구당 소비량이 23% 감소했으며 돼지고기는 인구당 소비량이 70% 감소했다. 가금, 달걀 등 식품은 시장에서 공급하는 것이 거의 없다시피 했다.

1959년에 신중국은 창건 후 10년 만에 가장 큰 한재를 입었다. 가뭄에 의한 피해면적이 5억 무에 달했고, 기타 재해로 인한 피해면적은 1억여 무에 달했다. 1960년 1월부터 7월까지 전국적으로 재해를 입은 면적이 총 6억 7천만 무에 달했다. 그 가운데서 가뭄 피해를 입은 면적이 6억 무에 달했는데 주로 화베이, 시난, 화난 및 시베이의 일부 지역에 집중되어 있었다. 7월 보름까지 전국적으로 홍수 피해를 입은 면적은 총 3,900만 무에 달했다. 광둥, 푸젠에서는 1천여만 무의 농경지가 태풍의 습격으로 피해를 입었다. 헤이룽장성, 지린성에서 내천과 호수의 고인 물에 의한 피해면적은 1,100만 무이며 허난 남부, 안후이 북부와 산둥 대부분 지역은 폭우가 연이어 내려 피해를 입은 면적이 1천여만 무에 달했다. 전국적으로 기타 재해(우박, 서리와 눈에 의한 피해를 가리킨다)를 입은 면적은 1천여만 무에 달했다. 극심한 자연재해로 1959년도의 양곡 수확량은 600억 근 감산했다.

가장 큰 문제는 식량 부족이었다. 한편으로는 연속 몇 년 동안 양곡 생산량이 대폭 감산했고 다른 한편으로는 도시인구의 급증으로 말미암아 양곡 판매량이 끊임없이 늘어났다. 도시에서의 상품양곡 공급을 유지하기 위해 국가에서는 끊임없이 농촌에 수매지표를 하달했다. 생산량을 너무 높게 추산했기에 1958년부터 1960년까지 연속 3년간 국가에서 내린 연간수매량 지표는 해마다 1천억 근 이상에 달하여 거의 당해 총생산량의 30~40%를 차지했다. 그럼에도 여전히 도시인구의 최저 식량 수요를 보장할 수 없어 비축한 식량을 자주 유용(流用)해야 했다. 1960년에 들어선 후 비축한 양곡이 급격히 줄어들면서 유통 식량 배정이 더욱이 어려워졌다. 대중도시에서는 기본적으로 배정되는 즉시 판매해버렸기에 식량이 수시로 매진될 위험이 있었다. 5월부터 6월 사이에 중앙에서는 여러 번 긴급지시를 내려 베이징, 톈진, 상하이와 랴오닝 등지에 양곡을 조달할 것을 요구했다. 당시 베이징의 양곡 비축량은 7일분 판매량밖에 안 되었고 톈진은 10일분 판매량밖에 남지 않았으며 상하이는 이미 입쌀 비축이 거의 바닥나다시피 되어 대외무역 부문에서 수출하려고 준비한 입쌀을 빌려 하루하루 지탱하고 있었다. 랴오닝성 10개 도시의 양곡 비축량도 8, 9일분밖에 남지 않았다.

중공중앙은 1960년 7월 5일부터 8월 10일까지 베이다이허에서 사업회의를 소집하고 주로 국제문제(중소관계)와 국내 경제문제를 토론했다. 당시 중소관계의 영향, 특히 흐루쇼프가 7월 16일에 중국에서 사업하고 있는 소련 전문가[21]들을 소환하기로 한 각서를 중국정부에 보내오자 중국의 일부 중요한 설계 항목과 과학연구 항목들이 중단되었으며 한창 시공 중이던 건설대상들이 어쩔 수 없이 중단되었으며 일부 시험생산 중이던 공장, 광산들이 계획대로 생산에 투입될 수 없게 되었다. 7월 31일에 저우언라이는 회의에서 소련 전문가들의 철수문제와 대외무역문제에 관련하여 보고했다. 보고는 근래 2년간 농업이 대폭 감산되어 양곡, 식용유, 육류, 달걀 등을 계획대로 수매할 수 없었기에 소련에 대한 수출이 영향을 받았는데 대소련 무역부채가 25억 루블에 달한다고 밝혔다. 마오쩌둥은 회의 발언에서 다음과 같이 강조했다. 먹는 문제가 제일 중요한 만큼 밥 먹는 문제가 우선이다. "3급 소유로 하고 생산대를 기초로 하며" 이것은 적어도 5년 동안 변하지 않도록 문서로 밝히며 5년이 지난 후에 다시 고려해야 한다. 회의에서는 '양곡 생산과 철강 생산을 보호하는 것을 중심으로 한 증산절약운동을 전개할 것에 대한 지시', '전당이 일어나 농업을 대규모 운영하고 양곡생산을 대대적으로 벌이는 것에 대한 지시', '전당적으로 대외무역을 위한 수매와 수출 운동을 크게 벌이는 것에 대한 긴급지시' 등 세 가지 문건을 작성하여 내놓았다. 회의에서는 노동력을 올바로 정리하고 농업전선을 보강하는 데 양곡전선을 우선시해야 한다는 방침을 확정했고 기본건설전선을 견결히 단축하며 중점제품, 중점기업체와 기본건설대상을 보장하는 데 역량을 집중해야

---

21) 7월 25일에 소련 정부는 중국에서 사업하고 있는 모든 전문가를 7월 28일부터 9월 1일 사이에 모두 철수하겠다고 통지했다.

한다고 강조했다.

9월 말에 전국 82개 대중도시의 양곡 비축량은 지난해 같은 시기보다 약 절반이나 감축되어 정상적인 비축량의 3분의 1도 안 되었다. 이전에 양곡을 대량으로 외부로 조달하던 지린성, 헤이룽장성, 쓰촨성 등도 연속 몇 년간 비축량을 유용했기에 더 이상 외부로 양곡을 조달할 능력이 없었다. 이 같은 상황에 따라 비록 식량배정에서 남북의 계절에 맞게 조절을 하고 판매에서 주민의 구매량을 제한하는 등 조치를 취했지만 여전히 문제를 얼마 해결하지 못했으며 부득이 도시주민의 정량공급을 줄이고 농촌지구에서 식량표준을 낮추며 대용식품을 채집, 제조하는 등 방법을 대대적으로 제창하여 식량 부족 난관을 극복해야 했다. 농촌에서는 몇 년 동안 연이어 양곡을 지나치게 수매했기에 많은 성, 자치구 농민들의 식량마저 급격히 감소했다.

양곡, 기름, 채소, 부식물 등의 심각한 부족 현상은 그만큼 인민대중의 건강과 생명을 해쳤다. 많은 지방의 도시와 농촌에서 부종병이 생기고 간염과 부인병에 걸린 사람이 늘어났다. 출생률이 넓은 범위에서 대폭 하락하면서 사망률이 뚜렷하게 상승했다. 공식적인 통계에 의하면 1960년의 전국 총인구는 지난해보다 1천만 명이 줄었다.[22] 이 현상이 뚜렷한 것은 허난성 신양지구였는데 1960년에 9개 현의 사망률이 100%를 넘었으며 정상적인 해의 몇 배나 되었다.[23]

원래는 인민 군중에게 비교적 좋은 생활을 빨리 누리게 하자던 것이 결국은 이와 같이 가슴 아픈 결과로 드러나고 말았다. 이것은 '대약진', 인민공사화운동과 '반우경' 투쟁의 심각한 결과로서 그 쓰라린

---

22) 국가통계국 편, 〈중국통계년감〉 (1983), 중국통계출판사 한문판, 1983년, 103쪽; 국가통계국 국민경제종합통계사 편, 〈신중국 통계자료 휘집〉, 중국통계출판사 한문판, 2010년, 6쪽.

23) 당대 중국 총서 편집부, 〈당대 중국의 인구〉, 중국사회과학출판사 한문판, 1988년, 74쪽.

교훈은 마땅히 진지하게 총화하고 기록해야 한다.

3. 사회주의 건설 이론문제에 대한 탐구

중앙지도층의 독서활동

1959년 9월부터 1960년 3월까지 마오쩌둥은 두 번에 걸쳐 허베이, 산둥, 허난, 장쑤, 상하이, 저장, 후난, 광둥 등 성, 직할시를 시찰했는데 총 160일이 걸렸다. 이 기간에 그는 주로 각지의 공, 농업생산에 대해 현지 고찰을 하고 각 성, 직할시 지도자들과 경제문제를 연구했다. 비록 '반우경' 투쟁이 여전히 사회정치생활에 아주 큰 영향을 일으키고 있었지만 준엄한 경제 정세에 직면하여 마오쩌둥은 벌써 1958년 11월 이후 '대약진' 가운데서 '좌'적 오류를 시정하는 데 다시 주의를 기울였다. 당내에 존재하는 혼란한 사상을 분명히 밝히기 위해 그는 중앙과 전당 간부들에게 한 차례 독서활동을 벌일 것을 건의하고 몸소 본보기를 보이면서 두 달 남짓한 시간을 이용하여 소련의 〈정치경제학 교과서〉(제3판, 하책)를 통독했다. 이번 독서활동은 마오쩌둥을 중심으로 하는 당 중앙위원회 지도집단이 사회주의 건설의 길을 모색하기 위해 들인 노력과 사회주의 이론을 탐구하려 하는 사상적 수요를 반영했다.

1959년 말에 마오쩌둥은 자신이 창도한 독서활동이 곧 시작될 무렵에 다음과 같은 말을 한 적이 있다. "우리 당내의 누군가는 철학을 학습하는데 〈반듀링론〉, 〈유물주의와 경험적 비판주의〉만 읽고 기타 책은 읽지 않아도 된다고 말했는데 이런 관점은 틀린 것이다.", "그 어떤 국가의 공산당이든 그 어떤 국가의 사상계든 모두 새로운 이론을 창조하고 새로운 저작을 써내 이론가를 배출하여 당면의 정치를 위해 봉사하도록 해야 한다.", "우리는 제2차 국내 전쟁 말기와 항일 전쟁 초기에 실천론, 모순론을 써냈는데 이는 모두 당시의 수요에 적응하기 위한 것이기에 쓰지 않으면 안 되는 것이었다. 지금 우리는 이미 사회주의 시대에 들어섰으며 일련의 새로운 문제에 봉착했다. 단순히 〈실천론〉, 〈모순론〉만 가지고 새로운 수요에 적응하려 하지 않으면서 새로운 저작을 써내지 않으며 새로운 이론을 형성하지 않아도 안 되는 것이다."[24] 마오쩌둥이 전당 특히 영도간부들의 독서를 창도한 것은 그 목적과 대상이 뚜렷했다. 곧 중국의 사회주의 건설의 실천에서 나타난 새로운 문제를 해결에 착수하려는 것이었다.

앞에서 언급한 바와 같이 마오쩌둥은 1958년 11월 9일에 열린 제1차 정저우회의에서 '중앙과 성, 직할시, 자치구, 지구 그리고 현 4개 급의 당위원회 위원들에게 보내는 편지'를 써서 독서활동에 대한 건의를 제일 먼저 제기했다. 그는 편지에서 다음과 같이 썼다. "동지들에게 두 권의 책을 읽을 것을 건의한다. 하나는 스탈린의 저서 〈소련에서의 사회주의 경제문제〉이고 다른 하나는 〈마르크스, 엥겔스, 레닌, 스탈린의 공산주의 사회에 대해〉이다. 사람마다 힘을 다해 한 책을 세 번씩 읽기 바란다. 읽어내려 가면서 생각하고 분석하기 바란다.", "읽을 때 세 사람 내지 다섯 사람을 한 조로 하여 장절마다 토론한다면 2, 3개월이면 통달할 수 있을 것이다." 그는 중국의 사회주의 경제혁명, 경제건설과 연결해 가면서 이 두 책을 읽음으로써 두뇌를 명석히 할 것을 요구함과 동시에 "앞으로 시간이 나면 또 한 권의 책을 읽어볼 수 있는데 바로 소련 동지들이 편찬한 〈정치경제학 교과서〉다."라고 했다.

---

24) 마오쩌둥, '소련의 정치경제학 교과서를 읽고 한 담화(발췌)'(1959년 12월~1960년 2월), 〈마오쩌둥 문집〉 제8권, 인민출판사 한문판, 1999년, 109쪽.

마오쩌둥의 건의에 따라 11월 13일부터 18일까지 류사오치와 저우언라이, 덩샤오핑의 사회로 베이징에 거처하는 정치국과 서기처 성원들이 여러 차례 학습과 토론을 진행했다. 정저우회의 기간과 회의 후의 한동안 중앙지도층에서는 '대약진'운동에서의 문제를 발견한 후 처음으로 목적성 있게 독서활동을 벌였다. 마오쩌둥 자신은 1958년에 스탈린의 〈소련에서의 사회주의 경제문제〉를 세 번이나 열독했으며 평어까지 달았다.

1959년의 상반기에 당 중앙위원회는 주로 '대약진'에서의 '좌'적 오류를 시정하는데 전력을 다했다. 이 과정에 마오쩌둥은 이미 드러난 문제에 대해 더욱 많은 이론적 사고를 했다. 사고의 핵심은 바로 "무엇을 두고 사회주의를 건설했다고 하는가? 무엇을 두고 공산주의로 과도했다고 하는가?"라는 문제[25]였다. 그는 사회주의 배경에서의 경제법칙, 상품, 화폐, 계획, 모순 등에 관련하여 명확한 정의와 관점이 수요됨을 느꼈다. 루산회의 전에 마오쩌둥이 작성한, 회의에서 토론하려고 준비한 18개 문제 가운데 첫 번째가 바로 고급간부들이 〈정치경제학 교과서〉(제3판, 하권)를 읽는 것이었다. 나중에 정식으로 회의에 제공되어 토론된 18개 문제 가운데 첫 번째가 여전히 독서였는데 독서를 통해 중국의 사회주의 건설문제를 사고하는 데 대해 그가 신경을 썼음을 알 수 있다. 그는 다음과 같이 말했다. "지난해 정저우회의 때 3권의 책을 읽을 것을 제의했는데 읽어보았는가 하고 물었더니 모두 더러 읽어보았으나 많이 읽지는 못했다고 한다. 조금 읽어보았다고 대답한 일부 사람들도 읽어본 것 같지 않다."[26] 이는 그가 당

---

25) 마오쩌둥이 정저우회의에서 한 연설, 1958년 11월 6일.

26) 마오쩌둥, '루산회의에서 토론한 18가지 문제'(1959년 6월 29일, 7월 2일), 〈마오쩌둥문집〉 제8권, 인민출판사 한문판, 1999년, 75쪽.

내에서의 독서의 실제 상황에 대해 그다지 만족해하지 않고 있음을 보여준다. 그러므로 그는 기회를 빌려 1년 전에 말한 그 책, 즉 〈정치경제학 교과서〉(제3판, 하권)를 집중적으로 읽어볼 것을 바라는 동시에 당내의 동지들이 사회주의 건설의 이론문제를 함께 연구할 것도 희망했다. 그러나 루산회의에서 그의 염원은 실현되지 못했다.

루산회의 후 마오쩌둥은 1959년 12월 10일부터 천보다, 후성(胡繩), 덩리췬(鄧力群), 톈자잉 4명과 함께 소련과학원 경제연구소에서 편찬한 〈정치경제학 교과서〉(제3판, 하권)를 열독하는 활동을 시작했다. 이번 독서는 각기 항저우, 상하이(열차 안에서)와 광저우에서 진행되었다. 두 달 동안에 마오쩌둥은 제20장부터 제36장 전부와 맺는말을 다 읽었다.

전체 독서 과정에서 한 마오쩌둥의 담화는 정리하여 약 10만 자에 가까운 담화 기록으로 만들어졌는데 거기에는 철학, 경제학, 과학적 사회주의 및 해당 국내 정책문제들이 담겨 있었다. 마오쩌둥은 담화에서 또 일부 역사적 사건과 역사적 인물에 대해 자신의 견해를 내놓았다.

이에 앞서 류사오치도 하이난섬(海南島)에 가서 요양하는 기회를 빌려 〈정치경제학 교과서〉(제3판, 하권)를 열독하기 시작했다. 이론에 대해 더 깊이 이해하기 위해 류사오치는 특별히 베이징에서 경제학자 왕쉐원(王學文)과 쉐무차오(薛暮橋) 두 사람을 초청하여 학습소조에 가담시켰다. 11월 2일부터 11월 22일까지 류사오치는 20일간에 걸쳐 책을 전부를 다 읽었으며 동시에 9번의 학습 토론을 진행했다. 매번 류사오치는 토론에서 모두 체계적인 발언을 했는데 후에 정리하여 18가지 문제로 귀납되었고 또 서면으로 인쇄해 발부되었다. 중국공산당 광둥성위원회 제1서기 타오주, 서기 린리밍(林李明), 하이난의 지방과 주둔군의 일부 책임자들도 학습 토론회에 참가했다.

저우언라이는 공무활동에 매우 바쁜 가운데서도 시간을 내어 독서소조를 조직하고 〈정치경제학 교과서〉(제3판, 하권)를 열독했는데 광둥성 충화(從化)에서 진행되었다. 저우언라이의 독서소조에 참가한 사람들은 주로 중앙부문과 일부 성의 책임자들이었고 몇몇 이론가도 있었다. 소조는 매일 오전에 3시간씩 토론했다. 마지막 사흘 동안은 저우언라이가 8시간이 되는 총화발언[27]을 했는데 사회주의 건설에서의 현실적인 많은 이론문제와 관련되었다.

중앙지도층에서 한창 독서활동을 진행하는 과정에 마오쩌둥은 1960년 1월에 열린 정치국확대회의에서 다음과 같이 건의했다. 중앙 각 부 당조, 각 성, 직할시, 자치구 당위원회는 모두 〈정치경제학 교과서〉(제3판, 하권)를 읽는 활동을 조직해야 한다. 제1서기가 선두로 독서소조를 조직하고 〈정치경제학 교과서〉를 한 번 읽어야 한다. 국경절 전에 소련의 〈정치경제학 교과서〉를 전부 읽어야 한다.[28] 마오쩌둥의 이 건의는 전당의 중시를 받았다. 1959년 말부터 1960년 초까지 당 중앙지도층뿐만 아니라 전당에서도 동시에 학습운동을 일으켰다.

소련의 〈정치경제학 교과서〉를 읽는 가운데서 마오쩌둥, 류사오치와 저우언라이 등이 제기한 관점은 사회주의 경제, 정치 등 일련의 중대한 문제들과 관련되었다. 예를 들면 사회주의사회에 대한 기본적인 이해와 사회주의에서 공산주의로의 과도, 사회주의에서의 소

---

27) 쉐무차오, '저우언라이 동지의 지도 아래 사업하던 기억', 〈저우언라이를 그리며〉, 인민출판사 한문판, 1986년, 38쪽.

28) 공위즈(龔育之), 팡셴즈(逢先之), 스중취안(石仲泉), 〈마오쩌둥의 독서생활〉, 생활 독서 신지3연서점 한문판, 1996년, 145~146쪽.

유문제, 사회주의 조건에서의 가치법칙과 상품생산, 사회주의사회의 모순문제, 발전 가운데 '공, 농업을 병행'하는 것과 농업, 경공업, 중공업의 순위 등의 문제에 관한 것이었다. 이러한 사고 가운데 일부 중요한 이론 관점은 정확하고 가치가 있었다. 예를 들면 사회주의 사회에 대한 이해와 발전 단계의 문제에 대해 마오쩌둥은 다음과 같이 지적했다. "사회주의라는 이 단계를 또 두 개 단계로 나눌 수 있다. 첫째 단계는 발달하지 못한 사회주의이고 둘째 단계는 비교적 발달한 사회주의다. 둘째 단계는 첫째 단계보다 더욱 긴 시간이 소요될 수 있다."[29] 저우언라이도 다음과 같이 인정했다. 자본주의에서 공산주의에 이르는 전반 시기는 비교적 긴 과도시기이다. "우리는 현재 제1단계에 있다. 제1단계는 또 많은 작은 단계로 나눌 수 있다."[30] 또 예를 들면 사회주의 사회의 모순문제에 관해 류사오치는 다음과 같이 인정했다. "사회주의사회와 공산주의 사회의 인민 내부 모순의 근본적인 성격은 비대항적 성격을 띤다. 두 개 부류의 모순을 뒤섞어서는 안 된다. 비대항적 모순의 근본적 성격을 말할 때 비대항적 모순을 대항적 모순으로 삼아서는 안 된다."[31] 또 이를테면 국민경제의 발전 문제에 관해 마오쩌둥은 다음과 같이 지적했다. 생산수단이 우선적으로 성장하는 법칙은 모든 사회 확대재생산의 공동 법칙이다. 스탈린의 한계는 중공업의 우선적인 성장을 지나치게 강조한 것이다. 결국 계획하는 가운데 농업은 홀대되었다. 우리는 이 법칙을 다

29) 마오쩌둥, '소련의 정치경제학 교과서를 읽고 한 담화(발췌)'(1959년 12월~1960년 2월), 〈마오쩌둥 문집〉 제8권, 인민출판사 한문판, 1999년, 116쪽.

30) 중공중앙 문헌연구실 편, 〈저우언라이연보(1949~1976)〉 중권, 중앙문헌출판사 한문판, 1998년, 288쪽.

31) 중공중앙 문헌연구실 편, 〈류사오치연보(1898~1969)〉 하권, 중앙문헌출판사 한문판, 1996년, 472쪽.

음과 같이 구체화해야 한다. 즉 중공업을 우선적으로 발전시키는 조건에서 기타 산업을 동시에 병행시키는 방법을 시행해야 하며 각자 병행시키는 가운데 또 주도적인 면이 있도록 해야 한다.[32] 상품경제 문제에 관해 마오쩌둥은 다음과 같이 지적했다. 상품을 부정하고 상품생산 소멸을 주장하는 사람들이 있는데 그들은 사회주의 상품생산과 자본주의 상품생산의 본질을 구분하지 못했다. 그러면서 그는 스탈린의 관점에 찬성을 표시하면서 상품생산은 일정한 경제 조건과 서로 연계되어 있어야 한다고 인정했으며 노동자들이 직접 국가를 관리하며 노동자와 관리자, 간부와 군중 간의 평등을 실현해야 한다고 강조했다.

오늘에 와서 보면 이 같은 중요한 이론 관점은 중국의 사회주의 건설에서 여전히 참고적 가치가 있다. 반면에 마오쩌둥, 류사오치, 저우언라이 등이 독서활동을 진행하는 가운데서 언급한 그다지 성숙되지 못한 일부 견해들은 그 당시 처한 실천적 조건 아래서 중앙의 주요 지도자들이 중국의 사회주의 건설의 길을 모색하는 데서 도달할 수 있는 인식 수준을 반영해주고 있다. 정확하거나 혹은 성숙되지 못한 이 모든 인식은 중국의 사회주의 건설의 길에 모두 깊은 자국을 남겨놓았다.

마오쩌둥의 '10년 총화'

마오쩌둥이 여러 사람을 이끌고 소련의 〈정치경제학 교과서〉를 열독하고 있는 때인 1960년 1월에 중공중앙은 상하이에서 정치국확대

---

32) 마오쩌둥, '소련의 정치경제학 교과서를 읽고 한 담화(발췌)'(1959년 12월~1960년 2월), 〈마오쩌둥 문집〉 제8권, 인민출판사 한문판, 1999년, 121, 124쪽.

회의를 소집했다. 회의에서는 다음과 같이 제기했다. 1967년에 이르러 공업, 농업, 과학문화와 국방의 4개 현대화를 기본적으로 실현하고 완벽한 국민경제체계를 건립하며 동시에 집단적 소유에서 사회주의 인민적 소유로 과도하는 것을 기본적으로 완수하며 분배제도에서 점차 공산주의 요소를 증가해야 한다.

이 무렵에 '반우경' 투쟁으로 인해 전국적인 '재차 약진'의 분위기가 더욱 짙어져 갔다. 1960년 상반기에 이르러 엄중한 문제들이 이미 비교적 여실히 드러났다. 이 기간에 마오쩌둥은 대량의 해당 회시를 내렸는데 "재차 모두 불어닥치기 시작"한 '공산풍', 과대풍, 명령주의 바람을 강하게 비판했을 뿐만 아니라 농촌의 공공식당도 높이 평가했다.[33] 이것은 '좌'적 오류를 시정하는 과정이었음에도 그의 사상 가운데 여전히 모순이 존재하고 있었음을 보여준다.

1960년 6월 8일부터 18일까지 중공중앙 정치국은 상하이에서 확대회의를 열었는데 주요 의제는 제2차 5개년 계획의 마지막 3년에 들어갈 보충 계획을 토론하는 것이었다. 이 무렵에 숨겨졌던 모순들이 끊임없이 드러났다. 류사오치는 10일에 열린 대행정구와 각 성, 직할시, 자치구 그리고 중앙의 일부 부문의 주요 책임자들이 참석한 좌담회에서 다음과 같이 솔직하게 지적했다. "최근 반 년 이내 우리의 사업에는 비교적 많은 문제가 발생했다. 이런 문제는 중대한 것으로 식량문제, 부종문제, 비정상적인 사망문제, 사고문제, 계획완수문제가 포함되어 있다. 우리는 마땅히 과감히 생각하고 과감히 말하고 과감히 행동해야 하지만 또 확실하고 적절해야 하며 모든 것은 시험을 거치며 실사구시하고 열정과 냉정을 결부해야 한다." 마오쩌둥은

---

33) 마오쩌둥, '목전 농촌 공공식당 정황에 관한 구이저우성당위원회의 보고를 이첩하는 중앙의 문건에 내린 회시', 1960년 3월 2일, 4일자 참조.

수동적인 국면에서 벗어나 주체적으로 결심하고 계획지표를 낮춰야 한다고 제기하면서 또 이번 회의에서 질과 양의 문제를 해결함으로써 보고의 지표를 수정하여 질, 품종, 규격을 중요시하고 이를 첫자리에 놓고 양을 다음 자리에 놓을 것을 제의했다. 이번 회의는 마오쩌둥의 사회로 3년 보충계획에 들어 있는 14가지 지표에 대해 비교적 크게 조정했다.

중공중앙 정치국확대회의의 마지막 날에 마오쩌둥은 '10년 총화'라는 글을 썼다. 이 글은 인식론의 수준에서 사회주의 건설사상이 10년간 점차 발전한 과정을 개괄했고 이 과정에서의 얻은 것과 잃은 것, 좋은 점과 나쁜 점을 분석하고 사회주의 건설법칙을 어떻게 인식할 것인가 하는 문제를 제기했다. '10년 총화'는 마오쩌둥을 대표로 한 중국 공산주의자들이 사회주의 건설을 모색하면서 얻은 또 하나의 사상적 결정체이다.

마오쩌둥은 이 글의 첫머리에서 주지를 다음과 같이 분명하게 밝혔다. "지난 8년에는 외국의 경험을 그대로 따랐다. 그러나 1956년에 10대 관계를 제기하면서부터 중국에 적합한 자체 노선을 찾아내기 시작했다." 이어 마오쩌둥은 1958년부터 사회주의 건설의 총노선을 시행한 이후의 과정을 서술했다. 그는 '대약진'으로 중국의 사회주의를 건설한 방식을 긍정한 동시에 '대약진'이 가져다준 '실수'도 지적했다. 마오쩌둥은 가치법칙, 등가교환, 자급적 생산, 교환적 생산 등 원리를 이용하는 것은 오류를 시정하는 사상도구라고 인정했다. 그는 사람들은 집체와 국영 두 가지 소유제를 구분하고 사회주의와 공산주의의 경계를 구분하는 측면에서는 기본적으로 정확히 인식하고 있지만 공사 내부의 3급 소유제 문제에 대해서는 아직 모르고 있다고 지적했다. 이어 그는 농공업생산에서의 높은 지표의 위험성을 언급했다. 그는 높은 지표는 객관적 실제를 반영하지 못했고 실사구시하지 못했음을 승인했다. 그는 저우언라이의 주관으로 제정된 제2차 5개년 계획을 긍정하면서 이 계획의 "대부분 지표, 예를 들면 철강 등의 지표에서 우리에게 3년의 여지를 남겨주었다. 이 얼마나 좋은가!" 하고 말했다. 마오쩌둥 본인도 자기비판을 했다. 그는 다음과 같이 말했다. 높은 지표를 마음먹고 시정해야 한다. 시정하면 완전히 주동이 될 수 있다. 인식의 각도에서 볼 때 주동권은 객관 정황에 대한 정확한 판단에서 온다. 높은 지표는 비록 몇 차례 조정을 거쳤지만 줄곧 실제에 시달되지 않았으며 이로 말미암아 늘 난관에 부딪치게 되었다. 마오쩌둥은 역사경험을 총화하는 것을 통해 사람들로 하여금 주동권을 쟁취해야 하는 필요성에 대한 인식을 가질 것을 기대했다.

이어서 마오쩌둥은 사회주의 건설을 조종, 운행하는 법칙을 배우려면 반드시 실사구시해야 하며 "객관적인 정황이 인간 두뇌에서의 진실한 반영"을 얻어야 한다고 '10년 총화'의 주제를 밝혔다. 마오쩌둥은 다음과 같이 지적했다. 인간의 객관적 외계에 대한 변증법적인 인식 과정은 반복적인 과정을 거쳐야지 한 번에 이루려고 해서는 안 된다. "중간에 많은 오류적인 인식을 경과하게 되는데 이런 오류적인 인식을 점차 개정하면서 나중에 정확한 인식에 이르게 된다." 마오쩌둥은 다음과 같이 말했다. 보아하니 오류는 피할 길이 없는 것 같다. 바로 레닌이 말한 바와 같이 이제까지 오류를 범하지 않는 사람이란 없으며 오류를 중시하고 오류를 범한 원인을 찾으며 오류를 범하게 된 주관적 원인과 객관적 원인을 분석하고 공개적으로 시정하는 데 당의 정중성이 있는 것이다. 전혀 오류를 범하지 않고 단번에 진리를 완성하는 이른바 성인이 어떻게 있을 수 있는가?

마오쩌둥의 이 말들은 인식 논의 수준에서 10년 사업의 득실을 총화했고 사상방법에서 문제를 제기했다. 마오쩌둥의 말들은 객관세계에 대한 인식은 절대 단번에 이뤄질 수 없음을 강력하게 천명했다. 중국에서 사회주의 건설의 길을 모색하는 것도 이와 마찬가지다. 오직 실사구시의 원칙을 견지해야만 예상했던 목적에 도달할 수 있다. 마오쩌둥은 이 과정을 다음과 같은 한 단락의 힘 있는 논술로 귀납했다. "자유란 필연에 대한 인식과 세계에 대한 개조다. 필연이라는 왕국으로부터 자유라는 왕국으로의 비약은 장기적인 인식 과정에 점차 완성되는 것이다. 우리나라의 사회주의 혁명과 건설에 대해서 우리는 이미 10년의 경험을 갖고 있으며 이미 적지 않은 것을 알게 되었다. 그러나 사회주의시기의 혁명과 건설에 대해 우리에게는 아직 매우 큰 맹목성이 있고 매우 크고 아직 인식되지 않은 필연이라는 왕국이 있다. 우리는 아직 이를 깊이 인식하지 못하고 있다. 우리는 두 번째 10년이란 시간을 들여 이것을 조사하고 연구해야 하며 그 과정에 이것의 고유한 법칙을 찾아냄으로써 이 같은 법칙들을 이용하여 사회주의 혁명과 건설을 위해 봉사하도록 해야 한다."[34] 반년 전에 마오쩌둥은 소련의 〈정치경제학 교과서〉를 읽을 때 이미 이 견해를 언급한 적이 있었다. 그 후 7천 명 대회에서 마오쩌둥은 또 기층에서 온 수천 명의 간부에게 이 구절을 인용했으며 후에 제3차 전국인민대표대회 정부사업보고를 수정할 때 또 이 구절을 보충했다. 마오쩌둥은 이 결론을 몹시 중요하게 여겼다.

'10년 총화'는 중국 공산주의자들이 사회주의 건설의 초기에 진행한 단계적인 사고이다. 그러므로 '10년 총화'는 건설법칙에 대한 인식에서 일부 한계성을 가질 수밖에 없었다. 예를 들면 '10년 총화'에

---

34) 마오쩌둥, '주동권은 실사구시에서 온다'(1960년 6월 18일), 〈마오쩌둥문집〉 제8권, 인민출판사 한문판, 1999년, 198쪽.

서 1959년 5월에 강철 생산량지표를 1,300만 톤으로 낮출 것을 제기한 것은 이미 "객관 실제의 가능성을 완전히 반영"한 것이라고 인정한 것 등이다. 이 밖에 '10년 총화'는 '대약진'과 인민공사화운동의 방법을 여전히 긍정적으로 보고 있었다. 그 예로 차하산(樝岈山)위성인민공사의 규약을 수긍하고 엄중한 영향을 조성한 '5가지 바람' 문제를 거들지 못한 것을 들 수 있다. 그러나 마오쩌둥이 말한 바와 같이 세상에는 오류를 범하지 않고 단번에 진리를 완성하는 성인이란 없는 것이다. 오직 대담하게 오류를 바로잡고 대담하게 실천하며 실사구시의 원칙을 존중하고 꾸준하고 인내성 있게 진리를 발견해내야만 중국의 사회주의 건설을 앞으로 나아가도록 이끌 수 있다. '10년 총화'를 써낸 후 마오쩌둥과 전당은 점차 오류에 대해 더욱 깊이 있는 숙고를 하게 되었다.

제15장

국민경제와 사회정치관계에 대한 전면적 조정

1960년대에 들어선 후 국내 경제정세는 매우 심각했다. 계속된 '대약진'으로 경제 사정이 전면적으로 악화되는 국면에 이르러 전당과 중앙은 전반적인 조사연구를 통해 오류를 시정하고 정책을 조정하기로 했다. 1960년 11월, 당 중앙위원회는 '농촌인민공사의 당면 정책문제에 관한 긴급 지시 서신'(12개조)을 발부했고 이어 1961년 1월에 열린 당 중앙위원회 제8기 제9차 전원회의에서 국민경제에 대해 '조정, 공고, 충실, 제고'라는 8자 방침을 시행할 것을 정식으로 결정했다. 이 두 가지 일은 당의 지도방침의 중요한 전환을 의미한다. 따라서 '대약진'과 기본적인 인민공사 소유로의 이행이 정지되었다. 전당은 상하가 인민대중과 고락을 같이하면서 곤란을 이겨 나갔다. 이와 동시에 당은 제1차 정저우회의에서 루산회의 시초 및 1960년 6월에 열린 중앙정치국 확대회의까지의 '좌'적 오류를 시정하는 노력을 멈추지 않으면서 사회주의를 건설하는 중국 자체의 길을 한층 더 모색하는 면에서 새로운 경험을 쌓았다.

1. 조정방침 제기와 초기 시행

'농촌인민공사의 당면 정책문제에 관한 긴급지시 서신'의 발부

국민경제에 대한 조정은 먼저 농촌에서 시작되었다. 1960년 10월에 중앙은 지시를 내려 작풍을 바로잡고 인민공사를 정돈하는 사업을 배치하면서 '공산풍', 과대풍, 명령주의, 생산에 대한 맹목적 지휘, 간부특수화 등 '5가지 바람'을 확실히 제거하기로 했다. 10월 23일부터 26일까지 마오쩌둥은 화북, 중난, 둥베이, 시베이 네 개 지역의 성, 직할시, 자치구 당위원회 주요 책임자들을 불러 회의를 열고 '공산풍' 문제의 시정을 둘러싸고 집중적으로 토의했다. 회의 후 중앙은 저우언라이에게 위탁하여 그의 주최로 '농촌인민공사의 당면 정책 문제에 관한 긴급지시 서신'을 제정하고 마오쩌둥의 심사를 거쳐 수정한 후 11월 3일에 발부했다.

'긴급지시 서신'의 핵심은 노력을 다해 '공산풍'을 확실히 바로잡을 것을 전당에 요구한 것이었다. 1958년 겨울 이후 '공산풍'은 일부 지방과 인민공사, 생산대들에서 기본적으로 제지되었으나 대부분 지방과 인민공사, 생산대에서 철저히 시정하지 않아 1959년 겨울부터 또다시 불기 시작했다. 그뿐만 아니라 일부 지방과 인민공사, 생산대들에서는 여전히 시정하지 않아 농업생산력이 심각하게 파괴되었다. '긴급지시 서신'은 12가지 정책을 규정했는데 주로 "생산대를 토대로 한 3급 소유는 현 단계에서 인민공사의 근본제도"(마오쩌둥은 이 항목에 "1961년부터 적어도 7년은 변하지 않는다."는 구절을 추가했는데 이는 인민공사 기본 소유로 이행하는 각종 시점사업과 계획에 비추어 제기한 것이다)이며 평균주의를 철저히 청산하고 재물을 확실히 돌려주고 배상해야 하며 생산대 기본소유제를 강화하고 작은 생산소대소유제를 시행하는 동시에 사원들에게 자류지와 소규모 가정부업을 경영하는 것을 허용하며 노동에 따라 분배하는 원칙(마오쩌둥은 이 항목에 "상당히 긴 시기 내에 적어도 향후 20년 이내"라는 구절을 추가했다)을 견지하며 농촌시장을 회복한다는 내용 등을 다시 한 번 천명했다. 또한 3급 소유와 부분적인 공급제를 견지하며 식당을 잘 운영한다면 "원칙적인 오류를 범하지 않을 수 있다."고 강조했다.

'긴급지시 서신' 발부 당일에 당 중앙위원회는 또 '긴급지시 서신을 관철 집행하는 것에 관한 지시'를 발부하여 '긴급지시 서신' 관철 집행의 관건은 우선 간부들의 사상을 제고하고 그들의 경제이론 수준과 정책 수준을 높이는 데 있다고 명확히 지적했다. 당 중앙위원회는 전체 간부들에게 무엇이 공산주의이고 어떻게 공산주의로 나아갈 것인가에 대해 명확히 인식하며, 현 단계에서 무엇을 하고 무엇을 하지 말아야 할 것인가에 대해 분명히 판단하는 동시에 혁명발전단계론과 계속혁명론을 적용하여 정치를 모든 것 앞에 두는 것과 물질적 보장을 적용하는 원리를 올바르게 터득하며 공산주의와 평균주의의 구별, 대집체 아래 '소자유'와 자본주의 자발세력 간의 구별 등 문제에 대해 명확히 인식하도록 요구했다. 이에 당 중앙위원회는 대중으로 하여금 대중에 의거하여 작풍을 바로잡고 인민공사 정돈사업을 진행하며 간부들의 작풍을 철저히 개진할 것을 제기했다. 그리고 '평균주의와 무상징용'이 남긴 문제를 모두 해결하고 간부들의 사상 수준과 사업 작풍을 분명하게 개진하고 향상시키며 군중의 정서와 열정이 높아지고 농업생산에서 새로운 국면을 맞이했는가에 대한 작품을 바로잡고 인민공사 정돈사업을 잘 완수한 징표로 인정한다고 명확히 규정했다.

당 중앙위원회의 이 두 지시의 발표는 실제로 '반우경' 투쟁으로 중단되었던 '좌'적 오류에 대한 시정의 연장이었다. 이는 농촌의 심각한 정세를 돌려세우는 시작점이 되었다.

'긴급지시 서신'이 발부된 후 전당의 각급 영도간부들이 농촌에 깊이 내려가 오류를 시정하고 정책을 집행하며 농촌의 정세를 돌려세우기 위해 힘을 기울였다. 당 중앙위원회는 '긴급지시 서신'을 발부하면서 각 성, 직할시, 자치구 당위원회에 늦어도 12월 중순 전으로 전체 농촌 당원, 간부와 농민 군중에게 전달하도록 했다. 당 중앙위원회의 요구에 따라 각지에서는 성, 지구, 현 3급 혹은 성과 지구 2급 간부회의를 열고 각급 영도간부들로 하여금 가능한 한 빨리 '긴급지시 서신' 정신을 터득하게 했다. 그 후 수만 명의 간부를 조직하여 기층의 간부와 농민 군중에게 '긴급지시 서신'을 원문 그대로 전달하고 설명해주었다. 둥베이 3성에서는 '긴급지시 서신'이 발부된 지 두 달도 안 되는 사이에 13만 명의 간부를 농촌에 보내 90%에 달하는 인민공사사원들에게 전달했다. 중앙기관은 또 1만여 명의 간부들을 뽑아 농촌 기층에 내려 보내 농촌사업을 돕고 농업생산을 지원하게 했다. 11월 15일에 마오쩌둥은 중앙기관간부 1만 명을 뽑아 기층으로 내려보내는 데 관한 보고서에 "공산당은 이 같은 재능이 있어야 한다. 5개월의 사업 전환을 통해 반드시 1961년의 농업대풍작을 쟁취하며 모든 나쁜 사람과 나쁜 일을 바로잡아 그릇된 풍기를 막고 바른 기풍을 수립해야 한다."고 회시했다.

광범위한 기층간부와 사원군중은 '긴급지시 서신'에 열렬한 반응을 보였으며 많은 사람은 '긴급지시 서신'을 '급시우'라고 하면서 "12개조는 거울과도 같이 한마디로 정곡을 찌르듯이 '평균주의와 무상징용'의 그릇된 행위를 폭로했다."고 했다. 그러나 지난번 '좌'적 오류 시정의 반복 과정을 겪었기에 적지 않은 기층간부와 사원 군중의 우려도 적지 않았다. 하나는 이번에도 지난번처럼 몇 달간 '공산풍'을 시정하는 척하다가 풍향이 바뀌지 않을까 하는 걱정이었고 다른 하나는 정책이 전달되지 못하고 '평균주의와 무상징용'을 깨끗이 청산하지 못해 자금과 물자가 제대로 반환될지에 대한 의구심이었다. 그리고 일부 간부는 남다른 정서를 갖고 있으면서 '12개조' 정책을 퇴보한 것으로 보았으며 또 사업과 작풍에서 큰 오류를 범했거나 경제적으로 청렴하지 못한 일부 간부는 '청산'당할까 봐 '평균주의와 무상징용' 처리에 소극적이었다.

각지 당위원회는 분분히 '긴급지시 서신' 집행에 관한 구체적 정책을 제정해 사상적 장애를 없애고 민심을 안정시키면서 참으로 각급 간부와 광범한 사원들을 동원하여 빠르고도 철저하게 '5가지 바람'을 바로잡았다. 중국공산당 후베이성위원회는 무릇 '12개조'와 어긋났던 지난날의 모든 것을 따지지 않고 '12개조'를 준칙으로 삼는다고 선포했다. 중국공산당 간쑤성위원회는 '평균주의와 무상징용'을 단호하게 중지하고 철저히 검사하며 에누리없이 확실하게 반환할 것을 요구했다.

당 중앙위원회는 후베이, 간쑤 등지에서 보내온 '긴급지시 서신'의 관철 집행 상황에 대한 보고들을 연속 회사와 함께 이첩하여 이 사업을 독촉했다. 11월 15일에 마오쩌둥은 '5가지 바람문제를 철저히 시정하는 것에 관한 중공중앙의 지시'를 작성하고 각지 당위원회에 "수 개월 안에 아주 오류적인 공산풍, 과대풍, 명령주의, 간부특수화, 생산에 대한 맹목적 지휘에 대해 철저히 시정하고 공산풍 시정을 중점으로 나머지 4가지 그릇된 풍기를 시정하도록 이끌어야 한다."고 주장했다. 그는 또 중앙을 대신하여 작성한 다른 한 회시에 다음과 같이 썼다. 마오쩌둥은 "오류를 시정하려는 모든 이들과 운명을 같이하고 호흡을 같이하고 있다. 그는 자기 자신도 일찍이 오류를 범했는데 꼭 고치려고 한다고 했다. 이를테면 오류 가운데 하나로 베이다이허 결의에 인민공사소유제 전환 과정의 시간을 밝혔는데 그 구상이 너무 일렀다." 그는 베이다이허회의 결의에 이르면 3년 내지 4년, 늦어도 5년 내지 6년이면 집단적 소유에서 전 인민적 소유로 이행할 수 있다고 썼는데 이 같은 구상은 현실적이지 못했다고 인정했다.[1] 마오쩌둥이 자기비판을 한 것은 많은 간부가 "지금은 결심을 내리고 오류

---

1) '중앙의 긴급지시 서신을 관철하는 것에 대한 중국공산당 간쑤성위원회 제4차 보고의 이첩 발부에 관한 중공중앙의 중요한 회시', 1960년 11월 28일.

를 시정해야 할 때가 되었다."[2]는 것을 인식하도록 하기 위해서였다.

당 중앙위원회 제8기 제9차 전원회의와 국민경제 조정방침 제기

1960년 6월에 상하이에서 열린 중앙 정치국확대회의 시기는 이미 공업지표가 아직도 높다는 것을 의식한 때였다. 마오쩌둥은 주동으로 바뀌려면 마음먹고 지표를 낮추어야 한다고 제기했다. 그는 6월 14일에 열린 회의에서 이렇게 말했다. "지난 어느 한 시기까지 포함하여 그 엄청난 수치, 이를테면 강철 1억 톤을 떠 올리자면 정말 살맛이 나곤 했다. 수년 후 강철 1억 톤으로 미국을 따라잡게 된다면 이 얼마나 좋은 일인가! 내 보기엔 지금 거기에만 치중하지 말고 여러 가지를 두루 다 갖춰야 하며 강철과 철강의 질도 훨씬 높아야 한다." "요컨대 이번 회의에서는 이 문제를 해결해야 한다."[3] 류사오치도 다음과 같이 보충해 말했다. 좀 더 많이, 좀 더 빠르게, 좀 더 대규모로, 기본건설대상을 좀 더 많이 늘리려는 여러분의 열망은 알 만하지만 아무래도 현실적이고 신빙성이 있어야 한다. 그는 또 전당에 문제의 심각성을 똑바로 보고 확실히 조치를 취해 시정하도록 요구했다. 그는 "이 같은 문제를 시정하지 않고 계속 내버려둔다면 지금은 작은 일이지만 장차 점점 큰 일로 번지게 될 것이다."[4]고 지적했다. 이러한 연설은 계획경제에서 현실에 맞지 않는 높은 지표에 대한 마오쩌둥, 류사오치 등 당의 지도자들의 불만을 반영했다. 실속 없이 허풍만 치고 실제를 이탈하는 문제를 시정하고자 하는 그들의 마음은 그

---

2) '5가지 바람문제를 철저히 시정하는 것에 대한 중공중앙의 지시'(1960년 11월 15일), 중공중앙 문헌연구실 편, 〈건국 이래 중요문헌선 제13권, 중앙문헌출판사 한문판, 1996년, 제693쪽.
3) '중공중앙 정치국확대회의에서 한 마오쩌둥의 연설 기록', 1960년 6월 14일.
4) '중공중앙 정치국확대회의 좌담회에서 한 류사오치의 연설 기록', 1960년 6월 10일, 11일.

만큼 초조했던 것이다.

상하이에서 열린 중앙정치국확대회의는 제2차 5개년 계획의 3년 후에 대한 보충계획의 14가지 지표를 더욱 큰 폭으로 조정했는데 심지어 일부에서는 제2차 5개년 계획의 원래 지표보다 낮게 조정했다. 지표를 줄이는 과정에 회의는 또 두 가지 문제를 명확히 인식하게 되었다. 즉 첫째, 농업을 기초로 하는 방침을 견지하면서 농업을 강화하고 둘째, 계획을 제정할 때는 여지를 남겨두어야 한다는 것이다. 비록 이 같은 조정과 행보는 철저하지 못했으나 상하이회의는 경제건설에서의 '좌'적 오류를 시정하는 데 과거보다 많이 진전했고 사람들의 인식도 더욱 실제적인 방향으로 나아갔다.

1960년 8월에 중앙은 연속 지시를 발부하여 성공적으로 전진하는 가운데 난관에 봉착했는데 가장 두드러진 문제는 양곡과 강철 증산에 어려움이 있고 양곡과 강철의 수급관계가 불안정적하다고 지적했다. 중앙은 양곡과 강철생산을 보장하는 전제에서 기본건설 전선을 줄이고 농업 전선을 강화하기로 했다. 이와 동시에 앞으로의 국민경제 계획에서는 두 가지 장부를 두지 말고, 계획 외에 더 추가하지도 말고, 계획에 해당하는 것을 빠뜨리지도 말아야 한다고 했다.

이러한 정신에 따라 저우언라이, 리푸춘은 8월 하순에 그들의 주최로 1961년도 국민경제계획 통제 숫자를 책임지고 연구할 때 국민경제에 대해 '조정, 공고, 충실, 제고'의 8자 방침을 시행할 것을 제기했다. 이 방침의 기본 내용은 국민경제 각 부문 간에 균형이 깨진 비례관계를 조정하고 생산건설에서 이룩한 성과를 공고히 하는 동시에 신흥 산업과 함께 공급이 부족한 제품의 생산을 보강하고 제품의 질과 경제효율을 높여야 한다는 것이었다. 이 방침에 따라 국가계획위원회 당조는 중앙에 '1961년도 국민경제계획 통제숫자에 관한 보고'

를 올리고 1961년에 "농업을 첫자리에 놓아 제반 생산, 건설 사업이 발전 과정에 '조정, 공고, 충실, 제고'되도록 해야 한다."고 지적했다. 9월 30일에 중앙은 국가계획위원회의 보고서를 비준했다.

1960년 12월 24일부터 1961년 1월 13일까지 당 중앙위원회는 베이징에서 사업회의를 소집하고 주로 1961년 국민경제계획을 토의한 동시에 농촌에서 작풍을 바로잡고 인민공사를 정돈한 시점사업의 경험과 '5가지 바람' 시정문제를 총화했다. 회의 기간에 마오쩌둥은 다음과 같이 지적했다. 이 3년 동안 강철을 대대적으로 생산하려다 보니 농업이 밀려나게 됐다. 공업 전선이 지나치게 커지고 범위도 너무 넓었으며 지표는 높기만 하고 내릴 줄 몰랐다. 지금에 와서 보면 사회주의 건설도 그렇게 너무 서두르지 말아야 한다. 서두른다 하여 되는 것이 아니며 조급한 마음으로 서두를수록 이뤄지지 않는다. 사회주의 건설은 반세기 정도 진행해야 할 것 같다. 또한 파도식으로 발전해야 한다. 몇 년간은 좀 늦추면서 착실히 하며 헛된 명리를 좇다 재앙을 불러들이지 않도록 해야 한다. 마오쩌둥은 또 인민공사 기본 경제를 확대하면 필연적으로 '공산풍'을 불러오게 된다고 했다. 그는 '평균주의와 무상징용' 등 사업의 실책을 '인재(人禍)'라고 했다. 그러므로 '평균주의와 무상징용'으로 얻은 물자에 대해 마오쩌둥은 "반드시, 확실하게 반환할 것"을 주장했다. 회의에서 허난성, 간쑤성 당위원회 책임자들이 검토했다. 분조 토론에서 일부 성당위원회 책임자들도 '공산풍'문제와 관련하여 사업에서의 실책을 반성했다. 마오쩌둥은 '공산풍'이 불게 된 데는 중앙에 책임이 있다고 하면서 각 성당위원회에서 중앙의 책임을 안고 있다고 했다. 그는 루산회의 때 '공산풍'이 이미 수그러지고 우경사상도 희미해졌기에 큰 일만 몇 가지 해놓으면 모든 문제가 풀릴 것이라고 여겼다. 하지만 1960년에 이르자

'천재'가 더 심했고 '인재'까지 뒤따랐다. 적에 의한 인재가 아니라 우리 자신에 의해 초래된 것이었다. 그해에 들어서 '평균주의와 무상징용'은 1958년보다 더 심해졌는데 특히 두드러진 것은 수리와 공업을 크게 벌이면서 농업 노동력을 너무 많이 무상 조달했다는 것이다.

회의 기간에 마오쩌둥은 총 5차례에 달하는 회보회를 소집하고 농촌의 정치경제상황, 작풍을 바로잡고 인민공사를 정돈하는 문제에 관한 성, 직할시 당위원회 책임자들의 회보를 청취했다. 동시에 그는 1961년 국내경제 계획지표에 대해 연구했다. 5차례 회보회의 가운데 마오쩌둥은 여러 번 당시 정세와 향후 사업에 대해 적지 않은 정책성 견해를 내놓았다. 전당적으로 조사연구 기풍을 크게 일으키는 것에 대한 마오쩌둥의 구상도 바로 이 같은 회보회에서 형성된 것이다.

마오쩌둥은 이 몇 년간 오류가 생긴 직접적인 원인은 사상방법의 주관주의와 일면성, 당내 동지들이 조사연구사업을 하지 않고 상상과 억측에 의해 일을 처리한 것에 있다고 보았다. 1월 13일, 중앙사업회의 마지막 날에 마오쩌둥은 조사 연구 기풍을 크게 일으키는 데에 대한 연설을 하면서 상황을 잘 파악하고 결의를 굳건히 하고 방법이 적중해야 한다. 우선 상황을 잘 파악하는 것은 모든 사업의 기초다. 때문에 상황을 잘 파악하려면 조사연구를 해야 한다고 말했다. 그는 〈한서·하간헌왕 류덕〉에 실린 '실사구시'에 관한 옛이야기를 예로 들면서 전당이 실사구시와 조사연구의 좋은 전통을 회복하도록 요구했다. 그는 우리 당은 실사구시하는 전통을 가지고 있는데 바로 마르크스-레닌주의의 보편적 진리를 중국의 실제에 연결한 것이라고 하면서 항일전쟁 시기와 해방전쟁 시기에 우리는 조사연구에 비교적 진지했다. 그러나 건국 이래 특히 최근 몇 년 동안 우리는 실제 상황에 대한 내막을 잘 모르는 것 같은데 아마 너무 높이 올라앉아 있는 탓인 것 같다. 내가 바로 너무 높이 올라앉아 있는 것이다. 지금은 이전에 장시에서와 같은 그런 조사연구를 별로 하지 않고 있다[5]고 했다. 그는 전당이 조사연구하는 기풍을 크게 일으켜 모든 일을 실제에서 출발하도록 호소하면서 1961년을 '실사구시의 해'와 '조사연구의 해'로 제정할 것을 요구했다.

그 후 당 중앙위원회는 1961년 1월 14일부터 18일까지 제8기 제9차 전원회의를 열고 국민경제 상황에 대한 리푸춘의 보고를 집중적으로 토론했다. 보고는 국민경제에 존재하는 어려움, 문제 및 발생 원인을 분석하고 나서 국민경제가 3년 동안 연속 '대약진'을 거쳤기에 각 부문 간에 새로운 불균형이 나타났다. 특히 공업과 농업 간의 불균형이 심한데 1961년부터 국민경제에 대해 '조정, 공고, 충실, 제고'의 방침을 시행함으로써 전체 국민경제로 하여금 종합적 균형을 실현하고 비례에 따라 발전하도록 해야 한다고 지적했다. 보고는 1961년의 국민경제계획을 배치할 때 반드시 농업을 기초로 하고 농업을 우선적 지위에 놓는 방침을 더욱 관철 집행해야 한다고 강조했다. 전원회의는 리푸춘의 보고를 통과시키고 회의공보를 통해 전당과 전국 인민들에게 1961년부터 국민경제에 대해 조정, 공고, 충실, 제고의 8자 방침을 시행한다고 정식으로 선포했다. 전원회의는 전국의 각 대행정구에 당의 6개 중앙국, 즉 중공중앙 화베이국, 둥베이국, 화동국, 중난국, 시난국, 시베이국을 또다시 설립하기로 결정했다. 중앙은 경제관리권을 중앙, 중앙국과 성(직할시, 자치구) 3급에 집중하는 한편 2~3년 안에 중앙, 중앙국에 더 많이 집중하여 각 지구의 제반 사업에 대한 중앙의 통일적 영도와 전면적 배치를 강화할

---

5) 마오쩌둥, '조사연구하는 기풍을 크게 일으키자'(1961년 1월 13일), 〈마오쩌둥문집〉 제8권, 인민출판사 한문판, 1999년, 235,237쪽.

것을 요구했다.

당 중앙위원회 제8기 제9차 전원회의에서의 당 지도방침의 중요한 전환은 국민경제건설이 '대약진'에서 조정 단계에 들어섰음을 나타낸다.

전당적으로 크게 일어난 조사연구 기풍

전당적으로 조사연구하는 기풍을 크게 일으키고 모든 것을 실제에서 출발하는 것에 관한 마오쩌둥의 지시를 관철하기 위해 3월 23일 중앙은 '조사사업을 착실히 진행하는 문제에 관하여 각 중앙국, 각성, 직할시, 자치구당위원회에 보내는 서신'에 오랫동안 유실되었다가 얼마 전에 다시 발견된, 마오쩌둥이 1930년에 쓴 '조사사업에 관하여'(나중에 공개적으로 발표하면서 제목을 '서책주의를 반대하자'로 고쳤다)란 글을 첨부하여 발부했다. 서신은 다음과 같이 지시했다. 최근 몇 년 동안 사업에서 결함과 오류가 나타난 것은 근본적으로 말해서 많은 지도자가 전쟁 연대에 효과적으로 해온 조사연구사업을 늦추었고 한동안 실제에 부합하지 않거나 일부 부분적인 자료에 근거하여 판단과 결정을 내렸기 때문이다. 이는 중요한 교훈이다. 서신은 다음과 같이 강조했다. 기층에 깊이 내려가 조사연구를 하는 것은 지도사업에서 으뜸가는 임무이다. "모든 일을 실제에서 출발하며 조사를 하지 않고서는 발언권이 없다는 것이 전당 간부들의 사상과 행동의 으뜸가는 준칙이 되어야 한다.", "조사할 때 실속 있는 반대 의견 듣기를 두려워해서는 안 되며 이미 내린 판단과 결정이 실제 검증으로 부정되는 것을 두려워해서는 더더욱 안 된다." 중앙에서 내린 이 지시는 인식 논의 수준에서 "조사가 없이는 발언권이 없다."는 중요한 의의를 강조했다.

당 중앙위원회 지도자들은 직접 체험하고 실천하면서 조사조를 조직하거나 직접 현실 상황에 심입하여 조사연구를 진행했다. 당 중앙위원회 제8기 제9차 전원회의가 끝난 후 마오쩌둥은 즉시 3개 조사조를 조직하고 각기 그의 비서인 톈자잉, 후차오무, 천보다의 인솔 아래 저장성, 후난성, 광둥성 농촌에 내려가 조사를 진행하게 했다. 마오쩌둥은 조사조마다 10일 내지 15일을 기간으로 상황이 가장 좋은 생산대와 상황이 가장 나쁜 생산대를 각기 조사할 것을 요구했다. 3개 조사조가 성에 내려간 후 당지 성당위원회, 지구당위원회, 현당위원회와 공사당위원회의 일부 책임자들도 조사조의 사업에 참가했다. 마오쩌둥이 직접 영도한 조사조는 농촌의 기층에 깊이 내려가 체계적인 조사연구를 벌임으로써 전당적으로 조사연구기풍을 크게 일으키는 실천에서 모범 역할을 발휘했다. 후에 3개 조사조는 마오쩌둥에게 많은 구체적이고도 중요한 참고 가치가 있는 기초 자료들을 제공했다. 마오쩌둥 본인도 1월 25일 밤에 베이징을 떠나 톈진, 지난, 난징, 상하이, 항저우, 난창(南昌), 창사(長沙)를 거쳐 2월 13일에 광저우에 도착했다.

시찰 기간에 마오쩌둥은 허베이, 산둥, 장쑤, 저장, 장시, 후난과 광둥 등 성당위원회의 책임자들과 깊은 담화를 나누었다. 저장성, 후난성 당위원회 책임자와 당지 조사조의 회보를 청취한 후 마오쩌둥은 그들과 중점적으로 인민공사, 생산대의 규모와 공공식당 두 문제에 대해 토론했다. 마오쩌둥은 다음과 같이 지적했다. 현과 공사의 규모가 너무 크다. 크면 잘 다룰 수 없고 관할하기도 어렵다. 몇 년 이내 현을 통합하고 인민공사를 통합한 것은 모두 상급의 편의를 위한 것이지 군중의 요구와 생산의 수요에서 출발한 것이 아니다. 또한 마오쩌둥은 다음과 같이 인정했다. 한 생산대가 이렇게 많은 것을 관할할 수 없다. 너무 크다. 한 기본 채산단위 내에 부농, 중농, 빈농이 다 있는데 이러면 문제가 되며 군중은 불만을 가지지 않을 수 없다. 생산소대란 바로 과거의 초급사다. 마오쩌둥은 생산소대를 생산대로, 생산대를 생산대대로 고쳐 원래의 생산소대를 생산단위와 소비단위[6]로 전환시킬 것을 제기했다. 마오쩌둥은 저장성당위원회에 기본채산단위를 과거의 초급사, 즉 생산소대로 하면 좋을지 아니면 생산대대로 하면 좋을지에 대해 연구해보라고 했다. 이 의견은 인민공사의 기본체제문제와 관련되었다. 인민공사제도가 변하지 않는 전제에서 생산소대를 기본채산단위로 하는 것은 분명히 평균주의를 단절시키기 위해 "물러설 수 있는" 최저한도였다. 당시에 많은 사람은 이를 받아들이려 하지 않았다. 그러나 사실이 증명하다시피 생산소대를 기본채산단위로 하는 것은 일정한 시기 내에 다소 효과적으로 생산대대 간의 평균주의 문제를 해결할 수 있었다. 이 제도는 1962년에 최종 확립되었다.

공공식당에 관한 것도 마오쩌둥이 이번 시찰에서 알아보려고 한 중요한 문제였다. 저장과 후난 두 성에서 마오쩌둥은 조사조로부터 두 가지 의견을 들었다. 저장에서 사원들이 일반적으로 공공식당에 대해 불만을 품고 있다는 사실을 알았을 때 마오쩌둥은 이렇게 말했다. "식당은 그래도 작게 운영하는 것이 좋다. 몇 세대에서 하나를 운영하는 것이 좋다. 크면 아마도 생산에 불리할 것이다. 다양화하여 장기적으로 운영하는 식당도 있고 농번기에만 운영하는 식당도 있어야 할 뿐 아니라 자체 취사도 가능해야 한다. 식당 운영은 반드시 군중

---

6) '마오쩌둥이 장화(江華), 휘스렌(霍士廉), 린후자(林乎加) 등과 나눈 담화', 1961년 2월 6일.

의 요구에 부합해야 한다."[7] 후난에서 당시 조사조와 성당위원회 책임자들이 공공식당을 수긍하는 쪽으로 기울면서 군중이 그래도 비교적 만족해하고 있다고 말하자 마오쩌둥은 이에 대해 확실하게 수긍하지 않고 거듭 상황을 캐물으면서 "인민공사와 생산대는 1, 2, 3류로 나뉘는데 식당은 3류가 없단 말인가?"하는 등의 의문을 제기했다. 이는 지난날의 농촌공공식당에 대한 마오쩌둥의 견해가 점차 바뀌고 있음을 말해준다. 마오쩌둥은 직접 영도한 3개 조사조와 각 성의 책임자들을 통해 상황을 파악하고 의견을 청취한 후 인민공사체제와 공공식당문제에 대해 새롭게 인식하기 시작했다.

류사오치는 광저우중앙사업회의 후 후난에 내려가 현지조사를 벌였다. 4월 1일부터 시작하여 그는 고향인 후난성 녕향현(宁鄕縣)과 창사현 티엔화(天華)대대에 44일간 머물면서 깊이 있고 구체적인 조사를 진행했다. 류사오치는 생산대 양돈장 옆의 허름한 빈집에 거주하면서 경작지, 산림, 저수지, 가축우리를 돌아보고 농가, 식당과 자연 촌락들에 들어가 각종 형식의 좌담회를 열고 농민과 인민공사, 생산대 간부들과 무릎을 마주하고 이야기를 나누었다. 사원들과 간부들이 사상을 해방하고 대담하게 상황을 반영하고 의견을 내놓도록 하게 하기 위해 그는 사원들에게 중앙에서 오류를 범해 여러분들에게 미안하다고 사과하면서 그러나 오류를 시정하려면 진실한 상황을 파악해야 하므로 여러분이 나를 도와 진실한 상황을 알려주기를 바란다고 했다. 5월 4일 닝샹현(寧鄕縣) 화밍러우(花明樓)공사의 인민공사 정돈사업조의 회보를 청취할 때 류사오치는 "식당은 억지로 만들어졌기에 인심을 얻지 못한다. 이 문제에서 우리는 오류를 범했고

---

7) '마오쩌둥이 장화, 훠스렌, 린후자 등과 나눈 담화', 1961년 2월 6일.

3년간 무턱대고 추진하면서 줄곧 깨닫지 못했다. 이런 식당은 진작 없애야 했다."[8]고 말했다. 5월 6일에 그는 농민들과 이야기를 나누면서 "지금 사람들은 정책을 썩 믿지 않는다. 무엇 때문인가? 바로 소유제가 아직 명확하지 않기 때문이다. 소유제는 침범할 수 없다. 그렇지 않으면 사람들은 정책을 믿지 않을 것이다. 네 것 내 것 구분 없이 마음대로 가져간다면 혼란해질 수밖에 없다. 반드시 네 것 내 것을 구분하고 남의 것은 돌려주어야 한다."[9] 하고 솔직하게 말했다. 이 말은 사원들에게 깊은 감동을 주었다. 그리하여 사람들은 근심 걱정을 털어버리고 인민공사화 이래 일어난 공공식당, 공급제, 식량, 가옥, 삼림, 사원 가정부업, 자류지, 상업, 농촌시장 교역 등에 관한 문제들을 보고했다. 조사로 파악한 상황에서 류사오치는 곤란을 일으킨 주요 원인은 자연재해가 아니라 농민들이 말한 것처럼 "자연재해가 3을 차지하고 인위적 재해가 7을 차지한다."고 느꼈다.

저우언라이는 4월 말부터 5월 초까지 허베이성 한단지구, 우안현(武安縣)과 톈진 등지에 가서 조사를 진행했다. 허베이성 관계 지도자들의 회보를 청취한 후 그는 또 농촌 기층에 깊이 내려가 상황을 파악했다. 우안현 보옌(伯延)공사에서 저우언라이는 인민공사, 대대와 소대의 간부들과 좌담을 하면서 인민공사의 기본 상황과 농촌 정책에 대한 사원들의 여론을 알아보았다. 그는 수십 가구의 사원 가정을 방문하는 한편 생산대 집체식당을 시찰하고 사원들의 화식(火食)을 살펴보고 군중과 함께 옥수수가루죽을 먹었다. 사원 군중과 담화

---

8) 중공중앙 문헌연구실 편, 〈류사오치 연보(1898~1969)〉 하권, 중앙문헌출판사 한문판, 1996년, 519쪽.

9) 중공중앙 문헌연구실 편, 〈류사오치 연보(1898~1969)〉 하권, 중앙문헌출판사 한문판, 1996년, 520쪽.

할 때 한 사원이 그에게 "요 10년은 해마다 나빠집니다." "이런 식으로 10년만 더 가다가는 아마 총리마저 드실 것이 없을 것입니다."라고 직설했다. 회의 후 저우언라이는 직접 그 사원의 집을 찾아가 그와 이야기를 나누면서 더 자세한 실정을 알아보았다. 5월 7일 새벽 3시에 저우언라이는 며칠 동안 조사한 상황을 마오쩌둥에게 전화로 보고하고 인민공사에 존재하는 네 가지 주요한 문제를 알렸다. 즉 첫째로 식당문제다. 대다수 사람들 심지어 부녀와 독신자들을 포함한 전체 사원들은 자기 집에서 밥해 먹기를 원한다. 둘째로 사원들은 '5보호'를 도맡고 곤란한 집을 돌봐주는 방법에 대해서는 찬성하지만 공급제는 찬성하지 않는다. 셋째로 사원 군중은 고급사 때의 공수평의 방법을 회복하는 동시에 생산대를 단위로 하는 생산량책임제, 생산량에 따른 분배, 조별생산도급제로 전환할 것을 절실히 바란다. 이렇게 해야만 많이 일하면 많이 받는 원칙을 제대로 구현하여 군중의 생산의욕을 불러일으킬 수 있다. 이 방법은 꼭 써야 할 것 같다. 넷째로 한단전구는 가뭄피해가 심해 밀 수확량이 매우 낮으며 심지어 어떤 곳에서는 한 알의 낟알도 거두어들이지 못했다. 눈앞의 가장 주요한 문제는 사원들의 체력을 회복하고 가축의 노동력을 회복하는 것이다. 이 네 가지는 모두 당시 농촌 정황에 대한 진실한 보고로 매우 가치 있는 것이었다. 마오쩌둥은 이 네 가지 의견을 매우 중요시하면서 저우언라이의 전화회보 기록에 "각 중앙국, 각 성, 직할시, 구 당위원회에 발부하여 참고로 제공하라."[10]고 회답했다.

주더는 당 중앙위원회 제8기 제9차 전원회의가 끝나자 곧 베이징을 떠나 상하이, 저장, 푸젠, 장시, 광둥 등의 성과 직할시에 가서 조

---

10) 중공중앙 문헌연구실 편, 〈저우언라이 연보(1949~1976)〉 중권, 중앙문헌출판사 한문판, 1997년, 409~410쪽.

사연구를 진행했다. 일부 지방에서는 경영관리 측면에서 "네 가지를 도급주고 한 가지를 장려하는" 제도[11]를 시행하여 농민들의 환영을 받고 있는 상황에 대해 주더는 수긍했을 뿐만 아니라 제때에 당 중앙위원회와 마오쩌둥에게 회보했다. 농촌과 농업 상황을 파악한 외 주더는 또 도시, 공장에 가서 조사연구했다. 광둥성 대외무역의 상황을 고찰한 후 주더는 이 몇 년 동안 우리는 형제 나라와의 무역이 비교적 많았고 자본주의 국가와의 무역은 비교적 적었다고 하면서 향후 우리는 자본주의 국가와의 무역을 좀 더 늘려야 한다고 말했다. 주더는 특히 마카오[오문(澳門)]는 자유항구이고 우리와도 매우 가까운데 우리가 자본주의 국가와 교역할 수 있는 좋은 지역이라면서 우리는 이곳을 잘 이용해야 한다고 했다. 그는 또 신벤의 사업자를 베이징 교외와 우한, 광저우 등지에 보내 '수공업 35개조'를 관철 집행한 상황을 조사 보고하게 하고 조사 자료를 중앙에 올려 보냈다.

6월 27일부터 7월 11일까지 천원은 상하이 칭푸현(靑浦縣) 사오정(小燕)공사에서 15일 동안 조사연구를 진행했다. 그의 조사방법은 인민공사와 대대 간부들의 회보를 듣고 과거의 자료를 찾아 볼 뿐 아니라 광범위한 군중과 직접 만나 기초자료를 수집하며 이와 동시에 작은 좌담회를 열고 하나하나 문제들을 연구하여 결론을 얻는 것이었다. 천원은 사오정공사에 돌아온 후 곧바로 농가에서 숙식했다. 그는 인민공사당위원회의 회보를 두 차례 청취하고 기층간부와 사원 군중 좌담회를 10여 차례 소집했다. 그리고 여러 차례 농가를 방문하고 집체양돈장, 공공식당, 공장, 공소합작사, 창고를 시찰했다. 그는 특히 씨암퇘지의 집체양돈과 개인양돈, 농작물 재배계획, 자류지 확대, 평

11) "4가지를 도급주다."는 생산량, 생산액, 노동공수, 원가를 도급주는 것을 말하며 "한 가지를 장려하다."는 초과생산에 대한 장려를 말한다.

균주의와 무상징용을 한 것에 대한 반환 또는 배상문제 및 농촌상업, 인민공사경영기업과 수공업, 양곡 생산량 책임지표, 징수수매임무, 간부작풍문제와 군중 감독 등의 상황에 대해 알아보았다. 그는 조사 결과를 다음과 같이 내놓았다. 첫째, 자류지 문제에서 중국의 집체생산경작지는 여전히 전체 경작지의 90% 이상을 차지하고 있어 자류지의 비중을 조금 증가시킨다 해도 절대 사회주의 경제기반이 흔들리지 않을 것이다. 당장 농민들이 먹을 식량이 부족한 상황에서 농민들의 가장 큰 관심은 "사회주의이냐 아니면 자본주의이냐?"가 아니라 "밥을 먹느냐 아니면 죽을 먹느냐?"이다. 자류지를 좀 더 나눠주어 농민들에게 식량을 좀 더 얻을 수 있게 하면 노농연맹과 사회주의 제도를 공고히 하는 데 유익하여 사회주의 경제에 필요한 보충이 된다. 둘째, 당장 양곡징수수매에서 우선 농민들을 보살핀 후 노동자들을 돌봐야 하므로 반드시 도시인구를 줄여야 한다. 셋째, 인민공사와 생산대대 간부들은 평균주의와 무상징용으로 인한 문제에 대해 반환할 것은 확실하게 반환하고 배상하며 파산해서라도 채무를 상환할 결심을 해야 하며 "농민들의 재산을 박탈해서는 안 된다."는 당의 정책을 틀림없이 관철해야 한다. 넷째, 소상인의 분산경영을 허용하여 시장을 활성화해야 한다.[12] 좌담회 후 사오정공사는 천원의 의견에 따라 당일부터 집체양돈장에서 집중적으로 사육하던 씨암퇘지를 모두 원래의 사육가구에 돌려준다고 그 자리에서 선포했다. 이 조치는 군중을 크게 고무시켰다. 칭푸에서 조사를 진행한 후 천원은 또 저장, 장쑤 두 성에 가서 일부 지구당위원회, 현당위원회 책임자 및 일부 생산대대 당지부서기들과 벼이모작 재배, 자류지, 양곡징수수매,

---

12) 중공중앙 문헌연구실 편, 〈천원 연보(1905~1995)〉 하권, 중앙문헌출판사 한문판, 2000년, 85~86쪽.

양돈 등 문제들을 두고 좌담을 했다.

그해 가을에 천원의 주최로 두 차례의 좌담회가 베이징에서 열렸는데 10월 14일부터 11월 3일까지 석탄공업좌담회를 열고 11월 24일부터 12월 17일까지는 야금공업좌담회를 열어 공업에 대해 조사를 진행했다. 이 두 차례 좌담회의 시작 연설에서 천원은 모두 실사구시하고 주저하지 말며 우경이라는 말을 들을까 봐 두려워하지 말도록 재차 강조했다. '대약진'의 교훈에 대해 언급하면서 천원은 따지는 것이 매우 중요하다. 수치는 속이지 못한다. 따져봐서 맞지 않으면 지표를 낮추어야 한다. 5위안이면 5위안만큼, 8위안이면 8위안만큼 해야 한다고 말했다. 그는 또 혁명에는 늘 옳고 그름이 있기 마련이다. 좋은 일이 나쁘게 꾸며질 수도 없고 나쁜 것이 좋게 꾸며질 수도 없다. 바른 것을 그르다고 해서 그릇된 것이 될 수 없고 그릇된 것을 바르다고 해서 바른 것이 될 수 없다. 진리를 오류로, 오류를 진리로 둔갑시켜서는 안 된다. 보자마자 한눈에 분별해낼 줄 아는 사람은 이 세상에 아직 없다[13]고 말했다. 이 같은 연설에는 모두 실사구시적으로 경험을 총화하고 실사구시적으로 정세를 대하고 실사구시적으로 오류를 시정한다는 정신으로 일관해 있었다. 당시 석탄과 강철 두 분야는 '대약진' 후의 곤경에 처해 있었다. 비록 좌담회에서 구체적인 사업 결정은 내리지 않았지만 이 같은 사상과 사업방법은 두 분야의 동지들에게 낙심하지 말고 곤경에서 벗어나도록 북돋워주었다.

덩샤오핑과 펑전(彭眞)은 4월과 5월 상순에 5개 조사조를 직접 인솔하여 베이징의 순이(順義), 화이러우(懷柔) 두 개 현에서 조사를 진행했다. 5월 10일에 덩샤오핑과 펑전은 당 중앙위원회와 마오쩌둥

---

13) '천원의 주최로 소집된 석탄공업 좌담회 기록', 1961년 10월 14일~11월 3일.

에게 조사보고를 올려 "한 달 남짓 조사한 상황으로 보면 '12개조', '60개조' 지시를 관철 집행한 후 농민들의 생산 열성이 많이 높아졌다. 그러나 농민들의 열성을 한 걸음 더 전면적으로 불러일으키려면 공급제, 양곡징수수매와 여량분배, 세 가지를 도급주고 한 가지를 장려하는 제도, 공수평의, 식당, 소유제 등 문제에 대한 조치를 한층 더 개진해야 하며 일부 정책은 바로잡아야 한다."고 말했다.

중앙과 각 중앙국, 국무원 각 부문 및 각 성, 직할시, 자치구 당과 정부 책임자들도 잇달아 현, 인민공사, 생산대대에 깊이 내려가 중점적으로 조사를 진행했다. 예를 들면 당시 장쑤성당위원회의 책임자들은 각기 지점을 골라 조사를 벌이면서 3년 '대약진', 특히 루산회의 이후의 '계속된 약진'에 의한 피해가 대단히 심각함을 느끼게 되었다. 그들은 "우리는 조사 가운데 어려움을 이겨내고 국면을 근본적으로 바꾸려면 농업을 토대로 하는 방침과 제반 해당 정책을 빈틈없이 관철 집행할 뿐만 아니라 '공사화', '대약진'으로 파괴된 농촌 생산력을 완전히 바로잡아야 하며 중심 고리가 농촌노동력을 보호하고 회복하는 것에 있음을 절실하게 깨달았다. 그러므로 군중 생활을 잘 배치하고 군중의 최저 생활수요를 보장하는 것이 각급 당위원회의 가장 으뜸가는 임무이다."[14]라고 말했다. 조사연구 과정에 사람들은 점점 침착하게 가장 어려우면서도 가장 현실적인 문제를 해결하는 데 착수하기 시작했다. 마오쩌둥이 제기한 전당적인 조사연구 기풍은 당의 경제정책 조절을 유력하게 추동했다.

---

14) 장웨이칭, '70년 노정−장웨이칭 회고록', 장쑤인민출판사 한문판, 1996년, 453쪽.

'농업60개조'와 농촌 정책의 점차적인 조절

　중앙에서 지방에 이르는 각급 지도자들은 조사를 벌이며 '긴급지시 서신' 관철 정책을 구체적으로 제정했지만 일부 지방에서는 여전히 형식적으로 대처하면서 '평균주의와 무상징용' 문제 해결에 철저하지 못했다. 무상징용한 자금, 물자를 반환, 배상한다고 형식적으로만 보고하여 반환 배상량이 적었을 뿐만 아니라 일부는 생산대까지만 내려가고 군중의 손에 전달되지 못하는가 하면 일부 간부는 강박 명령주의와 특수화에 대한 검사를 심각하게 여기지 않고 제대로 시정하지 않았다. 그리하여 중앙은 공사화운동 이후 평균주의와 무상징용에 의한 공사나 생산대대, 사원들의 각종 재물과 노동력에 대해 제대로 청산하여 남김없이 반환하고 배상하도록 요구했다. 1961년에 농민들에게 되돌려주고 배상한 금액은 총 18억 5천만 위안에 달했다. 분배관계에서 지난날 시행했던 부분적 공급제를 취소하고 노동에 따른 보수와 노동에 따른 분배의 방법을 철저히 시행했다. 동시에 국가에서는 농산물과 부업생산물의 수매가격을 올렸다. 1961년에 농민들은 농산물과 부업생산물에 대한 가격조정으로 약 30억 위안에 달하는 소득을 더 올렸다.

　당 중앙위원회 제8기 제9차 전원회의 후 마오쩌둥은 남방으로 가는 길에서 이미 농촌인민공사의 공사, 생산대대의 규모와 채산단위 문제를 연구했다. 마오쩌둥은 '긴급지시 서신'은 아직 생산대대 내부의 생산대와 생산대 간의 평균주의, 생산대 내부의 사원과 사원 간의 평균주의 이 두 가지 중대한 문제를 완전히 해결하지 못했다고 느꼈다. 이 두 가지 평균주의를 포함한 농촌인민공사의 각종 문제를 체계적으로 해결하기 위해 당 중앙위원회는 1961년 봄과 여름에 광저우와 베이징에서 사업회의를 소집했다. 광저우회의에서 마오쩌둥은 '농촌인민공사 사업조례(초안)를 주관하여 작성했는데 총 10장 60개조('농업60개조'로 약칭)에 달했다. '농업60개조' 초안은 다음과 같이 규정했다. 즉 인민공사 각급의 규모는 모두 너무 크지 말아야 하며 특히 생산대대의 규모가 너무 큰 것을 막아 분배 측면에서 경제수준 격차가 큰 생산대 간의 평균주의를 피해야 한다. 생산대대소유제를 토대로 하는 3급 소유제는 현 단계 인민공사의 근본 제도이다. 초안은 또 생산대(식당을 포함)에서 사원들에게 분배해주는 현금과 실물 가운데 일반적으로 노임 부분은 최소한 7할보다 적어서는 안 되고 공급 부분은 최대 3할을 초과하지 말아야 하며 조건이 갖춰진 모든 지방의 생산대들은 공공식당을 적극적으로 운영해나가야 한다고 규정했다. 당 중앙위원회는 이 조례 초안을 전국 농촌당지부와 농촌인민공사 전체 사원에게 발부해 토론을 진행할 때 한 자도 빠뜨리지 말고 전문 그대로 인민공사 전체 당원과 전체 사원에게 전달하며 사원들과 관계가 밀접한 내용에 대해서는 특별히 해석해주고 그들의 의문에 대해 상세하게 해답해주는 동시에 그들이 제기하는 각종 수정 의견을 청취하도록 요구했다.

'농업60개조' 초안이 나오자 광범위한 농촌 기층간부와 사원 군중안에서 또 한 번 열렬한 반향이 일어났다. 그들은 토론과 시행 과정에서도 일부 문제들을 제기했는데 그중 가장 큰 문제는 공공식당과 부분적 공급제였다. 농촌 기층간부와 사원 군중이 보편적으로 제기한 바에 따르면 공공식당 운영은 노동력을 너무 많이 차지하여 땔감을 낭비하고 산림을 파괴하며 사원들이 식사하는 데 불편할 뿐만 아니라 배불리 먹을 수도 없으며 거름을 모으는 데도 불리하다고 했다. 또한 부분적 공급제의 시행은 노동에 따른 분배에 위배되어 사람들이 생산에서 게으름을 피우거나 아예 일하지 않아 노동생산 열성에 영향을 주었기에 '긴급지시 서신'과 '농업60개조' 초안에서 여전히 주장하고 있는 공공식당과 부분적 공급제를 취소해야 한다고 했다. 마오쩌둥이 후난에 파견한 조사조는 상담 소산에서 식당문제에 대해 더 깊이 있는 조사를 벌이고 진실한 상황을 요해한 후 마오쩌둥에게 서면보고를 올렸다. 보고는 공공식당에 대한 의견이 가장 컸으며, 대다수 식당은 실제로 이미 생산 발전의 장애가 되었고 당과 군중 사이에 맺힌 응어리가 되었다고 매우 명확히 지적했다. 마오쩌둥은 시험적으로 해당 지역에서 식당을 해산하는 데 동의했다. 류사오치도 후난에서 조사를 진행한 후 식당문제는 군중 대다수의 염원에 위배된다고 지적했다. 저우언라이, 주더와 덩샤오핑, 펑전 등도 각각 마오쩌둥에게 올린 보고와 회보에서 모두 식당과 공급제 문제를 해결하는 것에 관한 의견을 제기했다. 조사를 통해 반영된 광범위한 기층간부와 농민군중의 의견에 따라 당 중앙위원회는 5월 21일부터 6월 12일까지 베이징에서 사업회의를 소집하고 '농업60개조' 초안에 대해 수정을 가해 '농촌인민공사 사업조례(수정 초안)'를 내놓았다. 수정 후의 조례는 공급제를 취소한 동시에 "생산대의 식당 운영 여부는 완전히 사원들의 의사에 따라 토론 결정한다."고 규정했다. 이 결정은 대중에게 크나큰 환영을 받았다.

'농업60개조'가 관철, 시행됨에 따라 일부 지방에서 인민공사의 규모 및 기본채산단위의 등급에 대한 문제가 제기되었다. 산둥, 후베이의 자료에서는 아래와 같이 반영했다. 몇 년 이내 농촌에서 발생한 소출을 속이고 사사로이 나누며 사원들이 생산에 소극적인 것 등 여러 문제의 가장 근본적인 원인은 바로 같은 기본채산단위 내부에서 생산대(때로는 생산소대라고도 부른다)와 생산대 간에 경제가 불균형적이고 소출에도 비교적 큰 차이가 있음에도 불구하고 수익은 도

리어 생산대대에 의해 통일적으로 분배되기에 생산대 간에 평균주의
가 나타나게 된 데 있다. 기층의 간부와 사원들은 생산대를 기본채
산단위로 하면 각 생산대 간의 평균주의, 즉 부유한 생산대와 가난한
생산대 간의 모순을 해결하기 어렵기 때문에 생산대를 기본채산단위
로 해야 한다고 했다. 9월 하순, 마오쩌둥은 허베이성 한단에서 허베
이, 산둥 두 개 성의 부분적 성, 지구 당위원회 책임자들을 불러 좌
담을 가졌는데 회의 참가자 다수가 기본채산단위를 생산대로 이양하
는 것은 필연적 추세라고 하면서 이렇게 해야만 생산대와 생산대 간
의 평균주의를 극복할 수 있다고 했다. 마오쩌둥은 이 의견에 찬성
했다. 9월 29일, 그는 농촌 기본채산단위문제 해결을 두고 중앙정치
국 상무위원 및 관계 동지들에게 서신을 보냈다. 서신은 이렇게 지적
했다. 우리는 농업 분야에 중대하게 존재하는 평균주의에 대해 지금
까지 완전히 해결하지 못했고 아직 하나의 문제를 남겨놓았는데 바
로 생산권은 생산소대에 있지만 분배권은 생산대대에 있는 것이다.
이 심각한 모순은 여전히 군중의 생산 열성을 얽매고 있다. "이 문제
에서 우리는 과거에 6년이나 얼떨떨하게 지냈다(1956년 고급사 건립
때부터), 일곱 번째 해에는 정신을 차려야 하지 않는가?" 이는 인민
공사정책 조정사업은 제1차 정저우회의 이래 노력의 연장일 뿐만 아
니라 합작화 시기까지 거슬러 올라가 제8차 당 대표대회 전후의 농업
합작사 내부관계를 조절하기 위한 노력의 연장임을 말해준다. 1962
년 2월에 중공중앙은 생산대를 인민공사의 기본채산단위로 확정하고
이 규정은 적어도 30년 변하지 않는다는 지시를 정식으로 발부했다.
  '농촌인민공사 사업조례(수정 초안)'는 당이 농촌의 생산관계를 조
절하고 농업생산의 회복과 발전을 추진하는 중요한 문건이다. 이 조
례는 인민공사의 총체적 구조를 확보하는 전제에서 인민공사화 이래

농촌 실제사업에서 나타난 오류를 시정하고 당시 대중적으로 의견이 가장 많고 가장 긴박했던 문제를 해결함으로써 농민의 적극성을 불러일으키고 농업생산을 회복하고 발전시키는 데 적극적인 역할을 발휘했다. 그뿐만 아니라 이후 '공산풍' 재발 가능성에 대해 일부 억제작용을 했다. 정책조절 면에서 조례는 오류를 시정하는 데 충분한 여지를 제공한 동시에 인민공사의 정책 경계를 명확히 규정했다.

역량을 집중하여 농촌경제정책을 조정하는 동시에 당 중앙위원회는 또 도시와 농촌의 수공업과 상업정책문제를 해결하는 데 주의를 기울였다. 1961년 6월 19일, 당 중앙위원회는 '도시와 농촌 수공업의 약간의 정책문제에 대한 규정(시행 초안)'(즉 수공업35개조), '상업에 대한 사업을 개진하는 것에 관한 약간의 규정(시행 초안)'(즉 상업40개조)을 동시에 발부했다. '수공업35개조'는 전반 사회주의 단계의 수공업에서 집단적 소유가 주요한 것이고 개인적 소유는 사회주의 경제에 필요한 보충과 조수이며 전 인민적 소유는 부분적인 것이므로 너무 지나치게, 너무 이르게 전 인민적 소유로 이행하면 오히려 생산에 불리하다고 명확히 지적했다. '상업40개조'는 현 단계 중국 상품유통경로에는 국영상업과 공급판매합작사상업 외에 또 농촌시장 교역이 있는데 이는 앞의 두 가지 경로에 필요한 보충이라고 긍정했다. 이 같은 정책의 제정과 시행으로 '대약진' 이래 농촌시장 무역과 소상인을 없애고 집단 성격의 수공업과 상업을 전 인민적 소유로 이행시킨 오류가 시정되었다.

당 중앙위원회는 또 도시인구와 도시의 양곡 판매량을 줄이는 유력한 조치를 내놓았다. 저우언라이는 1961년 5월에 열린 중앙사업회의에서 문제 해결의 근본적인 방법은 도시인구를 줄여 농촌으로 내려보내는 것이라고 지적했다. 당시 전국적으로 식량이 매우 부족한 국면에서 도시인구를 줄이는 것은 중대한 전략적 의의가 있었다. 천원은 "우리 앞에는 계속 농민의 식량을 덜어내는가 아니면 도시주민들을 농촌으로 내보내는가 하는 두 길이 놓여 있다. 다른 길이 없으므로 그 가운데 어느 하나를 택해야 한다. 오직 도시인구를 줄이는 길만이 우리가 나아갈 길이라고 나는 생각한다."[15]고 지적했다. 중앙사업회의는 1960년 말까지 도시인구 1억 2,900만 명에서 3년 이내에 2천만 명 이상 줄이며 1961−1962년 도시의 식량 판매량을 480억~490억 근으로 낮춰 지난해에 비해 30억~40억 근 줄인다고 결정했다. 회의 후 전국의 각 도시에서는 종업원대오를 줄이며 도시주민들이 농촌에 내려가 자리 잡고 농업생산에 참가하도록 했다. 광범위한 종업원과 간부, 주민들은 전체적인 국면과 나라의 곤란한 상황을 이해하여 배치에 따랐는데 적지 않은 사람이 주동적으로 귀향, 하향할 것을 요구했다. 충분한 사상동원과 깊이 있고 세밀한 사업을 통해 천만 가구의 실제 이익과 관계되는 이 사업은 더욱 순조롭게 진행되었다. 1961년 말에 이르러 종업원은 그해 초보다 798만 명이 줄었고 도시인구는 1천만 명 정도 줄었다.

공업 조정 전개와 '공업70개조' 제정

전당적인 조사연구 기풍은 공업 조정에 중요한 사상적 토대를 마련했다. 공업에 대한 조정은 처음에는 효과가 별로 크지 않았다. 비록 1960년 9월에 이미 국민경제 조정의 8자 방침을 제기했지만 공업 분야에서의 속도를 늦추며 지표를 낮추는 과업이 아직 진정으로 시행되지 않고 있었다. 당 중앙위원회 제8기 제9차 전원회의에서 통과한

---

15) 천원, '도시주민들을 동원하여 농촌으로 내보내자'(1961년 5월 31일), 〈천원 문선〉 (1956~1985), 민족출판사 1988년, 187쪽.

1961년도 계획 수치에는 강철은 1,900만 톤으로 1960년의 실제 생산량과 대체로 같거나 조금 높았으며 양곡은 4,100억 근으로 당시에 추산한 1960년 생산량 3,700억 근보다 10.8% 증가했다. 농업의 실제 생산량을 너무 높게 추산하고 증산의 가능성에 대해 지나치게 높은 기대를 가진 탓으로 공업지표를 낮출 수가 없었다. 이로 말미암아 공업 분야의 어려운 국면이 더 심각해지지 않을 수가 없게 되었다. 1961년도 계획의 집행 결과를 보면 1분기에 벌써 지나치게 높은 공업지표와 증가 속도가 더 이상 지속되지 못하면서 생산이 심하게 축소되었는데 25가지 주요 공업제품 생산량은 설탕을 제외하고 각각 지난해 4분기보다 30% 내지 40% 떨어졌다. 3월 말 4월 초에 국가계획위원회는 공업생산의 정세에 따라 당해의 기본건설 계획을 다시 한 번 조절했는데 예산 내 투자는 167억 위안에서 129억 위안으로 줄고 시공 항목은 전년보다 39개 감소했으며 강철 생산량지표는 1,900만 톤에서 1,845만 톤으로 낮추었다. 5월부터 6월경에 소집된 중앙사업회의에서는 강철 생산량지표를 다시 낮출 것에 대한 리푸춘의 제의에 동의하고 당해 강철 생산량지표를 1,100만 톤으로 다시 한 번 낮추기로 결정했다. 전 한 단계의 조정에서 비록 지표를 낮춰가기는 했지만 전체적으로 조금씩만 내리다 보니 실제로 도달할 수 있는 지표까지 낮추지 못했다.

저우언라이의 독촉으로 경제와 계획 부문에서는 몇 년 동안 양곡 실제 생산량에 대해 다시 자세한 조사를 진행했다. 농업의 상황이 드러나자 공업의 사정이 어렵게 된 문제도 자연히 밝혀지게 되었고 당 중앙위원회 제8기 제9차 전원회의에서 제기한 1961년도 계획을 더 이상 집행할 수 없게 되었다. 7월부터 8월경에 소집된 전국계획회의는 당해의 계획집행 상황과 1962년 계획통제수치에 대해 토의했는데 당해의 강철, 석탄, 양곡 생산량은 모두 조정 후의 계획지표마저 완성할 가망이 없었다. 강철, 석탄, 양곡이 각각 계획의 45%, 62%, 66%밖에 완수할 수 없고 예산 내의 기본건설투자도 60%밖에 완수하지 못할 것으로 추산되었다. 이 같은 추산은 기본적으로 당시의 실제 상황에 부합했다. 이 추산에 근거하여 국가계획위원회가 제기한 1962년 계획통제수치는 원래 구상했던 지표보다 훨씬 낮아졌다. 중앙서기처에서 국가계획위원회의 보고를 청취하면서 덩샤오핑은 다음과 같이 지적했다. 8자 방침을 착실히 관철하여 무엇을 조정하고 무엇을 공고히 하고 무엇을 충실히 하고 무엇을 제고할 것인가 각 부, 각 지구, 각 업종에서 모두 분명히 결정하고 구체적으로 배치해야지 전선을 더 이상 길게 늘여놓지 말아야 한다. 리푸춘은 공업지표를 낮출 수 있는 데까지 낮추어야만 주동할 수 있다고 했다. 당 중앙위원회는 8자 방침을 구체화하는 조치를 취해 수동적인 국면을 재빨리 바로잡기로 결심했다.

1961년 8월 23일부터 9월 16일까지 당 중앙위원회는 루산에서 사업회의를 열고 주로 공업문제를 토의했다. 저우언라이는 지표를 낮출 수 있는 데까지 확실하게 낮추고 여지를 두며 금년에 결심을 내려 지표를 낮추고 정돈하여 바로잡아야 한다고 강조했다. 덩샤오핑은 조정의 총체적 방침은 농업을 보호하고 경공업시장을 보호하면서 국방을 돌보는 것인데 이에 따라 전선을 단축해야 한다고 제기했다. 회의는 '현 공업문제에 관한 중공중앙의 지시'를 통과하고 조정, 공고, 충실, 제고의 방침을 제기한 지 1년도 더 지났지만 상황이 분명하지 못하고 인식이 따라가지 못하며 경험이 부족하여 줄곧 실제 상황에 맞춰 지표를 낮추지 못했다 그뿐만 아니라 종합적 균형의 기초 위에서 기타 사업을 이끄는 중심 고리를 확립하지 못해 조정사업이 효과적으로 이뤄지지 못했다고 지적했다. '지시'는 다음과 같이 강조했다. 우리는 이미 1년 이상 시기를 놓쳤다. 이제 더 이상 망설여서는 안 된다. 반드시 제때에 결정하고 낮추어야 할 것은 단호히 낮추어야 한다. 만약 이러한 결정을 내리지 않고 의연히 실제에 맞지 않는 지표를 주장하면서 수행하지도 못하고 낮추지도 않으려 한다면 우리의 공업 나아가서는 전체 국민경제가 더욱 악화되고 더욱 심각한 국면에 처하게 될 것이다. 이 지시 정신에 따라 국가계획위원회는 당 중앙위원회 제8기 제9차 전원회의에서 정한 1961년, 1962년 계획지표를 비교적 크게 조정했다.

1961년의 계획지표에서 강철은 850만 톤, 석탄은 2억 7,400만 톤, 원목은 2,167만~2,219만 세제곱미터, 면사는 250만 건, 양곡은 2,700억 근으로 각각 낮추고 1962년도의 계획지표에서는 강철, 석탄과 기본건설투자를 각각 750만 톤, 2억 5천만 톤과 42억 1천만 위안으로 낮추었다.

공업을 조정하는 다른 한 측면은 기업질서를 바로잡는 것이었다. '대약진'은 기업에 관리가 혼란하고 책임제와 경제채산제도가 문란하고 설비가 파손되고 제품의 질과 노동 생산율이 내려가고 노임과 상금 분배에서 평균주의가 존재하는 등 많은 문제들을 초래했다. 덩샤오핑은 공업기업을 바로잡으며 공업기업의 혼란한 상황을 정리해야 한다고 여러 차례 강조했다. 그의 주최로 리푸춘과 보이보가 책임지고 11개 사업조를 일부 공장과 광산 기업에 파견하여 조사를 진행했다. 7월에 광범위하게 조사연구한 기초 위에서 토론과 수정을 거쳐 '국영공업기업 사업조례(초안)'('공업70개조'로 약칭)가 나왔다. 9월 16일에 '공업70개조'는 루산 중앙사업회의에서 토의, 통과된 후 시행되었다.

'공업70개조'는 신중국 창건 이래, 특히 '대약진' 이래 공업관리사업의 경험교훈을 체계적으로 총화하고 나서 중국 국영기업관리의 일부 지도원칙을 제기함과 동시에 많은 구체적 규정을 내놓았다. 이 조례는 국가가 기업에 대해 '5가지 확정'[16]을 시행하고 기업는 국가에 대해 '5가지 보장'[17]을 시행한다고 규정했다. 조례는 국영공업기업은 당위원회의 영도로 공장장책임제를 시행하고 당위원회는 당의 노선, 방침, 정책의 관철 집행을 책임지는 동시에 기업의 제반 중대 문제를 토론하고 결정하며 당위원회의 영도 아래 공장장을 수반으로 하는 통일적인 생산행정지휘계통을 세우고 직장과 공단에서는 당 총지와 당지부의 영도에 따라 직장주임, 공단장 책임제를 시행하지 않으며 당 총지와 당 지부는 본 단위 생산행정사업에 대해 보장, 감독 역할을 한다고 규정했다. 조례는 또 기업은 종업원대표대회제도를 시행하고 각급, 각 분야와 각 고리에 엄격한 책임 제도를 세워 전면적인 경제채산을 시행하고 경제효과에 중시를 기울여야 한다고 규정했다. 이 조례는 '대약진'운동에 의해 부정되고 혼란된 공업기업의 규정제도와 정상적 질서를 회복한 동시에 '대약진' 이래 없었던 일부 제도(이를테면 공장장의 영도로 총회계사가 기업재무관리를 책임지는 해당 규정을 말한다)를 수립함으로써 중국 공업기업의 관리가 조정 가운데 규범적이고 건전한 방향으로 한 걸음 더 매진하게 했다.

'공업70개조'는 하달된 후 광범위한 간부와 종업원군중의 옹호를

---

16) '5가지 확정', 즉 제품방안과 생산규모를 확정하고 인원과 기구를 확정하고 주요한 원료, 재료, 연료, 동력, 도구의 소모정액과 공급원을 확정하고 고정자산과 유동자금을 확정하고 협력관계를 확정한다는 것이다.

17) '5가지 보장', 즉 제품의 품종, 품질, 수량을 보장하고 노임 총액을 초과하지 않도록 보장하고 원가계획을 완수하도록 보장함과 동시에 힘써 원가를 낮추고 이윤상납을 보장하고 주요설비의 사용 기한을 보장한다는 것이다.

받았다. 그들은 워낙 기업에 문제가 많아 머리가 혼란하고 복잡했는데 '70개조'가 그 실마리를 풀어주었다고 했다. 적지 않은 기업에서는 일부 새로운 현상이 나타나기 시작했다. 1962년 1분기에 국가경제위원회는 각 지구, 각 부문과 함께 '공업 70개조'를 관철 집행한 상황을 검사했는데 먼저 시행한 중앙과 지방의 공업기업 약 천 곳에서 모두 기업 내부관계를 조절하고 관리사업을 개선하여 생산이 점차 호전되었다. 이 조례의 시행은 공업의 조정, 공고, 충실, 제고에 대해 적극적인 역할을 했다.

과학, 교육, 문예 정책 조절과 관련 사업조례 제정

경제사업에 대한 조정에 발맞춰 과학, 교육, 문예 등 분야의 사업도 조정하기 시작했다.

반우파 투쟁이 시작된 후 끊임없이 진행된 정치운동은 과학, 교육, 문예 등 분야의 업무사업과 창작활동에 매우 큰 충격을 가져다주었다. 1958년 이래 과학, 교육, 문예 등 분야에서 '대약진'이 일어났고, 과장하고 맹목적으로 생산을 지휘하는 바람이 일어 정상적인 사업 질서를 혼란에 빠뜨렸다. 지식인들의 적극성이 크게 위축되었다. 이리하여 당은 경제를 조정하는 동시에 과학, 교육, 문예 사업 및 지식인 정책에 대한 조정에 착수했다. 이 조정은 과학, 고등교육, 문예 등 분야의 사업조례를 제정하는 것에서 시작되었다.

1960년 겨울부터 녜룽전의 주관으로 국가과학기술위원회 당조와 중국과학원 당조는 많은 과학자, 간부들과 일부 과학연구기구에서 조사연구를 진행한 후 1961년 6월에 '자연과학연구기구의 당면 사업에 관한 14가지 의견(초안)'('과학 14개조'로 약칭)을 제기했다. 6월 20일에 녜룽전은 그중 일부 중대한 정치문제와 관련하여 전문적으로 중앙에 청시보고를 작성하고 '과학 14개조' 초안과 함께 중앙서기처에 올려보냈다. 7월 6일에 중앙정치국회의는 청시보고와 '과학 14개조' 초안에 대해 토의하고 비준한 동시에 중요한 회시를 내리고 7월 19일에 시행을 선포했다.

교육부 당조는 1961년 초부터 고등학교사업조례를 연구하고 작성하기 시작했다. 이 문건을 더 완벽하게 작성하기 위해 교육부 당조는 전문좌담회를 열고 부분적 고등학교의 책임자와 교수들을 초청하여 의견을 청취했다. 중앙서기처와 덩샤오핑의 주최로 교육부 당조와 중앙선전부는 '교육부 직속 고등학교 잠정사업조례(초안)'('고등교육 60개조'로 약칭)를 작성하고 제정했다. 9월 15일에 조례 초안은 루산 중앙사업회의에서 토의되고 채택된 후 시행을 선포했다. '고등교육 60개조'를 작성한 동시에 교육부는 또 당 중앙위원회의 지시에 따라 중소학교사업조례를 작성했다. 그 후 각각 '전일제중학교 잠정사업조례(초안)'('중학교교육 50개조'로 약칭)와 '전일제 소학교 잠정사업조례(초안)'('소학교교육 40개조'로 약칭)로 작성되어 1963년 3월 23일 당 중앙의 비준을 받고 시행되었다.

저우언라이의 독촉으로 중앙선전부와 문화부 당조 및 전국문학예술계연합회 당조는 많은 조사연구사업을 진행했다. 1961년 6월, 중앙선전부와 문화부는 각각 문예사업좌담회와 예술영화창작회의를 열고 문예사업에 존재하는 문제들을 검사했다. 6월 19일, 저우언라이는 이 두 차례의 연석회의에서 중요한 연설을 하면서 "몇 년 이래 다른 사람이 말만 하면 올가미를 씌우고 약점을 잡고 뿌리를 캐며 감투를 씌우고 몽둥이를 휘두르는" '5자등과' 수단이 존재했다고 지적했다. 그는 "우리는 민주 기풍을 형성하고 문예계의 작풍을 바꿔야 하는데 우선 간부들의 작풍을 개선해야 한다."고 강조했다. 중앙선전부는 1961년 상반기에 '현 문학예술사업에 관한 의견(초안)'('문예 10개조'로 약칭)을 책임지고 작성했다. 그 후 각지의 의견에 따라 '현 문학예술사업에서의 약간의 문제에 관한 의견(초안)'('문예 8개조'로 약칭)으로 수정했다. 1962년 3월 28일, 저우언라이의 지시와 전국인민대표대회 제2기 제3차 회의 및 중국인민정치협상회의 제3기 제3차 회의에 출석한 문예계 대표들의 요구에 따라 '문예 8개조'를 중앙서기처에 올려 보냈는데 1962년 4월 30일에 당 중앙위원회는 전국에 이첩하여 집행하게 했다.

과학, 교육, 문예 분야의 이 같은 조례들은 신중국 창건 이래 더욱이 '대약진' 이래의 경험교훈을 총화하고 사업 성적도 수긍하며 특히 최근 3년 동안 사업에서 나타난 결점과 실책도 지적하면서 관계를 조절하고 사업질서를 안정시키며 지식인들의 적극성을 동원하는 일련의 정책을 제기하며 거기에 맞게 구체적인 결정을 내렸다. 이런 조례의 중심 내용은 당과 지식인의 관계를 조절하는 것이었다. '대약진'이래 '학습골간, 업무골간'을 모두 비판하고 '전문화'의 길을 비판하고 '자산계급 학술권위'를 비난하면서 지식인들 속에서 많은 과격하고 그릇된 비판을 진행했다. 일부 문화교육단위의 당원간부들은 심지어 지식인 절대다수가 자산계급에 속하며 그들이 바로 사회주의 시기의 혁명대상이라고 여겼다. 1958년 12월에 마오쩌둥은 일찍이 이런 상황을 반영한 한 자료에 다음과 같이 회시한 적이 있다. 전국의 모든 대학교, 고등전문학교와 과학연구기구의 당위원회, 당총지부, 지부위원회에서 읽어보고 토론함으로써 "방향을 바로잡고 쟁취할 수 있는 모든 교수, 강사, 조교, 연구원들을 쟁취하여 무산계급의 교육사업과 문화과학사업을 위해 일하게 해야 한다."[18] 그러나 그 후에 전개된 '반우경' 투쟁으로 이 정신은 관철 시행되기 어려웠다. 이런 조례들의 제정과 집행은 바로 이 정신을 관철하는 연속이었다. 중앙은 '과학 14개조'를 이첩할 때 최근 몇 년 이래 적지 않은 이들이 지식과 지식인을 대하는 문제에서 일부 편향적인 태도를 보이고 있으며 단순하고 거친 현상들도 생겨나고 있는데 반드시 이 점에 깊은 주의를 기울여야 한다고 지적했다. 그리고 각 단위들에서는 반우파 투쟁 이후 지식인들에게 한 비판을 잘 정리해야 하며 옳게 비판한 것은 물론 계속 수긍해야 하고 잘못 비판했거나 더러 잘못 비판한 것은 모두 사실을 밝혀 시비를 똑똑히 가르고 오류를 시정해야 하며 당의 책임간부가 합당한 방식으로 그들에게 잘 해석해주어야 하며 감투를 잘못 씌운 것은 누명을 벗겨주어 정신적 피해를 풀고 민주주의를 발양하며 단결을 강화하는 데 이롭게 하도록 요구했다.

이런 조례들의 또 다른 중심 내용은 과학사업과 문예사업에서 '백화제방, 백가쟁명'의 방침을 관철 집행하는 것이었다. 이것은 당과 지식인의 관계를 조절하는 것과 밀접히 연관되었다. 이 조례들은 다음과 같이 제기했다. 자연과학학술문제에 대해 반드시 여러 학파가 자유롭게 연구, 토론, 경쟁하도록 고무해야 한다. 철학사회과학에서는 반드시 역사 문화유산을 비판적으로 계승하면서 그중 모든 가치있는 것들을 받아들여야 하며 인민 내부와 마르크스−레닌주의자 내부에서는 각종 학술문제를 연구 토의할 때 반드시 여러 견해를 가지고 자유롭게 토론하는 것을 허용해야 한다. 문예창작에서는 작가, 예술가들이 주제를 선택하고 처리하도록 충분한 자유를 주어야 하며

---

18) 마오쩌둥, '루딩이(陸定一)에게 보냄'(1958년 12월 22일), 중공중앙 문헌연구실 편, 〈마오쩌둥서한선집〉, 중앙문헌출판사 한문판, 2003년, 510쪽.

풍격의 다양화를 제창하고 부동한 예술유파를 발전시켜야 하며 문예비평에 있어서는 문학예술작품의 부동한 의견과 문예이론상의 부동한 견해에 대해 토론의 자유와 비평의 자유가 있도록 해야 하는 동시에 의견을 보류하고 비평을 반박할 수 있는 자유가 있도록 해야 한다. 이런 조례들은 또 '백화제방, 백가쟁명'의 방침을 집행하는 데 일련의 구체적인 정책들을 분별 있게 논술하고 규정하면서 인민 내부의 학술문제와 예술문제의 여러 다른 견해를 정치투쟁의 방법으로 처리하는 것을 허용하지 않으며 적대투쟁의 방법으로 처리하는 것은 더더욱 허용하지 않는다고 강조했다.

이런 조례들은 '대약진' 이래 과학, 교육, 문예 부문에 나타난, 생산노동과 사회활동이 지나치게 많은 현상에 따라 과학연구기구의 기본 과제는 성과를 올리고 인재를 양성하여 사회주의를 위해 일하도록 하는 것이다. 그러므로 과학연구사업의 안정성을 보장하고 과학연구 종사자들이 적어도 6분의 5의 시간을 실무사업에 돌리도록 반드시 보장해야 한다. 고등학교의 기본 과업은 사회주의 건설을 위해 여러 전문 인재를 양성하는 것으로 반드시 수업을 중심으로 하고 학생은 학습을 중심으로 하고 교수는 질을 힘써 높여야 한다. 문예는 정치를 위해 일해야 한다는 것을 지나치게 좁게 이해해서는 안 된다. 문학예술은 반드시 인민들의 사회주의적 사상 각성과 도덕 수준을 높이는 데 중요한 역할을 하며 인간의 지식과 지혜를 늘리고 인민들의 시야를 넓히는 데 유용해야 할 뿐 아니라 그들이 정당한 예술적 향수를 누리고 건강에 유익한 오락을 하도록 해야 하며 인민의 심미능력과 감상 수준을 높이고 인민들의 정신생활을 풍요롭게 해야 한다고 명확히 규정했다.

이런 조례들은 또 과학연구, 교육, 문예 사업에 대한 당의 영도체제 개진에 대해 규정했다. 반우파 투쟁 이래 과학연구단위, 고등학교와 문예부문에서는 당 조직이 모든 것을 맡고 당위원회가 업무와 행정사업에 지나치게 개입하는 현상이 일반적으로 존재했다. 이러한 문제에 따라 이 조례들은 과학단위, 고등학교와 문예 부문 당위원회의 주요 임무는 당의 방침과 정책을 관철 집행하고 단위의 중대한 문제를 연구, 결정하는 것으로서 일의 대소를 막론하고 독단적으로 일을 처리하고 결정하는 것을 방지해야 한다고 명확히 규정했다.

조례들이 발표된 후 각지 당위원회와 과학연구, 교육, 문예 부문의 당 조직에서는 조례의 정신을 하달하기 시작했다. 중국과학원 당 조직에서는 고급 지식인들과 민주인사들의 좌담회를 열고 당외 인사들의 의견을 청취하면서 지난날의 오류에 대한 책임을 짐으로써 당 외 인사들에게 좋은 반향을 불러일으켰다. 베이징시당위원회 대학과학사업부는 칭화대학, 베이징대학, 베이징사범대학 등 고등학교의 교원대열, 교수 질에 대해 널리 조사를 진행하여 사업개진 의견을 제기하고 학생들이 몇 년 동안 생산노동에 너무 많이 참가하여 누락된 과목에 대해 계획적으로 수업을 보충하고 교육에서 교원들의 주도적 역할을 남김없이 발휘하도록 요구했다. 고등학교에 교재가 부족하고 있는 교재가 모두 1958년 이래 '대약진' 운동과 각종 정치운동의 영향으로 수준이 비교적 낮고 교수 질을 담보하기 어려운 문제에 따라 중앙서기처는 1961년 2월에 고등학교 교과서와 강의록을 편찬, 선정하는 것을 교육 부문의 중요 사업으로 삼기로 결정했다. 중앙선전부와 교육부는 고등학교문과 교재의 제작을 특별히 주도하고 일부 전문가, 교수를 초빙하여 인문학 7가지 분야의 전공과(문학, 역사, 철학, 정치, 정치경제학, 교육, 외국어)와 예술 7가지 분야의 전공과(연극, 음악, 희곡, 영화, 미술, 공예미술, 무용) 교재에 대한 수정을 진행했

다.[19] 고등학교 인문학 교재를 이처럼 대규모로 정선하고 편찬하기로
는 신중국이 창건된 후 역사상 처음이었다.

이 조례들이 제정되고 집행되면서 당과 지식인들 간의 갈등관계가
완화되었고 사업질서가 회복되었으며 중국의 특징이 있는 사회주의
의 과학, 교육, 문화 사업의 방침, 정책과 구체적 제도를 점차 이루는
것에 중요한 역할을 했다. 어떤 지식인들은 "이런 조례를 비석에 새
겨두기를 바란다."고 말했는데 이는 많은 지식인들이 이 조례를 옹호
하며 정책이 다시 변하지 않기를 간절히 바라면서 정책이 변할까 봐
걱정하는 복잡한 심경을 잘 보여주었다.

2. 7천명대회와 전면적 조정에 대한 결책

'대약진' 이래 경험교훈에 대한 기본적인 총화

당 중앙위원회는 1962년 1월 11일부터 2월 7일까지 베이징에서 확
대된 중앙사업회의를 소집했다. 이번 사업회의에는 중앙과 성, 지구,
현 당위원회 4급 주요 책임자와 일부 대형 공장과 광산, 군대의 책임
자 총 7,118명이 참석했는데 이를 '7천 명 대회'라고 부른다. 이번 회
의를 소집한 목적은 1958년 '대약진' 이래의 경험교훈을 한층 더 총
화하고 전당의 인식을 통일하며 단결을 강화하고 조정방침을 더욱
확고부동하게 집행하며 곤란을 이겨나가기 위해 노력하도록 전당을
동원하려는 데 있었다.

7천 명 대회 소집 전에 각 분야에서의 조정사업은 이미 1년 남짓

---

19) 이 사업은 1961년 4월에 시작하여 1965년 말까지 계속되었는데 정선하여 편찬한 교재가 총 70여
종에 140여분책으로 출판되었으며 이미 탈고되었거나 인쇄에 교부한 것이 24종에 33분책에 달했다: 〈
중국교육연감(1949~1981)〉, 중국대백과전서출판사 한문판, 1984년, 511쪽.

진행되어 '대약진'으로 말미암은 심각한 경제적 어려움이 개선되기 시작했다. 그러나 전반 정세는 여전히 매우 심각했고 일부 심각한 문제들이 점차 드러나면서 계속 영향을 미치고 있었다. 1961년의 양곡 생산량은 1960년보다 여전히 내려갔고 1958년보다는 크게 줄어들었다. 불변가격으로 계산하면 농업 총생산액은 지난해보다 2.4% 내려갔고 경공업 총생산액은 지난해보다 21.6% 줄었으며 중공업 총생산액은 지난해보다 46.5% 줄었다. 재정수입은 지난해보다 37.8% 줄고 사회상품 소매총액은 지난해보다 12.8% 줄었다. 전국의 도시와 농촌 주민의 인구당 식량, 기름, 천의 소비량은 1959년과 1960년에 해마다 내려간 상황인데 세 번째 해에도 계속 내려갔으므로 인민의 생활은 신중국이 창건된 이래 가장 어려운 시기에 처했다. 이 같은 정세에 직면하여 당내외에는 사상인식 측면에서 여러 의문과 차이가 생기게 되었다. 조정사업에 대해 일부 사람들은 사상적으로 아직 인식을 바꾸지 못하고 어려움의 심각성에 대해 제대로 예측하지 못했다. 그러다 보니 조정의 필요성에 대해 깊이 인식하지 못했고 정세가 호전되기를 기다렸다가 '약진'을 계속하기를 기대하고 있었다. 또 일부는 심한 어려움 앞에서 하늘을 원망하고 남을 탓하기도 했다. 또 일부 간부와 당원들은 조정해야 한다면서도 '세 폭의 붉은 기'를 부정하고 있다가 '우경'으로 몰릴 까봐 겁을 먹고 관망하는 태도를 보이면서 조정방침을 집행하는 데 소극적이었다. 이 같은 모든 문제는 모두 경험을 총화하고 사상을 통일하는 전제에서 해결해야 했다.

7천 명 대회의 첫 단계에서는 류사오치가 중앙을 대표하여 제기한 서면보고의 초고를 토론하고 수정했다. 이 초고에 대해 마오쩌둥은 중앙정치국의 토론을 거치지 않고 직접 대회에 교부하여 수정 의견을 청취하기로 제의했다. 회의 참가자들의 토론을 거쳐 형성된 '확대된 중앙사업회의에서 한 보고'는 대회의 정식 문건이 되었다.

이 서면보고는 '대약진' 이래 경제건설사업의 기본 경험교훈을 더욱 체계적으로 총화하고 지난 몇 년 동안 사회주의 건설에서 거둔 성과를 나열하고 나서 사업에서 발생한 결함과 오류를 지적했는데 주로 다음과 같다. (1) 농공업 생산 계획지표가 지나치게 높고 기본건설전선이 너무 길어 국민경제 각 부문 간의 균형이 심하게 파괴되었다. (2) 인민공사사업에서 집단적 소유와 전 인민적 소유 간의 경계를 혼동하고 서둘러 이행하려고 했으며 노동에 따라 분배하는 원칙과 등가교환의 원칙을 어기고 '공산풍'과 기타 평균주의의 오류를 범했다. (3) 무리하게 전국적으로 완전한 공업체계를 수립하려고 했고 너무 많은 권력을 기층에 넘겨주어 분산주의 경향이 강하게 일어났다. (4) 농업증산 속도를 너무 높게 추산했고 건설사업의 발전에 대한 요구가 지나치게 과다해 도시인구가 대량으로 늘어나면서 도시의 공급과 농촌의 생산에 어려움을 가중시켰다. 이런 결점과 오류가 나타나게 된 원인을 분석하면서 보고는, 한편으로 건설사업의 경험이 부족했고 다른 한편으로 지난 몇 년간 당내의 적지 않은 영도 종사자가 실사구시하며 군중노선을 걷는 당의 전통적 작풍을 거슬렀으며 민주주의 중앙집권제 원칙을 약화시켰으므로 당이 제때에 문제를 발견하지 못하고 오류를 시정하지 못하도록 방해했다고 인정했다. 보고는 다음과 같이 강조했다. 총노선, 대약진, 인민공사 이 '세 폭의 붉은 기'의 기본 방향과 주요 원칙은 옳은 것이다. 이 몇 년 동안 사업에서 거둔 성과는 위대하며 결점과 오류는 2차적이다. 결점과 오류에 대해서는 우선 중앙에서 책임을 져야 하며 여기에는 물론 중앙 각 부문과 국무원 및 그에 소속된 각 부문도 포함된다. 그다음으로 성급 지도기관도 책임을 져야 한다.

1월 27일에 류사오치는 대회에서 한 연설을 통해 서면보고에 대한 보충설명을 했다. 당내에서 사상적으로 가장 의심하고 걱정하는 몇 가지 큰 문제에 따라 그는 일부 중요한 견해들에 대해 이야기했는데 주로 국내 정세에 관한 것이었다. 우리는 경제 측면에서 매우 큰 곤란에 봉착했는데 지금 약진은커녕 오히려 크게 후퇴하여 큰 말안장과 같은 상태가 되었다. 이러한 정세를 반드시 인정해야 한다. 연설은 성과와 결점을 평가하는 것에 대해 다음과 같이 말했다. 과거에 우리는 흔히 결점, 오류와 성과 간의 관계를 한 손가락과 아홉 손가락 간의 관계라고 비유했다. 하지만 지금에 와서는 그런 식으로 비유해서는 안 될 것이다. 전국적으로 볼 때 아마 세 손가락과 일곱 손가락 간의 관계로 비유할 수 있을 것이다. 어떤 지구에서는 결점과 오류가 세 손가락에만 그치지 않을 것이다. 경제적 어려움이 조성된 원인에 대해 연설은 다음과 같이 지적했다. 한편으로 자연재해가 있기 때문이고 다른 편은 매우 큰 정도에서 사업과 작풍의 결함과 오류로 인한 것이다. 일부 지방은 "자연재해가 3이고 인위적인 재난이 7을 차지"한다. 사업에서 오류가 생긴 원인은 한편으로 우리의 경험이 매우 부족했기 때문이고, 다른 한편으로 적지 않은 지도자들이 겸손하지 못하고 신중하지 못하는 교만한 경향이 있었기 때문이다. 요 몇 해 동안에 지나치게 높은 지표를 내놓은 것, 부적절하게 "대규모로 사업을 벌인" 것, 전국적으로 완벽한 경제체계를 세우려 한 것, 농촌에서 노동에 따라 분배하는 원칙과 등가교환의 원칙을 어기고 '공산풍'을 일으킨 것, 도시인구를 지나치게 많이 늘린 것 등은 모두 충분히 조사연구 없이 노동자대중, 농민대중, 기층간부, 기술 전문가들과 충분히 협상하지 않고 당 조직, 국가조직과 군중조직 내에서 철저하게 민주주의 중앙집권제 원칙을 따르지 않고 경솔하게 결정을 내려 조속한 기한 내에 완수하도록 요구함으로써 당의 실사구시 및 민주주의 중앙집권제의 원칙을 위반했기 때문이다. 이것이 우리가 요 몇 해 동안에 일부 사업에서 심각한 오류를 범하게 된 근본 원인이다. 세 폭의 붉은 기에 대해 연설은 다음과 같이 인정했다. 우리는 세 폭의 붉은 기를 하나도 없애지 않고 계속 보전하고 있으며 아직도 세 폭의 붉은 기를 위해 노력하고 있다. 지금 어떤 문제들은 명확히 파악할 수 없지만 이제 5년이나 10년이 지난 그때에 가서 다시 경험을 총화하게 되면 더욱 확실한 결론을 내릴 수 있을 것이다.

류사오치의 서면보고와 연설은 여러 사람에게 열렬한 환영을 받았다. 많은 회의참가자들은 연설이 심도 있고 투철하여 자기들이 몇 년 동안 하고 싶었던 생각을 표현했다고 말했다. 류사오치의 서면보고를 수정, 채택한 후 즉시 회의를 마무리 짓기로 정해졌기에 적지 않은 사람은 회의 시간이 너무 짧다면서 중앙에서 소집한 이 회의에서 더 많이 이야기할 수 있기를 바랐다.

1월 29일 오후, 마오쩌둥은 대회의 연설에서 이번에 베이징에서 이 회의를 소집한 것은 문제를 해결하기 위해서인데 어떤 이는 자신의 의견을 채 말하지 못했고 또 말하기를 꺼려했는데 이는 좋은 일이 아니라면서 모두 자기 생각을 표현하도록 제안했다. 그는 속 시원히 말하는 사람이 없으면 일치를 이룰 수 없고 민주가 없으면 중앙집권이 있을 수 없다면서 다 말하지 하지 못했는데 어떻게 적극성이 동원될 수 있겠느냐고 말했다. 마오쩌둥은 회의 기한을 연기하여 회의참가자들이 모두 베이징에서 음력설을 지내면서 '낮에는 속 시원히 의견을 개진하고 저녁에는 극을 구경하고 하루에 죽 한 끼에 밥 두 끼를 먹으면서 다 만족스럽게 지낼 것'을 제의했다. 그리하여 대회는 제 2단계에 들어갔는데 민주주의를 발양하고 비판과 자기비판을 전개하는 가운데 주로 지방에서 온 동지들이 중앙 특히 성, 직할시, 자치구 당위원회에 의견을 제기했다.

회의 기한을 연기한 후 중앙의 주요 지도자 몇 명이 회의에서 연설을 했다. 1월 30일에 마오쩌둥이 대회에서 연설을 했는데 주제는 민주주의 중앙집권제에 관한 것이었다. 마오쩌둥은 다음과 같이 예리하게 지적했다. 민주주의 중앙집권제는 당 규약과 헌법에 모두 들어 있다. 그러나 일부 노 혁명가를 포함한 당내의 몇몇 사람은 민주주의 중앙집권제에 대해 잘 알지 못하고 있고 시행하지 않고 있다. 이는 매우 잘못된 것이다. 우리가 직면한 어려움을 이겨나가려면 민주주의를 시행하지 않으면 안 된다. 이 밖에 민주주의 중앙집권제가 없으면 무산계급 독재도 공고히 할 수 없게 된다. 만일 인민 내부에 광범위한 민주가 없다면 무산계급 독재는 자산계급 독재로 심지어 반동적이고 파쇼적인 독재로 전락하게 될 것이다.

마오쩌둥은 다음과 같이 강조했다. 당내외 할 것 없이 모두 민주주의생활을 충분히 해야 하며 군중으로 하여금 의견을 제안하게 해야 한다. 잘못이 있으면 반드시 자기비판을 해야 하며 남에게 비판을 하게 해야 한다. 마오쩌둥은 다음과 같이 말했다. 비판과 자기비판의 방법은 인민 내부 모순을 해결하고 민주주의를 충분히 발휘할 수 있는 유일하고도 정확한 방법이다. 사업에서의 시비문제는 인민 내부 모순에 속한다. 인민 내부 모순을 해결할 때 욕하거나 주먹을 휘둘러서는 안 되며 무기를 사용해서는 더욱 안 되며 오직 도리를 따지고 토론하는 방법, 비판과 자기비판의 방법을 써야 한다. 한마디로 오직 민주주의의 방법, 군중과 토론하는 방법을 써야 한다. 설령 비난과 욕을 하더라도 말하게 해야 한다. 마오쩌둥은 또 다음과 같이 경고했다. 제1서기가 되었다면 사업에서 나타난 결점과 오류에 대해 책임을 져야 한다. 책임을 지지 않고 책임지는 것을 두려워하며 아예 문제를 거론하지도 못하게 하는 이런 태도를 가진 사람은 열이면 열 모두 실패할 것이다. 마오쩌둥은 "중앙에서 범한 오류는 직접적인 것은 내가 책임져야 하며 간접적인 것도 내가 중앙의 주석이므로 한몫 책임져야 한다.", "가장 먼저 책임을 져야 할 사람은 나"[20]라고 하면서 자기 비판을 했다.

객관세계를 인식하는 문제에 관해 마오쩌둥은 객관세계에 대한 인류의 인식은 하나의 과정을 거쳐야 한다는 자신의 사상을 한층 더 발휘하여 다음과 같이 지적했다. 사회주의 건설에서 우리는 지나치게 맹목적이었다. 사회주의 경제는 우리에게는 아직도 인식하지 못한 많은 필연의 왕국들이다. 앞으로 큰 힘을 들여 그것을 조사하고 연구해야 하며 실천을 통해 그것을 점차 깊이 인식하고 그 법칙을 명확히 밝혀야 한다. 그리고 그는 중국은 인구가 많고 자본이 약하고 경제가 뒤떨어져 생산력을 크게 발전시키고 세계에서 가장 선진적인 자본주의 국가들을 따라잡고 능가하려면 100여 년이란 세월이 걸리지 않고서는 안 될 것이라고 지적했다. 마오쩌둥은 다음과 같이 말했다. "이 사업을 위해 우리는 반드시 마르크스-레닌주의의 보편적 진리를 중국 사회주의 건설의 구체적 실제, 그리고 미래 세계혁명의 구체적 실제와 될수록 잘 연결시켜 실천 가운데서 투쟁의 객관법칙을 한 걸음 한 걸음 인식해가야 한다. 맹목성으로 초래될 많고 많은 실패와 좌절을 맞이할 준비를 함으로써 거기서 경험을 얻고 최후의 승리를 거두어야 한다. 이 점을 감안하여 시일을 길게 잡아야 한다. 시일을 짧게

20) 마오쩌둥, '중앙사업회의 확대회의에서 한 연설'(1962년 1월 30일), 〈마오쩌둥문집〉 제8권, 인민출판사 한문판, 1999년, 제296쪽.

잡으면 오히려 해가 될 것이다."[21] 마오쩌둥이 강대한 사회주의 중국을 건설하려면 100년 이상의 시일이 걸린다고 강조한 이것은 그와 당 중앙위원회가 사회주의 건설의 시일 문제를 중요한 것으로 새롭게 인식했음을 보여준다. 이는 몇 해 동안의 건설 경험을 한층 더 총화하고 사업에서의 오류를 시정하는 인식의 토대를 제공했다.

덩샤오핑, 저우언라이는 대회에서 각각 중앙서기처와 국무원을 대표하여 자기비판을 했다. 덩샤오핑은 주로 당의 훌륭한 전통 회복에 대해 이야기하면서 최근 연간 우리 당의 영도와 당 사업에는 중요한 결점이 존재하며 무엇보다 중요한 것은 당내 민주주의와 실사구시의 전통이 약화된 문제이다. 전당적으로 경각심을 높이기 위해서는 이 문제를 좀 더 중대하게 바라봐야 한다고 지적했다. 덩샤오핑은 또 다음과 같이 분석하고 지적했다. 요 몇 해 사이에 우리가 조사연구사업에 주의를 기울이지 않았기 때문에 내세운 일부 과업이 실사구시이지 못했다. 최근 연간 당내 투쟁에서 일부 편향들이 나타나 적지 않은 당 내외 많은 간부의 감정을 상하게 하여 사업에 매우 큰 피해를 초래했다. 이 점에 대해 전당적으로 주의를 불러일으켜야 하겠다. 그러므로 우리 당의 훌륭한 전통을 회복시키고 강화해야 한다. 조사연구를 진행하고 실사구시하고 대중과 연계하며 오류를 제때에 시정할 뿐만 아니라 우리 당의 훌륭한 전통을 강화하는 가장 중요한 측면으로 민주주의 중앙집권제를 견지하는 것을 포함한 당 생활을 건전히 해야 한다. 저우언라이는 연설에서 다음과 같이 말했다. 이 몇 년 동안 사업 가운데 나타난 결점과 오류에 대해 국무원 및 그 산하의 각 종합적 위원회, 각 종합 부문과 각 부에서 큰 책임을 져야 한다. 현실

---

21) 마오쩌둥, '중앙사업회의 확대회의에서 한 연설'(1962년 1월 30일), 〈마오쩌둥문집〉 제8권, 인민출판사 한문판, 1999년, 302쪽.

에 맞지 않게 약진의 진도를 규정한 것으로 사람들이 많이, 빨리하는 것에만 주의를 돌리고 좋게, 경제적으로 하는 것에는 주의를 돌리지 않았으며 양만 추구하고 품종과 질에는 주의를 기울이지 않았으며 속도만을 추구하고 균형적인 발전에는 중시를 기울이지 않았다. 또한 주관적 수요만 돌보고 객관적 가능성은 돌보지 않았으며 당면한 요구만 돌보고 긴 안목의 계산은 하지 않았는데 결과는 도리어 일을 너무 서두른 데서 목적을 달성하지 못했다. 그는 또 푸젠성소조 소조회의에 참가했을 때 "우리가 검토하는 목적은 단결을 강화하는 것에 있다. 여기에서 무엇보다 중요한 것은 마오쩌둥 동지가 말한 바와 같이 실사구시, 즉 사실대로 말하고 진짜로 열의를 내며 실속 있게 일을 하여 실제적인 효과를 보는 것이다."라고 지적했다.

주더는 산둥성소조 전체회의에서 '좌'적 편향을 시정하는 문제에 대해 이야기했다. 그는 이렇게 말했다. "요 몇 해 동안 당내투쟁을 확대하여 손해를 보았으며 운동 과정에 타격 범위가 넓어져서 사람들의 감정을 상하게 했다."[22] 우 편향은 비교적 잘 감별할 수 있으므로 막아내기가 쉽다. '좌'적 경향은 대중성을 띠고 있기에 대체로 감별하기 어려우며 실패를 당하고 손해를 본 다음에야 비로소 제지하게 된다. 교훈을 받아들여야 한다. 객관적 법칙을 어겨서는 안 되며 객관적 법칙에 따라 처리하는 것을 배워야 한다. 천윈은 대회가 끝난 후 산시성소조 전체간부회의에서 당내의 민주주의 생활문제에 대해 이야기했다. 그는 다음과 같이 지적했다. 우리 당의 생활은 비정상적이었는데 이런 현상은 매우 위험하다. 당내에서는 그릇된 말을 하는 것이 문제가 아니라 모두 입을 다물고 있는 것이 문제다. 요 몇 해 동안

---

22) 중공중앙 문헌연구실 편, 〈주더 연보(1886-1976)〉 하권, 중앙문헌출판사 한문판, 2006년, 1824쪽.

에 민주주의를 발양하고 비판과 자기비판을 하는 이 전통을 버렸는데 지금 그것을 다시 회복해야 한다.

중앙지도자들은 앞장서서 몇 년래의 경험교훈을 제대로 총화했다. 특히는 앞장서서 몇 년래 발생한 문제에 대해 자기비판을 진행함으로써 회의 참가자들로 하여금 우려를 털어버리고 즉석에서 비판과 의견을 제기하도록 했다. 소조발언에서 많은 사람은 이 몇 년 동안의 오류는 주로 높은 지표, 강박명령, '중소기업, 재래식 방법, 대중적인 운동'을 미신한 것, 농업, 경공업, 중공업의 관계가 균형을 잃고 소유제변화가 지나치게 빠른 것과 같은 것들이라고 지적했다. 어떤 회의 참가자들은 여전히 '세 폭의 붉은 기'를 긍정하는 것에 의문을 제기하기도 했다. '세 폭의 붉은 기'는 추상적으로 말하면 정확하지만 구체적 문제에 이르러서는 꼭 그렇다고 말하기 어렵다. 1959년과 1960년에 알곡 생산량이 줄어들고 가축이 죽어가고 군중의 적극성이 높지 못했는데 이를 (요 두 해 동안) '대약진'이라고 말하는데 해석이 통하지 않는다. 그리고 인민공사를 너무 일찍, 너무 빨리 세운 것이 아닌가, 당시의 생산력의 발전이 생산관계를 이토록 바꾸도록 요구했단 말인가. 그러면서 어떤 참가자들은 이번 회의가 '세 폭의 붉은 기'만 잘 해석해도 성공적으로 열렸다고 할 수 있다고 했다. 이 몇 년 동안 범한 오류의 원인을 분석할 때 적지 않은 사람들은 모든 결점과 오류를 경험 부족으로만 돌려서는 안 된다고 했다. 그러면서 어떤 사람들은 처음에는 확실히 경험이 부족했다. 하지만 후에 사업에서 손실을 입고 점차 심상치 않음을 느꼈을 때는 이미 당내에서 우경 반대를 강조하고 잘못 우경주의자라는 누명을 씌우는 일이 많았기에 압력이 컸고 감히 진실을 말할 수 없어 거짓말을 한 것이다. 그것을 경험 부족으로 결론지어서는 안 된다고 했다. 또 어떤 회의 참가자들은 이 몇 년 동안 경험교훈의 관건은 1959년 루산회의 이후의 '반우경' 투쟁에 있다고 날카롭게 지적했다. 일부 성의 소조토론에서 회의참가자들은 성당위원회 주요 책임자들에게 직접 날카로운 비판을 제기하면서 자신의 견해를 직설적으로 밝혔다. 일부 비판을 받은 사람들도 솔직하게 받아들이고 성실하게 사과하면서 진정으로 자기비판을 했다. 한동안 몇 년간 보기 드문 자유로운 분위기가 흘러넘쳤다.

린뱌오도 1월 29일에 열린 대회에서 발언했다. 그는 이렇게 말했다. 지난 3년 동안 우리는 물질생산 측면에 더러 손실을 입었으나 정신적인 측면에서는 매우 큰 소득을 얻었다. 이제 매우 큰 역할을 발휘하게 될 것이다. 마오 주석의 사상은 언제나 옳았다. 이 몇 년 동안 오류와 곤란이 나타난 것은 바로 우리가 많은 일에서 마오 주석의 지시대로 하지 않았거나 '좌'적 사상 또는 우적 사상이 우리를 교란했기 때문이다. 마오 주석의 말을 들었더라면 훨씬 적게 곤란을 겪었을 것이다. 린뱌오의 발언은 짙은 개인숭배 색채를 띠었다. 이는 올바르게 경험교훈을 총화하고 결점과 오류를 시정하고 당내에서 민주주의를 발양하는 데 소극적인 역할을 했다.

7천 명 대회는 당시의 역사적 조건에서 얻을 수 있는 중요한 성과를 거두었으며 국민경제의 전체적인 조절을 이끄는 데 적극적인 역할을 했다. 회의에서 당내의 민주주의를 발양했는데 이것은 사실 당내의 관계에 대한 한 차례의 조정이었다. 회의에서 결점과 오류에 대한 실사구시적인 태도, 민주주의 정신과 자기비판 정신은 전당을 고무했고 광범한 당원들의 가슴을 후련하게 해주었으며 전 당이 굳게 뭉쳐 싸우며 곤란을 전승하도록 신심을 북돋워주었다. 그러나 회의는 여전히 원칙적으로 '세 폭의 붉은 기'를 긍정했다. '반우경' 투쟁에 대해서도 그릇된 비판을 받은 기층의 당원들에 대해서만 시정해주기로 결정했지만 펑더화이에 대해서는 여전히 명예를 회복시켜주지 않았다. 정세에 대한 예견과 곤란의 원인에 대한 분석에서도 당내에는 여전히 차이가 존재하고 있었다. 보고작성위원회에서 초고를 토론할 때 어떤 사람들은 정세에 대한 예측이 도를 넘고 결점을 너무 많이 지적했다면서 사업에서의 오류가 어려움을 조성한 주요 원인이라는 것에 동의하지 않았다. 이리하여 정식으로 대회토론에 교부된 보고 수정본은 일부 문제에서 어느 정도 타협하지 않을 수 없었다. 이는 당시 근본적인 지도사상 면에서 여전히 '대약진'과 '반우경'의 오류를 제대로 정리하지 못했음을 말해준다.

전면적 조정 결책의 확립

7천 명 대회 이전과 7천 명 대회의 예측대로라면 1962년에 국민경제는 이미 가장 어려웠던 '밑바닥'에서 일어서기 시작해야 했다. 그러나 경제 정세는 사실 그때까지 완전히 '밑바닥'에서 헤어나지 못했다. 7천 명 대회에서 국가계획위원회와 재정부가 제기한 1962년의 농공업생산계획과 재정예산을 줄이기는 했으나 여전히 실제적이지 못했다. 이를테면 1962년의 강철 생산량을 750만 톤으로 정하고 기본건설투자는 59억 5천만 위안으로 정한 것이다. 회의 후 재정 부문은 중앙에 다음과 같이 반영했다. 이 계획대로 집행한다면 당년 재정이 30억 위안의 적자를 보게 될 것이다. 게다가 1958년부터 1961년까지 해마다 모두 방대한 재정적자를 기록했는데 상업재고를 빼내고 시장물가를 인상하는 동시에 비축한 황금, 백금과 외화 일부를 꺼내어 미수했던 것이다. 만일 이 몇 년간의 재정수입을 검토하여 대조해 보면 적자가 더 많이 나오겠지만 재정적자는 또 장부상의 이윤으로 가려진 상태이다. 그 원인은 높은 지표를 완수한다는 구호 아래 일부 기업의 유동자금을 세수와 이윤으로 충당하여 재정 수입으로 상납하는 반면에 기업에서는 은행 대출을 늘리고 있다는 것이다. 높은 지표의 기본건설로 지출이 지나치게 늘어났는데 이 역시 재정 적자의 또 다른 주요 원인이 되고 있다. 화폐를 대량 발행하고 상품이 대단히 부족하고 물가가 오르는 등[23]은 국가 재정 적자가 사회현상으로 드러난 것이다.

재정 부문의 분석은 중앙의 높은 중시를 불러일으켰다. 1962년 2월 21일부터 23일까지 류사오치는 중난하이의 시러우(西樓)에서 중앙정치국 상무위원회 확대회의(마오쩌둥은 당시 남방에 가 있었다)를 소집하고 상술한 문제에 대해 토론했다. 회의에서는 복구 시기를 확정하고 국민경제에 대해 전면적이고 대폭으로 조정해야 한다고 인정했다. 류사오치는 다음과 같이 지적했다. 지난 몇 년 동안 적자를 밝히지 않은 것은 옳지 않다. 자칫하면 경제가 계속 악화될 것이다. 지금은 비상 시기에 처해 있으므로 결단성 있는 방법으로 경제 조정 조치를 관철해 나아가야 한다. 그는 또 이렇게 말했다. "중앙사업회의(즉 '7천 명 대회')는 어려운 형편에 대해 밑바닥까지 충분히 밝히지 못하고 문제가 있어도 공개하기를 꺼려했는데 '암흑천지'로 비유했다고 말할까 봐 두려워서다! 있는 사실을 그대로 밝히는 것인데 두려울 게 무엇인가? '암흑천지'로 비유했다면 사람들을 비관하게 만들 수도 있겠지만 도리어 곤란에 맞서 싸우려는 용기도 불러일으킬 수 있지 않은가!"[24] 천윈은 회의에서 당면한 경제정세와 난관을 타개하는 방

---

23) 리셴녠, '모순을 폭로하고 제도를 엄하게 짜며 관리를 강화하자'(1962년 2월 26일), 〈리셴녠이 재정과 금융, 무역을 논함〉하권, 중국재정경제출판사 한문판, 1992년, 7~8쪽.

24) 중공중앙 문헌연구실 편, 〈류사오치 연보(1898~1969)〉 하권, 중앙문헌출판사 한문판, 1996년, 549쪽.

법에 대해 체계적으로 진술하면서 다음과 같은 6가지를 건의했다. 첫째, 10년 경제계획을 두 단계로 나누어야 한다. 전 단계는 복구 단계로서 1960년부터 계산하면 대략 5년이면 될 것 같다. 다음 단계는 발전 단계이다. 둘째, 도시인구를 줄이며 기구를 줄이고 인원을 간소화해야 한다. 셋째, 모든 방법을 다해 통화팽창을 억제해야 한다. 넷째, 도시인민들의 생활이 최저 수준은 보장되도록 힘을 다해야 한다. 다섯째, 모든 가능한 역량을 농업 증산에 투입해야 한다. 여섯째, 계획기관에서는 주된 역량을 공업, 교통운수에서 농업의 증산과 통화팽창 억제로 돌려야 한다. 천원의 제의에 류사오치 등은 동의했다. 류사오치는 국무원전체회의를 열고 천원에게 더욱 상세히 설명하여 인식을 통일시킬 것을 제의했다.

2월 26일, 국무원 각 부, 각 위원회 당조성원들이 참석한 확대회의에서 천원은 '당면 재정경제 상황과 난관을 타개하는 몇 가지 방책'이라는 제목으로 연설했다. 그는 다음과 같이 지적했다. 농업의 복구 속도에서는 "속도를 쟁취하되 늦출 각오도 해야 한다." 지금 이미 벌여 놓은 기본건설의 규모는 1958년에 양곡 7천억 근, 목화 70억 근을 생산했다는 그릇된 추산에 따른 것이고 또 강철 생산량을 재빨리 5천만~6천만 톤으로 올릴 수 있을 것이라는 주관적인 생각에 의해 배치한 것이다. 그리하여 농업과 공업 생산 수준으로 감당할 수 있는 한도를 크게 초월했다. 천원은 시러우회의에서 제기한 난관을 타개하기 위한 6가지 의견을 한층 더 재천명하면서 "농업생산을 성장시켜 먹고 입는 문제를 해결하며 시장 공급을 보장하며 통화팽창을 억제시키는 것이 당면한 일차적인 문제"라고 명확히 지적했다. 천원의 연설은 회의 참가자들의 열렬한 찬성과 지지를 받았으며 중앙 각 부서 책임자들도 전적으로 동의했다. 이 연설은 당시 경제사업의 지도적 문헌으로 되었다. 이번 회의에서 리푸춘이 '공업 상황과 건설속도 문제에 관하여'란 연설을 하고 리셴녠이 '당면 재정신용대출과 시장 분야에 존재하는 문제와 마땅히 취해야 할 조치에 관하여'란 연설을 했는데 역시 회의 참가자들은 수긍했다. 3월 18일에 마오쩌둥의 동의를 거쳐 중공중앙은 천윈과 리푸춘, 리셴녠의 연설을 발부했다. 시러우회의와 국무원 각 부, 위원회, 당조성원 확대회의에서는 어려운 정세에 대해 7천 명 대회에서 더욱 실제적이고 더 깊은 인식을 가졌으며 경제적 곤란을 타개할 구체적 조치를 제기하여 사실상 국민경제에 대해 한층 더 전체적인 조정을 시행하는 중요한 결정을 내렸다.

시러우회의 후 당 중앙위원회는 중앙재정경제소조를 새로 설립하기로 결정짓고[25] 천윈을 조장으로, 리푸춘, 리셴녠을 부조장으로 임명했는데 성원에 저우언라이, 탄전린, 보이보, 뤄루이칭, 청쯔화(程子華), 구무(谷牧), 야오이린(姚依林), 쉐무차오 등이었다. 중앙재정경제소조는 경제조정문제에 대해 더 깊이 연구했다. 천윈은 중공업, 기본건설 지표에 대해 '대수술'을 할 각오를 해야 하며 지표를 선뜻이 내리깎아야 하며 이제 더 이상 주저할 수 없다고 했다. 저우언라이는 천윈의 주장을 전적으로 지지하면서 그의 주장을 주련(柱聯)으로 요약했는데 앞 구절은 "먹고 입고 쓰는 것을 우선으로 쟁취하자."이고 뒤 구절은 "농업, 경공업, 중공업의 순위를 관철하자."이며 가로 구절은 "종합적으로 균형을 잡자."는 것이었다. 얼마 후 천윈은 병으로 남방에 가서 휴양했다. 중앙재정경제소조는 저우언라이의 주최로 1962년 국민경제계획을 다시 수정하고 국민경제 조정 조치를 연구한 다음 4월에 '1962년 조정계획 토론에 관한 중앙재정경제소조의 보고

---

25) 중앙재정경제소조는 1958년 6월 10일에 당 중앙위원회의 결정으로 설립되었는데 천윈이 조장을 맡았다. 소조는 중앙정치국과 서기처에 소속되어 재정경제사업을 전면적으로 지도했다.

(초안)'를 내놓았다.

5월 7일부터 11일까지 중공중앙사업회의가 베이징에서 열렸다(보통 '5월회의'라고 한다). 회의는 류사오치의 주최로 중앙재정경제소조가 제기한 '1962년 계획조정 토론에 관한 보고(초안)'를 집중적으로 토론했다. 회의는 또 도시인구, 종업원과 공업전선을 줄이는 것, 그리고 양곡 및 외화문제에 대해 연구했다. 류사오치는 회의에서 다음과 같이 지적했다. "지금의 주된 위험은 곤란을 충분히 고려하지 못하는 것이다. 우리는 당면한 곤란과 아직까지도 예상할 수 없는 곤란을 충분히 고려해야 한다. 곤란을 헤쳐나가며 곤란을 극복할 각오를 해야 한다. 그렇지 않으면 우리는 곤란을 극복할 것에 대한 정신적 준비가 부족해질 것이다. 이것은 위험하다."[26] 회의는 즉시 마오쩌둥에게 회보하고 그의 동의를 거친 후 수정 보완한 '1962년 계획조정 토론에 관한 보고'를 지구당위원회 제1서기 이상의 간부들에게 발부하기로 결정했다. 중앙재정경제소조의 이 보고는 보다 전체적이고 깊이 있게 당면한 국민경제의 중요한 상황을 분석 하고 나서 공업생산 건설전선을 단호히 줄이고 종업원과 도시인구를 단호히 줄이며 농촌인민공사와 생산대의 영도를 강화한다는 두 가지 임무를 제기하여 중앙의 전면적 조절 정신을 관철하고 사상과 행동을 통일하는데 지도적 역할을 했다. 5월 회의는 국민경제에 나타난 매우 어려운 정세에 대해 한층 더 정확하게 보고, 분석하고 국민경제를 대폭으로 조정하는 구체적 방침, 방법과 조치를 제정했다. 이는 국민경제의 어려운 정세를 한층 더 전환시키는 한 차례 중요한 회의였다. 회의 후 당중앙위원회의 배치에 따라 국민경제에 대한 조정이 대담하게 진행되

---

26) 중공중앙 문헌연구실 편, 〈류사오치 연보(1898~1969)〉 하권, 중앙문헌출판사 한문판, 1996년, 555쪽.

기 시작했다.

3. 각 분야에서의 전면적인 조정과 농업생산 책임제에 대한 탐색

경제의 전면적인 조정과 국민경제의 회복

7천 명 대회, 시러우 회의와 5월 회의를 거친 후 국민경제의 전면적 조정에 대한 당 중앙위원회의 결정이 시행되기 시작했는데 주로 다음과 같은 몇 가지 측면에서 사업을 진행했다.

종업원과 도시인구를 대폭 줄였다. 5월 회의는 1962년에 계속하여 도시인구를 또다시 1천만 명 줄이고 '대약진' 운동 때 도시에 들어온 농민 임시공들을 농촌으로 돌려보내는 동시에 농촌에 집이 있는 일부 종업원들을 고향으로 돌려보내 농업에 종사하게 함으로써 도시에서의 식량공급 부담을 줄이기로 결정했다. 저우언라이가 이 사업을 직접 총괄했다. 노력을 거쳐 1962년에 도시인구가 실제로 1,048만 명이 줄어들었는데 그중 종업원이 850만 명을 차지했다. 1961년부터 1963년 6월까지 전국적으로 종업원은 총 1,887만 명이 줄었고 도시인구는 2,600만 명 줄었다. 당시 저우언라이는 이렇게 많은 사람이 이동하는 것은 중소 규모의 국가 하나가 이동하는 것과 같다면서 이는 전례 없는 일이라고 했다.

기본건설 규모를 줄이고 많은 기본건설대상을 중지하거나 미뤘다. 1960년보다 1962년의 기본건설투자는 388억 6,900만 위안으로부터 71억 2,600만 위안으로 줄이고 축적률은 39.6%에서 10.4%로 줄였으며 시공대상은 3분의 2 이상 줄였다.

공업전선을 줄이고 필요에 따라 폐쇄, 조업중지, 통합, 생산전환을 시행했다. 1962년 전국의 공업기업체 수효는 1959년보다 38% 줄었으며 대다수 중공업의 생산지표도 낮추었다. 불변가격으로 계산하면 1962년 공업 총생산액은 1960년보다 48.48% 내려갔는데 그중 중공업생산액이 58.64% 내려갔으며 강철 생산량은 1,866만 톤으로부터 667만 톤으로 내려갔으며 석탄 생산량은 3억 9,700만 톤으로부터 2억 2,000만 톤으로 내려갔다.

물력, 재력, 인력 여러 측면에서 농업을 한층 더 지원했다. 공업전선은 농업에 대한 지원을 강화했다. 농업생산을 하루빨리 복구하기 위해 당 중앙위원회와 국무원은 공업 부문에서 가능한 한 일부 원자재를 떼어내 농업에 필요한 생산수단을 더 많이 생산하는 것에 돌리도록 요구했으며 1962년에 분배 가능한 강재와 목재 가운데서 약 7분의 1을 떼어내 농업에 사용하게 했다. 화학비료 공급, 농업용 트랙터, 배수 관개기계, 농업용자동차, 농업용 전기 등은 모두 전년보다 비교적 큰 폭으로 성장했다. 이와 동시에 국가에서는 식량징수 수매량을 줄이고 농업 대출을 증가했다.

재정 관리를 강화하고 시장을 안정시키고 화폐를 회수하여 통화팽창을 억제했다. 시러우회의 정신에 따라 국가계획위원회, 국가경제위원회, 국무원 재정 무역판공실, 재정부와 중국인민은행 등 5개 부문은 공동으로 몇 년 이내 국가재정에 존재하는 '가짜잔고, 진짜적자' 문제를 정리했다. 8, 9개월간의 사업을 거쳐 정리한 결과는 다음과 같다. 1961년 말까지 국영상공업의 물자에 생긴 결손과 부실 채권, 각 지방과 각 부문에서 '무상 징용'한 집단경제의 자금 또는 은행대출을 이용하여 재정 지출로 한 자금에서 국가재정으로 메우고 반환하거나 보충, 발급해야 할 것이 총 약 348억 위안(후에 실제로 처리한 결과는 370억 위안이다)에 달했다. 재정 부문은 1958년부터 1960년까지의 재정수입지출 수치에 대해서도 조정을 진행했다. 원래의 통계에 따르면 3년 동안의 잔고가 3억 9,700만 위안이었지만 조정 후 3년 동안의 재정 적자가 169억 3,900만 위안에 달했다. 중앙은 몇 년 이내 은행에 이양한 모든 권리를 회수하고 은행 업무에 대해 완전하고도 철저한 영도를 시행하여 은행대출과 현금관리를 엄하게 하고 지폐 발행을 통제하는 동시에 자금 지출을 줄이기로 결정했다. 상업 분야에서 18가지 기본생활필수품[27] 가격의 기본적 안정을 보장하는 기초 위에서 사탕, 과자, 담배, 술과 손목시계, 자전거, 재봉침 등과 같은 일부 상품에 대한 고가정책을 확대 시행하여 지폐를 회수했다. 시장 관리를 강화하고 폭리를 얻는 불법행위를 타격하는 동시에 도시와 농촌의 공급판매합작사를 대대적으로 회복하고 시장 교역을 발전시켰다.

국민경제에 대한 조정 기간에 비록 심각한 곤란에 직면했으나 전당과 전국 인민들은 신심을 잃지 않고 간고하게 노력했다. 마오쩌둥 등 지도자들은 솔선수범하여 아껴 먹고 아껴 입었다. 당과 정부의 각급 간부 및 광범위한 당원과 인민들은 고락을 함께 하면서 어려운 시기를 보냈다. 일련의 정확하고 과단한 조치를 취했기에 조정사업은 비교적 빨리 성과를 거두었다. 국민경제는 회복 국면이 나타나기 시작하고 농업생산은 다시 회복되기 시작했다. 1962년 말에 양곡 총생산량은 3,200억 근에 달해 지난해보다 250억 근 증가했다. 기름작물 총 생산량은 40억 6,600만 근에 달하여 지난해보다 3억 7,960만 근

---

27) 18가지 기본생활필수품, (1) 식량 (2) 목천 (3) 침직물, 면직물 (4) 솜 (5) 소금 (6) 신발 (7) 장, 간장, 식초 (8) 고기, 물고기의 정량 공급 부분 (9) 식용유 정량 공급 부분 (10) 설탕, 과자, 사탕의 정량 공급 부분 (11) 주요 채소 (12) 성냥 (13) 석탄 (14) 등유 (15) 문구, 종이, 교재, 서적과 신문, 잡지 (16) 주요 서약 (17) 법랑제품, 알루미늄 제품, 고무제품 등 국가에서 원료를 공급하는 일용공업품 (18) 집세, 수도전기, 교통, 우전, 의료, 학비 등 비용.

증가했다. 돼지 수는 연말에 9,997만 마리로 회복되어 지난해보다 2,445만 마리 늘어났다. 그리고 농업 총생산액은 584억 위안에 달했는데 불변가격으로 계산하면 지난해보다 6.2% 늘어났다. 이리하여 농업생산액이 3년 연속 내려가던 국면이 마무리되었다. 농업, 경공업, 중공업의 비례관계도 다소 개선되었다. 공업과 농업의 생산액 비례는 1960년의 21.8% : 78.2%에서 38.8% : 61.2%로 변했다. 경공업과 중공업의 생산액 비례도 지난해의 42.5% : 57.5%에서 47.2% : 52.8%로 바뀌었다. 국가재정의 수입과 지출이 균형을 이루고 잔고가 8억 1,000만 위안에 달해 4년 연속 적자만 지속하던 국면을 마무리 지었다. 시장 상품 수급이 긴장하던 상황도 다소 완화되고 시장교역의 가격은 지난해보다 약 35% 내려갔다. 도시와 농촌 인민생활이 어느 정도 개선되기 시작했다. 그해 전국적으로 1인당 양곡 소비량은 지난해보다 11근 늘어나고 돼지고기는 1.6근 늘어났으며 목천은 2.5자 늘어났다. 그러나 총체적으로 말해서 이 같은 호전은 금방 어려운 고비를 넘겼을 뿐이었다. 농공업생산 수준과 많은 인민의 생활 수준은 아직도 매우 낮았다. 국민경제를 조정하고 회복시키는 막중한 과업을 완수하려면 여전히 전당과 전국 인민들의 끊임없는 노력이 필요했다.

정치적 관계의 조정

당 중앙위원회가 확정한 전면적인 조정 방침에는 국내 정치적 관계의 조정이 망라되어 있다. 정치적 관계의 조정은 경제적 조정과 맞물려 진행되었다. 7천 명 대회 이후 당 중앙위원회는 당내와 인민 내부 정치관계 방면의 조정사업을 한층 더 지도하고 이끌었으며 국가의 정상적인 정치생활을 집중적으로 회복했다. 또한 민주당파와 무소속 민주인사와의 관계를 조정하고 '반우경' 투쟁을 포함하여 '대약진' 이래 전개된 일련의 운동으로 조성된 소극적인 영향을 제거함으로써 당 내외의 적극성을 더욱 광범위하게 불러일으켜 국민경제의 조정을 위해 노력하도록 했다.

1962년 3월 21일, 류사오치는 최고국무회의를 소집하고 중공중앙을 대표하여 당 외 민주인사들에게 7천 명 대회의 정신을 통보하고 1958년 이래의 사업, 특히 결함과 오류 및 그 원인, 교훈에 대해 솔직하게 설명하면서 책임은 중국공산당에 있으며 주요 책임은 당 중앙위원회에 있다고 밝혔다. 류사오치는 다음과 같이 말했다. 당면한 국내정세를 실사구시적으로 말하면 경제 분야에 상당히 큰 어려움이 있다. 어려움의 원인 가운데 하나가 바로 3년 동안 지속된 자연재해이고 다른 하나는 우리 사업과 작풍 면에서의 결함과 오류로 인한 것인데 이것이 많은 측면을 차지한다. 이 시기에 우리는 조사연구가 부족했다. 중앙의 동지, 성의 책임자들은 직접 조사연구하지 않고 회보만 듣는 것으로 상황을 파악하곤 했다. 하지만 회보에는 과장되고 사실에 부합되지 않거나 완전히 사실에 어긋나는 것들이 많았다. 우리는 그대로 믿었다. 그뿐만 아니라 대중과 진지하게 의논하지도 않았고 민주주의 중앙집권제를 잘 집행하지도 않았다. 높은 지표는 모두 대중에게서 온 것이 아니라 위에서 정한 것이며 제대로 대중의 의견을 청취하지 않았다. 그리하여 일부 결점과 오류를 제때에 발견할 수 없었고 시정할 수가 없었다. 그런가 하면 한동안 당내와 대중 속에서 일부 그릇되고 과격한 비판투쟁을 진행하다 보니 대중과 간부들은 감히 진실을 말하지 못하며 의견이 있어도 감히 말할 엄두를 내지 못하다 보니 민주주의 중앙집권제에 막대한 손상을 주었다.

3월 23일부터 4월 18일까지 1년 동안 미뤄왔던 중국인민정치협상회의 제3기 전국위원회 제3차 회의와 전국인민대표대회 제2기 제3차 회의가 베이징에서 각각 열렸다. 저우언라이는 정부사업보고에서 국무원을 대표하여 지난 몇 년 동안 정부사업에서 나타난 결점과 오류에 대해 솔직하게 자기비판을 진행했다. 그는 이러한 결점과 오류에 대해 가장 먼저 책임을 져야 할 자는 국무원이라고 하면서 국무원의 사업에 대한 인민대표대회의 비판을 바란다고 했다. 저우언라이는 정치협상회의 연설에서 중국 인민민주주의 통일전선의 새로운 발전에 대해 중점적으로 논술하면서 사회주의 건설 단계에 들어선 후 인민민주주의 통일전선의 과업은 더욱 무거워졌고 더욱 새로운 발전을 가져와야 했다. 그것은 바로 단결할 수 있는 모든 역량을 단결시키고 동원할 수 있는 요소를 더 많이 동원하여 사회주의 건설에 참여하도록 하며 우리의 민주생활의 범위를 넓히는 것이라고 지적했다. 인민민주주의 통일전선에서의 여러 의견에 대해 저우언라이는 구체적으로 분석하고 구별해 취급해야 한다고 지적했다. 그는 공산당의 영도를 받들며 사회주의를 위해 적극적으로 일하며 자기 개조를 진행할 입장과 태도가 명확하다면 구체적인 정책문제에 대해 다른 의견을 가지는 것을 허용해야 한다기보다 환영한다고 해야 할 것이라고 지적했다. 그는 부동한 의견을 대담하게 내놓으며 대방의 결함을 허물없이 꼬집는 벗은 경외하는 벗이 아니라 스스럼없이 충고를 주는 벗이라고 했다.

이 두 회의에 출석한 각 민주당파와 무소속 민주인사들은 솔직하고 대담하게 오류를 승인하고 오류를 시정하는 중공중앙의 정중한 태도에 감동하여 공산당과 고락을 같이하고 일치단결하여 곤란을 이겨나갈 것을 잇달아 표시했다.

통일전선사업을 한층 더 강화하고 개진하기 위해 중앙통일전선사업부와 전국인민대표대회 민족위원회, 국가민족사무위원회는 1962년 4월 하순부터 5월 하순까지 베이징에서 전국통일전선사업회의와 전국민족사업회의를 소집했다. 두 회의는 최근 몇 년 동안 사업에서 나타난 일부 엄중한 '좌'적 오류를 중점적으로 검사하고 나서 당은 반드시 지식계, 공상계, 민주당파, 민주인사, 종교계, 소수민족, 귀국교포 및 기타 애국인사들과의 관계를 주동적으로 조정하며 민주주의를 발양하고 단결을 강화하며 모든 적극적 요소들을 남김없이 동원하여 당면한 곤란을 이겨나가며 국민경제조정과업을 완수하여 사회주의 건설의 새로운 승리를 거두어야 한다고 지적했다. 전국통일전선사업회의는 또 다음과 같이 제기했다. 정치운동에서 피해를 입은 당외 인사에 대해서는 감별하여 누명을 벗겨주어야 한다. 무릇 마음나누기 운동에서 처분을 받았거나 우파분자로 확정된 사람에 대해서는 일괄적으로 누명을 벗겨주어야 한다. '학습골간과 업무골간'을 비판하는 운동과 '반우경' 운동에서 비판 또는 처분을 받았거나 누명을 쓴 사람, 잘못 비판했거나 기본상 잘못 비판한 사람들에 대해서는 모두 누명을 벗겨주어야 한다. 무릇 누명을 벗은 사람들에 대해서는 원래의 직무를 회복시켜주거나 또한 기타 상당한 직무를 배치해주어야 한다. 중상층 당외 인사들에 대해서는 반드시 일일이 감별하면서 처리해야 한다.

전국통일전선사업회의는 또 우파 누명을 벗은 사람들과 아직 우파 누명을 벗지 못한 사람들에 대한 안치사업을 잘하며 우파분자로 확정된 사람들의 가족과 자녀들에 대해 취학, 취업, 생활 등에서 차별하지 말 것을 요구했다. 일찍이 1959년 8월에 마오쩌둥은 이미 우파분자들에 대해 단계와 차례를 나누어 누명을 벗겨줄 것을 제의했다. 이 사업은 후에 몇 차례 나뉘어 진행되었는데 1962년에 이르러서는 우파분자로 구분되었던 대부분 사람들이 누명을 벗었다. 이 과정에 중앙통일전선사업부는 1961년 9월과 1962년 9월에 우파분자개조사업회의를 두 차례 소집하고 당시 적지 않은 단위에서 우파분자로 구분된 사람들을 '좌'적 인물로 취급할지언정 우적 인물로 취급하려 하지 않는 문제를 중앙에 반영하고 의견을 개진했는데 중앙의 비준을 거쳐 각지에서 관철 집행되었다. 이리하여 이 부류 사람들의 정치적 처지와 사업, 생활 상태가 어느 정도로 개선될 수 있었다. 물론 우파분자로 잘못 구분된 사람들로 말하면 단순히 누명만 벗겨준다고 하여 근본적으로 문제가 해결되는 것은 아니었다. 그들은 또 '누명을 벗은 우파'로 신분이 바뀌었다. 전국통일전선사업회의 후 중앙통일전선사업부는 7월에 이 일과 관련된 보고를 중앙에 올려 "우파분자 자신 또는 그 가족이 감별해줄 것을 요구했으면 그에 대해 감별해주어야 하며" "확실히 잘못 구분된 사람에 대해서는 누명을 벗겨줄 것"을 제기했으나 이 의견에 대해 중앙은 동의하지 않았다.

당 중앙위원회는 교포사무정책에 대해서도 조정을 진행했다. 교포사무에서 당시 더욱 두드러진 문제는 이른바 '해외관계'였다. 1962년 5월 31일에 당 중앙위원회는 중앙화교사무위원회 당조의 보고를 이첩하고 "이른바 '해외관계'란 제기법은 정책계선을 애매모호하게 하고 피아관계를 뒤섞은 제기법으로서 타당하지 못하고 백해무익한 것이다."고 회시하면서 관계단위 특히는 화교, 귀국교포, 국내 거주 교포가족을 더 많이 둔 성, 직할시들에서 이 보고를 실제적으로 토론하여 이른바 '해외관계'로 하여 조성된 일련의 문제들을 절차 있게 처리하도록 요구했다. 중앙화교사무위원회 당조 보고는 인사사업과 심사사업에서 반드시 이른바 '해외관계'에 관련되는 내용을 취소하고 역대의 운동과 정치 심사에서 이 때문에 잘못 투쟁당하고 잘못 처분받고 잘못 누명을 쓴 사람들에 대해 조속히 올바르게 시정하여 처분을 취소하고 명예를 회복시켜주며 귀국교포에 대해 차별하지 말아야 한다고 지적했다.

당외의 정치적 관계를 조절하는 동시에 당내의 정치적 관계를 조정하는 것에도 중요한 절차를 거쳤다. 7천 명 대회 후 당 중앙위원회는 지난 몇 년 동안 '반우경' 운동에서 비판과 처분을 받은 당원과 간부들에 대한 감별과 시정사업을 재촉했다. 이 사업은 1961년 6월에 중앙에서 감별시정 지시를 내린 후 끊임없이 전개되었다. 농촌에서 '농업60개조' 수정 초안이 관철됨에 따라 지난날 비판받은 농촌 당원간부와 당원들에 대한 감별시정사업이 비교적 잘 진행됐다. 그러나 전국적으로 볼 때 진전은 매우 불균형적이었다. 어떤 지구와 단위에서는 중시가 부족하거나 저촉정서가 있어 진척이 더디었다. 1962년 4월 27일, 중앙서기처는 덩샤오핑의 주관으로 '당원과 간부들에 대한 감별사업 촉진에 관한 중공중앙의 통지'를 발부했다. '통지'는 "무릇 학습골간, 업무골간을 비판하는 운동, 반우경운동, 작풍을 바로잡고 인민공사를 정돈하는 운동, 민주주의혁명 보습운동에서 비판, 처분한 것이 전적으로 잘못되었거나 기본상 잘못된 당원과 간부들에 대해 마땅히 간편한 방법으로 올바르게, 조속히 감별, 시정해 주어야 한다."고 지적했다. 뒤이어 또 군대의 경험에 근거하여 전국 현 이하의 간부들에 대해 한꺼번에 전부 해결할 것을 제안했다. 즉 개별적으로 엄중한 문제가 있는 사람을 내놓고는 과거 잘못 비판했거나 기본적으로 잘못 비판한 간부에 대해 모조리 누명을 벗겨주며 '꼬리를 남기지' 말고 한꺼번에 해결해야 한다는 것이다. 덩샤오핑은 또 그해 5월에 열린 중앙사업회의에서 "간부에 대한 감별시정에서 주요 대상은 간부이지만 간부마다 군중과 연계되어 있으므로 사실상 많은 군중에게 영향이 미칠 수 있다."고 강조하면서 "감별, 시정사업이 매우 중요하므로 이 사업을 소홀히 하지 말아야 한다. 상급의 지도자들이 내려가서 책임을 져주면 이 사업이 더 빨리 진척될 수 있다. 각 중앙국에서 각 성, 직할시, 자치구 당위원회에 통지하여 이 사업을 시작한 곳은 계속 해나가며 아직 시작하지 않은 곳은 조속히 시작해야 한다. 반드시 대중 앞에 시정 결과를 공포해야 한다. 사실 이것은 우리 자신의 오류를 자인하는 것이며 우리가 과거에 잘못했다는 것을 자인하는 것이다."[28]라고 했다. 이리하여 당 내외의 감별시정사업을 재빨리 전면적으로 추진했다. 1962년 8월에 이르러 전국적으로 잘못 처리된 군중을 포함하여 600여만 명에 달하는 간부와 당원들이 누명을 벗게 되었다. 이는 당시 진행된 모든 감별시정사업에서 영향력이 가장 큰 성과이다. 여기서 짚고 넘어가야 할 것이라면 당 중앙위원회 지도자들은 일찍이 1962년에 법제 건설을 회복하려는 구상을 했었다는 것이다. 1962년 3월 22일, 마오쩌둥은 법제의 파괴로 조성된 심각한 결과를 두고 이렇게 지적했다. "형법만 필요한 것이 아니라 민법도 필요하다. 지금은 무법천지이다. 법률이 없으면 안 된다. 형법, 민법은 반드시 있어야 한다. 법률을 제정해야 할 뿐만 아니라 판례도 정리해야 한다."

지식인 정책과 과학, 교육, 문예 정책에 대한 재조정

1962년에 국민경제가 전면적으로 조정됨에 따라 당의 지식인에 대한 정책 및 과학, 교육, 문예에 대한 정책도 한층 더 조정되었다.

1961년에 과학, 교육 조례를 제정하고 시행하며 문예조례를 작성

---

28) 덩샤오핑, '당면 애로를 타개하는 방법'(1962년 5월 11일), 〈덩샤오핑선문집〉 제1권, 민족출판사 1995년, 456~457쪽.

하여 지식인에 대한 사업의 방향을 점차 바로잡게 되면서 광범위한 지식인의 적극성이 동원되기 시작했다. 이는 중국 지식인의 계급적 속성에 대해 다시 과학적 판단을 내리도록 이끌었다. 1957년의 반우파 투쟁 이래 지식인들은 줄곧 '자산계급지식분자'라는 감투의 압력에 시달려왔다. 이같이 '머리조임테'를 벗겨주지 않으면 많은 지식인의 적극성을 남김없이 동원하기가 매우 어려웠다. 그러나 당시 반포된 과학, 교육 조례는 모두 지식인의 계급적 속성이란 이 기본적인 문제를 아직 언급하지 않았으며 지식인은 노동계급의 일부라는 1956년의 지식인 문제회의의 결론을 회복하지 못했다. '공업 70개조'는 기업 가운데의 기술자와 직원은 '노동계급의 일부'라고 다시 한 번 천명했지만 교육계, 과학계, 문예계를 포함한 전반 지식인 대열을 포괄하지 못했다. 1961년 9월에 광둥성당위원회는 성내의 고급지식인 대표들을 초청해 좌담회를 가졌다. 성당위원회 제1서기인 타오주가 회의에서 성당위원회를 대표하여 몇 년 이내 많은 지식인을 잘못 투쟁하고 잘못 비판한 것에 대한 잘못을 시인하고 사과를 한 동시에 이후부터는 '자산계급지식분자'라는 낙인을 사용하지 않을 것을 명확히 제의했다. 10월에 타오주는 또 중공중앙 중난국 제1서기의 신분으로 광둥성에서 중난지구 고급지식인좌담회를 소집하여 중난지구에서 앞으로 '자산계급지식분자'라는 명칭을 사용하지 말 것을 또다시 제의했다. 그러나 타오주 자신의 말대로 한다면 그의 연설은 '지방 식량권'에 불과했다. 이 기본적인 문제가 한 걸음 더 해결하게 된 것은 7천 명 대회 이후의 광저우회의에서였다.

1962년 2~3월에 국가과학기술위원회에서 소집한 전국과학사업회의와 문화부, 전국연극가협회에서 소집한 전국 연극, 가극과 아동극 좌담회가 동시에 광저우에서 열렸다. 이 두 회의는 총체적으로 중국

지식인들의 계급적 속성을 다시 한 번 판단하며 1956년의 지식인 문제회의의 결론으로 되돌아가는 계기를 제공했다. 회의에 참석한 과학자, 작가, 예술가들은 몇 년 이내 지식인사업에서 존재한 일부 '좌'적 편향에 대해 적지 않은 비판과 의견을 제기했다. 중국과학원의 한 과학자는 지식인들의 머리에 '자산계급'이라는 낙인을 찍는 것에 대해 부동한 의견을 강렬하게 토로했다. 일부 사람은 지주는 3년 동안 노동하고 나면 신분을 고칠 수 있는데 왜 우리는 십몇 년을 일하고도 신분을 고칠 수 없고 계속해서 우리를 자산계급지식인이라고 부르느냐 했고 또 일부 사람은 지식인이란 말만 나오면 곧바로 자산계급이라고 하는데 이로 하여 자녀들이 차별을 받는다면서 지금까지 무산계급 지식인이라고 하는 사람을 본 적이 없다고 했다. 이런 말들은 크나큰 반향과 공명을 불러일으켰다.

저우언라이는 베이징에서 회의에서 반영된 상황을 파악했다. 2월 하순에 그는 중앙정치국위원이며 국무원 부총리인 천이와 함께 광저우로 가서 두 회의의 대표들을 만나보고 회보를 더 청취했다. 전국과학사업회의를 주관한 녜룽전은 과학자들이 '자산계급 지식인'이라는 제기법에 대해 많이 우려한다면서 일부 과학자와 허심탄회하게 나눈 상황을 저우언라이에게 회보했다. 저우언라이는 그 자리에서 지식인은 당연히 인민의 지식인이라고 명확히 긍정했다. 그는 타오주, 녜룽전과 관련 책임자들을 불러 회의를 열고 지식인의 계급적 속성문제에 대해 중점적으로 연구했다. 회의는 일치한 의견을 가져오고 더 이상 '자산계급 지식인'이라는 제기법을 쓰지 말아야 한다고 인정했다. 저우언라이는 여러 사람의 견해를 총화하면서 다음과 같이 지적했다. 더 이상 지식인을 '자산계급 지식인'이라고 부르지 말아야 한다. 절대 다수의 지식인들은 노동인민의 범위에 속한다. 이것은 오늘 회의에 참석한 여러분의 한결같은 의견이다. 우리 모두가 공동으로 책임져야 한다!

3월 2일, 저우언라이는 두 회의의 대표들에게 '지식인 문제에 대해'라는 연설을 발표했다. 그는 연설에서 중국 현대 지식인의 성장 과정과 지식인에 대한 당의 지금까지의 정확한 평가와 인식에 대해 돌이켜보고 나서 1956년 지식인 문제회의에서 중국 지식인들의 계급 상황에 대해 당이 내린 기본 평가를 사실상 회복시켰다. 어떻게 지식인들과 단결할 것인가 하는 문제에서 저우언라이는 그들을 믿어주고 도와주어야 하며 그들과의 관계를 개선해야 하고 지난날 이러한 면에서 오류를 범했음을 시인하는 동시에 오류를 시정해야 한다고 지적했다. 그는 또 "해방 전이나 해방 후를 막론하고 우리는 지식인들을 혁명동맹 내의 일원으로 간주해왔으며 인민대열 속의 일원으로 간주해왔다." 사회주의 제도 아래 "한편으로는 낡은 지식인이 개조되고 다른 한편으로는 새 지식인들이 양성되는데 이 양자가 결합되어 사회주의의 지식계를 이룬다."고 지적했다. 천이도 두 회의의 대표들에게 연설을 했다. 그는 12년 동안의 시련, 더욱이 이 몇 년 동안 심각한 곤란의 시련을 거쳐 중국 지식인들은 애국적이고 공산당을 믿으며 당과 인민과 고락을 함께한다는 것이 증명되었는데 8년, 10년, 12년이 지나도록 한 사람을 감별해내지 못한다면 공산당은 너무나 안목이 없는 것이라고 특별히 강조했다. 천이는 또 이렇게 말했다. "과학자들은 우리의 국보다! 우리를 대신하여 문제를 해결할 수 있는 사람이 진짜 몇이 안 되는데 그들은 한 사람이 몇 백 명에 해당한다!" "공산당은 문화를 존중하지 않고 공산당은 지식을 존중하지 않으며 또 공산당은 과학을 존중하지 않는다는 말을 누가 했는가? 마르크스가 했는가? 엥겔스가 했는가? 아니면 레닌이 했는가? 마오 주석이 했는가? 아무도 이런 말을 한 적이 없다."천이는 또 직설적으로 12년 개조와 시련을 거친 모든 지식인에게 아직도 자산계급 지식인이라는 누명을 씌워서는 안 된다고 지적했다. 천이는 광범한 지식인들에게 "누명을 벗겨주고 왕관을 씌워준다."고 선포했다. 즉 '자산계급 지식인'이라는 누명을 벗겨주고 '노동인민 지식인'이라는 왕관을 씌워준다는 것이었다. 천이는 연설에 대해 사전에 저우언라이와 의논했는데 기본 내용은 저우언라이의 동의를 얻었다. 저우언라이와 천이의 연설은 회의에서 크나큰 반향을 불러일으켰으며 많은 사람이 감격에 눈물을 흘렸다. 대표들은 저우언라이와 천이의 연설은 매우 전면적이면서도 투철하고 감정이 넘쳐흐르며 친절하여 사람을 깊이 감동시키고 마음 깊이 탄복하게 한다고 입을 모았다. 어떤 노 학자들은 격동하여 지난날에는 자기가 자산계급 지식인이라고 생각해 자기가 개조 대상이고 손님이라는 생각을 하다 보니 적극성이 일어나지 않았으나 오늘은 노동인민이라는 영광스러운 칭호를 얻게 되어 특별히 기쁘며 지금이라면 정신이 분발할 것이라고 말했다.

3월 27일, 저우언라이는 전국인민대표대회 제2기 제3차 회의에서 정부사업보고를 하면서 다음과 같이 전국 인민들에게 다시 한 번 정중하게 천명했다. "절대다수의 지식인들은 적극적으로 사회주의를 위해 일하고 있으며 중국공산당의 영도를 받아들이고 있을 뿐 아니라 계속 자기개조를 진행하려 한다. 그들이 근로인민의 지식인에 속한다는 것은 의심할 여지도 없는 것이다. 우리는 그들을 신임하고 관심하여 그들이 사회주의를 위해 훌륭히 일하게 해야 한다. 만일 그들을 여전히 자산계급지식인으로 간주한다면 그것은 두말할 것 없이 그릇된 것이다." 정부사업보고는 중앙정치국의 토의와 동의를 거쳤고 전국인민대표대회에서 통과되었기에 지식인의 계급적 속성에 관한 이 결론은 당과 정부의 공식적인 견해로 되었다.

저우언라이가 광저우회의에서 한 '지식인 문제에 대해'란 연설은 그가 1956년에 한 '지식인 문제에 관한 보고'와 1951년에 한 '지식인의 개조문제에 대해'란 연설과 일맥상통한 것으로서 신중국이 창건된 후 지식인에 대한 당의 올바른 정책을 말해주는 세 편의 역사적 문헌이다.

1962년 봄은 광범위한 지식인들로 말하면 잊을 수 없었다. 반우파 투쟁 후로 그들은 이처럼 흥분되어보기는 처음이었다. 그들은 "누명을 벗고 나니 책임이 중함"을 느껴 드높은 열정으로 사회주의 건설사업에 뛰어들었다. 녜룽전은 후에 이때를 회상하면서 다음과 같이 말했다. "당시 보편적으로 생활이 어려웠지만 다들 열의가 드높았다. 중국과학원, 국방부 제5연구원, 제2기계공업부 제9연구원 등 많은 과학연구 단위들에서는 밤에 불이 꺼질 줄 몰랐고 도서관이 밤 내내 문을 여는 등 훈훈한 바람이 몰아치면서 중국에 진정으로 과학의 봄이 나타났다."[29] 중공중앙 과학소조의 영도로 국가과학기술위원회는 중국 제2차 과학기술발전전망계획, 즉 '1963~1972년 과학기술발전계획'을 제정하기 시작했는데 이 계획제정에 직접 참여한 과학기술 전문가들이 약 1만 명에 달했다. 1963년 12월 2일, 중공중앙과 국무원은 정식으로 이 계획을 비준했다. 이 계획의 총체적 요구는 다음과 같다. 전국의 과학기술 역량을 동원, 조직하고 중국 사회주의 건설 중의 핵심적 과학기술문제를 자력갱생으로 해결하며 사상이 건전하고 기술적으로도 우수한 과학기술대열을 신속히 키우며 중요하고 시급히 필요한 분야에서 60년대의 과학기술을 장악하여 세계 선진 수

---

29) 〈녜룽전 회고록〉, 해방군출판사 한문판, 2005년, 663쪽.

준에 다가서거나 세계 선진 수준을 따라잡는다.

그러나 당 중앙위원회는 지식인 문제에서의 '좌'적 견해에 대해 깨끗이 정리하지 못했다. 저우언라이, 천이의 지식인 문제에 관한 광저우회의의 연설에 대해 당 중앙위원회 내부에서 소수 사람은 동감하지 않거나 심지어 반대되는 의견을 명확히 제기했다. 이는 후에 당의 지식인에 대한 정책 및 문화, 교육에 대한 정책에 또다시 큰 반복이 나타나게 된 원인이다.

농업생산책임제에 대한 탐색

조정사업은 한 걸음 한 걸음 깊이 있게 전개되어 광범위한 대중의 지지를 받았다. 그러나 극심한 경제정세는 사람들로 하여금 난관을 이겨 나아가는 갖은 방도를 모색하지 않으면 안 되게 했다. 이 무렵에 여러 형태의 농업생산책임제가 나타나고 보급되었는데 이는 가장 눈에 띄는 현상이었다. 여러 형태의 생산책임제는 농업생산의 복구와 발전을 효과적으로 추진했을 뿐만 아니라 농업 집단화를 시행한 뒤 중국 농촌 생산력 수준에 알맞은 생산관리방식을 모색하는데 적극적인 역할을 했다.

농촌인민공사 기본채산단위를 원래의 초급사 규모와 비슷한 생산대로 정한 뒤 농민들의 열성이 훨씬 높아졌으며 동시에 세대별 생산량도급제를 망라한 여러 가지 형태의 농업생산책임제도가 많은 지방에서 자발적으로 시행되기 시작했다. 사실 합작화 이후 당이 농업집체경제조직 내부의 생산관계를 조정할 것을 제기할 때마다 농민들은 자발적으로 세대별 생산량도급제를 시행하곤 했는데 비록 번마다 제지당했으나 기회만 되면 다시 나타나곤 했다. 이 같은 사실은 집체경제 내부에서의 한 가지 방도로서의 가족 경영이 중국 대다수 농민의 요구에 알맞고 당시 중국 농업 생산력 발전의 수준에 알맞다는 것을 말해준다.

중국공산당 안후이성위원회는 일찍이 세대별 생산량도급제를 제일 먼저 지지하고 이끌어주었다. 안후이성은 '대약진' 운동에서 '5가지 바람'이 세차게 불어닥친 성이었으며 그 결과는 한심했다. 자기의 힘으로 생산하여 어려운 고비를 넘기기 위해 일부 농민들이 자발적으로 계획, 분배, 농사일, 용수, 재해대처 등 측면에서 통일적으로 관리(즉 '다섯 가지 통일')하는 '책임전'을 시행했는데 사실 세대별 생산량도급제 형태였다. '책임전'의 최대의 좋은 점은 바로 농민들의 실제 이익을 생산량과 연계시킨 것으로서 노동에 따라 분배하는 원칙을 더욱 직접 구현했다. '책임전'의 효과가 뚜렷했기에 더욱 많은 농민이 따라하기 시작했다. 1961년 봄, 안후이 각지의 농민들은 '책임전'을 시행할 것을 보편적으로 요구했다. 성당위원회는 조사를 거쳐 이 같은 방법을 시행하면 사원 군중의 생산열성을 더욱 잘 발휘시킬 수 있다는 것을 발견하고 먼저 일부 인민공사와 생산대대에서 시험해보기로 했다. 시험한 결과 성당위원회는 생산량도급이 더욱 쉽게 시행되고 생산량 도급 지표가 높아졌으며 사원들의 출근율도 대폭 높아지고 포전관리도 과거에 비하여 뚜렷이 강화되었음을 한 걸음 더 발견하게 되었다. 성당위원회는 농민들의 이 같은 방법을 지지하는 동시에 잘 이끌어주는 데 주의를 돌려 부족함을 채워주며 토지 등 생산수단의 집단적 소유와 생산계획 등 몇 가지의 통일을 보장하는 조건에서 "생산대에 따라 생산량을 맡기고 경작지에 따라 생산량을 정하고 개인에게 책임을 지게 하는" 제도를 시행할 것을 주장했다. 이 같은 생산량책임제는 재빨리 모든 성에 보급되었다. 1961년 말까지 안후이성에서 '책임전'을 시행한 생산대가 모든 성의 생산대 총수의 91%를 차지했다. 사실 이 무렵에 안후이를 제외한 간쑤, 저장, 쓰촨, 광시, 푸젠, 구이저우, 광둥, 후난, 허베이, 랴오닝, 길림, 헤이룽장 등 성, 자치구에서도 각종 형태의 생산량 책임제를 시행했는데 구이저우성은 40%에 달했고 간쑤, 저장, 쓰촨의 개별적인 지구와 현은 70%에 달했으며 광시, 푸젠의 개별적인 현은 40%에 달했다. 무릇 세대별 생산량도급제를 시행한 곳에서는 거의 다 효과가 좋았으므로 농민 군중과 기층간부들의 열렬한 환영을 받았다.

　세대별 생산량도급제에 대해 당내에서는 처음부터 다른 견해가 있었다. 1961년 3월, 광저우에서 열린 당 중앙위원회 사업회의에서 중국공산당 안후이성위원회 제1서기 쩡시성이 마오쩌둥에게 서신을 써 올려 이 일을 회보했다. 마오쩌둥은 시험하는 데 동의했으나 얼마 지나지 않아 부정하는 태도를 보였다. 이해 12월에 마오쩌둥은 다음과 같이 표시했다. 농촌에서 생산대를 기본채산단위로 한 후 더 이상 채산단위를 낮출 수 없다. 이는 최후의 정책계선이며 '책임전' 같은 방법은 더 이상 시험할 필요가 없다. 이에 앞서 11월 13일, 당 중앙위원회는 '농촌에서 사회주의 교양을 진행할 것에 관한 지시'에서도 "목전 개별적인 지방에서 나타난 세대별 생산량도급제와 일부 다른 형태의 개별영농방법은 모두 사회주의적집단경제의 원칙에 부합되지 않기에 그릇된 것이다."고 강조하면서 "점차 이 같은 방법을 바꾸도록 농민들을 이끌 것"을 강조했다. 1962년 3월, 중국공산당 안후이성위원회에서는 부득이 '책임전' 시정 방법에 관한 결의를 내리고 "이 같은 방법은 농민들의 자본주의 자발적 경향에 영합하는 방법"이라고 시인했다.

　당 중앙위원회에서 세대별 생산량도급제를 시정할 것을 요구했지만 시정하기란 결코 쉽지 않았다. 그것은 생산대를 기본채산단위로 한 후 생산대와 생산대 간의 평균주의는 기본적으로 없어졌으나 농가 간의 평균주의문제가 철저히 해결되지 않았기 때문이다. 농민들의 적극성을 불러일으켜 경제적 어려움을 이겨내고 농업생산을 복구하려면 반드시 평균주의를 극복해야 했다. 세대별 생산량도급제가 환영받는 근본 원인은 바로 이 책임제가 농가 간 평균주의를 극복하는 노동 분배 형태였기 때문이었다. 그런데 '책임전' 시정 요구는 광범위한 농민 군중의 염원에 위배되었다. 이로 말미암아 안후이성을 포함한 전국의 많은 지방 농민들은 여전히 '책임전'을 몰래 유지하고 있었으며 어떤 곳에서는 심지어 '책임전' 범위를 점차 확대하기까지 했다. 그뿐만 아니라 어떤 지방간부들은 대담히 의견을 반영하면서 '책임전' 방법을 적극적으로 추천하기까지 했다. 안후이성 타이후현(太湖縣) 당위원회의 한 간부는 마오쩌둥에게 '책임전 방법을 책임지고 추천하는 것에 관한 보고서'를 써 올려 '책임전' 시정에 대한 성당위원회의 결의를 비판하는 동시에 대량의 사실을 열거하면서 '책임전'의 방법은 '농민들의 혁신적 장거(壯擧)'이며 '현 농촌의 생산력 발전에 적응되는 필연적 추세'이며 '60개조'와 생산대를 기본채산단위로 하는 내용에 대한 중요한 보충"임을 천명했다. 허베이성 장자커우(張家口) 지구당위원회 제1서기도 마오쩌둥에게 서신을 보내 농촌에서 '3개 도급'[30]생산책임제를 보급할 것을 제의했다.

1962년 상반기까지 세대별 생산량도급제는 제지되지 못했을 뿐만 아니라 오히려 갈수록 그 생명력을 과시했다. 당 중앙위원회와 중앙 관계 부문의 일부 지도자는 조사연구하는 과정에 세대별 생산량도급제에 대해 차츰 적극적으로 지지하는 태도를 보였다.

---

30) '3개 도급', 즉 토지, 노력점수, 생산량을 작업조에 맡기는 것을 말한다.

당 중앙위원회 농촌사업부 부장 덩쯔후이(鄧子恢)는 1961년 봄부터 1년 동안 5개 성, 자치구에 깊이 내려가 농촌조사를 진행했다. 조사 과정에서 그는 "생산에 이로워야 하고 단결에 이로워야 한다는 기준으로 세대별 생산량도급제 문제를 실사구시적으로 해결"[31]해야 한다고 제기했다. 그는 농민들이 흩어져 살고 있는 지역에서는 세대별 생산량도급제를 시행한다고 선포해도 괜찮다고 인정했다. 1962년 5월, 그는 조사연구 결과를 서면으로 작성하여 당 중앙위원회와 마오쩌둥에게 회보하면서 사원들이 일정한 범위에서 일부 '소자유, 소사유' 경영을 허용해야 한다고 제기하면서 이런 소자유, 소사유는 현 단계의 농촌 생산력 수준에서 농민들의 적극성과 책임감을 가장 잘 동원할 수 있는 방법이라고 인정했다. 그는 또 생산책임제를 세우는 이것은 "향후 집단생산을 활성화하고 집단적 소유를 공고히 하는 근본적 고리"[32]라고 인정했다. 7월에 그는 중앙고급당교에서 한 보고에서 생산 책임제를 시행하는 문제에 대해 더욱 체계적으로 논술하면서 이렇게 지적했다. 사원들의 적극성을 불러일으키려면 반드시 엄격한 책임제가 있어야 하는데 농업 생산 책임제를 생산량과 연결하지 않고서는 언급하기 어렵다. 토지와 생산수단은 집단적 소유이지만 개인 경제가 아닌 만큼 세대별 생산량도급제를 개인경리라고 여겨서는 안 된다. '개인경리'에 관해서는 그 원인을 분석해야 한다. 그는 광시 룽성현(龍勝縣)을 예로 들면서 룽성현에서 60%가 '개인경리'에 종사하고 있는데 그중의 한 가지 원인이 바로 농민들이 산간지역에 흩어

31) 덩쯔후이, '룽성현의 세대별 생산량도급제 문제에 관하여'(1962년 4월 11일), 〈덩쯔후이문집〉, 인민출판사 한문판, 1996년, 584쪽.

32) 덩쯔후이, '현 농촌인민공사의 약간의 정책문제에 관한 의견'(1962년 5월 24일), 〈덩쯔후이문집〉, 인민출판사 한문판, 1996년, 594~595, 598, 599쪽.

져 살고 한 마을이 3, 4세대밖에 안 되고 두 마을 사이가 가까워 보이지만 정작 가자면 아주 멀었기 때문이다. 이런 형편에서 '개인경리' 또는 이른바 세대별 생산량도급제는 나라의 요구에 따라 양곡징수 임무만 완수한다면 사실 여전히 사회주의라고 했다.

류사오치, 천원, 덩샤오핑 등도 세대별 생산량도급제를 찬성하고 지지했다. 농업생산책임제 문제에서 류사오치와 텐자잉 등은 처음에는 세대별 생산량도급제에 대해 동의하지 않았다. 그러나 현실에 깊이 들어가 농민들의 진실한 생각을 들어본 후 그들은 세대별 생산량도급제 또는 농가에 따라 밭을 나눠주는 것이 농민들에게 환영을 받고 있고 농촌에서 광범위한 대중적 기초를 가지고 있으며 일부 지방에서는 사실 이 같은 방법을 몰래 시행하고 있다는 것을 인정하게 되었다. 7월 초에 텐자잉은 후난 농촌에서의 조사를 마치고 베이징에 돌아와 류사오치에게 보고하면서 세대별 생산량도급제에 대해 주장하기 시작했다. 류사오치는 책임제를 시행할 때 농가별로 한 뙈기밭 또는 작업조별로 여러 뙈기밭을 도급 줄 수도 있지만 책임제를 어떻게 생산량과 연결시키는가 하는 것이 관건이라고 했다. 그는 텐자잉의 의견에 동의하면서 세대별 생산량도급제를 합법화할 것을 제기했다.

6월 하순, 당 중앙위원회 서기처에서 화둥국 농촌판공실의 회보를 청취할 때 덩샤오핑은 농민들의 생활이 어려운 지역에서는 여러 가지 방법을 취할 수 있으며 '책임전'은 신생 사물로서 시험해볼 수 있다고 했다. 상하이에서 베이징으로 돌아온 천원은 6월 하순부터 7월 초에 이르기까지 류사오치, 저우언라이, 린뱌오, 덩샤오핑 등 당 중앙위원회 지도자들과 밭을 다시 나누는 방법으로 농민들의 생산 열성을 불러일으키고 농업 생산량 복구에 관한 문제에 대해 의견을 교환하면서 기본적으로 의견의 일치를 보았다. 덩샤오핑은 밭을 농가에 나눠주는 것은 한 가지 방식이며 여러 가지 방식을 취할 수도 있다고 말했다.[33] 덩샤오핑은 7월 7일에 중국공산주의 청년단중앙위원회 제3기 제7차 전원회의 전체 참가자들을 회견할 때 또 이렇게 지적했다. 어떤 형태의 생산관계가 제일 적합한가 하는 문제에서는 아마도 지방에 따라 농업생산을 더 쉽게, 더 빨리 복구, 발전시킬 수 있는 형태를 취하고 대중이 원하는 형태를 취해야 하며 그것이 합법적이지 않다면 합법화하는 태도를 취해야 할 것이다. 이 도리를 설명하기 위해 그는 또 "누런 고양이든 검은 고양이든 쥐를 잡는 고양이가 좋다."[34]라는 속담을 인용하기도 했다. 그는 이러한 것은 기본적인 의견이므로 부정될 수도 있다면서 중앙에서는 8월 회의에서 이 문제를 연구할 계획이라고 해명했다.

이와 동시에 톈자잉은 일부 인원들을 조직하여 '농촌경제의 복구를 위한 10대 정책'을 작성하기 시작했는데 그 지도사상은 여전히 목전 전국 농촌에서는 마땅히 집단, 반 집단, 세대별 생산량도급제, 개인적인 토지영농을 포함한 다종다양한 소유제 형식을 시행하여 농업생산을 신속히 복구하고 발전시켜야 한다는 것이었다. 당시 중앙 일선의 지도자들의 더욱 일치한 견해는 세대별 생산량도급제와 포전책임제 같은 조치는 임시대책으로서 생산이 복구되면 다시 농민들을 집단경제로 인도하는 것이다. 주요 출발점은 당지 실정에 가장 알맞은 방법을 취하여 농업발전을 추진하는 것이었다.

---

33) 중공중앙 문헌연구실 편, 〈덩샤오핑 연보(1904~1974)〉 하, 중앙문헌출판사 한문판, 2009년, 1712쪽.

34) 덩샤오핑, '농업생산을 어떻게 복구할 것인가'(1962년 7월 7일), 〈덩샤오핑선문집〉 제1권, 민족출판사 1995년, 463쪽.

당은 전대미문의 곤란을 이겨 나아가는 과정에 많은 직접적인 대응책을 취한 동시에 사회주의를 건설하는 몇 가지 중요한 문제에 대해 적극적으로 숙고했다. 바로 좌절과 곤란에 부딪혔기에 사회주의 건설의 길에 대한 모색이 더욱 깊어질 수 있었다. 비록 당시의 숙고와 견해가 모두 성숙한 것이 아니었고 일부 문제에 대한 인식에서도 일치하지 않았으나 이는 반드시 모색의 깊이를 더해준 것으로 된다.

4. 민족단결의 수호와 소수민족지역에서의 사회변혁의 추진

티베트 상층반동집단의 반란을 평정

1959년 3월 10일, 티베트 상층반동집단은 1951년 5월에 체결한 '티베트를 평화적으로 해방하는 방법에 관한 중앙인민정부와 티베트지방정부의 협의'('17개조 협약')을 공공연히 파기하고 서슴없이 전면적인 무장반란을 일으켰다. 이번 반란은 중국을 적대시하는 외국 세력의 지지와 사주를 받았다. 이번 반란은 미리 획책하고 조직적으로 진행되었다. 인민해방군은 당 중앙위원회의 정확한 영도와 티베트인민들의 지지 아래 2년 남짓한 시간을 통해 반란을 철저히 평정하고 그 기세를 몰아 티베트지역에서 민주개혁을 실현했다.

티베트 상층반동집단의 반란활동은 유래가 길다. 달라이(達賴)라마의 경학사이자 섭정자인 닥자(達扎)는 1950년에 벌써 제국주의 대리인으로 충당되었다. 같은 해 11월부터 친정하기 시작한 제14세 달라이라마도 미국중앙정보국 등 외국 세력과 내통하면서 12월에 야둥(亞東)으로 탈출하여 도망칠 기회를 노렸다. 1952년에 중앙인민정부가 티베트지방정부와 '17개조 협약'을 체결한 지 얼마 안 되어 장상층 통치집단의 일부 세력들은 또 암암리에 반동조직인 '인민회의'의 활동을 선동하고 지지하면서 '17개조 협약'을 수정하며 인민해방군을 '티베트에서 철수'시키라는 무리한 요구를 제기하는 동시에 무장소동을 획책했다. 1956년에 티베트 상층통치집단의 일부 세력의 미혹, 책동과 지지로 쓰촨, 칭하이, 간쑤 등 장족거주지역의 반동세력이 무력반란을 일으켰다. 반란세력은 지방정부를 습격하고 지방 관리들을 살해했다.

1956년 4월에 티베트자치구설립준비위원회가 창설되었다. 이때는 주변 다른 성의 장족지구에서의 민주개혁이 시작된 때라 민주개혁은 티베트 각 계층의 보편적인 관심이었다. 티베트 민주개혁문제에 관한 자치구준비대회의 태도는 티베트의 민주개혁은 티베트의 구체적 상황에 따라 티베트지방 지도자와 티베트인민이 협상하여 결정하며 조건이 무르익었을 때 위에서 아래에 이르기까지 평화적 협상의 방법으로 진행한다는 것이었다. 준비대회는 민주개혁의 시작 시기를 정하지는 않았다.

그러나 티베트 상층통치집단의 일부 세력은 획책을 멈추지 않았다. 1956년 5월 상순에 티베트군구는 티베트지방정부가 포탈라궁(布達拉宮) 무기고에서 비밀리에 각종 총기 5천여 자루를 꺼내어 드레펑(哲蚌), 세라(色拉), 간덴(噶丹) 3대 사원에 나눠주면서 한편으로 3대 사원 라마들에게 티베트의 지위를 강력히 수호하고 개혁을 반대하며 사원의 특권을 보호하라는 비밀지시를 내렸다는 정보를 입수했다. 7월 20일에 참도좀다(昌都江達)지역의 두령이 반란을 일으켜 쓰촨−티베트도로연선에서 강도와 파괴를 감행했다. 이렇게 티베트지역에서의 국부적인 무력 반란이 시작되었다.

티베트지역에서의 민주개혁에 대한 중앙의 정책은 명확했다. 저우언라이는 1956년 11월부터 1957년 1월까지 인도 방문 기간에 석가모니 열반 2,500주년 기념활동에 참가하러 갔다가 인도에 머물고 있는 달라이라마와 세 차례 담화를 하고 티베트에서 당장에는 개혁을 시행하지 않을 것이라는 마오쩌둥의 의견을 전하면서 민주개혁에 대한 당 중앙위원회의 태도를 밝혔다. 12월 30일의 담화에서 저우언라이는 달라이라마에게 "주석은 나에게 제2차 5개년 계획 기간에 티베트의 개혁을 절대 논하지 않는 것은 물론 6년이 지난 후의 개혁 여부에 대해서도 역시 그때의 형편과 조건에 따라 달라이라마가 결정할 수 있다는 것을 당신에게 알리라고 했다."[35] 하고 마오쩌둥의 말을 전했다. 1957년 1월 1일, 저우언라이는 달라이와 담화할 때 이러한 내용을 거듭 밝히면서 달라이에게 하루속히 티베트로 돌아가도록 권고했다.

1957년 2월 27일, 마오쩌둥은 '인민 내부의 모순을 정확히 처리하는 문제에 관하여'라는 연설에서 다음과 같이 지적했다. 티베트는 조건이 무르익지 못했기 때문에 아직 민주개혁을 진행하지 않고 있다. 중앙과 티베트지방 정부 간의 '17개조 협약'에 의하면 사회제도의 개혁은 반드시 시행해야 하지만 언제 시행하느냐는 티베트의 대다수 인민대중과 그 지도자들이 시행할 수 있다고 인정하는 그때에 가서야 결정할 수 있는 것이므로 성급해하지 말아야 한다. 5월 14일, 중앙은 '앞으로 티베트사업에 관한 티베트사업위원회의 결정'에 대한 회시에서 다음과 같이 명확히 지적했다. "올해부터 적어도 6년 안에 심지어 더욱 긴 시일 동안 티베트에서 민주개혁을 시행하지 않는다. 6년 후 곧바로 개혁을 시행할 것인지는 그때의 실제 형편을 보아 다시 결정한다." 중앙의 지시에 따라 티베트사업위원회는 이미 민주개

---

35) 중공중앙 문헌연구실 편, 〈저우언라이 연보(1949~1976)〉 상권, 중앙문헌출판사 한문판, 1997년, 650쪽.

혁의 제반 준비사업을 중지했다.

"6년 안에 개혁하지 않는다."는 방침은 중앙이 '7개조 협약' 가운데 "티베트의 제반 개혁사항에 대해 중앙에서는 강요하지 않는다."는 규정을 엄격히 준수했음을 보여준다. 이는 티베트인민 자체의 선택을 충분히 존중하고 민주개혁에 대한 티베트 상층의 우려를 덜어줌으로써 티베트의 광범위한 상층, 중간층 인사 특히 애국적이고 진보적인 상층, 중간층 인사들의 지지를 받았다. 그러나 티베트 상층통치집단 가운데 극렬한 민족분열주의자들은 지금까지 자신들의 입장을 바꾸려 하지 않았다. 그들은 "영원히 개혁하지 않는다."는 구호를 내놓았을 뿐만 아니라 암암리에 반란을 획책하면서 이른바 티베트 독립을 실현하여 티베트를 조국에서 분열시키려 했다.

티베트 상층반동집단 일부 세력의 선동으로 1957년부터 반란활동은 점점 더 확대되는 조짐을 보였다. "종교를 지킨다."는 구실을 내걸고 반동조직을 움직여 '티베트 독립'과 같은 반동적인 구호를 제기했다. 그해 7월 4일에 제14세 달라이라마는 포탈라궁에서 반란무력조직인 '4수6강(四水六崗)'이 헌납한 '황금보좌'를 접수하고 그 성원들의 복을 기원하는 뜻으로 정례식을 하는 것으로 반란을 지지하는 입장을 드러냈다. 반란분자들은 무력으로 해방군 병참을 습격하고 도로보수반에 들이닥쳐 노략질하고 차량을 털며 다리를 폭파하고 도로를 파괴했다. 심지어 당, 정부, 군대의 기관 거주지를 포위공격, 방화 약탈하고 군중을 살해하여 많은 간부, 전사와 무고한 군중이 피해를 당했다. 1958년 말까지 티베트 전 지역의 무력 반란세력은 2만 천 명으로 늘어났다.

1959년 3월 10일에 티베트 상층반동집단은 달라이라마가 군구병영에 공연 관람을 가게 된 사건을 빌미로 요언을 퍼뜨려 군중을 미혹하면서 공공연히 협약을 깨버리고 조국을 배반하는 전면적인 무력반란을 일으켰다. 반란자들은 이른바 '인민대표대회'를 열어 중앙정부와 결렬하며 '티베트 독립'을 이루는 활동을 끝까지 벌이기로 결정했다. 반란분자들은 또 무장총부를 설립했다. 3월 13일에 티베트 상층 반동집단은 '티베트독립국인민대표대회'의 명의로 각 종, 계[36]에 티베트 '독립'의 승리를 위해 무릇 18세 이상부터 60세에 이르는 남성은 반드시 저마다 무기를 휴대하고 라싸(拉薩)에 모이도록 명령했다. 3월 16일에 반란분자들은 라싸 주재 인도총령사관을 통하여 인도 가슬크호로에 머물고 있는 샤곱·왕츄다이딘(夏格巴·旺秋德丹)[37]에게 '티베트독립국인민대표대회'의 명의로 '티베트독립국' 설립을 선포하라는 비밀전보를 보냈다. 3월 20일 새벽에 반란분자들은 라싸 주둔부대, 기관, 사업단위와 기업들을 향하여 맹렬한 진격을 발동했다. 이에 앞서 티베트군구 정치위원 탄관싼(譚冠三)은 달라이에게 서신 세 통을 써 보내 권유와 교양으로 돌려세우려 했는데 달라이도 회답 서신 세 통을 보내 알아서 '처리'하겠다면서 시간만 계속 끌었다. 3월 17일 밤에 달라이라마는 반란무력조직을 인가하는 '인가증'에 서명하고 나서 "티베트는 과거에 독립국가였다."고 하면서 끝까지 저항하라고 반란비적들을 부추겼다. 그런 다음 까룬인 쒀캉(索康), 룽샤(柳霞), 샤소르(夏蘇) 및 부관인 창파라(長帕拉), 부경학사인 츠쟘(赤江) 등 반란두목 등과 함께 뤄부링카(羅布林卡)에서 라싸하를 건너 반란세력의 '근거지'인 산난(山南)으로 갔다. 산남의 룽쯔쫑(隆子

---

36) 종, 계는 티베트지방정부가 설치한 현급에 해당되는 지방정권기구이다. 일반적으로 종의 관할구는 범위가 비교적 넓고 계의 관할구는 범위가 비교적 작다.

37) 샤곱은 인도 가슬크호로로 도망간 원 까샤즈번(관리 이름)이며 반동조직인 '티베트행복사업회'의 지도자이다.

宗)에서 수석 까룬인 쐬캉이 달라이라마를 대표하여 티베트력 2월 1일(즉 3월 10일)에 '티베트 독립'을 선포했다. 6월 20일에 인도에 도착한 달라이라마는 공개적으로 기자회견을 갖고 "1950년 중국이 침입하기 전 티베트가 향유하고 있던 자주적이고 독립적인 지위를 회복한다."고 명확히 밝혔는데 이는 사실 바로 '티베트 독립'을 공공연히 선포한 것으로 된다.

그때 우창에 있던 마오쩌둥은 티베트 상층반동집단의 반란 소식을 들은 후 사태의 발전 추세를 정확히 예측했다. 그는 이 같은 정세대로 간다면 티베트문제는 핍박(이 같은 '핍박'은 매우 좋은 것이다)에 의해 앞당겨 해결될 수 있을지도 모른다고 했다. 마오쩌둥의 이러한 예측은 3월 12일에 중공중앙의 명의로 티베트사업위원회에 전달되었다. 티베트 상층반동집단이 전면적인 무력반란을 일으키고 완전히 국가를 배반하는 길로 나아감에 따라 중공중앙과 중앙군사위원회는 반란을 평정하기로 결정했다. 3월 20일 오전 10시, 인민해방군 티베트 주둔부대는 반란세력을 향해 반격하기 시작했다. 인민해방군은 티베트 여러 민족, 각계 인민의 대폭적인 지지로 이틀 만에 라싸시구에서의 반란을 철저히 격퇴하고 반란세력 5,300명을 사살하거나 포로로 삼은 동시에 대량의 무기와 탄약을 노획했다. 라싸에서의 폭란을 평정함으로써 티베트 상층반동집단의 계획을 무산시켰고 티베트에서의 전면적 반란 책동이 중심을 잃게 했다. 뒤이어 인민해방군은 라싸에서 남하하여 10여 일간의 전투를 거쳐 야룽장푸강 이남, 쟝쩨(江孜) 이동, 히말라야산 이북, 쩌라종(則拉宗) 이서의 30여 개 종(계)과 마을을 함락함으로써 반란세력이 장기적으로 둥지를 틀고 있던 산남지구와 히말라야산 북부 모든 변경의 중요 거점을 완전히 통제했다. 4월 중순에 인민해방군 반란평정부대는 참도지역에서 선후로 참도 둥베이 및 동남 2개 지역에 대한 폭란평정 작전을 조직했다. 7월 초부터 인민해방군은 또 티베트 북부 남초(納木湖)와 미디카(麥地卡)지역에 집결해 있는 반란세력을 소탕했다. 이 같은 작전행동을 거쳐 1959년 말까지 반란세력의 60%가 인민해방군에 의하여 소멸되었다. 잔여 반란세력은 심산지구로 도망쳐 들어가 네 곳에 널려 있었다. 티베트인민의 지지 아래 인민해방군 반란평정부대는 1961년 말에 끝내 티베트 경내의 잔여 반란세력을 모두 숙청하고 티베트에서의 반란을 평정하는 승리를 거두었다.

티베트 상층반동집단이 일으킨 반란은 결코 그들이 말하는 그런 '의거'가 아니라 인민을 배반하고 조국통일을 파괴하며 민주개혁을 반대해 정교합일의 봉건농노제도를 영원히 유지하려는 반동행위였다. 그들의 이 같은 행위는 광범위한 티베트 인민의 근본 이익에 위배될 뿐만 아니라 티베트 상층 진보적 애국인사들의 경멸을 자아냈다. 국가통일을 수호하는 원칙으로부터 보나 광범위한 티베트인민의 근본적 이익을 보호하는 측면으로 보나 인민해방군의 반란을 평정하는 투쟁은 모두 정의로운 것으로 티베트 인민의 열렬한 옹호를 받았다. 티베트 상층반동집단이 발동한 반란을 평정한 것은 당과 인민군대가 국가의 통일과 인민의 이익을 수호하기 위한 중요한 투쟁이었다. 반란이 일어난 후 당 중앙위원회와 중앙정부는 달라이라마에 대해 줄곧 참을성 있게 기다리는 태도를 취하면서 충분한 여유를 주는 등 최선의 노력을 다했다. 저우언라이 총리가 1959년 3월 28일에 발부한, 티베트지방정부를 해체하고 티베트자치구준비위원회가 티베트지방정부의 직권을 행사하는 것에 관한 명령서에는 달라이라마가 반란세력에 의해 억지로 납치당했다고 선포했다. 2주일간의 해외도피과정에서 달라이라마 일행은 인민해방군의 추격도 저지도 받지 않앞다. 전국인민대표대회 상무위원회는 1964년 12월 전까지도 달라이라마의 전국인민대표대회 상무위원회 부위원장 직무를 보류하고 있었다. 그러나 달라이라마는 반동 입장을 고집하면서 해외로 도주한 후 공공연히 '티베트망명정부'를 세우고 공개적으로 '티베트 독립'을 선포하는 한편 반란무력 세력을 다시 조직하여 다년간 중국 변경에서 군사적 습격과 교란을 감행했다. 또한 국제적으로 장기간 중국정부를 반대하고 분열을 주장하는 활동에 종사해왔고 티베트와 기타장족지역에서 여러 차례 소란사건을 일으켜 조국을 분열시키고 낡은 제도를 꿈꾸며 민족단결을 파괴하는 활동을 더욱 격화시켰다.

티베트에서의 민주개혁의 완수

티베트에서 봉건적 농노주계급의 잔혹하고 어두운 통치를 뒤엎고 봉건영주의 토지소유를 바꾸며 상층 승려와 귀족 세력의 독재 수단으로서의 '정교합일' 제도를 변혁하는 것은 역사의 필연적 추세였다. 일찍이 1951년 5월에 중앙인민정부는 티베트지방정부와 달성한 '17개조 협약에서 티베트지방정부는 자발적으로 개혁을 진행해야 하며 인민들이 개혁을 요구할 때에는 티베트 지도자들과 협상을 통해 해결해야 한다고 명확히 규정했다.

10세기 때부터 시작된 구티베트사회 정교합일의 봉건적 농노제도는 1천여 년을 넘게 지속해왔는데 이는 승려와 귀족이 연합하여 독재를 시행하는 정치제도이다. 관청, 귀족과 사찰의 상층 승려 이 3대 영주로 구성된 농노주계급은 광범위한 농노와 노예에 대해 경제적 착취와 정치적 압박을 잔혹하게 시행했다. 인구의 약 5%를 차지하는 농노주들은 거의 전 토지와 농노 및 노예를 점유했으나 인구의 약 90% 이상을 차지하는 농노들은 생산수단과 인신자유가 없이 소작농사로 생계를 유지했는데 그 노동 소득의 절반 심지어 70% 이상을 농노주에게 약탈당했다. 인구의 약 5% 안팎을 차지하는 '낭쎈'은 세습노예로 철저히 농노주에 의해 점령당하고 있었다. 봉건농노제도 아래 티베트의 사회 생산 수준은 매우 낮았다. 농업생산 도구와 경작방식도 낙후했다. 농작물 소출은 보통 종자의 4배 내지 5배, 또는 6배 내지 7배를 초과하지 못했고 농업과 목축업의 분공 외에 수공업과 상업의 비율도 극히 낮았다. 수공업 생산은 가정부업이 기본이었고 자연 경제가 절대적으로 우세를 차지했다. 봉건적 농노제도로 티베트의 문화교육은 사찰의 상층과 귀족에게 거의 독점되었다. 1950년대의 조사에 따르면 티베트의 문맹 인구수는 자치구 전체 인구의 95% 이상을 차지했다.

티베트 상층반동집단이 무력 반란을 일으킨 후 광범위한 장족인민들의 봉건적 농노제도를 뒤엎으려는 욕망이 강하게 분출되면서 민주개혁 시행은 막을 수 없는 상황에 이르렀다. 바로 마오쩌둥이 예견한 바와 같이 반동세력의 반란으로 티베트문제가 더 빨리 해결될 수 있게 되었다. 1959년 3월 22일, 당시 베이징에 머물고 있던 티베트사업위원회 서기 장징우(張經武)는 티베트사업위원회에 '티베트 반란 평정 과정에서 민주개혁을 실현하는 약간의 정책문제에 관한 중공중앙의 지시'를 전달했다. '지시'는 다음과 같이 밝혔다. "티베트 지방정부가 이미 '17개조 협약'을 파괴하고 조국을 배반했으며 티베트에서의 전면적인 반란을 발동했다.""중앙이 원래 결정한 6년 동안 개혁하지 않는다는 정책을 더 이상 집행할 수 없게 되었다.""중앙은 이번의 반란을 평정하는 싸움에서 반드시 동시에 단호하고도 대담하게 대중을 발동하고 민주개혁을 시행하여 장족인민대중을 철저히 해방시키며 티베트지역으로 하여금 사회주의 길로 나아가도록 인도해야 한다고 인정한다." 5월 31일에 중공중앙은 티베트사업위원회의 '목전 반란평정사업에서의 몇 가지 정책문제에 관한 결정'에 회시하면서 다음과 같이 지적했다. "목전 티베트지역에서의 과업은 반란평정투쟁과 연결지어 싸우는 한편 개혁하는 방법을 취해 전 지역에서의 민주개혁을 완수하는 것이다. 티베트지역에서의 민주개혁은 두 가지 절차로 나누어 진행할 수 있다. 첫 번째는 초안에서 제기한 3반(반란 반대, '어우락' 반대[38], 노역 반대)쌍감(감조, 감식)이며 두 번째는 토지 분배 시행이다." 그 후 티베트사업위원회는 중앙이 확정한 방침에 따라 광범위한 장족 대중들을 인솔하여 2년 동안 티베트지역에서의 민주개혁을 완수했다.

티베트지역 농촌에서의 민주개혁은 중앙의 결책에 따라 엄격하게 두 가지로 나누어 진행되었다. 중앙정부는 반란을 평정하고 나서 명령을 내려 티베트인민을 수백 년 동안 압박해온 가샤정권 및 그 산하의 군대, 법정과 감옥을 해체하고 구티베트법전 및 그 야만적인 형벌을 폐지했다. 뒤이어 농촌에서 계획적이며 절도 있게 '3반쌍감' 운동을 전개했다. 정부는 명령을 내려 반란 영주의 토지에 대해 그해에 "농사를 지은 사람이 그해의 소출을 소유하는" 정책을 시행한다고 선포하여 노예주에 대한 농노와 노예의 종속관계를 철저히 폐지했다. 반란에 참가하지 않은 농노주와 대리인에 한해서는 '28감조'[39]를 시행한 동시에 3대 영주가 1958년 전에 근로인민에게 안긴 모든 대부금 채무를 폐지했고 반란에 참가하지 않은 농노주의 경우 1959년에 근로인민에게 내준 대부금의 채무에 대해서는 일률로 이자를 낮추어

---

38) 어우락은 장족어로 부역, 사역을 뜻한다.

39) '28감조', 즉 농노주와 농노에 대해 시행한 2 : 8 분배형식이다. '3반쌍감' 기간에 농산물 수확의 8할은 농노가 차지하고 2할은 농노주가 차지한다는 것이다.

월 이자를 1전으로 계산한다고 했다. '3반쌍감' 운동은 인민정권의 힘으로 농노 및 노예들을 속박하던 사슬을 끊어버림으로써 그들로 하여금 정치적으로 해방하게 했다. 광범위한 근로대중도 감조감식운동에서 물질적 혜택을 얻게 되었으므로 인민대중의 계급적 각성이 훨씬 향상되었다. 당시 형편이 나아진 농노들 사이에서는 당과 정부에 감사하는 기쁜 심정을 표현한 이런 노래가 불렸다. "달라이라마라는 태양은 귀족들만 비추고 마오 주석이라는 태양은 우리 가난한 사람들을 비춰주네. 이제 귀족들의 태양은 지고 우리의 태양이 솟았다네."[40]

'3반쌍감' 운동을 거쳐 민주개혁의 두 번째 절차, 즉 토지분배의 조건이 갖춰가기 시작했다. 티베트 농촌은 기본적으로 농노주와 농노 두 대립 계급이 존재했다. 당의 정책에 따라 계급을 나누고 나서 반란을 일으킨 농노주의 토지와 기타 생산수단들을 몰수했으며 반란에 참가하지 않은 농노주의 생산수단에 대해서는 매입했다. 그런 다음 가난한 농노와 노예들의 요구를 최대한 만족시키고 중등 농노(부유한 농노를 포함한다)들의 이익을 적절히 분배하는 원칙에 따라 몰수하고 매입한 토지와 기타 생산수단들을 공평하고 합리적으로 분배했다. 동시에 농노주에게도 토지를 나눠주었다. 1960년 10월에 티베트 사업위원회는 중앙정부의 답전 정신에 따라 토지를 분여받은 농민들에게 토지증서를 발급함으로써 토지에 대한 농민들의 소유권을 분명히 했다. 같은 해 말에 티베트 전 지역 80만 인구의 농업구에서 기본적으로 민주개혁이 실현되었다.

티베트목축구에서의 민주개혁은 농업구와는 크게 달랐다. 목축구

---

40) 〈당대중국〉 총서 편집위원회 편, 〈당대중국의 티베트〉 상, 당대중국출판사 한문판, 1991년, 277쪽.

에서의 당의 민주개혁 방침은 반란을 일으킨 영주와 반란을 일으킨 목장주의 가축을 몰수하여 먼 지방의 목자와 가난한 목축민에게 나눠줄 뿐만 아니라 전반 목축구의 생산수단에 대해 그 소유를 변경하지 않고 투쟁 운동을 벌이지 않으며 가축을 분배하지 않으며 목축구 범위에서 계급을 공개적으로 구분하지 않는다는 정책이었다. 이 정책은 티베트목축구의 실제에 근거하여 제정된 것이었다. 티베트목축구는 땅이 넓고 교통이 불편한 데다 많은 목축민이 나무와 풀을 따라 유목생활을 하고 있었다. 목축업 생산은 가축이 곧 생산수단이자 생활수단이었다. 또한 쉽게 손해를 보거나 피해를 입을 수 있는 취약한 생산수단과 생활수단이라는 특징이 있었다. 또한 가축이 일단 피해를 입으면 복구하는 데 비교적 긴 시일이 걸렸다. 그리하여 목축구에서의 민주개혁은 너그러우면서도 융통성 있는 정책을 취했다. 목축구에서의 민주개혁의 주요방법은 바로 '3반양리', 즉 반란을 반대하고 '어우락'을 반대하며 노역을 반대하는 것과 목장주와 목축인의 이익을 고루 돌보는 것이었는데 이는 광범위한 목축민에게 지지를 받았으므로 목축구의 생산력도 발전했다. 1961년에 티베트 전 지역은 가축 1,161만 마리를 두었는데 이 수치는 역사적으로 기록될 만한 것이었다.

당의 영도 아래 추진된 사찰에 대한 민주개혁은 티베트 민주개혁의 매우 중요한 요소였다. 당은 복잡한 정세와 문제에 직면하여 더욱 신중한 정책을 취했다. 티베트의 봉건적 농노제도는 '정교합일'에 기반을 둔 봉건영주의 장기 독재 체제를 유지하고 있었다. 사찰의 상층 승려는 3대 영주 가운데 하나였다. 사찰은 티베트 전 지역 3분의 1 이상의 토지와 대량의 목장과 가축을 차지하면서 소작료, 고리대와 노역 착취를 통해 농노의 노동 시간 4분의 3 이상, 수확물 50% 이상을 소유하고 있었다. 많은 사찰이 티베트 상층반동집단이 일으킨 반란에 참여했고 사찰은 반란세력의 소굴이 되었다.

당의 영도로 사찰에 대한 민주개혁은 주로 네 가지 핵심문제를 둘러싸고 전개되었다. 첫째, 반란을 일으킨 사찰들에서 반란을 평정하고 나서 군중을 적극적으로 동원하여 숨어 있는 반란세력과 반혁명세력을 철저히 색출해 반란조직과 반혁명조직을 없앴다. 둘째, 반란을 일으킨 사찰과 반란에 참여한 승려들의 토지와 목장 및 기타 생산수단들을 몰수하고 사찰들의 봉건적 특권을 폐지했다. 셋째, 가난한 승려와 비구니, 그리고 나라를 사랑하고 법을 지키는 종교계 중상층 인사들이 참가한 사찰민주관리위원회를 구성하고 정부와 종교사무관리부서의 지도로 사찰에서의 종교활동과 제반 사무를 관리했다. 넷째, 종교 신앙의 자유라는 정책을 집행했다. 이러한 사업절차 속에서 당은 인민들을 영도하여 사찰에 대한 민주개혁을 완수했다.

1959년부터 1961년까지 2년 동안의 간고한 노력과 유혈이 있은 끝에 티베트라는 이 옛 땅에서 세계가 주목하는 사회 대변혁이 실현되었으며 당은 티베트 민주개혁운동을 성공적으로 영도했다. 인민이 곧 주인이 된 새 티베트가 세계의 지붕으로 우뚝 섰다. 민주개혁을 통해 100만 명의 농노와 노예들은 마침내 개인 소유의 토지와 가축을 얻게 되었다. 따라서 이들에게 전례 없는 생산 열성을 불러일으켰으며 '정교합일'의 봉건농노제도는 깨끗이 소멸되었고 티베트의 인민들은 충분한 민주 권리를 향유할 수 있게 되었다. 티베트를 조국의 대가정에서 분리시키며 영원히 봉건농노제 통치를 수호하려는 그 어떤 음모도 모두 수치스러운 실패를 보고야 만다는 사실을 역사가 증명했다. 티베트 상층반동집단이 일으킨 반란은 당으로 하여금 민주개혁의 발걸음을 재촉하게 했으며 반란 평정의 승리는 티베트인민으로 하여금 일련의 정치적인 문제들을 일찍이 해결하게 함으로써 중대한 역사적 의의가 있는 사건으로 기록되었다.

광시, 닝샤(宁夏)와 티베트에서의 자치구의 창립

사회주의를 전면적으로 건설하는 10년이란 역사행정에서 당의 민족사업은 일련의 중요한 진전을 가져왔다. 그중 광시좡족자치구, 닝샤회족자치구와 티베트자치구의 창립은 당이 이 시기 민족구역 자치정책을 빈틈없이 시행하여 정치적으로 민족평등의 권리를 실현함으로써 소수민족 자신이 주인이 되게 하는 중요한 실천이었다.

중국의 성급 자치구는 총 5개이다. 그중 내몽골자치정부는 1947년 5월 1일(1949년 12월에 내몽골자치정부를 내몽골자치구 인민정부로 개칭했다)에 창립되고 신장위구르자치구는 1955년 10월 1일에 창립되었다. 광시, 닝샤, 티베트 세 자치구의 창립은 각기 다른 역사적 배경을 가지고 있다.

광시좡족자치구는 1958년 3월 5일에 창립되었다. 이에 앞서 광시성은 1952년 12월에 광시성 계서좡족자치구를 세웠는데 행정적으로 행정공서급이었다. 1953년의 제1차 전국인구조사에서 광시성의 좡족은 650여만 명 인구에 주로 광시성 서부와 중부의 42개 현에 거주하고 있으며 한족 다음으로 인구가 많은 소수민족이라는 것이 확인되었다. 당과 정부는 이 같은 실정에 따라 행정공서급의 자치구는 이미 조국 민족 대가정에서의 좡족의 지위에 맞지 않으므로[41] 성급의 민족자치구를 창립해야 한다고 인정했다.

광시좡족자치구 창립 추진사업은 매우 신중하게 충분한 토의를 거

---

41) 내몽골자치구를 창립할 때 몽골족 인구는 200만 명이 안 되었고 신장위구르자치구를 창립할 때 위구르족 인구는 300만 명이 안 되었다.

쳐 이루어졌다. 1954년부터 1958년까지 중공중앙은 중국공산당 광시성위원회, 전국인민대표대회와 중국인민정치협상회의와 여러 차례 회의를 열고 자치구 창립방안을 연구했다. 1956년 12월, 중공중앙은 자치구 창립문제에 관한 중국공산당 광시성위원회의 의견을 비준하고 회시하면서 토론하고 집행할 것을 요구했다. 1957년 3월 25일, 저우언라이는 중국인민정치협상회의 제2기 전국위원회에서 소집한 광시좡족자치구 창립문제에 관한 좌담회에 출석하여 반드시 성급의 좡족자치구를 창립해야 한다는 의견을 긍정했을 뿐 아니라 "연합하면 쌍방에 이롭고 분립하면[42] 쌍방에 해롭다."는 자치구 창립 원칙을 강조했다. 저우언라이는 연설에서 당의 민족구역 자치정책을 상세히 설명하면서 한족은 소수민족이 공동으로 발전하도록 도와주어야 한다고 강조했다. 위에서 아래에로, 아래에서 위로 이렇게 거듭되는 그리고 여러 측면의 충분한 온양과 토론을 거쳐 중앙정부는 광시성을 광시좡족자치구로 고쳐 창립하는 방안을 최종적으로 확정했다. 1957년 7월 5일, 국무원 부총리 겸 국가민족사무위원회 주임 우란후는 '광시좡족자치구와 닝샤회족자치구 창립에 관한 보고'를 전국인민대표대회 제1기 제4차 회의에 내놓으면서 대회에서 비준할 것을 제의했다. 회의는 즉시 광시좡족자치구와 닝샤회족자치구 창립에 관해 결의했다. 회의는 광시성 조직기구를 취소하고 광시성 소속의 행정구역을 광시좡족자치구의 행정구역으로 한다고 결정했다. 이로써 광시좡족자치구 창립에 필요한 법률적 절차가 완결되었다.

광시좡족자치구 제2기 인민대표대회 제1차 회의가 1958년 3월 5일부터 13일까지 난닝에서 열렸다. 회의는 웨이궈칭(韋國淸, 좡족)을

---

42) 여기서 "분립한다"는 것은 새로 세우게 될 자치구를 원래의 광시성에서 분립하는 방안을 말한다.

자치구인민위원회 주석으로 선출하고 3월 15일을 광시좡족자치구 창립 기념일[43]로 결정했다.

닝샤회족자치구는 1958년 10월 25일에 창립되었지만 준비사업은 벌써 몇 년 전부터 시작되었다. 국가민족사무위원회는 1954년 10월에 시베이에서 장기간 사업해온 당내 인사들을 초청하여 규모가 비교적 큰 회족자치구를 창립하는 것에 관한 문제를 연구했다. 회의에서는 비교적 의견의 일치를 보였고 간쑤성 허둥(河東)회족자치지방들을 합병하는 동시에 시하이구(西海固)회족자치지방들을 원 닝샤지구에 편입시키고 성급에 상당한 회족자치구를 창립하는 데 동의했다. 당의 민족구역자치에 관한 이론과 정책에 따라 닝샤에 회족자치구를 창립하는 것은 회족인민들의 정치 열성을 남김없이 발휘시키며 회족과 한족 간의 단결 및 회족 내부의 단결을 강화하며 회족인민들의 정치, 경제, 문화 사업 발전에 모두 이로운 것이었다. 동시에 회의에 참석한 이들은 또 닝샤회족자치구의 창립은 국제적으로 특히 중동, 근동의 이슬람교 국가들에 대해 좋은 정치적 영향을 미칠 것으로 분석했다. 회의는 준비 기구를 창설하고 상당한 기간의 준비를 거쳐 조건이 갖추어질 때에 자치구를 창립할 것을 제의했다. 회의 후 국가민족사무위원회 당조는 중공중앙에 '시베이의 회족집거구에 회족자치구를 창립하는 것에 대한 청시보고서'를 제안했다. 1956년 2월, 중공중앙은 간쑤성 둥베이부의 회족이 비교적 많이 집중된 지역에 성급 회족자치구를 창립할 것을 정식으로 제안했다. 1957년 7월에 소집된 전국인민대표대회 제1기 제4차 회의는 닝샤회족자치구 창립에 관한 결의를 채택했다. 1957년 11월에 중앙은 중국공산당 닝샤회족

---

43) 1978년에 광시좡족자치구 창립 기념일을 12월 11일로 고쳤다. 12월 11일은 백색봉기 기념일이면서 광시 전역 해방 기념일이기도 하다.

자치구사업위원회 창립을 비준했다.

닝샤회족자치구 제1기 인민대표대회 제1차 회의가 1958년 10월 24일부터 30일까지 은천에서 열렸다. 10월 25일에 회의는 자치구인민위원회 구성인원을 뽑았는데 류거핑(劉格平, 회족)이 주석으로 임명되면서 닝샤회족자치구의 창립을 정식으로 선포했다.

티베트자치구는 1965년 9월 9일에 정식으로 창립되었다. 이에 앞서 대략 10년이란 준비 시간을 보냈다. 1955년 3월 9일, 국무원 제7차 전체회의에서 '티베트자치구준비위원회 설립에 관한 결정'을 토의하고 통과시켰다. 1956년 4월 22일, 티베트자치구준비위원회의 설립을 선포했다. 국무원의 결정에 따라 준비위원회는 티베트자치구창립 준비사업을 통일적으로 협상, 책임지는 정권 성격을 띤 기관이었다. 티베트지역 정치 상황의 특수성으로 자치구준비위원회가 설립된 후 티베트지방정부, 벤첸칸푸회의청위원회, 참도지구인민해방위원회는 자치구준비위원회의 영도를 접수하여 제반 사업을 진행하는 외에 행정사무에서 일정한 독립성을 유지할 수 있었다. 협상을 거쳐 처리해야 하고 또 처리될 수 있는 사안은 준비위원회를 통해 결정하고 잠시 처리되지 못한 사안은 그냥 각 측에서 처리하되 반드시 국무원의 영도를 받아야 했다. 이처럼 통일적 영도 아래 있으면서 독립성을 갖고 있는 몇 개 정권기구들이 동시에 병존하는 국면은 1959년 3월에 티베트 상층반동집단이 반란을 일으킨 후 완결되었다. 3월 28일, 저우언라이는 국무원의 명의로 당일부터 티베트지방정부를 해체하고 티베트자치구준비위원회가 티베트지방정부의 직권을 행사하며 판첸어르더니 춰지젠찬(班禪額爾德尼 确吉堅贊)을 준비위원회 대리주임위원으로 임명한다고 선포했다. 이 같은 중대한 정치 변화로 티베트자치구의 창립을 준비하는 사업이 가속되었다.

개편 후 티베트자치구준비위원회는 티베트지구 인민민주정권의 주체로서 티베트자치구의 정식 창립을 위해 대대적인 준비사업을 벌였다. 우선, 준비위원회는 티베트의 각급 지방인민정권을 설립하기 시작했다. 티베트자치구준비위원회는 1959년 7월에 '티베트 지방의 각 현, 구, 향에서의 농민협회 조직 규약'을 통과시키고 구, 향 농민협회가 기층정권의 직권을 대행한다고 규정했다. 각지에서의 반란이 평정되면서 각급 농민협회가 연이어 설립되기 시작했다. 이는 티베트의 농목축민들이 주권을 행사하는 정권조직이었다. 티베트자치구준비위원회는 중국공산당 티베트사업위원회의 '티베트지구 행정구역 구분 조절 의견'에 따라 1959년 10월 26일에 결의를 내려 티베트 원래의 행정구역을 합병하여 라싸시관할구 하나와 72개 현으로 나누고 7개 전원공서와 라싸시를 설립하는 동시에 각급 인민정부를 설립했다.

1961년 4월 21일, 중앙은 '티베트사업방침에 관한 지시'를 발부하면서 다음과 같이 지적했다. 일반선거를 거쳐 각급 인민대표대회와 인민위원회를 건립하는 것은 민주개혁을 철저히 완수하고 인민민주권을 공고히 하는 중대한 절차이다. 기층인민대표대회 및 선출된 인민위원회는 농회를 기반으로 건립되어 광범위한 농민들의 의지를 대표함으로써 당 영도의 당지인민의 권력기관으로 거듭나야 한다. 중국공산당 티베트사업위원회와 자치구준비위원회의 영도 아래 전 자치구에서의 일반선거사업은 1961년 5월부터 시범적인 선거에서 전면적인 선거로 넘어갔다. 1965년 7, 8월까지 전 자치구의 향과 현에서의 선거가 기본적으로 종결되었다.

약 10년 동안 준비한 끝에 티베트자치구 창립에 관한 국무원의 의안이 전국인민대표대회 상무위원회의에서 토의, 통과되고 비준되었다. 1965년 9월 1일부터 9일까지 티베트자치구 제1기 인민대표대회가 라싸에서 열렸다. 대회에서는 아페이아왕진메이(阿沛阿旺晋美, 장족)를 자치구인민위원회 주석으로 선출했으며 티베트자치구가 정식으로 창립되었음을 선고했다.

이로써 전국적으로 5개 성급 자치구가 모두 창립되었다.

민족구역자치제도는 당이 중국의 민족문제를 해결하는 기본 정책인 동시에 중화인민공화국의 기본 정치제도이다. 이 제도는 조국의 통일과 영토 확정을 보장하고 여러 민족의 평등권 실현에 지극히 중요한 의의를 가진다. 이 제도는 국내 민족 간의 단결과 여러 민족의 정치, 경제, 문화의 발전을 추진함으로써 여러 민족 인민대중의 충심으로써 옹호를 받았다. 민족구역 자치제도의 시행은 중국공산당과 중국 여러 민족 인민의 전례 없던 중대한 발전이다.

소수민족지역에서의 사회주의적 개조와 민족정책의 조정

소수민족지역에서의 사회주의적 개조란 소수민족지역에서 민주개혁을 시행한 이후에 진행된 농업, 목축업과 도시의 사영상공업, 수공업에 대한 개조를 말한다. 그 본질은 개인적 소유를 사회주의 집단적 소유로 인도하여 점차 농업합작화를 실현하는 것이었다. 이는 소수민족지역에서 사회주의적 개조를 진행하는 데 반드시 거쳐야 할 중요한 절차였다.

소수민족 농업지역에서의 사회주의적 개조도 대체로 호조조에서 초급사, 다시 고급사에 이르는 발전 과정을 거쳤다. 토지와 생산수단의 입사 처리문제에 대해 각지에서는 대부분 해당 지역 민족의 특성을 돌보는 데 주의를 기울였다. 이를테면 광시 묘족집거지구에서는 가정에서 딸의 혼숫감으로 남겨놓은 '처녀전'을 그대로 남겨두었다.

그리하여 소수민족 농업지역에서의 사회주의적 개조는 더 온건하면서도 순조롭게 진행되었다. 당은 목축업지역에 대한 사회주의적 개조를 진행하는 것에도 여러 대상에 따라 구별하는 정책을 시행했다. 개인 목축민에 대해는 호조합작을 통해 점차 목축업 합작화를 실현했다. 목장주 경제 개조는 도시의 자본가에 대한 개조와 유사한 속매정책을 취했다. 개조형식에서 주로 민간과 정부 합작으로 경영하는 목장을 만들어 목장주의 가축을 목장에 맡겨 관리하게 했으며 그 가축에 가격을 매기고 이자를 정한 다음 비율에 따라 수익을 배당했다. 목장주의 자류 가축 수에 대해서는 관대히 처리했다. 동시에 각지에서는 개조 과정에 구체적 실정에 따라 더욱 융통성 있는 정책들을 취했다. 예를 들면 티베트지역에서는 사찰에서 점유하고 있는 가축을 목장에 맡기거나 입사시키는 자원적 원칙에 따른 정책을 시행했다. 1956년 말에 이르러 티베트를 제외한 소수민족지구 농촌의 사회주의적 개조가 대체로 완결되었다.[44)]

경제건설에서 나타난 조급히 성사시키려는 '좌'적 사상의 영향을 받아 소수민족지역에서도 '대약진'운동과 인민공사화운동을 전개하면서 "3년 동안 악전고투하여 뒤떨어진 면모를 개선하고" "세기를 뛰어넘는 대약진을 실현하기 위해 힘쓰자."는 등 실제와 동떨어진 구호를 제기했다. 농촌에서는 또 이른바 "단번에 하늘에 오른다."는 구호를 제기했다. 즉 일부 소수민족지역들에서 갓 초급합작사를 설립했거나 심지어 아직 생산호조조 단계에서 벗어나지 못했음에도 불구하고 작은 합작사와 호조조들을 크게 통합하여 "규모가 크고 공공적인" 인민공사를 건립했다. 이는 의심할 바 없이 소수민족지구의 경제건

---

44) 티베트지역에서의 사회주의적 개조는 민주개혁 이후에 완수되었는데 그 시기는 1970년대이다.

설에 심각한 영향을 끼쳤다.

중앙에서 국민경제에 대한 조정 방침을 제기한 후 소수민족지역에서는 '대약진'운동 이래의 '좌'적 오류를 시정하기 시작했다. 중앙의 지시정신에 따라 여러 민족자치지방에서는 우선 농업생산을 복구하고 발전시키는 것으로부터 착수하여 인민공사의 소유와 분배 관계를 조정하고 자원호혜, 평등교환과 노동에 따라 분배하는 원칙을 다시 견지하면서 공공식당을 해체시키고 자류지와 자류가축을 두는 것을 회복시켰다. 그리고 사원들이 가정부업과 수공업을 발전시키도록 허용하고 농민들의 시장교역을 회복했다. 땅이 넓고 인적이 드물며 교통이 불편하고 군중이 산재한 산간지역에서는 세대별 생산량도급제를 시행하고 개별적인 지역에서는 개별 영농을 허용했다. 동시에 국가에서는 또 1961년부터 소수민족지구에서의 양곡징수 수매량을 줄이고 농산물과 부업 생산물의 수매가격을 높였다. 이 같은 노력을 거쳐 소수민족지역에서 생산이 내려만 가던 상황을 회복했다. 집계에 따르면 1965년의 전국 민족자치지방의 농공업 총생산액은 1957년보다 57.2% 늘어났다.

중공중앙 시베이국은 1961년 7월에 '대약진'운동에서 민족정책을 위반하고 민족 간의 관계가 긴장해진 것 등 문제를 해결하기 위해 시베이지역 민족사업회의를 소집했다. 뒤이어 전국인민대표대회 민족위원회와 국가민족사무위원회는 1962년 4월에 공동으로 전국민족사업회의를 소집했다. 회의에서는 '대약진' 이래 민족정책, 종교정책, 통일전선정책을 집행하는 과정 및 민족사업에서 발생하는 문제에 대해 전면적으로 검토했고 문제를 해결하는 방침과 구체적 조치, 정책 등을 연구했다. 회의는 지난 몇 년 동안 민족사업에서 나타난 엄중한 결점과 오류는 사회주의 혁명과 건설 행정에서의 민족문제에 대해 중시를 돌리지 않은 데 그 주요 원인이 있다고 인정했다. 즉 민족 특점과 민족종교문제, 소수민족지역의 경제문제, 소수민족의 평등권과 자치권리 문제 및 민족종교 상층인사에 대한 통일전선문제를 소홀히 여겼던 것이다. 회의는 중앙에 올린 '민족사업회의에 관한 보고'에서 당시의 국내정세, 당의 총체적 과업과 소수민족지역의 실제에 따라 향후 5년 동안의 소수민족지역에 대한 사업방침을 다음과 같이 정했다. 중앙과 마오 주석의 정책에 따라 민족관계를 조정하여 민족단결을 강화하며 여러 민족 내부의 여러 계급과 계층 간의 관계를 조정하여 노농연맹을 강화한다. 동시에 모든 애국민주인사와의 단결을 강화함으로써 여러 소수민족인민의 적극성을 동원하고 발휘시키며 역량을 집중하여 농업생산을 복구 발전시키며 목축지구에서는 목축업 생산을 발전시키고 임산지구에서는 임업생산을 발전시키며 점차 경제를 복구하여 인민생활을 개선하도록 한다. 보고는 또 다음과 같이 인정했다. 이러한 총체적 과업을 실현하기 위해 서둘러 처리하지 않아도 되는 모든 일은 5년 동안 처리하지 않거나 미루어 처리한다. 자치지방의 내부 사무 특히 경제적 특징, 문화형태, 언어문자, 풍속습관 등의 관리문제는 마땅히 소수민족 인민과 간부들에게 맡겨 자체로 관리하게 해야 한다. 여러 소수민족지구의 실제 상황에 따라 인민공사 또는 합작사를 잘 꾸려야 하며 일부 지역에서는 이 몇 년 동안 인민공사와 합작사를 꾸리지 않고 후에 다시 꾸려도 된다. 일부 변강지역에서는 이러한 면에서 철회해야 할 것은 마땅히 단호하게 철회해야 한다.

  7천 명 대회 후에 열린 이번 전국민족사업회의는 '대약진' 이래의 '좌'적 오류에 대해 이미 기본적으로 인식하고 민족사업에서 존재하는 문제에 대해서도 비교적 심각하게 여기고 있었기에 제기된 개정

조치도 단호했다. 6월 20일에 중앙은 '민족사업회의에 관한 보고'이첩 회시에서 다음과 같이 지적했다. 민족문제를 철저하게 해결하자면 긴 시간이 걸리므로 일상사업을 장기적으로 진행해야 한다. 그래야만 점차 실현할 수 있다. 만일 이 같은 장기성을 지속하지 못하고 사회주의 혁명과 사회주의 건설에서의 민족문제에 중시를 돌리지 않고 민족과 지구의 특징을 고려하지 않고 당의 정책에 따라 처리하지 않는다면 반드시 오류를 범하게 될 것이다. 실천은 당의 민족권리 평등과 민족구역 자치정책을 견지하고 소수민족군중의 민족적 특징과 선택을 존중하며 여러 민족 평등단결의 토대 위에서 공동 번영과 공동 진보의 길로 나아가는 것이야말로 사회주의사회에서 민족문제를 해결하는 올바른 원칙임을 실증했다.

소수민족지역에서의 경제 및 사회의 발전과 진보

중국 소수민족은 다양한 유형에 적합한 사회개혁을 거쳐 각기 원시공사제도, 노예제도, 봉건농노제도, 봉건지주제도에서 사회주의 제도로 발전했다. 이는 중국 여러 민족의 역사적 비약이다. 이 역사적 비약 과정에 여러 소수민족의 사회경제는 천지개벽의 변화가 일어났다.

낡은 중국에서 소수민족지역의 사회 경제 발전은 매우 낙후했다. 다수 지구에서는 기본상 원시적인 생산방식을 답습하고 생산 수준이 매우 낮았다. 동시에 소수민족지역은 교통이 불편하고 상품 경제가 매우 뒤떨어졌으며 인민생활이 매우 어렵고 문화교육이 극히 낙후한 상태에 처해 있었다.

제1차 5개년 계획 때부터 제2차 5개년 계획 및 3년 국민경제 조정 시기까지 국가에서는 소수민족지역의 경제를 발전시키기 위해 많은 중대한 조치들을 취했는데 그중 가장 중요한 것은 낡은 중국으로부터 내려온 경제건설구도를 점차 개선하여 공업건설의 방향을 내지로 전환한 것이다. 내지로 방향을 전환한 공업건설 대상 가운데서 상당 부분은 소수민족지역에 건설되었다. 상대적으로 말하면 소수민족지역은 기타 성, 자치구, 직할시보다 '대약진'운동에서 입은 손실이 적었다고 할 수 있다. 이는 소수민족지역에서 각급 당위원회가 일반적으로 어떻게 본 민족, 본 지구의 실정에 근거하여 중앙의 배치를 관철할 것인가를 고려했기 때문이다. 이는 어느 정도 소수민족지역에 대한 '대약진'의 충격을 늦추었거나 또는 경감시켰다. 그뿐만 아니라 문제를 발견하고 시정하는 것에서도 비교적 빨랐다. 이것이 3년 곤란시기에 신장위구르자치구, 내몽골자치구 등 소수민족지역의 인민생활이 오히려 한족지역보다 좋아진 원인이다. 동시에 제2차 5개년 계획과 국민경제 조정 기간에 국가는 소수민족지역에 투자하여 강철, 기계, 방직 공업기업들을 건설하고 대량의 수리 공사를 벌임으로써 이런 낙후 지역에서의 공, 농업이 더욱 더 발전하도록 했다. 특히 지적할 것은 1964년 이후 국가가 투자하여 3선을 건설하는 과정에 소수민족지역은 더 많은 혜택을 입었다는 점이다. 예를 들면 쓰촨, 윈난, 구이저우, 간쑤, 닝샤, 칭하이 및 후난성 서부, 후베이성 서부와 같이 소수민족이 집거한 지역이 대부분 국가의 3선 건설 범위에 편입되었다. 당시 3선 건설에 대한 국가의 총투자는 전국 기본건설 총투자의 약 45%를 차지했다. 이 같은 거대한 투자는 소수민족지역의 경제발전에 막대한 물질적 동력을 주입시켰다. 3선 건설을 강화하기 위해 당시 선진적인 기술과 시설이 완비된 내지의 많은 기업이 소수민족지역으로 이전했다. 늘어난 대량의 인구와 기술 인재의 유입은 소수민족지역의 사회경제 번영을 촉진했다.

여러 민족이 일률적으로 평등하고 여러 민족의 공동 진보를 추진하는 당 정책의 인도로 소수민족지역은 정치경제 분야에서 비약적으로 발전했을 뿐만 아니라 사회문화와 인민 자질 향상에서도 거족적인 성과를 거뒀다.

중국의 여러 소수민족은 장기간의 역사적 진화, 발전 가운데 자체의 유구한 문화전통을 형성했다. 그러나 낡은 중국에서 소수민족지역은 정보가 폐쇄되고 문맹자가 넘쳐나고 질병이 유행하고 인구가 줄어들고 문화는 현대문명과 동떨어져 있었다. 민족 압박과 경제가 뒤떨어진 것으로 말미암아 소수민족의 문화는 장기간 냉대와 차별을 받아 쇠퇴되고 침체되었으며 심지어 절멸 상태에 이르기까지 했다. 신중국이 창건된 후 당과 정부는 소수민족이 그들의 우수한 문화전통을 계승하고 발양하는 것을 존중하고 지지했으며 거대한 인력과 물력을 투입하여 여러 소수민족의 문화건설을 대대적으로 발전시켰다. 그리하여 소수민족지역의 사회문화는 천지개벽의 발전을 거두었다.

당과 정부는 소수민족의 교육사업을 발전시키기 위해 거대한 노력을 기울였다. 베이징과 기타 도시에 민족학원을 설립하는 방법을 통해 소수민족을 위해 많은 간부와 전문 인재들을 양성, 훈련했다. 일찍이 1950년대 초에 열린 제1차 전국민족교육사업회의 기간에 당은 민족교육 창설의 총방침을 확정하고 중앙과 지방에 민족교육의 행정관리 부문을 설립하여 민족교육을 책임지고 담당하게 하기로 결정했다. 중앙은 또 소수민족지역의 교육경비를 일반 지출 기준에 따라 조달할 뿐만 아니라 특별비용으로 부족한 부분을 보충하기로 확정했다. 통계에 의하면 1965년까지 전국 고등학교 소수민족 학생수는 2만 1,870명에 달했고 일반중학교 소수민족 학생수는 37만여 명에 달했으며 소수민족의 소학생은 521만여 명에 달했다.[45] 이 숫자는 1950년대 초기보다 각각 9배, 8배와 5배 늘어난 것이다.

당과 정부는 소수민족의 문학예술사업 발전에 대해 고도로 중시를 기울여 이 사업을 소수민족의 발전, 진보를 전면적으로 돕고 여러 민족의 공동번영을 실현하는 중요 내용으로 삼았다.

신중국이 창건된 후 각급 정부의 문화 부문은 적극적으로 여러 소수민족지역을 도와 공연단체를 조직하고 문학예술계연합회, 연극가협회, 무용가협회, 미술가협회 등 관련 조직을 설립하고 소수민족의 문화유산을 발굴, 정리함으로써 다시금 예술이 빛을 발하도록 했다. 신중국의 예술 무대에서 소수민족의 예술은 짙은 민족 특색, 경쾌한 리듬, 깊은 뜻으로 전국 인민의 찬양을 받았다. 1964년 국경절에 공연된 대형음악무용서사시 〈동방홍〉은 적지 않은 소수민족의 안무를 차용하여 소수민족예술의 독특한 매력을 구현했다. 그중 일부 저명한 무용과 음악은 지금까지도 전해지면서 오래도록 아름다움과 예술적 향수를 느끼게 한다.

당과 정부는 또 소수민족지역의 위생, 체육 사업의 발전에 큰 심혈을 쏟아 부었다. 구중국에서 광범위한 소수민족지역은 의사가 부족하고 약이 적어 풍토병과 전염병이 크게 유행했다. 인민들이 병에 걸리면 민간요법이나 약초에 의지하거나 심지어 미신을 믿는 것이 치료의 기본 방식이었다. 그리하여 인민들의 생명과 건강은 전혀 보장되지 못했다. 신중국이 창건된 후 당과 정부는 소수민족지역의 위생 사업을 개선하고 발전시킬 것에 대해 크나큰 관심을 돌렸다. 당 중앙위원회와 중앙정부는 대량의 의료대를 조직하여 소수민족지역에 깊

---

45) 〈당대중국〉 총서 편집위원회, 〈당대중국의 민족사업〉 하, 당대중국출판사 한문판, 1993년, 318쪽.

이 들어가 무료로 환자들을 치료해 주고 의료기계와 약품들을 나누어주며 보건 지식을 전하게 했다. 1957년에 이르러 광범위한 소수민족지역에는 보편적으로 의료위생기구들이 건립되었다. 1965년의 통계에 의하면 전국 민족자치지방의 위생의료기구는 이미 2만 5,306개로 늘어났고 병상은 12만 781대로 늘어났으며 의료기술원은 15만 6,889명(그중 의사가 7만 2,832명이었다)으로 늘어나 신중국 창건 전보다 각각 70배, 36배와 44배[46]로 늘어났다. 이와 동시에 소수민족지역의 대중체육운동도 거족적인 발전을 이뤘다. 당과 정부의 대대적인 지원으로 각 민족자치지방에는 체육기구가 세워지고 체육 인재가 양성되었으며 체육시설도 대량 건설되기 시작했다. 1953년 11월에 제1차 전국소수민족전통체육대회가 톈진에서 열렸는데 10개 소수민족의 400명 선수가 시범경기와 일반경기에 참가했다. 소수민족 선수들은 씨름, 활쏘기, 등산 등 항목에서 좋은 소질을 보였다. 그중 저명한 회족 수영선수 무샹슝(穆祥雄)은 1958년에 남자 100미터 평영 세계기록을 돌파했다. 장족 선수 궁부(貢布)는 한족선수 왕푸저우(王富洲), 취인화(屈銀花)와 함께 1960년 5월 25일에 처음으로 인류가 히말라야 세계 최고봉인 초모룽마봉(珠穆朗瑪峰)에 오르려던 숙원을 실현했다.

당 중앙위원회는 일찍이 1954년에 사회주의 시기 민족사업에 관한 당의 총체적 과업을 다음과 같이 명확히 규정했다. "조국의 통일과 여러 민족의 단결을 공고히 하고 공동으로 위대한 조국의 대가정을 건설하며…… 점차 여러 민족의 정치, 경제, 문화를 발전시킴으로써…… 낙후한 민족이 선진민족의 행렬에 들어서게 하고 사회주의사

---

46) 〈당대중국〉 총서 편집위원회, 〈당대중국의 민족사업〉 하, 당대중국출판사 한문판, 1993년, 431쪽.

회로 이행하게 한다."[47] 신중국 창건 초부터 1960년대 중반까지 당은 민족사업의 실천 가운데 처음부터 끝까지 이 총체적 과업을 실현하기 위해 성심성의로 분투함으로써 중국 여러 소수민족으로 하여금 권리평등, 구역자치와 경제사회 문화사업의 발전 측면에서 미증유의 중대한 진전을 이루도록 했다. 중국의 광범위한 소수민족 군중은 중국공산당의 영도로 새로운 탄생을 맞이했으며 중국의 사회주의 건설을 위해 기여했다. 이는 이미 중화민족 청사에 기록된 위대한 업적이다.

---

47) '중공중앙에서 비준 발부한 전국통일전선사업회의의 지난 몇 년간 당이 소수민족들 속에서 사업을 진행한 주요한 경험총화'(1954년 10월 24일), 중공중앙 문헌연구실 편, 〈건국 이래 중요문헌선〉 제5권, 중앙문헌출판사 한문판, 1993년, 650~651쪽.

제16장

1950년대 후반부터 1960년대 중반까지
지속된 당의 외교방침과 중국의 대외관계

1950년대 후반에서 1960년대 중반에 이르는 시기에 당은 외교사업을 지도하는 데 국제적인 불확정 요소에 많이 직면했다. 중국 국내의 정치, 경제 발전은 국제 환경의 변화와 밀접히 연관되어 있었다.

1956년에 발생한 폴란드-헝가리 사건과 수에즈운하 사건은 한동안 완화되었던 국제 정세를 또다시 긴장시켰다. 그 후 국제 정세의 발전에는 점차 세 가지 새로운 특징이 나타났다. 첫째, 세계 냉전 구도를 주도하던 미국과 소련 간의 관계가 때로는 긴장하고 때로는 다소 완화되는 단계에 들어섰다. 미소 쌍방은 세계 패권을 쟁탈하는 동시에 일부 분야에서는 협력을 통해 긴장 국면을 상호 수용할 수 있는 범위까지 통제함으로써 각자의 대국 이익을 수호하려 했다. 둘째, 사회주의 진영과 자본주의 진영 모두 각각 내부 모순이 점차 드러나기 시작했다. 소련과 기타 사회주의 국가 간, 미국과 기타 자본주의 국가 간에는 통제와 반통제를 둘러싸고 서로 다른 투쟁이 벌어졌고 그 결과 아시아, 아프리카, 라틴아메리카 등에서 민족 해방과 국가 독립을 쟁취하려는 운동이 끊임없이 발전했으며 낡은 식민체계가 바야흐로 붕괴되기 시작했다. 이 무렵 미국과 소련이 자체의 영향력을 넓히고 세력을 확장하기 위해 이 지역의 사무에 적극 개입한 데서 중동지구와 인도차이나지구는 잇달아 각종 모순과 투쟁의 초점지역이 되었다.

이러한 여러 요소가 작용하여 이 시기 국제 정세의 발전은 불안정과 곡절로 가득했으며 세계 각 국가의 정치 역량과 그들 상호 간의 관계에는 분화와 재결합이 나타났다. 중국의 대외관계구도에도 중대한 변화가 일어나 중국은 점차 미소 두 초강대국과 대치하는 상태에 놓이게 되었다.

1. 국가주권을 수호하기 위한 미국, 소련과의 투쟁

제2차 진먼(金門) 포격과 미국의 '두 개 중국' 조작극을 반대

1955년 후반부터 중국공산당이 타이완에 대한 정책을 조정하고 중국과 미국 간에 대사급 회담이 시작되면서 타이완 해협의 긴장 정세는 다소 완화되었다. 1955년 5월 13일, 저우언라이는 전국인민대표대회 상무위원회 제1기 제15차 확대회의의 '아시아-아프리카 회의에 관한 보고'에서 가급적 평화적인 방식으로 타이완을 해방하는 사상을 명확히 제시했다. 1956년 2월, 중국공산당은 "평화적 방식으로 타이완 해방을 쟁취하기 위해 노력하자."[1]라는 구호를 더욱 분명하게 제기했다. 9월에 당은 중국공산당 제8차 전국대표대회 정치보고에서 "우리는 무력을 쓰지 않고 평화적 협상으로 타이완을 조국의 품에 다시 돌아오게 할 용의가 있다. 일단 평화적 협상이 불가능하거나 평화적 협상이 실패했을 경우에는 부득이하게 무력을 쓸 것이다."[2]라고 엄중히 밝혔다. 이는 당이 처음으로 공식 문건에서 타이완 문제의 평화적 해결을 제시한 것이다. 1957년 4월 16일, 마오쩌둥은 소련최고소비에트의장단 의장 보로실로프를 환영하는 연회에서 "우리는 또한 제3차 국공합작을 준비하고 있다."[3]고 말했다. 이튿날 〈인민일보〉는 이 말을 환영연회의 보도 제목으로 제1면에 실어 각별히 사람들의 주목을 끌었다. 1956년 8월에 중국정부는 이와 때를 같이하여 이 시

---

1) '가급적 평화적인 방식으로 타이완을 해방하기 위해 노력하자', 1956년 2월 4일자, 〈인민일보〉 사설.
2) 류사오치, '중국공산당 제8차 전국대표대회에서 한 정치보고'(1956년 9월 15일), 중공중앙 문헌연구실 편, 〈건국 이래 중요문헌선〉 제9권, 중앙문헌출판사 한문판, 1994년, 95쪽.
3) '보로실로프 의장이 저우언라이가 마련한 연회에서 전 세계 모든 사람이 다 평화 속에서 생활하기를 바란다고 말했을 때 마오 주석은 우리는 또 제3차 국공합작을 준비하고 있다고 말했다', 1957년 4월 17일 자, 〈인민일보〉 1면.

기 중미대사급회담의 교착 상태를 타개하기 위해 미국 기자의 중국 출입 금지령을 취소한다고 일방적으로 선포했다. 이어서 중국 측은 대사급회담에서 양국 간의 무역장벽을 없애고 중미 두 나라 인민 간의 왕래를 촉진시키고 문화교류를 전개하는 등 문제와 관련하여 일련의 건의와 초안을 내놓았다. 중국공산당과 중국정부의 이 같은 노력은 미국 정부의 호응을 받지 못했다.

1955년 3월에 미국과 타이완 간의 '공동방어조약'이 효력을 발생한 후 미국정부는 타이완에 대한 군사원조를 강화하는 한편 '두 개 중국'의 조작을 추진했다. 타이완의 장제스 집단은 미국의 비호를 바라는 한편 대륙에 대한 통치를 회복하려 꿈꾸면서도 미국의 '두 개 중국' 주장을 수용하려 하지 않았고 또 중국공산당과의 평화적 협상도 거부했다. 1957년부터 일련의 사건이 발생하여 타이완 해협의 정세와 중미관계가 또다시 긴장 국면에 들어섰다. 그해 5월에 미국은 '마타도어' 미사일 부대를 타이완에 주둔시켰다. 10월에 국민당은 제8차 대회를 가지고 '대륙 반격'을 계속 강조하면서 중국공산당 측의 평화적 담판 건의를 '통일전선 음모'이고 '정치적 전복' 수단이라고 했다. 타이완 당국은 '반격' 결심을 보여주기 위해 총병력의 3분의 1을 진면, 마주(馬祖) 등 연해 섬에 주둔시키고 대륙에 대한 교란을 강화했다. 미국은 타이완에 대한 통제를 강화하기 위해 타이완 주재 각 군사기구를 통일적인 '협동방어군사원조사령부'로 통합했다. 그해 연말 중미대사급 회담은 미국 측에서 일방적으로 담판급별을 낮추었으므로 중단되었다. 미국 국무장관 덜레스는, 미국은 중화인민공화국을 승인하지 않으며 신중국이 유엔에 가입하는 것을 반대하고 계속 중국을 봉쇄하고 무역을 금지하는 대중국 정책의 3대 원칙을 계속 실행한다고 거듭 공개적으로 말했다.

미국의 중국에 대한 강경정책과 '두 개 중국'의 조작 음모 및 타이완 국민당 당국의 '대륙 반격' 기염 그리고 갈수록 심해지는 그들의 교란활동에 직면하여 마오쩌둥은 어떤 방법으로 타이완 문제를 재차 세상에 꺼내놓을 것인지 숙고하기 시작했다. 그는 1958년 6월 16일에 중난하이에서 열린 외교문제 토론회에서 다음과 같이 말했다. 미국과 접촉하는 문제는 제네바회의 때 말한 적이 있듯이 어느 정도 접촉할 수 있다. 사실 미국도 접촉을 꼭 원하는 것은 아니다. 미국과 20년 동안 대치해온 것은 우리에게 유리했다. 반드시 미국이 새로운 자세로 찾아오도록 하며 중국에 대해 예상 밖이라는 느낌을 가지도록 해야 한다. 지금은 승인하지 않지만 언젠가는 승인하게 될 것이다. 100년이 지나고 다음해에는 기어코 승인하게 될 것이다.[4] 6월 30일에 중국정부는 '중−미 대사급회담에 관한 성명'을 발표하여 미국정부에 당일부터 15일 이내에 대사급대표단을 파견하여 회담을 재개할 것을 요구했으며 그렇게 하지 않을 경우 중국 정부는 미국이 중미대사급 회담을 파기하려고 작심한 것으로 인정할 것이라고 했다.[5] 이 시기에 인민해방군은 다년간 준비하여 푸젠전선에서 대규모 전역을 발동할 수 있는 능력을 가지고 있었다. 1957년 4월에 잉탄(鷹潭)−샤먼(廈門)철도가 부설, 개통되면서 국방 운수력이 강화되었다. 1958년 여름에 인민해방군 공군부대가 새로 건설된 전선비행장에 진주하여 신속히 푸젠연해지구의 제공권을 장악했다. 이는 미국에 대항하며 직접 타이완의 국민당 당국에 징벌적 타격을 가하는 데 유리

---

4) '국제 정세에 관한 마오쩌둥의 연설 기록', 1958년 6월 16일.

5) "우리나라 정부는 중미회담이 계속 중단되어서는 안 된다고 인정하고 미국에 15일 이내에 대사급 대표를 파견할 것을 요구했으며 그렇게 하지 않을 경우 미국이 회담을 파기하려고 작심한 것으로 인정할 수밖에 없다.", 1958년 7월 1일 자, 〈인민일보〉 1면.

한 조건을 마련해주었다.

바로 이때 중동지역에서 한 차례 혁명적인 폭풍이 일어났다. 1958년 5월에 레바논인민들이 봉기하여 친서방파인 샤문에게 정권을 내놓을 것을 촉구했다. 7월 14일에는 이라크에서 혁명이 일어나 친미파인 파이살 왕조를 뒤엎고 이라크공화국을 창건했다. 15일, 미국정부는 "레바논의 주권을 지켜준다."는 구실로 해병대를 베이루트 부근에 상륙시켰다. 그 뒤를 이어 영국 군대도 요르단에 진입했다. 그리하여 중동지역의 정세는 갑자기 긴장되기 시작했다. 7월 17일, 타이완 당국은 '중동지역의 현 시기 폭발적인 국세'를 구실로 모든 부대에 '특별경계 상태'에 돌입하라는 명령을 내린 동시에 연일 군사연습을 진행하면서 비행기를 출동시켜 대륙연해에 대한 정찰과 도발을 감행했다. 미국도 태평양지역에 주둔하고 있는 제7함대에 전시 상태에 진입하라는 명령을 내렸다. 그리하여 타이완 해협의 정세에도 긴장이 감돌기 시작했다.

이러한 배경에서 중공중앙과 마오쩌둥은 이 시기를 놓치지 않고 재차 진먼을 포격하여 타이완 문제를 부각시키기로 결정했다. 1958년 7월 17일 저녁에 중앙군사위원회는 진먼에 대한 포격준비 명령을 내렸다. 18일 저녁에 마오쩌둥은 중앙군사위원회, 총참모부와 공군, 해군, 포병의 지도자들을 소집하여 동남연해 군사 투쟁의 임무를 배치하면서 다음과 같이 말했다. 진먼 포격전은 미국을 겨냥한 것이다. 진먼, 마주는 중국영토이므로 진먼, 마주를 포격하고 국민당군을 징벌하는 것은 중국 내정에 속하기에 적들이 구실로 삼을 수 없지만 미제국주의에 대해 견제하는 작용을 할 수 있다. 그 후 한 달가량 여러 차례 숙고한 후 8월 중순에 열린 베이다이허회의 기간에 마오쩌둥 등 중앙지도자들은 역량을 집중하여 우선 진먼을 포격함으로써 진먼을 봉쇄해야 한다는 결정을 내렸다. 이 정책에는 다음과 같은 몇 가지 목적이 있었다. 첫째, 중동지역 인민들의 해방 투쟁을 지지하고 미제 국주의에 교훈을 주기 위해서였다. 둘째, 대륙을 교란 파괴하는 장제스 집단을 강력하게 징벌하기 위해서였다. 셋째, 미국과 타이완 국민당 당국이 체결한 '공동방어조약' 범위에 진먼과 마주가 속하는가를 알아보기 위해서였다. 결책 과정에 마오쩌둥은 일정 기간이 지나면 상대편이 진먼과 마주에서 군대를 철수하거나 어려움이 많아도 반격할 수 있는데 상륙작전 여부는 그때의 진행 상황을 보아가며 결정할 것이라고 지적했다.

8월 23일 오후 5시 30분, 푸젠전선 부대는 명령을 받고 진먼 국민당 군대에 대규모의 맹렬한 포격을 가했다. 두 시간 남짓한 사이에 2만 9,200발의 포탄을 발사하여 국민당 군대의 중장급 이하 장교와 병사 600여 명을 일거에 살상하고 많은 군용시설을 격파했다. 전과를 확대하기 위해 이튿날 또 포병과 해군함정을 조직하여 제2차 합동 타격을 시행하여 국민당군대의 대형 운수함 '중해'호를 격상하고 화물선 '태생'호를 격침했다. 해방군의 맹렬한 포격으로 진먼도는 기본적으로 봉쇄되고 보급운수선이 중단되었다. 9월 3일, 마오쩌둥은 이튿날부터 사흘간 포격을 잠시 중지하고 각 측의 반응을 관찰하기로 했다. 4일, 중국정부는 예정 계획에 따라 자국 영해의 너비를 12해리로 하며 이 규정은 타이완 및 그 주변의 각 섬을 포함한 모든 중국 영토에 적용되며 중국정부의 허가 없이는 그 어떤 외국 비행기나 군용 선박도 중국의 영해와 영공에 진입할 수 없다고 선포했다. 이것은 중국의 영해권을 수호하는 현실적 의의와 장구한 의의가 있는 중대한 결정이었다.

진먼에 포성이 울리자 타이완 문제는 단번에 국제사회의 집중적인 관심을 받게 되었다. 갑작스럽게 진행된 중국의 맹렬한 포격에 미국은 매우 긴장해했다. 수일 이내 미국은 타이완 해협지구에 대규모 병력을 집결시켰다. 9월 초에 이르러 이 지역의 미군함정은 60여 척에 달했고 각종 비행기가 430여 대에 달했다. 8월 27일, 미국 대통령 아이젠하워는 미국은 타이완에 대한 이른바 '책임'을 포기하지 않을 것이라고 재차 언명했다. 9월 4일에 미국국무장관 덜레스도 성명을 발표하여 미국 무력부대를 사용하여 진먼, 마주 등 해당 진지를 '보호'하겠다고 했으며 동시에 미국 측이 일방적으로 9개월 동안 중단한 중미대사급 회담을 다시금 진행할 것을 요구했다.

마오쩌둥과 중앙정치국 상무위원들은 미국 측의 반응을 연구하고 다음과 같이 인정했다. 현재의 정세는 우리가 주동이고 미국은 수동이다. 덜레스는 타이완, 펑후(澎湖), 진먼, 마주를 다 감싸 안으려 하는데 이는 스스로 올가미에 목을 들이대고 자기의 목을 옥죄는 것이다. 하지만 미국도 내심 싸우기를 두려워하는 만큼 진먼, 마주에서 손을 떼려는 정책을 취할 수도 있다. 우리는 외교 투쟁을 푸젠전선의 투쟁에 적용하여 무력적 해결과 평화적 해결 두 가지 준비를 다 해야 한다. 9월 6일에 저우언라이는 성명을 발표하여 미국이 그들의 침략 범위를 타이완 해협지구의 진먼, 마주 등 섬에까지 확대하겠다고 위협한 것에 대해 규탄했으며 동시에 중국정부는 중미대사급 회담을 재개하겠다고 선포했다. 8일에 마오쩌둥은 최고국무회의에서 다음과 같이 지적했다. 현 정세는 평화를 쟁취하려는 전 세계 인민들에게 유리하다. 미국은 전 세계의 많은 나라에 수백 개에 달하는 군사기지를 세웠는데 이것은 모두 미제국주의 스스로를 옭아맨 밧줄들이다. 미국 침략자가 이런 지방에 오래 머물수록 그들의 이 밧줄들은 점점 더 그들의 목을 죄어들 것이다. 미국이 조성한 이 같은 긴장 국면은 미국인의 염원과는 반대의 결과를 초래해 전 세계 인민들이 일어나 미국 침략자를 반대하게 하는 역할을 한다.[6] 미제국주의가 스스로 자신의 목을 옭아맬 밧줄을 늘이고 있다는 마오쩌둥의 저명한 논단은 미국의 침략을 반대하는 중국인민의 투쟁을 고무했다.

미국 정부는 중국 정부의 성명과 경고를 무시하고 9월 7일부터 공공연히 군함을 진먼 해역에 파견하여 국민당 군대의 항행을 호위했다. 중공중앙과 중앙군위는 국민당 군대를 타격하는 것으로 미군의 항행(航行) 호위 행동에 맞서기로 결정했다. 당시 마오쩌둥은 단호히 타격하며 미국 군함은 건드리지 말고 장제스 군함만 치라고 지시했다. 8일에 인민해방군은 제3차 대규모 포격으로 국민당 군함 1척을 격침하고 1척을 격상했다. 11일에 또 제4차 대규모 포격으로 항행을 호위하던 미국 군함들을 진먼 해역에서 후퇴시켰다. 13일부터는 중미대사급협상이 재개되도록 산발적인 포격을 시작했다. 포격을 잠시 중단한다고 선포한 10월 6일에 이르기까지 푸젠전선의 인민해방군은 총 4차의 대규모적 포격, 83차의 중, 소규모적 포격과 1천여 차의 산발적인 포격을 가하여 진먼을 봉쇄하고 국민당 군대를 징벌하며 미국의 '전쟁 일보직전' 정책을 타격하는 목적에 도달하여 미국을 진퇴양난의 궁지에 빠지게 했다.[7]

9월 15일에 중미대사급회담이 폴란드의 수도 바르샤바에서 재개되었다. 회담에서 중국은 쌍방의 적대적 행동을 중지하기를 바라는 방안을 제기했고 미국은 중국의 적극적인 태도를 나약한 자세로 인정

---

6) '마오쩌둥이 최고국무회의에서 현 정세를 논함. 미국 침략자는 스스로 자신의 목을 옭아매고 있다.', 1958년 9월 9일 자, 〈인민일보〉 1면.

7) 군사과학원 군사역사연구소 편저, 〈중국인민해방군의 80년〉, 군사과학출판사 한문판, 2007년, 357쪽.

하고 즉시 타이완에 대한 공격을 중지할 것을 무리하게 요구하면서 미국은 '동맹자의 영토'가 무력 침범당하는 것을 용인할 수 없다고 공개적으로 밝혔다. 미국이 중미 간의 국제분쟁 해결을 중국 인민이 타이완을 포함한 연해의 섬을 해방하는, 전적으로 중국의 내정에 속하는 문제와 뒤섞으려고 시도한 것에 비추어 중국외교부 부장 천이는 9월 20일에 아래와 같은 성명을 발표했다. "타이완 해협의 긴장 상황은 전적으로 중국에 대한 미제국주의의 침략에 의해 조성된 것이다. 타이완 해협의 긴장 정세를 해소하는 관건은 '정쟁문제'가 아니라 미국군대가 타이완에서 철수하는 것이다. 중미 간에 전쟁이 일어난 것도 아닌 만큼 '전쟁 중지'란 논할 여지가 없다."[8]

타이완 해협에 나타난 위기는 미국의 전 세계적인 전략에 불리했고 또한 미국 동맹국의 심한 불안을 자아냈다. 진퇴양난에 빠진 미국 정부는 진먼, 마주에서 철수한다는 여론을 퍼뜨리기 시작했다. 9월 30일에 덜레스는 기자와의 인터뷰에서 이전의 어조와는 다르게 미국은 진먼, 마주 등 섬을 지켜줄 법적 의무가 전혀 없으며 또한 이와 관련한 어떠한 의무도 감당하려는 의향이 없다고 밝혔다. 그는 또 이런 섬은 포기한다 해도 타이완을 보위하는 데 불리한 영향이 미치지 않을 것이므로 미국은 이런 곳에다 병력을 투입할 생각이 없다고 덧붙여 말했다. 덜레스의 연설에 대해 타이완 당국은 곧바로 반응을 보이면서 공개적으로 불만을 드러냈다.

당 지도자들은 미국과 타이완의 동향을 줄곧 면밀하게 주시하고 있었다. 10월 상순에 마오쩌둥은 중앙정치국 상무위원회의를 연이어 소집하고 최종적으로 진먼에 '포격을 가하되 상륙하지 않으며 봉쇄하

---

8) '미국 무장력은 반드시 타이완에서 철수해야 한다.', 1958년 9월 21일 자, 〈인민일보〉 1면.

되 갇혀 죽지 않게 하는' 방침, 즉 포격만 하고 상륙하지 않으며 진먼을 봉쇄하고 그 후원을 끊으나 그 수비군이 곤경에 빠져 죽지 않도록 하는 방침을 취하기로 결정했다. 토론에서 중앙지도자들은 아래와 같이 인정했다. 첫째, 한 달 남짓한 대결에서 중미 쌍방은 서로 대방의 의도를 얼마간 파악했다. 중국은 미국이 타이완을 보위하려 하나 진먼을 지키기 위해 전쟁을 하려 하지 않음을 보여주었고 미국도 중국이 가까운 시기에 타이완을 해방하려는 의향이 없고 미국과 정면충돌을 하려는 의도가 없음을 밝혔다. 둘째, 미국은 진먼과 마주를 포기함으로써 중국에 미국의 타이완 점령을 승인받으려고 시도하며 '두 개 중국'을 조작하려 하는 의도가 뚜렷했다. 셋째, 미국과 장제스 간의 갈등이 비교적 확연하게 드러났다. 마오쩌둥은 다음과 같이 말했다. 우리와 장제스는 모두 두 개 중국을 반대한다. 현 상황은 장제스에게는 대륙을 반격할 힘이 없고 우리도 상당한 시일 안에 타이완을 해방할 수 없다. 이러한 판단에 따라 마오쩌둥은 다음과 같이 제기했다. 진먼과 마주를 수복하거나 미국인을 핍박하여 장제스가 진먼, 마주에서 퇴각하게 만든다면 우리는 적어도 미국과 장제스와 대처할 근거가 없게 되며 사실상 두 개의 중국을 이루는 것이 된다. 그러므로 장제스 군대가 계속 진먼에 머물러 있게 하는 것이 우리에게는 이롭다. 그렇게 되면 미국에게 부담을 주어 우리가 필요할 때 '올가미'를 옭아맬 수 있게 함으로써 미국을 항상 조마조마하게 만들 수 있고 또한 미국과 장제스의 갈등을 확대시키거나 이용하는 데 유리하다. 이 결정은 이때부터 중공중앙은 타이완, 펑후, 진먼, 마주 문제를 해결하는 것에서 우선 진먼, 마주를 수복하고 나서 타이완을 해방하는 '두 단계' 방침을 포기하는 '일괄적으로 해결하는' 방침을 확정했음을 의미한다. 마오쩌둥은 얼마 후에 있은 한 차례의 담화에서 "미국의 방침은 진먼, 마주 두 개 섬을 우리에게 돌려주고 이를 교환 조건으로 하여 그들이 계속 타이완을 점령하려는 것이다. 이런 거래는 수지가 맞지 않는다. 장제스를 이 두 섬에 남겨두든가 아니면 우리가 타이완, 펑후, 진먼, 마주 등 섬들을 전부 수복하던가 해야 한다."[9]고 말했다.

10월 5일에 당 중앙은 이튿날부터 7일간 포격을 잠시 멈추기로 결정했다. 10월 6일과 26일에 인민일보는 마오쩌둥이 작성하고 국방부 부장 펑더화이의 명의로 발포한 '타이완 동포들에게 알리는 글'과 '타이완 동포들에게 다시 알리는 글'을 실었다. '타이완 동포들에게 알리는 글'과 '타이완 동포들에게 다시 알리는 글'은 타이완 당국과 타이완 동포들에게 민족의 대의를 알게 하고 양측이 다 "타이완, 펑후, 진먼, 마주가 중국영토"이고 "세계에서 중국은 하나뿐이며 두 개 중국이 존재하지 않는다."는 데 동감한다고 지적하면서 중국의 내부 분쟁을 해결하기 위해 국공 양당이 평화적으로 협상할 것을 재차 제의했다. '타이완 동포들에게 다시 알리는 글'에서는 또 푸젠전선에서는 짝수 날에 진먼의 비행장, 부두와 선박에 대한 포격을 중지하여 진먼 제도에서 충분한 공급을 얻도록 하며 홀수 날에는 포격을 꼭 하는 것은 아니지만 가능한 손실을 입지 않게 하기 위해 타이완 측에서 선박이나 비행기를 파견하지 않도록 권고했다. 이때부터 타이완 해협에서 군사 형식을 위주로 하던 투쟁이 정치와 외교 형식을 위주로 하는 투쟁으로 바뀌어 해협 정세의 '위기' 단계가 기본적으로 마무리되었다. 그해 12월에 미국은 타이완에서 해군과 공군의 일부 병력을 철수한다고 선포했다.

---

9) 마오쩌둥, '라틴아메리카 일부 국가의 공산당 지도자들과 나눈 담화'(1959년 3월 3일), 〈마오쩌둥문집〉 제8권, 인민출판사 한문판, 1999년, 17쪽.

이번 포격으로 말미암아 미국과 장제스 간의 갈등이 여실히 드러났다. 마오쩌둥은 대규모 포격이 정지된 후 타이완 지도자들에게 장 씨 부자가 미국을 배격하기만 한다면 우리는 그들과 손을 잡을 수 있으며 타이완, 펑후, 진먼, 마주가 전부 수복되더라도 타이완이 기존 생활양식을 보유하고 군대를 보유하며 계속 삼민주의를 시행하도록 할 수 있다는 것을 전했다.[10] 1963년 1월에 저우언라이는 마오쩌둥이 제시한 이 원칙을 '1기본, 4조항'으로 개괄하여 타이완 당국에 전달했다. 그 주요 내용을 보면 1기본은 타이완이 조국의 품으로 돌아오기만 하면 다른 모든 문제에서 타이완 지도자들의 의견을 존중하여 타당하게 처리한다는 것이었다. 4조항은 첫째로, 타이완이 조국에 귀환된 후 외교는 무조건 중앙에 복종시키는 외에 군사 및 정부 대권과 인사배치는 모두 타이완 지도자들에게 맡기며 둘째로, 모든 군사 및 정부 비용과 건설비용의 적자 부분은 중앙정부에서 지불하며 셋째로, 타이완지역의 사회개혁은 조건이 갖추어질 때까지 늦출 수 있되 타이완 지도자들의 의견을 존중하여 협상 결정하고 진행하며 넷째로, 양측이 대표를 파견하여 상대방의 단결을 파괴하는 일을 하지 않도록 약속한다는 것이었다.[11]

진먼 포격은 정치, 군사와 외교 투쟁이 통합된 한 차례의 대결이었다. 이 대결을 거친 후 마오쩌둥은 타이완 문제는 "아직 관찰과 시련이 필요하며 해결하기까지는 아직 긴 시일이 걸려야 한다."[12]고 인정했다. 그 후 해협 양안은 기본적으로 대치상태에 처해 있었다. 중미 대사급회담은 포격소리 속에서 재개되었지만 관건적인 타이완 문제

---

10) '마오쩌둥과 차오쥐런(曹聚仁)의 담화 요점', 1958년 10월 13일.

11) '장즈중(張治中)이 이 천청(陳誠)에게 보낸 서신', 1963년 1월 4일.

12) '그들이 어떤 수를 하나 지켜보라', 1958년 10월 11일 자, 〈인민일보〉 사설.

에서 양측이 전혀 양보하려 하지 않아 회담은 근근이 연락 통로를 유지하는데 그쳤을 뿐이었다. 마오쩌둥은 1960년 5월에 중국을 방문한 영국의 몽고메리와 담화할 때 "오늘날 국세는 열전의 파열도 아니고 평화적 공존도 아닌 제3의 냉전의 공존이라고 본다."[13]라고 말했다. 이는 마오쩌둥의 당시 국제 정세에 대한 개괄이었고 또한 중미 양국 간의 대치 상태에 대한 개괄이었다. 이 같은 대치 상태는 수년간 계속 이어졌다.

독립자주를 견지하며 소련으로부터 오는 거대한 압력에 맞서다

중소 양당 간에 1950년대 중반부터 시작된 차이는 초기에는 내부적으로 일정한 범위에 국한되어 있었다. 1957년에 열린 모스크바회의에서 양측이 다 일정하게 양보한 데서 사회주의 진영의 단결과 고유의 국면이 기본적으로 유지될 수 있었다. 1958년에 중소관계에 재차 새로운 차이가 생겼는데 양측은 이를 조심스럽게 덮어 감추었다.

1958년 4월 하순에 소련 국방부는 태평양지역에서 활동하는 소련 잠수정을 지휘하는 데 편의를 도모하기 위해 중소 양측이 공동출자하여 중국 경내에 고출력의 장파송수신소를 건설할 것을 요구했다. 6월 7일에 마오쩌둥은 펑더화이가 중앙에 올린 유관 보고에 대한 회시에서 고출력의 장파송수신소를 건설하는 데 동의하지만 투자는 중국 측에서 전적으로 부담하고 건축과 장비 등 기술적인 것들은 소련에서 도와주며 건설한 후 공동으로 사용할 수 있으나 양국 정부가 정식으로 협정을 체결해야 한다고 밝혔다. 뒤이어 협의초안에 관한 교섭에서 소련 측은 장파송수신소를 공동으로 건설하고 공동으로 관리하

13) 마오쩌둥, '몽고메리와의 담화'(1960년 5월 27일), 〈마오쩌둥문집〉 제8권, 인민출판사 한문판, 1999년, 181쪽.

며 공동으로 소유할 것을 견지했고 중국 측은 송수신소를 중국 측이 책임지고 건설하고 중국의 소유로 하며 건설한 후 양국에서 공동으로 사용한다고 명확히 표시했다. 양측 차이의 초점은 송수신소의 소유권 문제에 있었다.

갈등은 꼬리를 물고 일어났다. 중소 양국 이 장파송수신소 공동건설을 놓고 논쟁을 벌이고 있을 때 소련에서는 또 중국에 잠수정함대를 연합으로 건립하자는 제안을 내놓았다. 당시 중국은 해군건설을 한창 추진하고 있었으므로 소련정부에 중국의 해군 건설에 새로운 기술을 원조해줄 것을 청구했다. 소련공산당 중앙위원회는 이와 관련한 회의를 열고 별도로 연구했다. 7월 21일에 중국 주재 소련대사 유진(尤金)은 마오쩌둥 등 중국 지도자들과의 담화에서 중소 양국의 '연합잠수정함대를 건립'하는 문제를 둘러싸고 중국공산당 중앙위원회에서 저우언라이, 펑더화이와 필요한 조수들을 소련에 파견하여 소련 해군의 장비를 고찰하는 한편 구체적으로 상담하기를 바란다는 흐루쇼프의 건의를 전달했다. 소련 측이 이 건의를 제기한 이유는 소련의 자연 환경은 핵 잠수정이 역할을 충분히 발휘하는 데 불리한 반면 중국은 해안선이 매우 길고 조건이 아주 좋은 특징이 있으며 가령 전쟁이 발생하더라도 양측의 공동의 적은 미국이라는 것이다. 당시 마오쩌둥과 중국 기타 지도자들은 이 제안을 단호히 거절했다. 마오쩌둥은 공동투자로 장파송수신소를 건립하는 것과 마찬가지로 연합잠수정함대 건립도 중국의 주권과 관련되는 정치문제라고 지적하면서 "정치적 조건과 연관되는 만큼 이 일은 도저히 불가능하다." "이 문제에서는 우리는 영원히 원조를 바라지 않을 것이다." "당신들은 나를 민족주의라 할 수 있는데" "이렇게 말하면 나는 당신들이 러시아의 민족주의를 중국의 해안에까지 확대하고 있다고 말할 수 있다."[14]고 날카롭게 지적했다.

중국 지도자의 태도를 알게 된 흐루쇼프는 7월 31일에 급하게 베이징으로 와 중국 지도자들에게 이 두 가지 건의를 해명했다. 흐루쇼프는 공동투자로 장파송수신소를 건설하자는 의견은 국방부 부장 말리노프스키가 제안한 것으로 소련공산당 중앙위원회의 토론을 거치지 않았으며 해군연합함대를 건립하자는 것은 유진이 잘못 전달하여 생긴 오해로 지금까지 중국 함대를 연합으로 지휘하려 생각한 적이 없고 양국이 공유하려는 의도를 가진 적이 없었다고 말했다. 주권문제에 대한 중국 지도자들의 민감한 태도를 본 흐루쇼프는 장파송수신소는 중국에서 자체로 건설하고 소련에서 차관을 주어 그 건설을 돕는 것이 가장 좋은 방법이라고 했다. 이번 회담을 통해 양측의 오해가 다소간 풀렸다. 8월 3일에 중소 양국의 국방부장은 협정과 설비 주문 및 전문가 초빙에 관한 계약을 체결했다. 후에 소련에서 전문가를 철수하고 계약을 일방적으로 폐기한 데서 중국은 자체로 장파송수신소를 건설했다.

흐루쇼프가 중국을 방문할 때 양국 지도자들은 타이완 문제를 토론한 적이 없었으며 소련은 8월 23일에 중국에서 진먼을 포격하기 시작한 내막을 모르고 있었다. 9월 5일 흐루쇼프는 직접 중국 주재 소련대사관에 전화를 걸어 관련 상황을 알아보고 즉시 외교부장 그로미코를 중국에 파견해 방문하게 한다고 통지하게 했다. 그날 저녁 저우언라이는 중국 주재 소련대사관 참사 수달리코프를 만난 자리에서 그로미코의 중국 방문을 환영하고 아울러 중국 지도자들의 타이완 해협 정세에 대한 분석과 중국 측의 입장, 책략 및 현재의 대처 상

---

14) 마오쩌둥, '중국주재 소련대사 유진과의 담화'(1958년 7월 22일), 〈마오쩌둥문집〉 제7권, 인민출판사 한문판, 1999년, 390~392쪽.

황 등을 소개했다. 그는 중국이 진먼, 마주를 포격하는 것은 무력으로 타이완을 해방하려는 것이 아니라 다만 국민당 부대를 징벌하고 미국의 '두 개 중국' 조작 음모를 저지하려는 것으로서 가령 분쟁이 일어나더라도 중국이 자체로 그 결과를 책임지며 소련을 끌어들이지 않을 것이라고 강조했다.[15) 소련 측은 이 보고를 접하고 나서야 비로소 한시름 놓았다. 이튿날 그로미코가 베이징에 도착했다. 그는 중국 지도자들에게 소련공산당 중앙위원회는 중국의 입장과 조치에 대해 전적으로 찬성한다고 표명했다. 9월 7일과 19일에 흐루쇼프는 미국의 전쟁 위협에 반대하는 중국의 입장을 지지한다고 공개적으로 표시했다. 사실 흐루쇼프는 중국이 진먼을 포격하는 행동을 취한 것에 큰 불만을 품고 있었고 이런 움직임으로 미소 충돌이 일어날 상황에 대해 우려하고 있었다.

이러한 세 가지 사태는 중소 간의 갈등이 이미 중국의 주권과 관계되는 중대하고 민감한 문제가 되었음을 보여주고 있다. 마오쩌둥은 후에 중소관계가 악화되기 시작한 것은 사실 1958년도부터이며 그들이 군사적으로 중국을 통제하려 하는 것을 우리가 동의하지 않았기 때문이라고 말했다.[16)

1959년에 중소 간의 차이가 더욱 격화되면서 양측 간의 모순이 발로되기 시작했다. 그해 6월 하순에 소련은 미국 등 서방국가들과 핵무기 실험을 금지와 관련한 협상을 한다는 이유로 원자탄 견본 관련 기술자료 등을 중국에 제공하던 것을 중단했다. 8월 하순에 중국과 인도 변계지구에서 첫 무력충돌이 발생했다. 9월 6일에 중국 지도자

---

15) 중공중앙 문헌연구실 편, 〈저우언라이 연보(1949~1976)〉 중권, 중앙문헌출판사 한문판, 1997년, 제166쪽.

16) '마오쩌둥이 일본공산당 대표단을 접견할 때 나눈 담화', 1966년 3월 28일.

는 중국 주재 소련대사관에 인도 군대가 충돌을 일으킨 진상과 충돌을 피하기 위해 중국에서 취한 방침을 통보했다. 8월에 소련 공산당 중앙위원회는 중국 공산당 중앙위원회에 서한을 보내 중국의 행동에 이의를 제기했다. 뒤이어 소련 정부는 중국의 반대에도 아랑곳하지 않고 9일에 성명을 발표하여 중국—인도 변계 충돌은 "그야말로 안타까운 일이다.", 소련은 이번 사태에 '유감'을 표하지 않을 수 없다고 하면서 서방의 일부 집단이 이번 사태를 이용하여 흐루쇼프의 미국 방문 전야에 국제 정세 복잡화를 시도하고 있다고 말했다. 중국의 동맹국인 소련은 처음으로 중국을 지지하지 않는다는 입장을 공연히 표시하고 양측 간의 차이를 전 세계에 공개했다. 9월 12일에 소련은 모스크바에서 인도와의 합의서에 서명하고 인도에 15억 루블에 달하는 거액의 차관을 제공하여 인도의 새로운 5개년 계획 실행을 협조했다. 이는 중소 양국의 차이를 다시 전 세계에 보여준 것이었다.

9월 말에 흐루쇼프는 미국 방문을 마치고 베이징에 들러 중국 국경일 10주년 경축행사에 참가했다. 그는 소-미의 화해 및 이른바 '캠프데이비드 정신'을 선전하고 중국에 압력을 가하여 미국에 양보하게 함으로써 소미관계를 개선하는 데 이롭게 하려는 것이 주요 목적이었다. 중국의 지도자들과 회담을 나누면서 흐루쇼프는 타이완 문제에서 더 이상 무력을 사용하지 말 것을 요구했으며 동시에 중국에서 네루를 서방 진영으로 떠밀고 있다고 질책했다. 타이완 문제와 중국-인도 변계문제는 중국의 영토 확정과 주권 독립에 관계되었으므로 중국 지도자들은 이치를 따지며 흐루쇼프의 언론을 반박했다. 회담은 불쾌하게 끝났다.

그해 12월에 마오쩌둥은 국제 정세와 그 대책에 대해 생각하면서 "수정주의는 벌써 그 체계를 이룬 것이 아닌가?" 하는 문제를 제기했다. 비록 그 당시만 해도 그는 "중소 두 나라는 근본적 이익으로 어디까지나 단합하도록 되어 있으며 단합하지 못할 때도 간혹 있었지만 그것은 일시적인 현상일 따름이며 여전히 아홉 손가락과 한 손가락의 관계"[17]로 보고 있었지만 그는 그 '한 손가락'을 매우 중요시했고 중소 양국의 갈등이 초래된 원인을 '부자 간의 관계', '학생이 스승을 앞지르는 것을 원치 않으며', '한수 남겨두며', '전복활동을 하는'[18] 4개 방면으로 결론을 지었다.

1958년부터 1959년 사이에 벌어진 일련의 사건으로 중소 양당 간의 불화는 점점 심해졌다. 이는 중소 간의 차이가 최초의 의식적인 영역에서 현실적인 국가이익 범위로 확대되었음을 보여주었다. 그 후부터 중소 양당 간의 차이는 점차 공개되고 양국 관계도 신속히 악화되었다.

1960년 4월, 레닌 탄신 90주년을 기념하여 중공중앙 이론 간행물인 〈붉은 기〉 잡지 편집부는 '레닌주의 만세'라는 제목의 글을 발표하고 〈인민일보〉는 '위대한 레닌의 길을 따라 전진하자'는 제목의 사설을 발표했으며 중앙선전부 부장 루딩이는 레닌 탄신 기념대회에서 '레닌의 혁명 기치 아래 뭉치자'라는 제목으로 연설을 했다. 이어 이 세 편의 글을 '레닌주의 만세'라는 소책자로 엮어 출판했다. 이 세 편의 글은 시대, 전쟁과 평화, 무산계급 독재 및 현대수정주의를 반대하는 일련의 중대한 문제에 대한 중국공산당의 관점을 집중적으로 천명하고 유고슬라비아의 '현대 수정주의'를 가리키며 비판했는데 사실 흐루쇼프의 일련의 관점을 지명하지 않고 반박한 것이었다. 이에 소련의 신문, 간행물들에서 즉시 열띤 반응을 보이면서 중소 간 논전

---

17) 마오쩌둥, '국제 정세에 관한 연설 요점', 1959년 12월.
18) 마오쩌둥, '항저우 체류 기간에 한 한차례 연설의 요점', 1959년 12월.

의 서막을 열어놓았다. 6월 하순에 루마니아 노동당 제3차 대표대회가 부쿠레슈티에서 열렸다. 회의 기간에 12개 사회주의 국가 공산당과 노동당 대표단이 한 차례 회의를 가졌다. 이 회의에서 소련 공산당은 각 형제 당을 동원하여 중국 공산당을 비판했다. 흐루쇼프는 맨 마지막으로 발언하면서 중국 공산당을 맹렬하게 공격했는데 그 내용은 내정, 외교 면의 각 분야에 미쳤다. 펑전을 단장으로 한 중국 공산당대표단은 중앙의 지시에 따라 소련 공산당 지도자들과 날카롭게 맞서 투쟁하면서 흐루쇼프가 양당 사이에 확정된 공동문제 협상 해결의 원칙을 파괴한 것에 대해 규탄했다. 회의 후 중국에 압력을 가하기 위해 소련은 양국 관계를 악화시키는 심각한 대책들을 취했다.

7월 16일, 소련은 일방적으로 중국에 있는 소련 전문가들을 전부 철수하기로 결정한 각서를 갑자기 중국정부에 보내왔다. 한 달 남짓한 기간에 소련은 중국에서 중대한 항목을 수행하게 될 전문가 1,390명을 전부 국내로 소환한 동시에 양국 정부가 체결한 12개 조항의 협정과 두 나라 과학원에서 체결한 의정서 1부 그리고 343개의 전문가 계약서와 계약 보충서를 일방적으로 파기하고 257개의 과학기술 협조 항목을 철폐했다. 소련 측의 중소관계를 악화시키는 일련의 행위는 중국에 막대한 경제 손실을 입혔을 뿐만 아니라 중국 인민의 감정을 더없이 손상시킴으로써 중소관계에 만회하기 어려운 손해를 끼쳤다. 중국 공산당과 중국 인민은 독립자주, 자력갱생의 정신을 발휘하여 거대한 압력에 맞섰다. 그해 9월에 중공중앙 총서기 덩샤오핑은 중소 양당의 고위급회담에서 "중국공산당은 부자관계의 당, 부자관계의 나라라는 개념을 영원히 수용하지 않을 것이다. 당신들이 전문가를 철수하여 우리에게 손실을 입혔고 우리에게 어려움을 주었다. 중국 인민은 이 손실을 받아들이고 자력으로 이 손실을 막고 국가를 건설할 것이다."고 말했다. 중소 양당, 양국 관계가 급격히 악화되는 정세에 직면하여 중공중앙은 "원칙을 견지하고 단결을 견지하고 투쟁을 견지하며 여유를 두고 기회를 기다리다 상대방을 제압하며 분열을 반대하는" 대소 방침을 정했다.[19] 이 방침은 어디까지나 두 사회주의 대국 간의 단결을 다시 쟁취하는 데 그 목적이 있었다.

부쿠레슈티회의의 협의에 따라 1960년 11월 10일부터 12월 1일까지 81개국 공산당과 노동당 대표가 모스크바에서 회의를 열었다. 중국 공산당대표단은 류사오치를 단장으로 하고 덩샤오핑을 부단장으로 했다. 회의를 앞두고 소련 공산당은 중국 공산당에 답하는 소련공산당의 6만 자에 달하는 글을 각 형제 당 대표들에게 배포하여 중국 공산당을 재차 난폭하게 공격하면서 논쟁을 불러일으켰다. 그 때문에 전반 대회는 분위기가 팽팽했다. 소련 공산당이 공산당과 노동당 대표의 대부분을 좌지우지하고 자신의 관점을 회의에 강요하려는 의도가 아주 노골적인 것에 비추어 중국 공산당대표단은 연구 끝에 만일 소련 공산당 중앙위원회가 선언 초안에서 소련 공산당 제20차 대표대회와 제21차 대표대회의 관점을 전체적으로 수긍할 뿐 아니라 또한 각 나라 당이 협상일치의 원칙에 따라 공동의 문제를 해결한다는 방침을 성명 초안에 써넣는 것을 거부할 경우 중국 공산당대표단은 선언 초안에 서명하지 않을 것이며 또한 성명을 발표하여 소련 공산당이 국제공산주의운동과 사회주의 진영의 단결을 파괴하고 소중 양당과 양국 간의 관계를 파괴하는 행위를 규탄하기로 결정했다. 대회가 마무리되기 직전에 중국은 회의 문건에 소련공산당 제20차 대표대회의 제기법을 보류하고 1957년의 '모스크바 선언'을 그대로 옮

---

19) 중공중앙 문헌연구실 편, 〈덩샤오핑 연보(1904~1974)〉 하, 중앙문헌출판사 한문판, 2009년, 1774쪽.

겨 쓰는 데 동의하며 소련 측은 원 초안 가운데의 중국공산당이 '파벌활동'을 하고 있다는 제기법을 삭제하는 데 동의하고 협상일치의 원칙을 첨부하는 데 동의를 하면서 그들이 주장하는 국제공산주의운동에서의 "소수가 다수에 복종한다."는 그릇된 원칙을 포기하는데 동의하는 등 중소 양당은 각각 양보를 했다. 11월 30일에 중소 양측 대표단은 회담을 가져 양측 이 논쟁을 마무리 짓고 양당 , 양국 관계를 1957년의 수준으로 회복시킬 수 있기를 기대한다고 표시했다. 회의 후 소련 측이 류사오치의 소련 방문을 요청하면서 중소관계는 다소 완화되었다.

사실 이 잠정적인 완화는 차이가 한층 더 확대되기 직전의 전주곡에 불과했다. 1961년 10월에 소련공산당 제22차 대표대회가 소집되었다. 저우언라이를 단장으로 하는 중국공산당대표단이 대회에 참가했다. 흐루쇼프는 대회보고에서 소련공산당의 관점에 찬성하지 않는 알바니아 노동당을 공개적으로 비판했는데 창 끝을 알바니아당에 돌렸지만 실상은 중국 공산당을 겨냥한 비판이었다. 10월 22일에 저우언라이는 흐루쇼프 등 소련공산당 지도자들과 무려 아홉 시간에 달하는 회담을 가지고 소련과 알바니아 간의 관계, 소련 공산당 제20차 대표대회 등 문제에 대한 중국의 태도를 상세히 천명했지만 소련 측은 중국 측의 의견을 접수하지 않았다. 23일 저녁에 저우언라이는 앞당겨 귀국하면서 펑전더러 중국 공산당대표단 단장을 대리하여 계속 회의에 참가하도록 했다. 24일에 저우언라이는 베이징 수도비행장에 도착하여 마오쩌둥, 류사오치, 주더, 덩샤오핑 등 중앙최고층 지도자들의 환영을 받았다. 중국은 이런 방식으로 소련공산당 제22차 대표대회에 대한 강렬한 불만을 나타내었다. 소련공산당 제22차 대표대회로 인해 중소 양국 간의 잠시적 완화관계는 결속되었고 또다시 긴장상태에 들어갔다.

2. 중국 주변정세의 변화 및 평화적 외교정책을 견지하기 위한 노력

선린친선정책의 시행 및 역사적으로 남아 내려온 문제의 해결

주변국가와 선린친선관계를 맺고 그 관계를 발전시키는 것은 신중국 외교의 기정방침이었다. 20세기 50년대 중반부터 선린친선정책을 시행하고 평화적 공존 5개 원칙을 제창하면서 중국의 주변 환경은 뚜렷이 개선되었다. 당의 제8차 대표대회는 중국의 외교방침에 대한 논술에서 중국은 아시아, 아프리카 민족독립 국가들과 친선관계를 맺고 그 관계를 발전시켜야 하며 우선 중국과 이웃하고 있는 나라들과 친선관계를 맺고 그 관계를 발전시켜야 한다는 것을 보다 명확히 제기했다.

이 시기에 신중국은 주변국가 및 아시아, 아프리카 민족국가와 내왕한 최초의 실천에 근거하여 저우언라이와 외교부에서 일상 사무를 주관하는 부부장 장원톈이 외교사업을 총화하고 외교사업에서 지켜야 할 중요한 원칙을 제기했다. 그것은 첫째, 모든 외교활동의 중심목적은 "우리나라에 양호한 국제환경을 보장하여 우리나라 인민의 사회주의 건설에 이롭도록 하는 것이다." 둘째, 중국은 크고 작은 국가와 민족을 막론하고 일률로 평등하게 대하는 원칙을 시행한다. 이렇게 하자면 우선 중국이 대외사업에서 대국주의적 사상과 작풍을 엄격히 방지하고 단호히 반대해야 한다. 셋째, 상호 내정을 간섭하지 않는 원칙을 견지한다. "혁명은 절대 수출할 수 없다. 혁명을 하는가, 안 하는가, 혁명을 어떻게 하는가는 모두 각 나라 인민의 자체의 선택에 달려있다." 목전 자본주의제도를 시행하고 있는 대다수 아시아,

아프리카 국가들은 장래에 인민혁명 승리의 길을 통하여 사회주의에로 진입할 수 있는 역사적 조건이 아직 구비되지 못했으므로 계속 평화적 공존의 5개 원칙에 따라 그들과의 친선협력관계를 발전시키고 그들이 평화중립정책을 실행하도록 지지해야 한다. 넷째, 외교활동에서 합일점을 취하고 차이점은 보류하는 방침에 근거하여 사상체계가 같지 않은 국가의 사상관점이 같지 않은 인물들과 교류하면서 사상 면에서의 접촉점과 공동점을 찾으며 특히 지배집단중의 여러 유파 인물들과 널리 벗으로 사귀어야 한다.[20] 이 같은 원칙은 우리나라에서 주장하는 신형 외교의 특징을 두드러지게 하여 중국이 아시아, 아프리카 민족국가들과의 관계를 처리하며 특히 주변국가와의 선린친선관계를 추동하고 발전시키며 신중국의 국제적 형상을 수립하는데서 중요한 역할을 했다.

신중국이 창건된 초기, 중국과 주변국가간에는 일부 역사적으로 남아 내려온 미해결문제들이 존재했는데 그 가운데서 중국과 이웃나라들과의 변계문제가 가장 복잡했다. 50년대 중반, 국제국내정세의 발전 변화와 더불어 역사적으로 남아 내려온 이런 문제들을 해결할 것이 불가피하게 중국외교사업의 일정에 올랐다. 이 때문에 중국정부는 1955년에 반둥회의에서 두 가지 중요한 조치를 취했는데 하나는 인도네시아 정부와 이중국적을 승인하지 않을 데 관한 조약을 체결하여 화교문제로 인한 중국에 대한 일부 동남아국가의 의구심을 풀어준 것이고 다른 하나는 저우언라이가 중국이 이웃나라들과 미확정 변계를 확실하게 정하려 한다고 정중히 선포한 것이었다.

<hr />

20) 장원톈, '우리나라의 평화적 외교정책 집행과 관련한 일부 문제에 대해'(1956년 3월), '아시아, 아프리카 정세 가운데 약간의 문제에 대한 견해'(1956년 3월 31일), '평화적 공존을 논함'(1956년 8월), 장원톈문집편집조, 〈장원톈문집〉 제4권, 중공당사출판사 한문판, 1995년, 191~193,206~208,239~241쪽.

이웃나라들과 변계문제를 해결하는 사업은 저우언라이의 직접적인 영도 하에 중국-미얀마 국경담판으로부터 시작되었다. 중국-미얀마 변계문제를 원만히 해결하기 위해 저우언라이는 지켜야 할 여러 가지 원칙과 정책을 내놓았을 뿐만 아니라 친히 중국-미얀마 변계지구에 가서 고찰하면서 담판, 변계선 탐사, 변계선 확정으로부터 변계조약과 의정서 체결에 이르는 제반 사업을 구체적으로 지도했다. 1956년부터 1960년까지의 노력을 거쳐 중국-미얀마 변계문제는 원만히 해결되었다. 1960년 1월 28일 중국-미얀마 두 나라 총리는 '양국 변계문제에 관한 중화인민공화국과 미얀마연방정부의 협정', '중화인민공화국과 미얀마연방정부 간의 친선 및 상호 불가침조약'을 체결했다. 중국-미얀마 변계조약은 신중국이 아시아 인접 국가와 체결한 첫 변계조약으로 향후의 유사한 문제를 해결하는 데 좋은 본보기를 보여주었다. 중국-미얀마 변계문제를 해결하는 과정에 중국과 기타 인접 국가와의 변계 협상도 연이어 시작되었다.

변계문제를 처리할 때 중국정부는 주로 다음과 같은 네 가지 원칙에 의거했다. 첫째, 변계문제를 해결하는 목적은 변방을 공고히 하고 이웃을 안정시키며 평화적인 국제환경을 쟁취하여 국내의 건설에 이롭도록 하려는 것이다. 둘째, 변계문제를 원만히 하는 것을 평화적 공존 5개 원칙에 결부시켜 평화적 협상을 주장하고 무력 행사를 반대하며 확장주의를 반대하는 것이다. 셋째, 구체적인 변계협상에서 쌍방의 실제 관할 범위에 따라 그리고 청조 말기, 북양정부, 국민정부의 서류자료와 변계조약을 법적 근거로 하여 확실히 분쟁이 있는 지역에 대해 평등호혜, 상호양해와 상호양보의 정신에 입각하여 해결하는 것이다. 넷째, 제국주의 식민지 통치 시대에 중국과 인접 국가에 강요된 불평등조약을 원칙적으로 반드시 폐지하고 평등한 변계조약을 새로 체결하는 것이다. 중국 당과 국가 지도자들은 중국과 다수의 인접 국가가 다 금방 제국주의 식민지통치에서 벗어나 민족독립을 취득한 국가인 만큼 우리는 우리 민족의 정당한 이익을 견지하고 수호하는 한편 대국주의를 반대하는 면에서도 본보기를 보여야 한다고 거듭 강조했다.

중국정부의 꾸준한 노력으로 중국-미얀마 변계문제가 해결되었고 1963년 말에 이르러 중국은 네팔, 몽골, 파키스탄, 아프가니스탄 등 나라들과 협정 또는 조약을 체결하여 역사적으로 남아 내려오던 변계문제를 타당하게 해결했다. 변계문제의 해결은 중국과 이런 국가 간의 선린관계를 유력하게 추진시켰을 뿐만 아니라 중국의 주변 환경을 안정시키는 데서도 중대한 전략적 작용을 했다.

중국과 인도 두 나라 간의 변계 충돌과 중국 주변 정세의 악화

1950년대 말부터 1960년대 초까지 중국은 변계문제 해결에서 본격적인 진전을 거두었다. 하지만 처리하기 힘든 문제도 일부 있었다. 그중 인도와의 변계분쟁이 1959년부터 두드러졌는데 1962년에 이르러서는 대규모 무력 충돌로 확대되었다.

중국과 인도는 아시아의 두 문명고국(文明古國)이며 두 나라 인민은 제국주의와 식민주의를 반대하는 투쟁에서 줄곧 서로 동정하고 지지했다. 신중국이 창건된 후 중인 두 나라는 국제투쟁에 적극적으로 협력했으며 공동으로 유명한 평화적 공존 5개 원칙을 제기했다. 중국 정부는 양국 간의 친선관계를 몹시 소중히 여겼다. 그런데 변계문제는 줄곧 양국 관계에 어두운 그림자를 드리웠다.

중인 양국의 변계 선은 약 2천 킬로미터가 되는데 역사적으로 정식 확정된 적이 없으며 서, 중, 동 세 개 구간으로 갈라놓는 재래의 분계선이 한 갈래 있을 뿐이었다. 19세기 후반기에 영국 식민지 통치자들은 중국-인도 변계 서쪽 구간, 전통습관에 따른 분계선 동부의 중국 신장 악사이친(阿克賽欽)지구에 몇 갈래의 변계선을 그었다. 1914년 3월 심라회의[21]기간 영국대표는 또 중국 중앙정부 대표 몰래 중국 티베트지방당국의 대표와 인도의 뉴델리에서 비밀교역 방식으로 중국-인도 변계 동쪽 구간에 분계선을 한 갈래 냈는데 이것이 이른바 '맥마흔선'이다. 이 분계선은 중국-인도 변계 동쪽 구간의 재래 분계선 이북 중국 측의 9만 제곱킬로미터 되는 지역을 인도 판도에 들어가게 했다. 이러한 몇 갈래 이른바 분계선은 모두 영국정부와 인도정부가 일방적, 편파적으로 지도에 표기한 것으로 아무런 법적 효력이 없으며 중국의 역대 정부도 지금까지 승인한 적이 없다.

1950년대 초기에 중국과 인도가 외교관계를 맺은 후의 1950년대 초반의 첫 몇 년간 양국 정부는 각자의 원인과 생각에서 출발하여 모두 변계문제에서 양해를 구하는 것을 의사일정에 넣지 않았다. 하지만 양국 정부는 변계문제에서 쌍방의 주장이 다르다는 것을 모두 알고 있었다. 1951년에 티베트가 평화적으로 해방되었다. 이때쯤 인도 군대는 '맥마흔선'을 향해 진발했고 1953년에 이르러 이 분계선 이남의 드넓은 중국 영토를 강점했다. 1954년부터 1956년까지의 기간에 중인 양국 의 총리는 세 차례 면담했다. 저우언라이는 네루에게 중국-인도 변계선이 전부 확정되지 않은 이것은 우선 수긍해야 할 사

---

21) 영국 식민주의자들이 티베트를 중국 판도에서 떼어내기 위해 획책한 회의이다. 회의는 1913년 10월부터 1914년 7월까지 인도 심라에서 열렸다. 이 회의는 중국 티베트지역과 중국 기타 지역 간의 분계선 및 이른바 동티베트, 서티베트와의 분계선만을 토론했다. 의제에는 중국-인도 변계문제가 들어 있지 않았고 중국-인도 변계문제가 논의된 적도 없었다. 회의에 참석한 중국 대표는 이른바 '심라조약'에 서명하는 것을 거부했으며 중국 정부의 훈령에 근거하여 그해 7월 3일에 성명을 발표하여 무릇 영국과 티베트가 오늘 혹은 언젠가 체결하는 조약과 그와 유사한 문건에 대해 중국 정부는 일률적으로 승인하지 않는다고 지적했다.

실이다. '맥마흔선'은 영국식민주의자들이 조작한 것으로 중국 정부는 절대 이 분계선을 승인하지 않지만 종래로 이 분계선을 넘어선 적이 없다. 중국 정부는 중국−인도 변계에 대해 현실주의적 태도를 취하며 변계문제가 전부 해결되기 전까지는 양국 변계에서 기존 상황을 유지할 것이라고 말했다. 그러나 인도 정부는 상호협상을 통해 국경문제를 해결하려는 중국 정부의 입장과는 달리 줄곧 영국 식민지 통치자들이 그들에게 이롭게 구획한 분계선을 국경선으로 정할 것을 중국에 강요하려 했다. 그들이 주장하는 변계선은 동쪽 구간에서는 '맥마흔선'을 국경선으로 하고 서쪽 구간에서는 중국이 줄곧 관할하고 통제하고 있는 악사이친지구 전체를 포함시켰다. 중부 구역만은 대체로 재래 분계선을 주장했다. 변계선에 대한 중인 쌍방의 다른 주장은 대면적의 영토 귀속문제와 연관되었다. 비록 이렇게 큰 의견 차이가 존재했지만 중인 두 나라 변계지역은 여전히 약 10년이 되도록 평화적 상태를 유지했다.

1957년 10월에 중국은 신장에서 티베트로 통하는 도로를 개통했다. 이듬해 10월에 인도는 중국에 이 도로가 통과하는 일부분 영토가 '인도 라다크'지구에 속한다고 들고 나왔다. 중국 측은 이 같은 비난을 거부했다. 이번 외교교섭에서 중인 양국 간의 악사이친지구의 귀속문제에 대한 각자의 주장이 여실히 드러났다. 중국−인도 변계분쟁이 두 나라의 관계에 비교적 중대한 영향을 끼치게 된다는 데 비추어 1959년 1월 23일에 저우언라이는 인도총리 네루에게 서한을 보내 중국−인도 변계문제에 대한 중국 측의 입장을 더욱 전면적으로 천명했고 9월 8일에 또 서한을 보내어 쌍방이 "역사적 배경과 당면한 실정을 고려하고 5개 원칙에 근거하여 준비하고 절차 있게 우호협상의 방식으로 두 나라 사이의 변계문제를 전면적으로 해결"[22]할 것을 건의했다.

중인 두 나라의 친선을 수호하기 위해 1959년 5월 13일에 마오쩌둥은 곧 발부될 인도 외교부에 보내는 중국 외교부의 답변에 한마디를 보충하여 다음과 같이 솔직하게 지적했다. 총체적으로 말해 인도는 중국의 우호 국가이다. 중국은 주된 주의력과 그 투쟁방침을 주로 동방, 서태평양지역, 침략을 일삼는 흉악한 미제국주의에 돌리고 있다. 인도는 우리의 적대국이 아니며 친선적인 이웃나라다. 중국은 동쪽으로는 미국과 적대하고 서쪽으로 또 인도와 적대하는 그런 어리석은 짓은 하지 않을 것이다. 우리에게는 두 개 적대국이 있어서는 안 된다. 우리는 친구를 적으로 대하지 않을 것이다. 이는 우리의 국책이다.[23]

그러나 인도 정부는 평화적 협상을 통해 변계문제를 협상 해결할 의향이 없었으며 네루는 공개적으로 인도가 주장하고 있는 국경선은 변경할 수 없다고 여러 차례 말했다. 1959년 3월에 티베트 상층반동집단이 반란을 일으킨 후 얼마 지나지 않아 인도 정부는 중국 정부에 대면적의 영토에 대한 요구를 정식으로 제기했다. 인도 측의 무장부대가 끊임없이 중국 영토에 깊이 들어와 중국 변방부대에 도발했으므로 1959년 8월 25일에 중국–인도국경 동쪽 구간의 '맥마흔선' 이북에 위치한 롱주(朗久村)에서 중인 간의 제1차 무력충돌이 발생했다. 10월 21일에 중국–인도국경 서쪽 구간 콩카산구 이남의 중국 측 영토에서 재차 무력충돌이 발생했다. 국세를 완화시키기 위해 마오

---

22) "저우언라이 총리가 네루 총리에게 답변하는 서한을 보내어 중국–인도 변계문제와 국경 정세에 대한 우리나라의 입장을 천명했다.", 1959년 9월 10일자, 〈인민일보〉 1면.

23) 마오쩌둥, '중국–인도 변계문제의 두 문건에 대한 지시와 수정', 1959년 5월 13일.

쩌둥의 제의로 중국정부는 11월 7일에 두 나라 무력부대가 실제 통제선에서 즉시 각 20킬로미터씩 철수할 것을 건의했다. 인도 측은 이를 거절했다. 1960년 4월에 저우언라이는 직접 뉴델리에 가 네루와 상담했으나 아무런 성과도 거두지 못했다. 그 후 인도 정부는 중국이 참고 양보하는 것을 나약하여 업신여길 수 있는 것으로 보고 제멋대로 이른바 '전진정책'을 시행하면서 끊임없는 군사행동으로 중국영토를 잠식하여 국경을 파괴했다. 1962년 한 해에 중국-인도 변계 서쪽 구간에서 인도 군대는 중국이 줄곧 관할하고 통제하는 지역에 43개 거점을 설치하고 중국-인도 변계 동쪽 구간에서 인도 군대는 '맥마흔선'을 따라 새롭게 초소 24개를 세웠으며 심지어 '맥마흔선' 이북의 지동에까지 초소를 세웠다. 중국-인도변계지구에서는 양국 군대가 냉랭하게 맞서 대규모 무력충돌이 일촉즉발 상황에 처했다.

　1962년 10월 12일 네루는 한 차례 공개연설에서 중국 군대를 타글라 산등성이에서 "제거해버리라."는 명령을 이미 내렸다고 했다. 뒤이어 인도 국방부장 메논이 인도 군대에 11월 1일 이전으로 이 임무를 완수하라는 명령을 내렸다. 인도 군대가 무력진격을 발동한 후 마오쩌둥과 중앙군사위원회는 결단성 있게 자위반격 작전을 벌이기로 했다. 중국 변방부대는 명령을 받고 10월 20일에 자위반격을 실행하여 서쪽 구간에서 인도 군대가 중국 경내에 설치한 거점들을 일거에 모조리 파괴하고 동쪽 구간에서는 '맥마흔선' 이남의 광활한 지역을 통제했다. 변계문제를 평화적으로 해결하려는 성의를 표시하기 위해 중국 정부는 11월 21일에, 이튿날 0시부터 중국 변방부대는 중국-인도 변계의 전반 전선에서 전투 행위를 중지한다고 선포하고 12월 1일부터 일방적으로 1959년 11월 7일에 쌍방이 정한 실제 통제 선에서 20킬로미터 철수했다. 이어서 또 포로가 된 인도 군대 장병들을 전부

석방하고 노획한 무기와 군수물자들을 되돌려주었다. 이번 변경 반격전에서는 속전속결로 승리를 쟁취한 후 즉각 후퇴함으로써 침입자들에게 징벌을 주면서도 교전의 장기화를 피함으로써 중국의 군사역량을 계속 주요 방어 방향에 집중시킬 수 있었다. 저우언라이는 이번 변경반격전을 총화하면서 다음과 같이 말했다. 이번에 우리는 거듭 참고 양보를 해도 효과가 없자 자위반격을 했다. 이러한 태도를 보이지 않고 타격하지 않고서는 긴장 정세를 완화시킬 수 없다. 우리의 투쟁 책략은 이유가 있고 이점이 있으며 절제가 있어야 한다는 것이다. 양보하고 충돌을 피하며 상대의 진격을 기다렸다가 상대를 제압해야 한다. 단지 오는 것만 있고 가는 것이 없다면 그것은 예의가 아니다.[24)]

중국의 주변 환경은 중인 두 나라 간의 변경 긴장 정세가 나타나기 전에 벌써 미국이 베트남 전쟁에 개입하고 소련이 신장변경지구에서 분쟁을 일으킴으로써 악화되고 있었다. 이런 정황은 중국의 지도자들을 제국주의, 반동적인 민족주의와 현대수정주의가 연합하여 중국을 반대하는 역류를 일으키고 있음을 인식하게 했다.

1959년부터 베트남 남방에서 미국이 지지하는 응오딘지엠(吳廷琰)정권을 반대하는 무력투쟁이 일어났다. 정세의 변화에 근거하여 베트남공산당 중앙위원회는 남방에서 무력투쟁을 벌여 남방을 해방하기로 결정하고 이를 중국 공산당에 통보했다. 1960년 12월에 베트남남방민족해방전선이 결성되자 중국은 즉시 이를 승인하고 미국을 반대하는 베트남의 투쟁을 지지한다는 입장을 명확히 밝혔다. 베트남 남방의 무력투쟁을 진압하기 위해 1961년 5월 14일에 미국 대통

---

24) '중국-인도 변계문제에 관한 저우언라이의 연설', 1962년 11월 24일.

령 케네디는 미군 '특수작전부대' 400명과 군사고문 100명을 남부 베트남에 파견하여 이른바 '특수전쟁'을 개시하도록 명령했다. 이것은 한국전쟁의 뒤를 이어 미국이 또 한 차례 중국의 주변에 지펴놓은 전쟁의 불길이었다. 1962년 2월에 중국 외교부는 성명을 발표하여 미제국주의는 실제로 이미 '선전포고 없는 전쟁'에 참여하고 있고 그 침략의 칼날을 직접 베트남민주공화국에 돌리고 있지만 간접적으로는 중국을 겨냥한 것이라고 지적했다.

중국의 남부 변경지대에 긴장국세가 나타나고 있을 때 북부의 중국−소련 변경지역도 평화롭지 못했다. 1960년부터 소련은 중국−소련 국경지대에서 끊임없이 사단을 일으켰다. 1962년 3월부터 5월까지의 기간에 신장의 굴자(伊宁), 코르가스(霍城), 타청(塔城) 등 지구에서 6만여 명의 주민들이 소련 측의 책동으로 소련으로 넘어가는 일이 발생했다. 굴자시에서는 심지어 일부 사람이 불법으로 정부기관에 뛰어들어 난동을 부리고 정부서류를 강탈하는 사건까지 발생했다. 우루무치(烏魯木齊)에 주재하는 소련 총령사관과 굴자에 주재하는 소련영사관이 이 사건에 깊이 말려들었기에 이 지역에서의 양국 영사관계는 결국 중단되었다.

이때 타이완의 장제스 집단은 때가 왔다고 여기고 대륙에 대한 반격 준비에 열을 올리는 바람에 동남연해지구의 정세는 다시 긴장 국면에 처했다. 1962년 6월 10일에 중공중앙은 동남연해지구에 대한 국민당 군대의 침범을 쳐부술 준비를 하라고 전국에 지시했다. 하지만 중미대사급 회담을 통해 중국지도자들은 미국이 자신의 전략을 고려하여 장제스가 대륙 공격을 지지하지 않을 것이며 장제스는 대미국 의무를 지니고 있기에 미국의 동의를 거치지 않고서는 중국 대륙에 대한 진격을 발동하지 못한다는 것을 곧 파악할 수 있게 되었다.

평화적 외교정책을 견지하기 위한 노력

1960년대 초기부터 중국의 주변 환경이 악화되기 시작했는데 이때 중국은 막심한 경제적 곤란을 겪고 있었다. 일부 외국의 적대 세력들은 이 기회를 틈 타 중국에 압력을 가하는 한편 온갖 기회를 이용하여 중국을 공격하면서 중국은 호전적이며 혁명만 중시할 뿐 평화를 소중히 여기지 않으며 평화적 공존을 반대하고 있다고 공공연히 떠벌였다. 한때 중국의 모습은 왜곡되었고 외교정책은 오해를 받았다. 복잡하고 준엄한 정세에 직면하여 어떻게 해야 중국이 일관적으로 주장해오고 있는 평화적 외교정책을 선전하고 갈수록 팽배해지는 긴장한 대외관계를 완화시켜 힘을 모아 국내의 경제적 곤란을 이겨내는 데 이롭게 만들 수 있겠는가 하는 것이 당시 외사사업을 책임진 지도자들이 거듭 숙고하지 않으면 안 되는 문제였다.

1962년에 중앙서기처 서기이며 중앙대외연락부 부장인 왕자샹은 중국 대외사업 개진과 관련하여 중앙에 의견을 여러 차례 제기했고 일부 내부문건을 기초했다. 그가 강조한 핵심 사상은 다음과 같다. "우리나라의 외교정책은 변함없이 평화적 외교정책이며 외교사업의 임무는 언제나 우리나라 사회주의 건설을 위해 장구한 평화적인 국제환경을 쟁취하는 것이다."[25] 중국의 국제적 지위를 높여 중국으로 하여금 국제사무에서 중대한 역할을 발휘하게 하기 위한 "가장 근본적인 일은 중국의 사회주의 건설사업을 조속히 완수하며 노력을 다해 더욱 빠른 속도로 가난하고 낙후한 상태에서 벗어나는 것이다."

---

25) '왕자샹 등이 저우언라이, 덩샤오핑과 천이에게 쓴 서신', 1962년 2월 27일.

대내외적으로 모두 막대한 곤란에 직면하고 있는 현정세에서 "우리는 대외정책 측면에서 완화방침을 취함으로써 시간을 벌며 난관을 이겨내거나 곤란을 줄여 적어도 당장의 어려움을 과중시키지 않음으로써 우리의 건설사업을 추진하는 것이다"[26].

왕자샹은 다음과 같이 지적했다. 중국 주변에는 불안정 정세가 심각하게 존재하고 있는데 최대 위험은 한국전쟁과 같은 전쟁이 발발하는 것이다. 우리는 이로 말미암아 미국이 전쟁의 불길을 인도차이나에서 베트남 북방으로 끌어올리며 중국으로 끌어올리는 것을 막아야 한다. 동시에 흐루쇼프가 중국을 이 전쟁에 몰아넣으려고 하는 것에 대해서 경계하고 미국의 칼날이 집중적으로 중국에 돌려지지 않도록 해야 한다.

왕자샹은 대외선전은 반드시 중국의 평화적 외교정책과 일치해야 하며 중국 대외관계의 노선과 주장을 정면으로 명백하게 설명할 수 있어야 한다고 강조했다. 그는 다음과 같이 지적했다. 전쟁과 평화문제에서 세계적인 전쟁의 위험성을 지나치게 강조하여 세계적인 전쟁을 방지할 수 있는 가능성을 약화시켜서는 안 되며 핵전쟁을 논할 때 단순하게 "두렵지 않다."는 말로 핵 협박을 반대해 타인의 오해를 사지 않도록 해야 하며 평화적 공존에 관한 문제에서는 중국이 사회제도가 다른 나라들의 평화적 공존정책을 일관적으로 견지해왔으며 또한 이 점에서 창발성을 발휘하여 좋은 본보기를 수립했다는 것을 강조하고 "제국주의가 존재하는 한 평화적 공존이란 있을 수 없다."는 등 견해가 그릇된 논조라는 것을 강조해야 한다.

한창 진행 중인 현대수정주의를 반대하는 투쟁에 대해 왕자샹은 다

---

26) 왕자샹, '목전 대외사업에 관한 몇 가지 의견', 1962년 봄.

음과 같이 인정했다. 평화와 제국주의 반대, 단결의 기치를 높이 치켜세우고 필요한 투쟁을 적절하게 진행해야 한다. 수정주의를 반대하는 투쟁이 비교적 긴박한 상황에서 '미숙'한 결점은 비교적 드러나기 쉽지만 '과격'한 문제는 흔히 홀시하게 될 뿐만 아니라 변론에서의 논리가 우리를 바라지도 않던 터무니없는 지경에 빠뜨릴 수 있다. 소련과의 관계를 처리할 때 두 가지 가능성이 있음을 알아야 한다. 즉 중국과 소련 두 나라 사이에 노선문제에서 차이가 존재하고 있기에 흐루쇼프가 미국과 타협하기 위해 우리와 결렬할 수 있다는 것에 대해 경각심을 높여야 하며 동시에 세계평화를 수호하고 제국주의의 전쟁정책과 침략정책을 반대하는 방면에서 중국과 소련 두 나라 사이에는 아직 공통점이 존재하고 있으며 사회주의 국가 간의 차이가 점차 축소되거나 심지어 없어질 수도 있다는 것을 알아야 한다. 우리는 제국주의가 어부지리를 얻는 것을 막기 위해서는 국제회의에서 중국과 소련 두 나라 간의 차이를 거론하지 않으며 주동적으로 논쟁을 일으키지 말고 소련이 논쟁을 해오면 못들은 척했다가 뒤에 찾아가 우리의 견해를 밝히는 방법을 취해야 한다. 또한 원칙적 차이가 존재하는 형제당과는 마땅히 통일전선 성격을 띤 관계를 유지해야 한다.

마지막으로 대외원조문제에 대해 왕자샹은 다음과 같이 제기했다. 다른 나라의 반제투쟁, 민족독립운동과 인민혁명운동을 적극적으로 지지하고 원조해야 하지만 이러한 지지와 원조는 어디까지나 실정과 성격을 구별하여 그에 알맞은 방식으로 진행해야 한다. 대외원조를 제공할 때는 실사구시적으로 능력에 맞게 해야 하며 다른 나라와 비기지 말아야 한다. 다른 나라의 국내 혁명운동을 지원할 때에는 각별히 신중을 기해야 하며 흐루쇼프가 고취한 "평화적으로 이행하고",

"다른 사람을 혁명하지 못하게 하는" 수정주의식 방법을 반대하는 한편 과격한 말을 하고 지나친 행동을 취하는 편향을 반대하고 방지해야 한다.

복잡한 국제환경에 직면하여 중국은 국제적으로 중국의 주권과 영토를 침범하는 온갖 행위와 필요한 투쟁을 진행해야 했고 또한 중국이 일관적으로 주장해온 평화적 외교정책을 동요 없이 견지해야 했다. 이 두 개 방면의 사업이 잘 결합되어야 중국의 이익이 더 안전하게 수호될 수 있다. 왕자샹이 체계적으로 진술한 상기 의견은 중국 대외방침과 외교 전략의 관건적 문제를 취급한 것으로 아주 강한 현실성이 있었다. 이러한 기본 구상은 8차 당대회에서 제기한 외교방침의 연속이었고 그 목적은 당시 우리에게서 이미 발로되기 시작한, 국제적인 투쟁 범위가 갈수록 확대되고 논조가 점점 강경해지는 경향을 바로잡아 중국 외교정책에 대한 많은 나라의 오해를 풀고 전면적으로 긴장해지는 대외관계를 완화시켜 국내의 경제적 곤란을 이겨내는데 훌륭한 국제 환경을 마련하려는 것이었다. 이러한 건의는 당내 고위층에 제기된 후 대외사업을 책임진 일부 지도자들의 중시를 받았을 뿐 아니라 다양하게 찬성과 지지를 얻었다. 사실상 중국, 소련 두 나라 간의 갈등을 해결하고 중국, 인도 두 나라 간의 국경 분쟁을 처리하는 과정에서 중국의 당과 정부는 이를 완화시킬 수 있는 많은 조치를 취했다. 그러나 당시 국제적으로 온갖 갈등들이 뒤엉켜 있다 보니 이 같은 조치들은 긴장 추세를 바로잡지 못했다.

3. 미국, 소련 두 대국과의 대치구도를 형성

중국과 소련 간의 논쟁과 사회주의 진영의 분열

소련공산당 제22차 대표대회가 마무리된 후 중국, 소련 두 나라간의 관계는 점점 더 긴장되기 시작했다. 1962년 10월에 미국, 소련 두 나라 간에 쿠바미사일 위기[27]가 발발하고 중국과 인도 간에 대규모의 국경 충돌이 발생했다. 이 두 사건이 마무리된 후 흐루쇼프는 소련최고소비에트회의에서 연설을 발표하여 카리브해 위기와 중국−인도변계 충돌에서 취한 중국의 원칙적인 입장을 질책했다. 중국과 소련 간의 갈등은 이로 인해 더욱 첨예해졌다.

이해 겨울에 유럽 일부 국가의 공산당이 잇달아 대표대회를 열었는데 소련공산당 지도자들은 이러한 회의를 이용해 중국 공산당을 지명해 공격했다. 소련 공산당의 영향을 받아 중국공산당 대표단을 집중 공격하는 형제 당이 갈수록 늘어났다. 이런 상황에서 중공중앙은 일련의 답변식 글을 발표하여 반격하기로 했다. 1962년 12월 15일부터 1963년 3월 8일까지 중국공산당은 〈인민일보〉와 〈붉은 기〉에 사설 형식으로 '전 세계 무산자는 연합하여 우리의 공동의 원수를 반대하자', '톨리야티 동지와 우리와의 분기', '레닌주의와 현대수정주의', '모스크바 선언과 모스크바 성명을 토대로 단결하자', '분기는 어디에서 왔는가?−토래즈 등 동지에게 보내는 답변', '톨리야티 동지와 우리와의 분기를 재차 논함−현대 레닌주의의 몇 가지 중요한 문제에 대해', '미국 공산당의 성명을 평함' 등 이론 문서 7편을 발표했다. 이러한 글들은 1960년 4월에 '레닌주의 만세' 등 글이 3편 발표된 뒤를 이어 현대 세계 모순에 관하여, 전쟁과 평화에 관하여, 국가와 혁명

---

27) 1962년 9월에 소련이 쿠바에 중거리미사일을 배치하여 카리브해 위기를 유발했다. 10월에 미국, 소련 두 나라 간의 관계는 냉전 기간 가운데 가장 긴장된 상태에 처했으며 쌍방이 모두 '전쟁 일보직전' 정책을 취했다. 11월에 소련은 핍박에 의해 쿠바에서 미사일과 중거리 폭격기를 철수하고 미국은 쿠바를 침입하지 않으며 또한 토이기에 있는 미사일 기지를 철수한다고 보증함으로써 그 번 위기는 종결되었다. 이 사건에 대해 중국 측은 소련이 먼저 모험주의 오류를 범하고 후에는 또 도망주의 오류를 범했다고 인정했다.

에 관하여, 현대수정주의를 반대하는 것에 관하여, 국제공산주의운동의 내부 단결에 관하여 등을 포함한 주요 국제문제에 대한 중국공산당의 견해를 더욱 분명히 천명했다.

이번 논쟁의 뚜렷한 특징은 그전까지 쌍방이 의견을 내부에서 교환하던 것을 공개 논쟁으로 발전시켜 서로 상대의 노선, 방침, 정책을 견책하고 상대에게 마르크스-레닌주의를 반대한다는 누명을 씌우며 쌍방의 착안점이 상호 간의 의식적인 차이와 두 나라의 이익 갈등에서 더 나아가 이러한 차이와 모순을 바탕으로 사회주의 진영과 국제공산주의 운동 내부의 강령과 노선을 놓고 투쟁하는 것으로 번져간 것이었다.

하지만 논쟁이 갓 시작될 때까지만 해도 중국과 소련 쌍방은 여전히 두 나라 정당 간의 회담을 진행하기 위해 반복적으로 협상했다. 1963년 2월 21일에 소련공산당 중앙위원회는 중국공산당 중앙위원회에 보내는 서한에서 두 나라 정당 간의 고위급 회담을 건의해왔다. 이틀 후 마오쩌둥은 중국주재 소련대사 체르보넨코를 회견하고 그와 담화할 때 다음과 같이 말했다. 우리는 지금은 잘 단합해야 하며 분기문제를 원만히 해결해야 한다. 해결할 수 있는 데까지 해결하고 해결할 수 없는 것은 뒤로 미루면서 현재의 난국을 타개해야 한다. 계속 서로 상대방을 욕한다면 제국주의에게 기쁨을 줄 뿐이다. 이제는 논쟁을 그치고 평화를 회복해야 한다. 이것은 유혈투쟁이 아니고 말로 하는 논쟁인 만큼 너무 긴장관계를 조성하지 말아야 한다.[28] 3월 9일에 중공중앙은 답장을 보내 회담에 동의한다고 표시했다. 중공중앙은 또 이날부터 형제 당들이 중국공산당을 지명하여 공격하는 것

---

28) '마오쩌둥이 중국주재 소련대사 체르보넨코를 회견할 때 한 담화', 1963년 2월 23일.

에 대해 공개적으로 답변하던 것을 잠시 중지하기로 했다.

그러나 3월 30일에 소련공산당 중앙위원회는 중국공산당 중앙위원회에 보내는 회답 서한에서 논쟁에 대해 협상하여 해결하기를 바란다면서 다음과 같이 덧붙여 강조했다. 소련공산당 중앙위원회는 "앞으로도 여전히 우경기회주의와 강력히 투쟁할 것이며 또한 현 시기 수정주의 못지않게 위험한 좌경기회주의를 반대할 것이다. 향후에도 우리는 공산주의운동의 이론과 책략의 원칙적 문제에 대해 타협하지 않을 것이며 또한 수정주의와 종파주의를 반대하는 투쟁을 진행할 것이다."[29] 서한은 또 국제공산주의운동의 총노선 문제에 대한 소련공산당 중앙위원회의 일련의 관점을 상세히 논술한 동시에 그 관점을 두 나라 정당 간 회담의 기초로 할 것을 건의했는데 이는 소련공산당 지도자들이 장기적인 공개 논쟁을 준비하고 있음을 표명했다.

중국공산당 중앙위원회는 소련공산당 중앙위원회의 서한에 회답하고 두 나라 정당의 고위급회담을 하기 위해 충분한 준비를 했다. 6월 14일에 소련공산당에서 3월 30일에 보내온 서한에 대한 답장, 즉 '국제공산주의운동의 총노선에 관한 건의'를 발표했다. 총 25개 조항의 내용이 포함된 건의는 사실상 중국 측에서 논쟁에 대비해 준비한 강령적 문건이었다. 문건은 모스크바선언과 모스크바성명은 국제공산주의운동의 공동강령이므로 반드시 철저히 수호해야 한다고 지적했으며 동시에 다음과 같이 제의했다. "전 세계 무산자들은 단합해야 하며 전 세계 무산자와 피압박인민, 피압박민족은 단합하여 제국주의와 각 나라 반동파를 반대하고 세계평화와 민족의 해방과 인민

---

29) '소련공산당 중앙위원회가 3월 30일에 중국공산당 중앙위원회에 보내 서한', 1963년 4월 4일자, 〈인민일보〉 3면.

의 민주 및 사회주의를 쟁취하고 사회주의 진영을 공고히 하고 확장시키며 무산계급 세계혁명의 완전한 승리를 점차 실현하여 제국주의가 없고 자본주의가 없고 착취제도가 없는 새로운 세계를 일으켜 세워야 한다. 우리는 이것이 현 단계 국제공산주의운동의 총노선이라고 인정한다." 답장은 또 소련공산당이 강령에서 언급한 '평화적 공존', '평화적 경쟁', '평화적 이행'의 관점을 반박하고 당대 세계혁명, 국제공산주의운동에 관한 일련의 중대한 문제와 관련하여 중국공산당과 소련공산당 간에 존재하는 원칙적 분기를 하나하나 명백히 천명했다.

7월 5일부터 20일까지 덩샤오핑은 중국공산당대표단을 인솔하고 소련에 가서 두 나라 정당 간의 고위급 회담을 가졌다. 회담은 상호간의 치열한 질책 속에서 진행되었다. 7월 14일에 소련공산당 중앙위원회는 '소련 각급 당 조직과 전체 공산당원들에게 보내는 공개서한'을 발표하여 중국공산당의 건의를 조목조목 반박했다. 그 공개서한은 소련 측이 논쟁을 하는 데 총강의 역할을 했다. 쌍방이 회담하는 기간에 소련은 미국, 영국과 핵무기 실험 금지에 관한 부분적 문제를 두고 협상을 시작했다. 그 바람에 두 나라 정당 간의 회담은 아무런 진전도 없이 중도에서 무산되었다.

중국공산당은 소련공산당 중앙위원회의 공개서한에 회답하기 위해 1963년 9월부터 1964년 7월까지 '국제공산주의운동 총노선의 논전에 관하여'를 총칭으로 하는 논평(일반적으로 '9평'이라고 함.) 9편을 연속 발표하여 소련공산당 중앙위원회의 대외, 대내 정책을 전면적으로 비판했다.

이 9편의 논평 가운데 제1편 '소련공산당 지도자들과 우리와의 분기의 유래와 발전'은 1963년 9월 6일에 발표되었는데 이 논평에서는

1956년 소련공산당 제20차 대표대회 이래의 두 나라 정당 간의 분기 산생과 모순 발전을 회고하고 처음으로 흐루쇼프를 지명하여 비판했으며 당면한 국제공산주의운동의 대논쟁은 소련공산당 지도자가 일방적으로 일으키고 확대한 것임을 강조했다. 9월 13일에 발표한 제2편 '스탈린 문제에 관하여'에서는 스탈린 문제에 대한 중국공산당의 일관된 입장과 스탈린을 대하는 문제에서 두 나라 정당 간의 원칙적 분기를 한층 더 천명했다. 제3편 '유고슬라비아는 사회주의 국가인가?'는 9월 26일에 발표되었는데 이 논평에서는 유고슬라비아를 실례로 들어 당시에 인정되고 있던 '자본주의 복원'의 기본 윤곽과 표식을 그렸다. '4평'은 10월 22일에 '신식민주의의 변호사'라는 제목으로 발표되었는데 이 논평에서는 소련공산당 지도자들이 아시아, 아프리카, 라틴아메리카 민족해방운동을 대하는 정책을 집중 비판함과 동시에 소련공산당 지도자들이 퍼뜨린 이른바 '황인종으로 인한 재앙' 논조를 힘 있게 반박했다. '5평'과 '6평'은 '전쟁과 평화 문제에서의 두 갈래 노선'과 '완전히 대립되는 두 가지 평화적 공존 정책'이라는 제목으로 각각 11월 19일과 12월 12일에 발표되었다. 이 두 논평은 전쟁과 평화 및 평화적 공존문제에서의 중국공산당의 기본 견해 그리고 두 나라 정당 간의 이 두 문제에서의 원칙적 분노를 집중적으로 논술했다. 제7편 '소련공산당 지도자들은 현시대의 최대 분열주의자이다'는 1964년 2월 4일에 발표되었는데 이 논평에서는 자기 관점을 다른 사람에게 강요하는 소련공산당의 어버이당 작풍과 자국의 이익을 형제 국가의 이익보다 더 중요시하는 대국 배타주의 본질을 폭로한 동시에 소련공산당 지도자들이 수정주의와 분열주의로 변화, 발전하게 된 것은 국내 자산계급 요소가 범람하여 나타난 산물이라고 지적했다. 3월 31일에 발표한 '무산계급 혁명과 흐루쇼프 수정주의'란 논평은 처음으로 흐루쇼프를 수정주의자라고 지적하고 '의회의 길', '평화적 과도' 등 관점을 집중적으로 반박했다. 7월 14일에 발표한 '흐루쇼프의 가짜공산주의 및 세계역사상의 교훈에 관하여'는 '9평' 중의 마지막 논평이다. 이 논평에서는 무산계급 독재의 학설을 집중 논술하고 무산계급 독재의 역사적 경험을 총화하는 관점에서 어떻게 하면 자본주의 복원을 방지하고 평화적 변화를 방지할 것인가에 대한 답안을 얻으려 시도했다. 소련공산당 제22차 대표대회에서 제기한 일부 논점을 겨냥한 동시에 직접 중국 국내의 수정주의를 반대하고 수정주의를 방지하는 문제에 연계시켰다.

이 9편 논평의 기본 결론은 "위대한 10월 혁명의 고향, 몇 십 년 사회주의를 건설한 역사를 가지고 있는 소련에서 흐루쇼프 수정주의 집단이 당과 국가의 영도를 찬탈하는 사건이 발생하고 자본주의 복원의 엄중한 위험이 출현"한 것은 제국주의가 '평화적 이행'의 정책을 추진한 결과라는 것이었다. 논평은 또 흐루쇼프 수정주의 체계의 징표는 대외정책 면에서는 이른바 '평화적 공존', '평화적 경쟁', '평화적 과도'의 무산계급혁명을 반대하는 이론이고 대내정책 면에서는 무산계급 독재가 소련에서 더 이상 필요하지 않다는 이른바 '전 인민적 국가', '전 인민적 정당'의 이론이라고 인정했다. 이와 동시에 소련 측에서도 일련의 논쟁적인 글을 발표하여 두 나라 정당 간의 논쟁은 고조에 달했다.

1964년 10월에 소련 지도층 내부의 갈등으로 흐루쇼프가 영도 직위에서 물러나고 브레즈네프가 소련공산당 중앙위원회 제1서기로 당선되고 코세예친이 소련부장회의 주석으로 임명되었다. 중국의 지도자들은 이를 계기로 두 나라 관계가 개선되기를 바랐다. 이를 위해 중공중앙은 저우언라이, 허룽이 인솔한 중국 당과 정부 대표단을 소련에 파견하여 10월 혁명 47주년 경축활동에 참가하게 했다. 하지만 경축활동 첫날에 소련 측의 도발로 말미암아 엄중한 사건이 발생했다. 11월 7일 저녁에 거행된 경축연회에서 소련 국방부 부장 말리노프스키가 술을 권하는 기회를 빌려 "우리 러시아인들은 흐루쇼프를 거꾸러뜨렸는데 당신들도 마오쩌둥을 거꾸러뜨리지요."라고 하면서 걸고들었다. 이에 저우언라이는 브레즈네프 등 소련공산당 지도자들에게 엄중히 항의했다. 코세예친은 소련공산당 중앙위원회를 대표하여 중국공산당 중앙위원회에 사과했다.

그 후에 진행된 두 나라 정당의 회담에서 중국이 관심을 갖는 주요한 두 가지 문제에 대해 소련이 자기 의견을 고집하는 바람에 쌍방의 분노는 여전히 매우 컸다. 분노는 주로 다음과 같은 두 가지였다. 즉 하나는 흐루쇼프에 대한 평가였는데 중국에서는 흐루쇼프가 해임된 정치적 원인을 이해하려 했지만 소련은 근근이 그의 '사업 작풍과 방법'에 의해서일 뿐 기타 문제가 없다고 했다. 다른 하나는 12월에 소련공산당이 계속 각 나라 공산당회의를 위한 준비회의를 개최하려 하는가에 관한 것이었다. 중국은 이 회의는 흐루쇼프가 재임 시 결정한 것이므로 중국은 이 회의를 여는 데 동의하지 않으며 개최하더라도 참가하지 않을 것이라는 것과 현재 원칙적 분기와 대립이 이처럼 큰 상황에서는 먼저 양자 간, 다자 간 회담을 가지고 의견 차이를 줄여 하나로 뭉치는 전 세계 형제 당 회의를 열기 위한 조건을 마련해야 한다고 했다. 그러나 소련 측은 계속 쌍방에서 먼저 공개논쟁을 중지하고 각 나라 당 회의를 열어 문제해결의 방법을 찾을 것을 고집했다. 미코얀은 소련공산당은 과거나 지금이나 집단영도를 시행하고 있으며 중국공산당과의 사상 상이문제에서 우리 중앙은 일치하고 차이가 없으며 심지어 미세한 차이도 없다고 명확히 표명했다. 이번 소련 행에 대해 저우언라이는 상황이 예견했던 것보다도 더 나쁘며 소련공산당 지도자들은 계속 흐루쇼프 노선을 집행하고 있다고 결론지었다.

1965년 2월에 소련부장회의 주석 코세예친은 베트남과 북한을 방문하는 도중에 두 번 베이징에 머물렀다. 저우언라이와 천이가 코세예친과 회담을 가졌고 마오쩌둥도 코세예친을 회견했다. 쌍방이 모두 각자의 입장을 견지하다 보니 두 나라 간의 분열 국면을 바로잡을 수 없었다.

역사에 유례가 없는 대논전과 그 결말은 국제공산주의운동에 중대하고도 심원한 영향을 끼쳤다. 논전은 사회주의 진영의 분열을 초래했을 뿐만 아니라 많은 국가의 공산당을 분열 상태에 빠뜨렸다. 이와 동시에 대논전은 우리 당의 국제 정세에 대한 판단과 사회주의에 대한 인식에 심각한 영향을 주었고 국내 정세에 대한 판단에도 영향을 주었으며 이것이 후에 점차 '문화대혁명'으로 발전한 주요 원인의 하나가 되었다.

이번 논전의 역사를 돌이켜보면 중소 두 나라 정당 간에 의식에서의 차이가 발생한 후 소련 지도자들이 먼저 두 나라 정당 간의 원칙적 논쟁을 국가적인 분쟁으로 발전시키고 중국에 대해 정치, 경제 및 군사적으로 거대한 압력을 가했다. 중국공산당은 이로 말미암아 부득이 어버이 당과 대국 배외주의에 대한 투쟁을 진행할 수밖에 없었다. 바로 덩샤오핑이 말한 것처럼 "참으로 실질적인 문제에서는 불평등하여 중국 사람들이 모멸감을 느꼈다"[30]. 그는 또 다음과 같이 말했다. "한 당과 그 당이 영도하는 국가의 대외정책이 만일 다른 나라

---

30) 덩샤오핑, '지난날을 종말 짓고 미래를 개척하자'(1989년 5월 16일), 〈덩샤오핑선문집〉 제3권, 민족출판사 1994년, 412쪽.

의 내정을 간섭하며 다른 나라를 침략하고 전복하는 것이라면 이에 대해 그 어떤 당이든지 의견을 발표할 수 있고 지탄할 수 있다. 우리는 소련공산당이 어버이 당으로 자처하며 대국 배외주의를 시행하는 것에 대해 줄곧 반대해왔다. 그들이 대외관계에서 시행하고 있는 것은 패권주의 노선과 정책이다."[31] 중국공산당은 국제공산주의운동 및 사회주의 국가와의 상호 관계에서 각 당, 각 나라와 자주독립의 원칙을 견지하고 기타 당, 기타 국가에 대한 큰 당과 큰 나라의 불평등한 행동과 패권주의를 반대했으며 두려움 없이 이러한 거대한 압력에 맞서 국가의 주권, 민족의 존엄과 당의 존엄을 수호했다. 중국 공산주의자들과 중국인민은 이에 대해 자부심을 느낀다.

덩샤오핑은 이번 논쟁의 역사를 돌이켜보면서 중요한 경험과 교훈을 총화해냈다. 그는 다음과 같이 말했다. 한 당이 외국 당의 시비를 논평하는 데는 흔히 기존의 공식이거나 정해진 방안들에 근거하는데 이렇게 해서는 안 된다는 것이 증명되었다. 각 나라 당의 국내 방침과 노선의 옳고 그름은 다른 사람이 글을 써서 그것을 긍정하거나 부정할 것이 아니라 그 나라의 당과 그 나라 인민이, 결국에는 그들의 실천이 대답을 줄 수 있을 뿐이다. 큰 당이건 중등 규모의 당이건 작은 당이건 할 것 없이 모두 서로 상대방의 선택과 경험을 존중해야 한다. 남들이 자체 상황에 의하여 모색하는 것을 질책해서는 안 된다. 틀렸다 하더라도 그들이 스스로 경험을 총화하고 다시 모색하게 해야 한다. 그들이 우리에 대해서도 이렇게 해야 한다. 즉 우리가 오류를 범하는 것을 허용해야 하고 오류가 발생한 다음에는 우리 스스로 그것을 시정하도록 해야 한다. 우리는 남들이 우리에게 호령하

---

31) 덩샤오핑, '형제당과의 관계를 처리하는 중요한 원칙'(1980년 5월 31일), 〈덩샤오핑선문집〉 제2권, 민족출판사 1995년, 472쪽.

고 지휘하는 것을 반대하며 우리도 절대 남들에게 호령하고 지휘하지 않을 것이다.

덩샤오핑은 중국을 방문한 일부 국빈들과 과거에 쌓아온 상종과 논쟁을 언급하면서 다음과 같이 말했다. 돌이켜보면 우리도 지난 시기 다른 나라 당에 대해 부당한 의견을 발표하는 등 일처리를 모두 잘한 것은 아니었다. 외국의 동지들도 결코 그들이 다 옳았던 것은 아니었다고 말했다. 이는 지난날 논쟁의 한 측면, 즉 의식형태에서의 의견 차이의 측면이다. 여기에서 마르크스의 일반적 원리와 각 나라의 혁명과 건설의 구체적 실천을 결부시키고 날로 새롭게 발전하고 있는 세계 정세에 직면하여 새로운 사상과 관점으로 마르크스-레닌주의를 인식하고 계승하고 발양하는 것이 무엇보다 중요하다. "우리는 중국 자체의 경험과 실천에만 근거하여 국제공산주의운동에서의 시비를 논하고 평가했다. 그러다 보니 더러는 유물론과 변증법의 원칙에 부합되지 않았는데 이것은 우리가 범한 진짜 과오이다."[32]

'두 중간지대'의 쟁취

1950년대 중반부터 1960년대 중반에 이르기까지 아시아, 아프리카, 라틴아메리카 국가들의 제국주의와 식민주의를 반대하고 민족의 독립을 쟁취하고 수호하는 운동은 고조에 달했고 자본주의 세계의 내부 갈등은 계속 악화되었다. 미국과 소련 두 대국과 대항하는 과정에 '중간지대'를 쟁취하는 것이 중국 외교사업에서의 하나의 중요한 전략적 과업이 되었다.

1957년 말부터 1958년에 이르는 기간에 마오쩌둥은 '중간지대' 문

---

32) 중공중앙 문헌연구실 편, 〈덩샤오핑 연보(1975~1997)〉 하, 중앙문헌출판사 한문판, 2004년, 944쪽.

제를 여러 차례 제기하면서 미국은 현재 "중간지대를 제패하는 것을 위주"[33]로 하고 있다고 강조했다. 마오쩌둥은 중간지대의 민족주의국가의 성격과 역할을 새롭게 분석하면서 다음과 같이 말했다. 〈신민주주의론〉을 쓸 때까지만 해도 제2차 세계대전 이후 케말식의 터키와 같은 국가가 나타날 수 없었고 식민지와 반식민지에서의 자산계급은 제국주의 전선이 아니면 반제국주의 전선을 선택하는 것밖에 다른 길이 없었다. 지금은 이러한 견해가 일부 국가에만 적합할 뿐 인도나 인도네시아, 아랍연합공화국과 같은 나라에는 적합하지 않다는 것이 사실에 의해 증명되었다. 이런 나라들은 "제국주의국가도 아니고 사회주의국가도 아닌 민족주의국가이다. 라틴아메리카에도 이러한 나라들이 많으며 앞으로는 더 많아질 것이다". "이런 나라들은 제국주의 편도 아니고 사회주의 편도 아닌 중도적 입장에 서서 양측의 집단에 가담하지 않고 있는데 이는 그들의 현실 상황에 부합되는 것이다." 그는 또 "중립 입장은 필요할 때까지 상당히 오랜 기간 유지될 것"[34]이라고 말했다.

1963년 말부터 1964년 초에 이르는 기간에 마오쩌둥은 또 "중간지대는 두 부분으로 나뉘는 데 하나는 아시아, 아프리카, 라틴아메리카의 경제가 낙후한 나라들이고 다른 하나는 유럽을 대표로 하는 제국주의국가와 선진 자본주의국가들이다. 이 두 부분의 나라들은 모두 미국의 통제를 반대한다. 동유럽 각 나라에서는 소련의 통제를 반대하는 문제가 발생했다."[35]고 지적했다. 중국의 지도자들은 사회주

33) 마오쩌둥, '국제 정세문제에 관하여'(1958년 9월 5일, 8일), 〈마오쩌둥문집〉 제7권, 인민출판사 한문판, 1999년, 415쪽.
34) 마오쩌둥, '브라질 기자 마로킨, 더틀레 부인과 나눈 담화'(1958년 9월 2일), 〈마오쩌둥문집〉 제7권, 인민출판사 한문판, 1999년, 401~402쪽.
35) 마오쩌둥, '두 중간지대'(1963년 9월, 1964년 1월, 7월), 〈마오쩌둥문집〉 제8권, 인민출판사 한문판,

의가 제국주의를 반대하는 전략적 견지에서 보면 제1중간지대와 민족민주주의운동은 우리의 직접적인 동맹군이므로 우리는 최대한 지지해주고 그들과 연합해야 하며 제2중간지대는 미제국주의와 갈등이 있으므로 이를 충분히 이용하여 우리의 간접적인 동맹군으로 만들어야 한다고 인정했다.

1950년대 중반부터 1960년대 중반에 이르기까지 아시아, 아프리카, 라틴아메리카 국가들의 민족의 독립을 쟁취하고 수호하는 운동을 지지하는 것은 중국 정부의 주요한 대외정책의 하나였고 국제적으로 중국을 지지하는 국가는 주로 아시아, 아프리카, 라틴아메리카의 국가들이었다. 중국이 프랑스 식민지 통치를 반대하는 알제리인민의 투쟁을 지지하고 미국을 반대하는 쿠바와 파나마 등 국가 인민들의 투쟁을 지지하는 것은 모두 그 당시로 보면 국내와 국제적으로 영향력이 있는 사건들이었다. 쿠바는 1960년대 전야에 혁명에서 승리를 거두자 곧 사회주의 길로 나아간다고 선포했다. 1960년 9월 28일에 중국과 쿠바는 국교관계를 맺는다고 선포했다. 쿠바는 중국과 국교관계를 맺은 첫 라틴아메리카 국가였으며 그때부터 중국과 라틴아메리카나라의 관계는 새로운 발전 단계에 들어섰다.

이 시기에 중국의 국가주석 류사오치, 총리 저우언라이, 외교부 부장 천이 등은 아시아, 아프리카 국가와의 친선관계를 증진하기 위해 여러 차례 아시아, 아프리카 나라들을 방문하여 중국의 대외정책을 천명했다. 그중 1963년 말부터 1964년 초까지 저우언라이가 아시아, 아프리카, 유럽의 14개 국가 방문한 것이 가장 큰 영향력을 발휘했다. 아시아, 아프리카 국가의 지도자들도 빈번히 중국을 방문하고 중

1999년, 344쪽.

국의 지도자들과 회담을 가졌다.

아시아, 아프리카 국가들과의 관계를 발전시키는 과정에 공정하고 합리적인 세계 정치 및 경제 질서를 세우기 위해 노력하는 중국 정부의 진실한 정책이 충분히 구현되었다. 1963년 말에 저우언라이는 아프리카를 방문할 때 아랍국가, 아프리카국가와의 관계 처리에서 중국정부가 지키는 5개 원칙과 중국 대외경제기술원조의 8개 원칙을 제시했다. 5개 원칙의 주요 내용은 다음과 같다. 제국주의와 신구식민주의를 반대하며 민족독립을 쟁취, 수호하는 아랍과 아프리카 각 나라 인민들의 투쟁을 지지한다. 아랍과 아프리카 각 나라의 정부들이 평화를 수호하고 중립을 지키는 비동맹정책의 시행을 지지하며, 아랍과 아프리카 각 나라 인민들의 자체의 방식으로 단결과 통일을 실현하려는 염원을 지지하며, 아랍과 아프리카 국가들이 평화적 협상을 통해 서로 간의 분쟁을 해결하는 것을 지지한다. 또한 아랍과 아프리카 국가의 주권은 기타 모든 나라에 존중을 받아야 하고 그 어떤 외부적인 침범과 간섭도 반대한다는 것을 주장한다. 중국 대외경제기술원조 8개 원칙의 주요 내용은 다음과 같다. 평등호혜의 원칙에 따라 대외 원조를 제공하며, 원조를 받는 나라의 주권을 절대적으로 존중하고 절대로 어떠한 조건도 덧붙이지 않으며 어떠한 특권도 요구하지 않는다. 무이자 또는 저이자 대출의 방식으로 경제 원조를 제공하여 원조 받는 나라의 부담을 될수록 덜어주며, 대외원조는 원조 받는 나라들로 하여금 점차 자력갱생, 독자적 발전의 길에 들어서게 하는 데 목적을 두며, 적은 투자로 큰 효과를 볼 수 있는 건설대상을 원조하여 원조받는 나라의 정부로 하여금 수입을 증가하고 자금을 축적하도록 하며, 중국이 자체로 생산할 수 있고 품질이 가장 좋은 설비와 물자를 국제시장의 책정 가격으로 제공한다. 원조 받는 나라의 국민들이 원조로 제공되는 기술을 충분히 습득하도록 하며, 원조 받는 나라에 파견하여 건설을 돕는 중국 정부의 전문가들이 해당국 전문가들과 동일한 물질적 대우를 받으며 그 어떤 특수한 요구를 하거나 향응을 누리는 것을 허용하지 않는다.

이 시기 중국과 아시아, 아프리카, 라틴아메리카 국가 간의 관계에도 일부 문제가 발생했다. 주요하게 대다수 아시아, 아프리카, 라틴아메리카 국가들은 미국과 소련 두 대국과 식민주의국가들과의 관계가 상당히 복잡했으므로 그들에게 미국과 소련 두 패권국을 동시에 반대하는 중국의 강경한 입장과 주장에 대한 전폭적인 지지를 얻기 어려웠다. 그 밖에 중국이 대외적으로 인민무력 투쟁의 보편적 의의를 두드러지게 선전하며 "제국주의의 앞잡이인 각 나라 반동파를 반대한다."고 강조했기에 일부 국가정부의 우려를 사게 되었다. 대외원조에서도 자신의 힘에 알맞게 하는데 중시를 돌리지 못하여 1960년대 전반기에 국내 경제가 극히 어려운 상황에서도 중국의 대외원조액은 소련에 상환해야 하는 채무총액을 초과했다.

중국 지도자들은 자본주의 국가와의 관계를 추동하는 데 이웃나라인 일본과의 관계를 각별히 중요시했다. 1957년 초에 기시노부스케(1896~1987)가 일본 총리 이 후 두 나라 관계를 악화시키는 일련의 조치를 취해 중일관계는 예전 상태에로 되돌아갔다. 그 후 몇 년간 중일관계에는 많은 난제가 나타났지만 중국은 계속 일본의 민간 각계와 광범위한 연계를 유지했고 자민당 내의 식견이 있는 인사들을 포함한 일본 각계 우호적 인사들의 중국 방문을 접대했다.

중일 두 나라 관계의 난국을 타개하기 위해 1958년 7월에 국무원 대외사무판공실 부주임 랴오청즈(廖承志)는 사타 다다타카 등 일본 우호인사들과 회담할 때 저우언라이의 지시에 따라 중국 정부를 대표하여 중일관계 개선을 위한 중국 측의 태도와 전제 조건을 천명하면서 중일관계를 개선하기 위해서는 일본 정부가 더 이상 중국을 적대시하는 언론을 발표하지 않고 '두 개 중국'을 조작하는 책동에 참여하지 않으며 두 나라 정상관계를 발전시키는 것을 방해하지 말아야한다는 '정치 3원칙'을 제시했다. 이 같은 전제 조건 아래 중일관계의 개선, 무역의 회복, 문화와 친선왕래의 발전, 정부 간의 회담이 모두가능하게 되었다. 1960년 8월에 저우언라이는 스즈키 가즈오 등 일본 우호인사들을 접견하면서 '정치 3원칙' 외에 또 정부 간 협정, 민간계약, 개별적 배려의 '무역 3원칙'을 제시했다. 즉 모든 협정은 앞으로 양측 정부에서 체결하며 정부협정이 체결되지 못했을 경우 조건이 갖추어졌으면 민간적으로 계약을 체결할 수 있으며 일본의 중소기업들에 특수한 곤란이 있을 경우 앞으로 계속 배려할 수 있고 또한 수요에 따라 중소기업 수를 어느 정도 증가할 수도 있다는 것이었다. 이렇게 '정치3원칙', '무역3원칙'과 '정치경제 불가분'의 완벽한 대일본 관계개선 방침이 형성되어 일본 각계 인민, 특히 일본 재계의환영과 지지를 받았고 중일관계의 발전에 새로운 국면을 열어놓았다.

1962년 10월 하순부터 11월 상순 사이에 일본 전임 통상대신 자민당 국회의원인 다카사키 다츠노스케가 22개 일본 대기업 대표와 상사 대표들로 구성된 대형 대표단을 이끌고 중국을 방문했다. 랴오청즈와 다카사키 다츠노스케는 '중일 장기종합무역 비망록'에 공동으로서명했으며 또 1963년부터 1967년까지의 5년 기한의 장기무역협정을 달성했다. 이 비망록과 장기무역협정은 중일관계의 중요한 돌파구로서 중요한 의의가 있다. 무역비망록과 장기무역협정은 민간형식으로 되어 있지만 두 나라 정부가 인정한 것이므로 사실상 반공식적

혹은 공식적 성격을 띠고 있었다. 그해 12월에 중일 양측의 민간기구는 또 '중일우호무역의정서'를 체결했다. 이로부터 비망록 무역과 의정서 무역은 1960년대의 중일무역의 주요한 두 경로가 되었다. 중일두 나라의 무역액은 1960년에 2,345만 달러이던 것이 1963년에는 1억여 달러로 급증했다. 이와 더불어 두 나라의 친선왕래가 더욱 빈번해졌고 방문자가 급속히 증가되었다. 1964년 8월에 쌍방이 4월에 달성한 협의에 근거하여 중국 측은 일본에 '랴오청즈판사처 도쿄주재 연락소'를 설치하고 일본 측은 중국에 '다카사키사무소 베이징주재 연락소'를 설치했다. 쌍방은 또 주재 기자를 서로 파견하여 랴오청즈판사처와 다카사키사무소에서 관리하기로 결정했다. 그리하여 중일관계는 민간 기반에서 한층 더 발전하여 반관변적 반민간적인 새로운 단계에 들어섰다.

1960년대에 중국과 서유럽국가와의 쌍무관계도 다소 진전했다. 그중에서도 중국이 프랑스와 국교를 설정한 것은 중요한 역사적 의의를 띤 획기적인 진전이었다. 1958년에 다시 집권한 드골 장군은 독립자주적인 대외정책을 시행했다. 1960년대 초에 이르러 프랑스 내외의 일부 요소가 중국과의 관계를 발전시키도록 이끌었다. 프랑스의 대외정책 특히 대중국 정책의 변화는 줄곧 마오쩌둥, 저우언라이 등 중국지도자들의 관심을 불러일으켰다.

1962년에 프랑스와 알제리의 식민지 전쟁이 결국 알제리의 독립선언으로 종결됨으로써 중국과 프랑스 간의 주요한 장애가 없어졌다. 1963년 10월에 드골 대통령은 외교 경험이 풍부한 정치가인 전임 총리 에드가 포르에게 그의 친필 서한을 갖고 개인 신분으로 중국을 방문하게 했는데 그 사명은 중국과 국교를 설정하려는 드골 대통령의 의도를 전달하고 이와 관련한 중대한 문제에 대해 상담하는 것이었다. 회담을 앞두고 중국 측은 저우언라이의 사회로 정세를 구체적으로 분석하고 프랑스와 국교 설정을 실현하는 것은 중요한 의의가 있다고 인정했다. 프랑스가 서유럽 대륙의 중요 국가인 만큼 프랑스와 외교관계를 맺으면 돌파구를 열어놓게 되어 중국과 서유럽 국가 간의 정치적 및 경제적 연계를 한층 더 확대하고 미국의 봉쇄를 돌파하고 중국의 국제적 지위를 강화할 수 있었기 때문이었다. 중국이 프랑스와 외교관계를 맺은 것은 또한 미제국주의를 최대한 고립시키고 반대하는 데도 유리했다. 드골이 시행하는 민족독립과 국가주권을 수호하는 정책은 서방세계에서 대표성을 띠고 있어 이 정책을 지지하면 국제사무에 대한 초대국의 독점을 타파하는 데 유리했다. 마오쩌둥은 이 시기를 포착하고 프랑스와 국교를 설정하기로 결단을 내렸다. 두 달 남짓한 협상을 거쳐 중국과 프랑스는 1964년 1월 27일에 연합성명을 발표하면서 외교관계를 맺는다고 선포했다.

중국과 프랑스와의 국교 설정은 온 세계를 놀라게 했다. 중국, 프랑스 두 나라의 지도자들은 세계평화와 중국, 프랑스 두 나라 인민의 근본적 이익에서 출발하여 두 나라 간의 의식 및 정치제도 등 여러 측면의 많은 차이를 극복하고 평화적 공존 5개 원칙의 토대에서 관계를 맺고 발전시켰다. 그리하여 중국과 프랑스의 관계는 상당히 오랜 기간 중국이 서방국가와의 관계를 처리하는 모델이 되었으며 두 나라의 경제도 이로 말미암아 혜택을 입었다. 두 개 진영에서 각기 영향력을 가지고 있는 중국과 프랑스 두 대국은 동시에 독립자주적 대외정책을 시행함으로써 2차 대전 후의 국제관계에서 새로운 기상을 형성했다.

미국의 베트남 침략전쟁 확대에 대한 반응

1964년부터 미국은 베트남 남방에 대한 침략을 끊임없이 확대하는 한편 베트남 북방에 대한 전쟁을 서둘러 획책했다. 그해 8월 5일에 미국은 통킹 만 사건[36]을 빌미삼아 처음으로 베트남 북방을 폭격했다. 미국이 베트남 침략전쟁을 확대하려고 꾀하는 것에 대해 중국과 베트남은 일찍부터 준비하고 있었다.

1963년 3월에 중국인민해방군 총참모장 뤄루이칭을 단장으로 하는 중국군사대표단이 베트남을 방문했다. 이번 방문으로 중국, 베트남 양측의 군사 협동작전에 대한 의견이 교환되기 시작했다. 7월에 베트남인민군 총참모장 반띠엔둥이 인솔한 베트남군사대표단이 중국을 방문하면서 두 나라 군대 사이의 협동작전에 대한 의견을 나누고 협동작전과 관련한 문건과 중국이 베트남에 군사원조를 제공하는 것에 관한 협의서에 서명했다. 1964년 7월에 베트남전쟁이 확대되기 직전에 중국, 베트남, 라오스 세 나라의 당지도자들은 베트남의 하노이에서 한 차례 중요한 회의를 열고 중국, 베트남, 라오스 세 나라와 세 나라 군대가 공동으로 미국 침략에 항격할 기본 방침과 원칙을 확정한 동시에 미국의 전쟁승화 정책에 대처할 중국의 기본 방침과 원칙을 확정했다. 저우언라이는 회의에서 전쟁은 두 가지 방향으로 나아갈 수 있다고 했다. 그 하나는 미국이 특수전쟁을 강화하는 것이며 다른 하나는 미국이 특수전쟁을 국부전쟁으로 확대하면서 남부 베트남과 라오스에서 직접 출병하여 북부 베트남을 폭격하거나 진격하는

---

36) 1964년 8월 2일에 미국 구축함 '매독스' 호가 베트남민주공화국 영해에 침입했다가 베트남 측에 의해 쫓겨났다. 이에 미국정부는 미국해군이 '도발'을 받았다고 발표했다. 8월 3일에 미국 대통령 존슨은 미군함정이 계속 통킹 만에서 정찰할 것이라고 선포하고 동시에 베트남민주공화국의 부근 해역에 대량의 함정을 집결시켰다. 4일 날 밤에 미국은 또 미군 함정이 베트남 어뢰정의 제2차 습격을 받았다고 선포했다. 5일에 미국은 비행기를 출동시켜 베트남의 응혜안, 홍가이, 탄혼 등을 연속 폭격하여 베트남 침략의 전선을 베트남 북방까지 확대했다.

것인데 미국이 어느 방법을 취하건 중국 인민은 기필코 동남아 인민의 투쟁을 지지할 것이라고 했다. 그는 "우리의 투쟁 방침은 될 수 있는 대로 전쟁을 현재 범위 내에 국한시키며 동시에 터질 가능성이 있는 두 번째의 상황에 대처할 준비를 적극적으로 하는 것이다." 두 번째 상황이 나타날 경우 중국의 방침은 "미국이 한 걸음 내디디면 중국도 한 걸음 내디디고 미국이 출병하면 중국도 출병하는 것이다."[37)고 강조했다.

1964년 8월 5일에 미국 비행기가 북부 베트남에 대해 제1차 폭격을 했고 그날 중국인민해방군 해당 군구와 군병종부대는 신속히 전쟁 준비 태세에 들어가 미군의 동향을 면밀히 주시하면서 수시로 가능한 기습에 대처할 준비를 했다. 8월 6일에 중국정부는 성명을 발표하여 미국이 일찍부터 책동해온 베트남민주공화국에 대한 무력 침략은 '전쟁 일보 직전' 정책을 넘어선, 인도차이나 전쟁을 확대하는 첫걸음이라고 지적하고 "베트남민주공화국은 중국과 순치의 관계를 가지고 있는 이웃나라이고 베트남 인민은 중국 인민과 우정이 깊은 형제이므로 미국의 베트남민주공화국에 대한 침범은 곧 중국에 대한 침범이다. 그러므로 중국 인민은 절대로 수수방관하지 않을 것이다."라고 선포했다. 이는 사실 중국이 베트남에서 직접적인 군사행동을 취할 수 있는 최저 기준선을 명확히 선포한 것이었다. 그 후의 며칠간 중국 각지에서는 2천여만 명이 집회와 시위를 열고 베트남 인민의 항미투쟁을 성원했다.

1965년 2월에 미국은 북부 베트남에 대해 지속적인 폭격을 가하기 시작했다. 3월에 미국 대통령 존슨은 베트남 남방민족 해방전선 무력

---

37) 1964년 7월 하노이에서 열린 3당회의 상황에 관하여서는 퉁샤오펑(童小鵬)의 〈시련의 40년〉 제2부(중앙문헌출판사 한문판, 1996년, 220~221쪽)를 참조.

이 베트남에 주둔한 미군기지 쁠래이꾸를 무력으로 습격했다는 것을 구실로 베트남 북방에 대해 '롤링선더' 작전의 전략적 폭격 행동을 비준하고 3,500명의 해병대를 베트남 남방의 다낭에 진주시켰다. 이는 미국이 편제를 갖춘 지상군을 처음으로 베트남에 투입한 것으로서 미국이 베트남 침략전쟁에서 주로 무기, 자금을 제공하고 고문을 파견하던 '특수전쟁'이 미군의 작전 주체로 '남방에서 싸우며 북방을 폭격'하는 것을 특징으로 하는 국부전쟁으로 발전했음을 말해준다. 이와 동시에 미국은 또 중국에 노골적으로 전쟁위협을 하면서 이로써 중국의 베트남 지원을 막으려고 시도했다. 미국의 신문들은 베트남 전쟁에서는 한국전쟁에서와 같은 이른 바의 '대피소'가 존재하지 않을 것이라고 보도했다. 미국 비행기는 중국과 베트남 국경지대에서 끊임없이 중국 영공을 침입하면서 정찰하고 소란을 피웠다.

중국 정부는 미국의 전쟁 위협에 대해 가장 강렬한 반응을 보였다. 3월 25일 자 〈인민일보〉는 사설을 발표하여 우리는 베트남 인민들이 필요할 때 베트남에 사람을 파견하여 미국 군대와 대적할 것이라고 공개적으로 선포했다. 4월 8일과 9일에 중국 하이난섬 상공에 침입한 미군 비행기가 정찰경계 임무를 수행하고 있는 중국 해군항공병 비행기에 미사일을 발사했다. 미국 비행기가 중국 비행기를 공격하자 마오쩌둥은 침범해오는 미국 비행기에 대해는 비행기를 파견하여 감시할 뿐 먼저 공격하지 않는다고 한 기존의 규정을 즉시 바꿔 중국 영공에 침입한 모든 미국 군용기를 '단호히 타격'하기로 결정했다. 그후 인민해방군 해군항공병과 공군부대는 영공보위작전을 벌여 하이난섬, 광시 등 지구에서 침입한 미군 비행기를 연달아 격추했다. 4월 12일에 중공중앙은 전쟁준비사업 강화에 관한 지시를 하달하고 현 정세에서 전쟁준비사업을 강화하는 한편 적들의 가능한 모험을 예견하고 크고 작은 모든 전쟁에 대처할 준비를 하도록 요구했다. 그리하여 전국은 전쟁 직전 상태에 들어갔다.

중국 측은 베트남을 지원하고 미국 침략에 반격하는 결심을 선포한 동시에 또 여러 경로를 통해 중국은 이미 전쟁에 대처할 준비가 되어 있음을 표명하는 한편 중국 측은 미국과의 전쟁이 일어나지 않기를 바란다는 입장을 보여주었다. 1965년 1월 9일에 마오쩌둥은 미국 작가 에드거 스노와 회견할 때 "우리는 쳐나가지 않지만 미국이 쳐들어온다면 맞서 싸울 것이다. 이 점은 역사가 증명하고 있다."고 말하고 나서 또 "중국이라는 이 땅에 미군이 쳐들어와도 두려울 것 없고 안 와도 무방하다. 미군이 쳐들어온다 해도 별로 이득이 될 것도 없겠지만 우리는 미군이 득을 보도록 놔두지 않을 것이다. 이러하기 때문에 그들이 오지 않을 수도 있다."[38]고 말했다. 그해 4월 2일에 저우언라이는 파키스탄 대통령 아유브 칸과 회견하면서 다음과 같은 세 마디 말을 미국에 전해달라고 부탁했다. "첫째, 중국은 먼저 미국에 전쟁을 걸지 않을 것이다. 둘째, 중국 사람은 말하면 그대로 한다. 셋째, 중국은 이미 준비가 되어 있다." 저우언라이는 "만일 미국이 중국 인민에게 전쟁을 강요한다면 중국 인민은 끝까지 맞서 싸울 것이다. 또 그렇게 할 수 밖에 없다."고 말했다. 당시 미국에는 중국과 싸울 경우 지상군을 투입하지 말고 폭격만 하는 것으로 전쟁 규모를 제한할 것을 주장하는 사람들이 더러 있었다. 저우언라이는 이런 논조에 견주어 "그런 식으로 전쟁을 해서는 문제를 해결할 수 없다. 미국이 공중에서 폭격하면 우리는 지상에서 방법을 간구해 곳곳에서 활동할 것이다. 미국이 중국에 대해 전면적인 폭격을 가하면 그것은 곧 전쟁을

---

38) 마오쩌둥, '스노와의 담화'(1965년 1월 9일), 〈마오쩌둥문집〉 제8권, 인민출판사 한문판, 1999년, 409쪽.

의미하는데 전쟁에는 경계선이 없다. 이 점은 모든 군인이 다 알고 있다."[39]고 지적했다. 이 말을 제대로 미국 측에 전하기 위해 천이는 5월 31일에 베이징에서 중국주재 영국 대리대사 홉슨을 회견하면서 영국 측이 저우언라이의 이 말을 미국에 전달해줄 것을 부탁했다. 일주일 후 홉슨은 영국 측이 이미 저우언라이의 이 말을 미국 국무장관 러스크에게 전달했다고 중국외교부 서유럽 사관원에게 알려왔다.

　전쟁범위를 확대하려고 하는 미국의 행동에 대처하기 위해 중국과 베트남은 중국지원부대를 베트남에 파견할 것에 대해 협상하기 시작했다. 1965년 4월에 베트남노동당 제1서기 레주언, 국방부장 보응우옌잡은 호찌민 주석의 위탁을 받고 베트남대표단을 인솔하여 중국을 방문했다. 회담에서 베트남이 중국에 베트남 북방에 지원부대를 파견해줄 것을 정식으로 요청하자 류사오치는 중국을 대표하여 베트남의 항미투쟁을 원조하는 것은 "우리 중국이 마땅히 감당해야 할 의무이고 중국 당이 마땅히 감당해야 할 의무이다." "우리의 방침은 무릇 당신들에게 필요하고 우리에게 있는 것이면 전력을 다하여 당신들을 원조하는 것이다." "당신들이 요구하지 않으면 우리는 가지 않을 것이다. 당신들이 우리의 어느 부분을 요구하면 우리는 어느 부분을 지원할 것이다."[40]라고 명확히 대답했다. 회담이 끝난 뒤 두 나라 정당은 중국이 베트남에 지원부대 파견에 관한 협의를 달성했다.

　1965년 6월 9일에 중국의 첫 지원부대인 중국지원공정대 제2지대

---

39) 저우언라이, '중국 인민은 베트남 인민의 항미전쟁을 강력히 지지한다'(1965년 4월 2일), 중화인민공화국 외교부, 중공중앙 문헌연구실 편, 〈저우언라이외교문선〉, 중앙문헌출판사 한문판, 1990년, 443쪽.

40) '베트남의 프랑스 침략을 반대하고 미국 침략에 항거하는 투쟁 시기의 중국과 베트남의 관계', 1979년 11월 21일 자, 〈인민일보〉 1면, 취아이궈(曲愛國), 바오밍룽(鮑明榮), 샤오쭈웨(肖祖躍) 편, '미국 침략에 항거하고 베트남을 지원하다—베트남에서의 중국지원부대', 군사과학출판사 한문판, 1995년, 머리말 11쪽.

[41)]가 베트남에 진입하여 중국지원부대가 베트남을 원조하고 미국의 침략을 항격하는 군사행동이 막을 열었다. 베트남전쟁이 가장 치열했던 시기는 또한 중국 지원부대 출동인원수가 가장 많고 맡은 임무가 가장 과중한 시기였다. 인민해방군은 방공병, 공병, 철도병, 후방보장병 등 부대를 파견하여 베트남 북방에서 임무를 수행하게 했다. 1968년 3월까지 베트남에 투입된 부대는 총 23개 지대와 95개 대대 그리고 83개 소대로 총인원수가 32만여 명에 달했다. 인원이 가장 많이 투입된 해에는 17만 명에 달했다.

베트남에 대한 미국의 침략전쟁 확대화는 소련이 국제사무에서 미국과의 협력을 적극적으로 도모하면서 소련과 미국 간의 관계가 제한적이나마 완화되기 시작된 상황에서 발생했다. 베트남전쟁의 승격은 즉시 중국과 미국 간의 관계를 긴장시켰고 또한 중국과 소련의 관계에 새로운 불신의 요소를 주입했다. 1965년 2월에 소련은 베트남민주공화국과 중국에 인도차이나 문제 국제회의를 새로 열고 협상을 통해 베트남 문제를 해결할 것을 건의했다. 중국의 지도자들은, 이는 베트남의 곤경에서 벗어나도록 미국을 도와주기 위한 시도로 이 무렵의 어떠한 동요도 모두 미제국주의에 유리해진다고 인정하고 소련의 건의를 거절했다. 3월에 소련은 중국의 반대에도 불구하고 각 나라 공산당과 노동당 대표와 협상을 가졌다. 중국공산당 등 7개 국가의 공산당이 이 협상에 참가하지 않았다. 6월에 〈인민일보〉와 〈붉은기〉 편집부는 '흐루쇼프 수정주의를 반대하는 투쟁을 끝까지 진행하자'는 제목으로 글을 발표하여 "제국주의를 반대하자면 반드시 수정

---

41) 중국지원부대의 호칭에 관하여 중국, 베트남 쌍방은 최초에 고사포부대를 '중국지원 인원이 참가한 베트남인민군'으로, 시공부대를 '중국지원 공정대'로 부르기로 토의, 결정했는데 후에 통일적으로 '중국 후방부대'로 개칭했다.

주의를 반대해야 한다."는 주장을 공개적으로 제기했다. 1966년 3월에 중국공산당은 소련공산당 제23차 대표대회에 참가해달라는 소련공산당의 초청을 거절했다. 이때부터 중국과 소련 두 나라 정당 간의 관계가 기본적으로 중단되었다.

중국과 미국 간의 관계, 중국과 소련 간의 관계가 동시에 적대 상태에 빠져들자 미국과 소련이 짜고 반 중국전쟁을 획책할 것이라는 중국지도자들의 우려가 절정에 달했다. 1965년 3월 19일에 마오쩌둥은 국빈과 담화하면서 다음과 같이 말했다. 미국과 소련이 공동으로 중국을 치지 않겠는가? 그들이 평화적 방법으로 중국을 대처할 수 없으니 전쟁이라는 방법으로 우리를 소멸하려고 시도하지 않겠는가? 우리는 이에 대한 준비가 되어 있다. 미국과 소련이 합작하고 거기에 인도, 일본, 필리핀, 남한, 장제스까지 합세한다 하더라도 우리는 준비가 되어 있다.[42] 같은 해 9월 29일에 부총리 겸 외교부장인 천이는 국내외 기자회견을 가지고 외세 침략에 항거하려는 중국의 결심을 천명하면서 다음과 같이 말했다. 중국은 미제국주의를 이기기 위해 모든 필요한 희생을 할 각오가 되어 있다. "우리는 미제국주의가 쳐들어오기를 장장 16년이나 기다렸다. 나는 기다리느라고 머리카락까지 하얗게 셌다." "만약 미제국주의가 중국대륙에 쳐들어온다면 우리는 모든 수단을 다 동원해 이겨낼 것이다." "미제국주의를 격파하고 나면 전 세계적으로 제국주의, 식민주의가 진정으로 마무리된 시대가 도래하게 될 것이다."[43] 1965년 1월 5일 자 〈인민일보〉는 사설을 발표하여 전국 인민에게 "미국을 우두머리로 하는 제국주의, 각

---

42) '마오쩌둥이 말레이시아공산당 지도자와 외국 전문가들을 회견할 때 한 담화', 1965년 3월 19일.

43) '부총리 겸 외교부장 천이가 국내외 기자회견에서 발표한 중요 담화', 1965년 10월 7일 자, 〈인민일보〉 제1면.

나라 반동파와 현대수정주의를 강력히 반대하자.", "세계혁명, 인류의 진보와 세계평화를 위하는 위대한 사업에 더욱 큰 기여를 더 많이 하자."라고 호소했다. 11월 11일에는 〈인민일보〉와 〈붉은 기〉가 함께 '소련공산당 새로운 지도자들의 이른바 연합 행동을 반박한다'는 사설을 발표하면서 "당면한 세계정세의 특징은 국제 계급투쟁이 갈수록 심화되고 있는 상태에서 동요, 분화와 개편이 대폭으로 진행되고 있는 것"이라고 했다. 이 같은 구호는 중국지도자들이 외래 위협을 강력하게 느끼고 있는 상태에서 제기된 것으로서 당시의 국제 정세에 대한 당의 예측과 판단을 보여주고 있다.

1950년대 말부터 1960년대 전반기에 이르기까지 당은 매우 복잡한 국제환경에서 외교사업을 지도했다. 이 시기에 중국과 미국, 소련과의 갈등이 날로 첨예해지고 "제국주의를 반대하고 수정주의를 반대하자."는 구호를 표징으로 하여 중국이 동시에 미국, 소련 두 초대국과 저항해야 하는 구도가 형성되었다. 이 같은 대립이 조성된 데는 여러 가지 원인이 있다. 외부적으로 보면 한편으로는 중국을 고립시키고 억누르려는 정책을 완고하게 고집하고 있는 미국이 오래전부터 '두 개 중국' 조작음모를 꾸며왔으며 미처 베트남에 대한 침략전쟁을 끊임없이 확대함으로써 종국에는 중국, 미국 두 나라로 하여금 재차 전쟁의 일보직전에 이르도록 했고 다른 한편으로는 소련에서 중국의 외교를 저들의 전략적 수요에 따르도록 하기 위해 중국에 점점 더 큰 압력을 가해왔다는 것이다. 내부적으로는 외부로부터 오는 이러한 큰 압력으로 인해 국제 정세에 대한 중국의 판단에 비교적 뚜렷한 편차가 생기면서 주로 미국과 소련의 합작 가능성을 과대평가하고 그들 간의 모순을 과소평가하고 전쟁과 혁명의 가능성을 과대평가하는 반면, 세계가 평화적인 발전으로 전환할 수 있다는 가능성을 과소평가했던 것이다. 외세에 의한 침략을 우려할수록 중국의 외부세계에 대한 반응이 더욱 강렬해졌으며 외부 압력과 중국 반응의 상호작용으로 말미암아 중국이 훨씬 더 냉엄한 국제환경에 직면하게 되었다.

그럼에도 이 시기에 독립자주를 견지하고 국가주권과 영토 확정을 수호하기 위한 중국지도자들의 투쟁은 반드시 수긍해야 한다. 중국은 이처럼 미국과 소련이라는 두 대국과 동시에 용감하게 맞섰기 때문에 미소냉전이라는 큰 환경에서도 점차 완전히 독립된 세계의 한 갈래가 될 수 있었다. 비록 이 시기에 중국과 미국 쌍방이 시종 첨예한 대립상태에 처해 있었지만 중국지도자들은 원칙을 지키고 미국과의 직접적 대항이 다시 발생하지 않도록 신중히 대하면서 향후 두 나라 관계의 전환에 여지를 남겨두었다.

제17장

국민경제 조정 임무 완수와 '4개 현대화' 목표의 제기

1962년 상반기, 전당이 전력을 다해 국민경제를 조정함으로써 국민경제가 점차 회복되고 제반 건설사업이 건전하게 발전하는 추세가 확연하게 나타났다. 당 중앙은 실제 상황에서 출발하여 앞으로 3년 동안에도 여전히 '조정, 공고, 충실, 제고'의 8자 방침을 계속 관철해야 한다고 인정했다. 1962년 하반기부터 1965년까지 국민경제는 순조롭게 성장하기 시작했고 사회는 융성, 발전했다. 이 기간에 국민경제는 신중국 창건 이래 가장 높은 수준에 근접했거나 가장 높은 수준을 따라잡고 능가했으며 인민의 물질생활은 보편적으로 개선되었다. 또한 기초과학연구와 첨단무기의 연구제작에서 큰 진전을 가져왔고 일부 중요한 기술의 발명과 창조는 당시 국제적으로 선진적인 수준에 도달했다. 물질적인 어려움을 극복하기 위해 전국 인민은 일치단결하고 앙양된 의기로 용감하게 전진했으며 온갖 간난신고를 이겨내며 일했다. 기적같이 이루어낸 많은 업적은 바로 이 기간에 이룩한 것이다. 복잡다단하고 변화무쌍한 국제 정세와 중국의 정치, 경제, 군사에 대한 대국들의 압력 앞에서 중국 인민은 조금도 두려워하지 않고 정의와 평화를 견지했으며 출중하게 도전에 대응했다. 당 중앙위원회는 1964년 말에 소집한 전국인민대표대회 제3기 제1차 회의에서 전국 인민에게 '4개 현대화'를 건설하는 것에 대한 위대한 목표를 제기하여 사회주의 국가를 건설하려는 억만 인민의 적극성을 최대한으로 불러일으켰다.

1. 국민경제 조정의 계속과 완수

계속 조정이라는 중대한 결정 및 그 주요한 진전

7천 명 대회 이래 전당의 간고한 노력을 거쳐 1962년 말부터 국민경제가 뚜렷하게 호전을 보이기 시작했다. 당시 중앙지도자들은 여전히 주요한 정력을 경제조정을 이룩하는 데 쏟아 부었다. 전국에서 국민경제 조정의 8자 방침을 올바르게 관철, 시행했으며 생산을 힘써 회복하고 발전시켰다. 그러나 경제 형세가 호전될 것이라는 추측과 호전된 후 어떠한 방침을 강구할 것인가에 대해서는 당내의 의견이 완전히 일치한 것은 아니었다. 경제생활 가운데 엄연히 존재하고 있는 엄중한 문제를 홀대하고 기본건설 규모를 늘리고 속도를 높이도록 요구하는 경향이 다시 고개를 들었다. 1963년 6월에 국가계획위원회가 소집한 1964년도 계획좌담회에서 각지의 대표들은 경제 형세의 호전 정도와 1964년의 경제사업에서 계속 8자 방침을 관철해야 하는가 하지 말아야 하는가를 두고 뚜렷한 견해 차이를 보였다. 일부 대표는 8자 방침의 역사적 과업은 이미 기본적으로 완수했다. 새로운 '대약진'의 시작으로 농공업 생산의 새 고조를 일으켜야 한다고 인정했다.

경제 형세에 대한 예측이 전체 국민경제발전에 대한 당의 전략적 결정과 관계되었기에 당 중앙위원회는 이에 아주 큰 중시를 기울였다. 1963년 7월 하순에 저우언라이는 중앙서기처회의에서 1963년부터 1965년까지의 3년간 경제를 계속 조정할 것에 관한 마오쩌둥의 구상을 전달했다. 마오쩌둥은 다음과 같이 제기했다. 1963년부터 1965년까지의 3년을 하나의 과도 단계로 삼고 '조정, 공고, 충실, 제고'의 8자 방침을 엄연히 이 시기 국민경제계획의 방침으로 삼아야 한다. 3년 과도 단계가 끝난 후에는 15년간의 구상이 있어야 한다. 즉 기본적이고 독립적인 국민경제체계 또는 공업체계를 기본적으로 구축한다. 그리고 또 15년 정도 지나 현대적 농업, 현대적 공업, 현대적 국방과 현대적 과학기술을 소유한 사회주의 강국을 건설해야 한다.[1] 마오쩌둥의 이 구상은 전체 국민경제의 전략적 전망에 착안한 것이지만 3년간 계속 조정하여 이를 과도 단계로 삼는 것에 대한 의견을 명확히 했다. 이어 저우언라이는 1964년 국민경제계획통제수자에 대한 기본적 의견에 관한 국가계획위원회 당조의 보고를 청취하는 자리에서 일부 사람이 '대약진'을 또 진행하려는 조급한 정서에 따라 1961년부터 국민경제조정을 5년간 진행하며 8자 방침을 즉시 바꿔서는 안 된다고 명확히 지적했다. 덩샤오핑도 공업문제 좌담회에서 "3년간 계속 또 조정해야 하며 중점은 공고, 충실, 제고에 두어야 한다. 조건을 창조하여 제3차 5개년 계획을 위해 준비를 잘해야 한다."고 지적했다. 이를 통해 계속하여 조정하는 문제에 대해 중앙 주요 지도자들의 인식은 일치했음을 알 수 있다.

이어 당 중앙위원회는 1963년 9월에 사업회의를 소집하고 국민경제 발전방침 및 1964년 국민경제계획에 대해 전면적으로 토의했다. 회의는 국민경제가 전면적으로 호전되기 시작한 정세를 충분히 수긍한 동시에 여전히 존재하고 있는 문제를 아래와 같이 냉정하게 지적했다. (1) 농업생산이 아직 1957년의 수준에까지 전면적으로 회복되지 못했다. 식량을 계속 수입해야 하며 경제작물이 경공업생산의 수요를 만족시키지 못하고 있다. 임업, 목축업을 회복하려면 아직도 많은 힘을 들여야 하며 인민의 생활이 아직도 어느 정도 긴장 상태에 처해 있다. (2) 전반 공업과 교통운수업 특히 기초공업이 여전히 미약한 상태다. 품질을 향상하고 품종을 늘리며 조정, 보충하고 기술을 개조하며 설비를 갱신하는 등의 측면에서 지속적인 대량 사업이 필요다. (3) 많은 기업의 경영관리에 대해 큰 힘을 들여 정돈하며 특히

---

1) '저우언라이가 중앙사업회의에서 한 연설 기록', 1963년 9월 6일.

결손기업이 적지 않은데 빨리 이를 개선해야 한다. (4) 외채를 아직 전부 상환하지 못했다. 회의는 상기 인식에서 출발하여 1963년부터 또 3년 동안 계속 조정하여 그것을 제2차 5개년 계획(1958~1962)으로부터 제3차 5개년 계획(1966~1970)으로 넘어가는 과도 단계로 삼기로 정식 결정했다.

회의는 과도 단계 경제사업의 주요 과업과 목표에 대해 다음과 같이 규정했다. (1) 농업생산을 1957년의 수준으로 끌어올리거나 그 이상으로 올린다. (2) 공업생산을 1957년의 수준보다 약 50% 높인다. (3) 국민경제 각 부문의 비율관계, 주로는 공업과 농업, 공업 내부, 농업 내부 및 소비와 축적 간의 관계가 새로운 기초 위에서 기본적으로 균형을 이루도록 최선을 다한다. (4) 국민경제의 관리사업을 정상적인 발전 궤도에 올려놓는다. 이러한 과업과 목표를 실현하기 위해 회의는 농업을 기초로 하고 공업을 주도로 하는 국민경제발전 총방침을 관철, 집행해야 하며 먹고 입고 쓰는 문제를 해결하고 기초공업을 강화하고 겸하며 국방도 고려하며 첨단과학 분야가 새 수준에 오르는 이런 순서에 따라 경제계획을 배정해야 한다고 제기했다. 회의는 또 과도 단계의 과업을 완수한 후 국민경제를 두 단계로 나누어 진행하는 장구한 구상을 제기했다. 즉 첫 번째 단계에는 제3차 5개년 계획을 통해 독립적이고 비교적 완전한 공업체계와 국민경제 체계를 수립하여 중국의 공업이 대체로 세계의 선진 수준에 접근하도록 한다. 두 번째 단계에는 20세기 말까지 중국의 공업이 세계의 앞자리에 서도록 하며 농업, 공업, 국방 및 과학기술의 현대화를 전면적으로 실현한다.

1963년부터 1965년까지의 3년간의 조정을 통해 주로 아래와 같은 중요한 진전을 가져왔다.

우선, 국민경제의 균형적 발전에 영향을 주는 취약한 고리와 부문을 힘써 강화하고 설비를 보수, 갱신했으며 오랜 기업과 기지의 생산능력과 기술 수준을 복구하고 향상시켰다. 당시 석탄계통 가운데서 균형적인 채굴을 할 수 없는 탄갱이 77.5%에 달했고 보수되지 못하고 있는 설비가 32.5%에 달했다. 계속 조정하는 3년 동안에 석탄 부문은 생산지표를 대폭 하향 조절하는 시기를 이용하여 힘을 모아 탄갱의 굴진과 분리를 강화함으로써 광산 채굴이 정상 수준으로 회복되도록 했다. 1964년 말에 이르러 흑색금속과 유색금속 광산의 설비 완비율은 약 80%에 달했다.

다음으로, 자력갱생에 의한 기술개발과 외국의 선진기술을 적절하게 도입하는 것을 서로 연결짓고 국민경제에 대해 중대한 작용을 일으키는 신흥 산업을 중점적으로 발전시키며 공백 부문을 보충하여 국가공업의 전반 수준과 경제력을 제고시켰다. 1962년부터 1963년까지 국가는 외화가 극히 제한된 상황에서 일본, 연방독일, 프랑스 등 국가로부터 계획적으로 석유화학공업 분야의 14개 종합설비를 도입했는데 이는 중국이 석유화학공업의 새 분야를 개발하는 데 중요한 역할을 일으켰다.

마지막으로, 관리를 강화하고 관계를 조절하여 제반 분야의 적극성을 불러일으켰다. 당 중앙위원회와 국무원의 요구에 따라 전국의 공상기업은 1963년부터 소모를 줄이고 원가를 절약하며 제품의 질을 높이는 사업을 힘써 추진했다. 그 결과 기업 손실을 이윤 성장으로 바꾸는 데 뚜렷한 효과를 거두었다. 1963년에 국가는 또 일부 농공업 제품의 불합리한 판매가격과 수매가격을 조정하여 상품 비교가격 면의 격차를 완화했다. 이밖에 국가는 아직도 재정에 어려움이 있는 상황에서 1963년에 40%에 달하는 종업원들의 노임을 높여줌으로써 광범위한 종업원들의 적극성을 불러일으켰다. 1963년부터 1965년까지 전 인민적 소유 공업기업의 전체 종업원 노동생산능률이 지난해보다 각각 26.7%, 20.1%와 22.5% 향상되었다.

농업 면에서 '농업 60개조'를 관철, 집행하여 농촌의 생산관계가 조정되었고 당시 농민 군중의 의견이 가장 크고 가장 절박했던 문제가 기본적으로 해결되었으며 농업생산을 복구, 발전시키는 면에서 농민들의 적극성을 불러일으켜 농업 생산량 및 군중의 생활 수준이 모두 비교적 큰 회복 성장과 제고를 가져오게 되었다. 1965년에 이르러 전국의 양곡 총수확량은 3,890억 5천만 근, 목화는 41억 9,500만근, 기름작물은 72억 5천만 근에 달했다. 생산 수준과 주요 생산량 지표를 놓고 볼 때 1957년의 수준을 회복했거나 초과했다.

3년간 계속 조정하여 중대한 성과를 거두었는데 매우 큰 정도에서 '대약진'으로 발생한 농공업생산에서의 혼란을 바로잡았을 뿐만 아니라 산업구조의 합리화, 최적화를 구축하는 면에서도 중대한 진전을 가져왔다. 그러나 경제 전선의 조정은 정치 형세의 영향을 받지 않을 수 없었다. 때마침 한창 전개되던 '4청', '5반' 등 국내의 "수정주의를 반대하고 방지하는" 투쟁은 공농업조정의 인식과 운행에 대해 모종의 제약작용을 했다. 이를테면 농촌 사회주의 교양운동에서 이른바 '3자1포(자류지를 더 많이 남기고 자유시장을 더 많이 열고 기업에서 손익을 자체로 책임지게 하고 생산량 농가도급제를 더 널리 시행하는 것을 가리킨다)' 등에 대한 끊임없는 비판은 농촌 정책에 대한 더 깊은 조정과 개혁의 모색에 영향을 미치었으며 생산을 복구, 발전시키려는 광범위한 간부와 사원들의 적극성이 어느 정도로 좌절을 겪도록 했다. 그 밖에 사람들의 사상 가운데서 도시와 농촌의 정기시장 교역에 대한 문제를 두고 일찍이 다른 인식이 형성되었다. 정치 측면에서 "수정주의를 반대하고 방지하자."는 구호가 제기되었을 때 정기 시장교역문제는 또다시 논쟁의 초점이 되었다. 구체적으로 시행하는 방법에서 필연적으로 갈수록 심하게 제한하거나 심지어 아예 배제하고 대체하는 방침을 취함으로써 조정을 거쳐 갓 회복된 여러 유통경로가 인위적인 장애를 받게 함으로써 도시와 농촌 간의 농업, 부업, 공업 및 무역의 회복과 발전을 제한했다. 그런데 도시의 '5반', '4청' 운동에서 '현대수정주의'를 반대한 투쟁의 한 가지 중요한 조목이 바로 한동안 소련에서 시행하던 이윤율 계산과 상금제였다. 그 원인으로 국영기업의 경제채산을 '이윤 제일', '상금 제일', '자본주의 경영관리'로 잘못 인식하고 비판했다. 이는 의심할 바 없이 기업 관리에 대한 정돈에 직접적인 영향을 주었고 방금 시작한 경제법칙에 따라 경제를 관리하는 체제개혁 시험사업에 어려움을 가져다주었다.

전국인민대표대회 제3기 제1차 회의 및 '4개 현대화'를 실현하는 역사적 임무의 제기

계속된 조정사업이 순조롭게 진척되고 있는 시기에 전국인민대표대회 제3기 제1차 회의가 1964년 12월 21일부터 1965년 1월 4일까지 베이징에서 열렸다. 회의의 주요 의정은 정부사업 보고와 1965년도 국민경제 계획을 심의하고 새로운 임기의 국가 지도자를 선거, 결정하는 것이었다.

이번 회의는 국민경제조정사업에 대해 중요한 추동적 역할을 했다. 정부사업보고에서 저우언라이는 국민경제 조정방침을 관철하는 과정에 이룩한 거대한 성과에 대해 높이 평가했다. 그는 다음과 같이 지적했다. 조정을 거쳐 공업과 농업의 관계, 공업 내부의 관계가 비교적 조화를 이루고 공업의 농업 지원능력이 한층 더 증강되고 기업 내부의 절대 대부분 생산능력이 이미 전면적으로 보강되고 계열화되었고 설비가 파손되거나 보수되지 않은 상황이 이미 개선되었다. 중국의 경제력이 이전에 비해 증강되었다. 이에 따라 보고는 다음과 같이 선포했다. 국민경제 조정과업을 이미 기본적으로 완수했고 농공업생산이 전면적으로 높아졌으며 전체 국민경제가 이미 전면적으로 호전되었다. 이는 3년 동안의 조정을 거쳐 중국 국민경제가 정상적인 발전 궤도에 들어서기 시작했음을 말해준다. 회의는 1965년 국민경제 계획의 주요 지표와 국민 예산의 기본적 배치를 심의, 비준했으며 1965년의 과업은 국민경제 조정사업 가운데 아직까지 완수하지 못한 과업을 계속 완수하여 1966년부터 시작되는 제3차 5개년 계획을 위해 준비하는 것이라고 명확히 규정했다.

전국 인민을 더욱 고무시킨 것은 전국인민대표대회 제1기 제1차 회의에 이어 전국인민대표대회 제3기 제1차 회의에서 그리 오래지 않은 시기에 국가의 '4개 현대화'를 실현한다는 역사적 과업을 다시 제기한 것이다. 중공중앙의 건의에 따라 저우언라이는 정부사업보고에서 이 역사적 과업과 관련해 다음과 같이 밝혔다. "그리 오래지 않은 역사적 시기에 중국을 현대적 농업, 현대적 공업, 현대적 국방과 현대적 과학기술을 소유한 사회주의 강국으로 건설하며 세계 선진 수준을 따라잡고 넘어서는 것이다." 이는 근대 중국의 모든 우국지사 특히 중국공산주의자들의 심혈과 염원이 응집된 위대한 과업이었다.

일찍 신중국 창건을 앞두고 마오쩌둥은 중국공산당 중앙위원회 제7기 제2차 전원회의에서 "혁명이 승리한 후에 생산을 급속히 복구 발전시키고 국외의 제국주의에 대처하며 중국을 올바르게 농업국에서 공업국으로 전환시키며 중국을 위대한 사회주의 국가로 건설"[2]해야 한다고 제기했다. 이 공업 강국의 목표는 중국공산주의자들이 건국 방략으로 제기한 것이었다. 그 후 실천이 심화되고 사회주의 건설법 칙에 대한 인식이 늘어남에 따라 국가건설의 전략적 목표에 대한 당의 제기 방식이 점차 뚜렷해지고 완성되기 시작했다.

당은 과도기의 총노선을 확립할 때 당의 중심과업에 대해서 국가의 공업화를 실현하고 사회주의적 개조를 실현해야 한다고 명확하게 규정했다. 마오쩌둥은 1953년 8월에 개정한 과도기 당의 총노선에 대한 설명에서 "과도기 당의 총노선과 총과업은 상당히 긴 기간 안에 국가의 사회주의적 공업화를 점차 실현하는 것이다."고 확정했다. 같은 해 9월 17일에 저우언라이는 중앙인민정부위원회 회의에 참가했을 때 만일 농업국을 공업국으로 전환시키지 못하고 중국이 공업화를 실현하지 못한다면 어떤 방법으로 농민들의 생활을 한층 더 개선하고 더 나아가 사회주의를 철저히 개선할 수 있겠는가 하고 지적했다.[3] 이로부터 국가의 공업화를 실현하는 것이 중국을 근대 이후의 가난하고 뒤떨어진 상태에서 벗어나게 하는 기초 과업이며 전략적 목표임을 알 수 있다. 마오쩌둥은 1954년 9월 15일에 소집된 전국인민대표대회 제1기 제1차 회의 개막사에서 "몇 차의 5개년 계획 기간에 오늘 경제적으로나 문화적으로 뒤떨어져 있는 우리나라를 공업화하고 높은 현대적 문화 수준을 가진 위대한 나라로 건설하도록 해야 한다."고 지적했다. 저우언라이는 이번 회의에서 한 정부사업보고

---

2) 마오쩌둥, '중국공산당 중앙위원회 제7기 제2차 전원회의에서 한 보고'(1949년 3월 5일), 〈마오쩌둥 선집〉 제4권, 민족출판사, 1992년, 1804쪽.

3) 중공중앙 문헌연구실 편, 〈저우언라이 연보(1949~1976)〉 상권, 중앙문헌출판사 한문판, 1997년, 326쪽.

에서 "우리나라 경제는 이전부터 매우 뒤떨어진 상태에 놓여 있었다. 만일 우리가 현대화된 강대한 공업, 현대화된 농업, 현대화된 운수업과 현대화된 국방을 건설하지 않는다면 우리는 뒤떨어지고 가난한 처지에서 벗어날 수 없으며 우리의 혁명은 목적을 달성할 수 없을 것이다."라고 명확하게 지적했다. 이는 저우언라이가 당 중앙위원회 대표로 처음 '4개 현대화'의 구상에 대해 제기한 것이다.

당은 사회주의 공업화의 실현을 이룩함과 동시에 얼마 지나지 않아 힘써 과학기술을 발전시키는 것으로 시야를 넓혔다. 마오쩌둥은 1956년 1월 25일에 최고국무회의 제6차 회의에서 발표한 '사회주의 혁명의 목적은 생산력을 해방하는 것이다'라는 연설에서 "몇십 년 이내에 우리나라가 경제와 과학문화 면에서 뒤떨어진 상황을 힘써 바꿔 급속히 세계의 선진 수준에 도달하게 해야 한다."고 명확하게 지적했다. 1957년에 마오쩌둥은 '인민 내부의 모순을 정확히 처리하는 문제에 관하여'와 '중국공산당 전국선전사업회의에서 한 연설'에서 중국을 "현대적 공업, 현대적 농업, 현대적 과학문화를 가진 사회주의 국가"로 건설해야 한다고 두 번이나 언급했다. 여기서 '현대적 과학문화'를 중국 현대화를 실현하는 전체 구상에 포함시켰다. 1958년에 열린 중국공산당 제8차 전국대표대회 제2차 회의에서도 이 표현을 계속 사용했다.

후에 마오쩌둥은 또 새로운 생각을 하게 되었는데 그는 소련의 〈정치경제학 교과서〉를 열독하는 과정에 국방 현대화를 국가 현대화의 내용 속에 포함할 것을 제기했다. 그는 "사회주의 건설에서 원래는 공업의 현대화, 농업의 현대화, 과학문화의 현대화를 요구했지만 지금은 국방의 현대화를 보충해야 한다."⁴⁾고 말했다.

1957년 8월에 저우언라이는 국무원 상무회의를 주관하면서 공업 현대화에 "교통운수가 포함"되기에 '교통운수의 현대화'를 더 이상 단독적으로 현대화의 범주에 넣지 말아야 한다고 설명한 적이 있다. 1960년 2월에 저우언라이는 소련의 〈정치경제학 교과서〉를 열독하고 한 발언에서 '과학문화의 현대화'를 '과학기술의 현대화'로 고쳤다. 이렇게 '4개 현대화'의 기본 내용이 완전히 제기되었다. 그러나 1960년대에 들어선 후 마오쩌둥과 당 중앙위원회는 국민경제 체계를 어떻게 수립할 것인가 하는 문제, 즉 완전한 국민경제 체계로 중국의 현대화 목표를 구상하는 것에 대해서 더욱 많이 고려했다. 예를 들면 마오쩌둥은 일찍이 다음과 같이 회고했다. "우리는 8차 당대회 제1차 회의에서 제2차 5개년 계획 기간에 사회주의 공업화의 튼튼한 토대를 닦아야 한다고 지적하고 나서 또 15년 또는 더욱 긴 시간을 들여 완전한 공업체계를 구축해야 한다고 지적했다. 그런데 이 두 가지가 조금 모순된다. 완전한 공업체계가 없이 어떻게 사회주의 공업화의 튼튼한 토대를 이룩한다고 말할 수 있겠는가?"⁵⁾ "제1차 5개년 계획과 제2차 5개년 계획을 통해, 특히 '대약진' 운동을 통해 당은 완전한 국민경제 체계를 수립하는 것이 단순히 공업화의 토대를 닦는 것보다 더욱 과학적이고 중요하다는 것을 인식하기 시작했다. 저우언라이는 1963년 8월에 중공중앙의 '공업발전문제에 대해' 초안 작성위원회회의에 참가한 자리에서 다음과 같이 긍정적으로 지적했다. "국민경제 체계에는 공업이 포함될 뿐만 아니라 농업, 상업, 과학기술,

---

4) 마오쩌둥, '소련의 〈정치경제학 교과서〉를 읽고 한 담화(발췌)'(1959년 12월~1960년 2월), 〈마오쩌둥문집〉 제8권, 인민출판사 한문판, 1999년, 116쪽.

5) 마오쩌둥, '소련의 〈정치경제학 교과서〉를 읽고 한 담화', 1959년 12월~1960년 2월.

문화교육, 국방 등 여러 분야도 포함된다. 공업국이라는 제기법은 완전하지 못하다. 단지 독립적인 공업체계의 수립을 제기하는 것보다 독립적인 국민경제체계의 수립을 제기하는 것이 더욱 완전하다."[6] '4개 현대화'의 총체적 목표의 실현에 관해 당 중앙위원회는 두 단계로 나누어 진행할 수 있다고 제기했다. 즉 제3차 5개년 계획에서 시작하여 첫 단계는 3차의 5개년 계획 시기를 지나 하나의 자립적이고 비교적 완전한 공업체계와 국민경제 체계를 수립하는 것이다. 둘째 단계는 농업, 공업, 국방 및 과학기술의 현대화를 전면적으로 실현함으로써 중국 경제를 세계의 앞자리에 서게 하는 것이다.

'4개 현대화'의 전략적 목표를 제기한 것은 중국공산주의자들이 사회주의 건설의 노선에 대해 깊이 있게 모색하고 안팎의 발전 경험을 총화한 기초 위에서 반복적으로 가늠하고 심사숙고한 후 최종적으로 확정한 것이다. 이는 전국 인민을 고무하여 분발 노력하도록 하는 정신적 힘을 갖고 있을 뿐만 아니라 중국인민이 예견할 수 있는 장래에 간고분투하여 달성할 수 있는 목표를 설명해주었다. '4개 현대화'를 실현하면 중화민족은 세계 여러 민족의 대열에서 떳떳하게 자립할 수 있다. 이리하여 마오쩌둥은 '정부사업보고'를 개정할 때 "우리는 세계 여러 나라가 기술을 발전해온 옛길 걸으면서 한 걸음 한 걸음 남의 뒤꼬리만 따를 수 없다. 반드시 일반적인 규례를 타파하고 되도록 선진적인 기술을 채용함으로써 그리 오래지 않은 역사적 시기에 우리나라를 현대화한 사회주의 강국으로 건설해야 할 것이다."[7]는 한

---

6) 중공중앙 문헌연구실 편, 〈저우언라이 연보(1949~1976)〉 중권, 중앙문헌출판사 한문판, 1997년, 575쪽.

7) 마오쩌둥, '우리나라를 사회주의의 현대화 강국으로 건설하자'(1963년 9월, 1964년 12월), 〈마오쩌둥 문집〉 제8권, 인민출판사 한문판, 1999년, 341쪽.

단락을 특별히 보충했다. 역사에 의해 증명되다시피 상당히 긴 역사적 시기에 '4개 현대화'를 실현하는 것은 처음부터 끝까지 전국의 여러 민족 인민을 단합하고 단결하여 노력하도록 한 강력한 정신적 힘이었다. 이 같은 원대한 이상이 있었기에 국가가 극심한 곤란 심지어 후에 발생한 '문화대혁명'과 같은 동란을 겪은 상황에서도 중국의 여러 민족 인민은 힘든 노동을 멈춘 적이 없었고 국가의 근본제도 기반도 동요된 적이 없었다.

전국인민대표대회 제3기 제1차 회의에서는 새로운 임기의 국가지도자들을 뽑았다. 류사오치가 국가 주석으로 재차 당선되고 주더가 전국인민대표대회 상무위원회 위원장으로 재차 당선되었으며 저우언라이에게 계속 국무원 총리직을 맡기기로 결정했다. 전국인민대표대회 제3기 제1차 회의는 '4개 현대화'의 위대한 목표를 명확하게 제기한 것으로 자체의 특수한 역사적 지위를 갖고 있다.

국민경제 조정 임무의 완수

1965년 말에 이르러 국민경제 조정의 임무는 마침내 전면적으로 완수되었다. 전당과 전국 인민은 1963년 9월 중앙사업회의에서 제기한 계속된 조정의 목표를 비교적 원만하게 실현했다.

공, 농업 총생산액이 1957년의 수준을 초과했다. 1965년 전국 공, 농업 총생산액은 2,235억 위안에 달했는데 그중 농업 총생산액이 833억 위안이고 공업 총생산액이 1억 402만 위안이었다. 불변가격에 따라 계산하면 1957년보다 농공업 총생산액이 59.9% 성장했는데 그중 농업 총생산액은 9.9%, 공업 총생산액은 98% 성장하여 1963년에 예정한 목표를 모두 초과했다. 조정 시기에 국민경제에서 주도적인 역할을 한 공업건설은 주로 설비의 일원화와 전면적인 보강을 중점으로 삼아 '대약진' 후에 건설된 많은 공장, 광산 기업들이 점차 그 역할을 발휘하도록 했다. 동시에 기회를 놓치지 않고 일부 중요한 항목을 건설하고 많은 공장(광산)을 개건, 확건하여 신흥공업 부문을 신속히 발전시키고 새 제품, 새 품종을 부단히 생산함으로써 공업현대화 건설의 물질적 토대를 강화했다. 통계에 따르면 사회주의를 전면적으로 건설하는 10년 동안에 중국의 공업이 이룩한 주요 경제기술지표의 최고 수준은 상당 부분 1965년을 전후한 것이다.

농공업생산에서 농업과 경공업, 중공업의 비율관계가 새로운 토대 위에서 조화롭게 발전했다. 1965년 공, 농업 총생산액에서 차지하는 농업, 경공업, 중공업의 비중은 각기 37.3%, 32.3%, 30.4%로서 1957년의 43.3%, 31.2%, 25.5%와 대체로 가까워졌고 당시 중국 경제발전의 객관적 수요에 기본적으로 부합했다. 이와 동시에 공업 내부에서 간접적, 직접 농업을 지원하는 공업 부문의 투자 비중이 늘어나고 중공업의 투자 비중이 줄어들었으며 큰 정도에서 '강철을 기본고리'로 하여 조성된 비율불균형 상황을 바로잡았다.

국민경제생활에서 축적과 소비의 비율관계가 기본적으로 정상 회복되었다. 3년 동안의 계속된 조정을 거쳐 1965년에 이르러 축적률이 27.1%까지 다시 올라가 1957년의 수준(24.9%)과 대체로 비슷해졌다. 조정 시기에 당과 정부는 처음부터 끝까지 축적과 소비의 관계를 잘 처리하고 개인과 집단, 국가 간의 여러 가지 이익 관계를 잘 처리하며 경제를 발전시키는 기초 위에서 인민의 생활을 개선하는데 더욱 큰 중시를 기울여야 한다고 명확히 주장했다.

재정수지가 균형을 이루고 시장이 안정되었으며 인민생활이 어느 정도 개선되었다. 제2차 5개년 계획 시기의 처음 4년은 해마다 비교적 높은 재정적자를 유지했다. 1963년부터 1965년까지의 3년 동안에 수지평형을 이루고 남는 부분이 얼마간 있었으며 수입이 지출보다 누계로 10억 2천만 위안이나 많았다. 1965년에 중국은 모든 외채를 앞당겨 갚았다. 곤란 시기에 시행했던 고가상품과 배급표에 의한 공급 등 조치들도 잇달아 취소되었거나 그 범위가 축소되었다. 시장 물가가 다시 대폭 내려갔다. 비록 1965년에 전국의 인구당 양곡, 식용유, 면직물의 소비량이 1957년보다 여전히 낮은 편이었으나 전체 경제가 회복되어 국민소득이 늘어나고 인민생활도 다소 개선되었다. 통계에 의하면 1965년에 이르러 전국의 도시와 농촌 주민들의 평균 소비 수준은 1957년보다 8.7% 성장해 133위안에 달했고 1962년보다 7위안이 더 많았다. 그중 농민들의 평균 소비 수준은 104위에 달해 1957년보다 22위안이 더 많았고 도시주민들의 평균 소비 수준은 259위안에 달해 1957년보다 37위안이 더 많았다. 1965년에 이르러 도시와 농촌 인민의 중요한 소비품의 소비 수준도 1962년보다 비교적 큰 향상을 이룩했다. 전국 인구의 인구당 양곡은 1962년에는 329근이었으나 1965년에는 366근이었고, 식용유는 1962년에는 2.2근이었으나 1965년에는 3.4근이었다. 돼지고기는 1962년에는 4.4근이었으나 1965년에는 12.6근이었고, 면직물은 1962년에는 11.1자였으나 1965년에는 18.5자였다.

1960년대에 진행한 국민경제 조정은 중요한 의의가 있다. 이는 사회주의 경제건설에서 규칙성 있는 많은 문제와 관계가 있다. 이를테면 국민경제에서 축적과 소비의 비율관계 문제, 건설과 인민의 생활을 합리적으로 배치하는 문제 등이다. 1960년대 사회주의 각 나라의 경제 상황에서 볼 때 대다수 사회주의 국가는 '중공업의 우선적 발전을 부분적으로 강조하는 사회주의 공업화' 모델을 벗어나지 못했다. 이렇게 되면 불가피하게 농업과 경공업을 희생시키고 또 부득이

하게 인위적으로 인민의 소비 수준이 낮아지게 되며 따라서 사회 불안정 위기를 심어놓게 된다. 이 교훈은 아주 심각한 것이다. 중국이 1960년대 초기에 진행한 국민경제 조정은 경제구조 측면의 모순을 철저하게 해결하지는 못했지만 사람들로 하여금 이런 문제를 해결해야 하는 중요성을 인식하게 했다. 농업, 경공업, 중공업의 배치 순서, '트러스트의 시험운영'을 대표로 하는 체제 개혁은 모두 사회주의 건설에서 경제구조 측면의 문제를 해결하기 위해 진행한 중요한 조정이고 유익한 모색이었다.

트러스트의 시험 운영 등 관리체제 개혁의 시험

계속적으로 조정하는 3년 동안에 당은 또 일부 경제체제 개혁 시험을 진행했다. 비교적 두드러진 것이 공업교통 부문에서 트러스트를 시험적으로 운영한 것과 노동제도와 교육제도 개혁을 시험적으로 진행한 것이다.

트러스트를 시험적으로 시행하는 기본적인 출발점은 '경제 관리의 원칙에 따르는' 것이다. 일찍이 1950년대 중반기에 류사오치는 당시 소련의 고도로 집중된 계획체제를 기본적으로 모방하여 초래된 통제가 너무 기계적이고, 관리가 너무 엄하며 경제생활에 대한 행정 간섭이 지나치게 심한 폐단에 비추어 "만일 우리의 경제가 자본주의 경제보다 영활하고 다양하지 못하고 기계적으로 계획하기만 한다면 거기에 무슨 사회주의 우월성이 있겠는가?"[8]고 지적했다. 1960년 3월 하순에 톈진에서 열린 중앙정치국 상무위원회 확대회의 기간에 덩샤오핑은 일찍이 트러스트를 건립하는 문제를 제기했다. 그는 생산관계

---

8) 중공중앙 문헌연구실 편, 〈류사오치 연보(1898~1969)〉 하권, 중앙문헌출판사 한문판, 1996년, 401쪽.

면에서 개혁해야 한다는 것은 사실 상부 구조를 개혁해야 한다는 것이다. 목표는 바로 속도를 높이고 더욱 절약하며 종합적으로 경영하고 종합적으로 이용하기 위해서다. 아마도 트러스트의 길을 걸어야할 것 같다고 지적했다. 회의에서 마오쩌둥은 다음과 같이 말했다. 자본주의가 발명한 이 트러스트는 진보적인 방법이다. 트러스트 제도는 실제로 진보적인 제도인데 문제는 소유제이다.

3년 동안의 경제 조정을 거쳐 원래 존재했던 계획체제의 폐단이 더욱 뚜렷하게 드러났다. 1963년 10월과 12월에 류사오치는 공업 부문의 책임자들과 담화하면서 체제문제를 잘 연구하도록 명확히 지적했다. 그는 "당위원회와 정부가 좀 초탈했으면 좋겠다. 안 되겠는가? 회사의 일반 사원과의 갈등에서 초탈하여 높이 서서 문제가 생기면 심판하고 당사자가 되지 않았으면 좋겠다. 안 되겠는가?" "조금만 초탈하면 전체를 관리하는 관점이 생기게 된다. 당과 정부가 책임지지 않는 것이 아니라 어떻게 책임지는가 하는 문제이다. 당과 정부는 계획, 균형, 중재, 감독, 사상정치 사업을 책임지고 생산은 회사, 공장에서 경영하게 해야 한다."9)고 인정했다. 그는 "자본주의의 기업관리 경험 특히 트러스트, 신디케이트, 국가자본주의 등 독점기업을 운영한 경험을 배워야 한다고 레닌이 이미 말하지 않았는가?" "전국적인 전문 총 회사를 조직하고 시험해볼 수 있다."10)고 지적했다.

마오쩌둥은 트러스트의 시험적 운영에 대한 류사오치의 의견을 수긍했다. 그는 1964년 1월에 공업 부문 지도자들의 회보를 청취할 때

---

9) 중공중앙 문헌연구실 편, 〈류사오치 연보(1898~1969)〉 하권, 중앙문헌출판사 한문판, 1996년, 587쪽.

10) 중공중앙 문헌연구실 편, 〈류사오치 연보(1898~1969)〉 하권, 중앙문헌출판사 한문판, 1996년, 583쪽.

"이 같은 행정방법에 따라 경제를 관리하는 방법은 좋지 않기에 고쳐야 한다.", "성, 전 구, 현의 경계를 타파하려면 경제수법에 따라 처리해야 한다."[11]고 지적했다.

1964년 7월에 거듭 조사연구한 기초 위에서 국가경제위원회 당조는 '공업, 교통 트러스트 시험운영 의견에 관한 보고(초고)'를 작성했다. 8월 17일에 중공중앙, 국무원은 이 보고를 비준, 전달하고 시달 지시에서 "트러스트의 조직 형태로 공업을 관리하는 것은 공업관리 체제의 중대한 개혁이다.", "트러스트를 시험 운영한 후 현행의 계획, 재정, 물자, 노동 등에 관한 여러 가지 관리제도도 상응하게 개진해야 한다."고 강조했다. 그 후 트러스트의 시험 운영은 구체적인 시행 단계에 들어섰다.

중앙의 배치에 따라 공업, 교통 각 부에서는 12개의 트러스트를 시험적으로 운영했다. 그중 전국적인 트러스트가 9개, 지구적인 트러스트가 3개였다. 전국적인 트러스트는 담배, 소금, 의약, 고무 등 업종의 기업이고 지구적인 트러스트는 화동석탄, 베이징전력, 장강해운 등 기업이었다. 이 밖에 6개 성, 직할시에서 11개의 트러스트를 시험적으로 운영했다. 이런 트러스트는 모두 업종에 따라 조직한 전문적인 연합기업이다. 트러스트의 시험 운영이 과거에 정부가 벌이던 공업 관리와 다른 점은 다음과 같다. 과거의 각급, 각 부문이 각각 지도하던 방법을 개혁하여 트러스트가 단독으로 통일적으로 지도하는 방법을 시행했으며 과거의 공장, 광산을 단위로 하던 독립채산, 분산경영의 방법을 개혁하여 트러스트를 단위로 하는 집선양영을 시행하여 모든 업종을 하나의 통일된 경제조직으로 연합시켰다. 또한

---

11) '마오쩌둥이 보이보 등의 전국 공업, 교통 사업회의 상황에 대한 회보를 청취할 때 한 담화 기록', 1964년 1월 7일.

과거에는 부, 청, 국이 행정관리 기관이었지만 지금의 트러스트는 경영관리단위로 개혁했다. 이런 특징들은 트러스트의 시험 운영이 단지 위에서 일부 기업들을 거두어들이는 것만도 아니고 생산구조의 국부적인 개편만도 아니며 그것이 사회주의 경제관리 체제와 관계된다는 것을 뚜렷이 보여주었다.

1년 안팎의 시험운영을 거쳐 트러스트 형태의 공업관리 체제는 일부 우월성을 드러냈다. 우선, 전국의 전략적 배치 요구와 전문화 협동의 결부 원칙에 따라 전 업종별 기업에 대해 합리적인 조절을 진행하는 데 유리했다. 예를 들면 의약 트러스트는 전국에 있던 기존의 297개 제약공장을 조절하여 생산이 중복되거나 질이 낮은 114개 공장을 폐쇄하거나 생산을 중지, 전환시키고 종업원 4,700여 명을 간소화했지만 생산량은 오히려 29% 성장했다. 둘째, 전 업종별 범위 내에서 인력과 물력, 재력을 동원하고 배치함으로써 경제적 효과를 최대한 발휘할 수 있게 했다. 셋째, 전 업종별로 기술 역량을 집중하고 과학연구와 생산을 결부시켜 더욱 빨리 새 기술을 적용하고 새 제품을 발전시킬 수 있도록 했다. 넷째, 트러스트는 한 개 업종만 관리하기에 지난날 부, 청, 국이 많은 업종을 전부 관리할 때보다 사업을 세밀하게 하는 데 유리했으며 전 업종별로 노동경쟁을 진행하는 데도 편리했다. 마지막으로, 트러스트가 공급과 판매 업무를 통일적으로 관리하기에 생산, 공급, 판매 사이의 결합이 과거보다 더욱 밀접해지게 했다.

그러나 트러스트를 시험 운영하는 과정에서 새로운 사업체제와 낡은 관리모델 간에 일부 모순도 나타났다. 이를테면 전국적 및 다 지구적 트러스트를 창설하고 기업을 거두어들일 때 지방과 발생하는 모순, 트러스트의 집중적이고 통일된 경영과 원 독립채산 공장, 광산 기업 간에 발생하는 모순, 트러스트식 경영으로 지방 재정수입이 불가피하게 줄어들게 되는 모순 등이다. 1965년 5월 10일부터 6월 7일까지 국가경제위원회 당조는 트러스트시범사업 좌담회를 소집했다. 회의는 현재 이미 트러스트의 장점에 대해 비교적 명확히 보았기에 창설 속도를 조금 재촉해도 되지만 경험이 성숙되지 못한 현시점에서 경험을 총화하고 이미 운영한 트러스트를 잘 운영해야 한다고 인정했다. 6월 1일에 류사오치와 덩샤오핑은 좌담회 지도소조의 회보를 청취했다. 류사오치는 다음과 같이 지적했다. 시험적으로 경영하는 것인 만큼 여러 다른 의견이 제기되는 것은 좋은 일이다. 트러스트를 설립하려면 조직적이어야 하고 그러면 전문화, 표준화, 계열화할 수 있고 생산량을 증가하고 질을 높이고 새 품종을 발전시킬 수 있다. 이러한 측면에서 자본주의와 사회주의 국가 모두가 우리에게 일부 참고자료들을 제공해주었지만 그것은 모두 완전하지 못하므로 우리 스스로 창조해야 한다. 우리는 12개의 트러스트만 경영해서는 안 된다. 시야를 넓히고 전체적으로 문제를 관찰해야 한다. 덩샤오핑은 연설에서 트러스트의 내부, 외부 모순문제를 해결하기 위해서는 트러스트 규약을 제정해야 한다고 지적했다. 이러한 담화를 통해 당중앙 제일선의 지도자들이 트러스트의 시험 운영에 대해 커다란 기대를 걸고 있음을 알 수 있다. 그들은 이를 계기로 경제체제에서 권력이 지나치게 집중되고 행정 간섭이 지나친 것 등의 문제를 점차 개변할 수 있기를 희망했다. 사회주의의 실천 과정에서 볼 때 트러스트의 시험 운영은 "사회주의를 어떻게 건설할 것인가" 하는 것에 대한 모색이 된다. 그러나 얼마 후 발생한 '문화대혁명'은 이런 유익한 시험을 중단하게 했고 방금 뚫어놓은 경제체제개혁의 돌파구를 또다시 막아버렸다.

두 가지 노동제도와 두 가지 교육제도에 대한 개혁도 중국 사회경제 체제개혁에서의 한차례 독창적인 시험이었다. 1964년 5월에 당 중앙위원회는 류사오치가 이전에 제기했던 두 가지 노동제도와 두 가지 교육제도에 대한 건의를 받아들였다. 즉, 한 가지는 전일제 노동제도와 전일제 교육제도이고 다른 한 가지는 반공반독 또는 반농반독의 노동제도와 교육제도이다. 8월 1일에 류사오치는 중앙에서 소집하고 베이징에 있는 당, 정부, 군대 기관, 군중 단체의 주요 책임 간부들이 참가한 대회에서 "두 가지 노동제도와 두 가지 교육제도를 정규 노동제도와 교육제도로 정하고 매개 성, 매개 대도시와 중도시들에서 모두 시험적으로 운영해야 한다. 현시점에서 이 방법은 교육을 보급하고 국가와 가정의 부담을 경감시킬 수 있고 장구한 견지에서 볼 때 정신노동과 육체노동 간의 차이를 점차 없앨 수 있다."[12]고 지적했다. 그 후 전국적 범위에서 고정공과 임시공을 함께 두는 노동제도를 점차 보급했고 일부 단위에서는 반공반독, 반농반독의 제도를 시험적으로 시행했다. 당시 많은 반공반독, 반농반독 학교가 잇따라 건립되었고 많은 기업에서는 계약공, 임시공, 계절공 채용방식을 시행했다. 이는 당시 인민의 공부, 취업 기회를 늘리고 국가와 기업의 부담을 줄이며 군중의 노동 적극성을 불러일으키는 데서 중요한 역할을 했다.

2. 1960년대 전기 사회주의 건설의 뚜렷한 업적

원자탄 연구제작을 핵심으로 한 국방첨단과학기술의 돌파적인 진전

---

12) 중공중앙 문헌연구실 편, 〈류사오치 연보(1898~1969)〉 하권, 중앙문헌출판사 한문판, 1996년, 598쪽.

중국은 국민경제를 조정하는 한편 원자탄, 유도탄, 수소탄과 인공위성의 연구제작을 핵심으로 한 국방첨단과학기술 측면에서 큰 진보를 가져왔고 세인이 주목하는 성과를 거두었다.

1950년, 1960년대에 중국은 준엄한 국제 정세에 직면했다. 제국주의의 무력적 위협을 막아내고 대국의 핵 협박, 핵 독점을 타파하기 위해 당 중앙위원회는 결단 있게 '원자탄, 유도탄 및 인공위성'을 연구제작하여 국방첨단기술을 집중적으로 돌파하기로 결정했으며 중국의 안전과 발전에 전략적 의의가 있는 중대한 결책을 내렸다.

1956년에 국가는 과학기술 발전의 첫 번째 전망계획을 제정하고 원자에너지의 평화적 이용을 관건적 의의가 있는 12가지 중점 과업 가운데 첫 번째 과업으로 삼았으며 더욱 큰 두 가지 항목인 원자탄과 유도탄 항목을 배치했다. 이해 4월에 마오쩌둥은 중앙정치국확대회의에서 "지금 우리는 과거보다 강대해졌으나 앞으로는 지금보다 더 강대해져야 한다. 더 많은 비행기와 대포를 비축해야 할 뿐만 아니라 원자탄도 있어야 한다. 오늘 세계에서 우리가 남에게 멸시를 당하지 않으려면 이것이 없어서는 안 된다."[13]고 말했다. 같은 달에 저우언라이는 중앙군사위원회회의를 사회하고 유도탄 기술을 발전시킬 것에 관한 첸쉐썬(錢學森)의 계획과 생각을 청취했다. 회의 후 녜룽전을 주임으로 한 국방부 항공공업위원회를 설립하고 유도탄의 연구제작사업과 항공공업의 발전사업을 책임지게 했다. 5월에 저우언라이는 재차 중앙군사위원회회의를 사회하고 녜룽전이 제기한 '우리나라의 유도탄 연구사업 확립에 관한 기본적 의견'을 토론했다. 과학적 논증의 기초에서 중앙은 과단성 있게 유도탄 기술을 발전시키기

---

13) 마오쩌둥, '10대 관계에 대하여'(1956년 4월 25일), 〈마오쩌둥선집〉 제5권, 민족출판사, 1977년, 393쪽.

로 결정했다. 10월에 유도탄 연구기구인 국방부 제5연구원을 설립했으며 11월에 제3기계공업부를 설립하고[14] 핵 공업의 건설과 발전 사업을 구체적으로 조직하고 지도했다. 1957년에 중국은 유도탄, 원자탄을 망라한 첨단무기를 연구제작하고 발전시키기 시작했다. 1958년에 중국은 과학자들의 인공위성을 연구제작에 대한 건의를 제기했다. 같은 해 5월 17일에 마오쩌둥은 중국공산당 제8차 전국대표대회 제2차 회의에서 "우리도 위성을 연구해 제작해야 한다."고 제기했다. 중앙은 중국과학원을 중심으로 전문적인 연구, 설계 기구를 편성하고 특별자금을 배정해 인공위성을 연구제작하기로 결정했으며 대호를 '581' 임무라고 했다.

중앙은 중국 국방첨단기술을 발전시키는 데 자력갱생을 중심으로 하고 외국의 지원을 얻어 자본주의 국가의 기존의 과학 성과를 이용하는 방침을 견지하기로 확정했으며 자력갱생에 입각하는 기초 위에서 자체적인 과학연구와 실천을 통해 인재를 양성하고 기술을 쟁취해야 한다고 강조했다. 중국과학원, 제2기계공업부, 국방부 제5연구원(후에 제7기계공업부로 편성된다)은 여러 소속단위의 경력이 풍부한 수많은 전문가와 과학기술자들을 집중시켜 제반 기초연구사업을 전개했다.

초기에 중국의 원자탄, 유도탄의 연구제작은 소련의 기술적 지원을 받았다. 1955년부터 1958년까지 중소 두 나라 정부는 소련이 중국에 기술 지원을 제공하는 내용과 관련하여 6개 협정을 체결했다. 1957년 10월 15일에 중소 쌍방은 국방신기술협정을 체결하고 1957년부터 1961년 말까지 소련은 로켓, 항공기술, 원자탄 연구제작 등에서 중국

---

14) 1958년 2월, 전국인민대표대회 제2기 제5차 회의는 제3기계공업부를 제2기계공업부로 개칭하지만 임무와 직능은 변하지 않는다고 결정했다.

에 기술을 제공한다고 규정했다. 소련의 지원은 중국이 원자탄, 유도탄의 연구제작에서 첫 발걸음을 떼는 데 중요한 역할을 했다. 그러나 처음부터 소련의 지원은 조건이 있었고 한계가 있었다. 지원은 주로 비군사적이었고 군사응용 관련 기술은 일반적으로 제공하지 않았다. 1959년 6월 20일에 소련공산당 중앙은 중공중앙에 서한을 보내 소련이 미국 등 서방국가와 핵무기시험금지협상을 진행하고 있다는 것을 이유로 중국에 대한 원자탄 샘플 관련 기술자료 등 항목의 제공을 중단한다고 선포했다. 1960년 7월 16일에 소련정부는 중국외교부에 보낸 각서에서 중국주재 전문가들을 전부 철수하기로 결정했다고 밝혔다. 그 뒤 중국은 전적으로 자체의 역량에 의하여 국방첨단과학기술을 발전시켰으며 원자탄, 유도탄의 연구제작은 전면적인 자력갱생의 새로운 단계에 진입했다.

소련이 계약을 파기한 당시 중국의 국민경제는 전례 없는 곤란에 직면해 있었다. 국방첨단과학기술 개발을 '시작할 것'인가 아니면 '중지할 것'인가에 대한 의견 차이는 아주 컸다. 마오쩌둥은 결심을 내리고 첨단기술을 개발해야 하지 늦추거나 중지해서는 안 된다고 명확히 지시했다. 천이는 "지금 이 외교부장의 뒷심이 그다지 든든하지 않은데 당신들이 유도탄, 원자탄을 만들어낸다면 든든해질 수 있다."고 말했다. 녜룽전은 다음과 같이 인정했다. "우리나라는 한 세기 동안 늘 제국주의의 모욕과 압박을 받아왔는데 이 국면에서 벗어나자면 반드시 원자탄을 비롯한 하는 첨단 무기를 개발해야 한다. 이는 우리나라의 수많은 현대 과학기술의 발전을 이끌어나갈 수도 있다."

1961년 7월 16일에 당 중앙위원회는 '원자에너지공업건설 강화에 관한 약간의 문제에 대한 결정'을 내렸다. '결정'은 "자력갱생으로 원자에너지 기술을 개발, 발전시키고 우리나라의 원자에너지 공업건설을 가속화하기 위해 중앙은 전선을 한층 더 단축하고 역량을 집중하여 원자에너지 공업건설에 대한 여러 관련 부문의 지원을 강화할 필요가 있다고 인정한다."고 지적했으며 1962년 11월 3일에 마오쩌둥은 제2기계공업부에서 제기한 1964년까지, 늦어도 1965년 상반기까지 중국의 첫 번째 원자탄을 폭발시켜야 한다는 계획보고(즉 '2년 계획')에 대해서 "힘써 협동하여 이 사업을 잘해야 한다."고 지시했다. 11월 17일에 중앙의 직접적인 영도 아래 저우언라이를 주임으로 하는 15인 전문위원회가 정식으로 설립되었다. 전문위원회의 주요 과업은 영도를 강화하여 원자에너지 공업건설을 추진하고 핵무기의 연구제작과 시험사업 및 핵과학기술사업을 가속화하는 것이었다. 저우언라이는 이를 위해 많은 심혈을 기울였다. 1965년에 중앙15인전문위원회를 중앙전문위원회로 개칭하고 유도탄과 인공위성의 연구제작을 통일적으로 중앙전문위원회의 영도 범위로 귀속시켰다. 전국의 26개 부 및 위원회, 20여 개 성, 자치구, 직할시, 1천여 개 단위의 과학기술자들이 적극적으로 협력하여 첨단과학기술 난관을 공략하는 면에서 사회주의 제도의 우월성을 과시했다.

'2탄1성'의 연구제작은 중국의 많은 뛰어난 과학자와 연구원, 공정기술 및 관리자들을 집중시켰다. 당과 정부의 충분한 신임과 대담한 기용은 그들로 하여금 전례 없는 적극성과 주체성, 창조성을 발휘하게 했다. 그들은 고비사막, 심심산골에 기지를 세우고 풍찬노숙하면서 부지런히 일하고 간고하게 창업했다. 기밀 고수의 필요에 따라 그들은 이름을 바꾸고 사업에 방해되는 외부와의 관계를 단절했으며 조국의 국방첨단과학기술사업을 위해 묵묵히 기여했다. 심지어 어떤 이들은 귀중한 생명까지 바쳤다.[15] 광범위한 과학기술자들과 해방군 장병들 그리고 해당 부문의 종업원들과 간부들은 모두 이 위대한 사업을 위해 많은 간고한 노력을 기울였다. 이 과정에 중국의 과학자들은 '이론과 실험의 결부', '기술민주', '냉간 시험' 등 과학연구 이론과 방법을 제기하고 시스템 공정, 병행 공정, 행렬식 관리 등 현대관리 이론과 방법을 널리 응용했다. 설계, 실험, 공정 부문 간에 밀접히 배합하고 혁신적으로 난제를 해결했으며 영도 간부가 직접 실천하고 깊이 있고도 세심한 사상, 정치 사업을 진행했다. 이 모든 것은 이 위대한 사업의 성공을 위한 튼튼한 기초를 닦아놓았다. 역사는 조국을 위해 기여한 그들의 공훈을 영원히 기억할 것이다.

1964년 10월 16일에 중국의 첫 원자탄이 성공적으로 폭발했다. '동방의 굉음'은 온 세상을 깜짝 놀라게 했다. 이 성과는 그 당시 발전한 중국 과학기술 수준을 대표했으며 초대국의 핵 독점과 핵 협박을 강력하게 타파하고 중국의 국제적 지위를 높였다. 중국 정부는 다음과 같이 성명했다. 중국은 핵무기를 전면적으로 금지하고 철저히 철폐할 것을 일관적으로 주장해왔다. 중국이 핵 실험을 진행하고 핵무기를 발전시키는 것은 핍박에 의한 것으로서 전적으로 방어를 위한 것이며 핵 위협을 받지 않도록 중국 인민을 보위하려는 것이다. 중국 정부는, 중국은 그 어느 때, 어떤 상황에서도 핵무기를 먼저 쓰지 않

---

15) 1999년 9월 18일, 중공중앙, 국무원, 중앙군사위원회는 〈'2탄1성' 연구제작을 위해 뛰어난 기여를 한 과학기술전문가들을 표창하고 '2탄1성공훈훈장'을 수여하는 것에 관한 결정〉을 짓고 '2탄1성'을 성공적으로 연구제작한 위대한 성과를 높이 평가했으며 "조국을 열애하고 사심 없이 기여하며 자력갱생하고 간고분투하며 협동하고 과감히 분투"하는 '2탄1성' 정신을 높이 평가했다. 그리고 '2탄1성'의 연구제작을 위해 뛰어난 기여를 한 23명의 과학기술 전문가를 표창하고 위민(于敏), 왕다형(王大珩), 왕시지(王希季), 주광야(朱光亞), 쑨자둥(孫家棟), 런신민(任新民), 우쯔량(吳自良), 천팡윈(陳芳允), 천닝콴(陳能寬), 양자츠(楊嘉墀), 주광자오(周光召), 첸쉐썬(錢學森), 투서우어(屠守鍔), 황웨이루(黃緯祿), 청카이자(程開甲), 펑환우(彭桓武)(성씨의 한자 획순에 따라 배열)에게 '2탄1성공훈훈장'을 수여하고 왕간창(王淦昌), 덩자셴(鄧稼先), 자오주장(趙九章), 야오퉁빈(姚桐斌), 첸지(錢驥), 첸싼창(錢三强), 궈융화이(郭永怀)(성씨의 한자 획순에 따라 배열)에게 '2탄1성공훈훈장'을 추서했다.

을 것이라고 정중히 선포한다. 1960년부터 중국 과학자들은 수소탄 이론에 대한 연구에서 점차 발전을 가져왔고 1965년에 이르러 중국 과학자들은 수소탄 연구제작에서의 관건적 기술을 돌파하고 새로운 수소탄 제작 이론 방안을 탐색해냈다.

중앙은 원자탄, 유도탄을 중심으로 하고 유도탄을 첫자리에 놓으며 원자탄과 유도탄의 결합을 실현해야 한다고 강조했다. 유도탄과 분사기술 분야에서는 모방, 개진에서 자체적으로 연구제작하기까지 세 개 단계의 비약을 거쳤다. 1960년에 중국 최초의 연구용 로켓과 근거리유도탄 발사에 성공했으며 근거리유도탄의 연구제작에서 중대한 진전을 거둠과 동시에 중국은 또 중거리, 근거리 지상대지상유도탄을 자체적으로 설계하고 연구제작하기 시작했다. 그리하여 1964년에 중거리, 근거리 유도탄 발사에 성공했다.

인공위성의 연구제작도 간고한 과정을 거쳤다. 3년간의 엄중한 곤란 시기를 거친 후 중국과학원의 인공위성 연구제작사업은 여러 면에서 모두 비약적인 진전을 가져왔다. 1965년에 중앙전문위원회는 중국과학원의 '우리나라 인공위성사업 발전에 관한 계획방안에 대한 건의'를 원칙적으로 비준했다. 이 보고에서는 1970년부터 1971년까지 '동방홍1호'라고 명명한 중국의 첫 번째 인공위성을 발사하기로 계획했다. 인공위성은 공정연구제작 단계에 들어섰으며 대호는 '651'임무였다. 로켓 기술의 돌파와 인공위성의 연구제작은 중국 우주기술을 위한 튼튼한 기반을 닦아놓았다.

'2탄1성'을 핵심으로 한 국방첨단과학기술의 빛나는 성과는 중국 국방 현대화의 위대한 성과일 뿐만 아니라 중국 현대과학 기술사업 발전의 중요한 징표이기도 하다. '2탄1성'은 중국 현대과학기술의 발전을 이끌었고 수많은 학과의 공백을 메웠으며 중국이 기술발전의 도약을 이룩하는 데 귀중한 경험을 쌓았다. 덩샤오핑은 후에 "만일 60년대 이후에 중국이 원자탄과 수소탄을 소유하지 못하고 위성을 발사하지 못했다면 중국은 중요한 영향력을 가진 대국이라 할 수 없고 또 오늘과 같은 국제적 지위도 차지할 수 없었을 것이다. 이러한 것들은 한 민족의 능력을 과시할 뿐만 아니라 또한 한 민족, 한 나라가 융성 발전한 표징이기도 하다."[16]고 말했다.

다칭(大慶)유전의 개발 및 공업, 과학기술 전선에서의 뚜렷한 성과

근대 역사에서 중국은 이미 석유자원이 부족한 나라로 알려졌다. 20세기 초부터 과학기술자들은 약 40년간의 노력을 거쳐 겨우 간쑤 라오쥔먀오[老君廟, 위먼(玉門)], 신장 두산쯔(獨山子)와 산시 옌창(延長) 등 소규모의 유전 3곳밖에 건설하지 못했으며 연간 생산량이 12만 톤도 되지 않았다. 당시 중국의 화학공업 산업용 석유와 생활용 석유는 기본적으로 수입에 의존했다.

신중국이 창건된 후 국가는 대량의 인력과 물력을 투입하여 석유를 탐사하고 개발했다. 1950년대에 신장 카라마이(克拉瑪依), 간쑤 위먼과 칭하이 렁후(冷湖) 등 3개 원유공업기지를 건설하여 석유 생산량이 145만 7천 톤으로 늘어나게 했다. 그러나 국가경제건설의 쾌속적인 발전과 비교할 때 이 생산량은 여전히 수요와 아주 큰 거리가 있었다. 1955년부터 국가는 둥베이 쑹랴오분지(松遼平原)에 대한 지질탐사를 진행했다. 이 탐사는 육성퇴적층 구조에서 원유가스가 생성될 수 있다는 이론에 근거한 것이다. 1959년 9월에 시추대원들은 쑹랴오분지 가운데 움푹 들어간 지역의 북부인 대동진에서 공업성

---

16) 덩샤오핑, '중국은 세계 과학기술분야에서 반드시 한 자리를 차지해야 한다.'(1988년 10월 24일), 〈덩샤오핑선문집〉 제3권, 민족출판사, 1994년, 393쪽.

석유줄기를 발견했고 더 나아가 고대자유전을 발견했다. 이는 중국 석유지질탐사사업에서 거둔 중대한 성과이다. 중화인민공화국 창건 10주년이 다가오고 있었으므로 사람들은 이 유전을 '다칭유전'이라고 명명했다.

1960년 2월 20일에 중앙은 석유부 당조의 "석유계통의 집중할 수 있는 모든 역량을 집중하고 섬멸전의 방법으로 성세호대한 대회전을 전개하자."는 건의를 비준하고 역량을 집중하여 다칭지구에서 석유 탐사개발의 대회전을 전개하기로 결정했다. 회전은 석유부, 지질부를 중심으로 농토개간, 기계, 야금, 전력, 건공, 철도, 임업, 상업 등 부문에서 대폭으로 지원했다. 중앙은 또 그 당시 인민해방군 제대군인 중에서 3만 명을 동원해 석유회전에 참가시키기로 결정했다. 전국의 각 석유관리국과 30여 개 석유 공장과 광산, 대학교와 대학원의 몇십 개 팀으로 구성된 우수한 시추대, 몇천 명의 과학기술자, 약 만 명의 노동자와 7만여 톤의 기자재, 설비가 동원되었다.

3년 남짓한 기간의 노력을 거쳐 중국은 재빨리 높은 수준의 다칭유전을 탐사하고 건설했으며 연간원유 생산량이 600만 톤에 달하는 생산능력을 갖추었다. 1963년 당해 다칭유전의 원유 생산량은 439만 1천 톤으로 전국 원유 생산량의 67.3%를 차지했다. 1963년에 전국의 원유, 휘발유, 디젤유, 석유, 윤활유 등 주요제품의 생산량이 전체적으로 계획량을 초과 완수했으며 중국 자체적으로 설계하고 새로 건설한 대형정유공장은 계획보다 1년 앞당겨 건설되었다. 12월 2일에 저우언라이는 전국인민대표대회 제2기 제4차 회의에서 "우리나라에서 필요한 석유는 기본적으로 자급할 수 있게 되었다."고 장엄하게 선포했다. 1965년 말에 이르러 중국은 국내 원유와 석유를 소비하는 제품에 대한 모든 원료 공급을 자급할 수 있게 되었다. 그중 다칭유전의 높은 원유 생산량이 결정적인 역할을 했다.

　다칭유전의 개발은 중국의 경제건설을 위해 중요한 물질적 토대를 닦아놓았을 뿐만 아니라 중국인민이 곤란을 이겨내고 분발 노력하여 조국을 건설하는 데 귀중한 사상적 고무 역할을 했으며 풍부한 정신적 부를 남겨놓았다. 왕진시(왕정시)를 대표로 하는 다칭의 석유노동자와 과학기술자, 간부들은 유전개발에서 가장 어려운 시기에 온갖 어려움을 극복하고 공동의 이익을 위해 개인 이익을 희생하면서 악전고투하여 1960년대 중국 노동계급의 시대적 풍모를 보여주었으며 세계 석유개발사에 기적을 창조했다. 그들의 "20년을 적게 살더라도 목숨 걸고 대유전을 건설하고야 말겠다."는 희생정신과 "조건이 있어도 해내고 조건이 없으면 조건을 창조해서라도 해내고 말겠다."는 분투정신은 몇 세대의 사람들을 감동시켰고 교훈을 주었다. 다칭인들이 창조한 "성실한 사람이 되고 성실하게 말하며 성실하게 일해야 하며", "요구가 엄격하고 조직이 엄밀하고 태도가 엄숙하고 규율이 엄중해야 하며" "낮이든 밤이든 똑같이 일하고 날씨가 좋든 나쁘든 똑같이 일하며 지도자가 있든 없든 똑같이 일하고 검사를 하든 안 하든 똑같이 일하는" 등 '세 가지가 성실하고', '네 가지가 엄하며', '네 가지가 똑같은' 사업 작풍은 중국 노동계급의 숭고한 품성을 드러냈다. 이는 중국 노동계급의 진심 어린 사명감을 구현했으며 다칭인들의 당과 인민의 사업에 충성하는 지조를 보여주었다.

　다칭인들이 빛나는 업적을 창조하고 위대한 기여정신을 보여주었기에 1964년에 당 중앙위원회와 마오쩌둥은 "전국의 공업은 다칭을 따라 배우자."고 호소했다. 전체 공업전선에서는 다칭을 따라 배운 선진 단위와 선진 개인들이 넘쳐났고 많은 다칭식 기업들이 산생되었다. 이는 국민경제 조정 임무를 완수하고 현대화 공업 기반을 건립하는 데 중요한 추동적 역할을 했다.

석유공업과 원자탄 연구제작을 핵심으로 하는 국방첨단과학기술 면에서 돌파적인 진전을 거둔 외에도 국민경제 조정 시기에 중국은 화학공업, 원자에너지공업, 전자공업 및 과학기술 각 분야에서도 뚜렷한 발전을 거두었다.

'먹고 입고 쓰는' 국민경제 전략적 배치에 따라 공업전선은 농업을 전폭적으로 지지했고 화학공업은 마땅한 중시를 받았다. 1957년보다 1965년에 중국의 유산 생산 능력은 3배 이상 성장했고 가성소다 생산 능력은 거의 2배 성장했다. 또한 화학비료 생산 능력은 거의 11배 성장했고 농약 생산 능력은 거의 3배 성장했다. 특히 석유 생산량이 증가함에 따라 석유, 천연가스를 원료로 하는 석유화학공업이 비약적으로 발전했다. 국가는 서방으로부터 일식 설비와 기술을 도입하여 자체의 석유화학공업체계를 건립했다. 1957년보다 중국의 화학섬유 생산 능력은 250배 성장했고 비닐 생산 능력은 7배 성장했다.

전통적인 기계공업에서 국가는 투입을 확대해 뚜렷한 성과를 거두었다. 1964년에 중국의 공작기계품종은 540가지에 달했는데 1957년보다 1.8배 증가했다. 1950년대 말부터 1960년대 초까지 중국은 선반, 날개칼반, 평삭반, 볼반, 연마반, 내면선삭반 등 소형통용공작기계를 생산할 수 있었고 또 복잡하고 일식화되고 정밀한 대형기계설비를 제작하는 능력도 갖추었다. 이 시기 중국이 제작한 1만 톤급 수압기와 선반면 길이가 6.3미터 되는 대형수직선반은 모두 당시의 세계 선진 수준에 도달했다.

원자에너지공업, 전자공업과 같은 신흥 산업 분야에서도 1960년대 상반기에 아주 뚜렷한 성적을 거두었다. 원자에너지공업은 소련이 일방적으로 계약을 중지하고 전문가들을 철수시킨 상황에서 자력갱생하여 발전시킨 것이다. 핵 원료 생산에서 중국의 과학기술자와 노동자들은 상상할 수도 없는 곤란을 이겨내고 형양(衡陽)우라늄제련공장과 란저우(蘭州)기체확산공장을 건설하고 농축우라늄의 핵심제조기술공정을 해결했다. 이어 1966년에 오직 자체의 노력만으로 핵 원료 플루토늄-239 생산용 원자로를 건설했다. 이 두 가지 생산 성과는 원자탄과 수소탄의 시험 성공을 확보했다. 이와 동시에 과학기술자들은 아주 짧은 시간 내에 '잠수함 핵동력 방안 설계(초안)'를 완수하여 핵동력 연구에서의 공백을 메우고 향후의 연구제작사업을 위한 훌륭한 기반을 닦아놓았다.

전자공업은 신흥공업이다. 국가는 1963년부터 1965년까지 신규 항목 건설에 총 5억 2,900만 위안을 투자했다. 중앙 직속 공정을 52개 새로 건설했는데 그중 대중형 항목이 38개였고 소형 항목이 14개였다. 이로써 중국의 전자공업은 기본적인 규모를 갖추었다.

통계에 따르면 1965년에 중국의 강철 생산량은 1,223만 톤으로 세계 7위를 차지했고 원탄 생산량은 2억 3,200만 톤으로 세계 3위를 차지했으며 석유 생산량은 1,131만 톤으로서 세계 15위를 차지했고 발전량은 676억 킬로와트시로서 세계 8위를 차지했다. 만일 기타 공업 부문의 생산 상황을 종합한다면 1965년에 중국 중공업의 전체 수준은 대체로 세계 8위를 차지한다.

중국의 노동계급과 과학기술자들이 이러한 위대한 업적을 창조할 때 그들의 사업 환경, 생활환경은 아주 열악했다. 자연재해와 심각한 경제적 곤란은 사람들의 물질생활 조건을 최저점으로 떨어뜨렸다. 1965년 전까지 14억 루블을 넘는 소련의 차관을 상환해야 했기에 모든 중국 사람들은 허리띠를 졸라매야 했으며 중국에 대한 서방대국의 경제적 봉쇄, 전쟁 위협과 군사적 압력으로 나라에서 가장 필요한 선진설비와 기술 교환이 기본적으로 단절되었을 뿐만 아니라 또 중국이 부득이하게 외세에 대처할 준비를 하게 했다. 중국인민은 바로 이런 열악한 환경에서 묵묵히 공업건설의 기적과 과학기술의 기적을 창조했다. 세계 최초의 인공합성단백질, 즉 인공합성인슐린도 이 시기에 만들어낸 것이다. 인공합성인슐린의 구조, 물리화학성질 및 결정형태는 모두 천연인슐린과 완전히 똑같았다. 이는 당시 세계 일류의 과학기술 성과였다. 중국은 또한 세계에서 최초로 줄기가 짧은 벼를 육성하고 대면적에 보급한 나라다. 줄기가 짧은 벼의 보급재배는 중국의 무당 벼 수확량으로 하여금 100~200근이나 향상되도록 했다. 당면 세계가 주목하고 있는 벼 육종 연구도 '잡종벼의 아버지'라 불리는 위안룽핑(袁隆平)이 1960년대 상반기부터 탐구하기 시작하여 이룩한 것이다. 이 세 계급의 과학자는 다년간 논에서 관찰을 진행하여 1964년 6월에 끝내 벼 재배 과정에 수꽃술이 퇴화하면 포기가 자랄 수 없다는 것을 발견해냈으며 이로써 벼 육종 연구의 첫 발걸음을 내디뎠다.

중국은 이 시기에 또 많은 과학기술 인재를 양성해냈다. 1965년 말까지 전국의 자연과학기술자은 총 245만 8천 명에 달했는데 그중 연구졸업생이 1만 6천 명이고 대학졸업생이 113만 명이었다. 전국의 전문적인 과학연구기구는 1,714개에 달했고 전문 과학연구에 종사하는 인원은 12만 명에 달했다. 이 과학기술대열에는 유명한 과학자가 있는가 하면 또 창의성이 아주 풍부한 젊은 과학자들도 있었다. 바로 이들의 힘든 노동이 있었기에 중국은 세계 선진과학 수준과의 차이를 점차 줄일 수 있었다.

제3차 5개년 계획의 제정과 제3선 건설의 기본적 전개

　3년 계속 조정의 후반기에 중국 경제건설의 전략적 중점에는 중대한 변화가 생겼는바 경제사업은 전쟁에 대비하는 것으로 기울어졌다. 이 변화는 1965년 전의 조정에 대해서는 근본적인 영향을 주지 않았다. 하지만 1966년부터 시작하는 제3차 5개년 계획의 제정과 그 후의 국민경제 발전에 대해서는 중대한 영향을 일으켰다.

　1963년 초부터 국가는 제3차 5개년 계획의 작성을 고려하기 시작했다. 1964년 2, 3월 사이에 국무원은 전국의 공업과 교통운수업 및 전국의 농업 두 가지 장기계획회의를 소집하고 지도 방침에 대해 토론하면서 동시에 제3차 5개년 계획의 중심 과업에 대해 토의했다. 같은 해 4월에 국가계획위원회는 '제3차 5개년 계획(1966~1970)의 기본적 구상(회보 제강)'을 내놓고 다음과 같은 세 가지 기본 과업을 제기했다. 첫째, 농업을 대대적으로 발전시켜 인민의 먹고 입고 쓰는 문제를 기본적으로 해결한다. 둘째, 국방건설을 적당하게 강화하고 첨단기술을 힘써 발전시킨다. 셋째, 농업 지원과 국방 강화에 알맞게 기초공업을 강화하고 제품의 질을 계속 향상시키며 제품의 품종과 생산량을 증가하여 중국 국민경제가 한층 더 자력갱생의 기반 위에 건립되게 한다. 이 밖에 교통운수업, 상업, 문화교육 및 과학연구사업을 상응하게 발전시켜 국민경제가 비례에 따라 발전하게 할 것을 제기했다. 이 '기본적 구상'은 지난날 중공업의 발전을 중심으로 하고 중공업의 우선적 발전에 따라 계획을 배치하던 지도사상을 바꾸고 농업을 대대적으로 발전시켜 인민의 먹고 입고 쓰는 문제를 기본적으로 해결하는 것을 국민경제 발전에서의 첫 번째 과업으로 삼았다. 그러므로 사람들은 이를 '먹고 입고 쓰는 계획'이라고 약칭했다. 이는 당이 10여 년의 경제건설 경험을 총화하고 중국 경제발전의 길을 모색하면서 얻어낸 중대한 성과이다.

1960년대 상반기, 국제 정세에 불안정 국면이 새로 나타났고 중국의 주변 정세도 점차 긴장해졌으며 베트남 북방에 대한 미국의 전쟁이 점차 확대되었다. 이런 정형에서 경제사업을 하면서 전쟁에 대비하는 문제가 당의 중요한 의사일정에 올랐다. 마오쩌둥은 전쟁에 대비하는 관점에서 국내건설을 고려해야 한다고 밝혔다. 1964년 5, 6월 사이에 중앙사업회의에서 제3차 5개년 계획문제를 토론하기에 앞서 마오쩌둥은 제3차 5개년 계획 관련 회보를 청취하고 일부 견해를 내놓았다. 그는 국민경제에는 두 개의 주먹과 하나의 엉덩이가 있는데 농업과 국방건설은 두 주먹이고 기초공업은 엉덩이다. 기초공업을 적당히 일으켜야 하며 기타 부분은 너무 많아서는 안 되며 서로 상응해야 한다고 지적했다. 그는 또 주취안(酒泉)강철공장과 판즈화(판즈화)강철공장을 건설해야 한다고 말했다. 회의 기간인 5월 27일에 중앙정치국 상무위원들이 회의소조 토론 정황에 관한 회보를 청취할 때 마오쩌둥은 다음과 같이 명확히 제기했다. 원자탄 시기에 후방이 없으면 안 된다. 제3차 5개년 계획은 전국 공업 분포의 불균형 문제를 해결하는 것을 고려해야 하고 제1선, 제2선, 제3선[17]의 전략적 배치를 진행하고 제3선 건설을 강화하며 외적의 침입을 방비해야 한다. 이튿날, 중앙정치국 상무위원, 서기처 서기와 각 중앙국 책임자들은 회의를 소집하고 제3차 5개년 계획문제에 대해 연구 토론했다. 회의 참가자들은 마오쩌둥의 주장을 한결같이 옹호하면서 반드

---

17) 이른바 제1선, 제2선, 제3선은 중국 지리적 구역에 따라 획분한 것이다. 제1선은 둥베이 및 연해 각 성, 직할시를 가리키고 제3선은 윈난, 구이저우, 쓰촨, 산시, 간쑤, 닝샤, 칭하이, 위시(豫西), 진시(晉西), 어시(鄂西), 샹시(湘西) 등 11개 성, 자치구를 가리키며 제1선과 제3선 사이가 제2선이다. 제3선은 또 대3선, 소3선으로 나뉘는데 시난, 시베이는 대3선이고 중부 및 연해지역 성, 자치구의 중부지역은 소3선이다.

시 농업생산을 강화하고 인민의 먹고 입고 쓰는 문제를 해결하는 동시에 제3선 건설을 신속히 전개하여 전쟁 준비를 강화해야 한다고 했다. 6월 6일에 마오쩌둥은 중앙사업회의에서 한 연설에서 전쟁 준비에 대해 특별히 강조했다. 그는 다음과 같이 지적했다. 제국주의가 존재하는 한 전쟁의 위험은 존재한다. 우리는 제국주의의 참모장이 아니기에 그들이 언제 싸움을 걸어올지 모른다. 제3선의 공업기지건설을 진행하고 제1선, 제2선에서도 군사공업을 진행해야 한다. 이런 것이 있어야만 한시름 놓을 수 있다. 판즈화강철공업 기지건설을 서둘러야 한다. 그렇다고 되는 대로 대충해서는 안 된다. 판즈화를 일으켜 세우지 못하면 잠을 이루지 못할 것이다.

　당 중앙위원회와 국무원은 베트남전쟁이 확대된 후 제3선 건설에 대한 배치를 재촉했다. 1964년 8월 12일에 마오쩌둥은 총참모부 작전부의 '국가경제건설에서 적들의 기습을 어떻게 방비할 것인가에 대한 보고'를 회시하고 관련 부문에서 심혈을 기울여 연구하고 점차 시행할 것을 요구했다. 마오 주석의 지시에 따라 8월 19일에 리푸춘, 보이보, 뤄루이칭은 연명으로 중앙에 국무원의 연구 의견을 보고하고 제3선 건설에 대한 약간의 배치 및 시행 의견을 기본적으로 제기했다. 이와 동시에 중앙서기처는 제3선 건설문제에 대한 전문적인 토론회의를 소집했다. 회의에서 마오쩌둥은 제국주의가 침략전쟁을 일으킬 가능성에 대비해야 한다고 다시 강조했으며 공장을 두 부분으로 나누어 한 부분은 신속히 내지로 이전시키며 각 성은 모두 이사하여 자기의 전략적 후방을 건설해야 한다고 제기했다. 회의는 다음과 같이 결정했다. 우선 힘을 모아 제3선 건설을 진행하고 인력, 물력, 재력의 보장을 제공하며 새로 건설한 항목을 제3선에 배치하며 제1선의 이전시킬 수 있는 항목을 모두 이전시키고 단기간에 효과를 볼 수 없는 건설 중에 있는 항목의 규모를 무조건 줄이며 생산에 영향을 주지 않는 전제에서 계획적으로 절차 있게 제1선을 조정한다. 이 결정은 경제건설의 전략적 중점이 농업을 대대적으로 발전시키고 인민의 생활 수준을 향상시키던 데에서 제3선 건설을 가속화하고 국방력의 증강을 중심으로 하는 전쟁 준비 궤도로 전환했음을 의미한다.

중앙에서 제3선 건설에 대한 결책을 내린 후 관련 부문은 신속히 3개 측면에서 시난, 시베이의 제3선 건설을 구체적으로 배치했다. 첫째, 제3선에 새로운 공장을 건설하고 일부 공장을 확장한다. 이를 국가계획위원회에서 책임지고 조직한다. 둘째, 전국적으로 유일하고 중요한 제1선의 공장과 후방건설을 협력하는 데 필요한 공장을 제3선으로 이전시킨다. 이를 국가건설위원회에서 책임지고 조직한다. 셋째, 전국의 공업생산을 잘 조직하여 제3선 건설을 위해 설비와 재료를 제공한다. 이를 국가경제위원회에서 책임진다. 뒤이어 또 시난, 시베이에 각기 제3선 건설지휘부를 설립하고 중앙의 관련 부문들을 조직하여 제3선 지구에 신축, 확장, 이전하는 건설항목의 계획 조정, 물자 공급 사업을 책임지게 했다.

1964년 하반기에 관련 부문은 시난, 시베이, 중난 지역의 철도, 광산, 야금과 국방건설 항목에 대해 선점식 고찰을 진행하고 일부 공장 부지와 철도 선로를 기본적으로 선정했으며 제3선 건설 항목에 대한 총체적 배치를 작성했다. 10월 30일에 중공중앙은 '1965년 계획요강(초안)'을 비준, 하달하고 제3선 건설의 총체적 목표, 즉 많이, 빨리, 좋게, 절약하면서 하는 방법으로 종심지역에 농공업이 결합되고 국방 및 농업을 지원하는 비교적 완전한 전략적 후방기지를 건립하기로 확정했다. 불완전한 통계에 따르면 1964년 하반기부터 1965년까지 시난, 시베이의 제3선에 대, 중형 항목 300여 개를 새로 건설했거나 확대 건설했거나 계속 건설했다. 여기에는 강철, 유색금속, 석유, 화학공업, 화학비료, 삼림, 건재, 철도, 교통, 민항, 방직, 경공업, 수리 및 농업, 임업, 상업, 우편, 라디오방송, 교육 등 여러 분야가 관련되는데 그중 쓰촨 판즈화강철공업기지, 간쑤 주취안강철공장, 청쿤(成昆)철도 등 철도간선과 선양병기공업 기지, 청두항공공업기지, 시베이우주항공공업기지 및 전자, 광학 기계공업 기지 등을 중점으로 했다.

1965년 초부터 전국 각지의 건설대열은 계속하여 제3선 지구에 집중되었고 각종 물자도 끊임없이 내지로 운송되었다. 각 성, 직할시, 자치구에서도 제3선 건설에 대한 배치를 추진했다. 1964년 10월 18일에 광둥성당위원회는 중앙과 중난국에 제기한 본 성의 국방공업 및 제3선 건설에 대한 보고에서 본 성에 일련의 소형 병기공장, 화학비료공장, 병기수리공장을 건설하고 광저우 및 연해도시의 일부 민용공장, 고등학교를 소3선으로 이전시키는 문제와 관련한 계획을 세웠다. 마오쩌둥은 이 보고에 대해 회시하고 수긍해 주었다. 저우언라이는 해당 책임자들을 불러놓고 연구했으며 제1선, 제2선 후방건설과 전쟁준비사업에 관한 보고를 제기했다. 보고에서는 제1선, 제2선 건설 및 전쟁준비 사업에 대해 7가지를 제기했다. 이를테면 지방에 군수공장을 건설하며 대도시에 필요한 일부 종합공장을 본 성, 자치구의 후방으로 이전시킨다. 일부 소형탄광, 소형발전소를 상응하게 건설하며 도로, 다리, 나루터, 통신선로를 상응하게 건설하며 전략 물자를 비축할 창고를 건설한다. 농업건설을 강화하며 필요한 병원과 학교를 이전 또는 신축하는 것 등이다. 이리하여 대3선, 소3선 건설을 전면적으로 전개하고 함께 추진하는 국면이 형성되었다.

1965년 여름부터 제3선 건설은 실질적인 시행 단계에 들어섰고

1965년부터 1966년 사이에는 작은 고조 단계가 있었다. 그때 제3선 건설의 주요 전장은 시난 대3선이었고 국가는 제3선 건설에 대한 투자를 대폭 늘렸다. 1965년에 국가는 기본건설투자의 약 3분의 1에 달하는 투자를 제3선에 배치하기로 계획(중앙과 지방을 포함한다)했고 1966년에는 기본건설 총투자의 50%를 대3선, 소3선 및 기타 전쟁 준비 공정에 배치하기로 계획했다. 제3선 건설이 신속하게 생산능력을 형성할 수 있도록 또 제1선, 제2선의 경제건설에 대해 '중지'(새로운 항목 착공을 일절 중지한다)하고 '축소'(건설 중에 있는 항목을 축소한다)하고 '이전'(일부 기업과 사업단위를 전부 제3선으로 이전한다)하고 '분할'(일부 기업과 사업단위를 둘로 나누어 한 부분을 제3선으로 이전한다)하고 '돕는'(기술 역량과 설비 등 면에서 같은 유형의 제3선 기업을 도와준다) 등 조치를 시행했다. 1965년 8월에 소집된 전국 이전사업회의는 전쟁에 입각하여 이전 항목에 대해서는 큰 범위에서 분산시키고 작은 범위에서 집중시키는 원칙을 시행하고 국방첨단항목건설에 대해서는 "산에 의지하고 분산시키고 산굴로 들어가는" 방침을 시행한다고 확정했다. 이어 대규모 이전과 건설 사업이 신속히 전개되었다. 1964년 하반기부터 1965년까지 제1선에서 제3선으로 이전한 첫 그룹의 공장은 49개에 달했다. 실제로 이는 국민경제 구도에 대한 한 차례의 큰 조정이었다.

초기 단계에 제3선 건설은 급속하게 발전했다. 1965년 한 해에만 해도 전반 이전계획의 40%를 완수했다. 1965년에 건설했거나 부분적으로 건설한 항목이 건설 중에 있는 항목의 40%에 근접했다. 1966년에는 이미 착공한 중점 항목을 계속 추진하는 외 구이저우, 간쑤, 쓰촨의 일부 대형 항목을 착공했다. 그 밖에 또 제1선, 제2선으로부터 150여 개의 항목을 계속 이전시키거나 새로 이전시키기로 계획했다. 제3선 건설을 진행하는 과정에 많은 노동자, 과학기술자와 간부 및 그 가족들은 당과 정부의 호소에 따라 익숙한 도시, 정든 고향을 떠나 조국의 대서남과 대서북으로 달려가 간고분투하고 부지런히 사업했으며 자신의 재능과 지혜, 세월을 사심 없이 바치며 심혈을 기울였다.

제3선 건설을 계속 전개함과 동시에 전쟁 준비를 중심으로 한 제3차 5개년 계획의 작성, 조정 사업도 신속하게 진행되었다. 마오쩌둥이 제3차 5개년 계획사업에 대해 여러 번 불만을 나타냈기에 1965년 초에 위추리(余秋里) 등 5명으로 구성된 계획참모부를 설립하고 실제로 국가계획위원회사업을 주최했다. 계획참모부는 "전쟁에 입각하고 전쟁 준비에서 출발하여 국방 강화를 첫자리에 놓으며 제3선 건설을 추진하고 공업구도를 개선하며 농업을 발전시키고 먹고 입고 쓰는 문제를 대체로 해결하며 기초공업과 교통운수를 강화하여 자리를 든든히 잡고 제1선, 제2선의 생산 잠재력을 발휘시킴으로써 목표를 향해 집중적이며 적극적으로 새 기술을 발전"시키는 제3차 5개년 계획 방침을 기본적으로 제기했다. 1965년 3월에 저우언라이는 중앙서기처에 제3차 5개년 계획문제를 회보할 때 제3차 5개년 계획을 시행하는 데 전쟁에 입각하고 시간을 다투어 구도를 개선하고 제3선 건설을 가속화해야 하지만 의연히 농업을 발전시키는 데 중시를 돌리고 먹고 입고 쓰는 문제를 대체로 해결하며 강철, 기계를 중심으로 한 기초공업을 서둘러 건설해야 한다고 명확하게 지적했다. 그리고 나서 제3선 건설은 "반드시 제1선, 제2선 기존의 공업 기초에 충분히 의지"하고 "제1선, 제2선, 제3선은 반드시 상호 촉진"하며 기타 업종의 배치는 구체적 상황에서 출발해야지 부분적으로 제3선에서의 비중을 강조해서는 안 된다는 등의 중요한 사상을 제기했다. 6월에 마오쩌둥은 제3차 5개년 계획의 작성과 관련한 회보를 청취할 때 전쟁 준비를 강화하고 제3선 건설을 촉진하는 수요에서 출발하여 한편으로는 농업, 경공업, 중공업의 순위를 약간 바꿔 먹고 입고 쓰는 것을 해마다 조금씩 늘리는 것이 좋다고 제기했고 다른 한편으로는 또 백성들을 너무 들볶지 말 것을 강조하면서 첫째는 백성이기에 민심을 잃어서는 안 되며 둘째는 전쟁이며 셋째는 재난으로서 계획을 작성할 때 이 세 가지 요소를 고려해야 한다고 말했다. 마오쩌둥은 제3차 5개년 계획에 대해 또 다른 지도적 견해가 있었는데 그것이 바로 여지를 남기는 것이었다. 그는 과거의 경험에 비추어보면 일을 너무 급히 서두르면 오히려 목적을 달성하지 못하게 되기에 차라리 조금씩 천천히 하면서 목적을 달성하는 것이 낫다고 했으며 객관적 가능성에 따라 처리하고 절대 객관적 가능성을 초과하지 말며 객관적 가능성에 의지하지만 꼭 여지를 남겨야 한다고 말했다. 이것은 마오쩌둥이 과거에 많이, 빨리를 추구한 경험교훈에 비추어 제기한 것이다. 그는 이것은 '원칙문제'라고 인정했다.

1965년 9월에 국가계획위원회는 중앙사업회의에 '제3차 5개년 계획 배치 상황에 관한 회보 제강'을 제기하여 제3선 국방건설을 특별히 강조하고 공업구도의 개변에 중점을 둔 동시에 제3차 5개년 계획의 주요 지표를 제기했다. 즉 5년 안에 공농업 총생산액, 농업 총생산액과 공업 총생산액을 각각 매년 평균 9%, 5~6%와 11% 성장시키는 것이다. 1966년 3월에 마오쩌둥은 류사오치에게 보내는 서신에서 앞으로 15년 안에 농업기계화 과업을 기본적으로 실현할 것에 대해 제기했으며 인민의 생활에 중시를 돌리고 지방의 적극성을 동원하는 견지에서 전쟁에 대비하고 재난에 대비하고 인민을 위해야 한다는 사상을 논술했다. 그는 다음과 같이 말했다. 첫째는 전쟁에 대비하는 것이다. 인민과 군대는 어쨌든 먹고 입을 것을 장만해야 한다. 그래야 싸울 수 있다. 그렇지 못하면 총포가 있어도 소용이 없다. 둘째는 재난에 대비하는 것이다. 흉년이 들었을 때 지방들에 양곡, 목화, 기름 등의 예비 없이 다른 성의 구제를 바란다면 어쨌든 그것은 장기적 정책이 못 된다. 전쟁에 봉착하면 곤란이 더욱 심하다. 셋째는 국가의 축적이 너무 많아서는 안 된다는 것이다. 일부분 인민이 지금까지도 식량이 모자라고 옷과 이불이 아주 부족하다는 것을 고려해야 하며 다음으로 전체 인민이 분산적으로 예비를 마련하여 전쟁과 재난에 대비할 것을 고려해야 하고 그다음으로 또 지방에서 자금을 축적하여 확대 재생산에 쓰도록 해야 한다. 그는 또 다음과 같이 말했다. 전쟁에 대비하고 재난에 대비하고 인민을 위하는 것은 동시에 나라를 위하는 가장 훌륭한 방법이다. 역시 늘 써오는 말이지만 "백성이 넉넉하면 임금이 넉넉하지 못할 도리가 있겠는가"[18]. 그 후 "전쟁에 대비하고 재황에 대비하고 인민을 위해야 한다."는 것은 실제로 제3차 5개년 계획을 집행하기 시작하여 비교적 긴 시간 중국 국민경제발전을 지도하는 하나의 중대한 전략적 사상이 되었다.

제3차 5개년 계획의 제정과 제3선 건설의 전개는 중국 농업, 공업, 국방과 과학기술의 4개 현대화의 진척을 재촉하는 중요한 절차로 중국의 국민경제 구도를 개선하고 중서부 낙후 지역의 경제와 사회 발전을 추진하는 데서 비교적 큰 역할을 했다. 제3선 건설의 시행은 국가의 국방 능력을 제고하는 데 전적으로 필요한 것이다. 그러나 전쟁이 "일찍 일어날 것"이고 "크게 일어날 것"이라고 예측했기에 제3선 건설의 배치를 지나치게 재촉하고 신설 항목이 너무 많았으며 전쟁

---

18) 마오쩌둥, '농업 기계화문제에 관한 서신 한 통'(1966년 3월 12일), 〈마오쩌둥문집〉 제8권, 인민출판사 한문판, 1999년, 428쪽.

준비에만 열중하고 경제적 효용을 홀대했기에 건설 비용이 늘어나고 많은 낭비를 초래했다.

3. 일치단결하여 곤란을 전승하고 일어나 나라를 부강하게 하는 사회적 풍모

다자이(大寨)와 홍기수로(紅旗水路)를 대표로 한 산천을 다스린 큰 업적

1950년대 말부터 1960년대 초까지의 3년간의 잠정적인 경제 곤란 시기에 중국인민은 극히 준엄한 시련 앞에서 자연재해, 물자 결핍과 싸웠다. 그 가운데서 다자이 사람들이 자력갱생, 간고분투한 사업과 린현(林縣)인민이 홍기수로를 파 산천을 다스린 일은 이 시기를 대표하는 큰 업적이 되었다.

다자이는 산시성 진중 타이항산 기슭의 해발 1천여 미터 되는 산구에 자리 잡고 있다. 이곳은 자연조건이 열악하고 토지가 척박하며 전 촌의 경작지는 골짜기에 의해 무수한 뙈기밭으로 갈라져 7개의 골짜기, 8개의 산등성이, 하나의 산비탈에 분산되어 있었다. 다자이 사람들은 당지부의 영도 아래 1953년부터 5년 동안에 전 촌의 7개 깊은 골짜기를 비옥한 토지로 만들었다. 그들은 총길이가 7.5킬로미터에 달하는 제방을 180여 개나 쌓아 비탈밭 300무를 수평 다락밭으로 만들었고 여기저기 흩어진 4,700여 개의 뙈기밭을 2,900여 개로 가꾸었으며 또 비옥한 밭을 80여 무 더 늘렸다. 1962년에 전국적으로 큰 재해가 들고 곤란이 심각한 상황에서도 다자이의 식량 수확량은 무당 774근에 달해 현의 평균수확량보다 530근이나 많아 이들의 밭 1무는 보통 밭 3.5무와 같았다. 이는 다자이 농민들이 창조한 기적이었다. 골짜기를 개간하는 대규모 공사를 진행하는 과정에 다자이 사람들은 국가에 한 푼도 요구하지 않고 완전히 자기의 두 손으로 착실하고 억척스레 일하여 끝내 풍작을 거두는 숙원을 이뤄냈다.

당과 정부는 다자이 사람들의 간고분투한 활동에 깊은 관심을 기울였다. 마오쩌둥은 산시성당위원회의 소개를 청취하는 자리에서 다자이 사람들의 간고분투 정신을 찬양하고 긍정했다. 농업부에서 파견한 전문조사팀은 다자이를 전면적으로 연구한 후 조사보고에서 "다자이는 전국 농업전선에서의 한 폭의 붉은 기"라고 수긍했다. 1964년 12월에 저우언라이는 전국인민대표대회 제3기 제1차 회의에서 한 '정부사업보고'에서 "공업에서는 다칭을 따라 배우고 농업에서는 다자이를 따라 배우며 전국에서는 인민해방군을 따라 배우자."고 호소하고 다자이 정신은 "정치를 통수로 하고 사상을 선두로 하는 원칙, 자력갱생하고 간고분투하는 정신, 국가와 집단을 사랑하는 공산주의 풍격"이라고 개괄했다. 이때부터 농업에서 다자이를 본받는 운동이 전국적으로 전개되었다.

이와 동시에 1960년대, 1970년대에 허난 린현(지금의 린저우시)인민들은 당의 영도 아래 자력갱생, 간고분투하여 가장 보편적인 도구로 타이항산의 첩첩한 산들을 뚫고 장하의 물을 린현에 끌어들이는 '인공 수로'인 홍기수로를 건설했다. 이 사적은 전국에서 광범위한 영향을 일으켰다.

타이항산 동쪽 기슭에 자리 잡고 있는 린현은 예부터 가뭄 피해와 물 부족이 심한 지역이며 가난하기로 이름난 곳이었다. 1959년 여름에 열린 린현당위원회 확대회의는 타이항산을 넘어 산시로 가서 줘장하(濁漳河)를 가로막은 다음 강물을 산으로 끌어올려 린현에 흘러들게 함으로써 물 부족 문제를 철저히 개선하자는 대담한 구상을 제안했다.

이 계획은 허난성당위원회의 지지를 받았다. 산시성당위원회도 린현인민들의 요청을 받아들였다. 1960년 2월 11일, 음력 정월보름에 3만 7천 명의 린현 사람들은 타이항산을 향해 떠났다. 약 8개월간의 분발노력으로 린현인민들은 45개의 절벽을 깎고 13개의 언덕을 제거했으며 58개의 계곡을 메우고 총길이가 600여 미터 되는 7개의 터널을 뚫었다. 또한 수채, 구름다리, 홍수 방지 다리 56개를 건설했고 토석방 445만 6,500제곱미터를 완성했으며 42만 8,600제곱미터의 돌을 쌓아 마침내 세차게 흐르는 줘장하를 막아냈다. 그 후 린현인민들은 4년간의 노력으로 1965년 4월 5일에 모든 간선수로에 물이 흐르게 했다. 오랜 세월 물을 갈망하던 린현 인민들의 꿈이 마침내 실현되었다. 통계에 따르면 홍기수로가 건설된 40년 이래 총 85억 제곱미터의 물을 끌어들였으며 그동안 관개한 밭은 8천만 무에 달했고 식량 31억 8천만 근을 증산했다. 발전량은 4억 7천만 킬로와트시에 달하며 17억 위안의 이익을 창출했는데 이는 총투자의 23배에 상당했다. 저우언라이 총리가 말한 것처럼 타이항산의 천연 절벽을 싸고 흐르는 이 푸른 띠는 신중국이 창조한 두 기적 중의 하나이다.[19]

심각한 경제적 곤란과의 싸움에서 중화민족은 중국공산당의 영도 아래 선명한 시대정신을 형성했다. 중국인민은 이 위대한 정신의 감화 밑에 산천을 다스리는 수많은 큰 업적을 세웠다.

---

19) 저우언라이가 1970년대 외국 벗들과의 자리에서 언급한 신중국이 창조한 두 기적은 린현의 홍기수로와 난징장강대교이다.

레이펑(雷鋒), 자오위루(焦裕祿) 등 선진 인물들을 본받는 활동

1960년대에 당이 인민을 영도하여 심각한 경제적 곤란을 이겨내는 과정에서 사회 각계에는 레이펑과 자오위루를 대표로 하는 수많은 영웅적인 모범 인물들이 나왔다. 그들의 전심전력으로 인민을 위해 일하는 기여 정신과 죽을 때까지 나라를 위해 몸과 마음을 다 바치는 고귀한 품성은 한 세대 사람들을 교육했다.

선양군구 마오 부대 수송대 반장이었던 레이펑은 평범한 일터에서 '나사못' 정신을 발양하여 전심전력으로 인민을 위해 일했다. 그는 근면하고 성실했으며 힘든 일에 앞장서고 열심히 기술을 연마했으며 맡은 분야마다 전문가가 되려는 노력을 보였다. 소박하고 염결봉공(廉洁奉公)하며 언제 어디서나 인민의 이익을 우선하고 다른 이를 위해 수없이 많은 좋은 일을 했으며 추호도 자신을 위하지 않고 오로지 다른 사람만 위했다. 그는 일기에 이렇게 썼다. "사람의 생명에는 한계가 있지만 다른 사람을 위해 일하는 것에는 한계가 없다. 나는 유한한 생명을 다른 사람을 위해 일하는 무한한 사업에 바치겠다." 1962년 8월 15일에 레이펑은 불행하게도 공무 집행 중에 사망했는데 그때 나이가 겨우 22세였다. 레이펑이 희생된 후 당과 국가는 그에게 숭고한 영예를 수여했다. 마오쩌둥은 1963년 3월 5일에 "레이펑 동지에게 배우자."고 호소했으며 당과 국가의 주요 지도자들도 레이펑을 위해 각기 제사를 썼다. 그때로부터 전국 각계각층에서는 레이펑을 본받는 운동이 오랫동안 지속되었다. 레이펑처럼 살고 레이펑처럼 일하며 학습하고 생활하는 것이 사회적인 풍조를 이루었다. 레이펑은 한 시대의 모범이 되었다. 이 운동은 광범위한 군중에게 사회주의를 건설하는 적극성을 대대적으로 불러일으켰고 전 사회적으로 훌륭한 도덕품성이 형성되도록 추진했다.

자오위루는 허난성 란카오현(蘭考縣) 현당위원회 서기였다. 난고
는 황허의 옛 물길에 있는 유명한 재해지역으로 모래바람, 홍수, 알
칼리성 토양 등 세 가지 자연재해가 심각하여 경제발전 수준이 아주
낮았다. 3년의 곤란 시기에 린카오현 인민들의 생산, 생활은 극히 심
각한 위기에 처해 있었다. 1962년 전 현의 양곡 수확량은 역사적으로
가장 낮은 수준에 이르렀다. 자오위루는 재해가 제일 심각한 시기에
난고에 가게 되었다. 그는 모래를 다스리는 데 중점을 두고 현당위원
회를 이끌고 현지 조사를 깊이 있게 진행하면서 모래를 다스릴 수 있
는 여러 가지 방법들을 탐색했다. 그는 1년 남짓한 기간에 2,500킬로
미터를 다니면서 전 현의 86개 바람받이, 261개 큰 모래언덕, 17갈래
큰 모래 둑에 번호를 매기고 이를 지도로 만들어 마침내 오동나무를
심어 '세 가지 재해'를 다스리는 방안을 제기했다.

자오위루의 마음속에는 오직 난고의 백성뿐이었으며 그는 자기 자
신을 전혀 생각하지 않았다. 그는 피로가 쌓여 간암 말기의 진단을
받았지만 고통에 시달리면서도 군중을 이끌고 모래를 다스리는 일에
서 물러서지 않았다. 자오위루는 마지막 순간까지도 "나에게는 단 한
가지 소원이 있는데 내가 죽으면 나를 난고에 실어가 모래언덕에 묻
어주십시오. 살아서 모래언덕을 다스리지 못했으니 죽어서라도 여러
분이 모래언덕을 다스리는 것을 보겠습니다!"라고 부탁했다. 1964년
5월 14일, 자오위루는 42세의 나이로 세상을 떠났다. 자오위루가 서
거한 후 신화사는 그의 사적을 취재하고 1966년 2월 7일에 '현당위서
기의 본보기—자오위루'이라는 제목의 장편통신을 발표했고 〈인민일
보〉등 전국 각지의 신문에 전문이 게재되면서 전국적으로 강렬한 반
향을 일으켰다. 자오위루의 본보기는 사람들이 드높은 열정으로 극
심한 경제적 곤란을 이겨낼 수 있도록 고무했고 사회주의 건설에 더

많은 힘을 이바지할 수 있도록 이끌었으며 사회주의 건설 시기의 정신적 업적을 이룩했다.

1960년대에 또한 왕진시(王進喜), 왕지에(王杰), 어우양하이(歐陽海), 난징로의 훌륭한 8련, 초원의 꼬마 영웅 자매 등 수많은 선진 인물과 모범 집단이 대거 등장했다. 이러한 모범 인물들은 각자에게 주어진 평범한 생활과 일터에서 평범하지 않은 업적을 쌓았다. 그들은 자기의 이상, 신념과 가치관으로 중국 사회에 깊은 영향을 주었으며 시대 전반으로 사회적 풍조를 형성했다.

1960년대 전반의 군대사업

1960년대 전반에 당의 주요 과업은 '조정, 공고, 충실, 제고'의 8자 방침을 관철하고 국민경제를 회복하는 것이었다. 이 시기에 인민해방군은 영광스러운 전통을 계승, 발양하고 군대의 현대화 건설을 추진하여 뚜렷한 성과를 거두었으며 국가의 경제건설을 지원하기 위해 기여했다.

정치사상사업을 대대적으로 강조한 것은 이 시기 군대사업의 주요 특징이었다. 1960년 9월 14일부터 10월 20일까지 중앙군사위원회는 베이징에서 확대회의를 열었는데 중심 의제는 정치사상사업 강화였다. 회의에서는 '군대의 정치사상사업을 강화할 것에 관한 결의'를 통과시켰다. '결의'는 인민군대의 건설은 마오쩌둥 사상을 지침으로 삼고 마오쩌둥 사상의 지도로 정치사상사업을 강화하고 사상교육을 올바르게 진행하며 여러 나쁜 경향을 강력히 반대하고 군대에 대한 당의 절대적인 영도를 견지해야 한다고 지적했다. '결의'는 군대의 혁명화건설을 강화하는 동시에 전군의 기술업무 수준과 과학연구사업의 질을 적극적으로 향상시켜야 하며 군대의 현대화 건설을 강화해야 한다고 제기했다. '결의'는 또 정치사업은 반드시 연에 깊이 뿌리 박아야 하고 연 당지부의 핵심적 영도와 전투적 보루 역할을 발휘해야 한다고 지적했다. '군대의 정치사상사업 강화에 관한 결의'는 회의 참가자들의 집단적인 노력으로 이루어진 것으로 신중국 창건 후 11년 동안 군대의 정치사업에서의 경험을 총화하고 중국인민해방군의 우량한 전통을 계승할 것을 제창했으며 새로운 정세에서 인민해방군의 정치사업에 대해 탐색했다. 마오쩌둥은 이번 결의를 아주 중시하고 직접 개정했다. 12월 21일에 '결의'는 중공중앙문건으로 이첩되어 전당, 전군에서 집행했다. 이 '결의'는 당내 '좌'적 오류가 끊임없이 발전하던 배경 아래 산생된 것으로 일부 주요한 관점들은 불가피하게 '좌'적 오류사상의 영향을 받을 수밖에 없었다. 그러나 '결의'의 관철 집행은 군대의 정치사상사업과 기층건설을 강화하는 데 어느 정도 적극적인 역할을 했다.

1960년대 초부터 중앙군사위원회의 영도 아래 전군은 '2가지 회억, 3가지 검사'[20], '마오쩌둥 저작 학습' 활동과 '4호련, 5호전사'[21] 운동을 벌였다. 린뱌오가 '좌'적인 작법들을 추진하면서 이런 활동과 운동 과정에 일부 형식주의, 실용주의적인 문제들이 나타났지만 전반적으로 볼 때 이런 활동과 운동은 군대의 사상정치사업과 기층 연의 건설을 강화하는 데 적극적인 촉진 역할을 했다.

1960년 7월 19일에 총정치부는 지난군구의 '청년들을 조직하여 마

---

20) '2가지 기억, 3가지 검사', 즉 계급의 고난을 기억하고 민족의 고난을 기억하며 입장을 검사하고 투지를 검사하고 사업을 검사하는 것을 가리킨다.

21) '4호련'은 연마다 정치사상이 훌륭하고 38작풍(정확한 정치방향, 간고 소박한 사업 작풍, 영활한 전략 전술을 확고히 하는 것, 즉 단결, 긴장, 엄숙, 활발을 가리킨다)이 훌륭하며 군사훈련이 훌륭하고 생활관리가 훌륭할 것을 요구했고 '5호 전사'의 내용에는 정치사상이 훌륭하고 군사기술이 훌륭하며 38작풍이 훌륭하고 임무완수가 훌륭하며 신체단련이 훌륭한 것이 포함된다.

오쩌둥 저작을 학습하는 것에 관한 보고'를 비준, 이첩하고 각급 영
도자들이 적극적으로 병사들을 조직하여 마오쩌둥 저작을 학습하도
록 했다. 그때로부터 마오쩌둥 저작을 학습하는 군중운동이 전군에
서 점차 전개되었다. 1963년까지 전군의 100%의 간부와 90% 이상
의 전사, 80% 이상의 종업원과 가족들이 단기 강습반에서 조직한 각
종 학습에 참가했다. 총정치부는 〈마오쩌둥 저작 선독〉과 〈마오 주
석 어록〉(1964년 5월)을 편찬하여 인쇄했다. 두 권의 책은 단기간에
수백만 부나 인쇄, 발행되었다. 마오 주석 저작을 학습하는 군중운동
과정에 해방군 속에서는 레이펑, 난징로의 훌륭한 8련을 대표로 하는
선진 인물과 선진 단위가 대량으로 나타났다.

　1958년 9월에 지난군구 사령원 양더즈(楊得志) 상장은 각급 지도
자들이 육체노동 참가에 관한 당 중앙위원회와 마오 주석의 지시에
적극적으로 호응하기 위해 솔선수범하여 연에 병사로 내려갔다. '장
군이 병사가' 된 사건은 군 내외에서 강렬한 반향을 일으켰다. 1950
년대 말부터 1960년대 초까지 간부들이 기층에 내려가 병사로 있으
면서 연의 사업을 강화하고 영도 작풍을 개선하는 것이 사회적 기풍
이 되었다. 기층에 내려간 간부들은 전사들과 '5가지 동반'(같이 먹고
같이 자고 같이 일하고 같이 활동하고 같이 즐기는 것을 가리킨다)을
견지했을 뿐만 아니라 연의 실제문제를 해결해줌으로써 기층 장병들
의 열렬한 환영을 받았다. 1964년 5월에 중앙군사위원회는 양더즈의
사례를 보고 기층에 내려가 후진 연대를 개조하는 것에 관한 전문보
고를 전달할 때 "고위급 간부들의 기층 현장 체험은 좋은 점이 확실
하게 많다. 기층을 도와 문제를 해결할 수 있을 뿐만 아니라 사업을
추진하고 또 자기를 충실히 하고 향상시킬 수 있으며 관료주의를 확
실하게 극복하여 자기의 영도 작풍을 개선할 수 있다. 그뿐만 아니라

시범적 역할을 함으로써 광범위한 간부들이 사업 작풍을 개선하도록 이끌 수 있다."고 지시했다. 지시가 전달된 후 전국에서는 기층에 깊이 들어가 기층 연의 건설을 주도하는 새로운 기상이 나타났으며 그 당시 세차게 일어나고 있던 대규모 연병활동을 한층 더 추진했다.

1960년대 전기에 인민해방군은 전군에서 군중적인 연병 고조를 일으켰다. 1962년에 복잡한 국제 정세에 따라 중앙군사위원회는 "전쟁에 대비해 군대를 정돈하고 전훈사(全訓師)를 증가하며 대규모 훈련을 시행"하는 것에 대한 지시를 내렸다. 이 지시와 훈련대강에 따라 전군은 해상 상륙, 상륙저항 및 고원, 산지, 근접전과 야간전투, 무장도하 등 훈련을 적극적으로 전개했다. 난징군구 마오 부대 부연장 곽흥복은 대규모 연병활동에서 사상, 작풍, 전술, 기술훈련을 유기적으로 연결하는 군사훈련법을 개발했는데 '곽흥복 교수법'이라 불렸다. 1964년 1월에 총참모부는 전군에 곽흥복 군사훈련법을 보급함으로써 광범하고 깊이 있는 군중성 연병활동이 전군에서 일어나게 했다. 1964년 봄, 몇 년간의 군사훈련 효과를 검증하기 위해 중앙군사위원회는 전군 범위 내에서 군사기능시합활동을 조직했다. 군사기능시합에 참가한 병사와 민병은 총 1만 3,400명에 달했다. 마오쩌둥 등 당과 국가의 지도자들이 베이징에서 베이징, 지난 군구 일부 부대의 회보공연을 관람했다. 대대적인 군사기능시합운동의 추진으로 전군의 군사훈련 수준이 대폭 상승했다.

국가의 안전을 수호하고 적들과의 작전을 시행하는 측면에서 인민해방군은 1960년대 전반기에 중요한 성과를 거두었다. 티베트의 상층 반동집단이 일으킨 무장반란을 평정하고 중국-인도 국경지역의 자위반격전을 진행했을 뿐만 아니라 인민해방군은 1962년에 타이완 국민당 당국이 획책한 대규모의 대륙 동남연해 침범음모를 성공적으로 분쇄했고 몰래 대륙에 건너온 아홉 무리의 무장특무를 총 172명이나 섬멸했다. 인민해방군 공군과 유도탄부대는 대륙을 기습, 교란하는 미국, 장제스 공군의 저공, 고공 전략 정찰기를 여러 차례 격추했다. 1962년 9월 9일, 인민해방군 지대공미사일부대는 난창 부근에 매복하여 처음으로 국민당공군의 미국제 U 2형 고공전략정찰기를 성공적으로 격추했다. 그 후에도 이 미사일부대는 또 여러 차례 국민당공군의 고공전략정찰기를 격추했다. 인민해방군과 방공부대의 반정찰 교란의 타격으로 국민당 군대는 1968년에 이르러 대륙에 대한 고공교란활동을 중지하는 수밖에 없었다.

인민해방군 장병들은 국가가 경제적 곤란을 겪고 있던 1960년대 전반기에 자발적으로 국가의 어려움을 분담하고 군중과 함께 난관을 극복했다. 중앙군사위원회와 각 총부는 여러 차례 지시를 내려 부대마다 잠재력을 발굴함으로써 생산을 증가하여 국가가 경제를 회복하도록 지원할 것을 요구했다. 전군 퇀 이상 각 단위에서는 저마다 농장을 운영해 식량과 채소를 재배하고 돼지를 길러 채소는 거의 자급자족하고 육류는 50~70% 자급할 수 있게 되었다. 1961년부터 1962년까지 전군은 10만 마리도 넘는 돼지를 국가에 바치고 식량과 채소도 지방에 대량으로 지원했다. 전면적 조정에 관한 8자 방침을 관철하기 위해 군대는 자발적으로 내부 건설에 대한 투자를 줄이고 청사, 구락부, 초대소 같은 건물 건설을 엄격히 통제했다. 1960년에 인민해방군은 2개 육군사, 1개 보병퇀과 1개 포병영의 3만여 명을 선발하여 다칭유전회전에 배치함으로써 다칭유전 건설에 큰 공헌을 했다.

자연재해가 닥쳐왔을 때 인민해방군은 언제나 위험을 제거하고 재해민을 구조하며 인민의 생명재산을 보호하는 최전방에 나섰다. 1963년에 허베이성 바오딩, 스좌장, 싱타이(邢台), 한단 지역이 갑작스런 큰 폭우로 저수지가 무너지고 다리가 떠내려가고 도로가 막히면서 2천만 인민의 생명이 위협을 받았다. 인민해방군 베이징, 선양, 지난 등 군구와 해군, 공군, 공정병, 철도병 부대에서는 총 11만 5천여 명을 출동시키고 비행기 69대와 선박, 차량, 구호기자재를 대량 투입하여 큰물을 막고 큰물 피해를 줄이는 데 뛰어들었다. 한 달 반 동안에 그들은 9만 4천 명의 군중을 구하고 4,200여 톤의 식량을 건져냈으며 158킬로미터 되는 제방을 보수하고 지켜냄으로써 마침내 톈진시와 진푸철도(津浦鐵道) 북쪽 구간의 안전을 보장했다. 구조 과정에 31명의 해방군 장병들이 소중한 생명을 바쳤다.

1964년 11월 30일에 린뱌오는 전군조직사업회의 기간에 "정치를 두드러지게 내세워야 한다."고 지적했다. 12월 29일에는 총정치부 영도자들을 만난 자리에서 또 "군사훈련, 생산 등을 하는 데 일정하게 시간이 소요되겠지만 정치에 영향을 끼쳐서는 안 된다. 반대로 정치는 기타에 영향을 주어도 괜찮다."고 말했다. 전군에서 한창 진행하고 있던 군사훈련 고조는 이로 인해 식게 되었고 계획적으로 전군의 군사 수준과 문화 수준을 높이던 걸음도 멈추고 말았다. 린뱌오가 제창한 마오 주석 저작 학습에서 '경구 외우기', '어록 학습', '즉시 효과보기' 등은 부대학습에서 단순화, 용속화, 형식주의와 실용주의 경향을 초래했을 뿐만 아니라 개인숭배의 바람을 부추겼다. 이런 작법은 군대와 사회에 악영향을 끼쳤다.

우수한 문예작품이 대량 배출

1962년 전후, 당의 문예정책에 대한 조정은 문학, 예술가들의 창작 적극성을 불러일으켰으며 따라서 문학예술의 발전에 생기가 넘치기 시작했다. 1962년 2월에 마오쩌둥의 '옌안문예좌담회에서 한 연설'

발표 20주년을 맞아 광범위한 문예사업 종사자들은 전국에 "제일 광범한 인민대중을 위해 일하자."는 구호를 제기했다.

중국혁명의 기세 드높은 역사는 중국의 문학예술창작에 마르지 않는 원천을 제공했다. 혁명 선열들의 앞사람이 쓰러지면 뒷사람이 이어간 감격적인 영웅 업적들은 인민을 교육하고 고무하는 살아 있는 교재가 되었다. 1960년대 전반기는 중국혁명 역사를 소재로 한 창작물이 가장 풍부하던 시기로 수많은 유명한 영화와 연극이 나왔다. 이를테면 〈혁명가정〉, 〈홍기보〉, 〈폭풍취우〉, 〈료원〉, 〈노한 파도〉, 〈혁명에는 계승자가 있다〉, 〈51호병참〉, 〈홍색랑자군〉, 〈옛성에 휘몰아친 불길〉, 〈임해(林海)설원〉, 〈꼬마병사 장알〉, 〈열화 속에서 영생하리〉, 〈베쮼의사〉 등 작품들은 내용 면에서 대혁명, 토지혁명과 항일전쟁, 해방전쟁 등 중요한 역사적 배경을 담고 있다. 이런 작품들은 중국인민이 중국공산당의 영도 아래 민족 독립과 인민 해방을 위해 겪은 극히 평범하지 않은 역사를 보여준다. 이런 작품들은 주제가 선명하고 투쟁생활을 진지하고 풍부하게 표현했으며 진실하고 감동적인 수많은 혁명열사의 예술형상을 무대와 화면에 성공적으로 부각시킴으로써 효과적인 혁명전통 교육 기능을 발휘했다.

1960년대 전기에는 현실생활을 제재로 한 영화와 연극도 대중의 호평을 받았다. 〈이쌍쌍〉, 〈고목에 봄이 깃들다〉, 〈북대황 사람들〉, 〈빙산에서 온 손님〉, 〈네온등 아래의 초병〉, 〈영웅아들딸〉, 〈레이펑〉, 〈젊은 세대〉 등 영화들은 생활을 폭넓고 깊이 있게 반영하고 명시하는 측면에서 또는 선명하고 살아 있는 풍부한 예술 형상을 부각하는 측면에서 그리고 민족형식과 민족풍격의 미학적 추구 측면에서 모두 중요한 진보를 가져왔다. 이런 예술형상들은 적극적으로 향상하고 애증이 분명하며 간고분투하고 집단의 이익을 위해 개인의 이익을 희생하며 혁명적 영웅주의와 사심 없는 기여 정신으로 광범위한 대중을 교육하고 올바른 사회기풍을 형성하며 사회주의 신인들을 양성하는 데 대체할 수 없는 교육적 역할을 발휘했다.

이 시기의 소설도 사회주의 문화의 발전과 번영에 새로운 분위기를 더해주었다. 〈청춘의 노래〉, 〈붉은 바위〉, 〈구양해의 노래〉, 〈60년의 변천〉, 〈창업사〉, 〈적후무공대〉 등 많은 우수한 작품들의 출판은 대중 속에서 커다란 반향을 불러일으켰고 올바른 가치관, 인생관을 수립하는 살아 있는 교재가 되었다.

신중국 창건 15주년을 경축하기 위해 시연한 대형음악무용서사시 〈동방홍〉은 각 혁명 역사 시기의 영향력이 큰 가무를 한데 모음으로써 가장 특징적인 역사 장면을 재현하고 마오쩌둥을 대표로 하는 중국공산주의자들이 인민을 영도하여 혁명한 위대한 노정을 노래했다. 〈동방홍〉은 장엄한 기세와 완벽한 구성, 아름다운 무용과 심금을 울리는 가곡, 그리고 혁명 정신과 예술성의 아름다운 결합으로 강렬한 예술적 분위기를 조성하여 관중으로 하여금 혁명 전통과 시대정신에 감화하게 했다.

1963년 8월에 저우언라이는 당 중앙위원회를 대표하여 수도 음악무용계에 예술창작조에서 한층 더 혁명화, 민족화, 군중화하는 방침을 제기했다. 이 방침은 음악무용예술사업에 대한 당의 시대적 요구를 반영했다. 1960년대 상반기는 중국 음악창작의 전성기이기도 하다. 예술가들은 씩씩하고 적극적인 음악 부호로 중국 인민이 당의 영도 아래 일치단결하여 곤란을 극복해나가려는 결심을 토로했다. 이 시기 대표적인 가곡으로는 〈우리는 큰길을 걷고 있다〉, 〈전 세계 무산자는 연합하라〉가 있다. 이런 가곡들은 그 시대 인민의 정신을 보여준 우수한 작품이다. 이 밖에도 〈레이펑의 총을 물려받아〉, 〈사원들은 모두가 태양을 따르는 꽃이라네〉, 〈산노래 불러 당에 드리네〉, 〈누가 우리 고향이 좋다 하지 않으리〉, 〈말아, 천천히 가다오〉와 〈우리는 공산주의 후계자〉 등 우수한 노래들도 높은 정치 수준과 강렬한 예술적 감화력으로 대중 속에 널리 퍼졌다.

1959년에 창작된 〈홍호적위대〉와 1964년에 창작된 〈강누나〉는 중국 가극창작 역사상 전형적 의의를 갖고 있는 두 대표작이다. 이 두 가극은 〈백모녀〉 이후 중국 혁명 음악극의 전통을 계승하고 희곡, 연극과 서양가극 등 표현기법의 특징을 널리 받아들여 영웅 인물들의 내면세계를 표현하고 감동적인 인물을 창조하는 면에서 비약적인 진전을 가져왔으며 이 시기 음악극 창작에서 최고의 경지에 도달했다. 또한 이 두 가극은 인민을 교육하고 혁명적인 사회 분위기를 조성하는 면에서 크나큰 추동 역할을 발휘했다. 중앙홍군이 장정하여 산베이(陝北)에 도착한 지 30주년이 되는 해를 기념하여 베이징군구 전우문공단에서 1965년에 창작, 공연한 〈장정조가〉도 커다란 성공을 거두었다. 이는 사람들이 혁명 역사를 돌이켜보면서 당의 영광스러운 전통을 계승하고 발양하는데 적극적인 역할을 했다. 이때부터 〈장정조가〉는 널리 불렸으며 광범위한 대중의 깊은 사랑을 받았다.

분발하여 강성을 도모하는 사회적 풍모

1963년 1월 1일에 〈인민일보〉는 '위대한 업적을 공고히 하고 새로운 승리를 쟁취하자.'는 사설을 발표했다. 사설은 다음과 같이 썼다. "우리나라의 경제 형세는 농업에서 공업에 이르기까지, 농촌에서 도시에 이르기까지 하루가 다르게 좋아지고 있다." "전체 국민경제 조정사업의 급속한 효과와 연이은 대재해 이후 농업생산의 급속한 복구 속도는 모두 예상을 뛰어넘었다." 잠시의 어려움을 이겨내고 인민은 나날이 번영 발전하는 봄날을 맞이하게 되었다. 전국 인민은 1963년 음력설을 경사스럽고 평화로운 분위기 속에서 보냈다. 베이징 광뎬(厂甸)묘회의 재개방은 오랫동안 침체되었던 시장에 활기를 불어넣었고 국가의 경제가 회복되고 시장이 번영하고 있음을 보여주었다. 비록 국민경제가 아직도 뚜렷한 회복기에 있었지만 사회의 변화는 국가의 가장 곤란한 시기가 점차 지나가고 있음을 말해주었다.

노동계급은 국가의 번영 발전을 위한 핵심적인 역량이다. 국민경제 조정을 거쳐 공업전선도 안정적으로 발전하기 시작했다. 다칭유전은 "높은 혁명적 정신과 엄격한 과학적 태도를 서로 결합시키는" 원칙을 견지하여 노동자 및 기층단위 '5호' 기준, 간부의 '3가지를 확정하고 1가지를 대체하는'[22] 노동제도를 세웠다. 이런 기준과 제도는 공업에서 다칭을 본받는 전국적 운동에 널리 보급되었으며 공업전선에서 서로 배우고 도와주는 성세호대한 군중고조를 불러일으켰으며 나아가 생산을 크게 촉진했다. '2참가, 1개혁, 3결합', 즉 노동자가 관리에 참가하고 간부가 노동에 참가하며 불합리한 규정제도를 개혁하고 노동자대중, 기술자, 영도간부의 3결합을 기본 정신으로 하는 '안캉헌법'은 전심전력으로 노동계급에 의거해 기업을 관리하고 사회주의를 건설하는 사상을 구현했으며 중국 노동계급의 주인정신과 비범한 창조력을 불러일으켰다. 힘써 생산을 늘리고 끊임없이 기술을 혁신하며 공장을 집으로 삼는 것이 이 시기 노동계급의 모습이었다. 1950

22) 다칭노동자들의 '5호' 기준은 정치사상이 훌륭하고 노동생산을 잘하고 작풍이 훌륭하고 기술 학습이 훌륭하고 단결호조를 잘하는 것이다. 기층단위의 '5호' 기준은 정치사상이 훌륭하고 임무 완성이 훌륭하고 집체작풍이 훌륭하고 기술 훈련이 훌륭하고 생활 관리가 훌륭한 것이다. 간부 '3가지 확정, 1가지 대체' 제도는 간부가 노동에 참가하는 데 '일터를 정하고 시간을 정하고 직책을 정하고 정원을 대체' 하는 것이다. 다칭에서는 또 간부들에 대해서 '법적 약속'을 시행했다. 즉 간고분투하는 당의 훌륭한 전통을 계속 발양하고 간고 소박한 생활 작풍을 유지하며 영원히 특수화를 부리지 않으며 관료주의를 견결히 극복하고 관리가 되지 않으며 '세 가지가 성실하고 네 가지가 엄한' 작풍을 견지하고 겸손하고 신중하며 성실하고 부지런하며 영원히 교만하지 않고 절대 거짓말하지 않는 것이다.

년대, 1960년대 중국 노동계급 가운데 수많은 노력 모범과 건설 영웅들이 나타났다. 그들은 소박한 노동자의 자태와 드높은 생산 열정으로 국가의 경제건설에 이바지했다. 특히 국민경제 조정 시기에 그들은 국가의 곤란을 분담하기 위해 10배, 100배의 힘과 지혜로 노동에 종사했다. 안캉의 오랜 노력 모범인 멍타이(孟泰)는 노동자들을 이끌고 기술혁신활동을 벌였는데 심지어 1964년에 '멍타이콕스저장탱크'는 해마다 국가에 약 1만 톤의 콕스를 절약해주었다. 전국적으로 유명한 노력 모범 왕충룬(王崇倫)은 자력갱생하고 분발강성하자는 당 중앙위원회의 지시에 응하여 1962년에 하얼빈(哈爾濱)에 있는 500여 명의 기술자와 1천여 명의 종업원들을 조직하고 합심하여 전 시의 30여 가지 기술 난제를 돌파했다. 금속절삭기술생산에서의 중대한 돌파가 되는 '다축볼반'도 국영 618공장 기계조립공 니즈푸(倪志福)가 과학기술자들의 도움으로 반복적인 실험을 거쳐 1964년에 이론 총화를 완수한 것이다. 이 기술은 한때 해외 과학자들의 높은 중시를 받았다. 중국 노동계급의 이러한 공헌은 1960년대 전기에 중국 공업 전선에 열렬하고 적극적이고 분발하며 열심히 능률적으로 일하는 정경이 나타나게 했다.

곤란을 이겨낸 후 농촌에도 활발한 모습이 나타났다. 1964년 말 이후 전국 농촌에서는 다자이를 따라 배워 자력갱생하고 간고분투하는 분위기가 급속히 일어났다. 각지에서는 농토 기본건설에 대한 투입을 늘리고 불리한 자연환경을 근본적으로 개조했다. 특히 다자이 사람들의 간고분투하고 자연과 싸우는 정신과 국가와 집단을 사랑하는 고상한 풍조는 많은 농민에게 사상적으로 강렬한 영향을 주었다. 수천수백년 동안 내려온 낡은 관념은 커다란 충격을 받았고 새로운 사회 풍모가 농촌에서 형성되었다. 이 시기 중국 농촌에서는 간고분투하고 뒤떨어진 면모를 개선하는 생산대, 생산대대와 인민공사가 수없이 속출했다. 산둥성 황현(黃縣) 샤딩자(下丁家)대대는 열악한 자연환경을 개조하기 위해 "물을 기본 고리로 산과 물, 밭을 종합적으로 다스리자."는 구호를 제기했다. 그들은 산을 깎아 저수지를 만들고 강을 막고 뚝을 쌓아 산의 물을 저장했다. 또한 강바닥에서 산꼭대기까지 10여 개의 저수지를 만들고 '3층 건물식' 관개망을 만듦으로써 1,400여 무의 메마른 밭에 물이 차게 했고 농업, 임업, 목축업, 부업을 전면적으로 발전시켰다. 내몽골자치구 츠펑현(赤峰縣) 당푸디(▨鋪地)대대는 10여 년간의 간고분투를 거쳐 방풍림과 수풀을 만들어 모래바람을 막아냈다. 그들은 인력, 풍력을 이용해 몇 백 개의 모래언덕을 옮기고 치웠을 뿐만 아니라 2,500여 무의 농경지에 논, 밭두렁을 쌓아 뙈기밭을 만들고 관개를 하여 무당 수확량을 358근으로 올렸다. 이 생산량은 1949년의 당지 생산량의 5배에 달했다. 국가가 일시적인 곤란에 처했을 때 샤딩자와 당푸디 대대의 농민과 같은 수많은 농민은 필사적인 정신으로 나라를 부강하게 하는 중대 임무를 짊어졌다. 1965년 11월의 '전국 다자이식농업 전형 전람'에서 52개 인민공사와 생산대가 '다자이식농업전형'이 되었다. 중국 농민들은 대자연을 개조하고 분투하는 가운데 당의 영도 아래 단결하고 분발하기만 한다면 그 어떤 곤란도 이겨낼 수 있음을 깨달았다.

청년들은 가장 진취적인 정신을 가지고 있으며 적극적인 진보 역량이다. 1960년대 청년들의 지향은 "훌륭한 아들딸은 어디에서나 뜻을 펼칠 수 있다."로 요약할 수 있다. 사회주의 건설을 위해 그들은 당의 호소에 적극적으로 호응하여 "농촌, 변강, 조국에 가장 필요한 곳으로 갔다". 혁명적 이상의 교육을 통해 청년들은 자신의 성장이 조국의 건설, 국가의 운명과 긴밀히 연결될 때야 비로소 최대의 빛과 열을 발산할 수 있음을 깨달았다. 싱옌쯔(邢燕子), 허우쥔(侯儁) 등 우수한 지식 청년 대표들이 농촌에 내려가 노동에 참가했다. 그들의 활동은 광범한 지식 청년들을 고무 격려했다. 제3선 건설에서 무수한 청년 과학기술자와 기술노동자들은 황폐한 대서북으로 달려가 국방공업건설과 과학기술사업의 발전에 묵묵히 청춘을 바쳤으며 역대 대학졸업생들은 조국에 보답하려는 신념 아래 물질적 여건이 간고한 수리공정, 지질탐사, 광산채굴 등 기초시설건설에 참가하여 적은 힘으로나마 조국건설에 이바지하겠다는 맹세를 충실히 이행했다. 그들 중의 많은 사람은 훗날 국가의 기둥으로 단련, 성장했다.

중국의 1960년대 상반기는 독특한 역사적 풍모를 가진 시기였다. 제국주의가 봉쇄할수록, 국민경제가 곤란할수록 인민들은 당을 중심으로 더욱 굳세게 뭉쳤다. 그것은 인민대중이 당이 대표하는 것은 중국인민의 근본 이익임을 굳게 믿고 있었기 때문이다. 당의 영도 아래 전국 인민은 한마음 한뜻으로 농공업생산을 발전시키고 가난하고 낙후한 면모를 개선했으며 위대한 사회주의국가를 건설했다. 이것은 간고분투의 시대였고 공헌을 낙으로 삼는 시대였으며 이상이 빛나고 기세가 드높은 시대였다. 이러한 시대적인 사회기풍과 사상적 분위기는 중국 사회주의 건설의 역사에 깊은 흔적을 남겨놓았다.

제18장

정치와 사상문화에서의 '좌'적 오류의 발전

7천 명 대회 후 한층 더 거친 조정을 통해 국내정세는 점차 호전되었다. 그러나 당의 '좌'적 오류의 지도사상은 아직 근본적으로 시정되지 못했으며 정세와 정책에 대한 많은 견해가 당내, 특히 중앙지도층에서 여전히 차이를 보였다. 심각한 곤란 앞에서 이런 모순과 차이는 잠시 잠복해 있었다. 하지만 정세가 점차 호전된 후 국내의 정책 조정이 더욱 심화되고, 국제 정세가 어느 정도로 긴장 상태에 빠지며, 중소 간 논쟁이 더욱 격화됨에 따라 정세를 평가하고 사업을 지도하는 면에서 당내의 차이는 또다시 발전하기 시작했다. 중국 자체의 사회주의 건설의 길을 모색하는 과정에서 당 앞에 새로운 풍파가 불어닥쳤다.

1. 당 중앙위원회 제8기 제10차 전원회의

'검은 바람', '개인경리 바람' 및 '번안풍'에 대한 비판

　　당 중앙위원회의 영도 아래 전국 인민이 험난한 곤란을 이겨내고 국민경제를 한층 더 조정하는 중요한 시각인 1962년 9월에 당 중앙위원회 제8기 제10차 전원회의가 소집되었다. 전원회의를 앞두고 당 중앙위원회는 베이다이허에서 한 달간 사업회의를 소집했고 또 베이징에서 약 한 달간 당 중앙위원회 제8기 제10차 전원회의 예비회의를 소집했다.

　　7월 25일부터 8월 24일까지 중앙은 베이다이허에서 사업회의를 소집했다. 원래 정한 의제는 농촌, 식량, 상업과 국가의 농업지원 등의 문제를 토론하는 것이었으며 중점은 '인민공사의 집단 경제를 한층 더 공고히 하며 농업생산을 한층 더 발전시키는 것에 대한 결정(초안)', '농촌인민공사 사업조례 수정 초안', '상업사업문제에 대한 결정' 등의 문건을 토의하는 것이었다. 8월 6일에 열린 대회에서 마오쩌둥은 계급, 정세, 모순 등의 문제에 관한 연설을 했다. 그 후 중심소조회의에서 마오쩌둥은 여러 번 상기의 관점을 계속하여 논술했다. 이리하여 베이다이허사업회의의 중점은 계급투쟁문제를 토론하는 데로 옮겨갔다.

당 중앙위원회 제8기 제10차 전원회의는 9월 24일부터 27일까지 소집되었다. 마오쩌둥은 우선 계급, 정세, 모순 및 당내 단결문제에 대해 연설했다. 이어 천보다, 리셴녠, 보이보와 리푸춘이 각각 농업, 상업, 공업과 계획 등 문제에 관해 설명했고 주더, 류사오치, 덩샤오핑, 저우언라이, 펑전 등이 대회에서 발언했다. 전원회의는 회의에서 토론을 거쳐 통과된 여러 가지 문건을 채택했다. 그리고 루딩이, 캉성(康生), 뤄루이칭을 중앙서기처 서기로 보궐선거하고 황커청과 탄정의 중앙서기처 서기직무를 해임했으며 중앙감찰위원회 위원과 후보위원에 각각 21명씩 보궐선거했다. 또한 두 전문 사건심사위원회를 구성하여 펑더화이, 시중쉰(習仲勳) 등에 대해 각기 심사하기로 결정했다. 9월 29일 자 〈인민일보〉는 '중국공산당 중앙위원회 제8기 제10차 전체회의공보'를 발표했다.

이번 전원회의는 전당과 전국 인민이 험난한 역경 앞에서 보여준 일치단결하고 분발하여 발전을 도모하는 분투정신을 수긍했으며 전당이 직면한 긴박한 과업은 농업을 기초로 하고 공업을 주도로 하는 국민경제발전의 총방침을 관철, 집행하며 국민경제에 대한 조정, 공고, 충실, 제고 사업을 계속 착실하게 잘해나가는 것이라고 지적했다. 회의는 국민경제계획은 다음과 같은 내용을 강조했다. 반드시 농업 발전을 출발점으로 하고 계획을 배정할 때 농업, 경공업, 중공업의 순서를 따르며 공업의 여러 부문은 반드시 농업을 지원하는 장기적인 계획을 제정해야 한다. 또한 국가는 마땅히 국민경제 각 부문에 대한 투자비율을 다시 심사 결정하여 농업에 대한 투자를 증가한다. 국가는 농업세와 양곡 통일수매량을 일정한 시기 내에 고정시키며 가격 면에서 농민들의 실제적인 이익을 고려하여 점차 농공업 제품의 합리적인 비교 가격을 확정해야 한다. 회의에서는 또 '인민공사의 집단경제를 한층 더 공고히 하며 농업생산을 한층 더 발전시키는 것에 대한 결정', '농촌인민공사사업조례 수정 초안' 등 몇 개 문건을 토론하고 채택했다. '농촌인민공사사업조례 수정 초안'은 원래의 초안에서 중요한 내용을 수정, 보충하고 생산대를 인민공사의 기본채산단위로 하며 인민공사의 규모는 한 개 향을 한 개 사로 하고 장기간 변하지 않으며 사원의 자류지는 사원의 가정에서 사용하며 이를 장기간 보장한다고 규정했다. 이 모든 것은 전 단계의 국민경제 조정 성과를 공고히 하고 다음 단계의 경제 조정을 계속 진행하는 데 적극적인 의의가 있었다.

그러나 이 전원회의는 이른바 '검은 바람', '개인경리 바람' 및 '번안풍'을 그릇되게 비판했기 때문에 당의 사업에 소극적 영향을 끼쳤다.

이른바 '검은 바람'에 대한 비판은 사실상 7천 명 대회 이후에 열린 시러우 회의와 5월의 중공중앙 정치국 상무위원회 확대회의의 정세에 대한 평가를 겨냥한 것이었다. 마오쩌둥은 다음과 같이 비판했다. 지금 어떤 사람은 정세를 암흑천지로 보고 있다. 그들은 사상이 혼란하고 신심을 잃고 광명을 보지 못하고 있다. 이른바 '개인경리 바람'에 대한 비판은 당시 여러 지방에서 나타난 세대별 생산량도급제와 당내 일부 동지가 세대별 생산량도급제와 세대별 경작지도급제를 지지한 것을 겨냥한 것이었다. 7월 20일에 마오쩌둥은 여러 중앙국 제1서기들과 담화할 때 "당신들은 사회주의를 찬성하는가 아니면 자본주의를 찬성하는가? 물론 자본주의를 하려고 하지는 않을 것이다. 그러나 어떤 사람들은 세대별 생산량도급제를 하고 있다. 지금 어떤 사람은 전국적으로 세대별 생산량도급제, 심지어 세대별 경작지도급제 시행을 주장하고 있다. 공산당이 나서서 경작지를 나눠주어야 하는가? 농민들에 대해서는 반드시 그들의 자원에 맡겨야 한다. 만일 어떤 사람이 기어이 세대별 생산량도급제를 시행한다 해도 과격한 태도를 취하지 말아야 한다. 문제는 농민들의 기본 요구가 무엇이고 우리가 어떻게 그들을 영도할 것인가를 분석하는 것이다."고 말했다. 그는 가장 근본적인 문제는 자본주의를 하는가 아니면 사회주의를 하는가, 농업합작화를 그냥 해야 하는가 하지 말아야 하는가, 어느 길로 나가야 하는가, 생산량을 농가에 도맡기고 밭을 농가에 나눠주어야 하는가 아니면 합작화해야 하는가에 있다고 인정했다. 그는 덩쯔후이 등이 세대별 생산량도급제를 지지하는 것은 부유 중농을 대표하여 개인경리를 요구하는 것이며 심지어 지주, 부농, 자산계급의 입장에 서서 사회주의를 반대하는 것이라고 비판했다.

사실상 이른바 '검은 바람'과 '개인경리 바람'은 서로 밀접히 연관되는 문제였다. 문제 해결의 관건은 정세를 어떻게 판단하는가에 달려 있었다. 7천 명 대회 후부터 베이다이허 회의 전까지 마오쩌둥은 두 번이나 베이징을 떠나 외지를 시찰했다. 그는 상하이, 항저우, 난창, 창사, 우한, 정저우 등 주요 도시를 돌면서 4개월 가까이 외지에서 체류했다. 그는 당지의 당, 정부, 군대 영도자들과 접촉하는 과정에 많은 정력을 조정 중에 있는 정치, 경제 정세, 특히 농업생산과 농촌 소유제 문제를 이해하는 데 두었다. 몇 달이 지나자 그는 점차 정세에 대해 개인적인 견해를 갖추게 되었다. 그러나 이러한 견해는 베이징에 있는 중앙의 제일선 지도자들과는 차이가 있었다. 7월 8일에 마오쩌둥은 자신의 거처에서 소형회의를 소집하고 허난, 산둥 두 성의 여름철 양곡수확 상황에 대해 소개하고 정세는 그다지 나쁘지 않다면서 류사오치 등이 허난, 산둥, 장시의 사람들을 찾아 담화하고 농촌의 정세를 파악하도록을 제안했다.

베이징에서 중앙의 제일선사업을 주관하던 지도자들은 정세에 대한 견해에서 여전히 커다란 의견 차이를 보이면서 전체 경제 정세가 아직도 비교적 큰 어려움에 처해 있다고 여겼다. 시러우 회의와 5월의 중앙사업 회의에서 류사오치가 중앙을 대표해 지금 "아주 어려운 정세에 직면하고 있다고 해야 할 것이며 가장 어려운 시기는 아직 지나가지 않았다고 해야 할 것이다."고 한 말이 바로 그것이다. 특히 농촌에 대한 견해에서 류사오치, 천원, 덩샤오핑 등은 비상 시기에 정세의 수요를 감안하여 농촌에서 세대별 생산량도급제를 포함한 여러 형태의 생산책임제를 시행할 수 있으며 편벽한 지역에서는 심지어 세대별 경작지도급제 등 여러 가지 경영 방식을 실행함으로써 농민들을 안정시키고 생산을 재빨리 회복, 발전시켜야 한다고 인정했다.

세대별 생산량도급제는 일종의 농업생산 책임제도로서 주요 생산수단에 대한 집단적 소유와 '다섯 가지를 통일시키는 것'을 원칙적으로 견지하는 집단 경제의 일종의 경영 방식과 경영 순서였다. 그러나 세대별 생산량도급제는 생산대를 기본채산단위로 한다는 '농업 60개조'의 규정을 실질적으로 넘어섰다. 경작지를 도급주자는 주장은 토지 사유제를 승인하는 것과 같았고 농촌소유제를 합작화 이전의 구도로 되돌리는 것이었기에 중대한 원칙 문제와 연관되었으며 따라서 마오쩌둥으로 하여금 사태의 중요성을 느끼지 않을 수 없게 했다. 1962년 5월에 마오쩌둥은 상하이에 있을 때 톈자잉에게 "우리는 군중노선을 걸어야 함이 틀림이 없다. 그러나 어떤 경우에는 완전히 군중의 말만 들어서도 안 된다. 이를테면 세대별 생산량도급제를 시행하자는 견해는 받아들일 수 없다."고 밝힌 바 있다. 마오쩌둥은 베이징에 돌아온 후 일부 농민에게 세대별 생산량도급제를 시행하자고 한 톈자잉의 주장에 대해 매우 첨예한 두 가지 문제를 제기했다. 이 의견은 집단경제를 위주로 하자는 것인가 아니면 개인경제를 위주로 하자는 것인가? 이 같은 의견은 톈자잉 개인의 의견인가 아니면 다른 사람들의 의견도 포함되어 있는가?

사실 당시 중앙서기처는 중앙국의 몇몇 주요 책임자가 한동안 오류를 끄집어내며 곤란만을 강조하고 있는 것에 대해 이미 드러난 상황을 통해 알고 있었다. 마오쩌둥도 오류는 이 정도면 더 끄집어내지 않아도 될 것 같으며 곤란에 대해서도 이미 강조할 만큼 다 강조했기에 지금부터 곤란을 극복할 것에 대해 강조해야 한다고 말한 바 있었다. 이는 1962년 7월부터 8월 사이에 중앙의 지도층 사이에 당면의 정세와 그에 따른 조치에 대해 인식 면에서 비교적 큰 차이가 있었음을 말해준다.

전원회의에서 한 이른바 '번안풍'에 대한 비판은 역사문제에 대한 견해에서 차이가 있음을 반영했다. '번안풍'에 대한 비판은 펑더화이의 신소서(伸訴書)와 소설 〈유지단〉을 표적으로 삼았다. 펑더화이는 7천 명 대회에서 그에 대한 비판적 결론을 재천명하고 특히 그가 "외국과 내통했다."고 다시 질책한 데 비추어 1962년 6월 16일에 당 중앙위원회와 마오쩌둥에게 장편 신소서(즉 '8만자 서신')를 썼다. 그는 신소서에서 자신의 역사와 혁명에 참가한 경력을 상세히 서술하고 당 조직에 자신은 "반당 그룹을 조직"하지 않았고 "당의 권력을 찬탈하려는 야심"이 없으며 "외국과 내통"하는 활동은 더구나 한 적이 없었다고 정중하게 밝혔다. 8월 22일에 그는 재차 중앙에 서신을 띄워 자신의 문제에 대해 '전면적으로 심사하고 정확하게 처리해줄 것'을 요구했다. 펑더화이의 신소가 중국공산당 규약과 당의 조직 원칙에 완전히 부합했으나 당시 그의 신소는 '번안' 활동으로 취급받았고 계급투쟁의 심각한 동향으로 제기되었다.

마오쩌둥은 감별시정사업과 펑더화이의 신소는 모두 '번안풍'이라고 인정했다. 그는 근간에 부는 명예 회복 바람은 옳지 못하며 1959년의 '반우경'을 일괄적으로 부정해서는 안 된다고 했다. 회의는 펑더화이에 대한 궐석 비판에서 1959년 루산회의 때에 한 모든 지적을 중복한 외에 또 아무런 근거 없이 펑더화이는 국제적인 제국주의, 수정주의, 반동세력의 반중국 책동과 손발을 맞추어 국내가 일시적인 곤란에 처한 시기를 이용해 당을 향해 새로운 진격을 발동했다고 인정했다. 회의 기간에 캉성은 소설 〈유지단〉은 "가오강을 위해 번안하는 것"이라고 억설했는데 마오쩌둥의 동의를 받았다. 회의에서는 이 소설의 집필을 관심한 적이 있는 국무원 부총리 겸 비티베트인 시중쉰을 펑더화이, 가오강과 한데 연관시켰고 시중쉰 등을 가오강을 위해 번안하는 '반당 집단'이라고 지적했다.

9월 29일에 마오쩌둥은 중앙선전부의 〈선전교육동태〉 특간호 제63기를 열독하다가 국가기관당위원회에서 몇몇 사람을 우파 감별 시범대상으로 확정한 것을 알게 되었다. 그는 이 자료에 다음과 같이 회시했다. "우파 분자 본인이 감별해줄 것을 청구하지 않았는데 상급에서 기어이 '시범'으로 삼아 경험을 쌓고 보급하려 하고 있다. 이 사건은 6, 7월에 발생했는데 방자하기가 이를 데 없다."[1] 비록 때는 당 중앙위원회 제8기 제10차 전원회의가 이미 끝난 뒤에 생긴 일이었지

---

1) 마오쩌둥, '우파 분자 감별 시범 문제를 검사하는 것에 관한 회시', 1962년 9월 29일.

만 회의가 열리기 전에 발생한 일부 상황과 한데 연관지어 정세에 대한 판단을 더욱 복잡하게 했다.

이른바 '번안풍'에 대한 매서운 비판을 거쳐 '우경 기회주의자'들에 대한 명예 회복사업은 이로써 끝이 났다. 이와 때를 같이하여 덩쯔후이가 부장으로 있던 중공중앙 농촌공작부는 "10년 동안 좋은 일을 한 가지도 한 적이 없다."는 질책을 받고 취소되었으며 세대별 생산량도급제 등 생산 책임제에 대한 개혁 실험도 어쩔 수 없이 중단되었다.

계급투쟁을 재차 제기하게 된 원인과 그로 인해 빚어진 실책

당 중앙위원회 제8기 제10차 전원회의에서 전개한 그릇된 비판은 마오쩌둥이 계급투쟁문제에서 '좌'적 오류의 이론을 발전시킨 것과 직접 연관된다. 그러나 사상적 근원에서 볼 때 사회주의와 사회주의 사회에는 일정한 범위 내에서 계급투쟁이 존재한다는 문제를 어떻게 정확하게 인식할 것인가와 밀접히 연관된다.

당 중앙위원회 제8기 제10차 전원회의 및 준비단계의 회의에서 마오쩌둥은 소련의 흐루쇼프의 관점에 대한 비판 및 국내 정세에 대한 관찰과 연계시켜 계급, 갈등 및 계급투쟁 문제를 거듭 제기했다. 마오쩌둥은 전원회의 공보를 수정할 때 다음과 같은 말을 삽입하며 강조했다. 즉 무산계급과 자산계급 간의 계급투쟁, 사회주의 길과 자본주의 길 간의 투쟁은 "자본주의에서 공산주의로 이행하는 전체 역사 시기에(이 시기는 수십 년 심지어 그보다 더 오랜 세월이 걸리게 된다)" 존재하며 이 시기에서 "전복된 반동통치계급은 저들의 멸망을 달가워하지 않고 언제나 재생을 시도할 것이다. 이와 동시에 사회에는 엄연히 자산계급의 영향과 낡은 사회의 관습 세력이 존재하며 일부 소생산자들의 자연발생적인 자본주의적 경향이 존재한다. 그러므로 인민들 속에서 아직도 사회주의적 개조를 받지 않은 사람들이 있다. 그들은 인원수가 많지 않고 총인구의 몇 퍼센트밖에 차지하지 않지만 일단 기회가 되면 사회주의 길을 떠나 자본주의 길로 나아가려 시도한다. 이런 정황에서 계급투쟁은 불가피한 것이다. 이것은 마르크스-레닌주의가 이미 오래전에 천명한 역사법칙이다. 우리는 이것을 절대로 잊어서는 안 된다."[2]. 마오쩌둥은 또 계급투쟁과 자본주의 재발의 위험성에 대해 우리는 지금부터 반드시 해마다 강조하고 달마다 강조하여 "우리에게 명석한 마르크스 노선이 유지되도록 해야 한다."고 했다. 이와 같이 사회주의 사회에서의 계급투쟁을 어떻게 인식하고 처리할 것인가 하는 중요하고도 복잡한 문제는 여러 차례 전 당에 제기되었다.

생산수단의 사적 소유제에 대한 사회주의적 개조가 기본적으로 완수된 후에도 외부 적들의 침범과 전복이 일어났을 뿐만 아니라 사회주의사회 내부에 계급투쟁이 일정한 범위 내에 엄연히 장기적으로 존재할 것이며 일정한 조건에서는 더욱 격화될 수도 있다. 이는 중요한 사실이다. 확실히 존재하고 있는 계급투쟁 사실을 정시하고 정확히 처리하여 이에 대해 명확하게 인식하는 것은 전적으로 필요한 것이다. 그러나 집권당으로서 만약 사회주의 사회에서 일정한 범위 내에 존재하고 있는 계급투쟁을 확대하고 절대화한다면 피아 간 시비 경계를 혼동시킬 수 있을 뿐만 아니라 1957년의 반우파 투쟁 이후에 제기한 무산계급과 자산계급 간의 갈등은 여전히 중국 사회의 주요 모순이라는 관점을 발전시키게 되며 이로 말미암아 사회주의를 완전히 건설하기 이전의 전체 과도기(그때 십몇 년이라고 추측했다)에 처

---

2) '중국공산당 제8기 중앙위원회 제10차 전원회의 공보'(1962년 9월 27일), 중공중앙 문헌연구실 편, 〈건국 이래 중요문헌선〉 제15권, 중앙문헌출판사 한문판, 1997년, 653쪽.

음부터 끝까지 두 계급, 두 갈래 길 간의 투쟁이 중국 내부의 주요 모순이라고 단언한 것은 곧 실천, 이론 면에서 올바르지 못한 표현이었다. 당 중앙위원회 제8기 제10차 전원회의에서 펑더화이, 시중쉰, 덩쯔후이 등에 대한 비판을 무산계급이 자산계급을 반대하는 투쟁으로 삼은 것은 사건의 성격을 전적으로 잘못 판단한 것이며 계급투쟁을 주요 모순으로 하는 과도기를 공산주의의 고급 단계가 도래하기 전까지 연장해야 한다고 한층 더 단언한 이 논점은 더욱 올바르지 못한 것이다. 후에 이 논단은 당의 '기본 이론과 기본 실천'으로 간주되었으며 '문화대혁명' 가운데서는 "전체 사회주의 역사 단계에서의 우리 당의 기본 노선"으로 간주되었다. 이는 마오쩌둥이 1962년 당 중앙위원회 제8기 제10차 전원회의 이후 사회주의 사회의 일정한 범위 내에 존재하는 계급투쟁을 확대화, 절대화했음을 보여준다. 이로 말미암아 계급투쟁문제에서의 당의 '좌'적 관점은 한층 더 체계화되었고 정치면에서 '좌'적 오류가 재발하는 데 이론적 기반을 마련해주었다.

당 중앙위원회 제8기 제10차 전원회의에서 이른바 '세 가지 작풍'에 대해 비판하고 계급투쟁문제를 다시 제기한 것은 당시의 특정한 역사적 배경과 직접 연관된다. 1960년 후에 중소 양당은 의식면에서 의견 차이가 날로 뚜렷해지고 공론화되었으며 국가관계도 일련의 모순으로 날로 긴장해졌다. 1962년에 이르러 타이완 장제스 집단의 대륙 반공 의도가 분명해졌으며 중국-인도 변계 군사 충돌도 1962년에 들어서서 뚜렷이 늘어났으며 신장 일리, 타청지역에서 변경 주민들이 해외로 도주하고 주정부를 습격하는 폭력 사건이 발생했으며 미국의 U-2 정찰기가 중국 내륙영공을 빈번히 침범하는 등의 사건들이 발생했다. 이러한 일련의 사건들은 어느 정도에서 정세를 긴장하게 만

들었다. 8월 9일에 마오쩌둥은 베이다이허 회의 소조회에서 처음부터 이렇게 말했다. "오늘은 공산당이 무너지는가 무너지지 않는가 하는 문제만 말하겠다. 공산당이 무너지면 누가 오는가? 물론 두 개 큰 당밖에 없으니 우리가 무너지면 국민당이 올 것이다." 이렇게 문제를 제기한 것은 어느 정도 타이완이 여러 차례 대륙을 침범하겠다고 소란을 벌이는 배경 때문이었다. 마오쩌둥은 "일부 동지들은 무슨 변고라도 당하면 쉽게 동요하는데 이는 사회주의 혁명에 대한 정신적 준비가 되어 있지 않거나 혹은 마르크스가 없기 때문이다."고 말했다.

"사회주의 혁명에 대한 정신적 준비가 되어 있지 않다."와 "마르크스가 없다."는 아주 무게가 있는 말이었다. 마오쩌둥은 다음과 같이 말했다. 1960년 하반기 이후 모두 암흑천지만 이야기하고 광명은 말하지 않은 지가 2년이나 된다. 지금 두 부류의 사람들이 있다. 한 부류는 암흑천지만을 말하고 다른 한 부류는 암흑천지를 많이 말하고 광명을 약간 말한다. 과업은 정세 분석에 의해 제기한 것이다. 암흑천지라면 그것은 사회주의를 해서는 안 되므로 전부 개인경리를 할 수밖에 없을 것이 아닌가. 그것이 필연적으로 방침, 조치와 세계관에 반영될 것이다. 마오쩌둥은 개인경리에 대해 그것이 틀림없이 심각한 결과를 초래하게 될 것이라고 했다. 8월 9일의 중심소조회의에서 마오쩌둥은 시난국 제1서기 리징취안이 "개인경리를 실행한 후 양극화가 심해질 것인데 2년이 지나면 이는 아주 뚜렷해질 것이다."고 한 말을 이어 다음과 같이 지적했다. 2년까지 걸릴 것 없다. 1년 남짓이 지나면 계급 분화가 생길 것이다. 그 가운데는 공산당의 지부 서기들이 포함될 수도 있는데 그들은 탐오하여 재물을 챙기고 첩을 두며 고리대를 놓으며 땅을 사들일 것이다. 다른 한편으로 빈고농들이 파산하게 될 것이다. 그 가운데는 4속호[3], 5보호도 있을 것인데 그들은 바로 우리의 사회적 토대이고 우리가 의지해야 할 사람들이다. 마오쩌둥은 다음과 같이 말했다. 소수 사람이 정세를 지나치게 비관적으로 보고 있다. 문제는 주로 국내 계급투쟁에서 반영된다. 다시 말하면 구경 사회주의를 하는가 아니면 자본주의를 하는가에서 반영된다. 이 투쟁은 상당히 긴 시일이 걸릴 것이며 백년 후에도 이 문제가 계속될 것인데 이 같은 정세를 꼭 파악해야 한다. 마오쩌둥이 보기에 문제의 근본은 어떤 계급을 대표하고 어떤 길로 나아가는가 하는 것이었다. 집체화는 사회주의적인 것이고 '세대별 생산량도급제', 특히 개인경리는 의심할 바 없이 자본주의적인 것이었다. 마오쩌둥은 다음과 같이 말했다. 보아 하니 백분의 몇으로부터 백분의 십 몇에 달하는 사람들더러 개인경리를 하도록 허락해도 괜찮을 것 같다. 90%가 집체화를 하고 있지 않는가! 만일 전부 또는 대부분 사람들이 개인경영을 한다면 나는 찬성할 수 없다. 그렇게 되면 필연코 당내 분열이 조성될 것이다. 마오쩌둥은 인민공사 관리 체제에 대한 조정을 거쳐 생산관계 측면의 문제가 이미 해결되었다고 보고 있었다. 생산대를 기본채산단위로 하는, 즉 초급농업생산 합작사 규모에 상당한 경영 분배 형대는 집단적 소유와 사회주의 길을 견지하는 네 더 이상 물러설 수 없는 한계였으며 만약 여기서 더 물러선다면 자본주의 길을 주장하는 것이나 다름없다고 보았다. 바로 이런 의미에서 마오쩌둥은 중앙의 제일선사업을 주관하는 류사오치가 세대별 생산량도급제, 특히 농가들에 경작지를 나눠주는 문제에 대해 '버티지' 못하고 곤란 앞에서 동요했으며 마르크스를 견지하지 않았다고 인정했다.

---

3) 4속호는 4가지 가족, 즉 국가간부, 국가종업원, 교원, 군인 가족을 뜻한다.

그리하여 세대별 생산량도급제와 세대별 경작지도급제에 대한 주장을 비판하는것이 계급투쟁을 다시 제기하게 된 직접적이 원인이 되었다.

1962년의 당 중앙위원회 제8기 제10차 전원회의에서 다시 제기된 계급투쟁은 그 후의 중국의 정치 방향에 심각한 영향을 끼쳤다. 마오쩌둥은 사회주의 건설의 길을 모색하는 과정에 나타난 분기, 특히 막대한 경제적 곤란을 해결하는 과정에서 취한 일시적인 조치를 계급투쟁으로 간주하고 사회주의 길과 자본주의 길 간의 투쟁이라고 인정했는데 이는 실제와 부합되지 않는 것이다. 이 같은 견해는 결국 중국에서 어떻게 사회주의를 건설할 것인가에 대한 인식에서의 역사적 국한성을 보여주었다. 이 같은 국한성은 흔히 국내외 정세의 기복과 변화로 더욱 뚜렷해지곤 했다. 전당이 모든 힘을 다해 경제사업에서의 '좌'적 지도사상을 시정할 때 일련의 정세 변화로 말미암아 정치와 사상문화의 '좌'적 오류가 오히려 발전하기 시작했다. 1963년부터 1965년까지 '4청'운동 및 사상 영역의 잘못되고 과격한 정치적 비판을 거쳐 당은 정치 측면에서 갈수록 막대한 편차가 발생했고 나중에는 '문화대혁명'이 발생하기에까지 이르렀다. 이 교훈은 반드시 깊이 새겨야 한다.

당 중앙위원회 제8기 제10차 전원회의가 끝날 때 류사오치는 1959년의 루산회의 이후 전당적으로 '우경기회주의'에 대한 비판이 실제 사업에서 '좌'적 오류를 시정하는 것을 방해한 교훈을 거울로 삼아 이번 전원회의에서 펑더화이, 시중쉰, 덩쯔후이를 비판한 상황을 당의 고위간부들에게만 전달하고 그 아래에는 전달하지 않도록 특별히 제안했다. 전원회의는 류사오치의 이 제안을 접수했다. 마오쩌둥도 계급투쟁을 강조한다고 하여 경제사업을 늦춰서는 안 되며 경제조정사업을 첫자리에 놓고 계급투쟁을 경제사업과 병행해야지 지나치게 강조해서는 안 되며 계급투쟁이 우리의 사업에 지장을 주게 해서는 안 된다고 지적했다. 저우언라이도 전원회의에서 연설을 발표하여 계급투쟁을 주도하며 사업을 조정하는 데 교란을 당하지 않고 우를 반대하면서 '좌'도 방지하는 것에도 주의를 기울여 이를 일반대중에게까지 파급시키지 말고 운동을 벌이지 말아야 한다고 강조했다. 동시에 그는 아직도 대량의 조정사업을 해야 하기에 기회를 놓치지 말아야 한다고 지적했다. 이리하여 당 중앙위원회 제8기 제10차 전원회의 이후 전당과 전국의 사업에는 복잡한 상황이 나타났다. 한편으로는 정치 측면에서 계급투쟁문제에서의 '좌'적 오류가 점점 심각하게 발전했고 다른 한편으로는 조정에 관한 약간의 구체적 배치를 수호하여 경제 측면에서의 조정과 회복사업이 기본적으로 원래 계획대로 계속 진행될 수 있었다. 이 두 가지는 서로 모순되어 비록 후자가 전자의 견제와 간섭을 끊임없이 받게 되었지만 모순은 잠시 어느 정도 통제될 수 있었다.

2. 국내외 정세에 대한 지나친 평가 및 그로 인한 정치적 영향

국제 정세와 전쟁 위험에 대한 평가

1962년부터 중국의 국가안전 정세에는 새로운 변화가 나타났다. 당은 국제 정세에 대해서도 지나친 평가를 내리는 추세를 보였다.

1950년대부터 1960년대 초까지 중국의 전략적 방어의 주요 방향은 미국과 타이완 장제스 집단이 전쟁을 일으킬 가능성이 있는 동남 연해 일선(황해의 동부도 포함한다)이었고 총체적인 전략적 방침은

'북정남방'⁴⁾이었다. 그러나 60년대에 들어선 후 국가 주변의 안전 환경이 복잡해졌다. 전략적 방어에 대한 마오쩌둥과 당 중앙위원회의 방침도 점차 조정되고 있었다. 이와 같이 안전 환경이 복잡해진 것은 대륙이 일시적인 경제적 곤란에 처한 틈을 타서 1962년에 장제스 집단이 동남연해지역에서 군사 침입을 책동하고 중국-인도 변계의 군사 충돌이 증가하며 신장 변경 주민들이 해외로 도주하는 사건을 제외하고도 주로 두 가지 면에서의 전략적 방향이 뚜렷하게 변화한 것에서 비롯되었다. 하나는 미국이 베트남전쟁에 분명히 개입한 것이고 다른 하나는 중국과 소련의 관계가 악화되면서 변계 분쟁과 군사 충돌이 늘어난 것이었다. 이렇게 되어 중국에 주는 남북 두 방향의 불안정 요소가 모두 증가했다. 국가의 전략적 방어 방침에 대한 조정은 1964년에 이르러서야 크게 변했다.

항미원조전쟁이 결속된 후 중미 간에 더 이상 직접적인 군사적인 마찰이 없었다. 그러나 미국의 전략적으로 중국을 억제하는 정책은 장기적인 것이었고 명확한 것이었다. 군사 측면에서 미국과 타이완이 체결한 '공동방어조약'과 동남아 지역에서의 미국의 군사적 존재는 모두 중국에 대한 군사적 위협으로 되었다. 1962년 6월에 마오쩌둥과 중앙군사위원회는 장제스 집단이 푸젠과 민웨(閩越), 민절 인접지역에서의 군사적 모험 행동을 책동하는 것에 대비하여 해방군을 비밀리에 푸젠에 진주시키는 등 군사적으로 면밀하게 배치했다. 천이 부총리는 1962년 7월 12일에 중조친선합작호조조약 체결 1주년 기념연회 연설에서 다음과 같이 지적했다. 대륙을 침범하려는 장제

---

4) '북정남방'이란 미국 등 국가의 대규모 침입에 대비하여 동부 연해지역에서 적극적인 방어를 시행하며 그중 저장성 이북 지역은 '고수식'으로 저항하고 이남 지역은 적들을 경내에 깊이 끌어들여 소멸하는 것을 가리킨다.

스 집단의 군사적 모험은 시간이 당겨지든 늦춰지든 규모가 크든 작
든지를 막론하고 미국 정부가 전적으로 책임져야 한다. 그것은 장제
스 집단이 미국의 무력과 자금에 의지해가고 있기 때문이다. 강경한
입장의 이 공개성명은 미국의 전략적 의도에 대한 중국의 판단을 드
러냈다. 1960년대에 들어서서 미국은 여러 차례 고공정찰기를 파견
하여 중국 영공을 침범했는데 그 주요 목적은 중국의 원자무기 시험
제작에 관한 정보를 정찰하고 탐지하기 위해서였다. 1964년을 전후
하여 미국군대 측과 국가 안전 및 정보 부문에서는 중국의 핵시설 타
격에 관한 계획을 제정했다. 다만 이때까지도 마오쩌둥은 여전히 "서
부지역을 돌보려고 우리의 주의력을 서부지역으로 돌려서는 안 된
다. 우리의 전략적 방향은 여전히 동부지역에 있으며 동부지역은 우
리의 요충지이다."고 인정했다.

1964년 5월부터 6월 사이에 중소 간의 논전으로 시작되어 악화된
두 나라 관계로 말미암아 중국 주변의 안전 정세에는 더욱 새롭고 복
잡한 국면이 나타나게 되었다. 소련이 1960년 8월에 중국 신장위구
르자치구 버즈아이거르산곡에서 제1차 변계 충돌을 일으킨 후로 중
소변계 국세가 불안정해졌다. 1960년 8월부터 1964년 10월까지 중
소변계지역에서 총 1천여 차례의 충돌이 발생했다. 1964년부터 소련
은 중소변경에 대량의 병력을 증파하여 긴장 정세를 더욱 심화했다.
1964년 5월 27일에 마오쩌둥은 당 중앙위원회 정치국 상무위원회 회
의에서 다음과 같이 지적했다. 흐루쇼프가 중국을 대거 반대하는 추
세로부터 우리는 그가 세상 사람들의 뜻에 아랑곳하지 않고 공공연
히 중국에 대해 전쟁을 도발할 수도 있음을 염두에 두어야 한다. 그
러므로 우리는 반드시 최선을 다해 무력 침입에 맞설 준비를 강화해
야 한다. 마오쩌둥이 소련과 전쟁이 일어날 가능성을 제기하기로는

이것이 처음이었다. 이에 앞서 총참모장 뤄루이칭은 마오쩌둥의 명령을 받고 1963년에 저장에서 산둥반도일대까지, 길림과 헤이룽강의 일부 지역, 신장의 알타이(阿勒泰), 타청, 굴자와 카스(喀什, 카슈가르) 지구 및 장자커우, 승덕(承德) 등 여러 방향의 전략적 요지를 답사했다. 마오쩌둥은 심지어 뤄루이칭에게 해마다 신장을 한 번씩 시찰하고 지형에 익숙해지며 예비 방안을 제정할 것을 요구했다.

1964년 5월과 6월에 열린 중앙사업회의 기간인 6월 16일에 마오쩌둥은 13릉 저수지에서 소집된 회의에서 새로운 전략적 방어 구상을 제기했다. 이 구상의 요점은 적들이 도처에서 쳐들어올 수 있기 때문에 곳곳에서 전쟁 준비를 하고 경각심을 높이며 적들이 진격해오는 기세에 따라 주요 공격 방향과 주요 방어 방향을 확정하는 것이었다. 마오쩌둥은 다음과 같이 특별히 지적했다. 적들은 어떻게 공격해오는가? 주로 중간 돌파를 하여 남북을 단절할 것인데 양측에서 진격해오는 것은 두렵지 않으나 중간이 돌파되면 위험하다. 가장 긴장을 놓을 수 없는 곳은 여전히 베이징과 톈진이다. 그는 또 적들이 8개국 연합군이 그랬던 것처럼 보하이(渤海)를 거쳐 톈진에 상륙할 수도 있다고 했다. 그러므로 전쟁 준비를 강화해야 하는데 지방 무장, 기간 민병, 무기 공장을 발전시키고 제3선을 건설해야 한다고 말했다. 그는 만반의 준비를 하고 있지만 적들이 공격해오지 않을 수 있고 준비를 갖추지 못했는데 적들이 공격해올 수도 있다면서 적들이 오면 싸우고 일단 싸우게 되면 여지없이 쳐부셔야 한다고 말했다. 마오쩌둥은 "대행정구 서기들은 군대를 틀어쥐어야 하는데 돈만 강조하고 총을 무시해서는 안 된다."고 경고했다. 마오쩌둥이 회의에서 제기한 새로운 전략적 방어 구상은 그가 한동안 국제 정세의 변화와 중국이 어떻게 이런 변화에 대처할 것인가를 심사숙고한 후 도출해낸 것이었다. 이 구상은 1960년에 중앙군사위원회가 확정한 '북정남방'의 전략적 방침을 변경했는데 기본적으로 적들이 도처에서 쳐들어올 수 있음을 고려하여 반드시 전면적으로 군사 준비를 해야 한다는 전략적 구상이었다.

향후 전쟁의 성격, 규모와 발발 시간에 대해서도 당 중앙위원회와 마오쩌둥은 미리 예상했다. 1964년 10월 22일에 마오쩌둥은 어떤 회시에서 다음과 같이 명확히 밝혔다. 반드시 전쟁에 입각하여 크게 싸우고 일찍 싸울 준비 태세로 전쟁 준비를 적극적으로 해야 한다. 또한 일찍 싸우고 크게 싸우고 핵전쟁을 하는 데 입각하여 시간을 다투고 속도를 높여야 한다. 시간도 전략이다. 1965년 5월 21일에 저우언라이는 중앙군사위원회 작전회의에서 전쟁을 일찍 치르고 크게 치를 준비를 해야 하며 "제국주의가 수정주의와 연합하여 전쟁을 일으키고 심지어 핵전쟁을 일으킬 수 있기에" "양면으로 싸울 준비를 해야 한다."고 지적했다. 이 밖에 적들이 기습할 가능성에 대비하여 중앙군사위원회는 일찍이 1961년에 총참모부에 기습방지소조 및 각급 기습방지기구를 설립했다. 1960년대에 들어선 후 전쟁 준비에 대한 인식과 관련 사업은 이미 국가적인 차원에서 고려하는 극히 중요한 사업으로 제기되었다. 일찍 싸우고 크게 싸우며 심지어 핵전쟁을 치를지도 모른다는 것은 이미 중앙의 예측에 들어 있었다. 이 같은 예측은 그 후 10여 년 동안 지속되면서 국가의 정치, 경제 발전 추세에 밀접한 영향을 일으켰다.

국제와 주변 정세의 악화는 국가의 전략적 방어 구축, 군사적 준비, 공업 발전과 경제 중심의 구도에 가장 직접적인 영향을 끼쳤다. 1966년 연간 계획 배치에서 대형과 소형의 제3선 건설 및 기타 전쟁 준비 공사에 대한 투자 계획이 국가 기초시설건설 총투자의 절반을 차지했다. 국가의 물질적인 투입도 투입이겠거니와 전쟁 정세가 심해지고 있다는 평가로 말미암아 사회의 정치적 동원과 사상적 동원에는 뚜렷한 변화가 생겨났다. 1965년 4월 2일에 저우언라이 총리는 중국 정부의 입장을 미국에 전달할 때 다음과 같이 강조하여 지적했다. 중국은 만반의 준비가 되어 있다. 만일 미국이 기어코 중국에 전쟁을 일으키려 한다면 그 병력이 얼마든, 원자무기를 포함하여 어떤 무기를 사용하든 상관없이 쳐들어올 수는 있어도 돌아가지는 못할 것이다. 이 입장은 사회주의 조국을 보위하려는 중국 인민의 결심을 보여주었다. 아울러 전쟁 준비로 계급과 계급투쟁에 관한 국내 정치 분야에서의 의식이 뚜렷하게 강화되었다. 저우언라이는 1966년 1월 16일의 전군정치사업회의에서 다음과 같이 지적했다. 세계적으로 제국주의, 자본주의가 존재하는 한 전쟁 준비 사상을 갖추고 있어야 하며 계급투쟁이 존재하는 한 무장 투쟁의 사상을 갖추고 있어야 한다. 그러므로 전반 사회주의 건설 시기에서 전쟁 준비 사상은 우리의 전략적 사상이다. 이는 일시적인 정책이 아니며 1년, 2년에 국한되는 정책도 아니다. 어쩌면 우리는 평생 동안 이 사상을 견지하고 있어야 할지도 모른다.

1960년대에 세계적인 냉전이 감돌고 국제 사회주의운동에 분열이 생긴 배경에서 고도의 경각성을 가지고 만반의 준비로 국가 안전을 보장하는 것은 절대적으로 필요한 것이었다. 사전에 준비가 잘 되어 있다면 두 발 뻗고 편히 잘 수 있다는 것은 그 어느 국가의 지도자든 모두 할 수 있는 반응이다. 세계적인 냉전의 정치 정세와 의식의 대립으로 1960년대 상반기에 중국이 직면한 외부 환경은 확실히 복잡하고 준엄했다. 그러므로 당 중앙위원회는 발생할 수 있는 최악의 상황에서 출발하여 국가 안전을 보위하기 위해 만반의 준비를 했으며 국방 체계의 건설을 추진했다. 그러나 국제 정세를 판단하고 전쟁 준비를 하는데 중대한 관계가 있었다. 만약 전쟁발발의 위험을 지나칠 정도로 엄중하게 평가한다면 정치적으로 상상할 수조차 없는 일련의 영향을 조성할 수도 있었으며 더욱이 중국으로 하여금 경제건설을 전쟁 준비에 종속시키는 위치에 놓도록 할 수 있었다.

국제적인 수정주의 반대와 국내에서의 수정주의 비판문제의 제기

1962년의 베이다이허 회의와 당 중앙위원회 제8기 제10차 전원회의의 이른바 '세 가지 작풍'에 대한 비판은 인식 측면에서 중대한 변화를 초래했는데 바로 중국에 수정주의가 나타났다는 문제가 점차 명확하게 제기된 것이다. 마오쩌둥은 8월 13일에 열린 베이다이허 회의에서 중심소조회의 중간에 다른 사람의 말에 끼어들어 다음과 같이 말했다. "중국에서 결코 수정주의가 나타나지 않는다고 단정하기 어렵다. 아들 세대에서 나타나지 않는다 해도 손자 세대에 가서 나타날 수도 있다. 그러나 걱정할 것까지는 없다. 손자 세대에 수정주의가 나타난다면 그다음 다음 세대에서 또 마르크스가 나타날 수 있기 때문이다. 변증법에 따르면 사물은 언제나 반대 방향으로 발전한다." 당 중앙위원회 제8기 제10차 전원회의에서 마오쩌둥은 더욱 직설적으로 자신의 견해를 발표했다. 그는 "우리 중국에도 중국의 수정주의와의 모순이 존재한다. 지난날에 우리는 이를 우경기회주의라고 불렀는데 지금은 아마도 중국의 수정주의라고 이름을 고치는 것이 좋을 것 같다."고 말했다. 두 달간의 회의를 총화하면서 마오쩌둥은 사업문제를 제외하고는 사실 한 가지 주제만 토론했는데 '계급투쟁, 바로 마르크스와 수정주의 간의 투쟁에 관한 문제'를 연구했다고 인정했다. 마오쩌둥은 중국에는 이미 수정주의가 나타났으며 그것을 국제상의 현대 수정주의와 본질적으로 같은 것으로 보고 있었다. 그리하여 어떻게 마르크스를 견지하고 수정주의를 반대할 것인가와 같은 명제를 제기하게 되었다.

이른바 국제적인 '현대 수정주의'란 20세기 중엽에 국제공산주의운동에서 의식 측면에서의 차이와 논쟁 가운데서 점차 확정된 개념이다. 당시 마오쩌둥과 당 중앙위원회는 1961년에 소련공산당 중앙위원회가 제기한 소련공산당 강령 초안과 이 초안을 채택한 소련공산당 제22차 대표대회는 '현대 수정주의' 관점을 체계화한 표징으로써 소련공산당 제20차 대회 이래의 그릇된 노선을 더욱 체계화, 이론화했다고 인정했다. 개괄적으로 말하면 '3화2전'이라고 할 수 있는데 '3화'란 평화적 공존, 평화적 경쟁, 평화적 과도를 말하고 '2전'이란 전 인민적 국가, 전 인민적 정당을 말한다. 마오쩌둥은 다음과 같이 인정했다. 흐루쇼프와 같은 사람은 사회주의사회의 고소득층을 대표한다. 소련의 당 간부 가운데 이런 특수계층이 있다. 다시 말하면 사회주의사회에서 새로 나타난 자산계급분자이다. 흐루쇼프의 전 인민적 정당은 일종의 기만이다. 소련사회는 지금 바야흐로 분화되고 있다. 마오쩌둥은 계속 지적했다. 양극 분화와 빈부격차가 생기고 반혁명분자도 나타나는데 이것을 어찌 전 인민적 국가라고 할 수 있는가? 류사오치는 '3화2전'은 마르크스-레닌주의의 핵심을 위반하고 무산계급 혁명과 무산계급 독재의 이론을 위반하고 무산계급 정당 이론을 위반했으며 '3화2전'을 통하여 흐루쇼프의 수정주의의 이론이 이미 체계적으로 형성되었다고 인정했다.

마오쩌둥과 류사오치는 7천 명 대회 연설에서 모두 '현대 수정주의'

문제5)를 언급했다. 마오쩌둥은 '국제 수정주의자들은 끊임없이 우리를 비난하고 있다. 우리의 태도는 그들이 실컷 비난하도록 내버려두다가 필요할 때에 적당하게 그들에게 반격하는 것이다."고 말했다. 그는 또 "일부 사람은 공산당을 '전 인민적 당'이라고 하는데 우리는 그렇게 생각하지 않는다. 우리 당은 무산계급의 정당이고 무산계급의 선진적인 부대이며 마르크스–레닌주의로 무장된 전투부대이다."고 했다. 류사오치는 제2국제 및 그 후의 국제공산주의운동의 역사에 대한 분석을 통해 레닌과 스탈린이 창건한 공산당은 변할 수도 있는 것이라고 했다. 소련공산당 제20차 대표대회 이후 흐루쇼프는 계속 수정주의의 길을 고집했다. 소련공산당 제22차 대표대회에 이르러 모스크바형의 수정주의는 이미 비교적 구전된 체계를 갖추었다. 총체적으로 당 중앙위원회는, 소련공산당 강령과 소련공산당 제22차 대표대회는 흐루쇼프 수정주의 관점의 절정이고 그것의 핵심적 오류는 '전 인민적 정당'과 '전 인민적 국가'를 고취하면서 마르크스–레닌주의의 원칙을 저버리고 계급투쟁을 강조하지 않고 계급 분석을 강조하지 않아 소련사회의 계급분화를 조성한 것이며 핵심은 무산계급혁명과 무산계급 독재를 반대한 것이라고 인정했다.

'전 인민적 정당'과 '전 인민적 국가'라는 이 두 가지 관점은 분명 틀린 것이었다. 이 관점은 소련사회 발전에서 실제적 근거가 없을뿐더러 이론적으로 무산계급정당의 계급적 성격에 관한 마르크스 원리에 위배된다. 그러나 '전인민적 정당'과 '전인민적 국가' 문제를 제기한다고 해서 중국사회 내부의 계급, 계급 모순 문제를 절대화하고 확대하

---

5) 7천 명 대회 연설에서 마오쩌둥은 비록 수정주의자들을 비판했지만 기조가 비교적 온화했고 소련을 따라 배울 필요성을 강조했다. 1966년 2월에 이 연설을 인쇄 발부할 때 "소련의 당과 국가의 영도권이 수정주의자들에 의해 찬탈되었으며" "소련은 수정주의자들에 의하여 통치되었다."는 등의 내용을 추가하거나 수정했다.

는 것이 정확하다는 것을 의미하지는 않는다. 사실이 증명하다시피 일정한 범위 내에서 사회주의에 계급투쟁이 존재한다는 것을 홀대하거나 부인하는 것도 정확하지 않거니와 이런 투쟁을 지나치게 과장하는 것도 올바르지 않다. 그리고 국제상의 수정주의를 반대하는 투쟁을 국내의 '수정주의'에 대한 비판과 연계시키는 것을 사회주의 사회에서의 계급투쟁의 근원으로 인식한다면 '좌'적 오류를 한층 더 발전시키게 될 뿐이다. 불행히도 일련의 복잡한 정치적, 사상적 원인으로 1960년대의 중국에서 국제적인 '수정주의 반대'와 국내의 '수정주의' 비판은 긴밀히 결합되었으며 나아가 상호작용하는 관계로 발전했다.

1964년 7월 14일에 〈인민일보〉와 〈붉은 기〉에서 발표한 '흐루쇼프의 가짜공산주의와 그것이 세계 역사에 남긴 교훈에 대해'는 이른바 소련이 '수정주의로 변한' 역사적 교훈과 이 같은 역사적 교훈의 '재현'을 어떻게 방지할 것인가에 대한 중국공산당의 생각을 집중적으로 반영했다.

소련공산당이 '수정주의로 변한' 이른바 교훈과 국내에 존재하는 계급투쟁에 대한 과정에서 출발하여 당은 도시와 농촌에서의 사회주의 교양운동 가운데 "당내에서 자본주의 길로 나아가는 집권파에 투쟁하자."는 이념을 제기했다. 이 무렵에 와서 당의 주의력과 투쟁의 칼날은 갈수록 내부 심지어 당의 지도기관으로 집중되었다. 마오쩌둥은 "중앙에 수정주의가 나타날 수 있다는 것에 대해 경각심을 높여야 한다."고 거듭 강조했고 나중에는 "지금 우리 곁에서 잠자고 있는" 이른바 "흐루쇼프와 같은 인물"을 '간파'해야 한다고 제기했다.

3. 도시와 농촌에서의 사회주의교양운동의 전개와
   의식적인 과격한 비판

사회주의 교양운동에서 '좌'적 오류의 발전

국내외 계급투쟁 정세에 대해 갈수록 엄중하게 추측, 평가하는 상황에서 당 중앙위원회는 전국의 도시와 농촌에서 한 차례의 보편적인 사회주의 교양운동을 발동하기로 결정하고 대규모 계급투쟁을 전개했다.

사회주의 교양운동은 처음에는 '4청'운동[6]이라 불렸고 주로 농촌에서 진행되었다. 이 운동의 시작에는 한동안의 온양과 준비 과정이 있었다. 국민경제가 심각하게 곤란에 처한 시기에 기층단위 간부들의 작풍에는 확실히 적지 않은 문제가 나타났다. 많은 농촌에서 관리제도가 건전하지 못하여 오랫동안 장부가 정리되지 않고 재물명세가 분명하지 못했다. 일부 간부는 더 많이 먹고 더 많이 차지하면서 집단의 이익을 침해하고 개인의 잇속을 채웠다. 소수의 간부들 속에서 권세를 이용해 대중을 누르며 탐오하고 절도하는 등 법을 어기고 규율을 위반하는 현상이 확실히 자라나고 있었다. 사회적으로는 투기모리, 봉건 미신활동이 머리를 쳐들기 시작했다. 이러한 상황에서 적절한 방식을 취해 여러 상황을 차별적으로 대하면서 정리, 정돈하는 것은 필요한 것이었다. 당 중앙위원회 제8기 제10차 전원회의 후 일

---

6) 당 중앙위원회 제8기 제10차 전원회의 이후 일부 지역(이를테면 후난, 허베이 등)에서 작풍을 정돈하고 인민공사를 정돈하고 사회주의교양을 하는 운동을 진행했다. 허베이성 바오딩지구에서 '소4청'(장부, 창고, 재물, 노동공수를 정리하는 것)을 진행했다. 1963년 2월에 소집된 중앙사업회의에서는 후난성 당위원회에서 전개한 사회주의 교양운동과 허베이성 바오딩지구의 '소4청'의 경험을 추천했다. 1964년 말부터 1965년 1월까지 중앙사업회의에서 제정한 '농촌사회주의 교양운동에서 지금 제기되고 있는 약간의 문제'(즉 '23개조'라고도 한다)는 전국의 도시와 농촌에서의 사회주의 교양운동을 일괄적으로 '정치, 경제, 조직, 사상을 청산하는 것'을 내용으로 하며 도시에서의 사회주의 교양운동인 '5반'(탐오절도, 투기모리, 남용낭비, 분산주의, 관료주의를 반대하는 것)도 '4청'으로 고친다고 규정했다.

부 지역, 예를 들면 후난, 허베이 등의 성에서는 회의 정신을 관철하는 과정에 사회주의 교양을 진행하기 시작했다. 허베이성에서는 바오딩지역의 '4청' 경험을 점차 전 성에 보급했다. 그 밖에 일부 성에서는 당 중앙위원회 제8기 제10차 전원회의 정신을 전달하는 것과 결부하여 '3청', '5청' 혹은 '6청' 운동을 전개했으며 탐오절도와 일부 지주, 부농들의 역청산, 반동적인 미신 단체의 재활동 등 문제들을 도출해냈다. 후난성에서는 이른바 '개인경리 바람'을 시정하는 것과 관련하여 전 성 범위 내에서 사회주의 교양을 전개했다. 후난성당위원회는 사회주의를 반대하는 '검은 바람'이 심하게 불고 있고 자본주의와 봉건 세력이 복원을 꿈꾸고 있으며 '잡귀신'들이 연달아 출몰하고 있다고 하면서 계급투쟁이라는 이 뚜껑을 철저히 열어젖히고 그에 맞서 투쟁을 벌일 것을 요구했다.

1963년 2월 21일부터 28일까지 당 중앙위원회는 베이징에서 사업회의를 소집했다. 마오쩌둥은 후난, 허베이 두 성당위원회의 보고를 인쇄하여 회의에 발부할 것을 회시하고 연설에서 중국에서 수정주의가 나타날 것인가 나타나지 않을 것인가 하는 문제를 제기하면서 사회주의 교양을 잘 벌여야 수정주의를 방지할 수 있다는 것과 "계급투쟁은 벌이기만 하면 효과를 본다."고 제기하면서 각지에서 사회주의 교양운동을 철저하게 전개하도록 독촉했다. 류사오치도 당 중앙위원회 제8기 제10차 전원회의에서 계급과 계급투쟁에 대해 언급했으니 지금 정식으로 행동을 배치해야 할 때라고 제기했다. 회의는 계급투쟁을 벌이는 것을 중심으로 농촌에서 '4청'을 주요 내용으로 하는 사회주의교양운동을 전개하고 도시에서 탐오절도, 투기모리, 남용낭비, 분산주의와 관료주의를 반대하는 '5반' 운동을 전개하기로 했다. 회의에서 채택한 '5반' 운동 전개에 관한 지시에서는 '5반' 운동은 현

퇀 급 이상 당, 정부, 군대, 인민의 기관, 국영과 합작사경영의 기업체와 사업단위, 물자관리 부문 및 문화교육 부문에서 진행한다고 규정했다. 또한 이 운동은 한 차례 자본주의 세력의 창궐한 진격을 대규모로 타격, 분쇄하는 사회주의 혁명투쟁[7]이라고 지적했다. 이번 회의 후 도시의 '5반'운동은 먼저 중앙기관 및 일부 기층단위에서 전개되면서 농촌에서의 사회주의 교양운동이 시험적으로 시작되었다.

5월에 마오쩌둥은 항저우에서 부분 중앙정치국 위원과 각 대행정구 서기들이 참석한 회의를 주최하여 농촌에서의 사회주의 교양문제에 대해 전문적으로 토론했다. 회의에서 마오쩌둥은 여러 번 발언했다. 그는 농촌에서 '4청' 운동을 전개하고 빈하중농을 발동하는 것은 수정주의의 사회적 기반을 파헤치기 위한 것이며 사회주의 교양운동을 전개하는 데 다섯 가지 문제를 장악해야 한다고 제기했다. 즉 계급투쟁, 사회주의교양, 빈하중농에 의거하는 것, '4청' 운동, 간부들이 집체생산노동에 참가하는 것인데 그중에서 계급투쟁이 가장 기본적이라고 지적했다. 회의는 총 10개조로 된 '당면 농촌사업에서의 약간의 문제에 대한 결정(초안)'을 토론, 제정했다. 이 '결정'은 같은 해 9월에 중앙사업회의에서 채택한 '농촌사회주의 교양운동에서의 일부 구체적 정책에 대한 규정(초안)'(내용 역시 10개조이다)과 함께 후에 각각 '전 10개조', '후 10개조'라 불렸다.

'전 10개조'는 중국 국내정치 정세를 지나칠 정도로 엄중하게 평가하면서 당면 중국사회에 엄중하고 첨예한 계급투쟁 상황이 나타났는데 만약 계급투쟁을 확실히 하지 않는다면 "긴 시간이 걸릴 것 없이

---

7) '증산절약을 엄격히 시행할 것과 탐오절도, 투기모리, 남용낭비, 분산주의, 관료주의를 반대하는 운동에 대한 중공중앙의 지시'(1963년 3월 1일), 중공중앙 문헌연구실 편, 〈건국 이래 중요문헌〉 제16권, 중앙문헌출판사 한문판, 1997년, 174쪽.

최소 몇 년 혹은 십몇 년, 최대 몇십 년 후이면 불가피하게 전국적인 반혁명 복원이 나타날 것이고 마르크스의 당은 수정주의의 당으로 변하고 나치스당으로 변할 것이며 전체 중국의 색깔이 변하게 될 것"이라고 했다. 이것은 바로 당이 수정주의로 변하고 나라의 색깔이 변하고 전국적으로 반혁명 복원이 나타나는 것을 이미 눈앞에 닥친 현실적 위험으로 간주한 것이다. 이 같은 판단에서 출발하여 '전 10개조'는 이번 사회주의 교양운동은 "우리를 향해 발광적으로 진격해오는 자본주의 세력과 봉건 세력에 치열하게 맞서 투쟁하여 그들의 반혁명 기염을 여지없이 꺾어놓으며 이런 세력 가운데 절대다수를 새로운 사람으로 개조하는 위대한 운동"이라고 했다.

'후 10개조'는 계급투쟁 정세와 사회주의 교양운동의 성격에 관한 '전 10개조'의 논단을 충분히 수긍한 토대에서 운동은 "계급투쟁을 기본 고리로 해야 한다."는 방침을 한층 더 제기했다. 이는 '좌'적 지도 사상의 연장이고 발전이었다. 그러나 '후 10개조'는 95% 이상의 간부와 군중을 단합시켜야 하며 기층조직과 기층간부들에 의거해야 하며 일부 극단적이고 과격한 행위를 단속해야 한다는 구체적인 정책도 규정했는데 목적은 정책 면에서 일부 경계를 명확히 구분하기 위해서였다. 문건은 또 사회주의 교양운동은 생산, 사업과 밀접히 결합되어야 하며 운동 가운데 일부 조치도 생산에 유리해야 한다고 강조했다. '후 10개조'는 1963년 11월에 소집된 중앙정치국 확대회의에서 정식으로 채택되었다. 당 중앙위원회는 통지를 발부하여 이 두 '10개조'를 전국의 도시와 농촌에 하달하기로 했다. 1964년 3월에 당 중앙위원회는 또 간부 선전대열을 조직하여 전당과 전 인민의 사회주의 교양운동을 끝까지 진행하라는 지시를 내렸다. 이로써 사회주의교양운동은 시범 단계를 마치고 전국적으로 비교적 큰 범위에서 전개되기 시작했다.

사회주의 교양운동이 전면적으로 전개됨과 동시에 국제공산주의운동 진영의 내부 모순이 갈수록 첨예해졌다. 이는 당 중앙위원회로 하여금 한창 진행되고 있는 '4청', '5반' 운동을 국제에서의 수정주의 반대 투쟁과 손발을 맞춘 국내에서의 수정주의를 반대하고 방지하는 중대한 전략적 조치로 간주하게 했다. '평화적 이행'을 방지하고 수정주의가 지도권을 찬탈하는 것을 방지하는 것은 날이 갈수록 마오쩌둥과 당 중앙위원회의 기타 지도자들의 중점적인 관심 대상이 되었다. 1964년 5월부터 6월 사이에 중앙은 베이징에서 사업회의를 소집하여 사회주의 교양운동 등 문제를 토론했다. 마오쩌둥과 류사오치는 전반 국내정치 정세에 대해 더욱 엄중하게 평가하면서 전국의 3분의 1의 기층단위에서의 영도권이 우리에게 있지 않고 적들과 그들의 동맹자들에게 있다고 인정했으며 '평화적 이행'을 방지해야 할 긴박성을 더욱 두드러지게 강조하면서 수정주의를 반대하고 방지하며 세계대전을 방지하는 총체적 전략으로 사업을 배치하도록 요구했다. 이같이 사태를 엄중하게 평가했기에 당 중앙위원회는 '4청', '5반' 지휘부를 설립하고 류사오치의 지도로 '후 10개조'를 수정했다. 9월 중순에 '후 10개조' 수정 초안이 정식으로 발부되었다. '후 10개조' 수정 초안은 정세에 대해 더욱 실제와 부합되지 않는 평가를 내렸다. '후 10개조'에서는 계급의 적들이 간부들을 농락, 부식하여 '반혁명적 양면 정권을 수립하는 것'이 '적들이 우리를 반대하는 주요 형태'라고 인정했으며 "이번 운동은 토지개혁운동보다 더욱 광범위하고 더욱 복잡하며 더욱 심각한 대규모 대중운동"이라고 인정했으며 "전체 운동은 공작대가 영도한다."고 규정했다. 이렇게 기층조직과 기층간부를 한쪽으로 밀어놓았다. 이는 사회주의 교양운동의 타격 범위의 확대를 초래한 엄중한 절차였다.

'후 10개조' 수정 초안의 발부와 이를 전후하여 당 중앙위원회에서 취한 일련의 중대한 조치로 말미암아 1964년 하반기에 와서 사회주의 교양운동의 '좌'적 오류는 신속하면서도 엄중하게 발전했다.

첫째, '대 병단작전' 방법을 실행하여 성세호대한 투쟁고조를 일으켰다. 1964년 8월 16일에 류사오치는 각 성의 사회주의교양운동은 한 개 지구에서 먼저 한 개 현을 둘러싸고 집중적으로 진행할 수 있고 현 이하 여러 업종과 도시의 '5반'운동을 동시에 진행할 수 있는바 이렇게 하면 "한 개 현에 공작대원들을 수천 명, 수만 명이나 집중시킬 수 있기에 성세호대해질 수 있다."고 말하면서 아울러 "역량이 집중되고 영도가 강화되면 섬멸전을 치르는 데 편리하고 운동의 상황을 파악하는 데 편리하다."고 말했다. 이 배치에 따라 중앙 각 부, 위원회와 각 성, 지구, 현의 기관 및 문화교육 부문, 대학교들에서는 모두 많은 간부와 대학교 사생들을 선발하여 방대한 규모의 공작단을 조직했다. 집계에 따르면 1964년 가을과 겨울부터 1965년 봄까지 전국적으로 각급 간부만 해도 150만 명 내지 160만 명이 공작대에 참가했으며 중앙 각 부와 위원회, 각 성, 지구 당위원회의 주요 책임자 가운데서도 많은 사람이 선발되어 중점현으로 내려가 '4청'운동을 전개했다. 베이징 교외의 퉁현(通縣)만 보더라도 2만여 명의 공작대원들이 집중되었고 농가가 1천여 가구밖에 안 되는 톈진 교외의 샤오잔대대에는 공작대원이 500여 명이나 집중되었다. 당시 각 중점현의 공작대는 평균 1만 명 안팎에 달했다. 방대한 공작대 단체가 농촌에 들어가면서 성세호대한 대중운동이 형성되었다.

둘째, 비밀리에 '뿌리를 박고 연계를 맺으며' 공작대가 도맡아 처리하는 방법을 실행했다. 1964년 9월 1일에 당 중앙위원회는 '한 대대의 사회주의 교양운동에 대한 경험 총화'(즉 '타오위안(桃園) 경험')를 이첩하면서 허베이성당위원회 공작대가 푸닝현(撫宁縣) 루왕좡(盧王庄)공사 타오위안대대의 '4청' 운동에서 '뿌리를 박고 연계를 맺으며' 비밀적인 사업방식을 취한 경험을 보급했다. 그 후에는 또 사업단 소재지의 현당위원회, 현 인민위원회를 사업단당위원회에서 영도하도록 결정하고 각 구당위원회와 공사당위원회 및 동급 행정조직은 사업단 분당위원회와 공작대당위원회에서 각기 영도하도록 했다. 이렇게 현과 현급 이하 각급 당과 정부의 기층조직과 광범한 간부들은 실제상에서 한편으로 밀려났다.

셋째, 노해방구의 토지개혁에서 있었던 '걸림돌을 치워버리는' 방법을 되풀이하여 권력 탈취 투쟁을 전개했다. 1964년 6월과 10월에 중앙에서는 간쑤성당위원회와 야금부당조의 '백은유색금속공사의 영도권 탈환에 관한 보고', 텐진시당위원회의 '샤오잔(小站)지구 권력 탈취 투쟁에 관한 보고'를 이첩했다. 백은유색금속공사는 국가에서 간쑤성에 건설한 대형 동, 유황 생산기지이다. 1963년 3월에 야금부 및 간쑤성당위원회 공작조가 공장에 들어가 '5반' 운동을 진행했는데 기업에 존재하는 문제를 과대평가하면서 이 공장은 이미 "지주, 자산계급 집단에 의해 기업의 영도대권이 찬탈되어 지주, 자산계급 집단이 통치하는 독립 왕국으로 변했다."고 단정하면서 공작조는 대중을 동원하여 권력 탈환 투쟁을 전개했으며 기업의 지도부 성원들에게 각각 엄한 처벌을 내렸다. 샤오잔지역은 텐진시 남쪽 교외에 속하며 산하에 샤오잔공사, 베이자(北岬)구공사와 샤오잔진을 두고 있었다. 1964년 3월에 천보다가 샤오잔지역에 점을 잡고 내려가 있었는데 이 지역의 3개 촌 당지부를 '반혁명 집단'으로 확정하고 이들이 '반혁명적 양면 정권'을 건립했다고 인정했다. 천보다는 이를 근거로 삼아

샤오잔지역의 '권력 탈환 투쟁'을 직접 지휘했다. 10월 24일에 당 중앙위원회는 또 '사회주의 교양운동 가운데 권력 탈환 투쟁문제에 대한 지시'를 발부하여 "무릇 영도권이 적들에 의해 조종되거나 적들에게 찬탈된 지방 및 타락변질분자가 영도권을 장악한 지방에서는 모두 권력 탈환 투쟁을 벌여야 한다. 그렇지 않으면 엄중한 오류를 범하게 된다."고 요구했다. 얼마 후 중앙에서는 또 문제가 엄중한 지역에서 빈하중농협회가 권력을 행사할 것에 관한 회시를 내렸다. 이런 지시와 회시, 문건의 발부는 기층에 하달된 후 재빨리 이미 만연되기 시작한 권력 탈환 바람을 부추겨주었다. 각지에서는 분분히 권력 탈환 투쟁을 벌였고 각급 지도부를 다시 건립했으며 원래의 대다수 간부들이 직무에서 해임되었다.

  적지 않은 기층간부들은 운동에서 취한 이런 방법에 대해 의혹, 저촉 정서를 가졌는데 중앙에서는 이를 기층간부들이 '4청' 운동을 저항하는 것이라고 인정했다. 1964년 5월부터 6월 사이의 중앙사업회의가 끝난 후 류사오치는 외지를 시찰하고 나서 다수 지방의 '4청' 운동이 깊이 있고 투철하게 진행되지 못한 영도간부들에게 엄중한 우경사상이 존재하고 있음을 반영한다고 인정했다. 10월에 화베이국은 류사오치에게 서신을 보내어 산시, 허베이 등 성의 현급 영도간부들이 농촌사회주의 교양운동에서 저촉 정서 등의 사상 동향이 있다고 보고했다. 류사오치는 즉시 중앙을 대표해 회시를 작성하고 마오쩌둥 등 기타 중앙지도자들의 동의를 거친 후 10월 16일에 중공중앙 문건으로 하달했다. 이 회시는 지구급과 현급 영도간부들에게 '우경적인 문제를 반대하며' "'좌'적인 것을 두려워하고 우적인 것을 두려워하지 않으며 우적 오류를 범할지언정 '좌'적 오류를 범하지 않으려는" 경향을 극복하는 것을 제때에 제안하도록 요구했다.

도시에서의 사회주의교양운동도 1964년부터 아주 긴박하게 진행되었다. 당시 공업 및 교통 각 부의 '5반' 운동은 원래 1963년에 이미 마무리되었지만 이때에 와서 건축공정부와 같은 일부 부서에서 다시 전개되었다. 1964년에 전국 공업 및 교통 분야에서는 13만 명으로 구성된 공작대를 조직하여 1,800여 개 전 인민적 소유기업에서 운동을 전개했다. 18개 부와 위원회에서는 45명의 부장, 부부장들이 2만 2천여 명의 간부들을 거느리고 기업에 내려가 자리를 잡았다. 각 성, 직할시, 자치구와 제2경공업부에서는 또 730개 집단적 소유기업에서 운동[8]을 전개했다. 운동 가운데 마구 비판하고 마구 투쟁하는 현상이 나타났다. 마오쩌둥의 공업기업체 상황에 대한 평가도 지나치게 편향적이었다. 1964년 12월에 그는 한 보고서에 "우리의 공업은 구경 경영관리 측면에서 얼마나 자본주의화되었는가? 3분의 1인가 아니면 2분의 1인가, 그렇지 않으면 이보다 더 많은가? 이것은 하나하나 철저히 조사해야 알 수 있다."[9]라고 회시했다. 이어 마오쩌둥은 또 다른 보고서에 단 평어에서 '관료주의자 계급'이란 개념을 제기하고 "관료주의 계급과 노동계급, 빈하중농은 날카롭게 대립되고 있는 두 계급"이며 "이런 사람들은 이미 노동자들의 피를 빨아먹는 자산계급분자가 되었거나 한창 되고 있으며" "이런 사람들은 투쟁의 대상이고 혁명의 대상으로서 사회주의 교양운동은 절대 이런 사람들에게 의거할 수 없다."[10]고 말했다.

---

8) 보이보, '약간의 중대한 결정과 사건에 대한 회고'(수정본) 하권, 인민출판사 한문판, 1997년, 1162~1163쪽.

9) '선양제련소에 사업조로 들어간 사부치의 보고서에 대한 마오쩌둥의 회시', 1964년 12월 5일.

10) '사회주의교양운동 공작 장소 상황에 대한 진정의 보고서에 쓴 마오쩌둥의 회시와 평어', 1964년 12월 12일, 1965년 1월 15일.

이른바 '수정주의'에 대한 투쟁과 사상문화 분야에서의 과격한 비판

사회주의 교양운동의 '좌'적 오류가 날로 발전하고 1963년에 중소 두 당 사이의 논쟁이 갈수록 치열해짐에 따라 마오쩌둥은 당내에도 이미 수정주의가 나타났다고 인정했다. 1963년과 1964년에 마오쩌둥은 외국 당지도자들과 한 담화에서 원 중공중앙 농촌공작부 부장 덩쯔후이, 중공중앙 대외연락부 부장 왕자샹, 중공중앙 통일전선사업부 부장 이유한을 지명하여 비판했다. 농촌사업에 관한 덩쯔후이 등의 주장은 '3자1포'(즉 자류지를 더 많이 남기고 자유시장을 더 많이 열고 더 많은 기업에서 손익을 자체로 책임지게 하고 세대별 생산량도 급제를 더 널리 시행하는 것을 가리킨다)라는 말로 개괄되고 '수정주의의 국내 강령'으로 간주되었다. 왕자샹이 1962년 봄에 중앙에 제기한 대외관계에서 상대적 완화를 쟁취하는 것에 관한 일련의 건의는 '3화1소'(즉 제국주의와 화의하며 현대수정주의와 화의하며 각 나라 반동파와 화의하며 각 나라 인민혁명을 적게 지원한다는 것을 가리킨다)로 개괄되고 '수정주의의 국제 강령'으로 간주되었다. 통일전선사업에 관한 이유한의 많은 주장도 "계급투쟁을 강조하지 않고" "자산계급에 투항하는 것"으로 간주되었다.

일찍 1962년 10월에 중공중앙 통일전선사업부에서는 당 중앙위원회 제8기 제10차 전원회의 정신을 관철할 때 이미 이유한이 1956년 이후 통일전선 정책을 연구하는 과정에 제기한 일부 이론, 정책, 건의에 대해 지명하지 않고 비판하기 시작했다. 1964년 5월부터 6월 사이에 열린 중앙사업회의 이후 중공중앙 통일전선사업부는 8월부터 이유한을 다시 비판하기 시작했으며 기본적으로 정확한 이유한의 일부 건의를 '계급투쟁소멸론', '투항주의'라고 몰아붙였다. 그 후 이유한은 중공중앙 통일전선사업부 부장직에서 해임되었다.

당 중앙위원회 제8기 제10차 전원회의 후 캉성은 '수정주의를 반대하는 투쟁'을 장악한다는 명목 아래 중공중앙 대외연락부의 사업을 간섭하고 심지어 좌지우지했고 힘써 왕자샹을 배척하고 타격했는데 이른바 '3화1소'의 '수정주의 사상'은 일부 공개적인 장소에서 비판을 받았다. 1966년 3월에 왕자샹은 중공중앙 대외 연락부 부장직에서 해임되었다.

마오쩌둥은 서방 적대 세력들이 시행하는 '평화적 이행' 전략에 대해 시종 경각심을 높였다. 1964년 5월부터 6월 사이에 열린 중앙사업회의에서 마오쩌둥은 후계자 양성에 관한 다섯 가지 조건을 제기하고 이를 '수정주의를 반대하고 방지하며' '평화적 이행'을 방지하는 중대한 조치로 삼았다. 얼마 후 이 다섯 가지 조건을 '흐루쇼프의 가짜공산주의와 그 세계사적 교훈에 대해'라는 글에 써넣었다. 마오쩌둥은 이 글을 수정할 때 혁명사업의 후계자를 양성하는 것은 "우리가 흐루쇼프식 수정주의가 중국에서 재연되는 것을 성공적으로 방지할 수 있는가 없는가 하는 문제"이며 "우리 당과 국가의 생사존망의 운명과 관계되는 극히 중대한 문제"라고 특별히 지적했다. 그러면서 "흐루쇼프와 같은 개인적인 야심가와 음모가들에 대해 특별히 경각성을 높여 이런 나쁜 사람들이 당과 국가의 각급 영도직위를 찬탈하는 것을 방지해야 한다."고 제기했다. 후계자를 양성하는 다섯 가지 조건이란 반드시 진정한 마르크스-레닌주의자여야 하며 전심전력으로 인민을 위해 일해야 하며 절대다수 사람들과 단결하여 함께 사업해야 하며 민주주의 중앙집권제를 집행하며 자기비판 정신이 있어야 한다는 것이다. 이 조건은 당의 성격, 취지에 부합되고 집권당의 건설에 적극적인 의의가 있었다. 그러나 '좌'적사상의 지도로 문제가 제기되고 또 '수정주의를 반대하고 방지하는' 투쟁과 직접 연관되었기에 후계자 양성과 선정에 관한 선전도 계급투쟁의 확대화라는 오류가 있는 이론의 영향을 받았다.

1963년부터 1965년까지 비록 당은 문예사업에 대해 일련의 조정을 진행하여 문예전선에 활발한 국면이 나타났지만 이와 동시에 문화교육과 의식 영역에서의 일련의 오류가 있는 비판도 확대되고 있었으며 심지어 악화되고 있었다.

1962년 가을에 벌써 장칭(江靑)은 극작가 멍차오(孟超)가 각색한 곤극 리후이랑(李慧娘)에 귀신이 나오기 때문에 사회주의에 어울리지 않는 '귀신극'이라고 질책했다. 1963년 3월에 날로 긴장해지는 정치 정세에서 문화부당조는 '귀신극' 공연은 미신을 부추기는 부작용이 있고 당면의 대중적인 사회주의 교양을 강화하는 과업에 서로 저촉된다면서 당 중앙에 '귀신극 공연 중지에 관한 청시보고'를 제출했다. 당 중앙위원회는 이 보고에 동의했다. 5월 6일에 상하이 문회보는 장칭이 조직한 서명문장을 발표하여 리후이랑과 이 극의 각색과 관련해 쓴 번셴[즉 중국공산당 베이징시위원회 통일전선사업부 부장 랴오모사(廖沫沙)]의 평론 '귀신무해론'을 비판했다. 글은 리후이랑을 '나쁜 극'의 전형으로 내세우면서 극에 귀신이 나오는 것은 바로 봉건 미신을 선양하는 것이라고 지적했다. 원래 리후이랑의 각색과 공연에 대해 '관심'과 '지지'를 표했던 캉성도 태도를 바꾸어 멍차우와 랴오모사를 "악귀신으로 무산계급 독재를 뒤엎으려 한다."고 모함했다.

1963년 11월에 마오쩌둥은 문화부를 '제왕장상부', '재자가인부', '외국고인부'라고 비판했다. 12월 12일에 그는 또 중공중앙 선전부 문예처에서 〈문예정황회보〉에 게재한, 커칭스가 이야기회 활동과 평탄설창개혁을 진행한 것에 관한 상황 자료에 다음과 같이 회시했다.

"각종 예술형식−연극, 구연, 음악, 미술, 무용, 영화, 시, 문학 등에는 문제가 적지 않으며 이에 종사하는 사람의 수효가 매우 많다. 대부분 부문에서의 사회주의적 개조는 지금까지도 성과가 극히 미소하다. 많은 부문은 지금까지도 '죽은 사람'이 통치하고 있다. 영화, 신시, 민요, 미술, 소설이 거둔 성과를 과소평가할 수는 없지만 그 가운데 문제점도 적지 않다. 적어도 연극 등 부문을 놓고 말하면 문제가 더욱 많다. 사회경제 기반은 이미 바뀌었다. 이를 위해 봉사하는 상부구조 중의 하나인 예술 부문이 지금까지도 큰 문제가 되고 있다." 회시는 또 "많은 공산주의자는 봉건주의와 자본주의적 예술에 대해는 열심히 제창하고 있으나 사회주의적 예술에 대해서는 열심히 제창하지 않고 있다. 이 어찌 이상한 일이 아니겠는가."라고 날카롭게 제기했다. 이것이 바로 당시 일컬은 문예에 대한 첫 번째 회시이다. 이 회시에 문예계는 크게 충격을 받았고 정세가 갑자기 긴장해졌다. 중공중앙 선전부는 1964년 3월 하순에 문학예술계연합회 각 협회 당조성원 및 당원간부들이 참가한 회의를 연속 소집하고 문학예술계연합회와 각 협회 전체 간부들 가운데서 정풍학습을 전개하기로 결정했다.

5월 8일에 중공중앙 선전부 문예처는 각 단위의 정풍상황을 총화하여 '중국문학예술계연합회와 각 협회의 정풍 상황에 대한 보고(초안)'를 작성했다. 보고는 문예계의 문제를 당의 문예 방향을 강력하게 관철 집행하지 못했으며 문예이론 비평의 기치가 선명하지 못하고 전투성이 강하지 못해 문예대열에 대한 사상개조사업을 홀대한 것으로 결론지었다. 이 보고의 초고는 아직 중공중앙 선전부의 정식 토론과 탈고를 거치지 않은 상태에서 장칭이 가져다가 마오쩌둥에게 넘겼다. 6월 27일에 마오쩌둥은 이 보고에 다음과 같이 회시했다. 이런 협회들과 그들이 장악하고 있는 간행물의 대다수(듣는 말에 의하면 소수의 몇 개는 좋다고 한다.)는 15년 이래 기본적으로(모든 사람이 아니다) 당의 정책을 집행하지 않고 벼슬을 하고 나으리 틀을 차리며 노농병에 접근하지 않고 사회주의 혁명과 건설을 반영하지 않고 있다. 최근 몇 년 동안에는 수정주의의 근처까지 굴러갔다. "만약 제대로 개조하지 않는다면 반드시 앞으로의 어느 날에는 헝가리 뻬떼피구락부와 같은 단체가 될 것이다." 이것이 바로 당시에 일컬은 문예 분야에 대한 두 번째 회시이다.

이 회시는 문예사업가 가운데 더욱 큰 파장을 일으켰다. 1964년 7월부터 1965년 4월까지 문예계의 정풍운동은 문학예술계연합회 및 그 산하의 각 협회에서 진행되었을 뿐만 아니라 문화부 및 그 직속단위에까지 확대되었다. 비판의 칼날은 주로 문화부 및 각 협회 주요 책임자들인 치옌밍(齊燕銘), 샤옌(夏衍), 천황메이(陳荒煤)와 톈한(田漢), 양한성(陽翰笙), 샤오취안린(邵荃麟) 등에게 돌려졌고 나중에 치옌밍, 샤옌, 천황메이 등의 문화부 부부장 직무를 해임하고 문화부 지도부를 새로 구성하는 것으로 일단락 지어졌다.

문예계는 정풍운동을 진행하는 동시에 많은 문예작품 및 그 저자에 대한 비판을 발동했다. 북국강남, 이른 봄 2월 등 많은 영화와 경극〈사요환(謝瑤环)〉, 곤극 〈리혜랑〉 등 희곡 그리고 소설 〈삼가항〉, 〈고투〉 등이 '대독초'로 몰려 비판받았다. 문예작품 외에도 문예이론에서 또 '시대정신 회합론', '중간인물론'과 '현실주의 심화론'을 비판했고 문예이론, 문예창작에서의 일부 관점과 주장을 '자산계급의 문학 주장', "마오쩌둥 문예사상과 첨예하게 대립되는 현대수정주의의 문학 주장"이라고 질책했다.

이런 '좌'적사상의 지도에서의 비판은 문예계의 시비를 완전히 뒤

바꿨다. 당시 비판을 받은 절대다수 작품은 조정을 거친 후 문예계에서 창작된 우수한 작품이거나 비교적 우수한 작품들이었다. 비록 소수의 작품이 사상 내용과 예술기법에서 부족과 결점이 있었지만 정상적인 문예비평과 동지식의 토론으로 해결했어야 했고 당의 문예방침과 정책을 집행하는 과정에 나타난 일부 결점에 대해서는 완전히 정상적인 비판과 영도를 강화하는 것으로 시정했어야 했다. 그러나 당시 오히려 다른 성격의 모순을 혼동하고 일반사업 측면의 결점을 문예계의 두 계급, 두 갈래 길 간의 첨예한 투쟁으로 간주했고 일부 우수한 작품을 망라하여 그 어떤 정치적 틀에 맞지 않는 일부 작품에 무턱대고 자산계급과 수정주의의 독초라는 따위의 정치적 누명을 씌웠고 그 저자와 배우들도 타격과 비판을 받아야 했다. 그뿐만 아니라 완전히 자유롭게 토론할 수 있는 문예이론 관점에 대해서도 자산계급과 수정주의의 문예사상으로 몰아 공격했다. 문예계의 사회주의적 개조에 대해 "성과가 극히 미소하고" 이미 "수정주의의 변두리에까지 굴러갔다."고 한 판단은 신중국 창건 이후 문예사업주류에 대한 더욱 그릇된 판단이었고 문예사업 성과에 대한 부정이었다.

문예계에서 시작된 그릇된 비판은 철학사회과학 분야에로 재빨리 확산되었다. 경제학계에서는 중국과학원 경제연구소 소장 쑨예팡(孫冶方)이 제기한 기업 이윤을 힘써 장악하고 원가와 효익을 따지지 않는 기업관리제도를 개혁하자는 주장이 "이윤을 통수로 하는 것"을 고취한 수정주의적 관점이라고 질책받았다. 철학계에서는 양셴전(楊獻珍)의 "둘이 하나로 통합된다."는 이론도 비판을 받았다. 1965년 9월에 당 중앙위원회는 양셴전문제에 관한 보고를 비준하면서 양셴전의 "이론 측면에서 근본적으로 계급투쟁을 부인하고 사회주의와 제국주의 간의 투쟁을 부인하고 마르크스와 수정주의 간의 투쟁을 부인한

'둘이 하나로 통합된다.'는 이론은 현대 수정주의의 '3화2전' 노선을 도와 철학적인 개괄을 했고 국내 자본주의 세력을 도와 '평화적 이행'의 이론을 조성했다."고 인정했다. 양셴전은 중앙고급당학교 부교장 직무에서 해임되었다. 이 밖에 철학계에서는 또 베이징대학당위원회 부서기이고 철학가인 펑딩(馮定)이 쓴 〈공산주의 인생관〉과 〈평범한 진리〉를 무턱대고 비판했다. 역사학계에서는 베이징대학 부교장이고 역사학자인 젠보짠(翦伯贊)과 태평천국사연구전문가인 뤄얼강(羅爾綱) 등 학자들의 사학 관점에 대해 비판했다. 이와 같이 비판받은 관점들은 원래 학술연구 과정에 제기된 것이기에 마땅히 정상적인 분위기 속에서 토론되어야 하고 또 그렇게 할 수도 있었지만 당시에는 모두 '수정주의 관점' 또는 '반당반사회주의의 정치문제'라는 누명이 씌워졌다. 비판받은 대표 인물들은 대부분이 문화, 학술 분야에서의 영향력이 있는 지도자 또는 전문가, 학자들이었다. 비판을 받은 후 그들은 직무에서 해임되거나 정상적인 사업을 계속할 수 없게 되었다.

의식 영역에서 그릇되고 지나친 정치적 비판은 당 중앙위원회 제8기 제10차 전원회의 이후 '좌'적 오류가 사상문화 측면에서 계속 발전한 중요한 표현이었다. 이런 비판은 당의 '백화제방, 백가쟁명'의 방침을 파괴했으며 당의 문예사업과 학술사업의 건전한 발전을 방해했으며 수많은 당내외 지식인들을 해쳤다. 캉성, 장칭 등은 이런 오류의 발전 과정에서 붙는 불에 부채질하듯 악랄한 역할을 했다. 그러나 '문화대혁명' 이전에는 이런 비판이 주로 간행물과 해당 문화단체, 기관 내에서 진행되었기 때문에 각본 〈해서의 파직〉에 대한 비판을 전개하기 전까지는 전 사회적인 대중운동이 형성되지 않았다.

'좌'적 지도사상의 계속된 발전과 실천 가운데서 약간의 '좌'적 작법에 대한 시정

1964년 12월 15일부터 1965년 1월 14일까지 당 중앙위원회는 베이징에서 사업회의를 소집했다. 회의는 주로 전 단계에서의 사회주의 교양운동의 경험을 총화하고 다음 단계에서의 사업을 배치했다. 마오쩌둥과 류사오치는 회의 과정에 운동의 성격과 주요 모순 문제에서 의견 차이가 생겼다.

류사오치는 회의 전이나 회의에서나 모두 지금의 주요 모순은 '4청'과 '4불청' 간의 모순이며 당 내외의 모순이 교차되고 피아 모순과 인민 내부 모순이 교차되어 있기에 사회주의 교양운동을 통해 이런 모순들을 해결해야 한다고 인정했다. 그러나 마오쩌둥은 우리가 진행하는 것은 사회주의 교양운동이지 '4청'과 '4불청' 간의 모순운동이 아니며 당 내외 모순의 교차운동이거나 피아 모순과 인민 내부 모순의 교차운동도 아니기 때문에 사회주의와 자본주의 간의 모순이라고 제기하는 것이 비교적 타당하다고 인정했다. 마오쩌둥은 또 이로부터 류사오치의 주최로 진행된 전단계의 운동을 '신비주의'를 부리고 대중에 의거하지 않아 결과가 "썰렁하고 스산하다."고 하면서 지명하지 않은 채 비평했다. 이 밖에 마오쩌둥은 운동의 방식 이를테면 만 명에 달하는 공작대가 한 개 현에 내려가 '섬멸전'을 전개하는 것에 대해 비평했다. 그는 운동 범위를 너무 넓히는 것에도 동의하지 않았다.

회의는 마오쩌둥이 토론을 사회한 가운데 '농촌사회주의 교양운동 가운데서 지금 제기되고 있는 약간의 문제'(즉 '23개조')를 제정하고 당 중앙위원회 명의로 전당에 전달하도록 했다. '23개조'는 1963년 11월에 중앙에서 발부한 '후 10개조' 및 1964년 9월에 중앙에서 하달한 '후 10개조' 수정 초안을 대체하여 '4청'운동을 지도하는 사업 문건이 되었다.

'23개조'에는 '4청'운동에서의 '좌'적인 방법을 시정하는 내용이 포함되어 있었다. '23개조'는 '후 10개조'가 하달된 이래 '4청' 운동에서 투쟁 측면이 범위가 너무 크며 원래의 당 조직을 한쪽으로 밀어내는 그릇된 방법을 비평하고 나서 운동은 마땅히 대다수 대중에 의거하고 대다수 간부에 의거해야 한다고 인정했으며 공작대가 전체 운동을 영도하던 것을 군중, 간부, 공작대의 '3결합'으로 고쳐서 실행하며 사업방법에서는 군중노선을 걷고 신비화하지 말고 '인해전술'에 의거하지도 말 것을 제기했다. 마오쩌둥은 1월 14일의 연설에서 다음과 같이 말했다. 이번에 또다시 경험을 총화하게 된 데는 재작년 하반기와 지난 한 해, 특히는 110만 명 공작대가 기층에 내려간 것에 대해 "군중이 우리를 비평하고" 있기 때문이다. "이 문건에는 군중 속에 뿌리를 박고 서로 연계를 맺는다는 내용이 들어 있지 않다. 이렇게 해서야 언제 뿌리를 박을 수 있을지, 몇 년이 지나도 성사할 수 없을 것이다." '23개조'는 농촌 기층간부의 다수는 좋거나 비교적 좋으므로 가급적으로 빨리 그들을 해탈시킬 것을 요구했으며 무슨 구실이든 사원 군중을 압제해서는 안 되며 사람을 때리거나 기타 형식의 체벌을 주는 것을 엄금하며 공술을 강요하고 그것을 죄로 삼는 것을 방지해야 한다고 명확하게 선포했다. 그리고 '4청'을 건설사업에 낙착되게 해야 하며 생산이 증가되는 것을 운동을 잘한 규준의 하나로 삼아야 한다고 했다.

그러나 근본적인 측면에서 볼 때 '23개조'는 지도사상 면에서 '좌'적 오류의 이론을 발전시켰다. '23개조'는 사회주의교양운동의 성격은 사회주의와 자본주의 간의 모순을 해결하는 것이라고 부분적으로 강조했을 뿐만 아니라 무산계급과 자산계급 두 개 계급 간의 투쟁, 사회주의와 자본주의 두 갈래 길 간의 투쟁을 해결하는 것을 10여 년 이래 당의 기본 이론의 하나로 승화시켰다. 특히 '23개조'는 운동의 중점은 "당내의 자본주의 길로 나아가는 집권파를 타격하는 것"이라고 정식으로 명확하게 규정하고 이런 집권파는 전면에 나선 자도 있고 막후에 숨어 있는 자도 있으며 그들을 지지하는 사람들은 어떤 사람은 아래에 있고 어떤 사람은 위에 있으며 심지어 성과 중앙부문에서 사업하면서 사회주의를 반대하는 사람도 있다고 인정했다. 이것은 그 후의 '문화대혁명'이 투쟁의 칼날을 이른바 "당내의 자본주의 길로 나아가는 집권파"들에게 집중시키는 이론적 근거로 되었다.

'23개조'가 하달된 후 각지에서 많은 기층간부가 해탈되면서 농촌의 한동안 긴박했던 국면이 다소 완화되었다. 1966년 상반기에 이르러 전국적으로 '4청' 운동을 마무리 지은 현, 시가 총수의 32%를 차지했고 베이징과 상하이 두 개 시는 기본적으로 결속지었다. 뒤이어 운동을 시작한 단위들을 포함하면 전국적으로 '4청' 운동을 전개한 중점 지역은 3분의 1을 초과했다. 기타 지역에서의 운동은 보편적으로 표면에 그치고 말았다.[11] '23개조'는 전국의 도시와 농촌의 사회주의 교양운동은 일괄적으로 정치, 경제, 조직, 사상을 정리하는 것을 내용으로 하고 도시의 사회주의 교양운동도 '5반'이던 것을 '4청'으로 고친다고 규정했다.

3년 남짓이 걸린 도시와 농촌의 사회주의 교양운동은 공금, 공물

---

11) '중공중앙 판공청 농촌4청판공실의 농촌4청 운동 배치에 관한 몇 가지 상황', 1966년 3월 19일. '23개조'는 "반드시 국부와 전반을 고루 돌보아야 한다."고 규정했다. "지금 전개하고 있는 4청 운동에서 중점지역을 제외한 일반 지역이 전국의 절대 대부분을 차지한다. 이런 지역의 주요 과업은 생산건설이므로 반드시 올바르게 진행해야 한다." "전반적으로 사회주의 교양을 적당히 진행하여 간부의 정치적 각오를 높이고 자각성을 계발하고 손을 씻고 목욕하도록 해야 한다." "전반적으로 어떤 현에서는 조건이 허락되면 성당위원회의 비준을 받고 4청운동을 시범적으로 진행할 수 있다."

을 사사로이 쓰고 강제적으로 명령을 하고 대중을 압제하는 것과 같은 간부작풍과 집체경제경영관리 측면의 문제를 해결하며 탐오절도를 타격하고 봉건미신 활동과 같은 사악한 바람을 막는 역할을 했다. 그러나 지도사상 면에서 '계급투쟁을 기본 고리'로 했기 때문에 성격이 다른 많은 문제가 모두 계급투쟁 또는 당내에서의 계급투쟁의 반영으로 간주되었다. 그리하여 두 가지 모순이 혼동시되면서 국내의 정치적 분위기를 더 긴장하게 만들고 적지 않은 간부와 군중이 타격을 받게 되었으며 여러 면에서의 사업이 엄중한 영향을 받고 도시와 농촌의 경제를 조정하는 일부 정책들이 올바르게 집행될 수 없게 되었다.

도시와 농촌 사회주의교양운동에서의 약간의 '좌'적인 편차를 부분적으로 시정한 동시에 중공중앙 서기처 및 관련 부문도 교육, 문예 등 분야에서의 일부 '좌'적인 작법을 시정하려고 시도했다. 1965년 3월에 덩샤오핑은 중공중앙 서기처 회의를 사회하고 베이징대학 등 학교에서 사회주의 교양운동을 시험적으로 진행한 상황을 토론했는데 학교에서 진행된 사회주의 교양운동이 칼날을 학교당위원회와 당정 주요책임자들에게 돌리고 학교사업을 전체적으로 부정한 '좌'적인 편향을 비판했다. 회의는 베이징대학은 운영이 비교적 잘된 사회주의대학이고 베이징대학의 당정 주요 책임자들은 훌륭한 동지들이라고 수긍했다.

사상문화 분야에서 지나치고 그릇된 비판이 날로 확대되고 있는 것에 대비하여 덩샤오핑은 다음과 같이 비판했다. 지금 사람들은 감히 글을 쓰지 못하고 있다. 신화사에 투고되는 원고는 매일 두 편밖에 되지 않는다. 무대에는 병사만 나오고 전투장면만 나온다. 이것도 상영하지 못하게 하고 저것도 상영하지 못하게 한다. 그 '혁명파'

들은 남을 비판하는 것에 의해 이름을 날리고 남의 어깨를 밟고 올라선다. 그러면서 그는 급정거할 것을 제기했다. 9월에 펑전은 전국 문화 청장, 국장 회의에서 연설을 발표하여 학술비판에서 학술문제와 정치문제를 구분해야 한다면서 "정치문제가 아니면 경솔하게 정치적 시비, 특히 적아문제와 혼동하지 말아야 하며 경솔하게 결론을 내리지도 말아야 한다."고 지적했다. 당시의 지나친 학술비판에 대비하여 펑전은 "반드시 실사구시해야 하고 자기만 옳다고 생각해서는 안 된다."는 처리원칙을 제기했다. 그는 "실사구시해야 한다. 부분적으로 정확하면 부분적으로 정확한 것이고 기본적으로 정확하면 기본적으로 정확한 것이며 부분적으로 틀리면 부분적으로 틀린 것이고 기본적으로 틀리면 기본적으로 틀린 것이다. 진리를 견지하며 수시로 잘못을 시정해야 한다."[12]고 말했다. 그러나 '좌'적 오류의 지도사상이 시정되지 않은 큰 배경에서 그릇된 것들을 바로잡으려고 한 이와 같은 노력은 그 작용 측면에서 반드시 한계가 있었다. 얼마 후 이와 같은 노력은 더욱 거세진 정치적 비판에 의해 중단되었다.

---

12) 펑전, '학술토론에서의 몇 가지 문제에 대해'(1965년 9월 23일), 〈펑전선문집(1941~1990)〉, 인민출판사 한문판, 1991년, 354~356쪽.

제19장

10년 사회주의 건설의 기본 총화

1956년 9월에 열린 중국공산당 제8차 전국대표대회로부터 1966년 5월 '문화대혁명' 전까지 10년 동안 당은 전국 여러 민족 인민을 영도하여 사회주의를 전면적으로 건설하기 시작한 10년이었고 당이 중국 자체의 사회주의 건설의 길을 어렵게 모색해온 10년이었다. 신중국 창건 초기 비교적 순조롭게 발전한 7년과 비교하면 이 10년은 모색 가운데 어렵게 발전한 시기였다.

1. 뚜렷한 성과와 기본 경험

당시 10년 동안 중국의 건설사업은 국정에 맞는 사회주의 기본제도를 건설한 기초에서, 그리고 신중국 창건 후 첫 7년 동안에 닦아놓은 경제, 정치, 문화와 사회 발전의 기초에서 우여곡절을 겪고 심지어 크게 좌절을 당하기도 했지만 여전히 커다란 성과를 거두었다. 특히 중국공산당 제8차 전국대표대회 이후 당은 전국 인민을 영도하여 첩첩이 쌓인 곤란을 이겨내고 간고한 노력을 거쳐 첫 시작의 1년 남짓한 동안에는 제1차 5개년 계획을 계속 집행하고 초과 완수했으며 1960년 겨울부터는 국민경제에 대한 전면적인 조정을 시행하여 나라 건설에서 더욱 뚜렷한 성과를 거두었다.

사회 총생산액과 국민소득의 경우 1965년의 사회 총생산액은 당시 가격으로 계산하여 2,695억 위안에 달했고 국민소득은 1,387억 위안에 달했다. 제1차 5개년 계획 말기인 1957년을 기초로 한다면 1958년부터 1965년까지의 8년 동안에 국민경제 각 부문의 기본건설 투자액은 1,627억 9,800만 위안에 달했고 생산에 들어간 대, 중형건설 대상은 936개였다. 1965년은 1957년보다 주요 공업제품의 생산량, 즉 강철은 1.29배 성장되어 1,223만 톤에 달했고 원탄은 77.1% 성장해 2억 3,200만 톤에 달했으며 발전량은 2.5배 성장해 676억 킬로와트시에 달했다. 그리고 원유는 6.75배 성장해 1,131만 톤에 달했고 천연가스는 14.71배 성장해 11억 제곱미터에 달했으며 시멘트는 1.38배 성장해 1634만 톤에 달했다. 농산물 생산량에서는 목화 생산량이 27.93% 성장해 209만 8,000톤에 달했다.

공업건설에서 1965년과 1957년을 비교할 때 전 인민적 소유기업의 고정 재산은 원가로 계산하면 1.76배 성장했다. 많은 중요한 기업, 예를 들면 10대 강철공장, 일부 중요한 유색금속제련공장, 몇십 개의 석탄기업과 발전소를 신설, 확장했다. 이 가운데서 우한, 바오터우(包頭)의 2대 내지 강철기지는 주로 이 10년 동안에 건설되었으며 전략적 대후방에 있는 판즈화강철기지도 이 시기에 건설되기 시작한 것이며 중국의 가장 큰 안산강철기지는 이 시기에 확장되었다. 이 시기에 발생한 '대약진' 운동은 비록 공, 농업생산과 기타 사업에 막대한 파괴와 낭비를 조성했으나 공업건설의 구도에서 볼 때 일부 방면에서의 건설은 이후의 발전을 위해 기반을 닦아놓았다. 통계에 의하면 신중국이 창건되어서부터 1964년까지 중공업 부문에서 누계로 신설한 대, 중형건설대상 총수효의 3분의 2 이상은 1958년부터 1960년 사이에 착공, 건설한 것이다. 이 몇 년간에 신설한 일부 건설대상들은 후에 조정, 공고, 충실, 제고를 거쳤는데 새로 증가된 제강능력은 1950년부터 1979년까지 새로 증가된 제강능력의 36.2%를, 제철능력은 32.7%를, 채탄능력은 29.6%를, 면방직방추수는 25.9%를 차지했다. 5년간의 조정을 거쳐 일부 공업기술의 경제 지표가 어느 정도 제고되었다. 1965년에 선철 합격률은 99.85%에 달했고 강재 합격률은 98.39%, 면직물 1등품률은 97.4%에 달했다. 일부 기계공업 제품의 성능과 질은 이미 당시의 세계 선진 수준에 접근하거나 도달했다.

이 10년간 중국은 상당한 규모와 일정한 기술 수준을 갖춘 공업체계를 기본적으로 구축했다. 전력공업은 커다란 발전을 가져왔고 석탄공업은 점차 현대화로 매진했다. 야금공업은 조정을 거쳐 1964년에 이르러 강철과 강재의 품종이 모두 1957년에 비해 두 배 정도로 늘어났다. 이전에 제련할 수 없었던 고온합금강, 정밀합금강, 고순도 금속, 유색희유금속 등을 자체로 제련할 수 있게 되었다. 자동차, 트랙터, 만 톤 급 원양윤선 등 기계제조에 수요되는 여러 가지 강재를 기본상 자체로 제조할 수 있게 되었다. 기계공업 측면에서 야금, 채광, 발전소, 석유화학 등 공업설비의 제조와 비행기, 자동차, 공사기계의 제조 등 10여 개 기본 업종들을 각기 형성했으며 또 일부 현대적인 대형설비들을 독자적으로 설계, 제조할 수 있게 되었다. 1964년에 이르러 중국의 주요 기계설비의 자급률은 1957년의 60%에서 90% 이상으로 향상했다. 전자, 원자력, 우주비행 등 신흥공업이 생겨나거나 확대되면서 점진적으로 발전하여 중요한 산업부문으로 부상했다. 1965년에 중국은 이미 레이더, 라디오텔레비전 신호발사설비, 텔레비전 중심용 설비, 무선전 통신설비, 원자방사선기구, 각종 기상관측설비, 수중음파탐지기, 전자계산기, 텔레비전 등을 생산할 수 있었다. 농업을 지원하는 공업도 커다란 발전을 가져왔다. 1957년부터 1965년까지 농업기계 총출력은 121만 킬로와트로부터 1,099만 킬로와트로 증가되었고 화학비료 시용량은 37만 1,000톤으로부터 194만 2,000톤으로 증가되었으며 농촌의 전기 사용량은 1억 4천만 킬로와트시로부터 37억 1천만 킬로와트시로 증가했다.

석유공업의 발전에서 눈에 뜨이는 성과를 거두었다. 1959년, 우리나라의 지질사업가들은 둥베이숭료분지에서 공업성 원유류를 발견했다. 1960년의 가장 곤란한 때 당 중앙위원회는 여러 면으로부터 노동자, 간부, 기술자들을 뽑아 망망한 초원에 보냄으로써 힘을 집중하여 탐사, 개발을 진행하기로 결정했다. 3년 남짓한 기간을 걸쳐 생산량이 전국 석유 총생산량의 3분의 2를 차지하는 중국에서 가장 큰 석유기지—다칭유전을 건설했다. 그 뒤를 이어 또 승리유전과 대항유전을 개발했다. 석유공업의 발전과 더불어 신흥공업인 석유화학공업도 점차 발전했다. 1965년에 이르러 중국은 국내에서 수요하는 석유를 전부 자급하게 됨으로써 중국 석유공업 발전사에서의 한 차례 비약을 실현했다.

교통운수업에서 거족적인 발전을 가져왔다. 1958년부터 1965년까지 전국적으로 새로 늘어난 철도운행거리는 7,900여 킬로미터에 달했다. 제3선 건설의 전개는 철도건설을 추진하는 면에서 중요한 역할을 했다. 바오터우~란저우, 란저우~칭하이, 란저우~신장 등 철도선이 부설, 개통되면서 시베이의 5개 성, 자치구를 연결시켰을 뿐만 아니라 시베이지구와 화베이 및 연해 지구도 연결시켰다. 쓰촨~구이저우, 광시~구이저우 철도선이 부설, 개통되면서 광시, 쓰촨, 구이저우 3개 성과 자치구를 연결시켰다. 성도~쿤밍(昆明), 구이저우~쿤밍, 후난~구이저우, 후난~광시 등 철도가 완공되고 일부가 개통되었다. 전국적으로 티베트자치구를 제외한 각 성, 자치구, 직할시에는 모두 철도가 놓이고 푸젠, 닝샤, 칭하이, 신장 등 성과 자치구는 처음으로 기차가 통했다. 1965년의 철도화물 운수량은 1957년보다 50.67% 늘어났고 여객 운송량은 31.93% 늘어났다. 도로, 수상운수, 항공 등 사업에서도 비교적 큰 발전을 가져왔다. 전국의 대부분 현, 진에 자동차가 운행되고 연해항구에는 10여 개의 만 톤급 이상의 정박장이 새로 늘어났으며 원양운수 면에서 동남아, 유럽, 아프리카로 통하는 3갈래 항로를 개척했다.

과학기술을 발전시키는 면에서 뚜렷한 성과를 거두었다. 1956년에 제정한 12년 과학기술발전전망계획이 1962년에 기본적으로 완수되었다. 1963년에 중국은 또 새로운 10년(1963~1972년) 과학기술발전전망계획을 앞당겨 제정했다. 마오쩌둥은 이 새로운 계획의 제정과 관련하여 다음과 같이 지시했다. 과학기술을 위한 전투는 꼭 해야 하며 또 잘해야 한다. 과학기술을 발전시키지 않고서는 생산력을 높일 수 없다.[1] 원자탄, 유도탄, 인공위성을 대표로 하는 국방첨단과학기술의 성과가 가장 뚜렷했으며 기초과학 연구에서도 큰 진전을 가져왔다. 중국은 1965년에 처음으로 인공합성인슐린결정체를 만들어냄으로써 해당 분야에서의 연구는 세계의 앞자리를 차지하게 되었다. 응용과학기술에서도 많은 성과를 거두었다. 1950년대 후기부터 대가 짧고 얼룩병에 대한 저항성이 강하며 헥타르당 수확량이 높은 밀 품종을 개량하고 육성시킨 후 대면적에 보급함으로써 비교적 좋은 효과를 보았다.

교육, 보건위생, 신문출판, 라디오영화텔레비전방송, 문화예술, 체육 등 분야에서도 괄목할 만한 성과를 거두었다. 1957년부터 1966년까지 대학교졸업생은 누계로 139만 2천 명에 달하고 중등전문학교졸업생은 211만 1,000명에 달하여 각각 1950년부터 1956년까지의 4.9배와 2.4배에 달했다. 조정을 거쳐 교육의 질이 일정하게 제고되었고 의료보건위생 조건도 어느 정도 개선되었다. 1957년부터 1965년까지 전국의 의료보건위생기구는 12만 2,954개에서 22만 4,266개로 늘어났고 1천 명당 보유한 병원 침대수는 0.46개에서 1.06개로, 의사는 0.85명에서 1.05명으로 늘어났다. 도서, 신문잡지 사업에서 비

---

1) 마오쩌둥, '과학기술을 발전시키지 않고서는 생산력을 높일 수 없다'(1963년 12월 16일), 〈마오쩌둥 문집〉 제8권, 인민출판사 한문판, 1999년, 351쪽.

교적 큰 발전을 가져왔다. 1965년, 전국의 도서 총인쇄량은 21억 7천만 권, 잡지 총인쇄량은 4억 4천만 부, 신문 총인쇄량은 47억 4천만 부로서 1956년에 비하여 각각 21.7%, 25.0%, 81.5% 늘어났다. 라디오영화텔레비전방송사업에서도 새로운 발전을 가져왔다. 1958년 5월, 원 베이징텔레비전방송국(중앙텔레비전방송국의 전신이다)이 시험 방송을 시작했고 1966년에 이르러서는 전국에 라디오방송국 78개, 텔레비전방송국 13개가 설립되었으며 전국 96%의 현에 유선라디오방송이 보급됐다. 10년 동안에 전국적으로 예술영화 495편, 그림영화 109편, 과학교육영화 786편, 기록영화 2,250편을 제작했다. 전국의 문화예술, 문화유물 단위는 1956년의 1만 4,408개에서 1965년의 2만 7,210개로 늘어났다. 10년 동안 많은 우수한 문학예술작품이 창작되고 공연되었다. 체육사업에서도 새로운 진보를 가져왔는데 10년 동안에 총 183명의 운동선수가 97개 종목에서 세계기록을 깨뜨렸으며 스포츠도 거족적인 발전을 가져왔다.

10년 동안의 건설에서 이룩한 성과는 그 후의 사회주의 건설에 중요한 물질적, 기술적 토대를 닦아놓았다. 이 기간에 건설한 일부 기초시설, 기초건설대상과 대, 중형기업은 오늘날에 와서도 국민경제와 사회생활에서 역할을 발휘하고 있다.

이 10년 동안에 중국은 또 건설사업에 필요한 전문 인재를 많이 양성해냈다. 1956년에 지식인 문제에 관한 회의가 열린 후, 당 중앙위원회는 반드시 양적, 질적으로 중국의 현대화한 공업, 농업, 교통운수, 국방, 보건위생 사업과 기타 제 분야에서의 기술문제를 독자적으로 해결할 수 있는 전문가를 양성해야 하며 현대 선진수준에 접근한 물리학자, 화학자, 수학자, 생물학자와 기타 이론 과학자들을 양성하고 교육사업과 문화예술사업 분야의 전문가를 양성해내며 철학과 사회과학의 제반 학과와 부문의 전문가를 양성해야 한다고 제기했다. 중앙에서 제기한 이 목표는 시행과정에 비록 우여곡절을 겪었지만 여전히 큰 진전을 가져왔다. 10년 동안에 수만 명을 헤아리는 여러 가지 부류의 전문 인재가 성장하여 사회주의 건설의 제반 분야에서 실천의 단련을 받고 시련을 이겨냈다. 그 가운데 대부분 사람은 그 후, 특히 1970년대 말기에 개혁개방을 시행한 후 각급 당위원회와 정부부문 및 경제, 교육, 과학기술, 문예, 의료보건위생, 체육 등 제 분야에서의 핵심 역량으로 되었다.

당의 대열과 당의 간부대열도 한층 더 발전했다. 1956년 8차 당대회가 소집될 때 전국의 당원 수는 총 1,073만 명이었는데 1965년에는 1,895만 명으로 발전하여 76.61% 늘어났다. 당원대열이 확대되고 건설사업이 끊임없이 발전함에 따라 당의 간부대열은 신생 역량을 보충할 것을 절박하게 수요했다. 1963년 9월, 중공중앙 조직부는 조사연구를 거쳐 중앙정치국 상무위원회에 보고를 올려 보냈다. 보고는 다음과 같이 지적했다. 중앙, 국가 기관의 여러 부, 위원회와 각 성, 자치구, 직할시 당위원회 제1책임자의 평균 연령은 56세로 이제 10년, 8년이 지나면 노령화 문제가 더욱 두드러지게 된다. 만약 지금 제1책임자의 후계자를 양성하는 데 중시를 돌리지 않는다면 앞으로 뒤를 잇지 못할 위험이 생길 수 있다. 보고는 제1책임자의 후계자를 계획적으로 양성하는 데 중시를 돌릴 것을 건의했다. 중앙은 보고에서 제기된 건의가 정확하다고 인정하고 구체적인 방법과 의견을 제기할 것을 중앙조직부에 요구했다. 1964년 6월, 마오쩌둥이 혁명사업의 후계자 양성에 대한 문제를 제기한 후 중앙 조직부는 9월에 재차 중앙정치국 상무위원회에 보고를 올려 보내 신생 역량을 양성하고 등용할 것에 관한 네 가지 사업을 제기했다. 즉 젊고 우수한 지식

청년 간부들을 여러 기로 나누어 기층에 내려 보내 직무를 맡고 단련을 받게 하고 이론수준이 비교적 낮은 편이지만 전망이 있는 간부들을 각급 당 학교에 보내 학습시키며 문화 수준이 비교적 낮은 노농간부들이 문화 수준을 높일 수 있도록 도와주며 영도간부들이 가르치고 도와주고 이끌어주는 사업을 잘하도록 하는 것이었다. 뒤이어 중앙과 지방의 당 조직 부문은 우수한 청년지식인 간부들을 뽑아 기층에 내려 보내어 직무를 맡고 훈련을 받게 했다. 1964년과 1965년에는 두 번에 나누어 본기 대학졸업생 가운데 1천여 명의 우수한 인재를 골라 중점적으로 양성했다. 1965년 8월, 중앙조직부는 신생 역량을 대대적으로 양성하고 등용할 것에 관한 당 중앙위원회와 마오쩌둥의 지시에 따라 일부 우수한 간부들을 양성하고 등용하며 그들을 현, 지구 나아가 성의 영도자 직무에 올려놓을 것에 관한 보고서를 제출했다. 이 사업은 중요하게 2, 3년 안으로 성당위원회 서기, 상무위원, 지구당위원회 서기, 지구급 행정공서 전원, 현당위원회 서기, 현장직무를 맡기에 알맞은 간부들을 먼저 제2책임자, 제3책임자의 직위에 올려놓고 각자의 다양한 정형에 따라 효과적인 조치를 강구하여 양성과 단련을 진행하여 그들이 빨리 성장하도록 하며 조건이 갖추어진 후 제1책임자 직위에 올려놓을 것을 요구했다. 중앙조직부는 2~3년 안에 먼저 현급 영도간부의 문제를 해결한 다음에 좀 더 긴 시간을 들여 지구급과 성급 영도간부의 문제를 해결할 것에 대해 제기했다. 그해에 전국적으로 400여 명을 성, 지구급 이상 영도간부로 등용했는데 그 가운데는 중공중앙 직속기관과 중앙국가기관의 부장, 부부장 및 성당위원회 서기로 등용된 간부가 수십 명이나 되었으며 50세 이하의 간부가 상당한 부분을 차지했다. 20세기 60년대, 당 중앙위원회와 마오쩌둥은 신생 역량을 대대적으로 양성하고 등용해야 하는 중요성을 느끼고 적절한 조치를 취하기 시작했다. 비록 '문화대혁명'이 일어남으로써 이 조치가 끝까지 관철되지 못했지만 이 전략적 과업의 제기와 기본적인 시행은 당의 간부대열의 후계자 문제와 관계되고 당사업의 흥성 발전과 국가의 장기적인 안정과 관계되는 것이었기에 장원하고도 중대한 의의를 가졌다.

이 10년 동안 중국공산주의자들과 중국 인민의 정신 면모는 아주 좋았다. 건설이 비교적 순조롭게 진척될 때 광범한 당원과 대중은 의기분발하고 투지가 드높았다. 국내에서 엄중한 경제곤란이 생기고 국제적으로 전쟁의 위협과 커다란 압력(주요한 자본주의 선진국들이 중국에 대해 장기적으로 봉쇄, 수출입 금지를 시행하고 소련이 계약을 파기하고 전문가를 철수하고 원조를 중단했다)을 받는 상황에서 당과 인민은 독립자주, 자력갱생을 견지하고 좌절을 두려워하지 않고 압력을 이겨내며 일치단결하고 간고분투하면서 시종 비할 바 없는 영웅적 기개와 드높은 열정으로 건설사업에 뛰어들었으며 중국국정에 부합되는 발전의 길을 꾸준히 모색하면서 자강자립하고 남에게 빌붙지 않으며 귀신을 두려워하지 않고 부당한 일과 타협하지 않는 정신을 키워냈다. 이런 정신은 국가의 주권과 민족의 존엄을 수호하고 사회주의 제도를 공고히 하고 발전시키는 데 중대한 역할을 일으켰다. 어려움이 극심한 세월에 수령과 인민, 간부와 군중은 고락을 같이하면서 곤란을 전승하기 위해 막대한 희생을 했다. 자오위루, 왕진시, 레이펑 등은 평범한 일터에서 평범하지 않은 업적을 쌓아 시대의 본보기로 되었다. 첸쉐썬, 리쓰광(李四光), 전삼강, 마오이성(茅以升) 등을 대표자로 하는 저명한 과학자들은 부지런히 일하여 조국의 과학기술사업과 경제문화건설사업을 위해 크게 기여했으며 지식인들의 걸출한 대표가 되었다. 이 밖에 국방첨단과학기술사업, 지질탐사, 석유탐사와 제3선 건설에 참가한 많은 간부와 종업원, 과학기술자 및 인민해방군 지휘원과 전투원들은 당의 호소를 받들고 가장 어려운 곳으로, 조국이 가장 필요로 하는 곳으로 갔으며 고비사막에서, 험산준령에서 말없이 부지런히 일하면서 사심 없이 기여하는 시대의 가장 힘찬 모습을 보여주었다. 이 10년 동안에 사회주의를 건설하는 제반 분야에서 눈물겹도록 감격적인 업적을 쌓은 우수한 전형과 선진 인물들이 용솟음쳐 나왔다. 당 중앙위원회는 전당과 전국인민이 선진 모범 인물들을 따라 배울 것을 호소하여 전당과 전국 인민으로 하여금 사회주의 건설사업 가운데 더 큰 열정과 힘을 가지게 했다. 사회주의 건설사업은 첩첩한 곤란을 이겨낸 후 점차 다시 활기차게 발전하는 모습을 보이기 시작했다.

이 10년 동안에 당은 전면적이고 대규모적인 사회주의 건설을 영도하는 과정에 인식을 정확히 하는 면에서 일련의 성과를 거두고 소중한 경험을 쌓았다.

사회주의 정치건설에 관해서는 모든 적극적인 요소를 동원하고 단합할 수 있는 모든 역량을 단합하여 함께 사회주의를 건설하며 두 가지 다른 성격의 모순을 올바르게 구분, 처리하고 인민 내부 모순을 올바로 처리하는 것을 국가 정치생활의 주제로 삼으며 인민대표대회의 권력을 확대하고 서방 자본주의 의회 민주의 일부 형식과 방법을 과학적으로 받아들이는 데 주의하며 공산당과 여러 민주당파 간의 관계 면에서 "장기공존하며 서로 감독하는" 방침을 시행하며 한족과 소수민족 간의 관계에서 지방민족주의를 반대할 뿐만 아니라 주로는 대 한족주의를 반대하고 민족구역 자치제도를 발전시키고 공고히 하며 국가정치생활에서 중앙집권과 민주주의 규율을 확립하고 자유와 통일적 의지, 개인의 심정도 유쾌하고 활발한 정치적 국면을 형성해야 한다고 제기했다.

　사회주의 경제건설에 관해서는 당과 국가의 사업 중점을 기술혁명과 사회주의 건설로 옮기며 보수주의를 반대할 뿐만 아니라 모험적 전진도 반대하면서 종합적 균형 가운데 온당하게 전진하며 농업을 토대로 하고 공업을 주도로 하여 농업, 경공업, 중공업의 순서로 국민경제계획을 배치하며 반드시 계획 지표를 실제에 부합되게 정하고 건설 규모를 국력에 어울리게 정하고 인민의 생활과 중공업건설을 고루 돌보며 계획을 제정하는 데 반드시 물자, 재정, 신용 대부의 균형을 잘 잡으며 전국에 6억 인구가 있다는 실정에서 출발하여 통일적으로 계획하여 고루 돌보고 알맞게 배치하며 모든 사업을 근검하게 진행하며 농업에서의 다종경영을 발전시키는 데 주의를 돌리며 자력갱생을 위주로 하고 외국 원조를 쟁취하는 것을 보조하면서 대외경제교류를 확대하며 자본주의 국가의 선진적인 과학기술과 기업관리 방법 가운데의 과학적인 것을 따라 배워야 한다고 제기했다.

　사회주의 경제체제에 관해서는 생산관계(사실상 소유제를 가리킨다) 변혁이 역사발전 단계를 초월해서는 안 되며 사회주의 사회에서 반드시 상품생산과 상품교환을 대대적으로 발전시키고 가치법칙을 존중하고 노동에 따른 분배원칙을 견지하며 생산경영 측면에서 국가경영과 집체경영이 주체이고 일정한 수효의 개인경영 더 나아가서는 일정한 수효의 자본주의 개인경영을 보충으로 되며 생산계획 측면에서 계획생산은 농공업생산의 주체이고 국가계획이 허용하는 한계 내에서 진행하는 자유적 생산은 보충으로 되며 시장 측면에서 국가시장이 주체이며 일정한 범위에서 국가가 영도하는 자유시장이 보충이 되며 중앙과 지방간의 관계를 올바르게 잘 처리하고 지방과 기업에 일정한 권력을 줌으로써 중앙과 지방의 적극성을 다 충분히 발휘시키고 기업자 주권을 확대하며 기업관리를 개진, 강화하고 기업 내부에서 노동자, 간부, 기술자 '3결합'의 관리체제와 종업원대표대회제도를 시행하며 트러스트를 시험적으로 운영하고 같은 업종 또는 생산 성격에 따라 연합 경영을 하는 큰 공사를 진행하며 농업생산 가운데서 생산 책임제를 시험적으로 시행하며 두 가지 노동제도를 시행해야 한다고 제기했다.

교육, 과학기술, 문화 사업에 관해서는 문예를 번영시키고 학술을 발전시키는 면에서 '백화제방, 백가쟁명'의 방침을 시행하고 두 가지 교육제도를 시행할 것을 제기했으며 중국의 대다수 지식인은 이미 근로대중의 일부분으로 되었다고 긍정했으며 과학기술 현대화가 중국 현대화 건설에서 관건적인 역할을 일으키고 있다고 지적했다.

중국 사회주의 발전 목표에 관해서는 독립 자주적이고 자력갱생하여 독자적이고 비교적 완전한 공업체계와 국민경제체계를 구축할 것을 제기하고 '4개 현대화'를 실현하는 총체적 과업과 두 개 단계로 나누어 발전하는 전략적 절차를 제기했으며 '대약진'의 엄중한 좌절을 겪은 후 사회주의 건설의 장기성에 대해 비교적 똑똑한 인식을 가지고 사회주의 강국을 건설하자면 100년 또는 더 긴 시간이 걸릴 것이라고 예측했다.

당의 건설에 관해서는 집권당 건설문제를 집중 제기하면서 민주주의 중앙집권제와 집체적 영도제도를 견지하고 개인숭배를 반대하며 당내 감독을 강화하고 당내 민주주의를 발전시키며 당과 인민대중의 연계를 강화해야 한다고 강조했다.

1960년대 전기, 당 중앙위원회는 또 '대약진'의 교훈을 총화하고 선후로 농촌인민공사, 공업, 수공업, 상업, 과학, 교육, 문예 등 방면의 사업조례 초안을 작성했으며 사회주의 건설경험을 비교적 체계적으로 총화하고 당시 상황에 알맞거나 비교적 알맞은 제반 구체적인 정책을 각기 규정했다.

　모색 가운데서 쌓은 상기의 올바른 인식, 기본 경험과 정책 사상은 당과 인민이 집단적으로 분투하는 가운데서 얻은 것이다. 중앙 지도자들 가운데 당연히 마오쩌둥이 주도적 역할을 했고 류사오치, 저우언라이, 주더, 천윈, 덩샤오핑 등도 모두 중요한 역할을 했다. 많은 올바른 사상과 결정은 마오쩌둥이 제기하고 중앙지도 집단의 지지를 받았으며 기타 지도자들이 제기한 정확한 의견도 상당수가 마오쩌둥의 지지를 받는 상황에서 결정, 시행되었다. 이런 올바른 인식과 기본 경험 가운데서 일부는 당시에 시행되어 뚜렷한 효과를 거두었지만 일부는 시행 과정에 끝까지 관철되지 못했고 또 일부는 실제와 어긋나는 상황이 나타나 시행 과정에 차질이 생겼다. 그러나 이 모든 것은 모색 가운데서 쌓은 적극적인 성과였다. 이런 성과 가운데서 상당한 부분(예를 들면 '농업 60개조' 중의 '좌'적 오류를 시정한 많은 내용을 가리킨다)은 '문화대혁명' 시기까지도 광범위한 간부와 군중 속에서 여전히 역할을 일으켰으며 동시에 '문화대혁명'을 마무리 지은 후 지도사상 면에서의 혼란 상태를 바로잡는 사업과 개혁개방을 시행하고 사회주의 현대화 건설을 진행하는 사업에 대해 중요한 참고적 의의를 가졌다.

　모색하는 가운데서 당내에 서로 다른 인식이 생기는 것은 정상적인 것이었다. 당시 많은 올바른 사상 관점은 그 중요한 가치가 사람들에게 인식되지 못했으며 또 일부 사상 관점은 '좌'적 오류가 나타났을 때 압제를 받고 비판을 받았다. 예를 들면 펑더화이, 장원톈, 덩쯔후이, 왕자샹, 이유한 등이 제기한 많은 의견과 주장들은 경제, 정치, 농업, 외교, 통일전선 등 여러 측면과 관련되었으며 모두 당시의 실천 경험을 총화하고 분석하는 가운데 제기된 올바르고 투철한 견해로서 당의 모색의 중요한 구성 부분을 이루었다. 비록 일부 의견과 주장들이 제기되자마자 비판을 받고 일부는 한동안 실천에 옮겨져 적극적인 효과를 보이다가 부정을 당했으며 또 일부는 그냥 내부 토론에 오르고 공식적으로 제기되지 않았지만 모두 다른 측면과 각이한 차원에서 사회주의 건설문제를 탐색했다. 이런 탐색에 의해 거둔 적극적인 성과 역시 당과 인민에 대한 기여였다.

사회주의를 전면적으로 건설하기 시작한 10년 동안의 당의 사업을 총화한다면 1981년 6월, 당 중앙위원회 제11기 제6차 전원회의에서 채택한 '건국 이래 당의 약간의 역사문제에 관한 결의'에서 지적한 바와 같이 "우리가 지금 현대화 건설에서 의거하고 있는 물질 기술적 토대는 대부분 이 시기에 건설된 것이며 전국 경제문화건설 등 측면의 기간 역량과 그들의 사업 경험도 역시 대부분 이 시기에 양성하고 쌓은 것이다. 이는 이 시기 당의 사업의 주도적인 측면이다."

2. 모색 가운데의 곡절 및 기본적인 분석

10년 건설이 시작될 때 당은 소련의 경험과 교훈을 거울로 삼고 중국공산당 제8차 전국대표대회에서 중국 국정에 비교적 부합되는 올바른 노선, 방침과 정책을 제정함으로써 국내 건설에 이로운 국제환경을 이용해 사회주의 건설을 가속화했다. 8차 당대회 전후 1년 남짓한 기간에 당의 모색은 훌륭하게 시작했고 기본적인 성과를 거두었다. 1958년 제1차 정저우회의로부터 1959년 루산회의 전까지의 9개월 동안과 1960년 겨울부터 1962년 9월 당 중앙위원회 제8기 제10차 전원회의까지의 2년 가까운 동안에 당은 모색 가운데 일련의 큰 성과를 거두었다. 당 중앙위원회 제8기 제10차 전원회의 이후의 3년 남짓 동안 경제조정을 계속 진행함과 동시에 이 조정 임무를 전면적으로 완수했으며 당은 모색 가운데 인식 측면에서 일부 새로운 성과를 거두었다.

10년 건설에서 커다란 성과를 거둘 수 있은 것은 당이 모색 가운데 쌓은 올바른 이론 관점, 방침 정책으로 건설을 직접 지도했기 때문이다. 그러나 모색 과정에 당의 지도방침에 막대한 실착이 나타난 데다 당시 복잡하고 변화무쌍한 국제 정세와 자연재해의 영향으로 말미암아 이 10년간의 건설은 또 극심한 좌절을 당하고 굴곡적인 발전 과정을 겪었다.

10년 건설에서 최초의 1년 남짓한 동안에 제1차 5개년 계획(1953~1957년)을 계속 집행하고 초과 완수했으며 경제가 비교적 온당하게 발전했다. 제2차 5개년 계획(1958~1963년)의 첫 3년에는 빠른 속도로 선진국가를 따라잡거나 초월하는 기적을 창조하려고 '대약진' 운동을 경솔하게 발동했기에 사회 총생산액의 성장 속도가 1957년의 6.1%에서 1958년의 32.7%로 증가되었다. 이같이 실제를 떠나 인위적으로 속도를 가한 초고속 발전은 얼마 가지 못하고 곧바로 떨어졌는데 1959년에는 18%로 떨어지고 1960년에는 또 4.7%까지 떨어졌으며 1960년과 1961년에는 대폭적인 마이너스 성장이 나타났다. 제2차 5개년 계획 전반 기간에 사회 총생산액과 국민소득의 연평균 성장률은 각각 −0.4%와 −3.1%로 모두 마이너스 성장을 기록했다. '대약진' 운동은 애초에 기대했던 것처럼 경제 발전을 가속화하지 못했을 뿐만 아니라 도리어 막대한 손실을 가져왔다. 당과 정부는 어쩔 수 없이 제2차 5개년 계획의 마지막 2년(1961~1962년)에 국민경제를 조정했으며 그 후에 또 3년의 시간을 들여 계속 조정(1963~1965

넌)함으로써 이 3년을 제2차 5개년 계획과 제3차 5개년 계획(1966년부터 시작) 사이의 과도 단계로 삼았다. 국민경제 조정 가운데 최저점에 물러선 1962년을 기점으로 하여 1963년부터 1965년까지 3년 동안에 사회 총생산액과 국민소득은 연평균 15.5%와 14.7% 증가했다. 이 성장 속도는 제1차 5개년 계획 시기의 연평균 성장속도를 초과했으나 1962년의 기초수가 너무 낮았기에 이 3년 동안의 성장은 매우 큰 정도에서 불온 상태를 겪은 후의 복구 성격을 띠었다. 총체적으로 이 10년 동안은 발전 속도가 불규칙적이고 기복이 지나치게 심했기에 경제발전이 불안정했고 심지어 어떤 면에서는 발전이 느렸다.

이 10년 동안 농업 발전이 가장 느렸다. 불변가격에 따라 계산할 경우 1965년의 공업 총생산액은 1957년보다 98% 성장했으나 농업 총생산액은 9.9%밖에 성장하지 못했다. 이는 1952년보다 24.8% 성장한 1957년의 성장 속도보다 훨씬 낮았다. 농업생산에 대한 '대약진' 운동의 파괴가 너무 심했기 때문에 조정, 복구와 발전을 거친 후에도 1965년의 양곡 생산량은 여전히 1957년의 수준에 미치지 못했고 기름작물, 황마, 양마, 뽕누에고치, 가둑나무누에고치, 찻잎, 과일 등 주요 농산물의 생산량도 모두 1957년의 수준에 미치지 못했다.

이 10년 동안 축적을 중시하고 소비를 소홀히 했다. 제2차 5개년 계획 시기와 3년 조정 시기에 기본건설투자 가운데 차지하는 생산성 건설투자의 비중은 각각 85.4%와 79.4%로 모두 제1차 5개년 계획 시기의 67%를 초과했지만 제2차 5개년 계획 시기와 3년 조정 시기의 비생산성 건설투자의 비중은 각각 14.6%와 20.6%로 모두 제1차 5개년 계획 시기의 33%보다 낮았다. 제한된 자원이 중공업건설에 더욱 많이 투입되면서 인민은 생활에서 극심한 압력을 받았다. 통계에 따르면 전체 종업원들의 실제 평균노임은 제1차 5개년 계획 시기에 연평균 5.1% 성장했고 제2차 5개년 계획 시기에는 −6.3%, 3년 조정 시기에는 6.1%로 성장했는데 이 8년 동안의 평균 성장속도는 제1차 5개년 계획 시기보다 낮았다.[2]

공업건설은 이 10년 동안에 매우 빨리 성장했다. 그러나 고정자산의 외연 확대에만 집중하면서 생산액, 생산량만 일방적으로 추구했기에 투자 효과가 기준치보다 모자랐다. 1958년부터 1965년까지 고정자산 투자 총액은 제1차 5개년 계획 시기보다 195.4% 증가되었지만 대, 중형건설대상이 준공되어 생산에 투입된 비율은 오히려 제1차 5개년 계획 시기에 비해 떨어졌다.[3] 미시적 경제효과에서도 부분적인 면에서는 제1차 5개년 계획 시기의 수준에 미치지 못했다. 1962년(제2차 5개년 계획 시기 말)과 1965년(3년 조정 시기 말)의 전 인민적 소유제 독립채산 공업기업의 주요 재무 지표는 개별적 지표를 제외하고는 모두 1957년(제1차 5개년 계획 시기 말)의 수준보다 낮았다.[4] 생산량이 줄어든 것과는 반대로 이러한 두 시기 말의 생산원가는 모두 제1차 5개년 계획 시기 말보다 늘어났다.[5]

---

2) 해당 통계자료에 따르면 전인민적 소유제단위 종업원의 실제 평균노임은 제1차 5개년 계획시기에 연평균 5.4% 성장했다. 제2차 5개년 계획시기에는 −5.4%, 3년 조정시기에는 다소 늘어나 7.1% 성장했다. 그러나 이 8년 동안의 연평균성장속도는 제1차 5개년 계획시기보다 낮았다. 도시 집단적 소유제단위 종업원의 실제 평균노임의 연평균성장률은 제2차 5개년 계획시기와 3년 조정 시기에 각각 −10.4%와 3.2%인바 제1차 5개년 계획시기의 8.4% 성장폭보다 훨씬 낮았다.

3) 제1차 5개년 계획시기에는 15.55%였지만 제2차 5개년 계획시기와 3년 조정시기에는 각각 8.1%와 10.4%였다.

4) 전 인민적 소유제 독립채산 공업기업의 주요재무지표, 즉 100위안당 고정자산 원 가치가 창출한 이윤, 100위안당 자금이 창출한 이윤세금, 100위안당 고정자산 순 가치가 창출한 이윤세금, 100위안당 공업생산액이 창출한 이윤, 100위안당 고정자산 원 가치가 창출한 생산액(모두 1970년의 불변가격에 따라 계산했음.)을 보면 1957년에는 각각 23.8위안, 34.8위안, 48위안, 17.1위안, 139위안이었고 1962년에는 각각 8.9위안, 15.1위안, 20.5위안, 12.5위안, 71위안이었으며 1965년에는 각각 20.9위안, 29.8위안, 39.8위안, 21.3위안, 98위안이었다.

5) 전 인민적 소유제 독립채산 공업기업의 100위안당 생산액이 차지하는 유동자금, 100위안당 판매수입원가 두 가지 지표(모두 1970년 불변가격에 따라 계산했음.)를 보면 1957년에는 각각 19.4위안, 68.1

이러한 상황이 보여주다시피 신중국 창건 후의 첫 8년과 비교할 때 1958년 이후 중국은 건설사업에서 아주 큰 대가를 지불했고 사회발전은 어렵게 진척되었다. 이런 상황이 나타나게 된 주요 원인은 후에 덩샤오핑이 이 역사적 단계의 경험, 교훈을 총화할 때 말한 것처럼 "1957년부터 '좌'적 사상이 대두하기 시작하여 점차 우세를 차지"[6]했기 때문이다. 특히 1960년대에 들어선 후 국민경제를 조정하여 커다란 효과를 보았지만 경제사업의 지도사상 측면에서의 '좌'적 오류는 철저하게 시정되지 못했고 정치와 사상문화 측면에서는 '좌'적 오류가 발전하기까지 했다. 전체 10년 동안의 정형으로 보면 사회주의 개조를 성과적으로 완수한 후 사회주의 건설의 장기성에 대해 인식이 부족하고 교만정서가 생겨났기 때문에 신속하게 효과를 보려는 사상이 급속하게 발전했다. 또한 당면한 국정과 시대의 특징에 대한 전면적인 파악과 투철한 인식이 부족했기 때문에 사회주의 발전법칙을 과학적으로 파악하지 못했을 뿐만 아니라 자본주의 세계에 나타난 새로운 변화에 대해서도 깊이 있게 파악하고 연구하지 못했다. 비록 실사구시하고 사회 기본 모순의 운동법칙에 따라 처리할 것을 거듭 강조했지만 사실상 여전히 객관적인 법칙을 어겼으며, 잘하려고 했지만 뜻대로 이루지 못했다. 이는 사상방법 면에서의 주관주의와 긴밀한 연계가 있으며 혁명적 열정과 과학적 정신을 잘 연결하지 못한 필연적 결과이다. 사상방법 면에서의 주관주의가 갈수록 엄중해지고 당 내외적으로 민주주의가 약화되었기에 '좌'적 오류의 발전은 불가피한 일이 되었다.

위안이었고 1962년에는 각각 38.7위안, 76.5위안이었으며 1965년에는 각각 25.5위안, 69위안이었다.
6) 덩샤오핑, '정치에서 민주주의를 발전시키고 경제에서 개혁을 진행해야 한다'(1985년 4월 15일), 〈덩샤오핑선문집〉 제3권, 민족출판사 1994년, 163쪽.

총체적으로 사회주의 건설 과정에서 범한 오류는 모색 가운데 생긴 것이며 일부 오류는 진리의 한계를 넘어섰기 때문에 생긴 것이다. 사회주의 경제건설의 속도문제에서 현실적인 가능성과 효과성, 지속적인 균형성과 건전한 발전을 과시하는 비교적 높은 속도를 쟁취하는 것은 필요하고도 정확한 것이었다. 그러나 이 한계를 넘어서 주관적인 억측과 맹동적인 모험적 전진에 의해 높은 속도를 추구한 것은 잘못이며 막대한 손실을 초래했다. 사회주의 생산관계의 변동문제에서 생산력의 발전요구에 적응되지 못하는 부분을 알맞게 조정하여 새로운 생산관계에서 생산력을 보호하고 발전시키려고 한 것은 필요한 것이었다. 그러나 이 한계를 벗어나 생산력에 대한 생산관계의 반작용을 부분적으로 과장하고 생산력 발전 수준을 떠나 '크고 공유화'한 것만을 추구하며 특히 소유제 문제에서 지나치게 순수성을 따지고 조급히 넘어가려고 한 것은 잘못이었고 이로 말미암아 엄청난 손실을 초래했다. 사회주의 조건에서의 계급투쟁문제에서 일정한 범위 내에 계급투쟁이 존재한다는 것을 인정하고 평화적 이행, 그리고 정권이 전복될 위험을 경계하는 것은 필요하고도 정확한 것이었다. 반면 계급투쟁의 존재를 철저히 부정하고 이런 투쟁과 위험성을 보지 못하는 것은 잘못이었다. 그러나 당내와 인민 내부의 일부 모순을 국내외 계급투쟁의 반영으로 보고 피아 모순으로 간주하며 일정한 범위 내에 존재하는 계급투쟁을 확대, 절대화하고 계급투쟁 정세를 당시 당지의 실제에 부합되지 않게 과대평가하며 정확한 사상관점, 정책주장, 작법 및 예술과 학술에서의 다양한 유파, 다양한 관점을 자산계급의 의식으로 간주하여 반대하고 계급투쟁의 동향으로 간주하여 비판한 것도 잘못된 것이며 극히 해로운 것이다.

　　모색하는 곡절이 있기 마련이었다. 사회주의 건설사업은 어렵고도 복잡한 사업이므로 당의 모색이 곧게 뻗은 길을 따라 인식의 자유로 나간다는 것은 불가능한 일이었다. 10년 동안 성공과 좌절이 엇갈렸고 정확한 것과 그릇된 것이 뒤섞였던 사실은 당의 모색의 길이 얼마나 복잡했는가를 여지없이 보여주었다. 이런 복잡성은 지도자 개인의 사상에만 구현된 것이 아니라 전당의 집단적 모색 과정에서도 구현되었다. 마오쩌둥의 사상 발전을 볼 때 그는 중요한 가치가 있는 많은 정확한 관점과 주장을 제기하여 사회주의적 개조를 완수하고 사회주의 건설사업의 발전을 추진했지만 동시에 또 점차 '좌'적인 그릇된 사상을 형성했다. 중앙의 기타 지도자들에게서도 다양한 시기, 다양한 문제에서도 이와 같은 모습이 나타났으며 당내의 많은 간부와 당원들도 마찬가지였다.

10년 동안에 '좌'적 오류는 잠시 일정한 범위 내에 제한되어 있고 전체 국면을 지배하는 정도에까지 미치지 못했으며 그 규모와 정도, 성격에서 '문화대혁명'의 오류와 동등하게 볼 수 없었다. 양자는 질적으로 구별되는 것이었다. 그러나 양자의 구별을 보지 않을 수 없는 것과 마찬가지로 양자의 연계도 보지 않을 수 없다는 것이다. 역사가 증명하다시피 전자는 후자의 길잡이었고 준비였다.

이 10년 동안 당은 중국 자체의 사회주의 건설의 길을 모색하기 위해 노력했다. 그러나 그 과정에 엄청난 실착이 생겼으며 그 가운데 주관적, 객관적인 복잡한 원인이 있었다.

당은 전국적 범위에서의 집권 시간이 길지 않았기에 어떻게 나라를 다스리고 어떻게 사회주의 건설을 전면적이고 대규모로 전개할 것인가에 대한 사상 인식과 경험이 충분하지 못했다. 신중국 창건을 징표로 하여 당은 인민을 영도하여 전국의 정권을 탈취하기 위해 노력하던 당에서 인민을 영도하여 전국의 정권을 장악하고 신민주주의와 사회주의 건설을 진행하는 집권당으로 발전하기 시작했다. 사회주의적 개조를 기본적으로 완수한 후 당과 국가는 사업 중점을 계급투쟁에서 경제건설로 옮겨야 하는 새로운 정세에 직면했으며 집권 지위에 처한 당도 지난날의 계급투쟁을 영도하는 데 탁월하던 당에서 경제문화건설을 영도하는 데 탁월한 당으로 발전해야 하는 새로운 정세에 직면했다. 이는 우리 당으로 하여금 생산력을 해방하고 발전시키는 것을 인민을 영도하여 사회주의를 건설하는 근본 과업으로 삼고 앞으로 중국 사회주의사업이 더욱 발전하도록 하루속히 추진할 것을 요구했다. 10년 건설 가운데 새로운 상황과 새로운 문제가 많이 나타난 데 비추어 당 중앙위원회와 마오쩌둥은 적극적으로 사고하고 모색했으며 실천 가운데 문제를 해결할 수 있는 발전의 길과 방법을 찾기 위해 노력했다. 그 과정에서 당은 많은 문제에 대해 비교적 정확하게 인식했다. 그러나 그때는 사회주의 건설사업이 막 걸음마를 떼기 시작한 시기였다. 사회주의 건설법칙이 아직 충분하게 드러나지 않아 많은 경우에는 문제를 인식했으나 해결 방법을 찾지 못했고 상응한 조치를 강구했으나 그것의 장구한 영향과 결과를 즉시 파악하지 못했다. 이로 말미암아 일부 정확한 인식은 안정되고 성숙되지 못해 실천 가운데 견지하기 어려웠고 심지어 반복되는 현상이 나타났으며 일부 정확한 인식은 흔히 스스로 부정되기도 했다. 이 모든 것은 충분한 실천이 부족하여 초래된 사상 인식의 불안정성을 보여주었다. 사상 준비가 충분하지 못한 상황에서 급속하게 다가온 신생의 사회주의 사회를 마주한 까닭에 당은 사회주의란 무엇이며 어떻게 사회주의를 건설하는가 하는 문제를 대부분 사회주의에 관한 마르크스의 기성 논술을 통해 이해했으며 심지어 일부 구체적인 결론은 그대로 옮겨오고 미래사회에 대한 마르크스의 일부 구체적인 구상을 갖고 현실생활을 가늠했다. 10년 가운데 실제를 떠나고 단계를 뛰어넘은 일부 주관주의 사상과 작법이 나타난 원인은 마르크스 경전 저작의 구상과 논점을 부분적으로 이해했거나 교조적으로 받아들였기 때문이다. 당이 전체적인 대규모 사회주의 건설을 영도한 실천 경험이 부족했기에 한편으로 군중의 드높은 정치 열정과 군중에 의거하여 돌격운동을 진행한 지난 혁명 전쟁 시기의 효과적인 사유방식과 사업방법이 경제건설에 폭넓게 활용되었고 동시에 중요한 역할을 했다. 그리하여 이러한 사유방식과 사업방법은 사회주의 건설을 가속화하는 중요한 방법으로 인정되었으며 과거의 성공적인 경험들은 새로운 역사 조건에서 교조화, 절대화되었다. 다른 한편으로 당은 집권 과정에 경제, 정치, 문화 등 면에서 돌발사건에 부딪히거나 사상인식 측면에서의 의견 차이에 부딪히기만 하면 지난날 혁명전쟁 시기에 계급투쟁을 중시하고 계급투쟁에 능숙한 역사적 영향을 아주 쉽게 받았다. 그리하여 사회주의사회의 발전 행정에서 나타난 새로운 모순, 새로운 문제를 관찰하고 처리할 때 계급투쟁에 속하지 않는 문제도 계급투쟁으로 간주했으며 또 새로운 조건에서 계급투쟁에 부딪혔을 때 과거엔 익숙했지만 지금은 그대로 옮겨올 수 없는, 폭풍취우식의 대중적 투쟁을 전개하는 낡은 방법과 낡은 경험을 그대로 사용하는 데 습관화되어 있었다. 역사가 증명하다시피 1950, 1960년대의 특정한 국내외 환경에서 당이 사회주의란 무엇이며 중국과 같이 경제와 문화가 낙후한 나라에서 어떻게 사회주의를 건설하는가 하는 등 중대한 문제에서 정확한 인식과 실천경험이 부족한 것은 지도방침 면에서 '좌'적 오류가 생긴 중요한 근원이 되었다.

당은 외국이 중국에 대한 봉쇄 정책을 시행하는 상황에서도 인민을 영도하여 사회주의를 건설했다. 외부로부터 오는 커다란 압력은 당

중앙위원회와 마오쩌둥이 당과 국가의 중심 과업 및 제반 방침과 정책을 확정하는 데 불가피하게 중대한 영향을 끼쳤다. 중국에 대한 서방국가들의 봉쇄, 포위와 군사위협은 중국으로 하여금 사회주의 진영에 치우치는, 즉 '한쪽으로 기울어지는' 대외정책을 취할 수밖에 없게 했다. 1950, 1960년대에 전쟁의 위협, 중국에 대한 제국주의국가의 평화적 이행의 위협, 그리고 타이완 국민당 당국의 '대륙으로의 반공격' 시도로 말미암아 우리의 위기감은 갈수록 늘어났고 부득이 장기적인 전쟁 준비 상태에 들어갈 수밖에 없었다. 중국과 선진 서방국가 간의 경제, 과학기술, 군사 면에서의 격차로 초래된 커다란 압력은 우리로 하여금 가능한 초고속으로 발전하고 강대해지는 염원을 갖게 했다. 중소관계가 악화되고 파괴된 후 소련은 중국에 대해 정치, 경제, 군사적으로 커다란 압력을 주었다. 당은 이런 복잡한 국제정세에 정확하게 대처한 동시에 일정한 시기 내에 전쟁의 위협과 중국에 불리한 측면을 심각하게 예측하고 지나친 반응을 보였다. 게다가 중국은 비교적 긴 시간 동안 대외에 대한 폐쇄, 반 폐쇄의 상태에 처해 있었다. 이런 폐쇄, 반 폐쇄의 상태가 조성된 주요 원인이 중국에 있는 것은 아니었지만 그것이 중국의 발전에 끼친 영향은 아주 컸다. 이런 상황에서 국제 정세에 대해 너무 엄격한 판단을 내리고 지나친 반응을 보임으로써 당 내부로 하여금 당면 국내의 계급투쟁이 갈수록 첨예해지고 있다는 그릇된 논점을 쉽게 받아들이고 국내 계급투쟁과 당내 투쟁이 국제계급투쟁과 긴밀히 연계되어 있다는 그릇된 논점을 쉽게 받아들이게 했다. 이는 계급투쟁 확대화의 오류가 발생한 중요한 원인 가운데 하나였다.

물론 10년의 모색 가운데 실착이 생긴 것에 대해 당의 주요 지도자와 중앙지도 집단은 책임을 져야 하지만 그보다 중요한 원인은 당과 국가의 영도체제에 폐단이 존재했기 때문이었다. 준의회의로부터 신중국이 창건된 후의 처음 몇 년간 당 중앙위원회와 마오쩌둥은 줄곧 민주주의 중앙집권제를 시행하는 데 관심을 돌렸고 집단적 영도를 시행했기에 당내의 민주생활은 비교적 정상적이었다. 이 10년이 시작될 때에도 당은 높은 중시를 돌려 민주주의 중앙집권제를 견지할 것을 강조하고 개인숭배를 반대하고 방지했으며 당과 국가의 민주생활을 한층 더 확대했다. 그러나 한편으로는 이런 훌륭한 전통과 훌륭한 사상을 잘 견지하지 못했을 뿐만 아니라 엄격하고 완벽한 제도를 형성하지 못했으며 다른 한편으로는 기존의 체제에 존재하는 권력의 지나친 집중, 영도간부의 직무종신제 등 현상을 보이기는 했지만 실제 사업 가운데 영도체제문제를 해결함으로써 그것을 없애고 방지하지는 못했다. 또한 국제 공산주의운동에서 지도자와 당의 관계문제를 정확히 해결하지 못한 영향을 어떻게 극복하고 중국의 장기간에 걸친 봉건전제주의가 정치사상에 남긴 영향을 어떻게 숙청할 것인가에 대해서도 충분히 관심을 돌리지 못했다. 1950년대 후반부터 당과 국가의 정치생활은 점차 정상적이지 못했다. 개인숭배 및 개인이 중대한 문제를 결정하고 개인을 조직 위에 올려 세우는 등의 현상이 생겨나 당내 민주주의와 인민민주주의를 약화시키고 파괴했다. 1959년의 루산회의와 '반우경' 투쟁을 거쳐 중앙에서 기층에 이르기까지 당내의 민주생활은 더욱 심한 손상을 입었다. 국가의 법제 건설도 마찬가지로 큰 좌절에 부딪혔다. 법률 앞에서 모든 사람은 평등하며 공안, 검찰, 법원 기관이 분공하여 책임지고 상호 제약하는 원칙이 점차 의심과 비판을 받았으며 인민대표대회 상무위원회의 사업기구가 점차 약화되었다. 여러 가지 역사적 원인으로 말미암아 당내 민주주의와 국가 정치, 사회생활에서의 민주주의를 제도화, 법제화하지 못했고 법률이 완비되지 못했다. 또한 법제가 건전하지 못하거나 법률을 제정했지만 이에 상응한 권위를 갖추지 못했다. 중앙과 적지 않은 지방, 단위의 일부 지도자에게 권력이 지나치게 집중되었다. 효과적인 감독 제약 기제가 부족한 상황에서 모색과 건설의 행정에서 큰 실착을 피하고 시정할 수 있는가 하는 것은 복잡한 객관적 원인 외에 사실상 지도자 자체의 상황에 의해 결정되었다. 모색과 건설은 지도자의 인식과 결정이 객관적 실제에 부합될 경우 비교적 순조롭게 진행되었다. 그러나 지도자의 인식과 결정에 중대한 실착이 나타났을 때 당은 이런 중대한 실착을 제때에 방지하고 발견하지 못했다. 설령 발견했다 해도 제때에 시정하기 어려웠기 때문에 모색과 건설의 행정은 우여곡절을 피하기 어려웠다. 덩샤오핑이 나중에 지적하다시피 "지난날 우리에게서 비롯한 여러 가지 오류는 물론 일부 지도자들의 사상, 작풍과 관계되지만, 더욱 중요하게는 조직제도, 사업제도의 문제와 관계된다. 이런 면에서 제도가 좋으면 나쁜 분자들이 함부로 활동할 수 없게 되며 제도가 좋지 못하면 좋은 사람들이 좋은 일을 할 수 없게 되고 심지어 부정적인 면으로 나아갈 수도 있다". "이 교훈은 매우 중대한 것이다. 이것은 개인에게 책임이 없다는 말이 아니라 더 근본성과 전반성과 안정성과 장기성을 띠고 있는 문제는 영도제도, 조직제도 문제라는 것이다. 이런 제도 문제는 당 및 국가가 변하는가 변하지 않는가에 관계되는 것이므로 이에 대해 전당은 고도의 중시를 기울여야 한다."[7] "민주주의를 제도화, 법률화함으로써 이런 제도와 법률이 지도자의 변동에 따라 바뀌거나 지도자의 견해와 주의력

---

7) 덩샤오핑, '당 및 국가의 영도제도의 개혁'(1980년 8월 18일), 〈덩샤오핑선문집〉 제2권, 민족출판사 1995년, 494쪽.

이 변화되는 데 따라 바뀌지 않게 해야 한다."[8]

10년 건설의 경험과 교훈을 총화하여 볼 때 결국 사회주의를 인식하는 이 근본적인 문제에서 편차가 생긴 것이다. 덩샤오핑이 나중에 지적하다시피 "사회주의란 무엇이며 어떻게 사회주의를 건설할 것인가 하는 문제가 제기된다. 우리에게는 경험과 교훈이 매우 많지만 이 문제를 똑똑히 밝히는 것이 가장 중요한 경험이다"[9].

주관적, 객관적 방면의 복잡한 원인으로 말미암아 10년 모색에서의 실착과 그로 인하여 초래된 결과는 엄청났으며 손실도 아주 막대했다. 그러나 이것은 이 시기 당이 사업을 주도한 것이 아니었다. 10년 동안 당은 크나큰 용기와 인민에 대해 책임지는 태도로 최선을 다해 사업에서의 실착을 여러 번 시정했다. 광범위한 당원간부와 인민군중은 실착으로 초래된 곤란을 겪었지만 그들은 당이 스스로 실착을 과감하게 시정하는 데에서 당의 본질과 주체성을 깊이 느꼈으며 당의 영도로 사회주의를 건설하는 확고한 신념을 굽히지 않았으며 동시에 이를 위해 계속 간고한 노력을 기울였다. 물론 당과 인민이 '좌'적 오류의 발전을 막지 못하고 또 그로 인하여 '문화대혁명'이 발생했지만 이런 신념과 노력은 최종적으로 '좌'적 오류를 철저히 시정하고 새로운 발전의 길을 개척하는 내적인 힘이 되었다.

---

8) 덩샤오핑, '사상을 해방하며 실사구시하며 일치단결하여 앞을 내다보자'(1978년 12월 13일), 〈덩샤오핑선문집〉 제2권, 민족출판사 1995년, 217쪽.

9) 덩샤오핑, '정치에서 민주주의를 발전시키고 경제에서 개혁을 진행해야 한다'(1985년 4월 15일), 〈덩샤오핑선문집〉 제3권, 민족출판사 1994년, 164쪽.

◆ 찾아보기 ◆

654